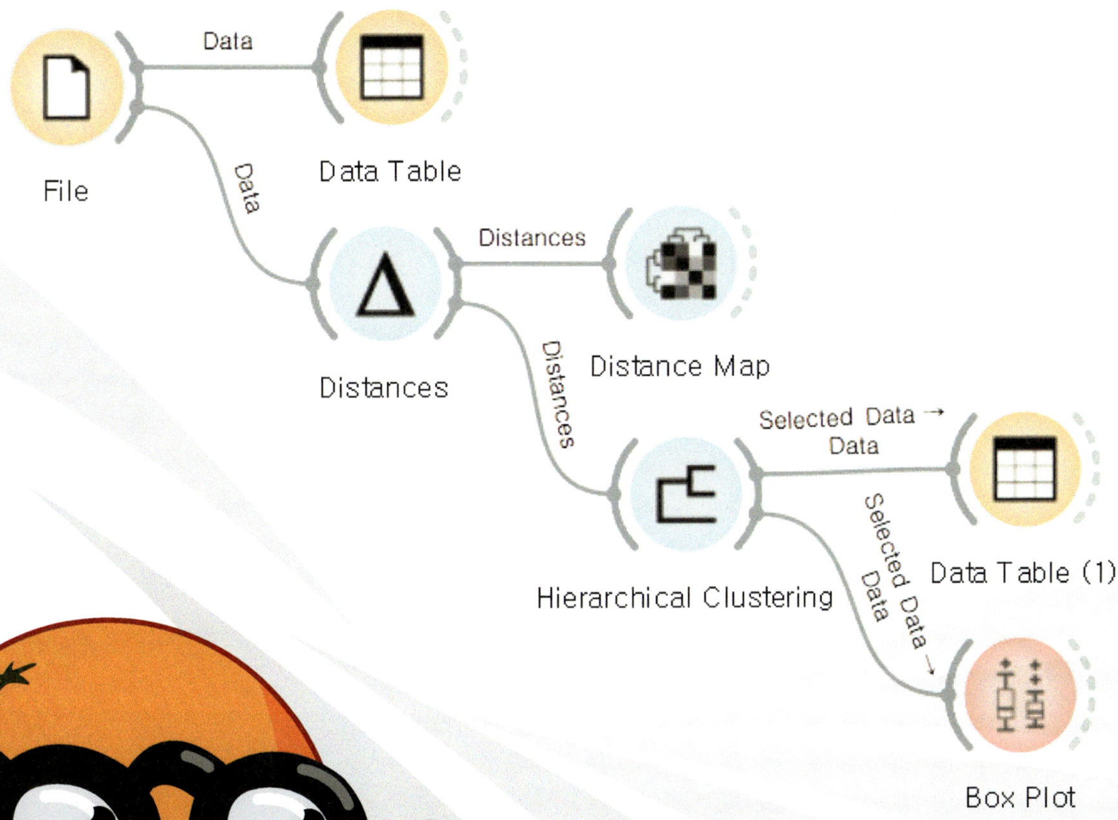

오렌지3로 알아가는

머신러닝 데이터 분석

손원성 · 손경호 · 황희진 · 백우정 지음

도서출판 홍릉

저자소개

손원성

- 경인교육대학교 컴퓨터교육과 교수
- 경인교육대학교 AI교육대학원 전공주임
- 경인교육대학교 AI융합교육연구소 소장

손경호

- 인천백석초등학교 교사
- 2016-2018 SW교육 선도학교 운영
- 경인교육대학교 AI융합교육연구소 연구원

황희진

- 화도초등학교 교사
- 2018 인천과학교육연구원 과학메카트로닉스 및 과학컴퓨팅 교재 집필 및 강사
- 2019 인천광역시 SW교육 교사 직무연수 강사
- 경인교육대학교 AI융합교육연구소 연구원

백우정

- 인천연송초등학교 교사
- 2019-2021 창의재단 SW영재학급 운영 및 AI교육 선도학교 운영
- 경인교육대학교 AI융합교육연구소 연구원

오렌지3로 알아가는

머신러닝 데이터 분석

인 쇄: 2021년 7월 1일 초판 1쇄
발 행: 2021년 7월 12일 초판 1쇄

저 자: 손원성 · 손경호 · 황희진 · 백우정
발행인: 송 준
발행처: 도서출판 홍릉
주 소: 01093 서울시 강북구 인수봉로 50길 10
등 록: 1976년 10월 21일 제5-66호

전 화: 02-999-2274~5, 903-7037
팩 스: 02-905-6729
e-mail: hongpub@hongpub.co.kr
http://www.hongpub.co.kr
ISBN: 979-11-5600-869-9(93000)

정 가: 39,000원

이 책 활용법

이 책은 오렌지3를 활용하여 누구나 어렵지 않게 데이터 과학을 구현할 수 있도록 하였다.

위키백과에서는 데이터 과학을 데이터 마이닝(Data Mining)과 유사하게 정형, 비정형 형태를 포함한 다양한 데이터로부터 지식과 인사이트를 추출하는데 과학적 방법론, 프로세스, 알고리즘, 시스템을 동원하는 융합분야로 정의하고 있다. 또한 데이터 과학은 데이터를 통해 실제 현상을 이해하고 분석하는데 통계학, 데이터 분석, 머신러닝과 연관된 방법론을 통합하는 개념으로 정의되기도 한다.

머신러닝 및 인공지능을 이용하여 문제해결 모델을 구현하는 단계에 도달한 대다수의 유저들은 데이터에 대한 중요성을 실감하게 되고 특히 모델 개발 과정에서는 레이어와 같은 시각 요소를 추상화하게 된다.

오렌지3는 데이터를 올바르게 처리하고 문제해결을 위한 모델개발 과정을 누구나 쉽게 접근 가능한 사용자 인터페이스를 제공하여 코딩의 장벽 없이 데이터 과학 및 인공지능의 세계에 입문 할 수 있도록 도와준다.

이 책의 1장에서는 오렌지3의 기본 인터페이스와 워크플로우를 쉽게 이해할 수 있도록 하며, 2장부터 제시되는 데이터 주무르기, 데이터 시각화하기, 데이터와 모델 연결하기, 모델 평가 및 예측하기, 다양한 데이터 분석 활용하기, 설명 가능한 인공지능을 통하여 오렌지3에서 제공하는 다양한 기능을 예제와 함께 매뉴얼 식으로 익힐 수 있다.

8장의 실습하기에서는 오렌지3에서 제공하는 데이터 세트를 활용하여 데이터 분석 및 인공지능 예측 모델을 만들어 볼 수 있도록 간단한 설명을 제시하였고 일부 예제에 대하여는 예시 워크플로우를 첨부하여 참고할 수 있도록 하였다.

특히 이 책의 후반부에 제시한 가이드 프로젝트와 같이 실제 공공 데이터를 활용한 인공지능 예측 모델을 만들어 보는 활동을 통하여 단순히 이론이나 기능 사용법으로 끝나는 것이 아니라 인공지능 모델을 자신의 필요에 맞게 실제 데이터를 활용하여 만들어 볼 수 있도록 도움을 주고자 하였다.

교수자의 입장에서는 이 책을 바라보는 관점 및 활용 의도에 따라 데이터 마이닝, 탐색적 데이터 분석, 인공지능 모델 구현 등 심도 있는 전공 서적으로서 다양하게 활용할 수 있다.

학생의 입장에서는 순서대로 따라하면서 오렌지3에 대한 기능을 익힐 수 있고 일부 관련 지식이 있는 경우 자신이 실제 활용할 데이터를 토대로 오렌지3에서 필요한 곳의 내용만 참고하여 바로 자신만의 예측 모델 및 데이터 마이닝 등의 데이터 과학을 구현 및 활용할 수 있다.

또한 인공지능에 관심은 있지만 관련 전공을 하지 않은 사람이라 하더라도 나만의 데이터를 활용하여 어떠한 인사이트를 얻고 싶은 경우 오렌지3를 활용하여 데이터 전처리, 데이터 시각화 등을 통해 기초적인 통계 정보 등을 확인하고 알고리즘을 활용하여 예측 모델을 만들 수 있다.

목 차

I

오렌지3 알아보기

1. 오렌지3 소개

1 개발 배경

오렌지(Orange, 이하 오렌지3)는 머신러닝 및 데이터 마이닝을 위한 포괄적인 구성 요소(위젯) 기반 소프트웨어 제품군으로, 오픈소스 커뮤니티와 함께 슬로베니아 류블랴나 대학교 컴퓨터 및 정보 과학 학부 생물 정보학 연구소에서 개발되었다. 오렌지3는 자유 소프트웨어로 Free Software Foundation에서 발행한 GNU General Public License 조건에 따라 재배포 또는 수정할 수 있다(라이선스 버전 3.0 또는 이후 버전). 오렌지3는 유용할 것이라는 희망으로 배포되지만 어떠한 보증도 없다. 상품성 또는 특정 목적에의 적합성에 대한 묵시적 보증도 없다(자세한 내용은 GNU General Public License를 참조).

오렌지3에서는 어려운 수학과 복잡한 코딩이 없이도 대화형 시각화를 통해 데이터를 탐색할 수 있고, 비주얼 프로그래밍으로 실제 데이터에 기반하여 다양한 모델(머신러닝, 데이터 마이닝)을 만들고 검증해 볼 수 있다.

2 직관적 시각화 도구 제공

또한 오렌지3는 숨겨진 데이터 패턴을 발견하고 데이터 분석 절차에 대한 직관을 제공하거나 데이터 과학자와 도메인 전문가 간의 커뮤니케이션을 지원하는 데 도움이 되는 데이터 시각화를 지원한다. 시각화 위젯에는 산점도, 상자 그림, 히스토그램, 덴드로그램, 실루엣 플롯, 트리 시각화와 같은 모델별 시각화가 포함된다. 다른 많은 시각화는 애드온에서 사용할 수 있으며 네트워크, 워드 크라우드, 지리적 지도 등의 시각화를 포함한다.

오렌지3는 상호작용이 가능한 데이터 시각화를 만드는 데 주의를 기울였다. 산점도, 트리의 노드, 덴드로그램의 분기에서 데이터 포인트를 선택할 수 있다. 이러한 상호작용은 시각화에서 선택한 부분에 해당하는 데이터 하위 집합을 보내도록 시각화에 지시한다. [그림 Ⅰ-1]과 같이 산점도와 분류 트리의 조합을 고려할 수 있다. 산점도는 모든 데이터를 표시하지만 분류 트리와 조합하여 활용하면 트리에서 선택한 노드에 해당하는 데이터 하위 집합을 산점도에 강조하여 표시할 수 있다.

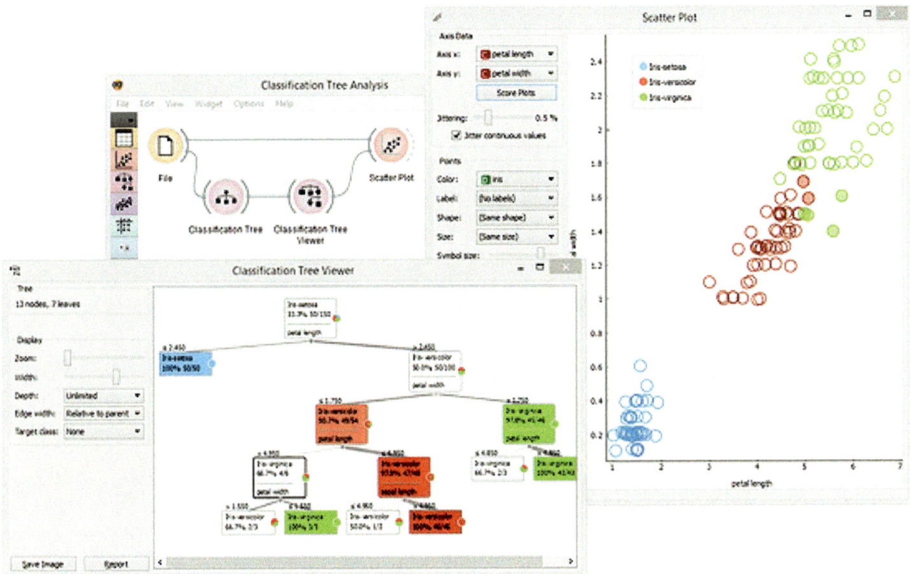

[그림 Ⅰ-1] 상호작용이 가능한 데이터 시각화(분류 트리와 산점도 조합)

오렌지3에는 [그림 Ⅰ-2]와 같이 속성 간의 상관관계를 확인해 볼 수 있는 산점도, 기본 통계를 표시하기 위한 상자 그림, 전체 데이터 세트에 대한 개요를 제공하는 히트맵, 다항 데이터를 2차원으로 표시하기 위한 다차원 척도법(MDS)과 같은 표준 시각화를 다수 포함한다.

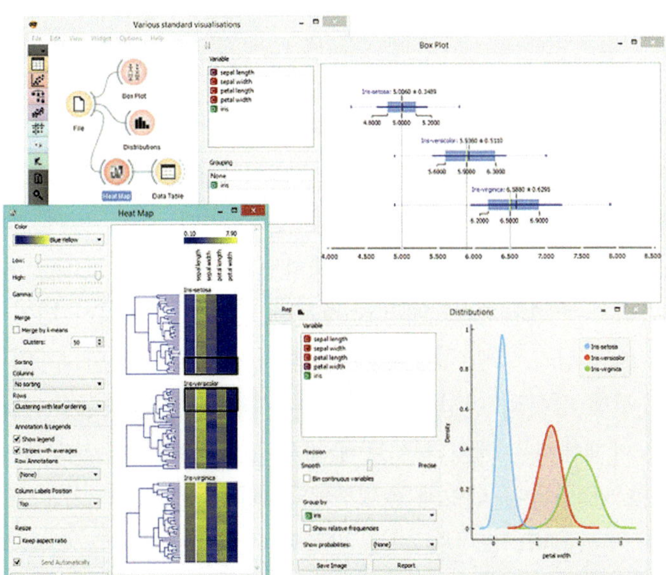

[그림 Ⅰ-2] 표준 데이터 시각화

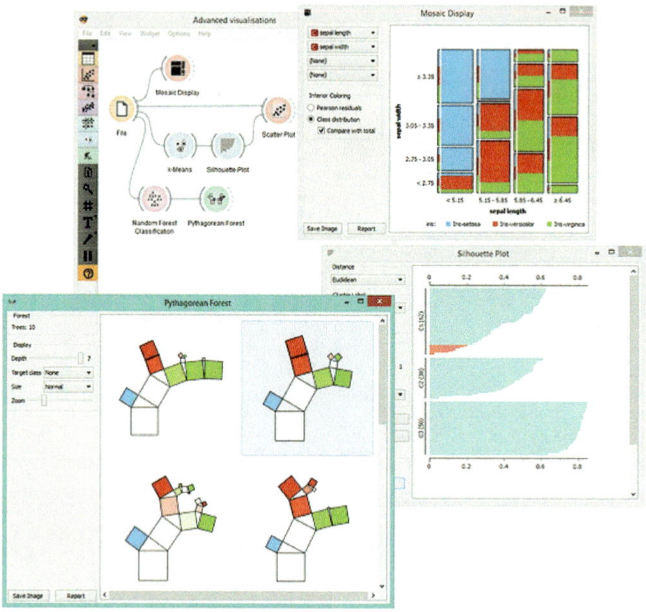

[그림 Ⅰ-3] 오렌지3에서만 제공하는 시각화

오렌지3에는 다른 데이터 마이닝 도구에서 제공하는 일반적인 시각화 외에도 [그림 Ⅰ-3]과 같이 클러스터링 결과를 분석하기 위한 실루엣 플롯용 위젯, features간 상호 작용을 발견하기 위한 모자이크 및 체 다이어그램, 분류 트리 및 포레스트를 위한 피타고라스 트리 시각화가 포함되어 있다.

3 탐색적 데이터 분석 기능 제공

오렌지3에서는 [그림 Ⅰ-4]와 같이 대화형 시각화를 통해 탐색적 데이터 분석(EDA)을 수행할 수 있다. 그림, 그래프 및 데이터 테이블에서 직접 흥미로운 데이터 하위 집합을 선택하고 다운스트림 위젯에서 마이닝 할 수 있다. 예를 들어, 계층적 클러스터링의 덴드로그램에서 하나의 클러스터를 선택하면 MDS그림의 2D데이터 프리젠테이션에 선택된 클러스터와 관련된 것이 매핑된 것을 확인하거나 데이터 테이블에서의 해당 값을 확인한다. 또는 상자 그림에서 feature 값의 산포를 관찰할 수 있다. 이 창을 모두 한 번에 열고 선택 항목의 변경 사항이 다른 위젯에 어떤 영향을 미치는지 확인할 수 있다. 또 다른 예제에서는 데이터 세트에 대한 로지스틱 회귀 분석을 교차 검증하고 잘못된 분류의 일부를 2차원 투영에 매핑한다. 도메인 전문가가 기본 통계나 머신러닝에 대한 통찰력이 부족하더라도 데이터를 탐색할 수 있는 도구로 오렌지3를 활용하는 것은 쉽다.

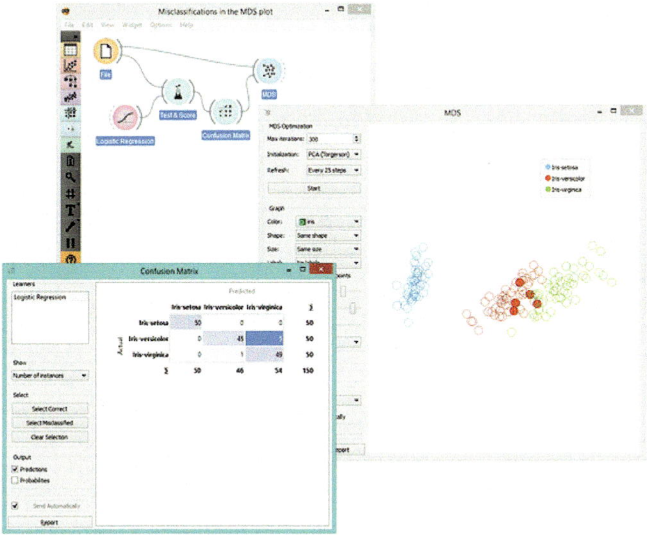

[그림 Ⅰ-4] 탐색적 데이터 분석(EDA)

오렌지3에서 [그림 Ⅰ-5]와 같이 한 번의 클릭으로 가장 중요한 시각화, 통계 및 모델에 대한 정보를 보고서에 포함할 수 있다. 오렌지3에는 보고서에서 직접 모든 위젯 및 시각화에 대한 워크플로우 기록에 액세스 할 수 있는 지능형 보고 기능이 포함되어 있다.

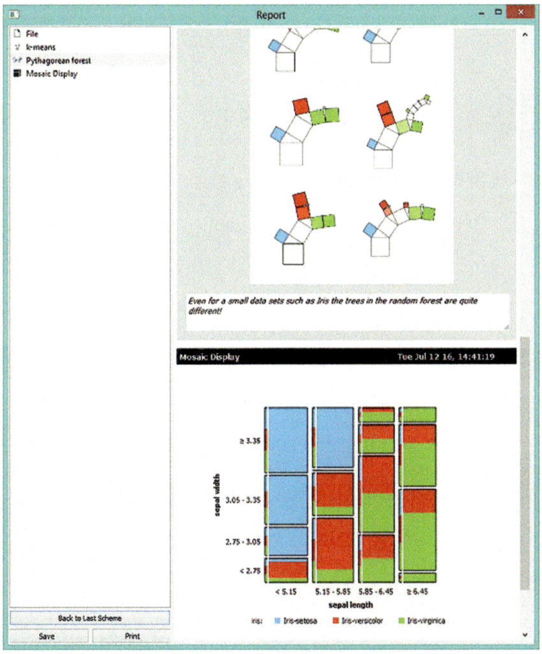

[그림 Ⅰ-5] 오렌지3 보고서 기능

4 사용자 친화적 인터페이스 제공

오렌지3는 초보자뿐 아니라 전문 데이터 과학자에게도 훌륭한 데이터 마이닝 도구이다. 사용자 인터페이스 덕분에 사용자는 힘든 코딩 대신 데이터 분석에 집중할 수 있으므로 복잡한 데이터 분석 파이프라인을 간단하게 구성할 수 있다.

오렌지3에서는 [그림 Ⅰ-6]과 같이 구성 요소를 워크플로우에 쌓아 데이터 분석을 수행한다. 위젯이라고 하는 각 구성 요소는 데이터 검색, 전처리, 시각화, 모델링 또는 평가 작업을 포함한다. 워크플로우에서 서로 다른 위젯을 결합하면 작업 진행 중에 포괄적인 데이터 분석 스키마를 구축할 수 있다. 많은 위젯 라이브러리를 사용하면 쉽게 선택할 수 있다. 게다가 추가 기능을 통해 추가 위젯을 사용할 수 있으며 이를 통해 보다 집중적이고 주제 지향적인 연구를 수행할 수 있다.

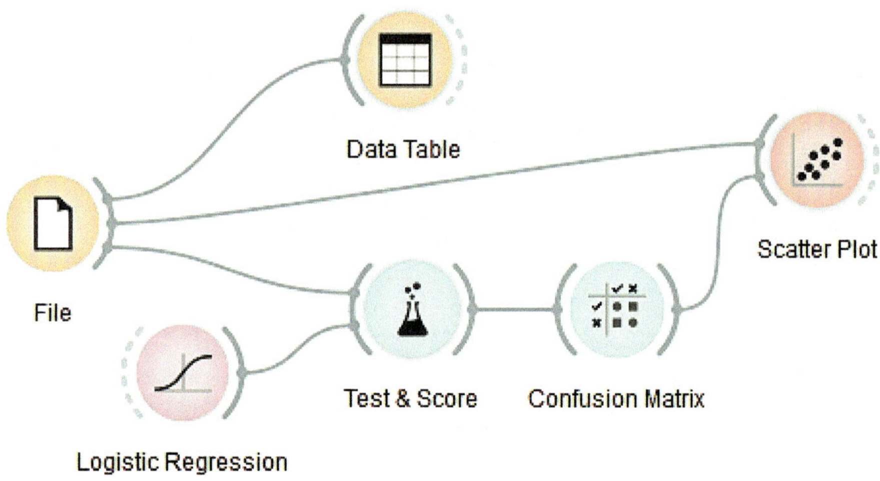

[그림 Ⅰ-6] 구성 요소(위젯) 기반 데이터 마이닝

오렌지3 위젯은 서로 통신한다. 입력 데이터를 수신하고 필터링되거나 처리된 데이터, 모델 또는 위젯이 출력에서 수행하는 작업을 전송한다. 예를 들어 데이터를 읽고 출력을 다른 위젯(예: 데이터 테이블)에 연결하는 파일 위젯부터 시작하면 워크플로우가 작동한다. 한 위젯의 변경 내용을 변경하면 변경 내용이 다운스트림 워크플로우를 통해 즉시 전파된다. 파일 위젯에서 데이터 파일을 변경하면 모든 다운스트림 위젯에서 응답이 자동으로 변경된다. 특히 위젯이 열려 있고 해당 데이터의 변경 결과, 방법 또는 선택 항목을 대화식 시각화로 즉시 볼 수 있는 경우 유용하다. 예를 들어, [그림 Ⅰ-7]과 같이 간단한 워크플로우에서는 스프레드시트에서 선택한 데이터가 산점도로 전파되어 선택한 데이터 인스턴스를 표시한다.

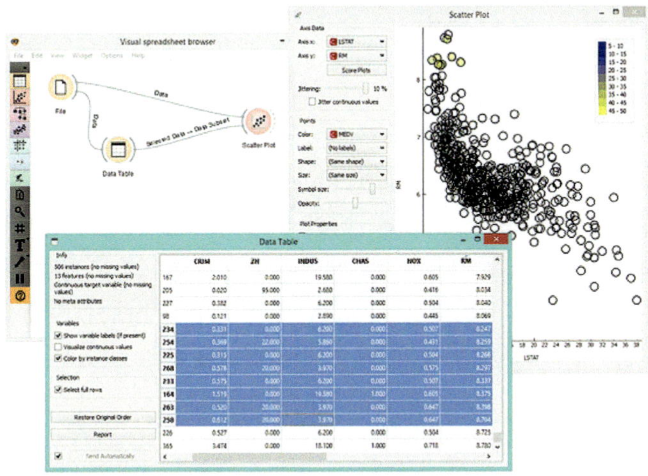

[그림 Ⅰ-7] 대화형 데이터 탐색

오렌지3는 완전 초보에게도 사용하기 쉽다. 파일 위젯으로 시작하면 자동으로 파일 위젯에 연결할 수 있는 다음 위젯을 제안한다. 예를 들어 [그림 Ⅰ-8]과 같이 오렌지3는 거리 위젯을 설정한 후 계층적 클러스터링을 원할 가능성이 있다는 것을 알고 있다. 또한 위젯의 다른 모든 기본값은 일반적으로 통계, 머신러닝 또는 탐색 데이터 마이닝에 대해 전혀 알지 못하더라도 간단한 분석이 가능하도록 설정된다.

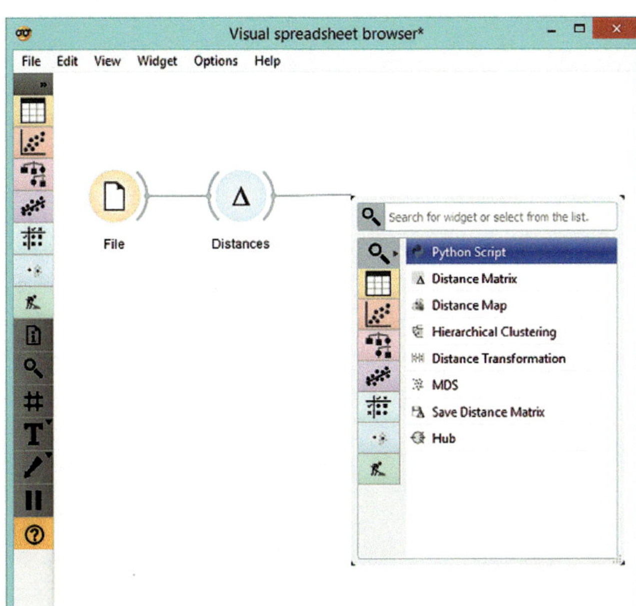

[그림 Ⅰ-8] 지능형 워크플로우 설계 인터페이스

2. 오렌지3 설치하기

오렌지3를 사용하기 위해서는 프로그램 설치가 필요하며 오렌지3의 공식 홈페이지(https://orange.biolab.si/)를 방문하여 오렌지3 프로그램을 다운로드하여 설치할 수 있다. 오렌지3는 자유 소프트웨어로 Free Software Foundation에서 발행한 GNU General Public License 조건에 따라 재배포 또는 수정할 수 있다(라이선스 버전 3.0 또는 이후 버전). [그림 Ⅰ-9]과 같이 공식 홈페이지 화면에서 "다운로드 오렌지"를 클릭한다. 오렌지3 프로그램을 설치할 수 있는 OS유형은 윈도우, 맥OS, 리눅스이다.

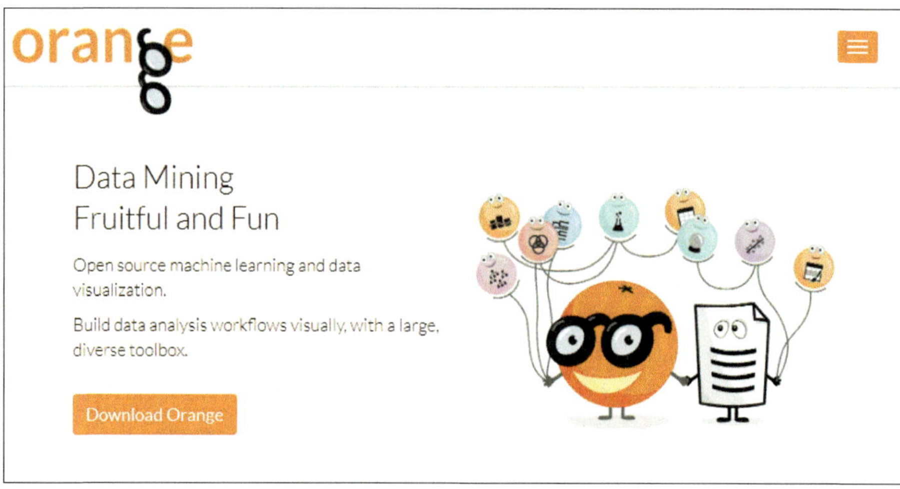

[그림 Ⅰ-9] 오렌지3 공식 홈페이지

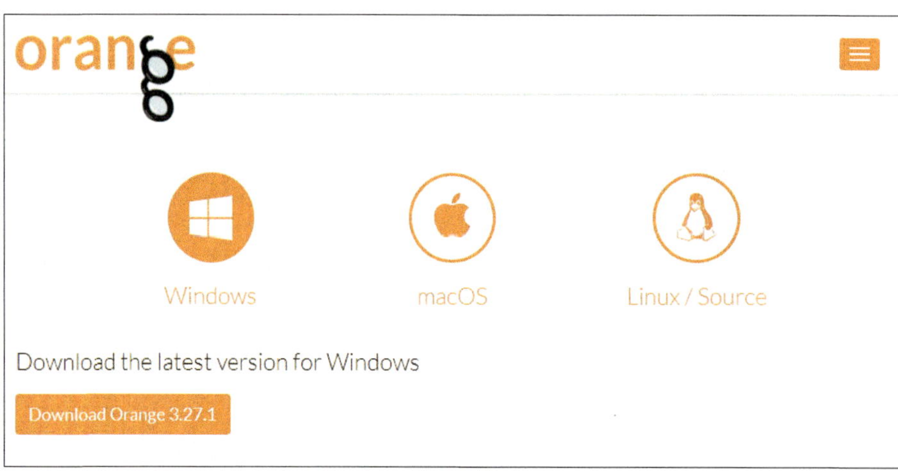

[그림 Ⅰ-10] 오렌지3 설치가 가능한 OS

[그림 Ⅰ-10]과 같이 나에게 필요한 설치 파일 및 소스를 확인하여 OS에 맞게 최신 버전의 설치 파일을 다운로드 및 설치한다. 관리 권한 없이 사용할 수 있는 독립 실행형 프로그램 버전과 포터블 오렌지 버전도 제공하므로 필요한 상황에 따라 활용할 수 있으며 아카이브를 방문하면 오렌지3의 이전 버전의 프로그램을 선택하여 설치 파일을 다운로드할 수 있다.

3. 오렌지3 인터페이스

오렌지3를 OS에 맞게 설치한 후 오렌지3를 실행하면 [그림 Ⅰ-11]과 같은 화면이 나타난다. 오렌지에 온 것을 환영한다는 문구와 함께 웰컴 팝업창이 기본으로 뜨게 되는데 이 창에서 [New], [Open], [Recent], [Video Tutorials], [Get Started], [Examples], [Documentation]을 선택할 수 있다. [표 Ⅰ-1]에서와 같이 웰컴 팝업창의 각 메뉴별 옵션을 확인하여 오렌지3를 활용한 작업을 시작할 수 있다. 추후 오렌지3 시작시 웰컴 팝업창이 필요없다면 좌측 하단에 있는 "Show at startup"의 체크를 해제하면 된다.

[그림 Ⅰ-11] 오렌지3 실행 화면

[표 Ⅰ-1] 오렌지3 웰컴 팝업창 옵션

New	새로운 워크플로우를 시작한다.
Open	저장해 놓았던 워크플로우를 불러온다.
Recent	최근에 작업했던 워크플로우를 불러온다.
Video Tutorials	튜토리얼이 영상이 있는 유튜브 채널로 연결한다.
Get started	작업을 처음 시작할 때 참고할 수 있는 정보가 있는 웹페이지로 연결한다.
Example	예시 워크플로우를 선택하여 불러온다.
Documentation	위젯별 설명이 나와 있는 웹페이지로 연결한다.

오렌지3 웰컴 팝업창에서 [New]를 선택하게 되면 [그림 Ⅰ-12]와 같이 새로운 오렌지 워크플로우를 시작할 수 있는 창을 볼 수 있다.

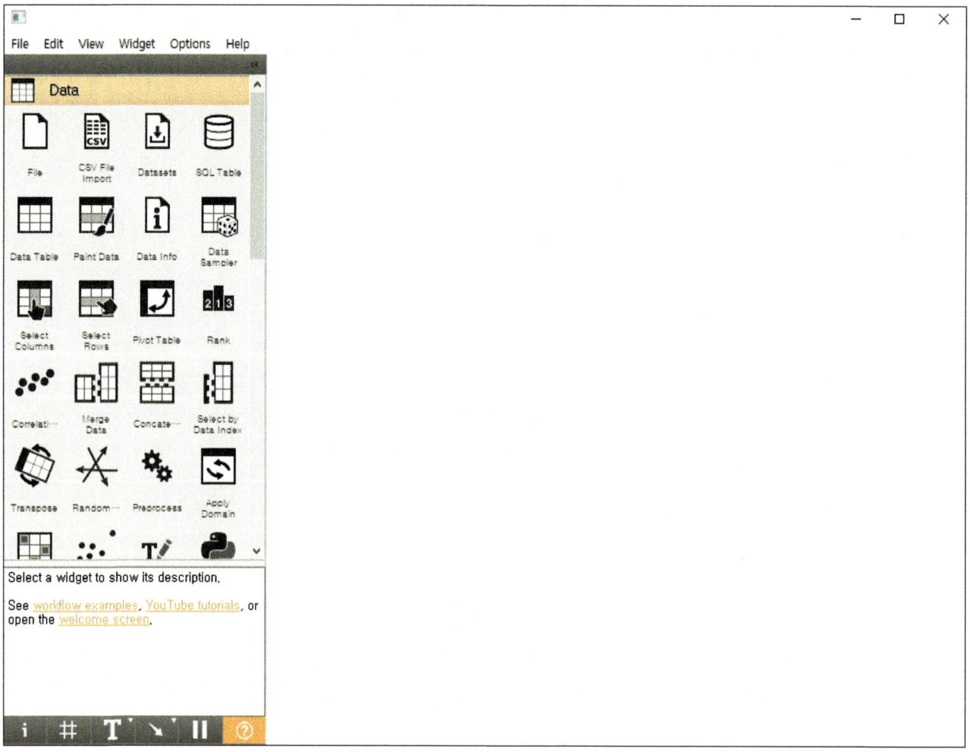

[그림 Ⅰ-12] 오렌지3 인터페이스

좌측에 보이는 위젯 카테고리에서 필요한 위젯을 클릭하거나 우측 빈 공간으로 drag&drop을 하게 되면 해당 위젯이 빈 공간에 나타난다. 이후 필요한 위젯끼리 선을 연결하여 링크를 만들어 나만의 워크플로우를 완성해 나갈 수 있다. 또는 시작하는 위젯에서 링크를 드래그하면 다음에 연결시킬 수 있는 위젯들이 나타나게 되고 그중에서 필요한 위젯을 선택하여 워크플로우를 완성해 나가는 방법도 있다.

오렌지3 인터페이스의 구성을 살펴보면 [그림 Ⅰ-13]과 같다. [표 Ⅰ-2]에서와 같이 인터페이스의 각 구성 요소별 세부 설명을 참고하면 오렌지3 워크플로우 작업을 하는 데 있어서 기본적인 인터페이스에 대한 이해는 해결이 된다. 사용자가 직관적으로 해당 위젯을 보고 워크플로우를 만들어 나갈 수 있도록 카테고리별로 아이콘화하여 위젯을 나타내고 있고 각 위젯을 활용할 때 필요한 간단한 설명은 추가 도구의 도움창에서 확인할 수 있다.

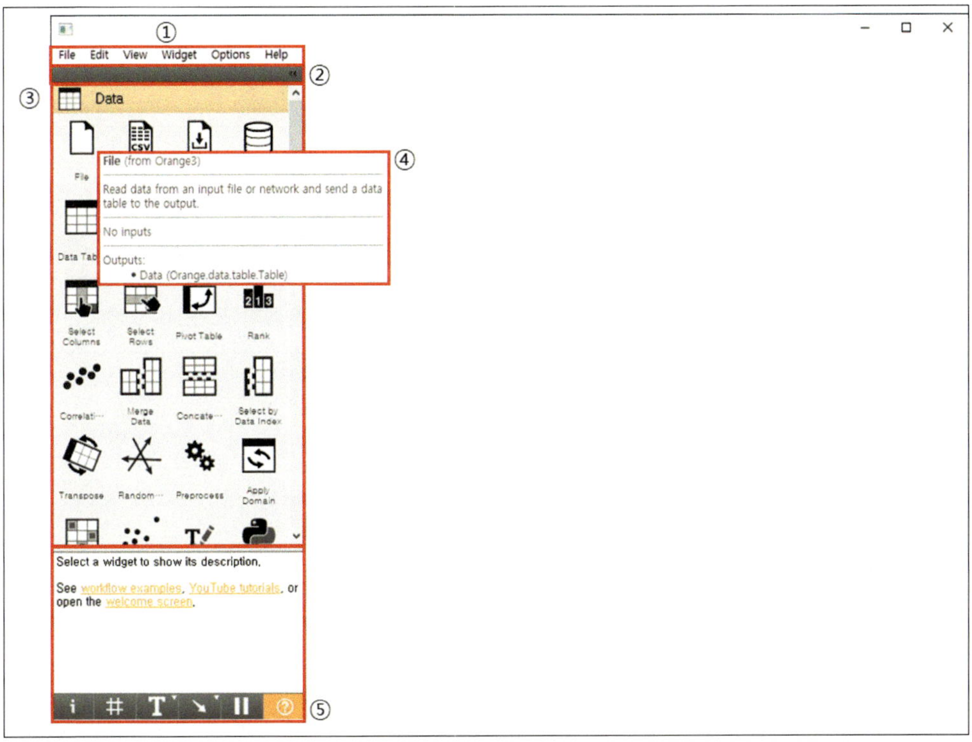

[그림 Ⅰ-13] 오렌지3 인터페이스 구성

자세한 정보가 필요한 경우는 위젯에 마우스를 올려놓으면 확인할 수 있고 거기에서도 해결되지 않은 내용은 메뉴에서 [Help]-[Documentation]으로 들어가면 위젯 카탈로그 웹페이지로 연결되어 위젯에 대한 상세한 정보를 확인할 수 있다.

[표 Ⅰ-2] 오렌지3 인터페이스 세부 설명

구분		설명
① 메뉴	[File], [Edit], [Widget], [Options], [Help]의 메뉴를 통하여 오렌지3 작업시 필요한 기본적인 기능들을 지원한다.	
② 위젯 도구 확장 및 축소	카테고리별 위젯들을 확장하여 보여주거나 축소하도록 설정한다.	
③ 위젯 카테고리	위젯 카테고리별로 위젯들이 배열되어 있다. 메뉴의 [Options]-[Add-ons]에서 오렌지3에서 제공하는 모든 위젯 카테고리의 추가, 삭제 및 업데이트를 할 수 있다.	
④ 위젯별 설명	사용하고자 하는 위젯 위에 마우스를 올려놓으면 위젯 이름과 위젯에 대한 간단한 설명 그리고 선택한 위젯을 기준으로 어떤 것을 입력과 출력으로 연결할 수 있는지 확인할 수 있다.	
⑤ 추가 도구		워크플로우 정보를 작성한다. 별도의 워크플로우 정보 팝업창에 제목과 설명을 작성할 수 있다.
		위젯을 워크플로우 상 가상의 격자에 정렬시킨다.
		워크플로우에 텍스트 주석을 추가한다.
		워크플로우에 화살표를 추가한다.
		워크플로우의 작업 실행을 일시 정지한다.
		위젯 설명에 대한 도움창을 활성화 또는 비활성화한다.

4. 오렌지3 위젯

오렌지3에서 워크플로우를 구성하는 가장 기본의 되는 단위인 위젯은 공식 홈페이지의 위젯 카탈로그에는 총 15가지의 카테고리로 제시하고 있고[1] 거기에 더하여 Prototypes, Textable, Explain의 3가지 카테고리 위젯을 추가로 활용할 수 있다. 각 위젯은 입력과 출력으로 서로를 연결할 수 있는데 [그림 Ⅰ-14]와 같이 출력만 지원하는 위젯(File)인 경우에 위젯의 오른쪽 부분에 다른 위젯과 연결할 수 있는 표시가 나타나고 입력만 지원하는 위젯(ROC Analysis)인 경우에는 왼쪽 부분에 다른 위젯으로부터 연결할 수 있는 표시가 나타난다. 그리고 입력과 출력 모두 지원하는 위젯(Tree Viewer)인 경우에는 왼쪽과

1) 오렌지 3.27.1버전 기준

오른쪽 양쪽에 다른 위젯과 연결할 수 있는 표시가 나타난다. 이와 같이 오렌지3에서는 워크플로우를 만들어 가면서 현재 사용하고자 하는 위젯이 입력과 출력으로 연결이 가능한지 위젯만 보고도 직관적으로 알 수 있다.

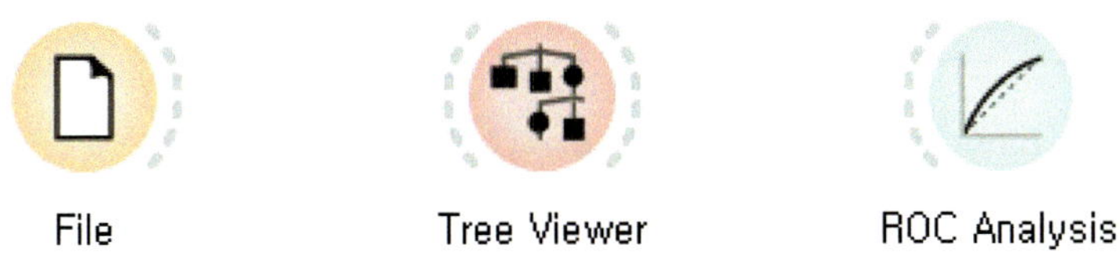

[그림 Ⅰ-14] 오렌지3 위젯의 입출력 가능 표시

1 Data

[그림 Ⅰ-15]와 같이 Data 카테고리를 구성하는 위젯은 데이터 처리 및 취급과 관련된 위젯들이다. 위젯별 정보는 [표 Ⅰ-3]과 같다.

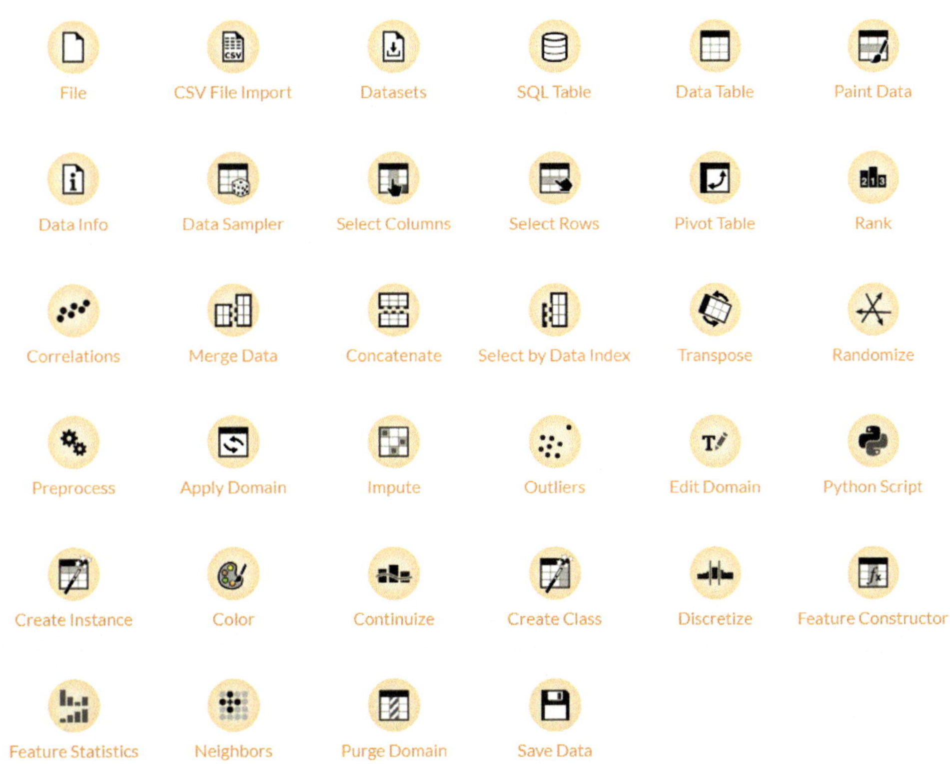

[그림 Ⅰ-15] Data 카테고리 위젯

[표 Ⅰ-3] Data 위젯별 정보

위젯	설명	입력	출력
File	입력 파일 또는 네트워크에서 데이터를 읽고 출력으로 데이터 테이블을 보낸다.	X	Data
CSV File Import	CSV 형식의 파일에서 데이터 테이블을 가져온다.	X	Data, Data Frame
Datasets	온라인 저장소에서 데이터 세트를 가져온다.	X	Data
SQL Table	SQL에서 데이터 세트를 가져온다.	X	Data
Data Table	스프레드시트에서 데이터 세트를 본다.	Data	Selected Data, Data
Paint Data	평면에 데이터를 점으로 표시하여 데이터를 만든다.	Data	Data
Data Info	열의 변수 개수 및 유형, 행 수 등 데이터 세트에 대한 기본 정보를 표시한다.	Data	X
Data Sampler	입력 데이터 세트에서 무작위로 데이터 세트의 부분집합을 추출한다.	Data	Data Sample, Remaining Data
Select Columns	데이터 속성의 수동 선택 및 데이터 도메인을 구성한다.	Data, Features	Data, Features
Select Rows	변수값에 따라 데이터에서 행을 선택한다.	Data	Data, Matching Data, Unmatched Data
Pivot Table	열 값을 기준으로 데이터 테이블 모양을 변경한다.	Data	Pivot Table, Filtered Data, Grouped Data

위젯	설명	입력	출력
Rank	데이터 feature의 관련성을 기준으로 순위를 지정하고 필터링한다.	Data, Scorer	Reduced Data, Scores, Features
Correlations	모든 속성 쌍별 상관 점수를 계산한다.	Data	Data, Features, Correlations
Merge Data	선택한 features의 값을 기준으로 데이터 세트를 병합한다.	Data, Extra Data	Data
Concatenate	두 개 이상의 데이터 세트를 연결(추가)한다.	Primary Data, Additional Data	Data
Select by Data Index	데이터 하위 집합의 인덱스별로 인스턴스를 일치시킨다.	Data, Data subset	Matching Data, Unmatched Data, Annotated Data
Transpose	데이터 테이블을 전치한다.	Data	Data
Randomize	데이터 테이블의 속성, 클래스, 메타 데이터를 무작위로 섞는다.	Data	Data
Preprocess	데이터 전처리 파이프라인을 구성한다.	Data	Preprocessor, Preprocessed Data
Apply Domain	데이터 테이블에 템플릿 도메인을 적용한다.	Data, Template Data	Transformed Data
Impute	데이터 테이블의 결측값을 처리한다.	Data, Learner	Data
Outliers	데이터 테이블의 이상값을 탐지한다.	Data	Inliers, Outliers, Data
Edit Domain	변수 이름 변경, 범주 및 변수 주석을 편집한다.	Data	Data

위젯	설명	입력	출력
Python Script	Python 스크립트를 작성하여 데이터를 입력하거나 모델을 실행한다.	Data, Learner, Classifier, Object	Data, Learner, Classifier, Object
Color	변수의 색상 범례를 설정한다.	Data	Data
Continuize	범주형 속성을 숫자로 변환하고 선택적으로 숫자 값을 정규화한다.	Data	Data
Create Class	문자열 속성에서 클래스 속성을 생성한다.	Data	Data
Discretize	숫자 데이터 features를 이산화한다.	Data	Data
Feature Constructor	입력 데이터 세트의 기존 features 집합에서 새 features(데이터 열)를 구성한다.	Data	Data
Feature Statistics	데이터 features에 대한 기본 통계를 표시한다.	Data	Reduced Data, Statistics
Neighbors	참조에 따라 데이터에서 가장 가까운 이웃을 계산한다.	Data, Reference	Neighbors
Purge Domain	데이터 세트에서 중복된 값 및 속성을 제거하고 값을 정렬한다.	Data	Data
Save Data	출력 파일에 데이터를 저장한다.	Data	X

2 Visualize

[그림 Ⅰ-16]과 같이 Visualize 카테고리를 구성하는 위젯은 데이터 시각화와 관련된 위젯들이다. 위젯별 정보는 [표 Ⅰ-4]와 같다.

[그림 Ⅰ-16] Visualize 카테고리 위젯

[표 Ⅰ-4] Visualize 위젯별 정보

위젯	설명	입력	출력
Tree Viewer	분류 및 회귀 트리의 시각화이다.	Tree	Selected Data, Data
Box Plot	상자 그림에서 feature 값의 분포를 시각화한다.	Data	Selected Data, Data
Distributions	그래프에 데이터 feature 값의 분포를 표시한다.	Data	Selected Data, Data, Histogram Data
Scatter Plot	지능형 데이터 시각화 기능이 향상된 대화형 산점도 시각화이다.	Data, Data Subset, Features	Selected Data, Data, Features
Line Plot	데이터 프로파일(예: 시계열)의 시각화이다.	Data, Data Subset	Selected Data, Data
Bar Plot	이산형 범주 간의 비교를 시각화한다.	Data, Data Subset	Selected Data, Data

위젯	설명	입력	출력
Sieve Diagram	값의 조합에 대해 관찰된 빈도와 예상되는 빈도를 시각화한다.	Data, Features	Selected Data, Data
Mosaic Display	모자이크 그림에 데이터를 표시한다.	Data, Data Subset	Selected Data, Data
FreeViz	FreeViz(다변량 시각화)를 표시한다.	Data, Data Subset	Selected Data, Data, Components
Linear Projection	탐색적 데이터 분석이 포함된 선형 투영 방법이다.	Data, Data Subset, Projection	Selected Data, Data, Components
Radviz	탐색적 데이터 분석 및 지능형 데이터 시각화 향상을 통한 Radviz 시각화 방법이다.	Data, Data Subset	Selected Data, Data, Components
Heat Map	속성 쌍에 대한 열 지도를 표시한다.	Data	Selected Data
Venn Diagram	입력 데이터 세트의 데이터 인스턴스 중첩을 그래픽으로 시각화한다.	Data	Selected Data, Data
Silhouette Plot	데이터 군집 내의 일관성을 그래픽으로 나타낸다.	Data	Selected Data, Data
Pythagorean Tree	Tree와 유사한 구조를 위한 피타고라스 트리 시각화이다.	Tree	Selected Data, Data
Pythagorean Forest	랜덤 포레스트를 시각화하는 피타고라스 포레스트이다.	Random Forest	Tree
CN2 Rule Viewer	데이터에서 유도된 규칙을 검토한다.	Data, Classifier	Selected Data, Data
Nomogram	나이브 베이지안 및 로지스틱 회귀 분류기의 시각화를 위한 노모그램이다.	Classifier, Data	Features

3 Model

[그림 Ⅰ-17]과 같이 Model 카테고리를 구성하는 위젯은 예측 모델과 관련된 위젯들이다. 위젯별 정보는 [표 Ⅰ-5]와 같다.

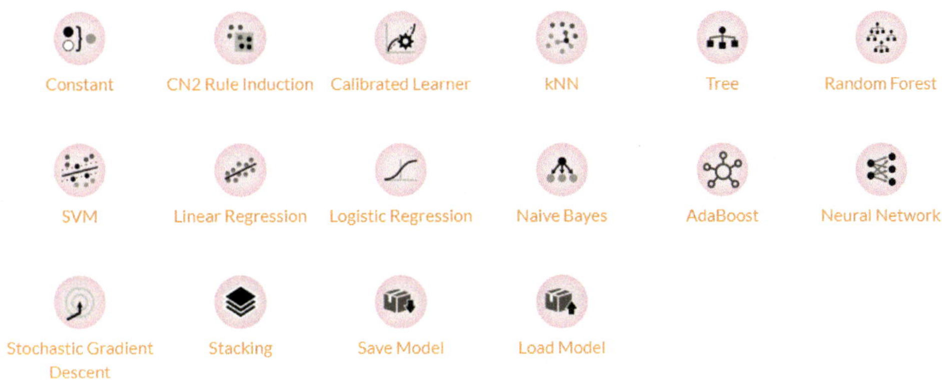

[그림 Ⅰ-17] Model 카테고리 위젯

[표 Ⅰ-5] Model 위젯별 정보

위젯	설명	입력	출력
Constant	훈련 세트에서 가장 빈도가 높은 클래스 또는 평균값을 예측한다.	Data, Preprocessor	Learner, Model
CN2 Rule Induction	CN2 알고리즘을 사용하여 데이터에서 규칙을 유도한다.	Data, Preprocessor	Learner, Model
Calibrated Learner	확률 보정 및 의사 결정 임계값 최적화로 다른 학습자를 마무리한다.	Data, Preprocessor, Base Learner	Learner, Model
kNN	가장 가까운 훈련 인스턴스에 따라 예측한다.	Data, Preprocessor	Learner, Model
Tree	정방향 가지치기 기능이 있는 트리 알고리즘이다.	Data, Preprocessor	Learner, Model
Random Forest	의사 결정 트리의 앙상블을 사용하여 예측한다.	Data, Preprocessor	Learner, Model

위젯	설명	입력	출력
SVM	서포트 벡터 머신은 입력을 고차원 feature 공간에 매핑한다.	Data, Preprocessor	Learner, Model, Support Vectors
Linear Regression	L1(LASSO), L2(리지) 또는 L1L2(탄성망) 정규화 옵션을 사용하는 선형 회귀 알고리즘이다.	Data, Preprocessor	Learner, Model, Coefficients
Logistic Regression	L1(LASSO) 또는 L2(리지) 정규화를 사용한 로지스틱 회귀 분류 알고리즘이다.	Data, Preprocessor	Learner, Model, Coefficients
Naive Bayes	feature 사이의 독립성을 가정한 Bayes의 정리를 기반으로 한 빠르고 단순한 확률 분류기이다.	Data, Preprocessor	Learner, Model
AdaBoost	약한 학습 알고리즘의 결과물에 가중치를 두어 결합하는 방법으로 최종 결과물을 표현하는 앙상블 메타 알고리즘이다.	Data, Preprocessor, Learner	Learner, Model
Neural Network	역전파를 사용하는 MLP(다층 퍼셉트론) 신경망 알고리즘이다.	Data, Preprocessor	Learner, Model
Stochastic Gradient Descent	경사 하강에 대한 확률적 근사치를 사용하여 목적 함수를 최소화한다.	Data, Preprocessor	Learner, Model, Coefficients
Stacking	여러 예측 모형을 쌓을 수 있다.	Data, Preprocessor, Learner, Aggregate	Learner, Model
Save Model	훈련된 모델을 출력 파일에 저장한다.	Model	X
Load Model	입력 파일에서 모델을 불러온다.	X	Model

4 Evaluate

[그림 Ⅰ-18]과 같이 Evaluate 카테고리를 구성하는 위젯은 분류와 회귀모델의 성능을 평가하는 것과 관련된 위젯들이다. 위젯별 정보는 [표 Ⅰ-6]과 같다.

[그림 Ⅰ-18] Evaluate 카테고리 위젯

[표 Ⅰ-6] Evaluate 위젯별 정보

위젯	설명	입력	출력
Test and Score	교차 검증으로 정확도를 추정한다.	Data, Test Data, Learner, Preprocessor	Predictions, Evaluation Results
Predictions	입력 데이터 세트에 대한 모델의 예측값을 표시한다.	Data, Predictors	Predictions, Evaluation Results
Confusion Matrix	분류자 평가 결과에서 생성된 혼동 행렬을 표시한다.	Evaluation Results	Selected Data, Data
ROC Analysis	분류자 평가에 기반한 수신기 작동 특성(ROC) 곡선을 표시한다.	Evaluation Results	X
Lift Curve	분류자 평가에서 리프트 곡선을 구성하고 표시한다.	Evaluation Results	X
Calibration Plot	분류자 평가에 기반한 캘리브레이션 그래프(Calibration plot)를 표시한다.	Evaluation Results	Calibrated Model

5 Unsupervised

[그림 Ⅰ-19]와 같이 Unsupervised 카테고리를 구성하는 위젯은 비지도 학습과 관련된 위젯들이다. 위젯별 정보는 [표 Ⅰ-7]과 같다.

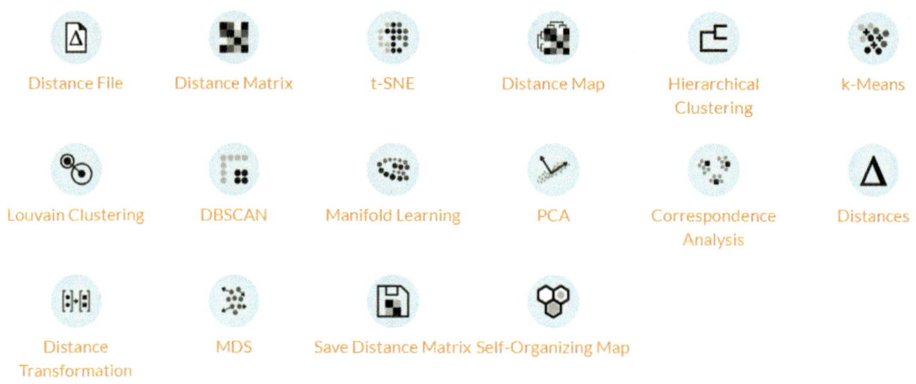

[그림 Ⅰ-19] Unsupervised 카테고리 위젯

[표 Ⅰ-7] Unsupervised 위젯별 정보

위젯	설명	입력	출력
Distance File	기존의 거리 파일을 불러온다.	X	Distances
Distance Matrix	거리 행렬을 표시한다.	Distances	Distances, Selected Data
t-SNE	t-SNE를 사용한 2차원 데이터 투영을 나타낸다.	Data, Data Subset	Selected Data, Data
Distance Map	거리 행렬을 시각화한다.	Distances	Selected Data, Data, Features
Hierarchical Clustering	입력된 거리 행렬에서 생성된 계층적 군집화의 덴드로그램을 표시한다.	Distances	Selected Data, Data
k-Means	k-평균 군집화 알고리즘을 사용하여 항목을 그룹화한다.	Data	Data, Centroids

위젯	설명	입력	출력
Louvain Clustering	가장 가까운 인접 네트워크의 커뮤니티를 탐지한다.	Data	Data
DBSCAN	DBSCAN 클러스터링 알고리즘을 사용하여 항목을 그룹화한다.	Data	Data
Manifold Learning	비선형 차원 감소를 수행한다.	Data	Transformed Data
PCA	입력 데이터의 선형 변환을 수행한다.	Data	Transformed Data, Data, Components, PCA
Correspondence Analysis	범주형 다변량 데이터에 대한 대응 분석을 수행한다.	Data	Coordinates
Distances	쌍별 거리 행렬을 계산한다.	Data	Distances
Distance Transformation	선택한 기준에 따라 거리를 변환한다.	Distances	Distances
MDS	MDS(다차원 스케일링)는 주어진 점 사이의 거리에 적합한 평면에 항목을 투영한다.	Data, Data Subset, Distances	Selected Data, Data
Save Distance Matrix	거리 행렬을 출력 파일에 저장한다.	Distances	X
Self-Organizing Map	자기조직화지도(SOM)를 수행한다.	Data	Selected Data, Data

6 Spectroscopy

[그림 Ⅰ-20]과 같이 Spectroscopy 카테고리를 구성하는 위젯은 분광학과 관련된 위젯들이다. 위젯별 정보는 [표 Ⅰ-8]과 같다.

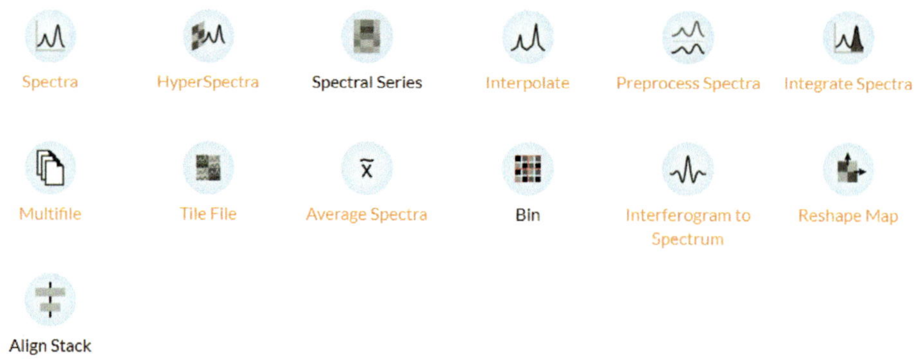

[그림 Ⅰ-20] Spectroscopy 카테고리 위젯

[표 Ⅰ-8] Spectroscopy 위젯별 정보

위젯	설명	입력	출력
Spectra	공간 정보 없이 일련의 스펙트럼을 시각적으로 탐색한다.	Data, Data Subset	Selection, Data
HyperSpectra	하이퍼스펙트럼 2D 그림지도를 표시한다.	Data	Selection, Data
Spectral Series	스펙트럼 계열을 표시한다.	Data	Selection, Data
Interpolate	스펙트럼 데이터를 보간한다.	Data, Points	Interpolated Data
Preprocess Spectra	데이터 전처리 파이프라인을 구성한다.	Data, Reference	Preprocessed Data, Preprocessor
Integrate Spectra	스펙트럼을 다양한 방법으로 통합한다.	Data	Integrated Data, Preprocessor

위젯	설명	입력	출력
Multifile	입력 파일에서 데이터를 읽고 출력으로 데이터 테이블을 보낸다.	X	Data
Tile File	입력 파일에서 타일별로 데이터 읽기, 사전 처리 및 출력으로 데이터 테이블을 전송한다.	Preprocessor	Data
Average Spectra	스펙트럼 평균을 계산한다.	Data	Averages
Bin	좌표와 같은 연속 변수를 기준으로 초분광 데이터 세트를 빈으로 만든다.	Data	Binned Data
Interferogram to Spectrum	0으로 채우기, 아포다이제이션 및 위상 보정을 포함하여 인터페로그램에서 고속 푸리에 변환을 수행한다.	Interferogram, Stored phase	Spectra, Phases
PLS	다변량 데이터 분석을 위한 부분 최소 제곱 회귀 분석을 수행한다.	Data, Preprocessor	Learner, Model, Coefficients
Reshape Map	입력 데이터 세트의 모양을 구축하거나 수정하여 영상 시리즈 데이터에서 2D 맵을 만들거나 기존 2D 데이터 세트의 크기를 변경한다.	Data	Map Data
Align Stack	다양한 방법을 사용하여 이미지 스택을 정렬하고 자른다.	Stack of images	Aligned image stack

7 Text Mining

[그림 Ⅰ-21]과 같이 Text Mining 카테고리를 구성하는 위젯은 텍스트 마이닝과 관련된 위젯들이다. 위젯별 정보는 [표 Ⅰ-9]와 같다.

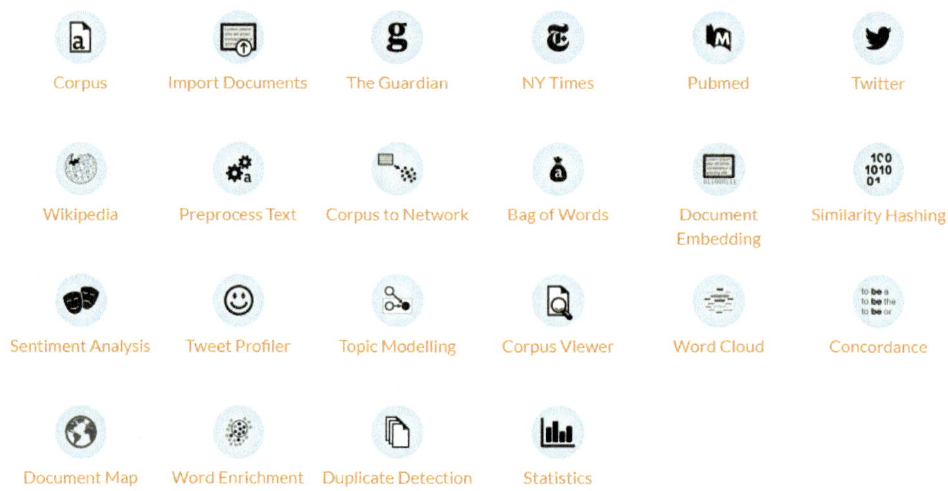

[그림 Ⅰ-21] Text Mining 카테고리 위젯

[표 Ⅰ-9] Text Mining 위젯별 정보

위젯	설명	입력	출력
Corpus	텍스트 문서의 말뭉치를 불러온다.	Data	Corpus
Import Documents	폴더에서 텍스트 문서를 가져온다.	X	Corpus, Skipped documents
The Guardian	가디언 API에서 기사를 가져온다.	X	Corpus
NY Times	뉴욕타임즈 검색 API에서 기사를 가져온다.	X	Corpus
Pubmed	Pubmed에서 데이터를 가져온다.	X	Corpus

위젯	설명	입력	출력
Twitter	Twitter API에서 트윗을 불러온다.	X	Corpus
Wikipedia	위키피디아 API에서 데이터를 가져온다.	X	Corpus
Preprocess Text	텍스트 전처리 파이프라인을 구성한다.	Corpus	Corpus
Corpus to Network	지정된 말뭉치에서 네트워크를 구성한다.	Corpus	Node Data
Bag of Words	입력 말뭉치에서 단어 주머니를 생성한다.	Corpus	Corpus
Document Embedding	사전 훈련된 고속 텍스트 모델을 사용하여 입력 말뭉치의 문서를 벡터 공간에 삽입한다	Corpus	Embeddings, Skipped documents
Similarity Hashing	문서의 해시를 계산한다.	Corpus	Corpus
Sentiment Analysis	텍스트에서 감정을 계산한다.	Corpus	Corpus
Tweet Profiler	트윗에서 Ekman's, Plutchik's 또는 Profile of Mood States의 감정을 탐지한다.	Corpus	Corpus
Topic Modelling	말뭉치의 숨겨진 주제 구조를 밝혀낸다.	Corpus	Corpus, Selected Topic, All Topics
Corpus Viewer	말뭉치 내용을 표시한다.	Corpus	Matching Docs, Other Docs

위젯	설명	입력	출력
Word Cloud	말뭉치에서 워드 크라우드를 생성한다.	Corpus, Topics	Corpus, Selected Words, Word Counts
Concordance	단어의 맥락을 표시한다.	Corpus, Query Word	Selected Documents, Concordances
Document Map	텍스트에 언급된 지리적 위치를 표시한다.	Data	Corpus
Word Enrichment	선택한 문서에 대한 단어 확장 분석 결과를 표시한다.	Selected Data, Data	X
Duplicate Detection	말뭉치에서 중복을 탐지하고 제거한다.	Distances	Corpus Without Duplicates, Duplicates Cluster, Corpus
Statistics	문서에 대한 새 통계 변수를 작성한다.	Corpus	Corpus

8 Bioinformatics

[그림 Ⅰ-22]와 같이 Bioinformatics 카테고리를 구성하는 위젯은 생물정보학과 관련된 위젯들이다. 위젯별 정보는 [표 Ⅰ-10]과 같다.

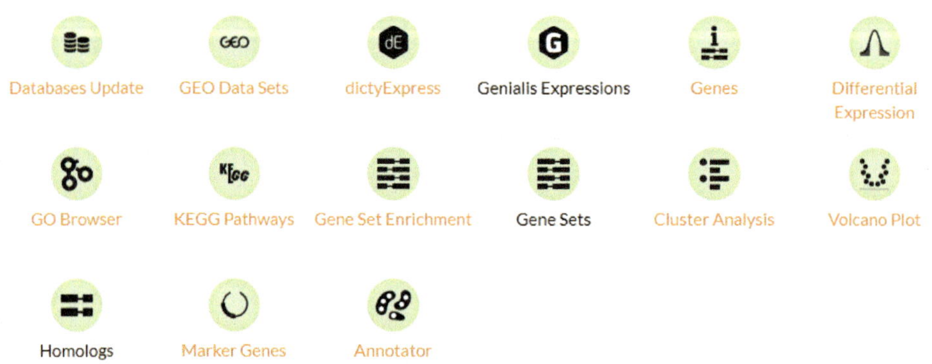

[그림 Ⅰ-22] Bioinformatics 카테고리 위젯

[표 Ⅰ-10] Bioinformatics 위젯별 정보

위젯	설명	입력	출력
Databases Update	유전자 온톨로지, 주석, 유전자 이름, 단백질 상호작용 네트워크 등과 같은 로컬 시스템 생물학 데이터베이스를 업데이트한다.	X	X
GEO Data Sets	유전자 표현 옴니버스로부터 데이터 세트에 대한 접근을 제공한다.	X	Expression Data
dictyExpress	Baylor Medicine College의 Dictyostelium에서 선택한 실험에서 데이터를 다운로드 한다.	X	Data
Genialis Expressions	Genialis Expressions의 데이터를 활용한다.	X	Expressions
Genes	입력 유전자 ID를 해당 Entrez ID와 일치시킨다.	Data	Data, Genes
Differential Expression	선택한 실험에 대한 차동 유전자 발현을 표시한다.	Data	Data Subset, Remaining Data Subset, Selected Genes
GO Browser	Gen Ontology 데이터베이스에 대한 접근을 제공한다.	Cluster Data, Reference Data	Data on Selected Genes, Enrichment Report
KEGG Pathways	유전자 입력 세트를 포함하는 KEGG Pathways를 탐색한다.	Data, Reference	Selected Data, Unselected Data
Gene Sets	유전자 세트 관련 데이터베이스에 대한 접근을 제공한다.	Data, Custom Gene Sets	Matched Genes
Gene Set Enrichment	유전자 세트를 풍부하게 한다.	Data, Custom Gene Sets, Reference Genes	Matched Genes

위젯	설명	입력	출력
Volcano Plot	유전자 발현율에 대해 유의성 대 Fold change를 표시한다.	Data, Data Subset	Selected Data, Data
Cluster Analysis	클러스터를 특성화하는 차별적으로 발현된 유전자와 차별적으로 발현된 유전자를 설명하는 해당 유전자 용어를 표시한다.	Data, Custom Gene Sets	Selected Data, Gene Scores, Gene Set Scores
Homologs	진화 과정에서 유효한 관계가 있는 유전자들이나 단백질 등을 나타낸다.	Data	Genes
Marker Genes	마커 유전자의 공개 데이터베이스에 대한 액세스를 제공한다.	X	Genes
Annotator	투영 클러스터에 주석을 추가한다.	Reference Data, Secondary Data, Genes	Selected Data, Data

9 Single Cell

[그림 Ⅰ-23]과 같이 Single Cell 카테고리를 구성하는 위젯은 단일 세포 분석과 관련된 위젯들이다. 위젯별 정보는 [표 Ⅰ-11]과 같다.

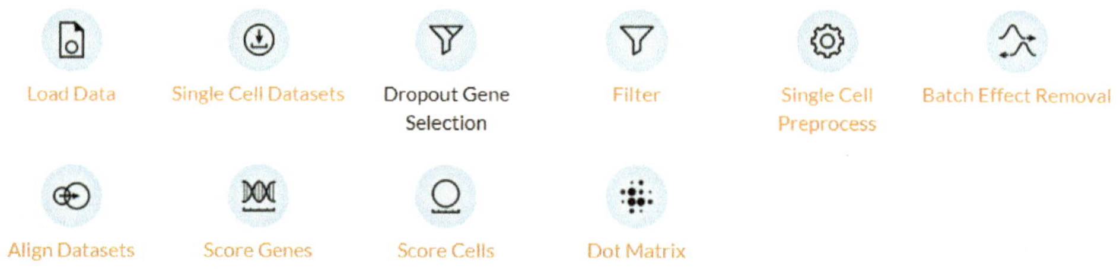

[그림 Ⅰ-23] Single Cell 카테고리 위젯

[표 Ⅰ-11] Single Cell 위젯별 정보

위젯	설명	입력	출력
Load Data	다중 표본 분석을 위해 표본을 불러온다. (* 3.27.1버전에서는 해당 위젯 실행시 오렌지3가 응답없음으로 되는 현상이 있음)	X	Data
Single Cell Datasets	온라인 저장소에서 데이터 세트를 불러온다.	X	Data
Dropout Gene Selection	드롭아웃 기반으로 유전자를 선택한다.	Data, Genes	Data
Filter	세포와 유전자 필터를 적용한다.	Data	Data
Single Cell Preprocess	단일 세포 데이터 세트의 전처리 파이프라인을 구축한다.	Data	Preprocessed Data
Batch Effect Removal	단일 세포 데이터 세트에 배치 효과를 제거한다.	Data	Data
Align Datasets	상관 관계 시각화 다이어그램에 여러 데이터 세트를 정렬한다.	Data	Transformed Data, Genes per n.Components
Score Genes	관련성에 따라 유전자를 채점하고 필터링한다.	Data, Scorer	Reduced Data, Scores
Score Cells	주어진 유전자 세트에 기초한 세포 점수를 추가한다.	Data, Genes	Data
Dot Matrix	클러스터 분석을 수행한다.	Data	Selected Data, Data, Contingency Table

10 Image Analytic

[그림 Ⅰ-24]와 같이 Image Analytic 카테고리를 구성하는 위젯은 이미지 분석과 관련된 위젯들이다. 위젯별 정보는 [표 Ⅰ-12]와 같다.

[그림 Ⅰ-24] Image Analytic 카테고리 위젯

[표 Ⅰ-12] Image Analytic 위젯별 정보

위젯	설명	입력	출력
Import Images	디렉터리에서 이미지를 가져온다.	X	Data
Image Viewer	데이터에서 참조된 이미지를 본다.	Data	Selected Images, Data
Image Embedding	심층 신경망을 통해 이미지를 임베딩한다.	Images	Embeddings, Skipped Images
Image Grid	유사성 그리드에서 이미지를 시각화한다.	Embeddings, Data Subset	Selected Images, Images
Save Images	이미지를 디렉터리에 저장한다.	Data	X

11 Networks

[그림 Ⅰ-25]와 같이 Networks 카테고리를 구성하는 위젯은 네트워크 시각화 및 분석과 관련된 위젯들이다. 위젯별 정보는 [표 Ⅰ-13]과 같다.

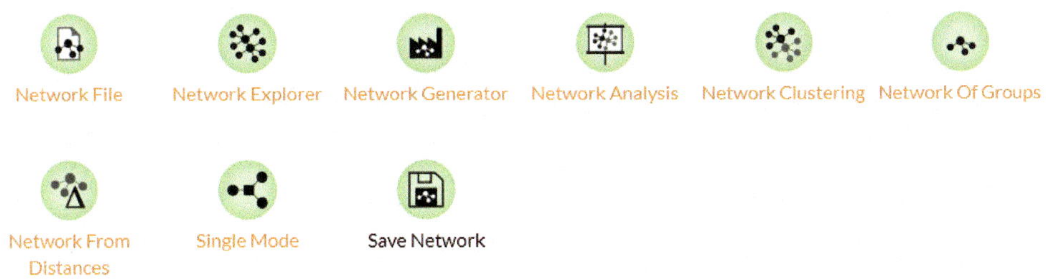

[그림 Ⅰ-25] Networks 카테고리 위젯

[표 Ⅰ-13] Networks 위젯별 정보

위젯	설명	입력	출력
Network File	네트워크 그래프 파일을 불러온다.	Items	Network, Items
Network Explorer	네트워크와 해당 속성을 시각적으로 탐색한다.	Node Data, Node Subset, Network, Node Distances	Selected Data, Data, Selected Sub-network, Remaining Sub-network, Distance matrix
Network Generator	예제 그래프를 구성한다.	X	Network
Network Analysis	네트워크 데이터의 통계적 분석을 수행한다.	Network, Items	Network, Items
Network Clustering	네트워크에서 커뮤니티를 감지한다.	Network	Network, Items
Network Of Groups	feature별로 인스턴스를 그룹화하고 관련 그룹을 연결한다.	Network, Data	Network, Data

위젯	설명	입력	출력
Network From Distances	지정된 임계값 사이의 거리가 있는 데이터 테이블에서 노드를 연결하여 그래프 개체를 구성한다.	Distances	Network, Data, Distances
Single Mode	다중 모드 그래프를 단일 모달로 변환한다.	Network	Network
Save Network	네트워크를 출력 파일에 저장한다.	Network	X

12 Geo

[그림 Ⅰ-26]과 같이 Geo 카테고리를 구성하는 위젯은 지역 분석과 관련된 위젯들이다. 위젯별 정보는 [표 Ⅰ-14]와 같다.

[그림 Ⅰ-26] Geo 카테고리 위젯

[표 Ⅰ-14] Geo 위젯별 정보

위젯	설명	입력	출력
Geocoding	지역 이름을 지리적 좌표로 인코딩하거나 위도 및 경도 쌍을 지역 이름으로 역으로 지오 코딩한다.	Data	Coded Data
Geo Map	세계 지도에 데이터 점을 표시한다.	Data, Data Subset	Selected Data, Data
Choropleth Map	표시되는 통계 변수의 측정에 비례하여 영역이 음영 처리되는 주제 맵을 표시한다.	Data	Selected Data, Data

13 Educational

[그림 Ⅰ-27]과 같이 Educational 카테고리를 구성하는 위젯은 교육적 활용과 관련된 위젯들이다. 위젯별 정보는 [표 Ⅰ-15]와 같다.

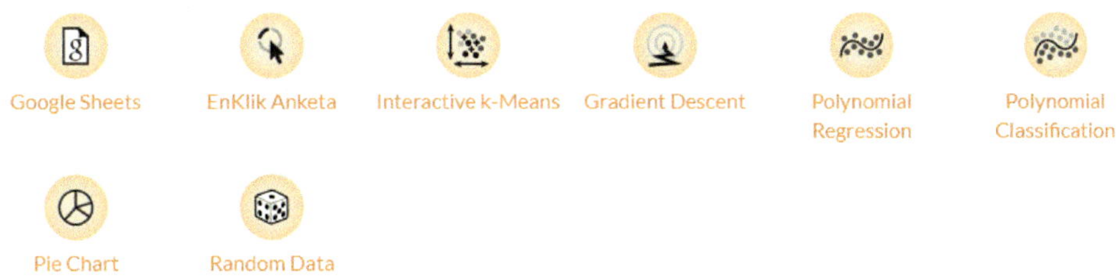

[그림 Ⅰ-27] Educational 카테고리 위젯

[표 Ⅰ-15] Educational 위젯별 정보

위젯	설명	입력	출력
Google Sheets	구글 스프레드시트에서 데이터를 가져온다.	X	Data
EnKlik Anketa	EnKlik Anketa(1ka.si) 공개 URL에서 데이터를 가져온다.	X	Data
Interactive k-Means	k-평균 알고리즘의 작동을 보여준다.	Data	Annotated Data, Centroids
Gradient Descent	로지스틱 회귀 분석의 경사 하강 절차를 보여준다.	Data	Model, Coefficients, Data
Polynomial Regression	다항식 확장이 포함된 일변량 회귀 분석을 수행한다.	Data, Preprocessor, Learner	Learner, Model, Coefficients, Data
Polynomial Classification	속성의 다항식 확장을 통해 두 클래스의 분류를 보여준다.	Data, Preprocessor, Learner	Learner, Model, Coefficients, Data

위젯	설명	입력	출력
Pie Chart	원형 차트에서 개별 속성을 시각화한다.	Data	X
Random Data	랜덤 데이터 샘플을 생성한다.	X	Data

14 Time Series

[그림 Ⅰ-28]과 같이 Time Series 카테고리를 구성하는 위젯은 시계열 데이터 분석과 관련된 위젯들이다. 위젯별 정보는 [표 Ⅰ-16]과 같다.

[그림 Ⅰ-28] Time Series 카테고리 위젯

[표 Ⅰ-16] Time Series 위젯별 정보

위젯	설명	입력	출력
Yahoo Finance	야후 파이낸스 주식 시장 데이터에서 시계열을 생성한다.	X	Time Series
As Timeseries	데이터 테이블을 시계열 개체로 재해석한다.	Data	Time Series
Interpolate	보간법을 통해 시계열에서 결측값(nan)을 유도한다.	Time Series	Interpolated Time Series, Time Series

위젯	설명	입력	출력
Moving Transform	롤링 윈도우 방법을 시계열에 적용한다.	Time Series	Time Series
Line Chart	시계열의 시퀀스 및 진행을 시각화한다.	Time Series, Forecast	X
Perlodogram	시계열의 주기, 계절성, 주기성 및 가장 중요한 빈도를 시각화한다.	Time Series	X
Correlogram	시계열의 자기 상관 계수를 시각화한다.	Time Series	X
Spiralogram	나선형 열 지도에서 시계열의 주기성을 시각화한다.	Time Series	Time Series
Granger Causality	한 시계열 Granger가 다른 시계열을 유발하는지 (즉, 지표가 될 수 있는지) 테스트한다.	Time Series	X
ARIMA Model	ARMA, ARIMA 또는 ARIMAX를 사용하여 시계열을 모델링 한다.	Time Series, Exogenous Data	Time Series Model, Forecast, Fitted Values, Residuals
VAR Model	벡터 자동 회귀(VAR)를 사용하여 시계열을 모델링 한다.	Time Series	Time Series Model, Forecast, Fitted Values, Residuals
Model Evaluation	루트 평균 제곱 오차(RMSE), 중위 절대 오차(MAE), 평균 절대 백분율 오차(MAPE), 방향 변경 예측(POCID), 결정 계수(AIC), 베이지안 정보 기준(BIC)의 관점에서 서로 다른 시계열 모델을 비교하여 평가한다.	Time Series, Time Series Model	X
Time Slice	시간 간격에 대한 측정 조각을 선택한다.	Data	Subset

위젯	설명	입력	출력
Aggregate	초, 분, 시간, 일, 주, 월 또는 연도별로 데이터를 빈에 집계한다.	Time Series	Time Series
Difference	시계열 값을 따라 1차 또는 2차 이산형 차이로 바꿔 시계열은 정지 상태로 만든다.	Time Series	Time Series
Seasonal Adjustment	계절 패턴을 나타내는 시계열의 계절 성분을 제거한다.	Time Series	Time Series

15 Associate

[그림 Ⅰ-29]와 같이 Associate 카테고리를 구성하는 위젯은 연관 분석과 관련된 위젯들이다. 위젯별 정보는 [표 Ⅰ-17]과 같다.

[그림 Ⅰ-29] Associate 카테고리 위젯

[표 Ⅰ-17] Associate 위젯별 정보

위젯	설명	입력	출력
Frequent Itemsets	자주 함께 나타나는 항목 집합을 탐색한다.	Data	Matching Data
Association Rules	데이터에서 연결 규칙을 유도한다.	Data	Matching Data, Rules

5. 오렌지3 기본 워크플로우

앞서 살펴본 것과 같이 각각의 위젯들은 고유의 입력 가능한 요소와 출력되는 요소를 가지고 있다. 이러한 내용을 바탕으로 필요한 위젯들을 적절히 연결하면 나만의 머신러닝 및 데이터 마이닝을 위한 워크플로우를 제작해 나갈 수 있다. 하지만 사용자가 처음에 워크플로우를 어디서부터 어떻게 시작해야 할지 잘 모르기 때문에 오렌지3에는 프로그램에 익숙해지도록 설계된 다양한 워크플로우 템플릿이 포함되어 있다. 웰컴 팝업창에서 "Examples"로 들어가서 템플릿을 선택하여 탐색하거나 오렌지3에 있는 메뉴의 [Help]-[Example workflows]로 들어가면 워크플로우 템플릿을 선택할 수 있다. 또는 오렌지3 공식 홈페이지의 Workflows 항목을 클릭하면 그 내용을 확인할 수 있다. 워크플로우 템플릿을 활용하면 오렌지3에서 이루어지는 작업 프로세스를 쉽게 이해할 수 있을 뿐만 아니라 필요한 경우 내가 원하는 데이터만 워크플로우 템플릿에 적용하거나 일부 위젯을 변경하여 머신러닝 모델링 및 데이터 분석에 활용할 수 있다.

1 파일 및 데이터 테이블

이 워크플로우에서는 [그림 Ⅰ-30]과 같이 파일 위젯에서 데이터를 읽는다. 파일 위젯은 이 데이터를 스프레드시트의 데이터를 표시하는 데이터 테이블 위젯으로 전달한다. 파일의 출력이 데이터 테이블의 입력에 연결된다.

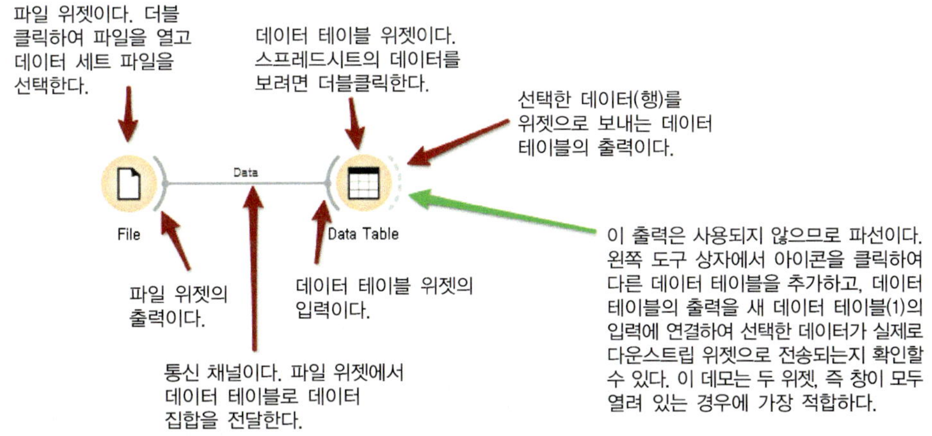

[그림 Ⅰ-30] 파일 및 데이터 테이블 워크플로우

2 대화형 시각화

오렌지3에서 대부분의 시각화는 대화형이다. [그림 Ⅰ-31]과 같이 산점도를 예로 들 수 있다. 산점도 위젯을 더블 클릭하여 열고 그림에서 몇 개의 데이터 점을 마우스로 선택한다. 선택한 데이터가 자동으로 데이터 테이블로 전파된다. 선택한 데이터를 확인하려면 데이터 테이블 위젯을 더블 클릭한다. 선택을 변경하고 데이터 테이블의 변경된 내용을 관찰한다. 이 방법은 두 위젯이 모두 열려 있는 경우에 가장 적합하다.

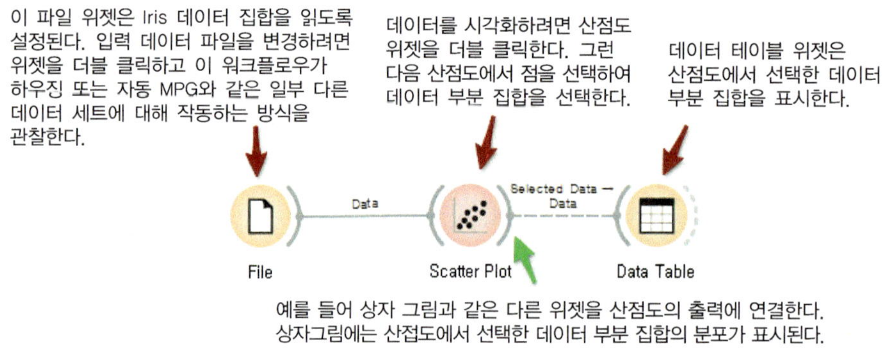

[그림 Ⅰ-31] 대화형 시각화 워크플로우

3 데이터 하위 집합의 시각화

산점도 및 여러 데이터 투영 위젯과 같은 일부 시각화 위젯은 데이터 하위 집합에 데이터 인스턴스를 노출시킬 수 있다. [그림 Ⅰ-32]와 같이 이 워크플로우에서 산점도는 입력 데이터 파일의 데이터를 시각화하지만 데이터 테이블(선택한 행)에서 선택한 데이터 지점도 동시에 표시한다.

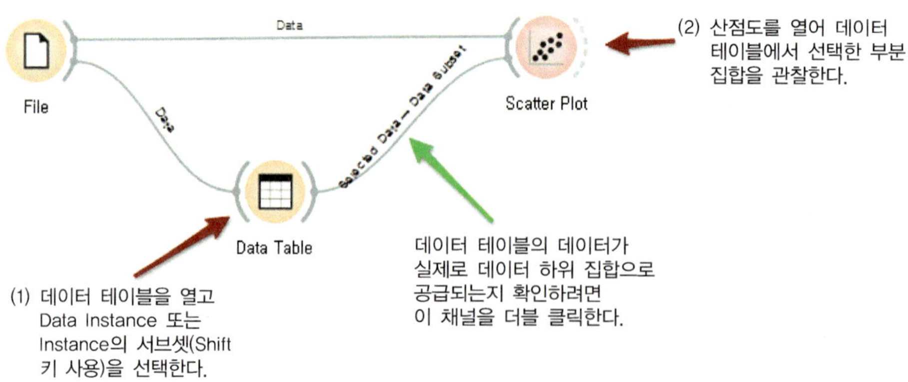

[그림 Ⅰ-32] 데이터 하위 집합의 시각화 워크플로우

4 피벗 테이블

피벗 테이블을 사용하면 데이터를 집계하고 변환할 수 있다. [그림 Ⅰ-33]과 같이 이 워크플로우는 Kickstarter 프로젝트를 가져와 월별로 집계한다. 매월 발표된 프로젝트의 빈도를 점검하여 자금 지원 및 비자금 지원 프로젝트의 차이를 관찰할 수 있다. 피벗을 사용하여 여러 테이블을 구성하고 다른 집계 방법을 실험해 볼 수 있다.

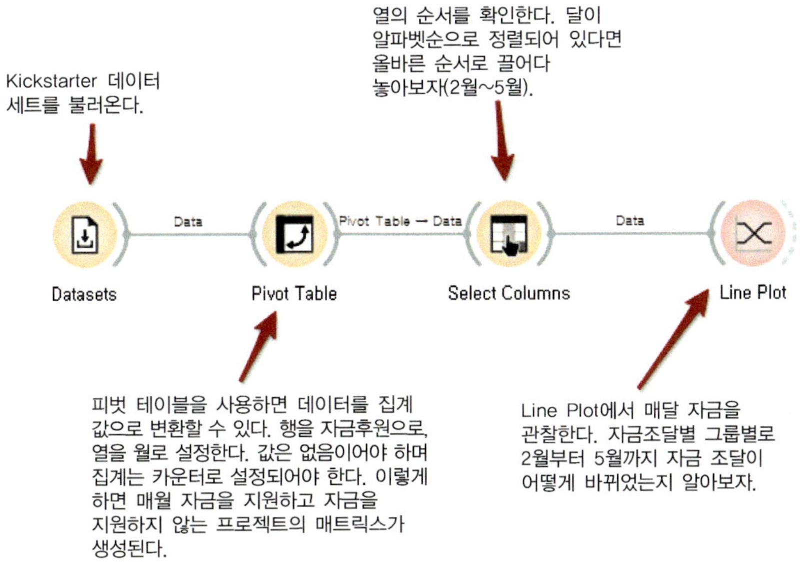

[그림 Ⅰ-33] 피벗 테이블 워크플로우

5 분류 트리

이 워크플로우는 분류 트리의 인터페이스 및 시각화를 산점도와 결합한다. 트리 뷰어와 산점도가 모두 열려 있는 경우 트리 노드를 선택하면 관련 데이터 인스턴스가 산점도로 전송된다. [그림 Ⅰ-34]와 같이 워크플로우에서 선택한 데이터는 전체 데이터 세트의 하위 집합으로 처리되고 산점도에서 강조 표시된다. 간단한 위젯 조합으로 대화형 분류 트리 브라우저를 구성할 수 있다.

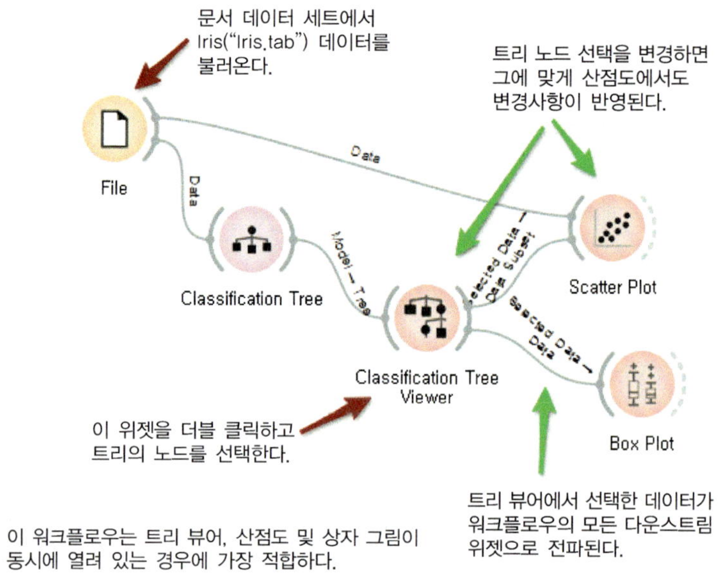

[그림 Ⅰ-34] 분류 트리 워크플로우

6 주성분 분석(Principal Component Analysis)

PCA는 데이터를 상관관계가 없는 변수, 즉 주성분이라고도 하는 데이터 세트로 변환한다. PCA 위젯은 최상의 주성분별 분산 정도를 보여주는 그래프(화면 다이어그램)를 표시하며 출력 데이터 세트에 포함할 성분의 수를 대화식으로 설정할 수 있다. 이 워크플로우에서는 [그림 Ⅰ-35]와 같이 데이터 테이블과 산점도에서 변환을 관찰할 수 있다.

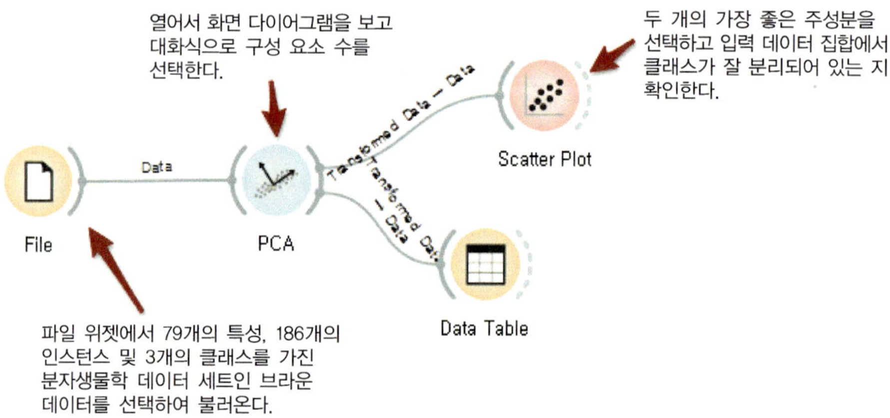

[그림 Ⅰ-35] 주성분 분석 워크플로우

7 계층적 클러스터링

워크플로우는 [그림 Ⅰ-36]과 같이 먼저 데이터 인스턴스 간의 거리를 검사하여 홍채 데이터 세트의 데이터 항목을 클러스터링한다. 거리 행렬은 덴드로그램을 렌더링하는 계층적 클러스터링으로 전달된다. 해당 데이터를 추가로 분석하려면 덴드로그램의 다른 부분을 선택한다.

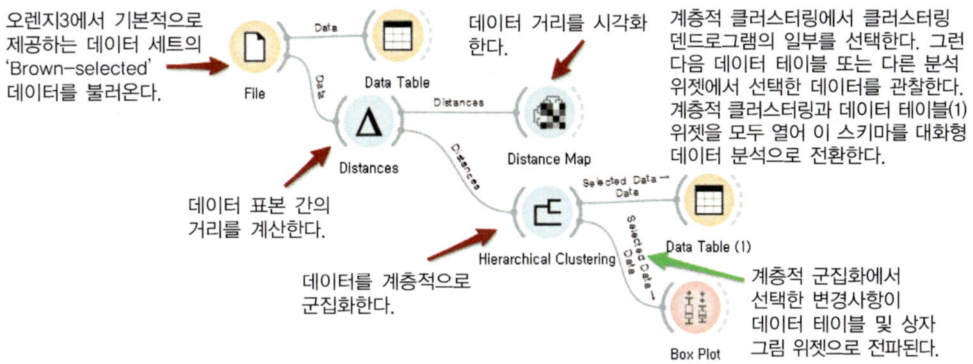

[그림 Ⅰ-36] 계층적 클러스터링 워크플로우

8 클러스터 검사

동물군을 발견하기 위해 계층적 군집화와 함께 동물원 데이터 세트를 사용한다. 이제 클러스터별로 어떤 것이 중요한지 알아볼 수 있다. 워크플로우는 [그림 Ⅰ-37]과 같이 군집을 상자 그림으로 전달하고 '관련성별 순서'를 사용하여 군집을 정의하는 항목을 검색한다. 군집화가 클래스 레이블을 인식하지 못했는데도 유형별로 잘 구분되어 있는 것을 확인할 수 있다.

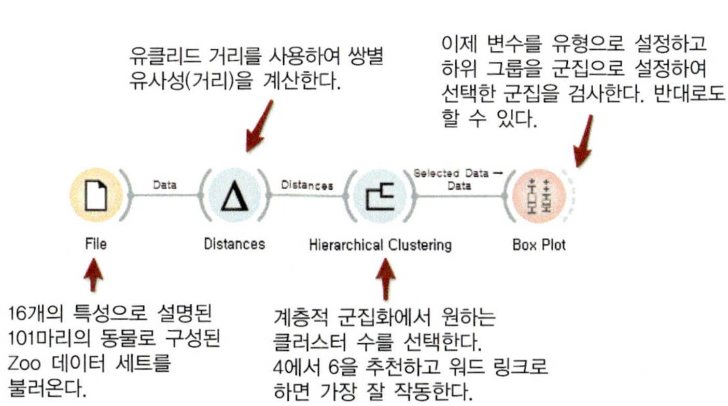

[그림 Ⅰ-37] 클러스터 검사 워크플로우

9 Feature 점수 및 순위

데이터 인스턴스에 클래스 레이블로 주석이 달린 지도학습 문제의 경우, 어떤 것이 가장 유용한 feature가 무엇인지 알고 싶은 경우 순위 위젯은 features 및 해당 정보 점수표를 제공하며 수동 feature 선택을 지원한다. 워크플로우에서 [그림 I-38]과 같이 이 기능을 사용하여 갈색으로 선택된 데이터 세트에서 초기 79개 중 가장 좋은 두 가지 features를 찾고 산점도로 표시한다.

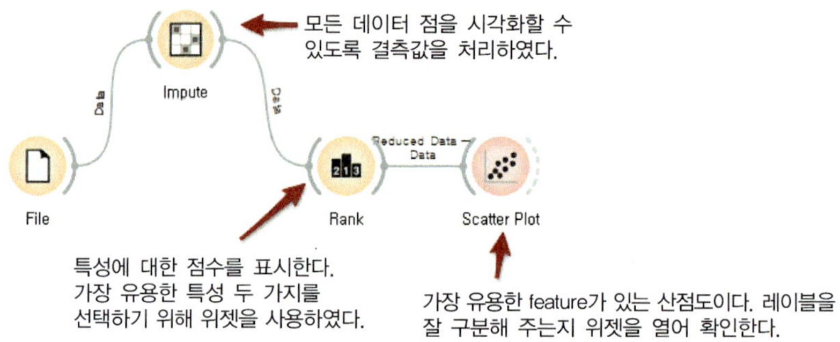

[그림 I-38] Feature 점수 및 순위 워크플로우

10 교차 검증

분류 데이터셋에서 모델별로 지도학습 방법이 얼마나 우수한지 알 수 있을까? 여기 [그림 I-39]와 같이 데이터 세트에 대한 다양한 분류 기법을 채점하는 워크플로우가 있다. 여기서 중요한 위젯은 테스트 및 점수 위젯으로, 데이터와 학습 모델이 제공되고 교차 검증 및 예측 정확도를 채점하며 추가 검사를 위해 점수를 출력한다.

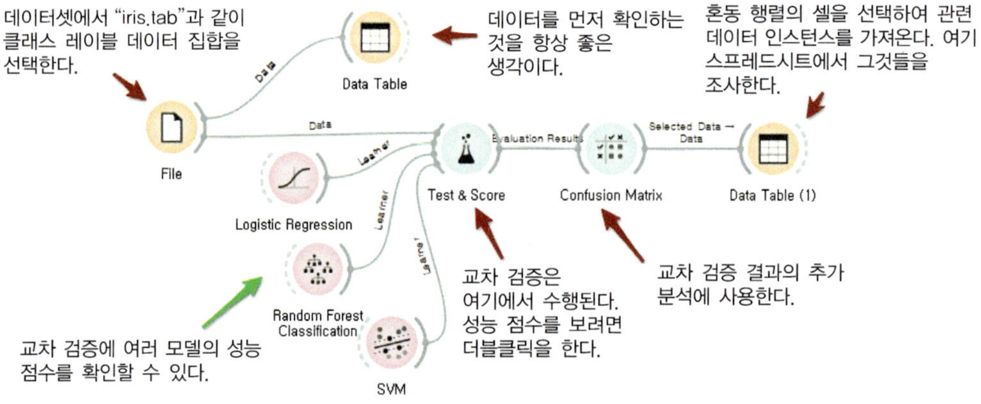

[그림 I-39] 교차 검증 워크플로우

11 오분류 위치

로지스틱 회귀 분석의 교차 검증은 잘못 분류된 데이터 인스턴스를 노출시킬 수 있다. [그림 Ⅰ-40]과 같이 Iris 데이터 세트의 RIDGE 정규화 로지스틱 회귀 분석에는 오분류된 5개의 인스턴스가 있다. 혼동 행렬에서 서로 다른 유형의 오분류를 선택하여 산점도에서 강조 표시할 수 있다. 잘못 분류된 인스턴스는 산점도 투영에서 클래스 경계 영역에 가깝다는 것을 알 수 있다.

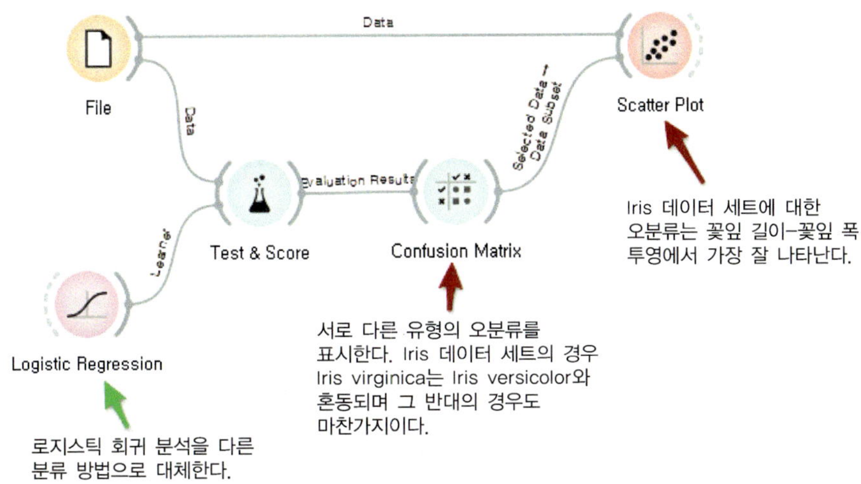

[그림 Ⅰ-40] 오분류 위치 워크플로우

12 텍스트 전처리

텍스트 마이닝은 세심한 전처리가 필요하다. [그림 Ⅰ-41]은 문서에서 토큰을 만들기 위해 간단한 전처리를 사용하는 워크플로우이다. 먼저 소문자를 적용한 다음 텍스트를 단어로 분할하고, 마지막으로 자주 사용하는 중지 단어를 제거한다. 전처리는 언어에 따라 다르므로 필요한 경우 언어를 텍스트 언어로 변경한다. 전처리 결과는 워드 클라우드에서 확인할 수 있다.

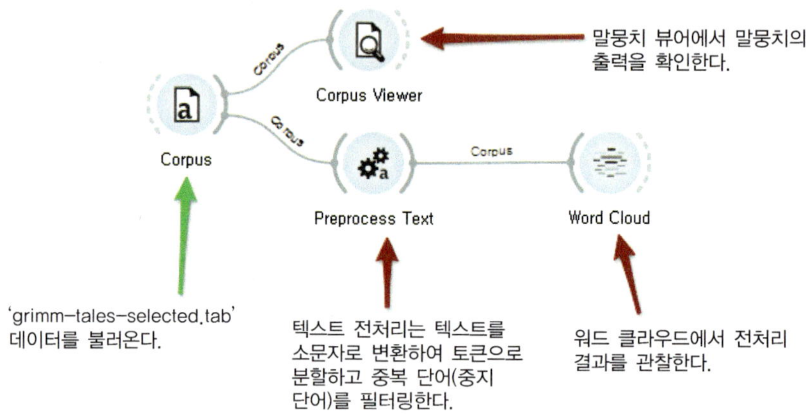

[그림 Ⅰ-41] 텍스트 전처리 워크플로우

13 텍스트 클러스터링

[그림 Ⅰ-42]의 워크플로우는 Grimm's tales 말뭉치를 클러스터링한다. 먼저 데이터를 전처리하고 단어 행렬을 구성하는 것으로 시작한다. 그런 다음 문서 간의 코사인 거리를 계산하고 덴드로그램을 표시하는 계층적 군집 분석을 사용한다. MDS의 클러스터에 얼마나 잘 대응하는지 관찰한다.

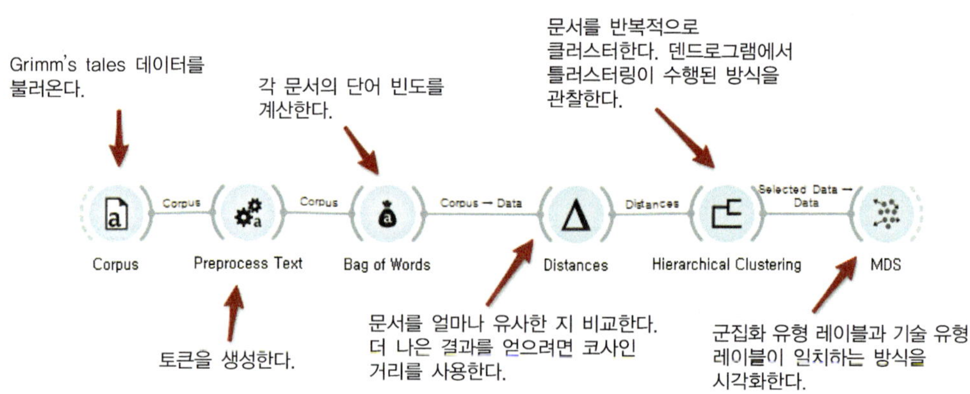

[그림 Ⅰ-42] 텍스트 클러스터링 워크플로우

14 텍스트 분류

예측 모델을 사용하여 문서를 저자, 유형, 감정 등에 따라 분류할 수 있다. [그림 Ⅰ-43]의 워크플로우에서는 문서를 Tales of Magic 또는 Animal tales 토픽 유형으로 분류할 것을 학습시킨다.

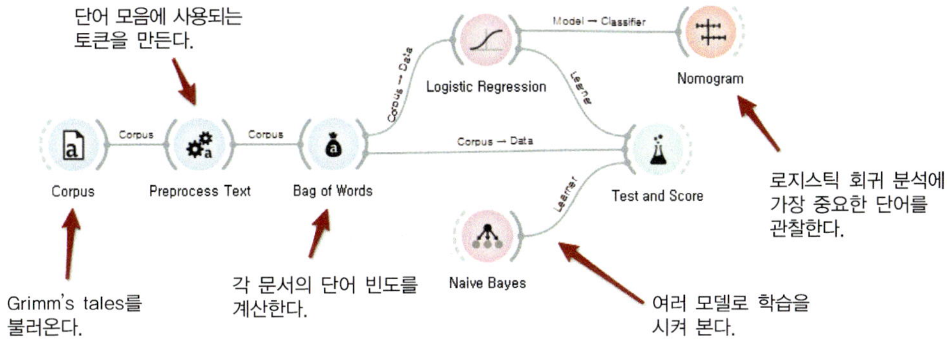

[그림 Ⅰ-43] 텍스트 분류 워크플로우

15 텍스트 분류 모델 평가

텍스트 데이터를 분류하는 모델을 평가하는 방법은 [그림 Ⅰ-44]의 워크플로우와 같이 혼동 행렬과 말뭉치 뷰어를 활용하면 된다.

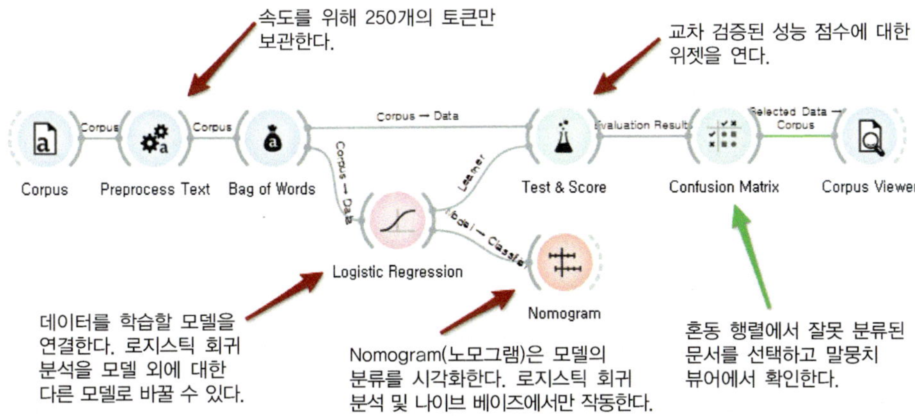

[그림 Ⅰ-44] 텍스트 분류 모델 평가 워크플로우

16 텍스트 분류 모델 예측

그림 동화로 학습된 이야기 유형 분류 모델로 새로운 데이터인 안데르센 동화의 유형을 예측하는 방법은 [그림 Ⅰ-45]의 워크플로우와 같다.

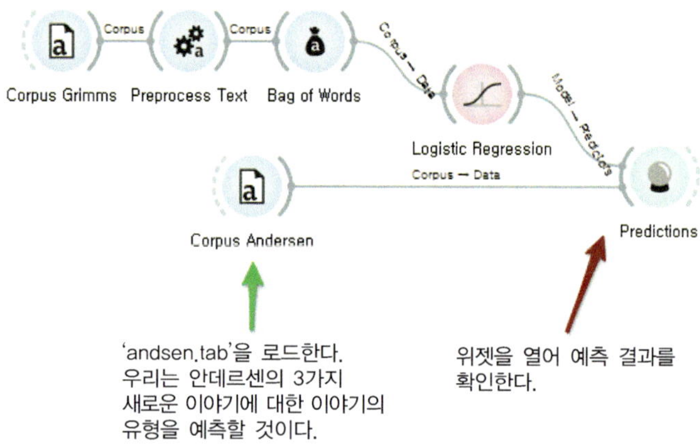

[그림 Ⅰ-45] 텍스트 분류 모델 예측 워크플로우

17 트위터 데이터 분석

트위터는 사회과학자, 마케팅 관리자, 언어학자, 경제학자 등에게 귀중한 정보의 원천이다. [그림 Ⅰ-46]의 워크플로우에서는 트위터에서 데이터를 검색하고, 데이터를 사전 처리하며, 주제 모델링으로 잠재된 주제를 찾아낸 후 열 지도에서 주제를 관찰한다.

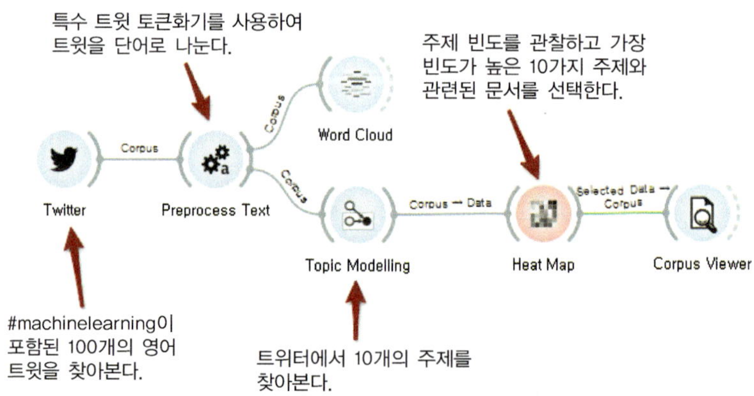

[그림 Ⅰ-46] 트위터 데이터 분석 워크플로우

18 스토리 아크

[그림 Ⅰ-47]과 같이 이 워크플로우에서는 성냥팔이 소녀 이야기의 스토리 아크를 살펴본다. 먼저 우리는 안데르센 이야기들의 말뭉치에서 그 이야기를 선택한 후 테이블을 만든다. 여기서 이야기의 각 문장은 별개의 행이다. 우리는 감정 분석을 사용하여 각 문장의 감정을 계산한 다음 이야기를 통해 감정적인 아크를 관찰한다. 우리는 또한 열 지도와 말뭉치 뷰어에서 비슷한 점수를 가진 문장을 검사한다.

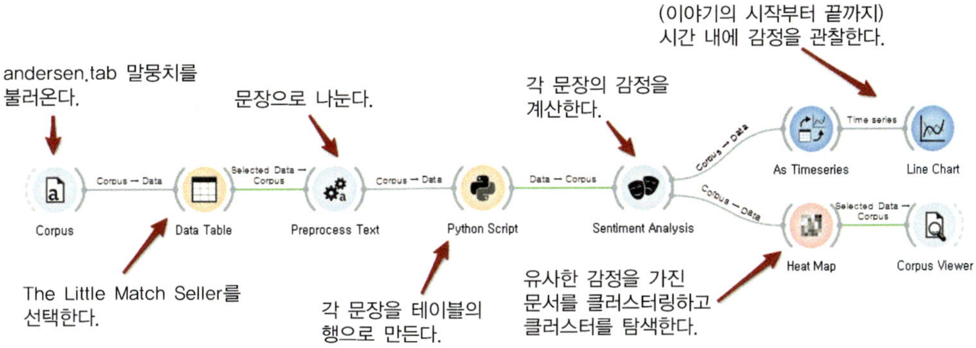

[그림 Ⅰ-47] 스토리 아크 워크플로우

Ⅱ

데이터 주무르기

1. File

위젯	설명	입력	출력
File	입력 파일 또는 네트워크에서 데이터를 읽고 출력으로 데이터 테이블을 보낸다.	X	Data

파일 위젯은 입력 데이터 파일(데이터인스턴스가 포함된 데이터 테이블)을 읽고 데이터 세트를 출력 채널로 보낸다. [그림 Ⅱ-1]과 같이 가장 최근에 연 파일의 기록은 위젯에서 유지된다. 또한 위젯에는 Orange와 함께 사전 설치된 샘플 데이터 세트가 있는 디렉토리도 포함된다. 이 위젯은 Excel(.xlsx), 단순 탭 구분(.txt), 쉼표로 구분된 파일(.csv) 또는 URL에서 데이터를 읽는다. [표 Ⅱ-1]에서 세부 설명을 참고한다.

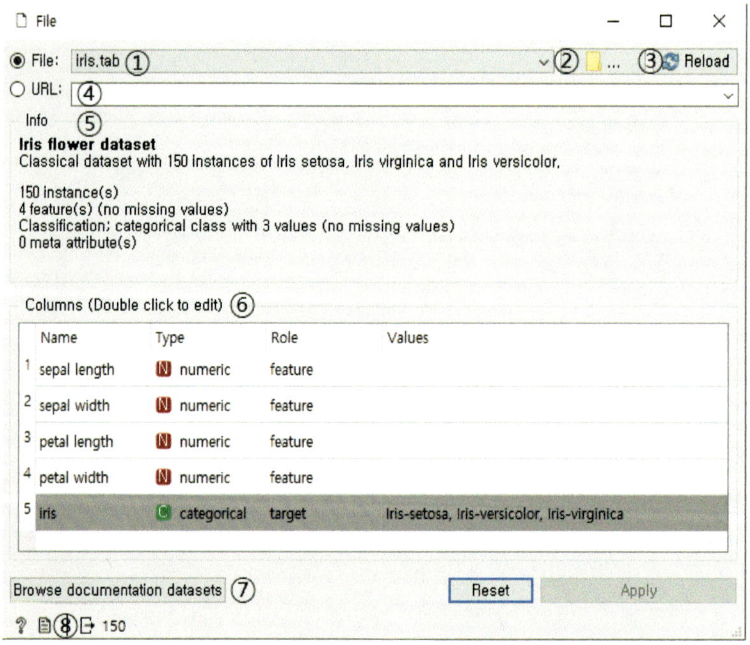

[그림 Ⅱ-1] File 위젯 창

오렌지3는 쉼표, .xlsx 또는 탭으로 구분된 데이터 파일 또는 URL을 가져올 수 있다. 파일 위젯을 사용하여 필요한 경우 클래스 및 메타 데이터 속성을 선택할 수 있다.

[표 Ⅱ-1] File 위젯 창 세부 설명

① File	이전에 열었던 데이터 파일을 찾아보거나 샘플 파일을 불러온다.
② Open	데이터 파일을 찾는다.
③ Reload	현재 선택한 데이터 파일을 다시 불러온다.
④ URL	Google Sheets의 데이터를 포함하여 URL 주소에서 데이터를 삽입한다.
⑤ Information	불러온 데이터 세트에 대한 다음과 같은 정보를 나타낸다. (데이터셋에 대한 간단한 설명, 데이터 세트 크기, 데이터 features, 수, 모델 유형, 메타속성, 결측값 포함 여부)
⑥ Columns	데이터 세트의 features에 대한 추가 정보이다. 유형과 역할을 더블 클릭하여 편집할 수 있다. 사용자는 속성 이름을 변경하고, 각 속성(연속형, 범주형, 문자열, Datetime)별로 변수 유형을 선택하고, 속성을 추가로 정의하는 방법(features, targets, 메타)을 선택할 수 있다. 사용자는 일부 속성을 무시하도록 결정할 수 있다.
⑦ Documentation	데이터 세트 문서를 검색한다.
⑧ Report	보고서를 만든다.

데이터 속성의 도메인과 유형을 지정하려면 속성 이름 앞에 레이블을 붙이고 해시를 붙일 수 있다. 클래스에는 c를, 메타데이터에는 m을, 열을 무시하려면 i를, 연속, 이산 및 문자열 속성 유형에는 C, D, S를 사용한다. 예: C#mpg, mS#name, i#dummy.

오렌지3의 기본 형식은 세 개의 헤더 행이 있는 탭으로 구분된 텍스트 파일이다. 첫 번째 행에는 속성 이름, 두 번째 행에는 유형(연속, 이산 또는 문자열) 및 세 번째 행에는 선택적 요소(클래스, 메타 또는 시간)가 포함된다.

대부분의 워크플로우는 파일 위젯으로 시작할 수 있다. [그림 Ⅱ-2]와 같이 데이터 테이블과 상자 그림 위젯으로 데이터를 전송하는데 사용된다.

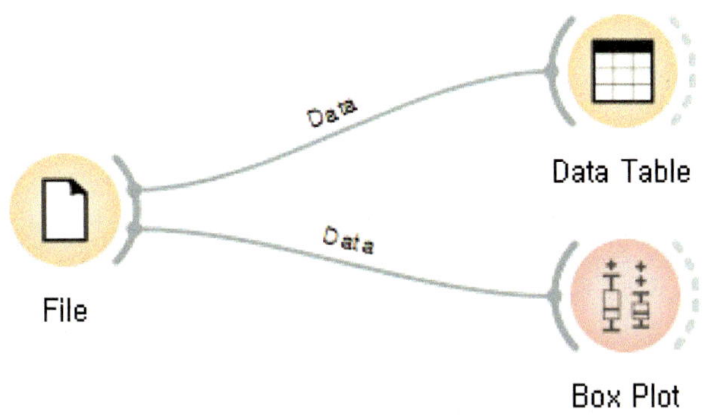

[그림 Ⅱ-2] File 위젯 워크플로우 예시

2. CSV File Import

위젯	설명	입력	출력
CSV File Import	CSV 형식의 파일에서 데이터 테이블을 가져온다.	X	Data, Data Frame

CSV File Import 위젯은 쉼표로 구분된 파일을 읽고 데이터 세트를 출력 채널로 보낸다. 파일 구분 기호는 쉼표, 세미콜론, 공백, 탭 또는 수동으로 정의된 구분 기호일 수 있다. 가장 최근에 연 파일의 기록은 위젯에서 유지된다. 데이터 프레임 출력은 in_object 입력(예: df input in_object)에 연결하여 Python 스크립트 위젯에서 사용할 수 있다. 그런 다음 일반 데이터 프레임을 사용할 수 있다. [그림 Ⅱ-3]은 사용자가 가져오기 매개변수를 설정하는 창이다. 위젯에서 가져오기 옵션을 눌러 다시 열 수 있다. 열 이름을 마우스 오른쪽 단추로 클릭하여 열 유형을 설정한다. 행 색인(왼쪽)에서 마우스 오른쪽 단추를 눌러 해당 행을 머리글로 정할지 해당 행은 인스턴스로 포함시키지

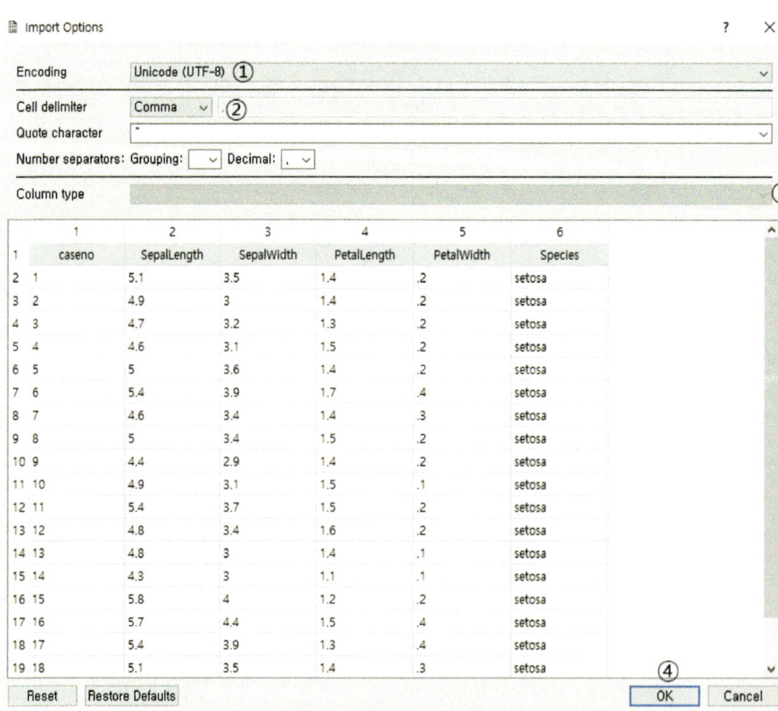

[그림 Ⅱ-3] CSV 파일 매개 변수 설정 창

않고 건너뛸지 여부를 선택할 수 있다. 아무 선택도 하지 않은 모든 행은 자동으로 데이터의 인스턴스가 된다. [표 Ⅱ-2]에서 세부 설명을 참고한다. CSV File Import 위젯을 열었을 때 파일을 임포트 하기 전과 임포트 후의 변화된 내용을 [그림 Ⅱ-4]에서 확인할 수 있다. 정상적으로 임포트가 되었다면 인스턴스의 수, feature의 수와 같은 간단한 정보가 제공된다.

[표 Ⅱ-2] CSV 파일 매개 변수 설정 창 세부 설명

항목	세부 항목	설명
① Encoding	파일 인코딩 기본값은 UTF-8.이다.	
② Import settings	Cell delimiter	탭, 콤마, 세미콜론, 스페이스, 기타(오른쪽 필드 구분 기호 설정)로 설정할 수 있다.
	Quote character	" 또는 '. 텍스트로 간주되는 항목을 정의한다.
	Number separators	Grouping : 수천 개의 구분 기호(예: 1,000개)를 표시한다. Decimal : 십진수의 구분 기호(예: 1.234)를 표시한다.
③ Column type	미리 보기에서 열을 선택하고 유형을 설정한다. 선택한 열을 마우스 오른쪽 버튼으로 클릭하여 열 유형을 설정할 수도 있다.	
④ [Reset]을 누르면 설정이 이전에 설정된 상태로 돌아간다. (가져오기 옵션 대화 상자에서 확인을 눌러 저장됨). [Restore Defaults]는 설정을 기본값으로 설정한다. [Cancel]는 가져오기를 중단하고, [OK]는 데이터를 가져와서 설정을 저장한다.		

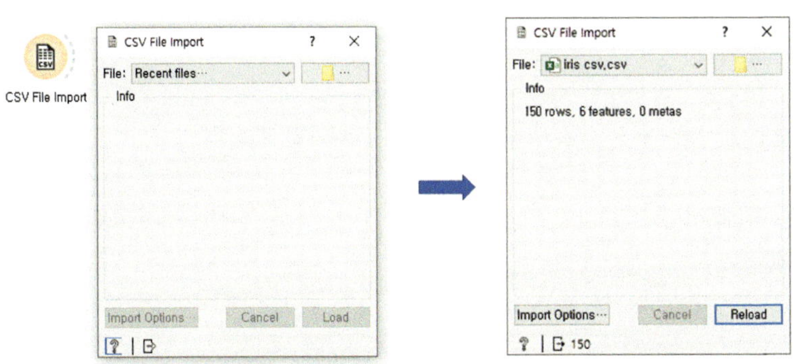

[그림 Ⅱ-4] CSV File import 위젯 창(임포트 전, 후)

3. Datasets

위젯	설명	입력	출력
Datasets	온라인 저장소에서 데이터 세트를 가져온다.	X	Data

Datasets 위젯은 서버에서 선택한 데이터 세트를 검색하여 출력으로 보낸다. 파일은 로컬 메모리에 다운로드 되므로 인터넷 연결이 없어도 즉시 사용할 수 있다. 각 데이터 세트에는 [그림 Ⅱ-5]에서와 같이 데이터 크기, 인스턴스 수, 변수 수, 대상 및 태그에 대한 설명과 정보가 제공된다.

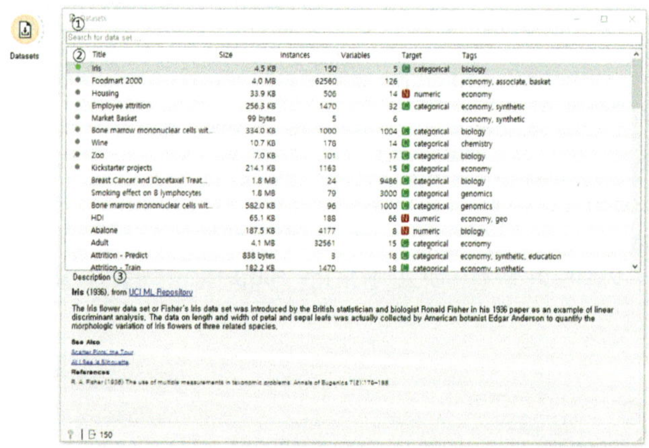

[그림 Ⅱ-5] Datasets 위젯 창

[표 Ⅱ-3]에서 Datasets 위젯 창과 관련된 세부 설명을 참고한다.

[표 Ⅱ-3] Datasets 위젯 창 세부 설명

항목	설명
① Search	기본적으로 오렌지3에서 제공하는 데이터 세트 리스트에서 검색을 통해 원하는 데이터 세트를 찾을 수 있다.
② Datasets list	사용 가능한 데이터 세트의 내용으로 각 데이터 세트는 크기, 인스턴스 수 및 변수, 대상 변수의 유형 및 태그로 설명된다.
③ Datasets Description	선택한 데이터 세트에 대한 공식 설명을 확인할 수 있다.
* 활용하고자 하는 데이터 세트를 찾은 후 더블 클릭을 하게 되면 데이터 세트 제목 앞쪽에 초록색 원이 생기고 해당 데이터 세트를 가져오게 된다. 예전에 가져왔던 데이터 세트들 앞에는 회색 원이 표시되어 있다.	

4. SQL Table

위젯	설명	입력	출력
 SQL Table	SQL에서 데이터 세트를 가져온다.	X	Data

SQL Table 위젯은 SQL 데이터베이스에 저장된 데이터에 액세스한다. PostgreSQL (sycopg2 모듈 필요) 또는 SQL Server(pymsql 모듈 필요)에 연결할 수 있다. 대용량 데이터베이스를 처리하기 위해 Orange는 데이터를 다운로드하지 않고 데이터베이스 자체에서 계산의 일부를 실행하려고 한다. 이 기능은 Postgre에서만 작동한다. SQL 데이터베이스 및 서버에 설치된 quantile_system_time 확장 버전이 필요하며 이러한 확장 버전이 설치되어 있지 않으면 데이터가 로컬로 다운로드된다. 자세한 사항은 오렌지 3 홈페이지의 위젯 카탈로그의 SQL Table[2)]을 참고한다.

PostgreSQL과 MSSQL 백엔드를 설치하지 않으면 [그림 Ⅱ-6]과 같이 SQL Table 위젯 창이 실행은 되지만 SQL Table 위젯 위에 빨간 X표시가 뜨고 SQL Table 위젯 창에서도 입력할 수 있는 곳들이 비활성화된다. 위젯 창 하단부에는 SQL Table 위젯을 사용하기 위해서는 백엔드를 설치해야 한다는 문구를 표시하여 사용자가 먼저 백엔드를 설치 후 SQL Table 위젯을 사용할 수 있도록 안내하고 있다.

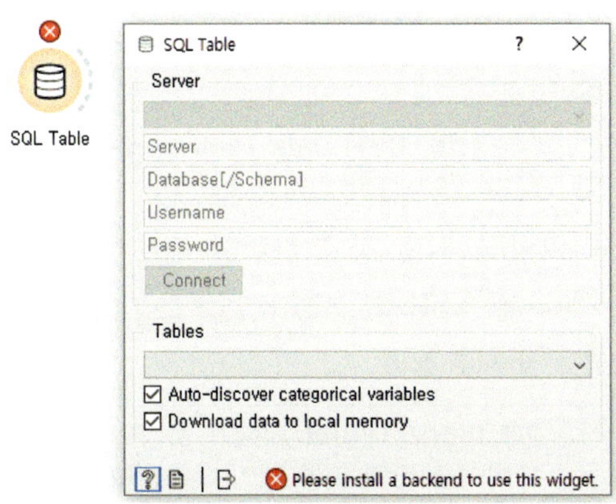

[그림 Ⅱ-6] SQL Table 위젯 창

2) https://orangedatamining.com/widget-catalog/data/sqltable/

5. Data Table

위젯	설명	입력	출력
 Data Table	스프레드시트에서 데이터 세트를 본다.	Data	Selected Data, Data

Data Table 위젯은 [그림 Ⅱ-7]과 같이 입력에 포함된 하나 이상의 데이터 세트를 수신하여 스프레드시트로 표시한다. 데이터 인스턴스는 속성 값별로 정렬할 수 있다. 또한 이 위젯에서는 데이터 인스턴스를 수동으로 선택할 수도 있다.

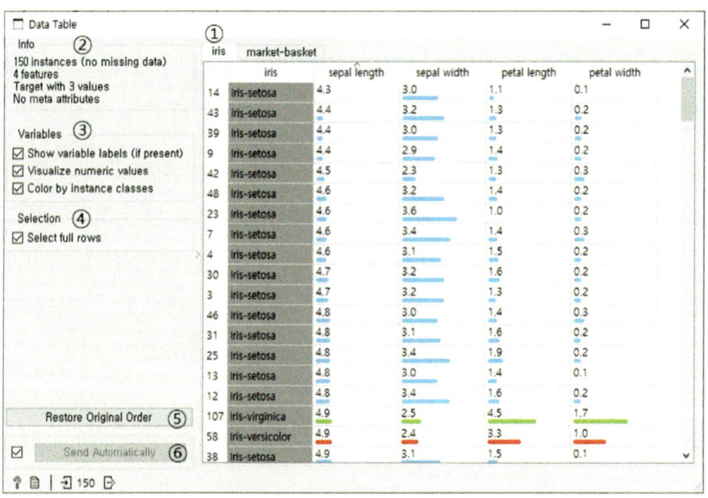

[그림 Ⅱ-7] Data Table 위젯 창

[표 Ⅱ-4]에서 Data Table 위젯 창과 관련된 세부 설명을 참고한다.

[표 Ⅱ-4] Data Table 위젯 창 세부 설명

① Spreadsheet	2개 이상의 데이터 세트가 하나의 데이터 테이블로 연결이 되면 각 데이터 세트의 이름 탭이 나타난다. 데이터 인스턴스는 행에 있고 해당 속성값은 열에 있다. 이 예에서는 데이터 세트가 “sepal length” 속성별로 정렬되어 있다.
② Info	현재 데이터 세트의 크기, 속성 수 및 유형에 대한 정보를 나타낸다.
③ Variables	연속 속성의 값은 막대로 시각화할 수 있으며, 색상은 서로 다른 클래스에 귀속될 수 있다.

④ Selection	데이터 인스턴스(행)를 선택하여 위젯의 출력 채널로 보낼 수 있다.
⑤ Restore Original Order	속성 기반 정렬 후 Restore Original Order를 사용하여 데이터 인스턴스를 원래대로 정렬할 수 있다.
⑥ Send Automatically	자동 전송이 켜져 있으면 모든 변경 내용이 다른 위젯에 자동으로 전달된다. 그렇지 않은 경우 Send Selection으로 바뀌고 이 위젯 창에서의 작업을 마치고 다른 위젯에 변경 내용을 전달하기 위해 해당 버튼을 누른다.

[그림 Ⅱ-8]과 같이 두 개의 파일 위젯을 사용하여 Iris 및 brown-selected 데이터 세트를 읽고 데이터 첫 번째 테이블 위젯으로 보낸다. 그리고 첫 번째 데이터 테이블의 선택한 데이터 인스턴스(확인할 데이터 세트를 선택)가 두 번째 데이터 테이블로 전달된다. [그림 Ⅱ-9]에서 각 데이터 테이블의 내용을 확인해본다. 두 개의 데이터 테이블을 동시에 열어 놓고 작업을 하면 바로 어떻게 데이터 인스턴스가 전달되는지 확인할 수 있다.

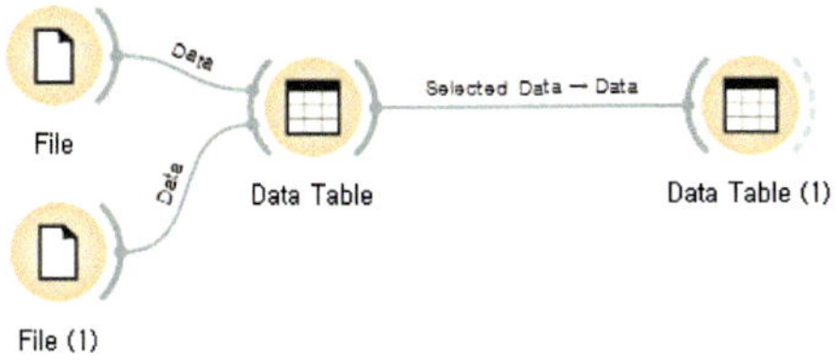

[그림 Ⅱ-8] Data Table 예제 워크플로우

[그림 Ⅱ-9] Data Table 예제

6. Paint Data

위젯	설명	입력	출력
Paint Data	평면에 데이터를 점으로 표시하여 데이터를 만든다.	Data	Data

Paint Data 위젯은 [그림 Ⅱ-10]과 같이 2차원 평면에 데이터 점을 시각적으로 배치하여 새로운 데이터 세트를 만들 수 있도록 지원한다. 데이터 포인트는 브러싱(Brush)을 통해 큰 수로 평면에 배치할 수 있고 개별적(Put)으로 위치시킬 수도 있다. 데이터 포인트는 데이터가 지도학습에 사용되도록 의도된 경우 클래스에 속할 수 있다. [표 Ⅱ-5]에서 Paint Data 위젯 창과 관련된 세부 설명을 참고한다.

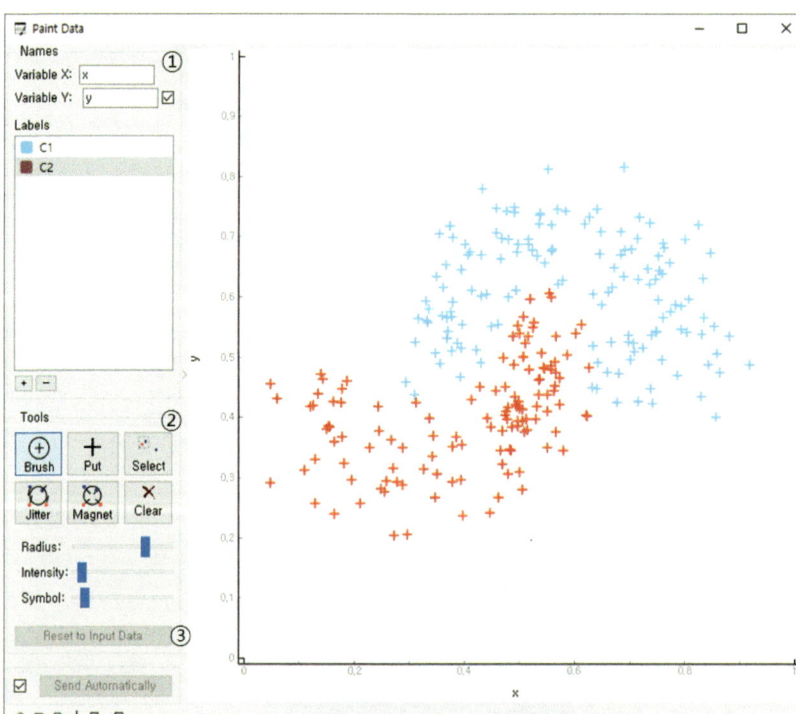

[그림 Ⅱ-10] Paint Data 위젯 창

[표 Ⅱ-5] Paint Data 위젯 창 세부 설명

① Names	축 이름을 지정하고 데이터 인스턴스를 그릴 클래스를 선택한다. 클래스를 추가하거나 제거할 수 있다. 클래스 없는 비지도 데이터 세트를 만들려면 클래스를 하나만 사용한다.
② Tools	그리기 도구로 브러시(여러 데이터 인스턴스) 또는 풋(개별 데이터 인스턴스)으로 데이터 점을 그린다. Select(선택)를 사용하여 데이터 포인트를 선택한 후 Delete/Backspace 키를 사용하여 제거할 수 있다. 데이터 지점의 위치를 지터(스프레드) 및 마그넷(초점)으로 변경할 수 있다. 확대/축소 및 스크롤을 사용하여 확대 또는 축소한다. 아래에서 브러시, 풋, 지터 및 마그넷 도구의 반지름과 강도를 설정하고 그려지는 데이터 인스턴스의 크기를 설정한다.
③ Reset to Input Data	기존의 입력 데이터가 있는 경우 활성화되며 해당 버튼을 클릭하면 원래 입력 데이터로 재설정한다.

[그림 Ⅱ-11], [그림 Ⅱ-12]의 예제는 Paint Data 위젯으로 4개의 클래스로 데이터 세트를 그렸다. 이러한 데이터 세트는 k-평균 및 계층적 클러스터링 방법을 보여주는 데 유용하다.

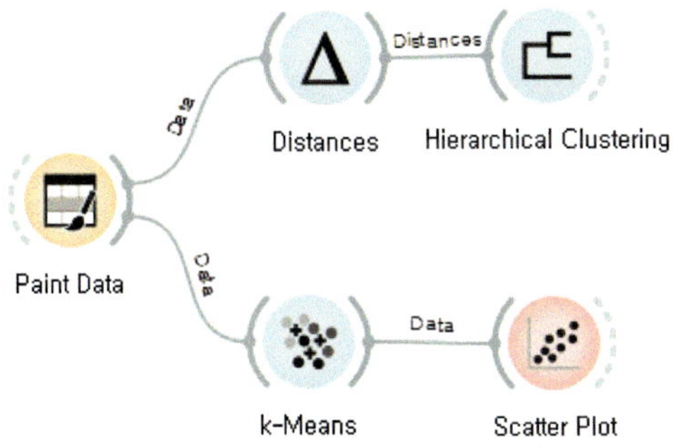

[그림 Ⅱ-11] Paint Data 예제 워크플로우

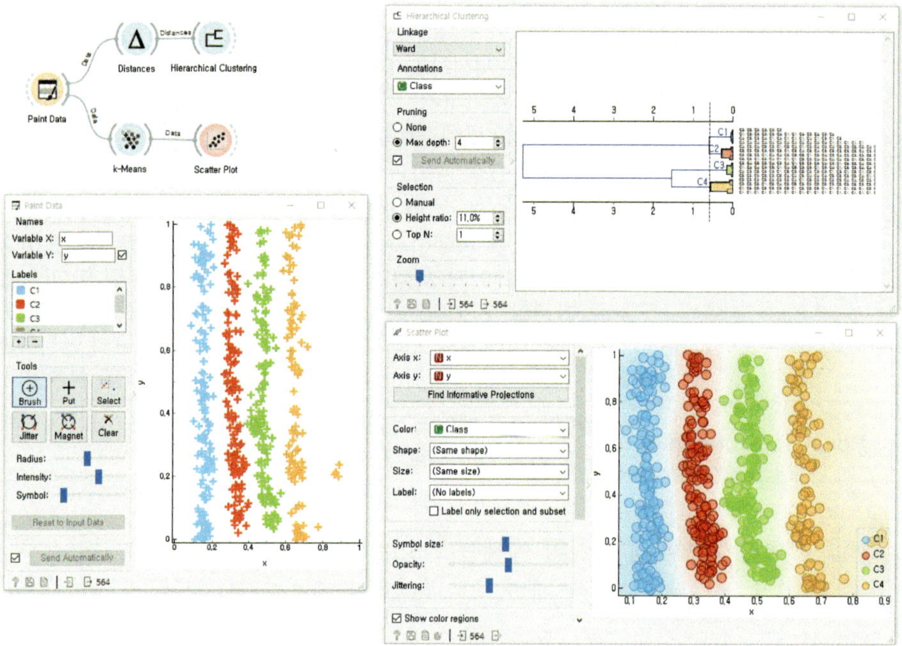

[그림 Ⅱ-12] Paint Data 예제

7. Data Info

위젯	설명	입력	출력
Data Info	열의 변수 개수 및 유형, 행의 수 등 데이터 세트에 대한 기본 정보를 표시한다.	Data	X

Data Info 위젯은 [그림 Ⅱ-13]과 같이 데이터 세트의 이름, 크기, features, 대상, 메타 데이터 속성 및 위치에 대한 정보를 제공하는 간단한 위젯이다.

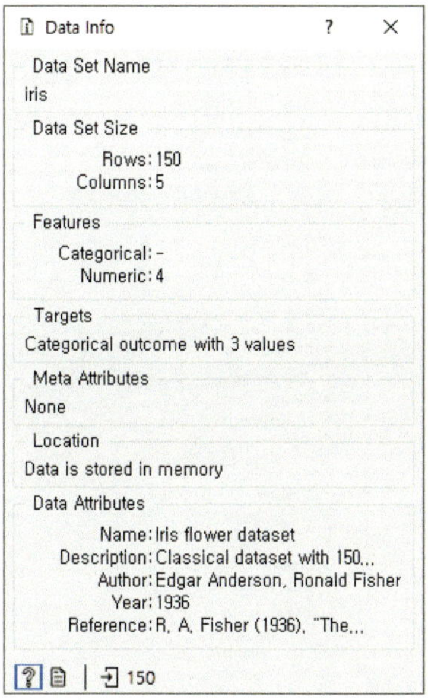

[그림 Ⅱ-13] Data Info 위젯 창

[그림 Ⅱ-14], [그림 Ⅱ-15]의 예제는 Iris 데이터 세트를 사용하여 두 데이터 정보 위젯의 기본 통계를 비교한다. Data Info는 전체 데이터 세트에 대한 정보이고 Data Info(1)은 산점도 위젯에서(수동으로) 선택된 하위 집합에 대한 정보이다.

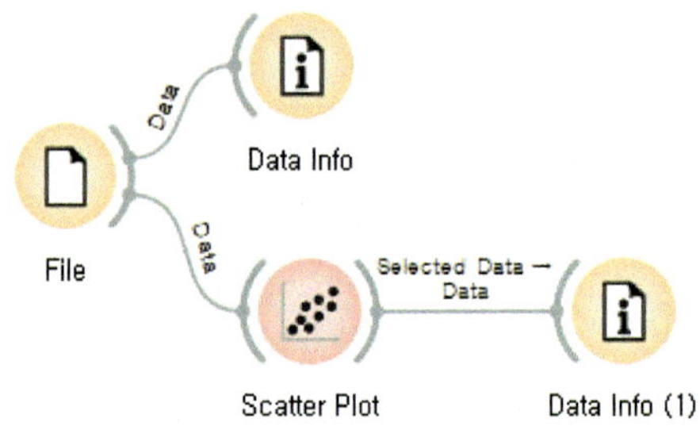

[그림 Ⅱ-14] Data Info 예제 워크플로우

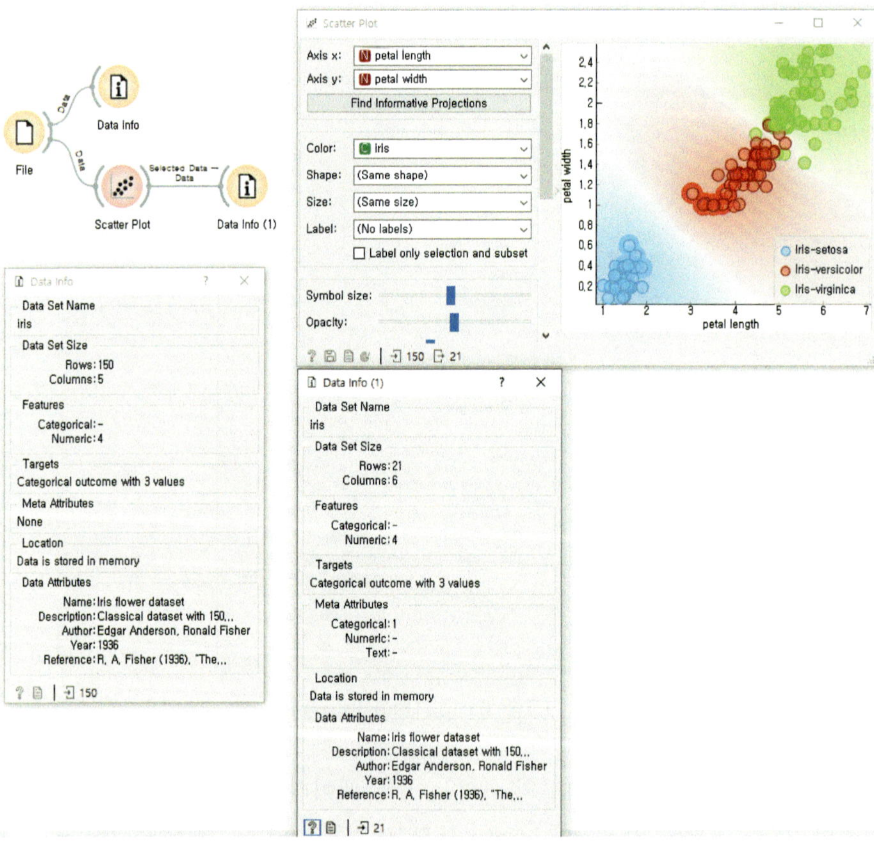

[그림 Ⅱ-15] Data Info 예제

8. Data Sampler

위젯	설명	입력	출력
Data Sampler	입력 데이터 세트에서 무작위로 데이터 세트의 부분집합을 추출한다.	Data	Data Sample, Remaining Data

Data Sampler 위젯은 [그림 Ⅱ-16]과 같이 몇 가지 데이터 샘플링 방법을 구현한다. 샘플링된 데이터 세트와 샘플링에 포함되지 않은 나머지 데이터 세트를 출력한다. 출력은 입력 데이터 세트가 제공되고 샘플 데이터를 누른 후에 처리된다. [표 Ⅱ-6]에서 Data Sampler 위젯 창과 관련된 세부 설명을 참고한다.

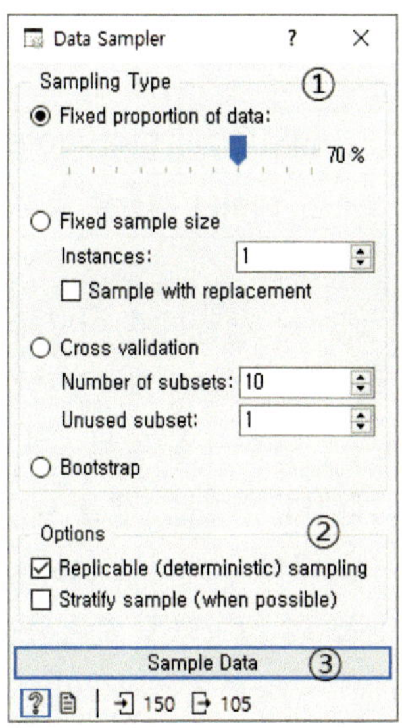

[그림 Ⅱ-16] Data Sampler 위젯 창

[표 Ⅱ-6] Data Sampler 위젯 창 세부 설명

① Sampling Type	Fixed proportion	데이터가 전체 데이터의 선택된 백분율 (예: 전체 데이터의 70%)을 반환한다.
	Fixed sample size	고정 샘플 크기는 선택한 수의 데이터 인스턴스를 반환하며, 항상 전체 데이터 세트에서 샘플을 추출한다(하위 집합에 이미 있는 인스턴스를 빼지 않음). 교체를 사용하면 입력 데이터 세트에서 사용할 수 있는 것보다 많은 인스턴스를 생성할 수 있다.
	Cross validation	데이터 인스턴스를 지정된 수의 하위 집합으로 분할한다. 일반적인 유효성 검사 스키마를 따라 사용자가 선택한 하위 세트를 제외한 모든 하위 집합이 데이터 샘플로 출력되고 선택한 하위 집합은 나머지 데이터로 이동한다.
	Bootstrap	모집단 통계에서 표본을 추출한다.
② Options	Replicable sampling	사용자 간에 전달할 수 있는 샘플링 패턴을 유지한다.
	Stratify sample	입력 데이터 세트의 구성을 모방한다.
③ Sample Data	작업을 마치고 데이터 샘플을 출력하려면 데이터 샘플을 누른다.	

먼저 [그림 Ⅱ-17]과 같이 데이터 샘플러가 어떻게 작동하는지 살펴본다. File 위젯의 Iris 데이터를 사용한다. 데이터에 150개의 인스턴스가 있다. 데이터 샘플러 위젯을 사용하여 데이터를 샘플링했으며 단순성을 위해 5개 인스턴스의 고정 샘플 크기를 선택했다. 데이터 테이블 위젯(데이터 테이블 (샘플 내))에서 샘플링된 데이터를 관찰 할 수 있다. 두 번째 데이터 테이블(데이터 테이블 (샘플 외부))은 샘플에 없는 나머지 145개의 인스턴스를 보여준다. 샘플 외 데이터를 출력하려면 위젯 간의 연결을 두 번 클릭하고 출력을 Remaining Data → Data에 다시 연결한다.

[그림 Ⅱ-18]과 같이 데이터 샘플러를 사용하여 데이터를 학습 및 테스트 부분으로 분할한다. 파일 위젯으로 불러온 Iris 데이터를 사용한다. 예제에서 데이터 샘플러는 고정 비율로 데이터를 분할하여 데이터 인스턴스의 70%를 샘플에 보관한다. 그런 다음 두 개의 출력을 Test & Score 위젯의 Data Sample → Data 및 Remaining Data → Test Data에 연결하고 마지막으로 로지스틱 회귀를 학습자로 추가한다. 이는 데이터 입력에 대해 로지스틱 회귀를 실행하고 테스트 데이터에 대한 결과를 평가한다.

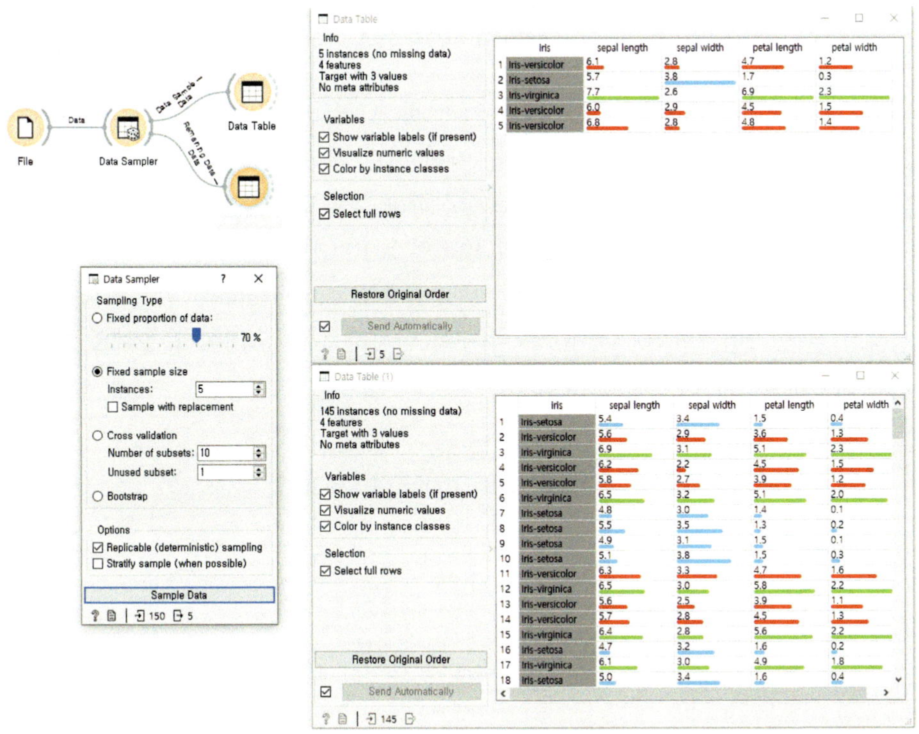

[그림 Ⅱ-17] Data Sampler 예제1

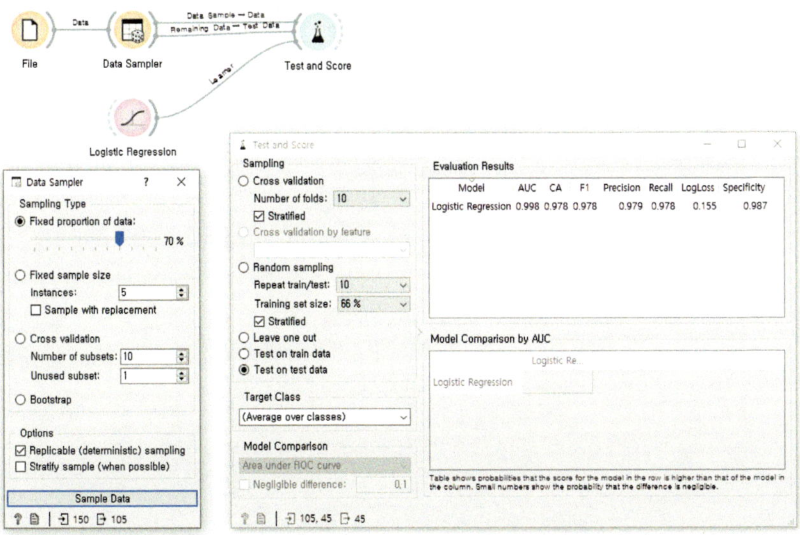

[그림 Ⅱ-18] Data Sampler 예제2

[그림 Ⅱ-19]와 같이 데이터 샘플러 사용하여 데이터에서 소수 클래스를 오버 샘플링하거나 다수 클래스를 언더 샘플링 할 수도 있다. Iris 데이터로 오버 샘플링을 해보면 Select Rows 위젯에 연결하여 iris-setosa만 선택한다. 이것은 iris-setosa 클래스의 50개의 인스턴스를 출력할 것이다. 이제 연결 매칭 데이터에 데이터 샘플러를 연결한다. 선택 고정 표본 크기를 100으로 설정하고 샘플 교체를 체크한 후 Sample Data를 누르면 위젯은 iris-setosa 클래스의 인스턴스 100개를 출력하며 그중 일부는 복제된다(대체로 Sample을 사용했기 때문). 마지막으로 Concatenate 위젯을 사용하여 오버 샘플링 된 인스턴스와 Select Rows 위젯의 일치하지 않는 데이터 출력을 결합한다. 그러면 200개의 인스턴스가 있는 데이터 세트가 출력된다. Distributions 위젯에서 최종 결과를 관찰할 수 있다.

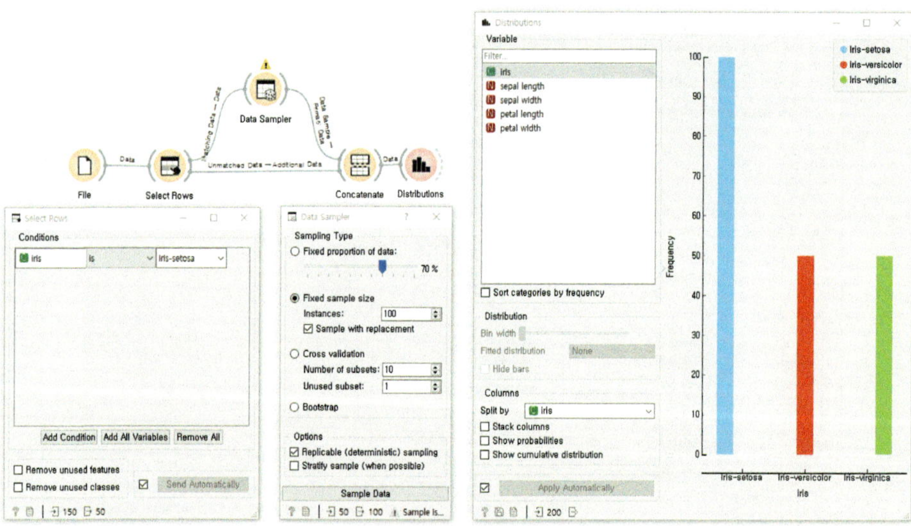

[그림 Ⅱ-19] Data Sampler 예제3

9. Select Columns

위젯	설명	입력	출력
 Select Columns	데이터 속성의 수동 선택 및 데이터 도메인을 구성한다.	Data	Features Data, Features

Select Columns 위젯은 [그림 Ⅱ-20]과 같이 데이터 도메인을 수동으로 구성하는 데 사용된다. 사용자는 사용할 속성과 방법을 결정할 수 있다. 오렌지3는 일반 속성, (선택 사항) 클래스 속성 및 메타 속성을 구분한다. 예를 들어 분류 모델을 구축하기 위해 도메인은 속성 집합과 이산 클래스 속성으로 구성된다. 메타 속성은 모델링에 사용되지 않지만 여러 위젯에서 인스턴스 레이블로 사용할 수 있다. 오렌지3에서 속성은 유형이 있으며 이산형, 연속형 또는 문자열이다. 속성 유형은 속성 이름 앞에 나타나는 기호(각각 D, C, S)로 표시된다. [표 Ⅱ-7]에서 Select Columns 위젯 창과 관련된 세부 설명을 참고한다.

[그림 Ⅱ-20] Select Columns 위젯 창

[표 Ⅱ-7] Select Columns 위젯 창 세부 설명

① Available Variables	출력 데이터 파일에 포함되지 않는 데이터 속성이다.
② Features	새 데이터 파일의 데이터 속성이다.
③ Target Variable	예측하고자 하는 타켓 변수로 이 변수가 없으면 새 데이터 세트에도 타켓 변수가 없다.
④ Meta Attributes	새 데이터 파일의 메타 속성이다. 이러한 속성은 데이터 세트에 포함되지만 대부분의 방법에서는 분석에서 고려되지 않는다.
⑤ Reset	도메인 구성을 최초 입력 데이터 파일의 도메인 구성으로 재설정한다.

[그림 Ⅱ-21]의 워크플로우와 같이 파일 위젯의 Iris 데이터는 Select Columns 위젯으로 공급되며 여기서 두 가지 속성(즉, 꽃잎 너비 및 꽃잎 길이)만 출력하도록 선택한다. 데이터 테이블 위젯에서 선택한 열이 있는 데이터 세트와 원본 데이터 세트를 모두 확인한다.

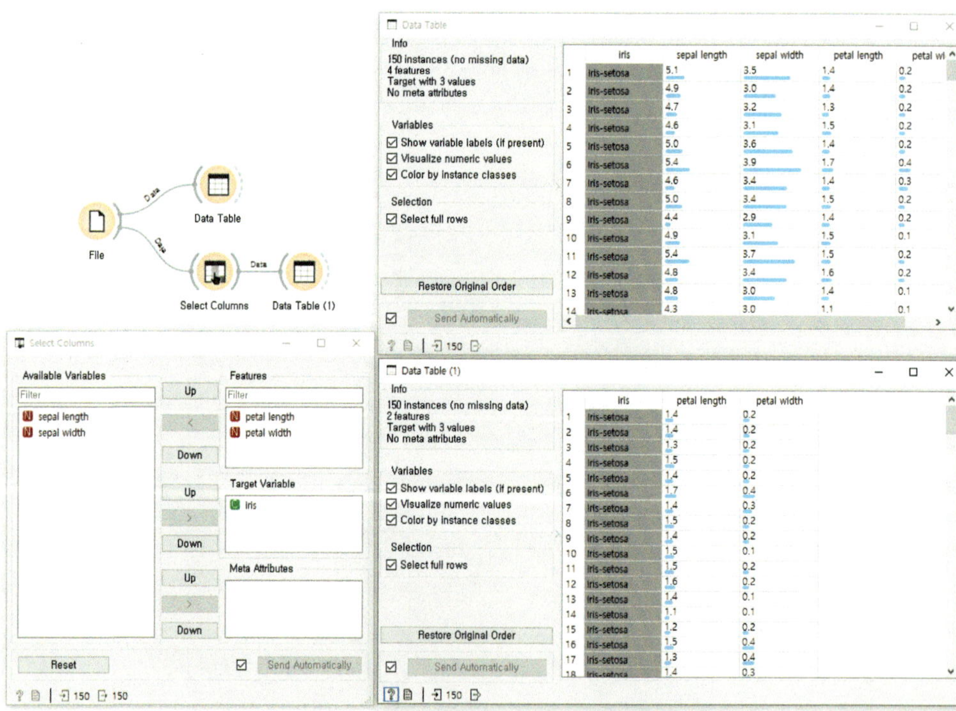

[그림 Ⅱ-21] Select Columns 예제1

[그림 Ⅱ-22]의 워크플로우와 같이 심장병 데이터 세트의 분류 문제를 재정의하는 것을 해보면 원래 작업은 환자가 관상 동맥 직경이 좁아지는지 예측하는 것이었다면 나이, 흉통, 콜레스테롤 수치에 따라 문제를 성별 분류 문제로 변경하고, 메타 속성으로 직경 좁아지는 것을 정보적으로 유지해 본다.

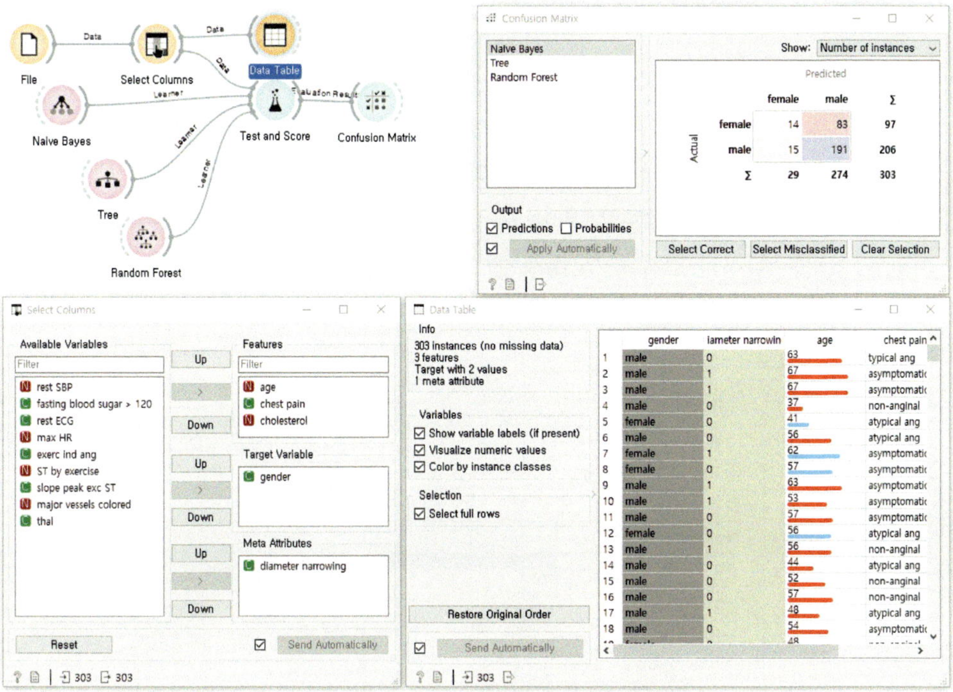

[그림 Ⅱ-22] Select Columns 예제2

10. Select Rows

위젯	설명	입력	출력
Select Rows	변수값에 따라 데이터에서 행을 선택한다.	Data	Data, Matching Data, Unmatched Data

Select Rows 위젯은 [그림 Ⅱ-23]과 같이 사용자 정의 조건에 따라 입력 데이터 세트에서 하위 집합을 선택한다. 선택 규칙과 일치하는 인스턴스가 출력 데이터 채널에 배치된다. 데이터 선택 기준은 용어 모음으로 제시된다(선택된 항목은 조건의 모든 용어와 일치하는 항목). 조건 항은 속성 선택, 연산자 리스트에서 연산자 선택, 필요한 경우 조건 항에 사용할 값 정의를 통해 정의된다. 이산형, 연속형 및 문자열 속성의 연산자는 서로 다르다.

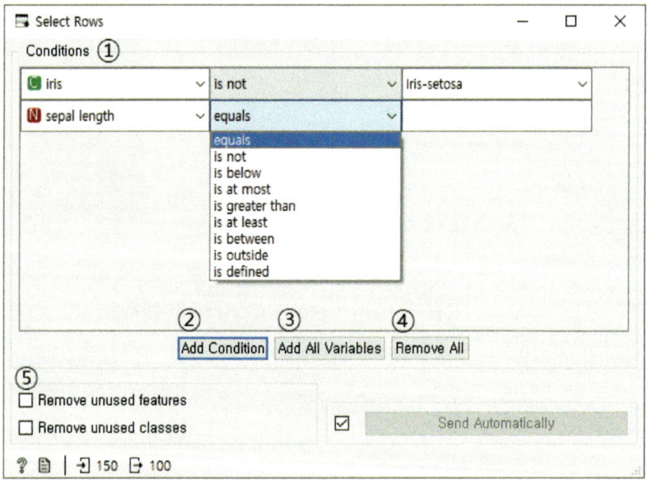

[그림 Ⅱ-23] Select Rows 위젯 창

[표 Ⅱ-8]에서 Select Rows 위젯 창과 관련된 세부 설명을 참고한다.

[표 Ⅱ-8] Select Rows 위젯 창 세부 설명

① Conditions	적용하려는 조건, 해당 연산자 및 관련 값을 지정한다.
② Add Condition	조건 목록에 새 조건을 추가한다.
③ Add All Variables	가능한 모든 변수를 한 번에 추가한다.

④ Remove All	나열된 모든 변수를 한 번에 제거한다.
⑤ Purging	출력 데이터를 정리한다.

[그림 Ⅱ-24]의 워크플로우와 같이 파일 위젯의 Zoo 데이터를 사용하여 행 선택 위젯에 입력한다. 위젯에서는 물고기와 파충류라는 두 가지 동물 유형만 출력하도록 선택한다. 데이터 테이블 위젯에서 선택한 행이 있는 데이터 세트와 원본 데이터 세트를 모두 확인할 수 있다.

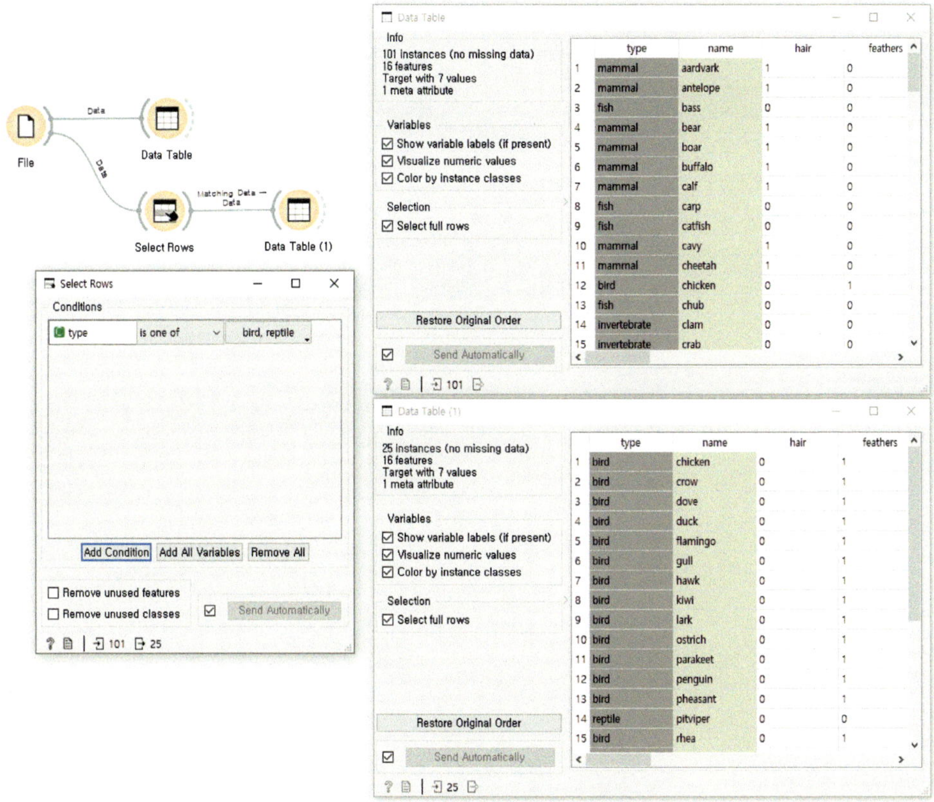

[그림 Ⅱ-24] Select Rows 예제1

[그림 Ⅱ-25]의 워크플로우와 같이 Titanic 데이터 세트의 데이터를 사용하여 유사하게 Box Plot 위젯에 입력한다. 먼저 생존을 기반으로 전체 데이터 세트를 관찰한다. 그런 다음 Select Rows 위젯에서 일등석 승객만 선택하고 다시 Box Plot에 입력한다. 그곳에서 우리는 생존율과 성별로 분류된 모든 일등석 승객을 볼 수 있다.

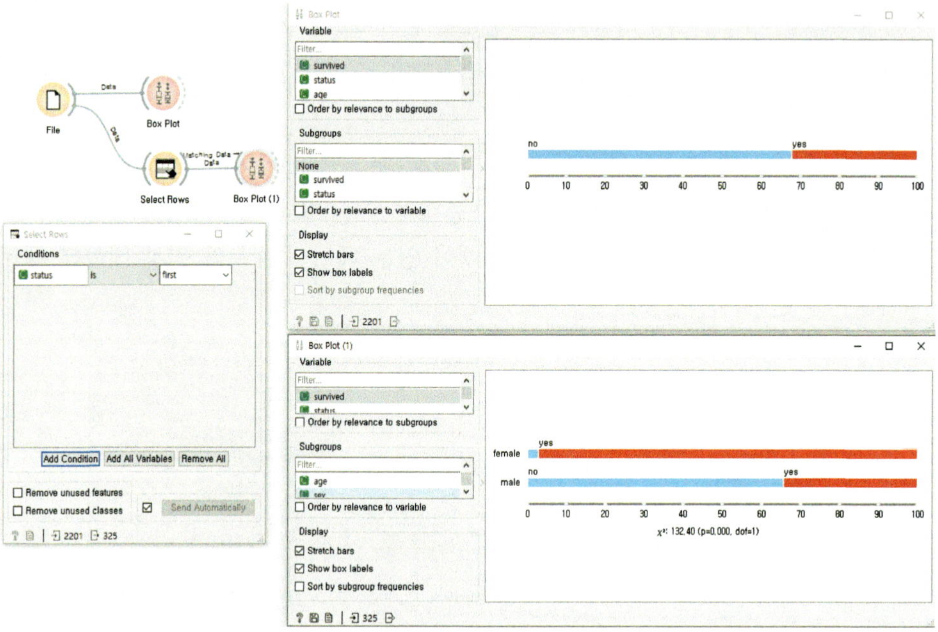

[그림 Ⅱ-25] Select Rows 예제2

11. Pivot Table

위젯	설명	입력	출력
Pivot Table	열 값을 기준으로 데이터 테이블 모양을 변경한다.	Data	Pivot Table, Filtered Data, Grouped Data

Pivot Table 위젯은 [그림 Ⅱ-26]처럼 보다 광범위한 테이블의 데이터를 통계 테이블로 요약한다. 통계량에는 합계, 평균, 카운트 등이 포함될 수 있다. 위젯을 사용하면 테이블에서 부분집합을 선택하고 개별 변수여야 하는 행 값별로 그룹화할 수 있다. 숫자 변수만 있는 데이터는 표에 표시할 수 없다.

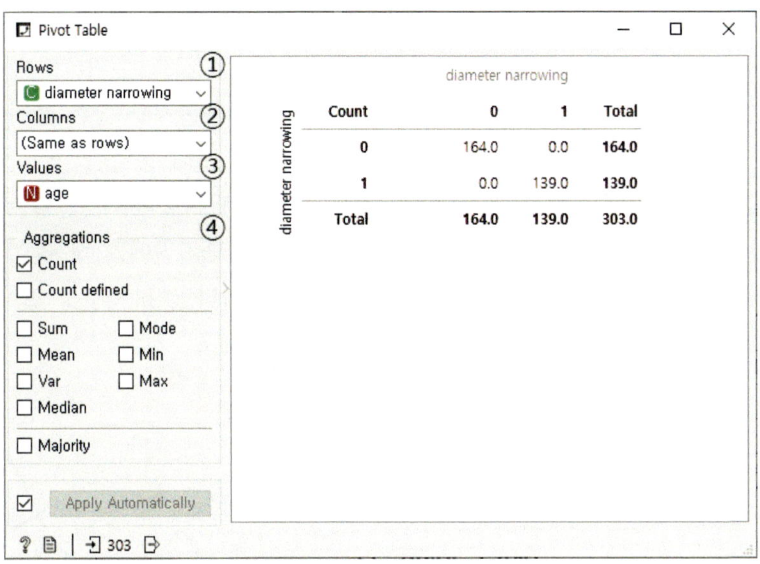

[그림 Ⅱ-26] Pivot Table 위젯 창

[표 Ⅱ-9]에서 Pivot Table 위젯 창과 관련된 세부 설명을 참고한다.

[표 Ⅱ-9] Pivot Table 위젯 창 세부 설명

① Rows	행 값에 사용되는 이산형 또는 숫자 변수로 숫자 변수는 정수로 간주된다.
② Columns	열 값에 사용되는 이산형 변수로 변수 값이 표에 열로 나타난다.
③ Values	집계에 사용되는 값으로 집계된 값은 표에 셀로 나타난다.

	모든 변수 유형	Count : 지정된 행과 열 값을 가진 인스턴스 수 Count defined : 집계 값이 정의된 인스턴스 수
④ Aggregations	숫자 변수 유형	Sum : 값의 합 Mean : 값의 평균 Mode : 부분집합의 최빈값 Min : 최솟값 Max : 최댓값 Median : 중앙값 Var : 부분집합의 분산
	이산형 변수 유형	Majority : 부분집합의 최빈값

[그림 Ⅱ-27]의 워크플로우와 같이 이 예제에서 산불 데이터를 사용한다. 데이터가 데이터 세트 위젯에 로드되어 피벗 테이블로 전달된다. 산불 데이터 세트는 산불이 발생한 월과 요일별로 산불 발생 사실을 보고한다. 집계 방법으로 카운트를 선택하고 월을 행과 요일로 사용하여 모든 산불 발생 상황을 집계할 수 있다. 카운트를 사용하므로 값 변수는 영향을 미치지 않는다. 선 그림에 카운트를 표시할 수 있다. 하지만 먼저 데이터를 정리하면 Edit Domain을 사용하여 1월부터 12월까지와 같은 올바른 순서로 월이 표시되도록 행 값의 순서를 변경할 수 있다. 열에 대해 동일한 작업을 수행하려면 Select Columns을 사용하고 월요일부터 일요일까지 날짜를 다시 정렬한다. 데이터가 준비되면 마지막으로 선 플롯으로 넘긴다. 산불은 8월과 9월에 가장 많이 발생하는 반면 산불 발생 빈도는 평일보다 주말이 높은 것으로 나타났다는 것을 알 수 있다.

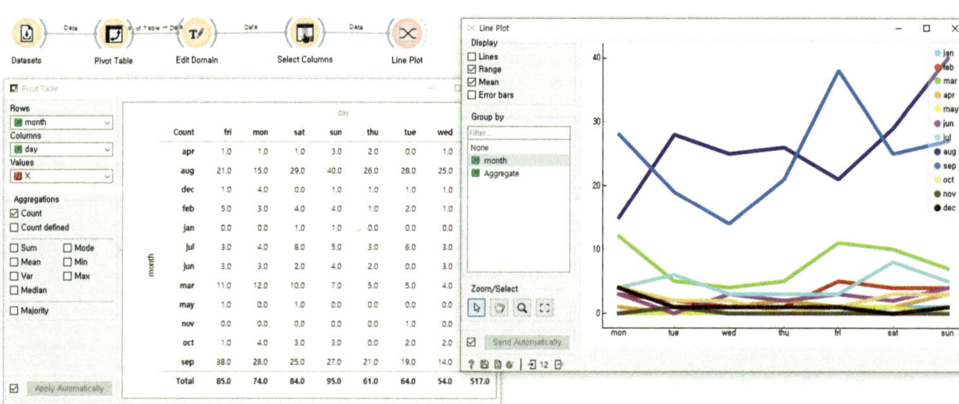

[그림 Ⅱ-27] Pivot Table 예제

12. Rank

위젯	설명	입력	출력
Rank	데이터 feature의 관련성을 기준으로 순위를 지정하고 필터링한다.	Data	Scorer Reduced Data, Scores, Features

Rank 위젯은 [그림 Ⅱ-28]처럼 해당 내부 점수자(정보 이득, 카이-제곱 및 선형 회귀 등)와 선형 회귀, 로지스틱 회귀, 랜덤 포레스트, SGD 등과 같은 점수를 지원하는 연결된 외부 모델을 기반으로 이산 또는 숫자 대상 변수와의 상관관계에 따라 변수를 채점한다. 또한 위젯은 비지도 데이터를 처리할 수 있지만 PCA와 같은 외부 채점자만 처리할 수 있다. [표 Ⅱ-10]에서 Rank 위젯 창과 관련된 세부 설명을 참고한다.

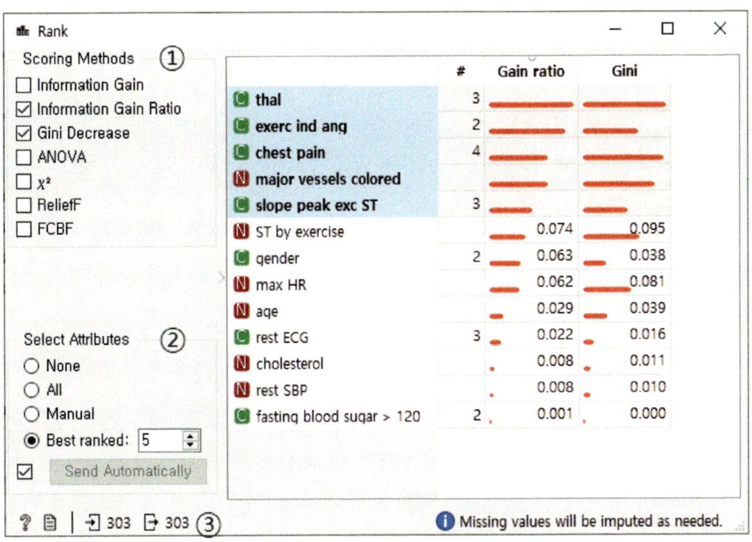

[그림 Ⅱ-28] Rank 위젯 창

[표 Ⅱ-10] Rank 위젯 창 세부 설명

① Scoring Methods	채점 방법을 선택한다. [표 Ⅱ-11]의 분류, 회귀 분석 및 비지도 데이터에 대한 옵션을 참고한다.
② Select Attributes	열값에 사용되는 이산형 변수이다. 변수 값이 표에 열로 나타난다.
③ Status bar	집계에 사용되는 값이다. 집계된 값은 표에 셀로 나타난다.

[표 Ⅱ-11] Scoring methods options

분류	• Information Gain : 예상 정보량(엔트로피 감소) • Gain Ratio : Infomation Gain과 속성의 고유 정보의 비율로, Infomation Gain에서 발생하는 다중값 features에 대한 편향을 줄임 • Gini : 데이터의 통계적 분산 정도를 정량화하여 불순도를 측정 • ANOVA : 서로 다른 클래스에 있는 feature의 평균 변수 간의 차이 • Chi2 : 카이-제곱 통계량에 의해 측정되는 feature와 클래스 간의 종속성 • ReliefF : 유사한 데이터 인스턴스의 클래스를 구별할 수 있는 속성의 기능 • FCBF : 엔트로피 기반 측정, features 간의 쌍별 상관관계로 인한 중복도 식별 + 학습자가 작성하는 모델에서 features(예: 로지스틱 회귀, 랜덤 포레스트, SGD)에 대한 점수를 매길 수 있는 특정 학습자를 연결할 수 있다. 데이터는 순위를 매기기 선에 정규화된다.
회귀 분석	• Univariate Regression : 단일 변수에 대한 선형 회귀 분석 • RReliefF : 두 인스턴스의 예측(클래스)값 사이의 상대적 거리 + 회귀 학습자(예: 선형 회귀 분석, 랜덤 포레스트, SGD)를 연결할 수 있다. 데이터는 순위를 매기기 전에 정규화된다.
비지도 데이터	현재 비지도 데이터에 대해서는 PCA만 지원된다. PCA를 Rank에 연결하여 점수를 얻는다. 점수는 변수의 개별 주성분과의 상관관계에 해당한다.

[그림 Ⅱ-29]의 워크플로우와 같이 파일 위젯 직후에 순위 위젯을 사용하여 데이터 속성 집합을 줄이고 가장 유용한 속성만 포함한다. 최고 점수 속성만 포함하는 데이터 세트를 출력하는 방법을 확인한다.

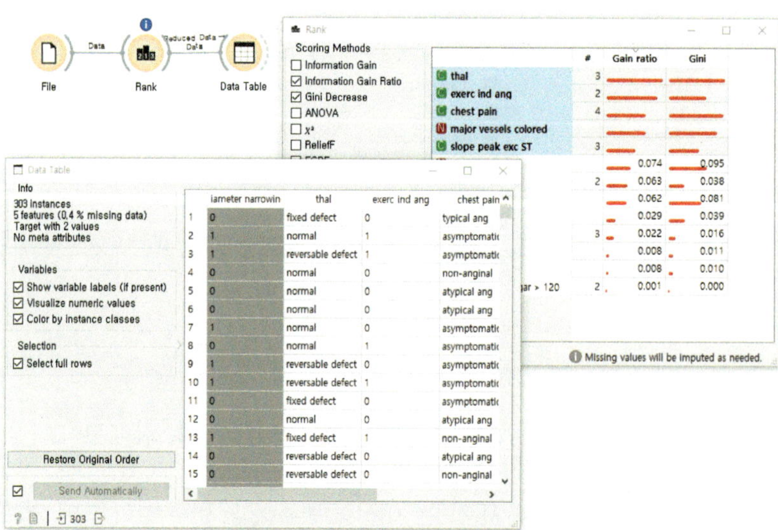

[그림 Ⅱ-29] Rank 예제1

[그림 Ⅱ-30]의 워크플로우는 머신러닝을 위한 feature의 하위 집합 선택을 위한 예제이다. 먼저 데이터를 훈련용과 테스트용으로 나눈다. 상위 분기에서는 훈련용 데이터가 순위 위젯을 통과하여 가장 유용한 feature를 선택하는 반면, 하위 분기에는 feature 선택이 없다. 선택한 feature와 원래 데이터 세트 모두 자체 테스트 및 점수 위젯에 전달되며, 이 위젯은 Naive Bayes 분류기를 개발하고 테스트 세트에서 점수를 매긴다. 많은 features를 가진 데이터 세트의 경우 Naive Bayes 분류기 feature 선택은 종종 더 나은 예측 정확도를 산출할 수 있다.

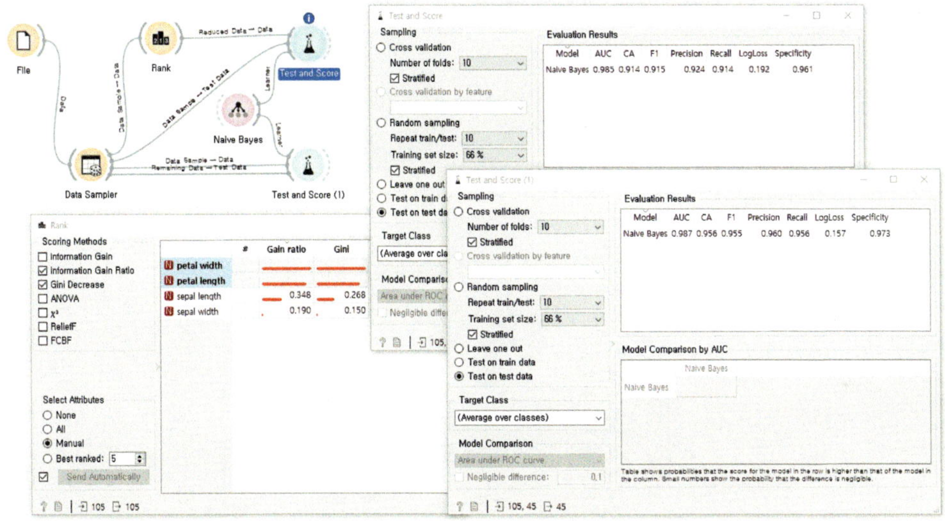

[그림 Ⅱ-30] Rank 예제2

13. Correlations

위젯	설명	입력	출력
Correlations	모든 속성 쌍별 상관 점수를 계산한다.	Data	Data, Features, Correlations

Correlations 위젯은 [그림 Ⅱ-31]처럼 해당 데이터 세트의 모든 features 쌍에 대한 Pearson 또는 Spearman 상관관계 점수를 계산한다. 이러한 방법은 단조로운 관계만 탐지할 수 있다. [표 Ⅱ-12]에서 Correlations 위젯 창과 관련된 세부 설명을 참고한다.

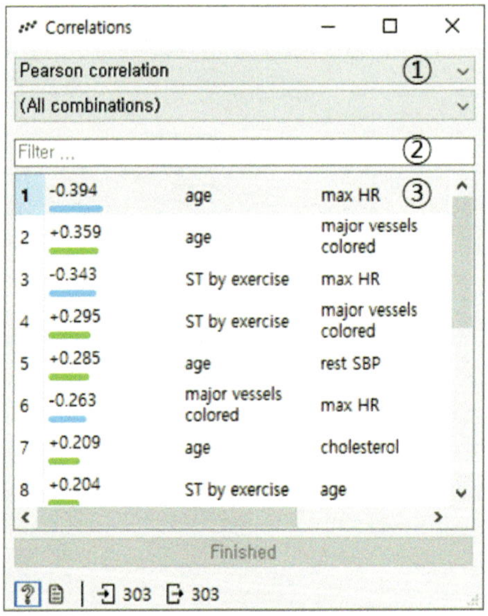

[그림 Ⅱ-31] Correlations 위젯 창

[표 Ⅱ-12] Correlations 위젯 창 세부 설명

① Correlation measure	Pearson 상관관계와 Spearman 상관관계 중에서 선택할 수 있다.
② Filter	속성 쌍을 찾기 위한 필터이다.
③ Correlations coefficient	상관 계수가 있는 속성 쌍의 목록이다. 대형 데이터 세트에 대한 계산을 중지하려면 완료를 누른다.

상관관계 위젯에서는 숫자(연속) feature에 대해서만 계산할 수 있으므로 [그림 Ⅱ-32]의 워크플로우는 Housing을 예제 데이터 세트로 사용한다. 파일 위젯에 로드한 후 상관관계에 연결한다. 상관관계 feature 쌍의 상관 계수의 절대값이 클수록 목록의 맨 위에 있다. 가장 부정적으로 상관된 쌍인 DIS-NOX로 이동한다. 이제 산점도를 상관관계에 연결하고 두 가지 출력, 즉 데이터는 데이터로 features는 features로 설정한다. feature 쌍이 산점도에서 어떻게 설정되는지 관찰한다. 그 두 가지 특징은 확실하게 부정적으로 상관되어 있는 것을 확인할 수 있다.

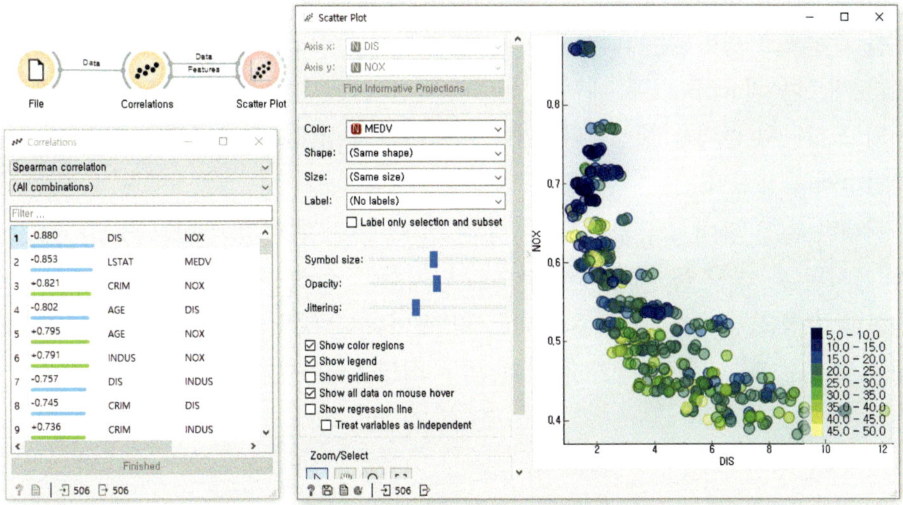

[그림 Ⅱ-32] Correlations 예제

14. Merge Data

위젯	설명	입력	출력
Merge Data	선택한 features의 값을 기준으로 데이터 세트를 병합한다.	Data	Extra Data Data

Merge Data 위젯은 [그림 Ⅱ-33]처럼 선택한 속성(열)값을 기준으로 두 데이터 세트를 수평으로 병합하는 데 사용된다. 입력에는 데이터 및 추가 데이터라는 두 개의 데이터 세트가 필요하다. 두 데이터 세트의 행은 사용자가 선택한 속성 쌍 값에 의해 일치되고 하나의 출력을 생성한다. 입력 데이터의 속성(열)이 추가되는 입력 데이터의 인스턴스에 해당한다.

선택한 속성 쌍에 고유값이 없는 경우(즉, 속성에 중복 값이 있는 경우) 위젯에 경고가 표시된다. 대신 둘 이상의 속성으로 일치시킬 수 있다. 더하기 아이콘을 클릭하여 병합할 속성을 추가한다. 최종 결과는 각 행마다 고유한 조합이어야 한다. [표 Ⅱ-13]에서 Merge Data 위젯 창과 관련된 세부 설명을 참고한다.

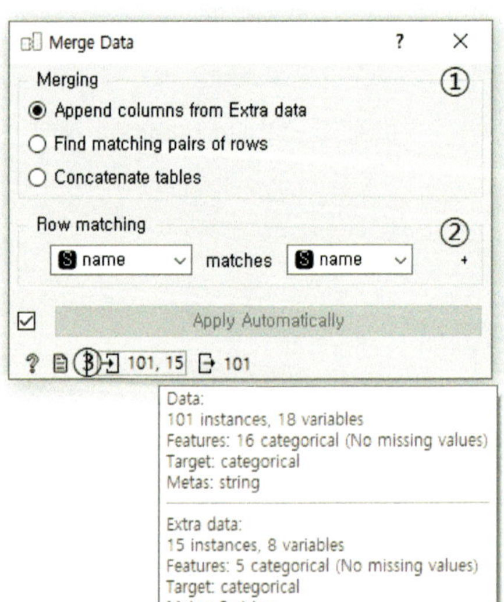

[그림 Ⅱ-33] Merge Data 위젯 창

[표 Ⅱ-13] Merge Data 위젯 창 세부 설명

① Merging	Append columns from Extra data : 추가 데이터의 열로 증강된 데이터의 모든 행을 데이터에서 출력한다. 일치하는 행이 없는 행은 추가 열의 데이터가 없는 경우에도 유지된다. Find matching pairs of rows: 추가 데이터의 열에 의해 증강된 행을 데이터에서 출력한다. 일치하는 행이 없는 행은 출력에서 제거된다. Concatenate tables: 두 데이터 소스를 대칭적으로 처리한다. 출력은 추가 데이터의 일치하지 않는 값이 끝에 추가된다는 점을 제외하고 첫 번째 옵션과 유사하다.
② Row matching	행을 매칭하기 위한 데이터와 추가 데이터 입력의 속성 목록을 지정한다.
③ Data & Extra Data	기본 데이터와 추가 데이터에 대한 정보이다.

두 데이터 세트를 병합하면 선택한 공통 속성에 따라 새 속성이 원본 파일에 추가된다. [그림 Ⅱ-34]의 워크플로우는 데이터만 포함된 zoo.tab 파일과 이미지가 포함된 zoo-with-image.tab 파일을 병합하려고 한다. 두 파일 모두 공통 문자열 속성 이름을 공유한다. 이제 두 파일을 연결하는 워크플로우를 만든다. zoo.tab 데이터는 병합 데이터 위젯의 데이터 입력에 연결되고 zoo-with-images.tab 데이터는 추가 데이터 입력에 연결된다. 그런 다음 데이터 병합 위젯의 출력이 데이터 테이블 위젯에 연결된다. 후자의 경우 병합된 데이터 채널이 표시되고, 여기서 이미지 속성은 원래 데이터에 추가된다.

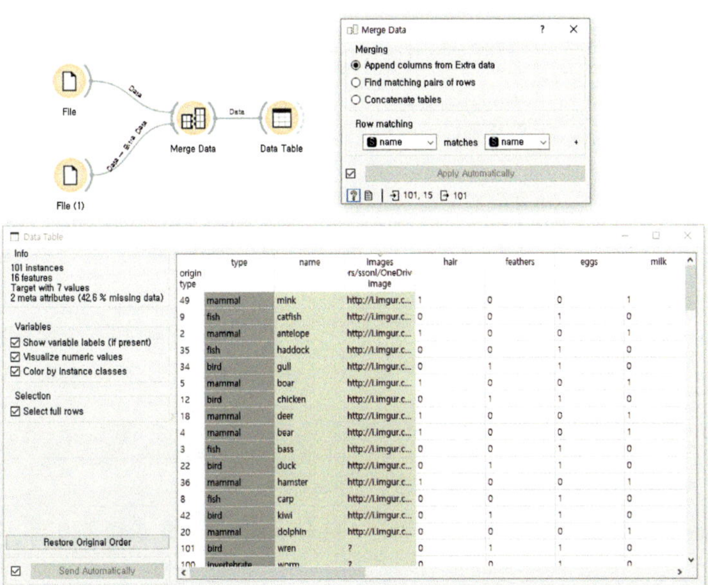

[그림 Ⅱ-34] Merge Data 예제

15. Concatenate

위젯	설명	입력	출력
 Concatenate	두 개 이상의 데이터 세트를 연결(추가)한다.	Primary Data	Additional Data Data

Concatenate 위젯은 [그림 Ⅱ-35]처럼 여러 인스턴스 세트(데이터 세트)를 연결한다. 병합은 10개 인스턴스와 5개 인스턴스의 두 집합에서 15개 인스턴스의 새 집합을 산출한다는 의미에서 "수직"이다. 테이블 중 하나가 기본 테이블로 위젯에 연결된 경우 결과 테이블에는 고유한 속성이 포함된다. 기본 테이블이 없는 경우 속성은 추가 테이블로 지정된 테이블에 나타나는 모든 속성의 유니언 또는 교차점, 즉 연결된 모든 테이블에 공통되는 속성 목록이 될 수 있다. [표 Ⅱ-14]에서 Concatenate 위젯 창과 관련된 세부 설명을 참고한다. 관련 예제는 Data Sampler 예제3에서 확인한다.

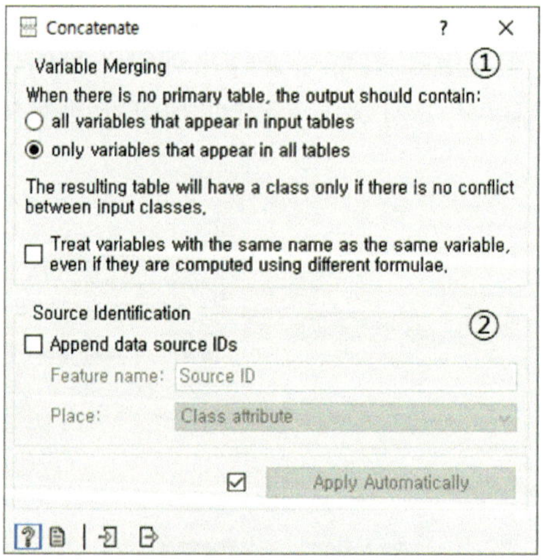

[그림 Ⅱ-35] Concatenate 위젯 창

[표 Ⅱ-14] Concatenate 위젯 창 세부 설명

① Variable Merging	병합 방법을 설정한다.
② Source Identification	소스 데이터 세트의 식별 정보를 출력 데이터 세트에 추가한다.

16. Select by Data Index

위젯	설명	입력	출력
Select by Data Index	데이터 하위 집합의 인덱스별로 인스턴스를 일치시킨다.	Data	Data subset Matching Data, Unmatched Data, Annotated Data

Select by Data Index 위젯은 [그림 Ⅱ-36]처럼 인덱스별로 데이터를 일치시킬 수 있다. 데이터 세트의 각 행에는 인덱스가 있으며 부분집합이 주어지면 이 위젯은 이러한 인덱스를 참조 데이터의 인덱스와 일치시킬 수 있다. 변환된 데이터(예: PCA 공간)에서 원본 데이터를 검색하는 데 가장 많이 사용된다. [표 Ⅱ-15]에서 Select by Data Index 위젯 창과 관련된 세부 설명을 참고한다.

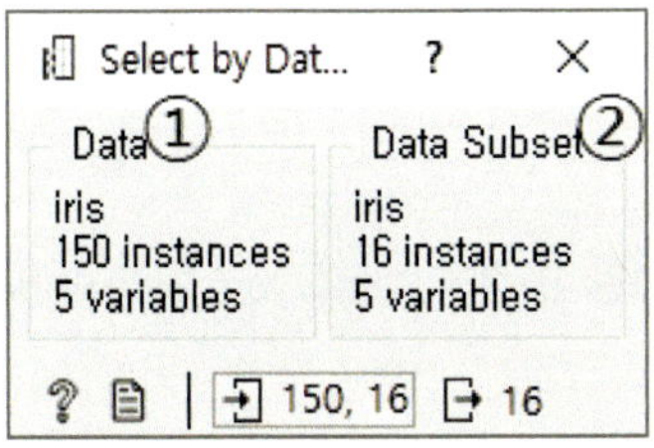

[그림 Ⅱ-36] Select by Data Index 위젯 창

[표 Ⅱ-15] Select by Data Index 위젯 창 세부 설명

① Data	참조 데이터 세트에 대한 정보이다. 이 데이터는 인덱스 참조로 사용된다.
② Data Subset	데이터 하위 집합에 대한 정보이다. 이 데이터 세트의 지수는 기준 데이터 세트에서 일치하는 데이터를 찾는 데 사용된다. 일치하는 데이터는 기본적으로 출력에 있다.

데이터 인덱스별 선택을 사용하는 일반적인 용도는 변환 후 원래 데이터를 검색하는 것이다. [그림 Ⅱ-37]의 워크플로우는 파일 위젯에 Iris 데이터를 로드한다. 그런 다음 PCA를 통해 이 데이터를 변환한다. 변환된 데이터를 산점도로 투영할 수 있으며, 여기서 PCA 구성 요소만 볼 수 있고 원래 features는 볼 수 없다. 이제 흥미로운 부분집합을 선택할 것이다(전체 데이터 세트를 선택할 수도 있다). 데이터 테이블에서 이를 관찰하면 데이터가 변환되는 것을 확인할 수 있다. 원본 features와 함께 이 데이터를 보려면 데이터 인덱스별 선택을 통해 데이터를 검색해야 한다. 데이터 인덱스별로 선택하

기 위해 산점도의 원본 데이터와 부분 집합을 연결한다. 위젯은 하위 집합의 인덱스와 참조(원본) 데이터의 인덱스를 일치시키고 일치하는 참조 데이터를 출력한다. 다른 데이터 테이블의 최종 검사를 통해 출력에 대한 데이터가 원래 데이터 공간의 데이터임을 확인할 수 있다.

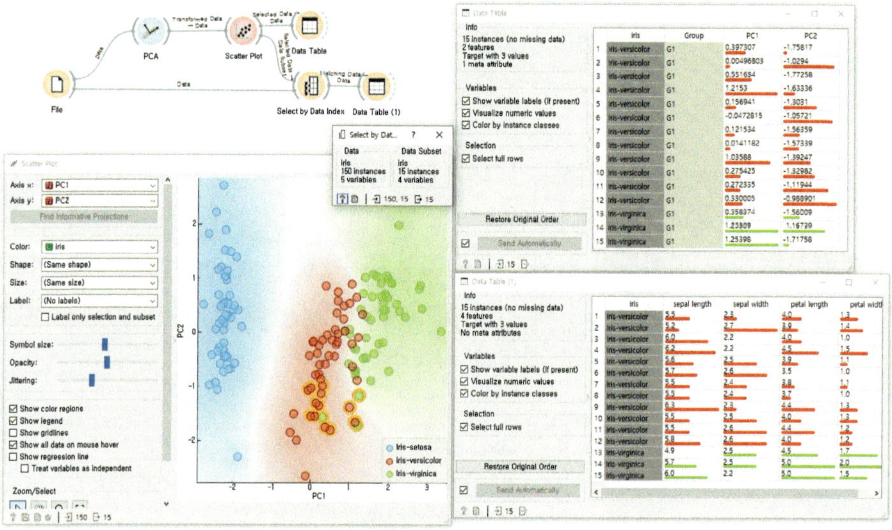

[그림 Ⅱ-37] Select by Data Index 예제

17. Transpose

위젯	설명	입력	출력
Transpose	데이터 테이블을 전치한다.	Data	Data

Transpose 위젯은 [그림 Ⅱ-38]처럼 데이터 테이블의 행과 열을 바꾸어 준다.

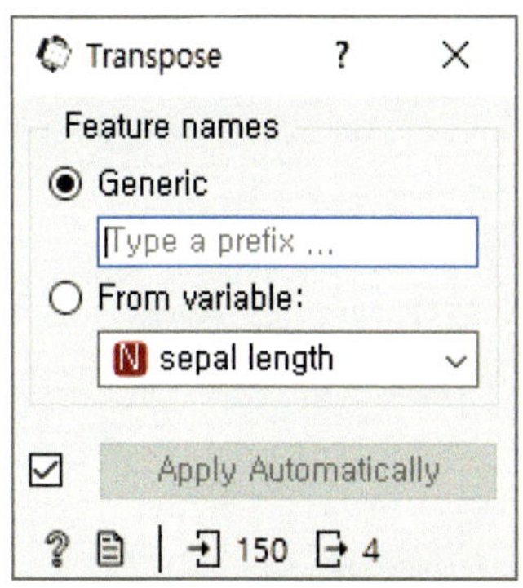

[그림 Ⅱ-38] Transpose 위젯 창

[그림 Ⅱ-39]는 Transpose 사용 방법을 보여주는 간단한 워크플로우이다. 위젯을 파일 위젯에 연결한다. 전치의 결과는 행을 열로, 열을 행으로 하여 전치된 데이터 테이블이다. 데이터 테이블에서 결과를 관찰할 수 있다.

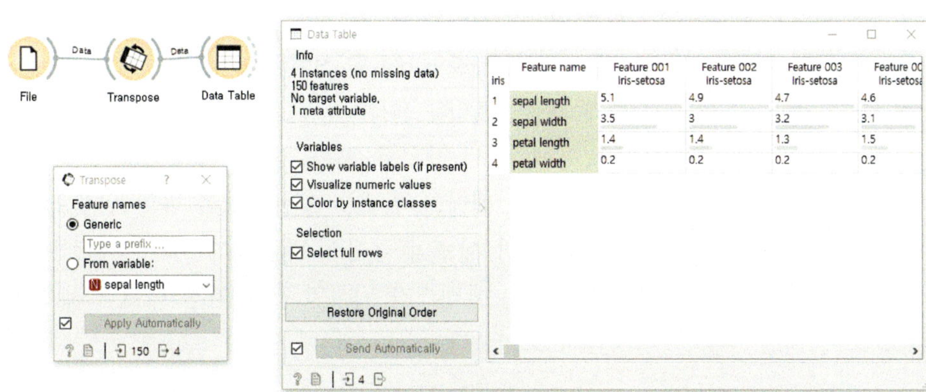

[그림 Ⅱ-39] Transpose 예제

18. Randomize

위젯	설명	입력	출력
 Randomize	데이터 테이블의 속성, 클래스, 메타 데이터를 무작위로 섞는다.	Data	Data

Randomize 위젯은 [그림 Ⅱ-40]처럼 입력에서 데이터 세트를 수신하고 클래스, 속성 또는 메타가 뒤섞인 동일한 데이터 세트를 출력한다. [표 Ⅱ-16]에서 Randomize 위젯 창과 관련된 세부 설명을 참고한다.

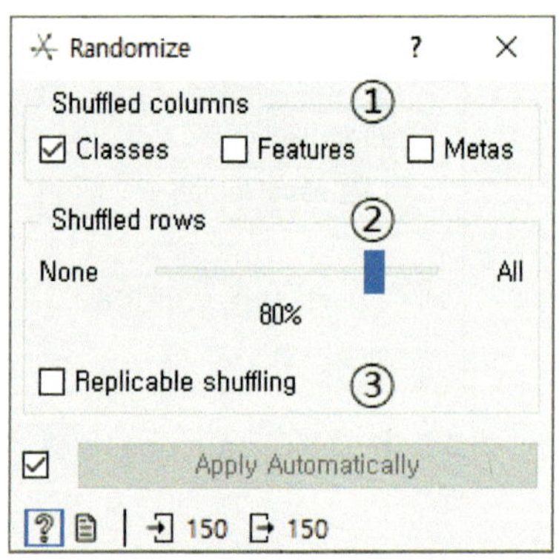

[그림 Ⅱ-40] Randomize 위젯 창

[표 Ⅱ-16] Randomize 위젯 창 세부 설명

① Shuffled columns	섞을 데이터 세트의 열 그룹을 선택한다.
② Shuffled rows	섞을 데이터 세트의 비율을 선택한다.
③ Replicable shuffling	복제 가능한 출력을 생성한다.

[그림 Ⅱ-41]의 워크플로우와 같이 랜덤화 위젯은 일반적으로 파일 위젯의 바로 뒤에 배치된다. 기본 용도는 Iris 데이터 세트의 클래스 변수값이 임의로 뒤섞여 표시된다. [그림 Ⅱ-42]의 워크플로우에서는 클래스가 뒤섞인 값을 가진 데이터 세트에서 모델 성능에 어떤 영향을 미치는지 보여준다.

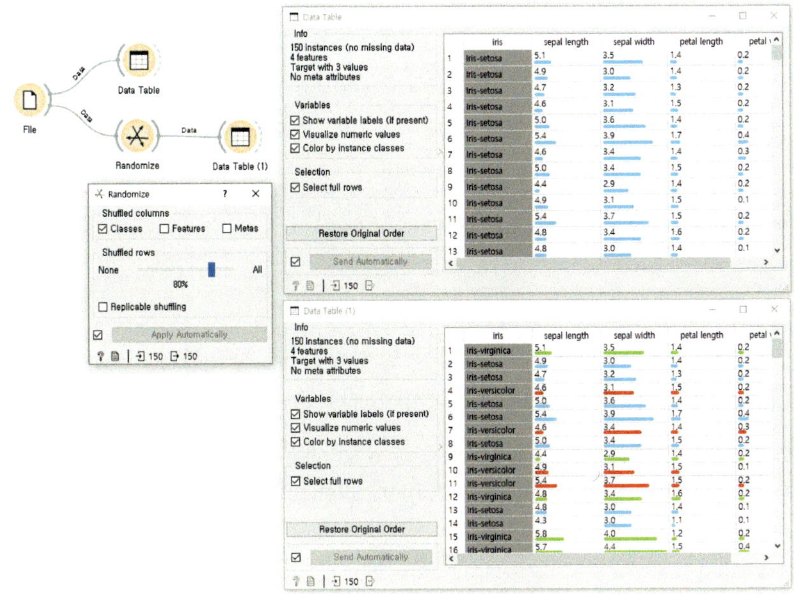

[그림 Ⅱ-41] Randomize 예제1

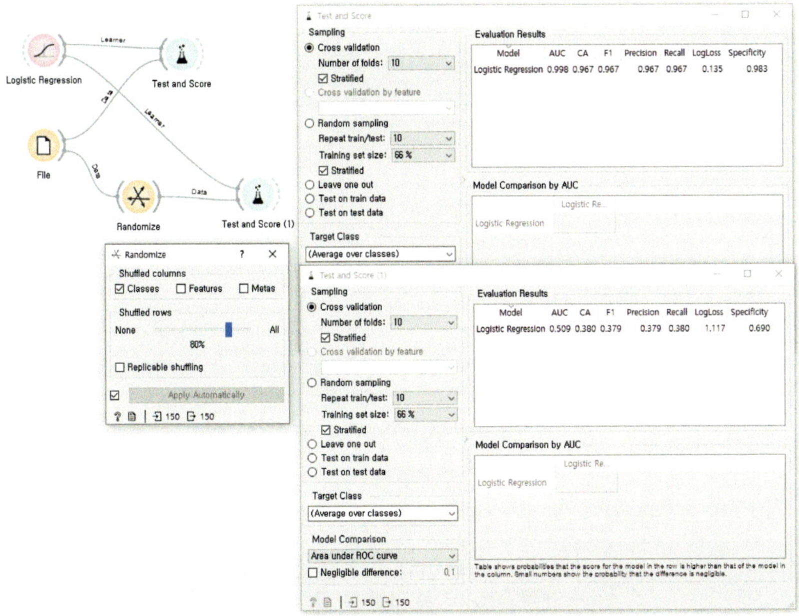

[그림 Ⅱ-42] Randomize 예제2

19. Preprocess

위젯	설명	입력	출력
Preprocess	데이터 전처리 파이프라인을 구성한다.	Data	Preprocessor, Preprocessed Data

전처리는 더 나은 품질의 분석 결과를 달성하는 데 중요하다. Preprocess 위젯은 [그림 Ⅱ-43]과 같이 단일 전처리 파이프라인에서 결합할 수 있는 몇 가지 전처리 방법을 제공한다. 일부 방법은 고급 매개 변수 튜닝을 제공하는 별도의 위젯으로 사용할 수 있다. [표 Ⅱ-17]에서 Preprocess 위젯 창과 관련된 세부 설명을 참고한다.

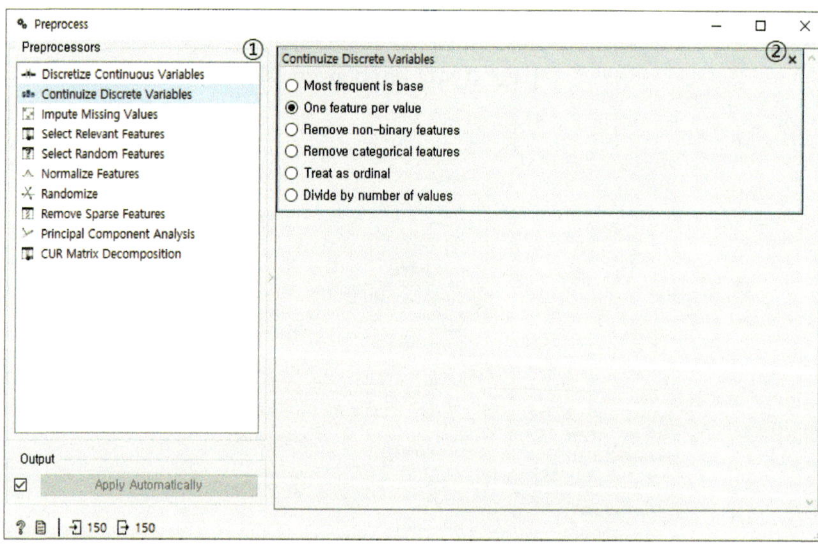

[그림 Ⅱ-43] Preprocess 위젯 창

[표 Ⅱ-17] Preprocess 위젯 창 세부 설명

① Preprocess	전처리 목록이다. 사용할 전처리 항목을 더블 클릭하고 위 또는 아래로 끌어서 순서를 바꿀 수 있다. 왼쪽 메뉴에서 오른쪽으로 끌어서 사전 프로세서를 추가할 수도 있다. [표 Ⅱ-18]에서 자세한 내용을 확인한다.
② Preprocess pipeline	섞을 데이터 세트의 비율을 선택한다.

[표 Ⅱ-18] Preprocess 설명

① Discretization of continuous values	• Entropy-MDL discretization : 필요한 정보를 사용하여 빈을 확인 • Equal frequency discretization : 빈도별로 분할(각 빈의 인스턴스 수) • Equal width discretization : 같은 너비의 빈을 만듦(각 빈의 스팬은 동일). • Remove numeric features : 숫자 features를 모두 제거
② Continuization of discrete values	• Most frequent is base : 가장 빈번한 이산형 값을 0으로, 다른 값을 1로 처리하고 값이 2개 이상인 이산형 속성 중 가장 빈도가 높은 속성은 기준값으로 간주되며 해당 열의 나머지 값과 대조됨 • One feature per value : 인스턴스 하나에 해당 값이 있는 경우 1이고 없는 경우 0으로 원 핫 인코딩으로 각 값에 대한 열을 만듦 • Remove non-binary features : 값이 0 또는 1인 범주형 features만 유지하고 연속형(continuous)으로 변환 • Remove categorical features : 범주형 features 모두 제거 • Treat as ordinal : 이산형 값을 가져와서 숫자로 처리하는데 이산형 값이 범주인 경우 각 범주에는 데이터에 표시되는 번호가 할당됨 • Divide by number of values : Treat as ordinal과 유사하지만 최종 값은 총 값 수로 나누어지며 새 연속 변수의 범위는 [0, 1]이 됨
③ Impute missing values	• Average/Most frequent : 결측값(NaN)을 평균(연속) 또는 가장 빈도가 높은(별도의)값으로 바꿈 • Replace with random value : 결측값을 각 변수의 범위 내에 있는 임의의 값으로 바꿈 • Remove rows with missing values : 결측값이 있는 행을 제거
④ Select relevant features	Rank와 마찬가지로 이 전처리는 가장 유용한 features만 출력하고 점수는 information gain, gain ratio, gini index, ReliefF, fast correlation based filter, ANOVA, Chi2, RReliefF, and Univariate Linear Regression로 결정할 수 있다. Number of features는 출력에 얼마나 많은 변수가 있어야 하는지를 나타낸다. Fixed는 고정된 최고 점수 변수를 반환하고 Percentage는 선택한 feature의 상위 백분율을 반환한다.
⑤ Select random features	원래 데이터의 고정 features 개수 또는 백분율로 표시되는데 주로 고급 시험과 교육 목적으로 사용된다.
⑥ Normalize features	평균 또는 중위수로 값을 중심화하거나 중심화를 모두 생략하여 값을 공통 척도로 조정하고 스케일링과 마찬가지로 SD(표준 편차)별로, 스팬별로 스케일링이 가능하거나 또는 전혀 스케일링할 수 없다.
⑦ Randomize	클래스 값을 혼합하고 인스턴스와 클래스 간의 연결을 삭제하여 features와 메타 데이터를 랜덤화 한다. Replicable shuffling이 설정된 경우 저장된 워크플로우로 랜덤화 결과를 공유하고 반복할 수 있고 이것은 주로 고급 시험과 교육 목적으로 사용된다.
⑧ Remove sparse features	0이 아닌 값의 사용자 정의 임계값 백분율을 초과하는 features를 유지하고 나머지는 폐기한다.

⑨ Principal component analysis	PCA 위젯과 유사하며 PCA 변환 결과를 출력한다.
⑩ CUR matrix decomposition	SVD와 유사한 차원 감소 방법이다.

[그림 Ⅱ-44]의 워크플로우와 같이 심장병 데이터 세트를 사용했다. 그런 다음 전처리 프로세스를 사용하여 결측값을 귀속시키고 features를 정규화했다. 데이터 테이블의 변경 사항을 관찰하여 처리되지 않은 데이터와 비교할 수 있다.

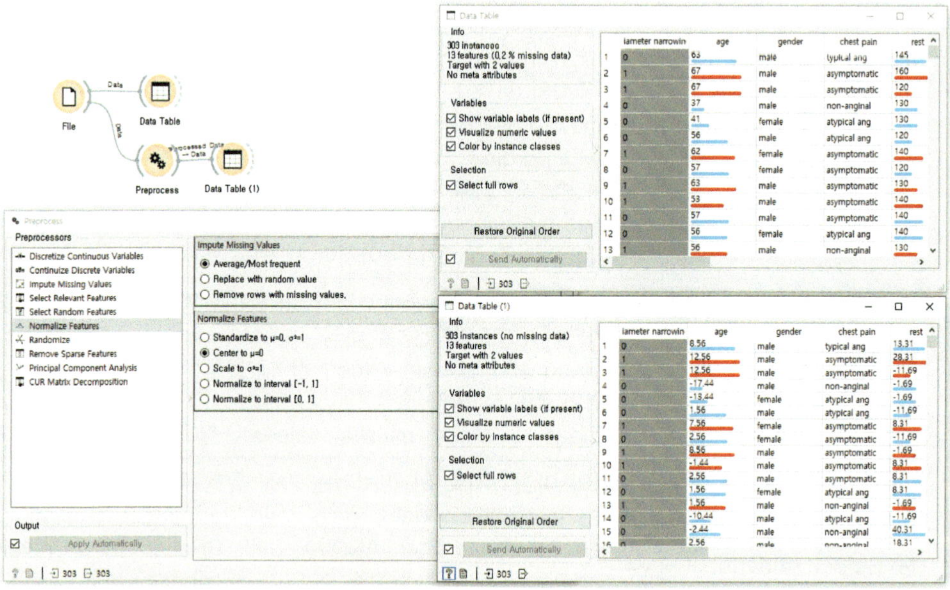

[그림 Ⅱ-44] Preprocess 예제1

[그림 Ⅱ-45]의 워크플로우에서는 예측 모델링에 사전 프로세스를 사용하는 방법을 보여준다. 심장병 데이터 세트를 사용한다. 심장병 데이터는 몇 가지 결측값을 가지고 있고 우리는 그것을 설명하기를 원한다. 먼저 데이터 세트를 훈련용과 테스트용 데이터로 나눠서 데이터 샘플러를 사용한다. 그런 다음 데이터 샘플을 전처리 프로세스로 보낸다. 결측값 귀속은 사용하지만 데이터에 대한 전처리 프로세서를 조합하여 사용할 수 있다. 전처리된 데이터를 로지스틱 회귀 분석으로 보내고 생성된 모형을 예측으로 보낸다. 마지막으로, 예측에는 예측하기 위한 데이터도 필요하다. 우리는 예측을 위해 데이터 샘플러의 출력을 사용하겠지만, 이번에는 데이터 샘플이 아니라 남은 데이터, 이것은 모델 훈련에 사용되지 않았던 데이터를 활용한다. 전처리를 적용하지 않고 나머지 데이터를 예측에 직접 보내는 방법에 주목한다. 이는 오렌지3가 모델 구성에 오류가 발

생하지 않도록 내부적으로 새 데이터에 대한 전처리를 하기 때문이다. 훈련용 데이터에 사용된 것과 동일한 전처리가 예측에 사용된다. Test & Score에도 동일한 프로세스가 적용된다.

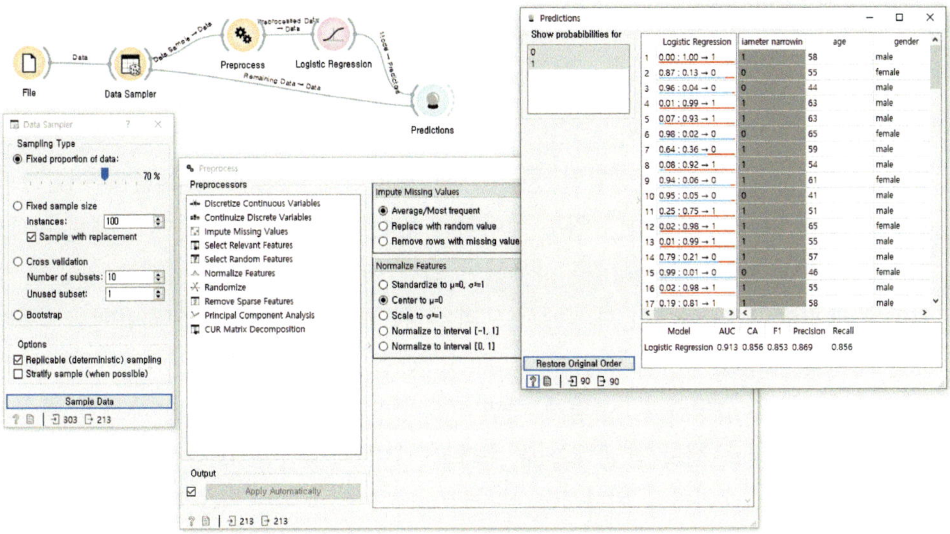

[그림 Ⅱ-45] Preprocess 예제2

20. Apply Domain

위젯	설명	입력	출력
 Apply Domain	데이터 테이블에 템플릿 도메인을 적용한다.	Data	Template Data Transformed Data

Apply Domain 위젯은 변환된 공간에 새 데이터를 매핑한다. 예를 들어 [그림 Ⅱ-46]와 같이 PCA를 사용하여 일부 데이터를 변환하고 동일한 공간에서 새로운 데이터를 관찰하려면 Apply Domain을 사용하여 원래 데이터에서 생성된 PCA 공간에 새 데이터를 매핑할 수 있다. 이 예제에서는 파일 위젯의 Iris 데이터를 사용한다. 두 개의 개별 데이터 세트를 생성하기 위해 Select Rows를 사용하고 조건을 Iris-세토사이거나 Iris-베시컬러로 설정한다. 이렇게 하면 100개의 행이 있는 데이터 세트가 출력되며, 그 중 절반은 Iris-세토사 클래스에 속하고 나머지 절반은 Iris-베시컬러에 속한다. PCA를 사용하여 데이터를 변환하고 분산의 96%를 설명하는 처음 두 개의 성분을 선택한다. 이제 '새로운' 데이터에 동일한 전처리를 적용하고자 한다. 나머지 50개의 Iris-버지니카이다. Select Rows에서 Apply Domain으로 사용되지 않은 데이터를 전송한다. 행 선택 위젯의 일치하지 않는 데이터 출력을 사용해야 한다. 그런 다음 PCA에서 변환된 데이터 출력을 추가한다. Apply Domain(도메인 적용)은 사전 프로세서를 새 데이터에 적용하고 출력한다. 이전 데이터에 새 데이터를 추가하려면 연결을 사용한다. PCA의 변환된 데이터 출력을 기본 데이터로 사용하고 도메인 적용의 변환된 데이터를 추가 데이터로 사용한다. 데이터 테이블 또는 산점도에서 결과를 관찰하여 이전 데이터와 관련된 새 데이터를 확인한다.

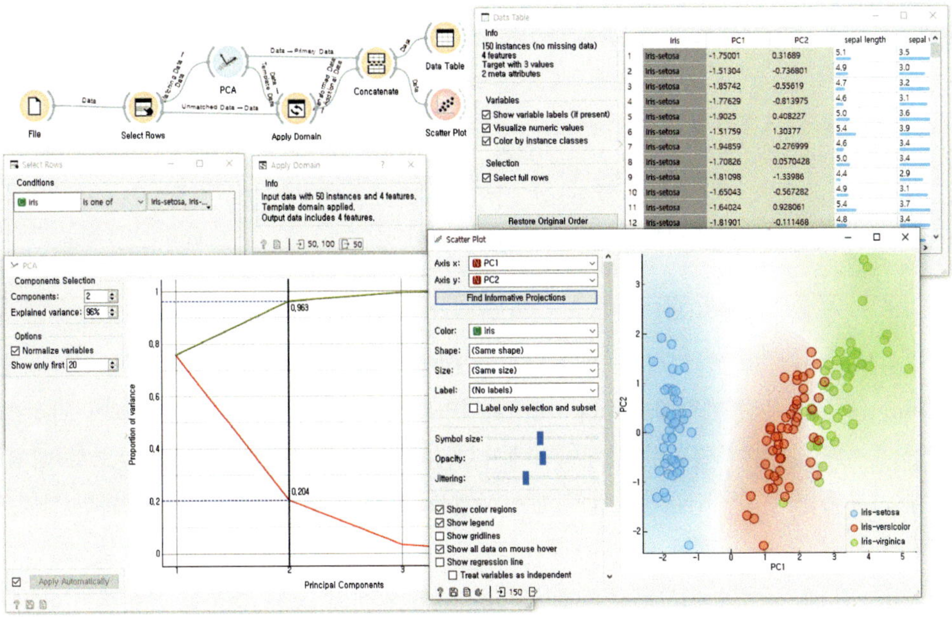

[그림 Ⅱ-46] Apply Domain 활용 워크플로우

21. Impute

위젯	설명	입력	출력
Impute	데이터 테이블의 결측값을 처리한다.	Data	Learner Data

일부 오렌지3의 알고리즘 및 시각화는 데이터에서 알 수 없는 값을 처리할 수 없다. Impute 위젯은 통계학자가 Imputation이라고 부르는 작업을 수행한다. 이 위젯은 [그림 Ⅱ-47]과 같이 결측값을 데이터에서 계산하거나 사용자가 설정한 값으로 대체하는데 기본 귀속은 (1-NN)이다. [표 Ⅱ-19]에서 Impute 위젯 창과 관련된 세부 설명을 참고한다.

[그림 Ⅱ-48]의 워크플로우에서는 Impute 위젯의 작동 방식을 보여주기 위해 Iris 데이터 세트를 사용하고 일부 데이터를 삭제했다. Impute 위젯을 사용하고 모델 기반 임퓨터를 선택하여 결측값을 귀속시켰다. 다른 데이터 테이블에서는 물음표가 어떻게 구별되는 값으로 변했는지 살펴본다.

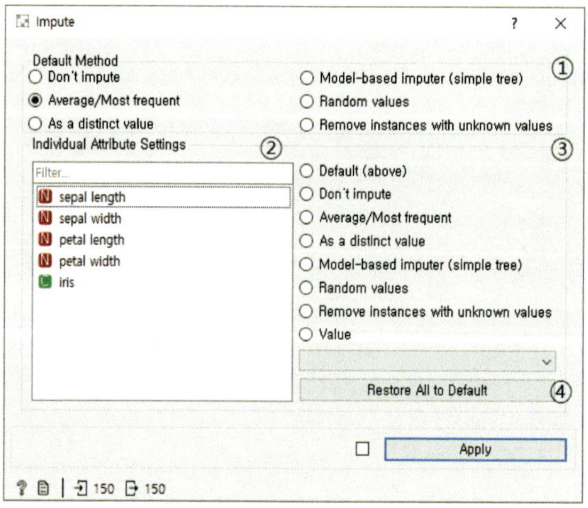

[그림 Ⅱ-47] Impute 위젯 창

[표 Ⅱ-19] Impute 위젯 창 세부 설명

① Default Method	모든 속성에 대한 일반적인 imputation 기술을 지정할 수 있다. Don't Impute: 결측값으로는 아무 것도 하지 않음 Average/Most-frequent: 결측값으로 평균값(연속형) 또는 최빈값(이산형)을 사용 As a distinct value: 결측값을 대체할 새 값을 만듦 Model-based imputer: 다른 속성의 값을 기반으로 결측값을 예측하기 위한 모형을 구성하는데 각 속성에 대해 별도의 모형이 구성됨(기본 모델은 1-NN 학습자로, 가장 유사한 예에서 값을 가져옴) Random values: 각 속성에 대한 값 분포를 계산한 다음 값에서 랜덤 값을 선택함 Remove examples with missing values: 결측값이 포함된 예를 제거(Impute class 값이 선택된 경우 class 속성에도 적용됨)
② Individual Attribute Settings	기본 처리 세트를 재정의하는 각 속성에 대해 개별 처리를 지정할 수 있는데, 결측값 대체시 사용되는 수동으로 정의된 값도 지정할 수 있다.
③ Imputation methods	개별 속성에 대한 결측값 대체 방법은 Default Method와 동일하다.
④ Restore All to Default	개별 속성 처리를 기본값으로 재설정한다.

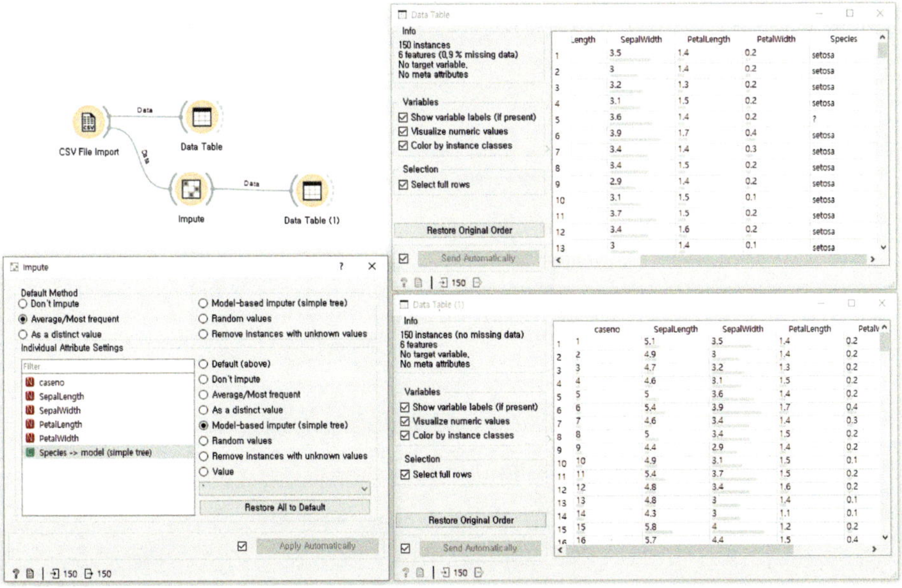

[그림 Ⅱ-48] Impute 예제

22. Outliers

위젯	설명	입력	출력
Outliers	데이터 테이블의 이상값을 탐지한다.	Data	Inliers, Outliers, Data

Outliers 위젯은 [그림 Ⅱ-49]와 같이 이상값 탐지를 위해 네 가지 방법 중 하나를 적용한다. 모든 방법은 데이터 세트에 분류를 적용한다. 비선형 커널(RBF)을 사용하는 One Class SVM은 비 가우스 분포에서 우수한 성능을 발휘하는 반면, Covariance Estimator는 가우스 분포를 사용하는 데이터에서만 작동한다. 적당히 높은 차원 데이터 세트에서 이상값 탐지를 수행하는 효율적인 방법 중 하나는 Local Outlier Factor 알고리즘을 사용하는 것이다. 알고리즘은 관측치의 이상 정도를 반영하는 점수를 계산하고 이 값은 인접 데이터 점에 대해 지정된 데이터 지점의 로컬 밀도 편차를 측정한다. 고차원 데이터 세트에서 Outlier 탐지를 수행하는 또 다른 효율적인 방법은 Isolation Forest(랜덤 포레스트)를 사용하는 것이다. [표 Ⅱ-20]에서 Outliers 위젯 창과 관련된 세부 설명을 참고한다.

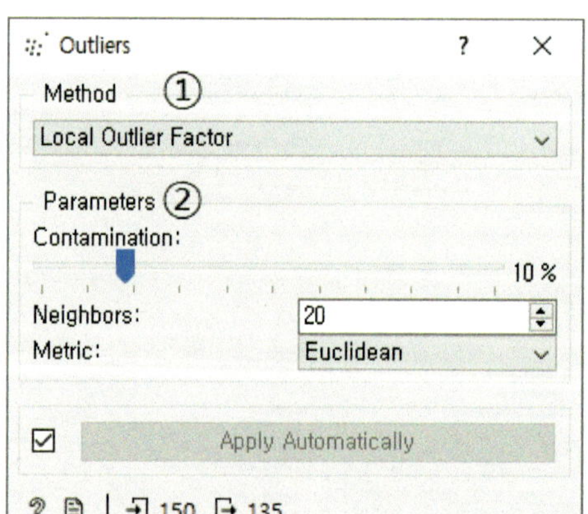

[그림 Ⅱ-49] Outliers 위젯 창

[표 Ⅱ-20] Outliers 위젯 창 세부 설명

① Method	이상값 검출 방법을 선택한다.
② Parameters	One class SVM with non-linear kernel (RBF) – 코어 클래스와 유사하거나 다른 데이터로 분류: Nu는 훈련 오류의 분율과 지지 벡터의 분수에 대한 상한에 대한 매개 변수이고 Kernel coefficient는 단일 데이터 인스턴스의 영향을 지정하는 감마 매개변수임 Covariance estimator – Mahalanobis 거리 메트릭을 사용하여 중심점에 줄임표를 맞춤: Contamination은 데이터 세트의 이상값 비율이고 Support fraction은 추정치에 포함된 점의 비율을 지정함 Local Outlier Factor-k-근접 이웃으로부터 로컬 밀도를 얻음: Contamination은 데이터 세트의 이상값 비율이고 Neighbors는 이웃의 수를 나타내며 Metric은 거리 측도임 Isolation Forest-feature를 임의로 선택한 다음 선택한 feature의 최댓값과 최솟값 사이의 분할 값을 임의로 선택하여 관측치를 격리: Contamination은 데이터 세트의 이상값 비율이고 Replicable training으로 랜덤 시드 수정

[그림 Ⅱ-50]의 워크플로우에서는 특이치를 감지하기 위해 Iris 데이터 세트의 하위 집합(베시컬러 및 버지니카 인스턴스)을 사용하여 유클리드 거리를 갖는 로컬 특이치 요인 방법을 선택한다. 그런 다음 산점도 위젯에서 주석이 달린 인스턴스를 관찰한다. 다음 단계에서 세토사 인스턴스를 사용하여 도메인 적용 위젯을 사용하여 새로운 탐지를 시연한다. 두 출력을 모두 연결한 후 산점도(1)의 특이치를 조사한다.

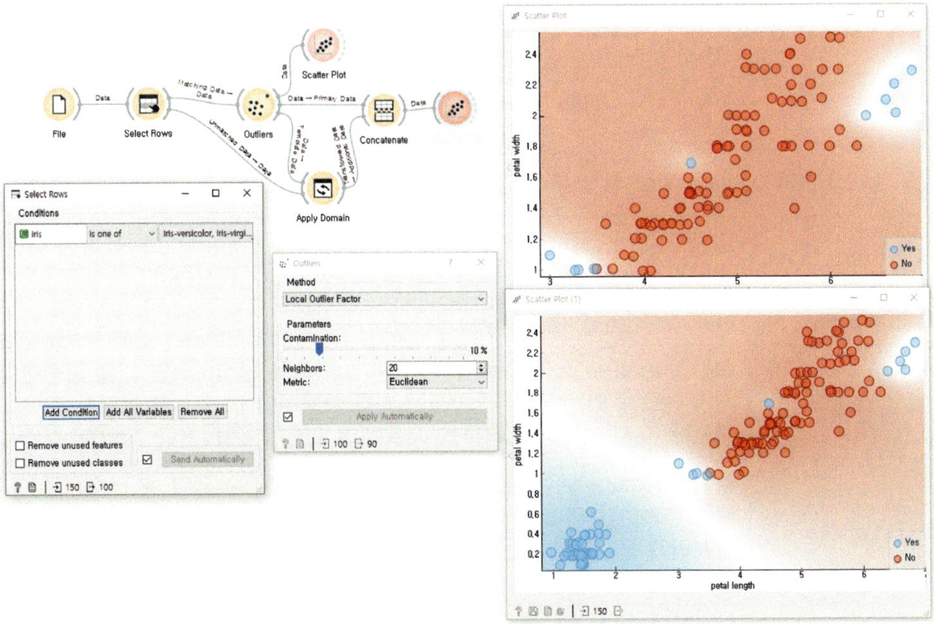

[그림 Ⅱ-50] Outliers 예제

23. Edit Domain

위젯	설명	입력	출력
Edit Domain	변수 이름 변경, 범주 및 변수 주석을 편집한다.	Data	Data

Edit Domain 위젯은 [그림 Ⅱ-25]와 같이 데이터 세트의 도메인을 편집 및 변경할 수 있다. [표 Ⅱ-21]에서 Edit Domain 위젯 창과 관련된 세부 설명을 참고한다.

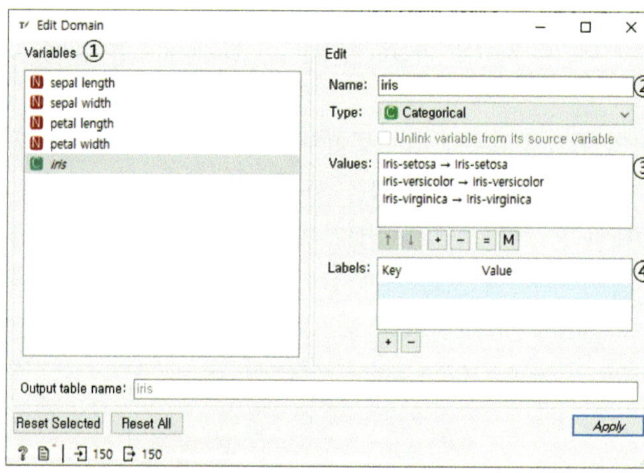

[그림 Ⅱ-51] Edit Domain 위젯 창

[표 Ⅱ-21] Edit Domain 위젯 창 세부 설명

① Variables	입력 데이터 세트의 모든 features(메타 속성 포함)가 변수 목록에 나열되며 하나의 feature를 선택하면 오른쪽에 편집기가 표시된다.
② Name	feature 이름을 변경한다.
③ Values	이산형 feature의 값 이름을 변경한다. 이름을 편집하려면 더블 클릭한다. 상자 아래쪽에 있는 위쪽 및 아래쪽 키를 사용하여 값 순서를 변경할 수 있고(예: 분포에 표시) + 및 − 버튼을 사용하여 값을 추가하거나 제거할 수 있다.
④ Labels	추가로 feature에 주석을 추가, 제거 또는 편집할 수 있다. + 버튼으로 새 레이블을 추가하고 새 항목의 키와 값을 추가한다. 키는 데이터 테이블의 왼쪽 상단 모서리에 표시되고 값은 지정된 열 아래에 표시된다. − 버튼으로 기존 레이블을 제거한다.

[그림 Ⅱ-52]의 워크플로우에서는 기존 도메인을 간단하게 편집하는 방법을 알아본다. Heart-disease 데이터 세트를 선택하고 성별 속성을 편집한다. 원래 우리는 여성과 남성의 값을 가지고 있었는데, 그것을 여성의 경우 F로, 남성의 경우 M으로 바꾼다. 그리고 나서 변수들의 순서를 바꾸기 위해 아래쪽 키를 사용한다. 마지막으로 속성을 이진으로 표시하기 위해 레이블을 추가한다. 데이터 테이블 위젯에서 편집된 데이터를 관찰할 수 있다.

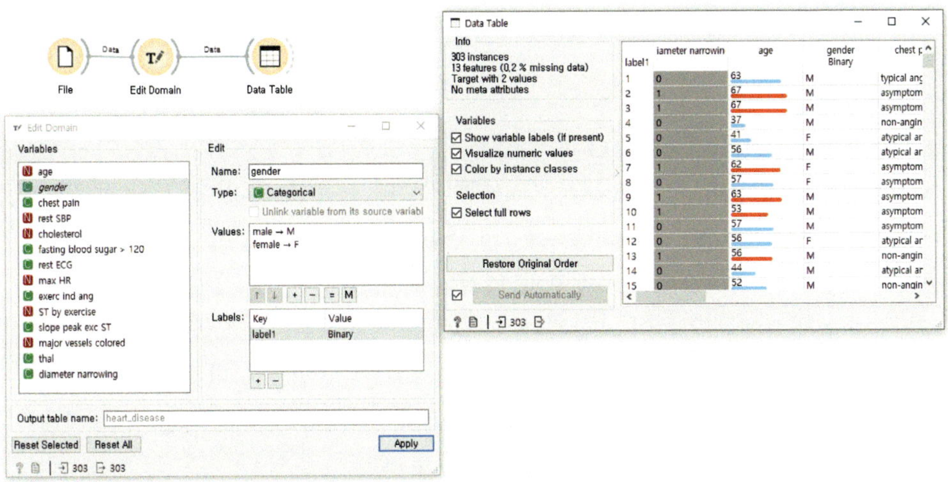

[그림 Ⅱ-52] Edit Domain 예제

24. Python Script

위젯	설명	입력	출력
Python Script	Python 스크립트를 작성하여 데이터를 입력하거나 모델을 실행한다.	Data	Learner, Classifier, Object Data, Learner, Classifier, Object

Python Script 위젯은 [그림 Ⅱ-53]과 같이 기존 위젯에 적합한 기능이 구현되지 않은 경우 입력에서 파이썬 스크립트를 실행하는 데 사용할 수 있다. 스크립트는 로컬 네임스페이스에 in_data, in_distance, in_learner, in_classifier 및 in_object 변수(입력 신호에서)를 가지고 있다. 신호가 연결되지 않았거나 아직 데이터를 수신하지 않은 경우 해당 변수에는 없음이 포함된다. 스크립트가 실행된 후 스크립트의 로컬 네임스페이스에서 변수를 추출하여 위젯의 출력으로 사용한다. 위젯을 다른 위젯에 추가로 연결하여 출력을 시각화할 수 있다. [표 Ⅱ-22]에서 Python Script 위젯 창과 관련된 세부 설명을 참고한다.

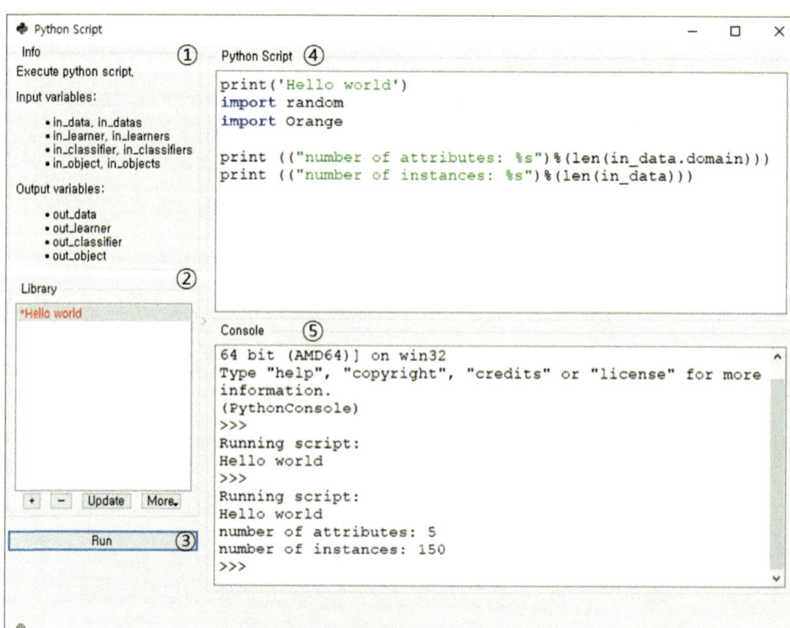

[그림 Ⅱ-53] Python Script 위젯 창

[표 Ⅱ-22] Python Script 위젯 창 세부 설명

① Info	Orange Python 스크립트의 기본 연산자 이름이 들어 있다.
② Library	라이브러리 컨트롤을 사용하여 여러 스크립트를 관리할 수 있다. "+"를 누르면 새 항목이 추가되고 Python 스크립트 편집기에서 열린다. 스크립트를 수정하면 라이브러리에 있는 항목이 저장되지 않은 변경 사항이 있음을 나타내도록 변경된다. Update를 누르면 스크립트(키보드 바로 가기 "Ctrl+S")가 저장된다. 스크립트를 선택하고 "–" 버튼을 눌러 스크립트를 제거할 수 있다.
③ Run	실행 버튼을 누르면 스크립트가 실행된다(키보드 바로 가기 "Ctrl+R"). 모든 스크립트 출력(인쇄에서)이 캡처되어 스크립트 아래의 콘솔에 표시된다.
④ Python Script	Python 스크립트 편집기를 사용하여 스크립트를 편집할 수 있다(일부 기본 구문 강조 표시 지원).
⑤ Console	콘솔은 스크립트의 출력을 표시한다.

[그림 Ⅱ-54]의 워크플로우에서는 속성별로 일괄 필터링을 수행할 수 있다. 우리는 동물원 데이터를 예제로 사용했고 5개 이상의 이산형 값을 가진 모든 속성을 걸러냈다.

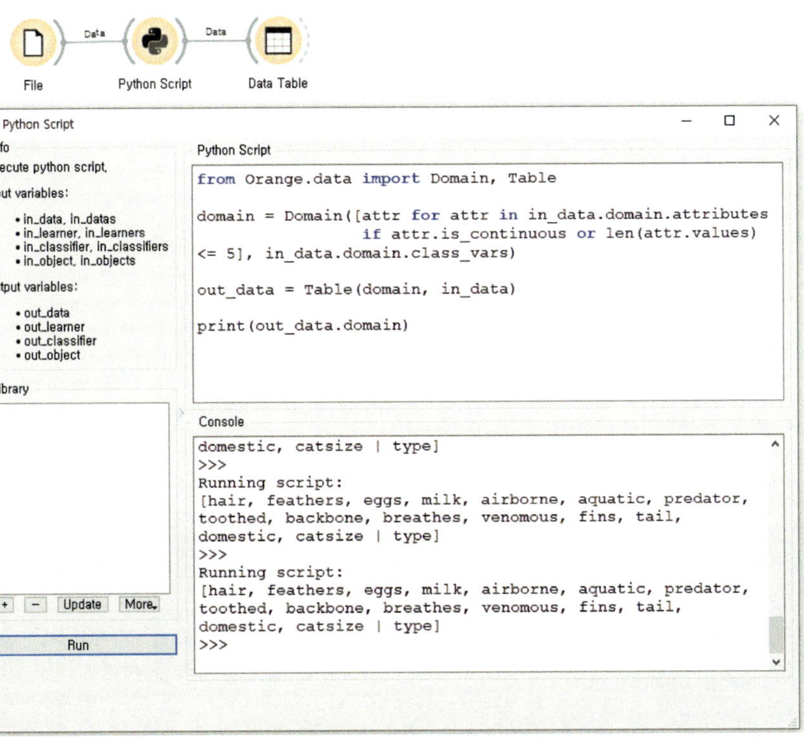

[그림 Ⅱ-54] Python Script 예제

25. Color

위젯	설명	입력	출력
Color	변수의 색상 범례를 설정한다.	Data	Data

Color 위젯은 [그림 Ⅱ-55]와 같이 시각화의 색 범례를 설정한다.

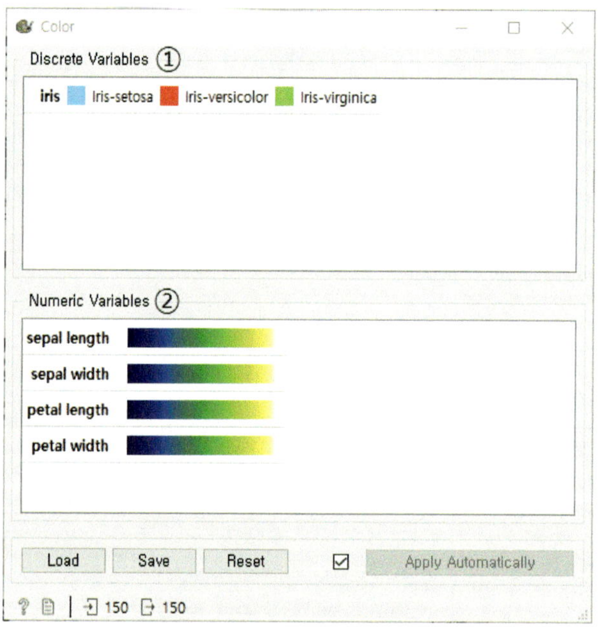

[그림 Ⅱ-55] Color 위젯 창

[표 Ⅱ-23]에서 Color 위젯 창과 관련된 세부 설명을 참고한다.

[표 Ⅱ-23] Color 위젯 창 세부 설명

① Discrete Variables	이산형 변수의 목록으로 각 변수의 색상을 두 번 클릭하여 설정한다. 위젯에서는 변수 이름을 눌러 변수 이름을 바꿀 수도 있다.
② Numeric Variables	연속형 변수의 목록으로 다른 팔레트를 선택하려면 컬러 스트립을 클릭한다. 모든 변수에 동일한 팔레트를 사용하려면 한 변수에 대해 팔레트를 변경하고 오른쪽에 나타나는 모든 변수에 복사를 누른다. 위젯에서는 변수 이름을 눌러 변수 이름을 바꿀 수도 있다.

[그림 Ⅱ-56]의 워크플로우에서는 Heart-disease 데이터 세트를 사용하여 작업한다. 색상 팔레트를 열고 지름 좁히기 변수를 위해 두 가지 색상을 새로 선택한 후 산점도 위젯을 열고 산점도 변경 사항을 확인한다.

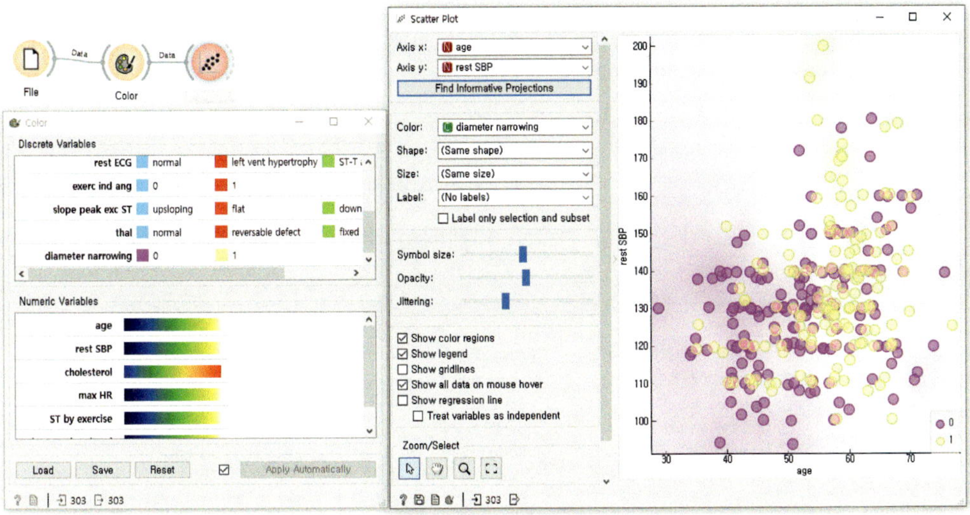

[그림 Ⅱ-56] Color 예제

26. Continuize

위젯	설명	입력	출력
Continuize	범주형 속성을 숫자로 변환하고 선택적으로 숫자 값을 정규화한다.	Data	Data

Continuize 위젯은 [그림 Ⅱ-57]과 같이 입력에서 데이터 세트를 수신하고 이산형 변수(이항 변수 포함)가 연속형 변수로 대체되는 것과 동일한 데이터 세트를 출력한다.

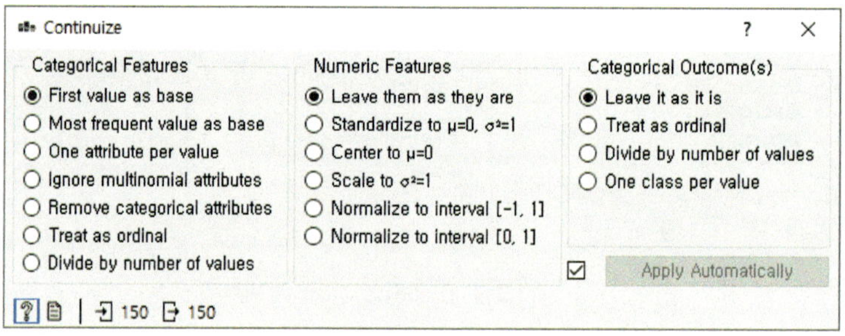

[그림 Ⅱ-57] Continuize 위젯 창

[그림 Ⅱ-58]의 워크플로우에서는 Continuize 위젯의 출력에 대해 살펴본다. 우리는 원본 데이터(Heart-disease 데이터 세트)를 데이터 표에 입력하고 어떻게 생겼는지 확인한다. 그런 다음 이산형 값을 continuize한 후 다른 데이터 테이블에서 값을 관찰한다.

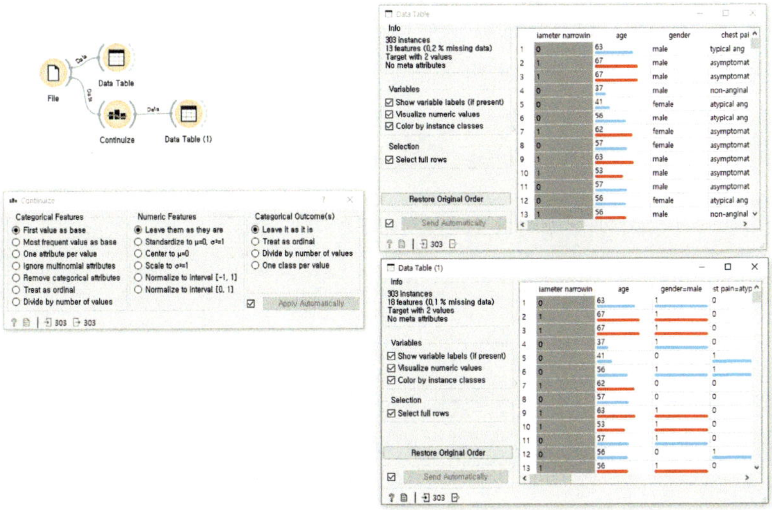

[그림 Ⅱ-58] Continuize 예제1

[그림 Ⅱ-59]의 워크플로우에서는 이 위젯의 일반적인 사용을 보여준다. 데이터의 선형 투영을 제대로 플로팅하려면 이산 속성을 연속 속성으로 변환해야 하므로 데이터를 그리기 전에 연속 위젯을 통해 데이터를 넣는 것이다. 속성 "가슴 통증"은 원래 4개의 값을 가지며 3개의 연속적인 속성으로 변환되었다. 성별과 유사한 현상이 발생하였고, 이는 단일 속성 "gender=female"로 변환되었다.

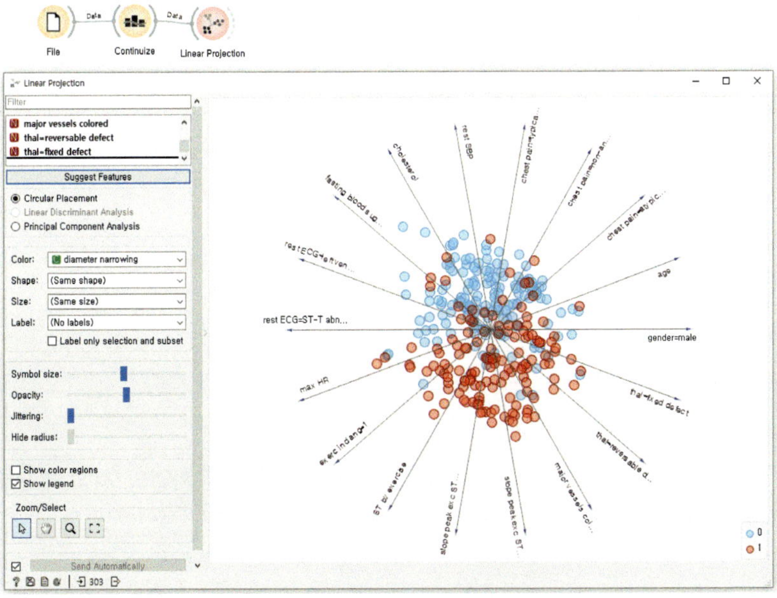

[그림 Ⅱ-59] Continuize 예제2

27. Create Class

위젯	설명	입력	출력
 Create Class	문자열 속성에서 클래스 속성을 생성한다.	Data	Data

Create Class 위젯은 [그림 Ⅱ-60]과 같이 기존 이산형 또는 문자열 속성에서 새 클래스 속성을 만든다. 위젯은 선택한 속성의 문자열 값과 일치하는 인스턴스에 대한 새 사용자 정의 값을 구성한다. [표 Ⅱ-24]에서 Create Class 위젯 창과 관련된 세부 설명을 참고한다.

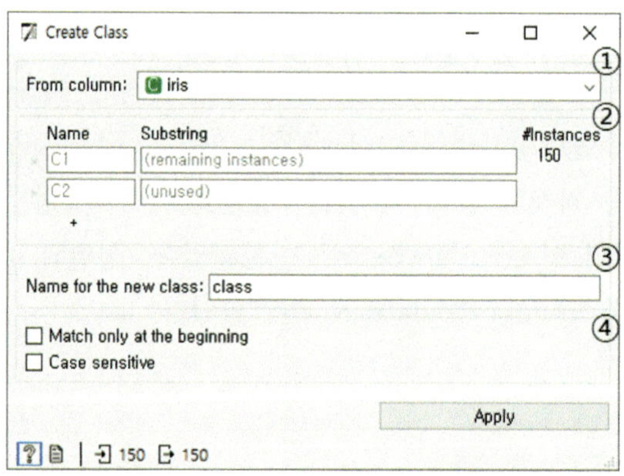

[그림 Ⅱ-60] Create Class 위젯 창

[표 Ⅱ-24] Create Class 위젯 창 세부 설명

① From column	새 클래스를 구성할 속성이다.
② Matching	• Name : 새 클래스 값의 이름 • Substring : 위에서 정의한 속성의 값과 일치하는 정규식 하위 문자열 • Instances : 하위 문자열과 일치하는 인스턴스 수 • 새 클래스 값을 추가하려면 '+'를 누른다.
③ New Class Name	새 클래스 열의 이름이다.
④ Options	• Match only at the beginning : 문자열의 시작 부분부터 일치 • Case sensitive : 대/소문자 구분도 일치

[그림 Ⅱ-61]의 워크플로우에서는 auto-mpg 데이터 세트를 사용한다. 데이터를 Create Class에 전달하고 새 클래스를 만들 열로 car_name을 선택한다. 여기서는 자동차 브랜드에 맞는 새로운 가치를 창출하고자 한다. 먼저 일치하는 문자열의 새 값으로 포드를 입력한다. 그런 다음 데이터 인스턴스와 일치하는 하위 문자열을 정의한다. 즉, car_name에 for가 포함된 모든 인스턴스가 이제 새 클래스 열에 대한 값을 가진다. 다음, 우리는 혼다와 피아트에 대해 같은 것을 정의한다. 위젯에서는 일치하지 않는 인스턴스(남은 인스턴스)의 수를 알려준다. 다른 이름을 지정하겠지만, '+'로 조건을 추가하여 새 값을 계속 생성할 수 있다. 이 위젯을 통하여 새로운 클래스 칼럼의 이름을 car_brand라고 지었고 문자열의 시작 부분에서 일치시켰다.

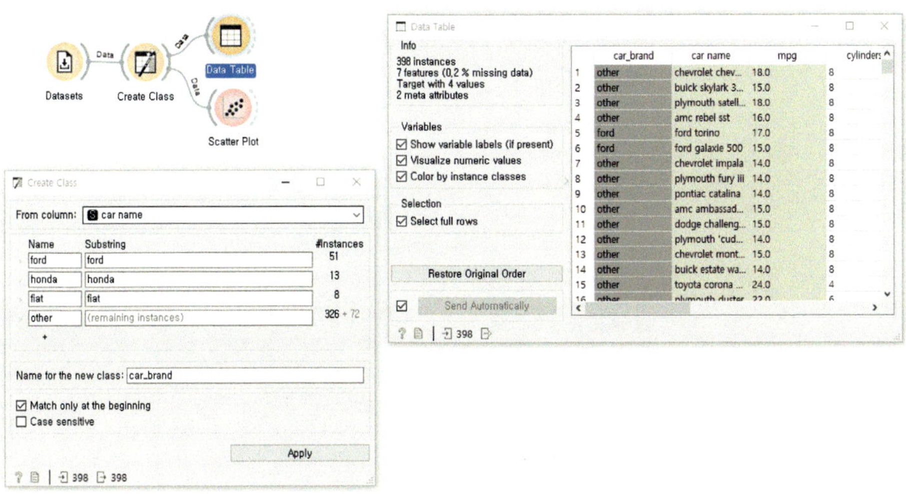

[그림 Ⅱ-61] Create Class 예제

28. Discretize

위젯	설명	입력	출력
Discretize	숫자 데이터 features를 이산화한다.	Data	Data

Discretize 위젯은 [그림 Ⅱ-62]과 같이 선택한 방법으로 연속 속성을 이산화한다. [표 Ⅱ-25]에서 Discretize 위젯 창과 관련된 세부 설명을 참고한다.

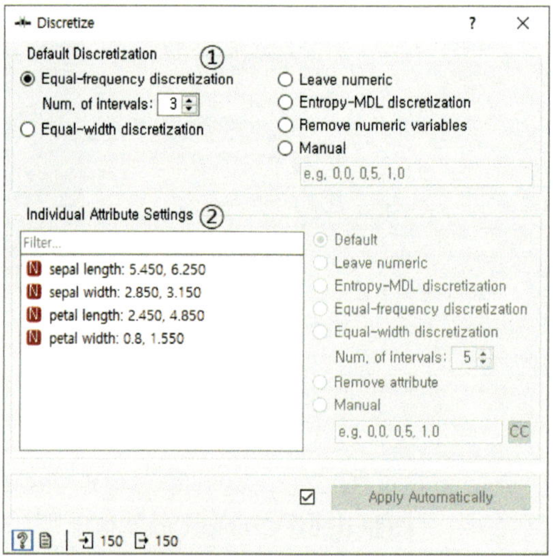

[그림 Ⅱ-62] Discretize 위젯 창

[표 Ⅱ-25] Discretize 위젯 창 세부 설명

① Default Discretization	세 가지 다른 이산화 중에서 선택할 수 있다. • Entropy-MDL : 하향식 이산화로, 이득이 컷의 최소 설명 길이보다 낮을 때까지 정보 이득을 최대화하는 컷 다운에서 속성을 반복적으로 분할한다. 이 이산화는 단일 간격을 포함하여 임의 개수의 간격을 만들 수 있으며, 이 경우 속성이 쓸모 없는 것으로 삭제된다(제거됨). • Equal-frequency : 속성을 지정된 개수의 간격으로 분할하므로 각 구간에는 거의 동일한 개수의 인스턴스가 포함된다. • Equal-width evenly : 가장 작은 값과 가장 큰 값 사이의 범위가 균등하게 분할되고 간격 수는 수동으로 설정할 수 있다. 속성을 계속 유지하거나 제거하도록 위젯을 설정할 수도 있다.

② Individual Attribute Settings	속성을 개별적으로 처리할 수 있다. 각 속성의 특정 이산화를 보여주고 변경을 허용한다. 먼저 왼쪽 위 목록은 각 속성의 컷오프 포인트를 보여준다.

[그림 Ⅱ-63]의 워크플로우에서는 연속적인 속성과 이산화된 속성을 가진 Iris 데이터 세트를 보여준다.

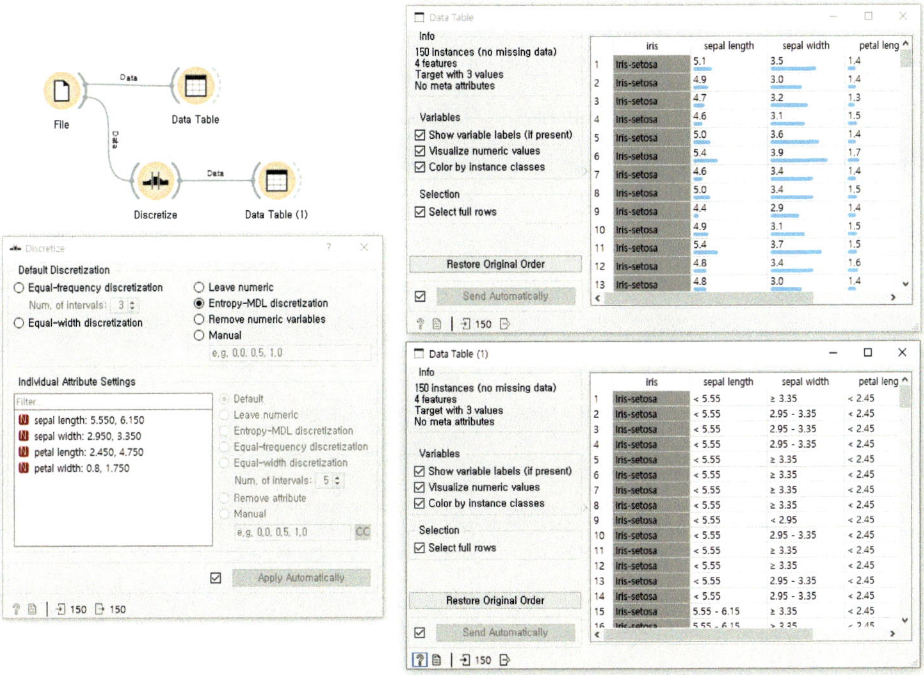

[그림 Ⅱ-63] Discretize 예제

29. Feature Constructor

위젯	설명	입력	출력
Feature Constructor	입력 데이터 세트의 기존 features 집합에서 새 features(데이터 열)를 구성한다.	Data	Data

Feature Constructor 위젯은 [그림 Ⅱ-64]와 같이 데이터 세트에 feature를 수동으로 추가할 수 있다. 새로운 feature는 기존 feature의 계산 또는 여러 개의 조합(추가, 빼기 등)일 수 있다. feature 유형(분리형, 연속형 또는 문자열)과 매개 변수(이름, 값, 식)를 선택할 수 있다. 연속형 변수의 경우 파이썬에서만 식을 구성하면 된다. [표 Ⅱ-26]에서 Feature Constructor 위젯 창과 관련된 세부 설명을 참고한다.

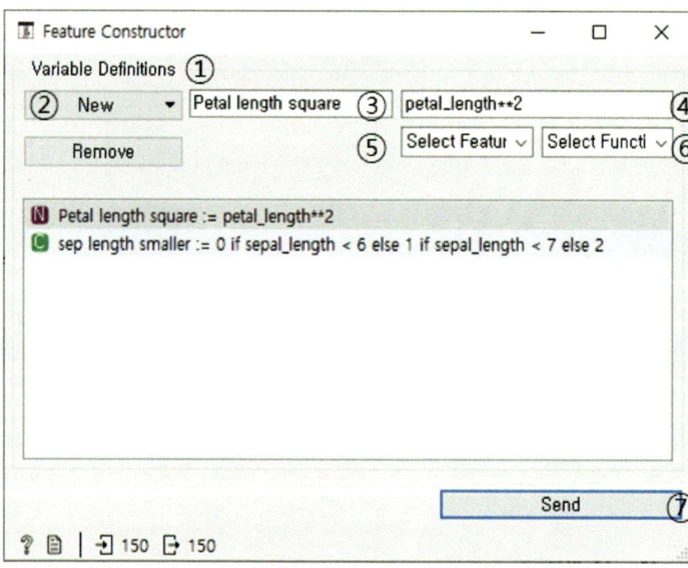

[그림 Ⅱ-64] Feature Constructor 위젯 창

[표 Ⅱ-26] Feature Constructor 위젯 창 세부 설명

① Variable Definitions	생성된 변수 목록
② New / Remove	변수 추가 또는 제거
③ Name	새 feature 이름
④ Python Expression	파이썬의 식
⑤ Select Feature	feature 선택
⑥ Select Function	함수 선택
⑦ Send	변경 내용 전달

[그림 Ⅱ-65]의 워크플로우에서는 기존 feature를 쉽게 조정하거나 새로운 feature로 결합할 수 있다. 아래, 우리는 타이타닉 데이터 세트에 하나의 새로운 이산 feature를 추가했다. 재무 상태라는 새 속성을 생성하고 해당 사용자가 다른 모든 사람에게 퍼스트 클래스(상태 = 퍼스트)에 속할 경우 값을 리치 상태로 설정하고 그렇지 않은 경우 낫 리치로 설정했다. 우리는 데이터 테이블 위젯을 통해 새로운 데이터 세트를 볼 수 있다.

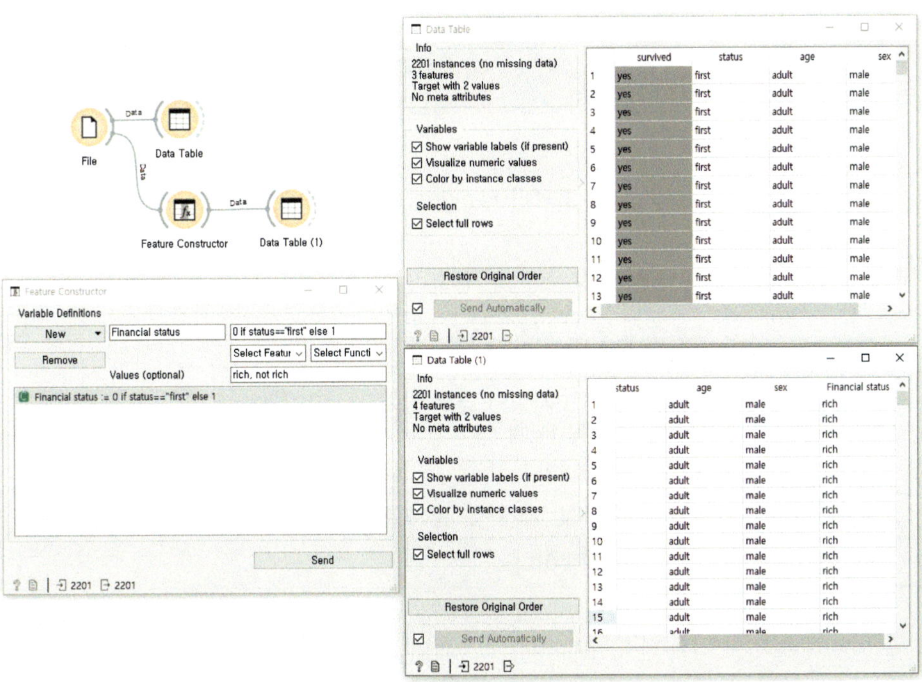

[그림 Ⅱ-65] Feature Constructor 예제

30. Feature Statistics

위젯	설명	입력	출력
 Feature Statistics	데이터 features에 대한 기본 통계를 표시한다.	Data	Reduced Data, Statistics

Feature Statistics 위젯은 [그림 Ⅱ-66]과 같이 지정된 데이터 세트의 흥미로운 feature를 신속하게 검사하고 찾을 수 있는 방법을 제공한다. [표 Ⅱ-27]에서 Feature Statistics 위젯 창과 관련된 세부 설명을 참고한다.

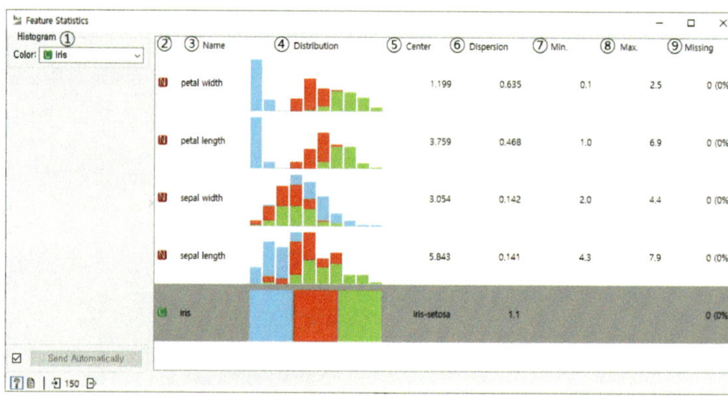

[그림 Ⅱ-66] Feature Statistics 위젯 창

[표 Ⅱ-27] Feature Statistics 위젯 창 세부 설명

① Histogram	오른쪽에 있는 히스토그램은 모든 feature에 의해 색상이 지정될 수 있다. 선택한 feature가 범주형이면 예제와 같이 이산형 색상표가 사용된다. 선택한 feature가 숫자형인 경우 연속 색상표가 사용된다. 오른쪽 표에는 데이터 세트의 각 feature에 대한 통계가 포함되어 있다. 각 통계량에 따라 feature를 정렬할 수 있다.
② Type	범주형, 숫자형, 시간 및 문자열 중 하나일 수 있다.
③ Name	feature의 이름이다.
④ Distribution	feature 값의 히스토그램으로 feature가 숫자형이면 값을 빈으로 적절히 이산화한다. feature가 범주형이면 히스토그램에서 각 값에 자체 막대가 할당된다.
⑤ Center	feature 값의 중심 경향으로 범주형 feature의 경우 최빈값이 되고 숫자형 feature의 경우 평균값이다.

⑥ Dispersion	feature 값의 분산으로 범주형 feature의 경우 값 분포의 엔트로피이고 숫자형 feature의 경우 이 값은 변동 계수이다.
⑦ Minimum	이 값은 숫자 및 순서 범주형 feature에서 최솟값을 계산한다.
⑧ Maximum	이 값은 숫자 및 순서 범주형 feature에서 최댓값을 계산한다.
⑨ Missing	데이터의 결측값 수이다.

[그림 Ⅱ-67]의 워크플로우에서는 파일 위젯 다음에 지정된 데이터 세트의 잠재적으로 흥미로운 기능을 검사하고 찾는 데 가장 많이 사용된다. 다음 예에서는 Heart-disease 데이터 세트를 사용한다. 잠재적으로 흥미로운 feature의 하위 집합을 찾거나 제외할 features를 찾았으면 유지하려는 features를 간단히 선택할 수 있다. 위젯은 이러한 features만 있는 새 데이터 세트를 출력한다. 또는 feature 통계량을 저장하려는 경우 통계 출력을 사용하여 필요에 따라 해당 값을 조작할 수 있다. 이 예에서는 모든 features를 선택하고 표에 통계를 표시하기만 하면 된다.

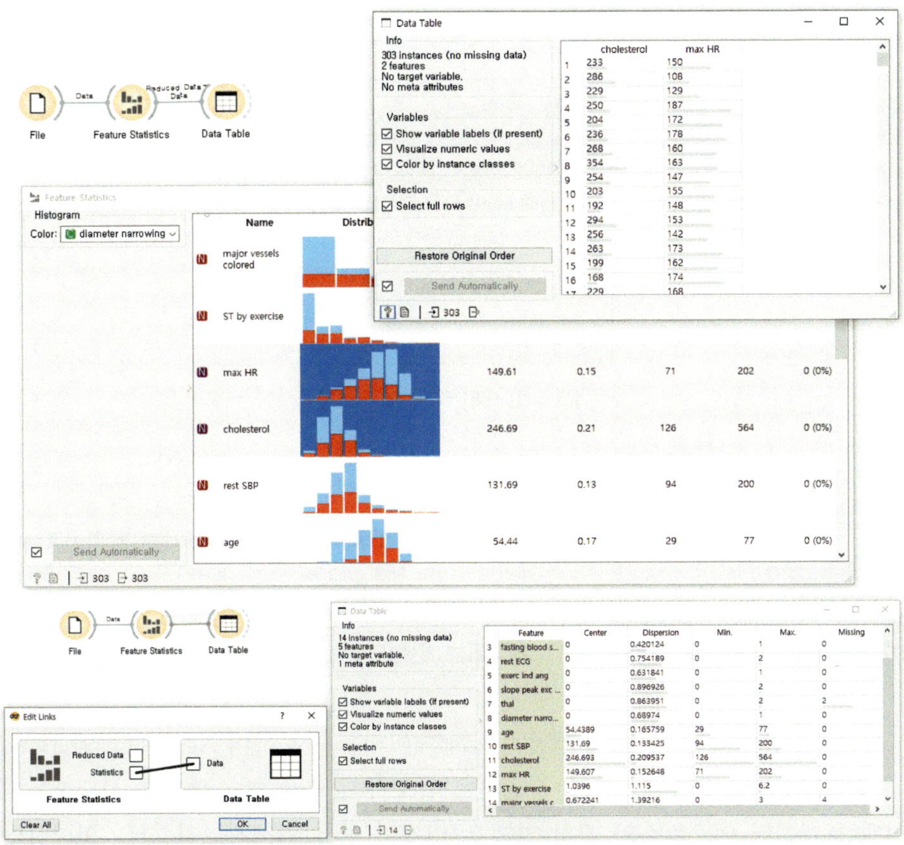

[그림 Ⅱ-67] Feature Statistics 예제

31. Neighbors

위젯	설명	입력	출력
Neighbors	참조에 따라 데이터에서 가장 가까운 이웃을 계산한다.	Data	Reference Neighbors

Neighbors 위젯은 [그림 Ⅱ-68]과 같이 지정된 기준 및 지정된 거리 측도에 대해 가장 가까운 이웃을 계산한다. 참조는 하나 이상의 인스턴스일 수 있다. 하나의 참조 위젯이 데이터에서 가장 가까운 n개의 인스턴스를 출력하는 경우 n개는 위젯의 인접 항목 수 옵션에 의해 설정된다. 참조에 더 많은 인스턴스가 포함된 경우 위젯은 각 데이터 인스턴스의 결합된 거리를 각 참조에 대한 최소 거리로 계산한다. 위젯은 결합 거리가 가장 낮은 n개의 데이터 인스턴스를 출력한다. [표 Ⅱ-28]에서 Neighbors 위젯 창과 관련된 세부 설명을 참고한다.

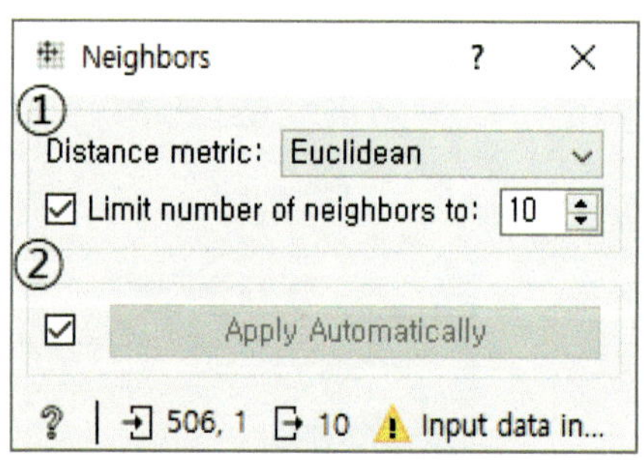

[그림 Ⅱ-68] Neighbors 위젯 창

[표 Ⅱ-28] Neighbors 위젯 창 세부 설명

① Distance Metirc	인접 항목 거리 측정을 위해 지원되는 방법은 Euclidean, Manhattan, Mahalanobis, Cosine, Jaccard, Spearman, absolute Spearman, Pearson, absolute Pearson이다.
② Limit number of neighbors	출력되는 인접 항목 수을 지정한다.

[그림 Ⅱ-69]의 워크플로우에서는 Iris 데이터를 사용하여 Neighbors와 Data Table에 전달한다. 데이터 테이블에서 우리는 참조가 될 Iris 인스턴스를 선택했는데, 이는 선택한 데이터 인스턴스와 가장 가까운 10개의 예를 검색하고자 함을 의미한다. 또한

데이터 테이블을 Neighbor에 연결한다. 선택한 Iris 꽃에 가장 가까운 10개의 데이터를 볼 수 있는 데이터 테이블(1)에서 이웃 계산 결과를 관찰할 수 있다. 이제 데이터 테이블 선택을 여러 인스턴스로 변경해본다. 결과적으로, 우리는 조합된 거리가 참조에 가장 가까운 인스턴스를 얻는다. 이 방법은 각 참조에 대한 최소 거리로 결합된 거리를 계산한다.

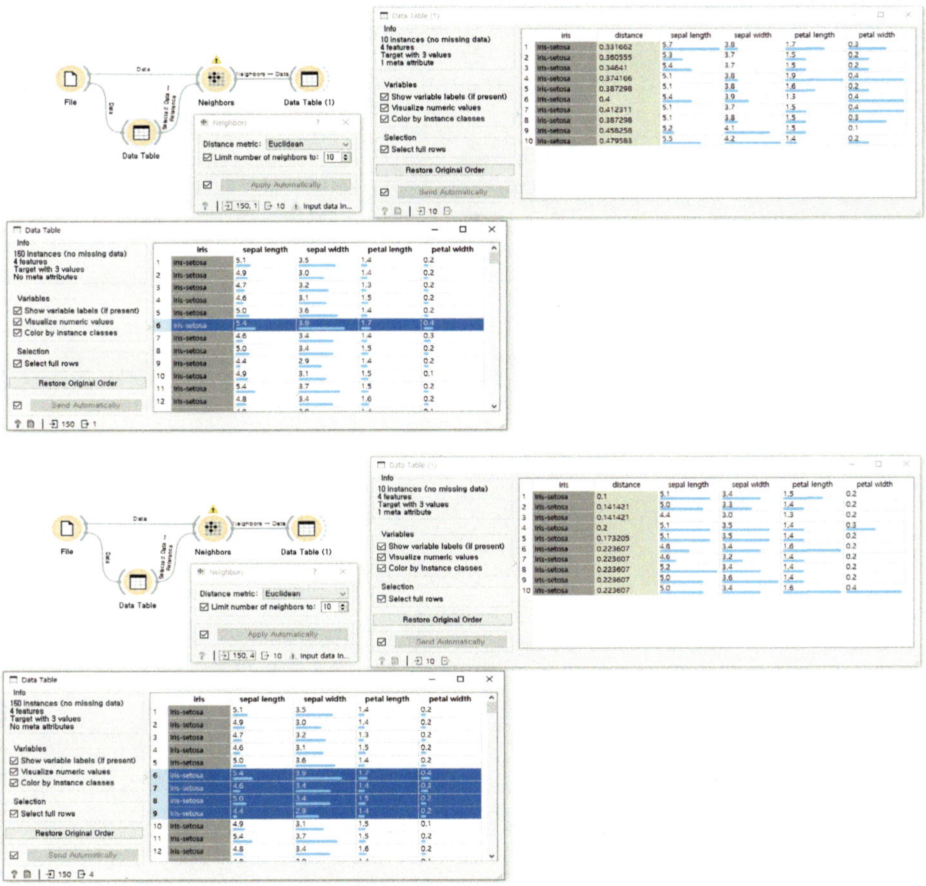

[그림 Ⅱ-69] Neighbors 예제1

[그림 Ⅱ-70]의 워크플로우에서는 Image Analytics 추가 기능을 활용한다. 데이터 세트에서 제공하는 교통 표지판 데이터를 로드하여 이미지 임베딩에 전달한다. 임베디드 이미지를 이미지 뷰어에 전달하고, 참조 이미지 역할을 하기 위해 표지판 중 하나의 그림을 선택한다. 이미지를 Neighbors에 전달하여 거리 측도를 코사인으로 설정하고 Neighbors를 9로 설정한다. 이를 통해 참조 표지판에 실제로 가장 가까운 이웃을 찾아 이미지 뷰어(1)에서 나란히 관찰할 수 있다.

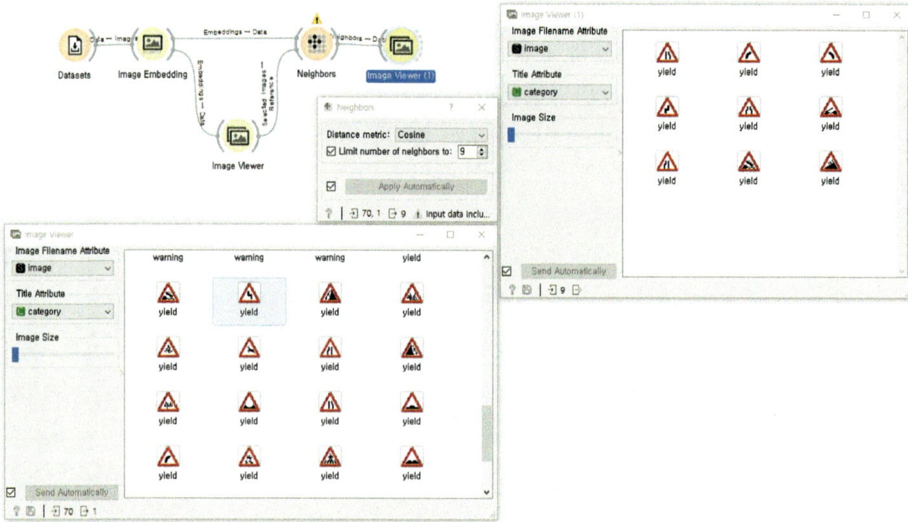

[그림 Ⅱ-70] Neighbors 예제2

32. Purge Domain

위젯	설명	입력	출력
Purge Domain	데이터 세트에서 중복된 값 및 속성을 제거하고 값을 정렬한다.	Data	Data

명목형 속성의 정의에는 데이터에 나타나지 않는 값이 포함되어 있는 경우가 있다. 원본 데이터에서 이러한 현상이 발생하지 않더라도 데이터를 필터링하고 모범적인 하위 집합을 선택하는 것은 속성이 특정 값을 갖는 모든 예를 제거할 수 있다. 이러한 값은 데이터 표시, 특히 다양한 시각화를 혼동하므로 제거해야 한다. 속성을 지운 후 단일 값이 되거나 극단적인 경우 값이 전혀 없을 수 있다(이 속성값이 모든 예에 대해 정의되지 않은 경우). 이 경우 속성을 제거할 수 있다. 다른 이슈는 속성값의 순서이다. 만약 데이터가 미리 값이 선언되지 않은 형식의 파일에서 읽힌다면, 그것들은 “모양 순서”로 정렬된다. 때때로 우리는 그것들을 알파벳순으로 분류하는 것을 선호한다.

이러한 정리는 Purge Domain 위젯을 통해 수행된다. 일반 속성과 클래스 속성은 별도로 처리된다. 각각에 대해 값을 정렬할지 여부를 결정할 수 있다. 다음으로, 우리는 위젯이 세 개 미만의 속성을 제거하도록 허용하거나 세 개 미만의 클래스가 있는 경우 클래스 속성을 제거할 수 있다. 마지막으로 위젯에 데이터에 실제로 나타나는 속성값을 확인하고 사용되지 않은 값을 제거하도록 지시할 수 있다. 값이 없는 속성을 갖는 것은 의미가 없기 때문에 속성을 제거할 수 없는 경우 위젯에서 값을 제거할 수 없다.

축소된 새로운 속성은 원래 속성과 구별되는 접두사 “R”를 얻는다. 새 속성의 값은 이전 속성의 값에서 계산할 수 있지만, 반대로 계산할 수는 없다. 즉, 새 속성에서 분류기를 구성하는 경우 분류기를 사용하여 원래 속성에서 설명하는 예를 분류할 수 있다. 하지만 그 반대는 아니다. 오래된 속성에서 분류기를 만들고 그것을 축소된 속성에서 설명하는 예에 사용하는 것은 효과가 없다. 다행히도 후자는 거의 그렇지 않다. 일반적인 설정에서는 데이터를 탐색하고 시각화하고 필터링한 다음 원본 데이터에 대한 최종 모델을 테스트한다. [표 Ⅱ-29]에서 Purge Domain 위젯 창과 관련된 세부 설명을 참고한다.

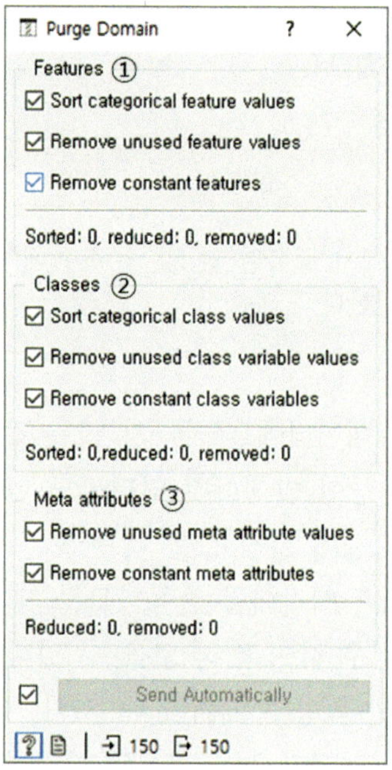

[그림 Ⅱ-71] Purge Domain 위젯 창

[표 Ⅱ-29] Purge Domain 위젯 창 세부 설명

① Features	features를 정리한다.
② Classes	클래스를 정리한다.
③ Meta attributes	메타 속성을 정리한다.

33. Save Data

위젯	설명	입력	출력
 Save Data	출력 파일에 데이터를 저장한다.	Data	X

Save Data 위젯은 [그림 Ⅱ-71]과 같이 입력 채널에 제공된 데이터 세트를 고려하여 지정된 이름의 데이터 파일에 저장한다. 데이터를 탭 구분 또는 쉼표로 구분된 파일로 저장할 수 있다. 위젯은 입력에서 새 신호를 수신할 때마다 데이터를 저장하지 않는다(대부분 실수로 파일을 덮어쓰는 경우). 대신 새 파일 이름을 설정하거나 사용자가 저장 버튼을 누른 후에만 데이터가 저장된다. 파일이 워크플로우와 동일한 디렉터리 또는 해당 디렉터리의 하위 트리에 저장된 경우 위젯은 상대 경로를 기억한다. 그렇지 않으면 절대 경로를 저장하지만 보안상의 이유로 자동 저장을 사용하지 않는다. [표 Ⅱ-30]에서 Save Date 위젯 창과 관련된 세부 설명을 참고한다.

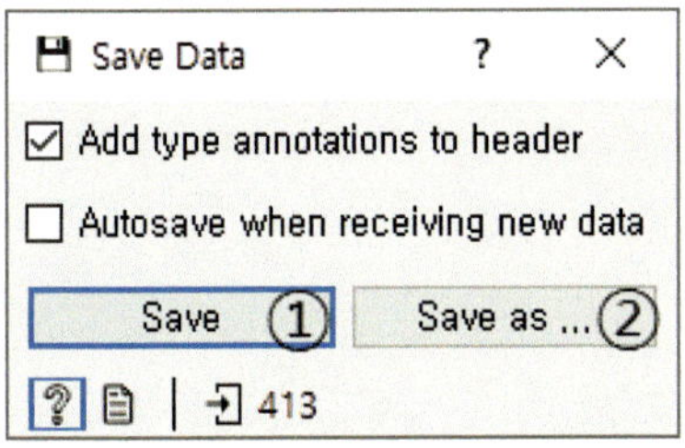

[그림 Ⅱ-72] Save Data 위젯 창

[표 Ⅱ-30] Save Data 위젯 창 세부 설명

① Save	기존 파일을 덮어서 저장한다.
② Save as	새 파일을 작성하기 위해 다른 이름으로 저장한다.

III

데이터 시각화하기

1. Tree viewer

위젯	설명	입력	출력
Tree Viewer	분류 및 회귀 트리의 시각화이다.	Tree	Selected Data, Data

트리 뷰어 위젯은 분류 및 회귀 트리를 평면 2D로 시각화하는 다용도 위젯이다. 사용자는 노드를 선택할 수 있으며, 위젯에 노드와 관련된 데이터를 출력하도록 하여 탐색적 데이터 분석이 가능하다.

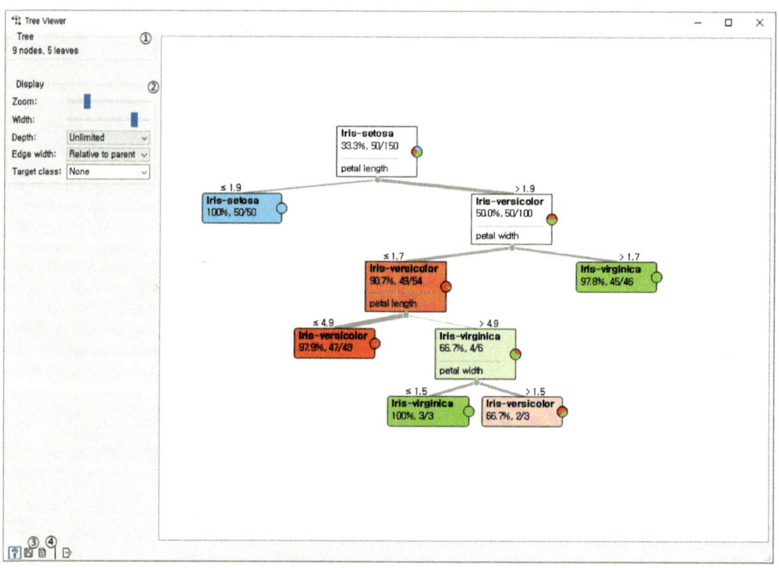

[그림 Ⅲ-1] Tree Viewer 위젯 창

의사결정 트리를 트리 뷰어 위젯에 입력하여 선택한 데이터 즉 트리 노드에서 선택한 인스턴스를 출력하여 시각화하는 위젯으로 [그림 Ⅲ-1]과 같이 나타낼 수 있다. ② (display)에 나타난 하위 항목들을 활용하여 다양한 형태로 표현할 수 있으며 자세한 것은 아래 표에서 다루도록 한다.

[표 Ⅲ-1] Tree Viewer 위젯 창 세부 설명

항목	세부 항목	설명
① Information	입력값에 대한 정보를 나타낸다. 현재 9개의 노드, 5개의 잎으로 돼 있다.	
② Diplay	Zoom	좌우로 움직여 확대 및 축소를 할 수 있다.
	Width	좌우로 움직여 트리 너비를 선택할 수 있다.
	Depth	트리의 깊이를 선택할 수 있으며 Unlimited부터 9 levels까지 선택할 수 있다.
	Edge width	모서리 너비를 선택할 수 있다. 'Fixed'를 선택하면 모든 가장자리의 너비를 동일하게 한다. 'Relative to root'를 선택하면 가장자리의 너비는 데이터의 모든 인스턴스에 대한 해당 노드의 인스턴스의 비율에 따라 그려진다. 상위 노드에서 하위 노드로 이동하며 너비가 얇아진다. 'Relative to parent'를 선택하면 가장자리 너비는 상위 노드의 인스턴스에 대한 해당 노드의 인스턴스 비율에 따라 정해진다.
	Target class	목표가 되는 클래스에 따라 대상 클래스를 구분하여 볼 수 있다.
③ Save image	생성된 트리 그래프를 컴퓨터에 .svg 또는 .png 파일로 저장하기 위해 사용된다.	
④ Report	보고서를 만든다.	

트리 뷰어에서 원하는 정보를 얻기 위해 각 노드를 클릭하면 관련 데이터 인스턴스가 출력된다. 이를 시각화하여 보려면 Scatter plot 위젯을 File 위젯에 먼저 연결하고 Tree Viewer에 연결해주면 된다. 선택한 데이터는 굵은 점으로 표기된다. 다음으로 트리 뷰어는 라벨이 부착된 데이터도 내보낼 수 있다. 데이터 테이블을 트리 뷰어에 연결하고 위젯 간 링크에서 'Selected data'가 아닌 'Data'로 설정한다.

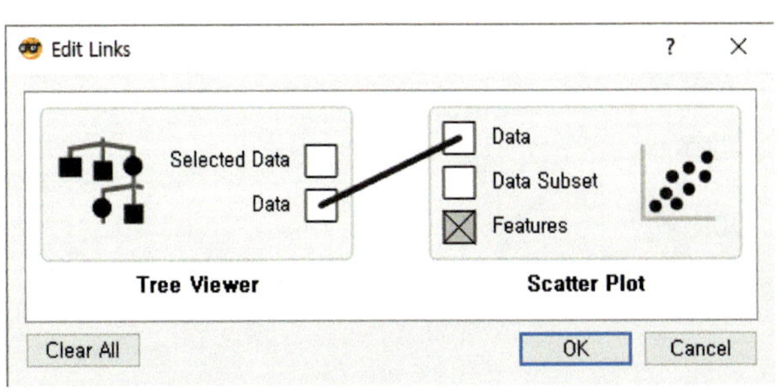

[그림 Ⅲ-2] Tree Viewer-Scatter Plot 사이의 Links 창

그럼 전체 데이터가 선택된 데이터 인스턴스는 'Yes', 나머지 데이터 인스턴스에는 'No'라는 추가 메타 열레이블과 함께 데이터 테이블로 전송된다.

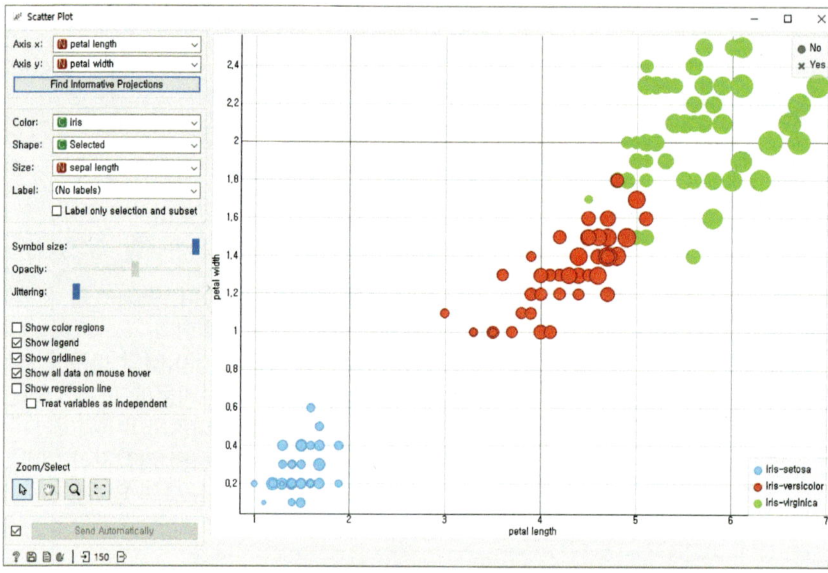

[그림 Ⅲ-3] Scatter Plot 위젯 창

마지막으로 트리 뷰어는 시각화하는 데도 사용할 수 있다. 랜덤 포레스트 위젯을 파일에 연결하여 Pythagorean Forest 위젯을 랜덤 포레스트 위젯에 연결한다. Pythagorean Forest에서 추가 분석을 원하는 회귀 트리를 선택하여 트리 뷰어에 전달한다. 그럼 위젯에 생성된 트리가 표시된다.

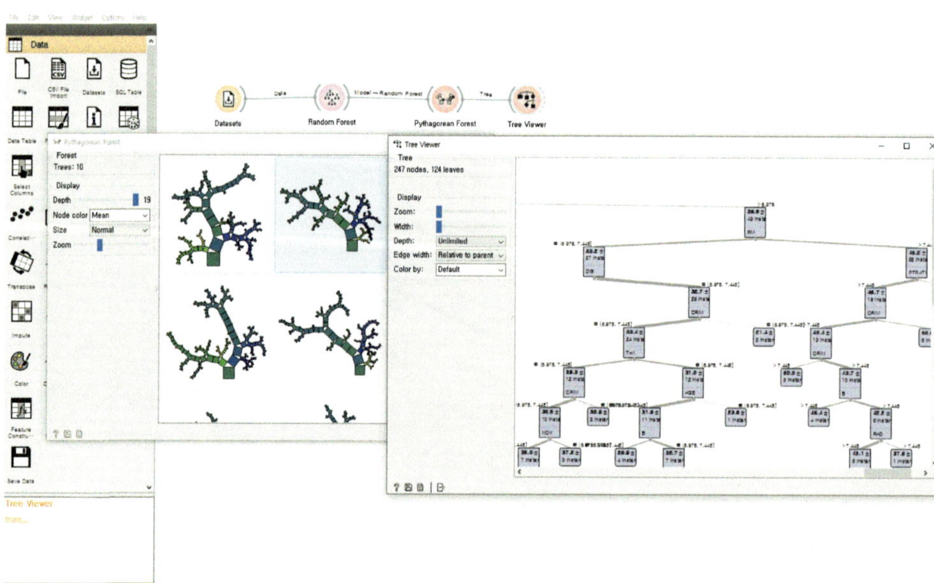

[그림 Ⅲ-4] Pythagorean Forest 및 Tree viewer 위젯 창

2. Box plot

위젯	설명	입력	출력
 Box Plot	상자 그림에서 feature 값의 분포를 시각화한다.	Data	Selected Data, Data

Box plot은 속성 값의 분포를 표시하는 위젯으로 중복 값(예: gray와 grey), 특이값 등 이상 징후를 신속하게 발견하려면 이 위젯을 사용하여 새로운 데이터를 확인하는 것이 좋다.

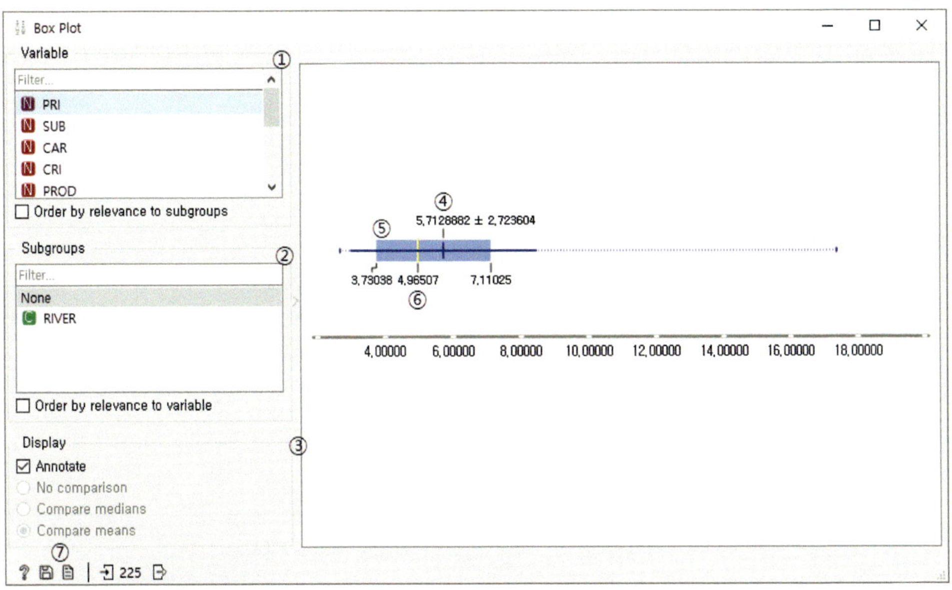

[그림 Ⅲ-5] Box Plot 위젯 창

[표 Ⅲ-2] Box Plot 위젯 창 세부 설명

① Variable	표시할 변수를 선택한다.
② Subgroups	이산형으로 표시되는 상자 그림을 보려면 '부분군'을 선택한다.
③ Display	인스턴스가 부분군별로 그룹화되면 표시 상태를 변경할 수 있다. 주석이 달린 상자에는 끝 값, 평균 및 중위수가 표시되며 중위수를 비교하면 부분군 간에 선택한 값을 자연스럽게 비교할 수 있다.
④ 평균	검은 수직선은 평균을 나타내며 얇은 파란색 선은 표준편차를 나타낸다.

⑤ 분위값	첫 번째(25%)와 세 번째(75%) 분위의 값. 파란색으로 강조 표시된 영역은 첫 번째 사분위 수와 세 번째 사분위수 사이의 값을 나타낸다.
⑥ 중위수	노란색 수직선은 중위수를 나타낸다.
⑦ 도움말	이미지 저장 또는 보고서를 생성한다.

상자 그림 위젯은 데이터 세트의 통계 속성을 관찰하기 위해 파일 위젯 직후에 가장 일반적으로 사용된다. [그림 Ⅲ-6]의 예에서는 집값 데이터를 사용하여 변수를 검사했다. Subgroups를 선택하여 이산형 속성을 나타낼 경우 아래와 같이 막대는 각 특정 속성 값을 가진 인스턴스 수를 나타낸다.

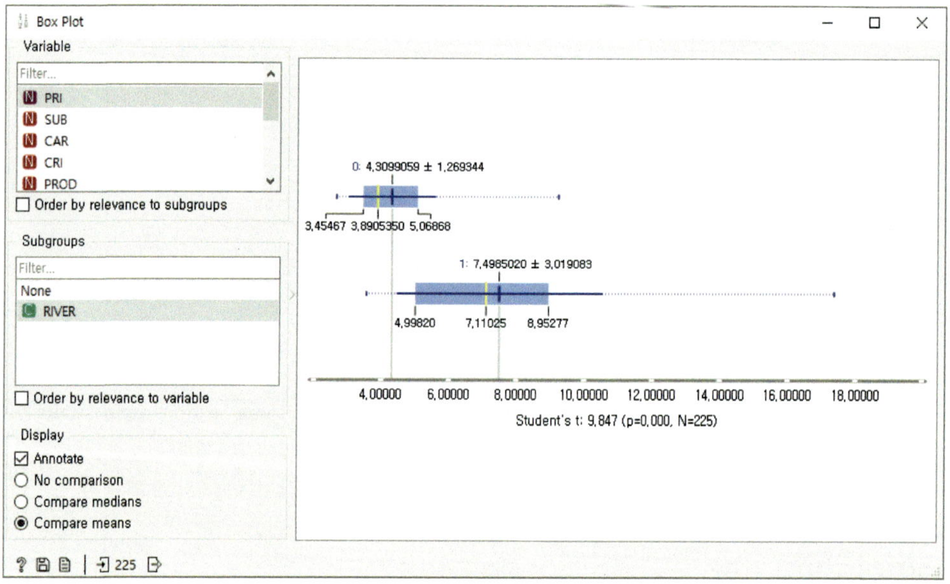

[그림 Ⅲ-6] Box Plot의 Subgroups 예시

3. Distributions

위젯	설명	입력	출력
Distributions	그래프에 데이터 feature의 값 분포를 표시한다.	Data	Selected Data, Data, Histogram Data

Distributions 위젯은 이산형 또는 연속형 속성의 값 분포를 표시한다. 데이터에 클래스 변수가 포함된 경우, 분포는 클래스에서 조건화될 수 있다. 이산형 속성의 경우 위젯에 의해 표시되는 그래프는 각 속성값이 데이터에 나타나는 횟수(예: 인스턴스 수)를 보여준다. 데이터에 클래스 변수가 포함된 경우 각 속성값에 대한 클래스 분포도 함께 표시된다.

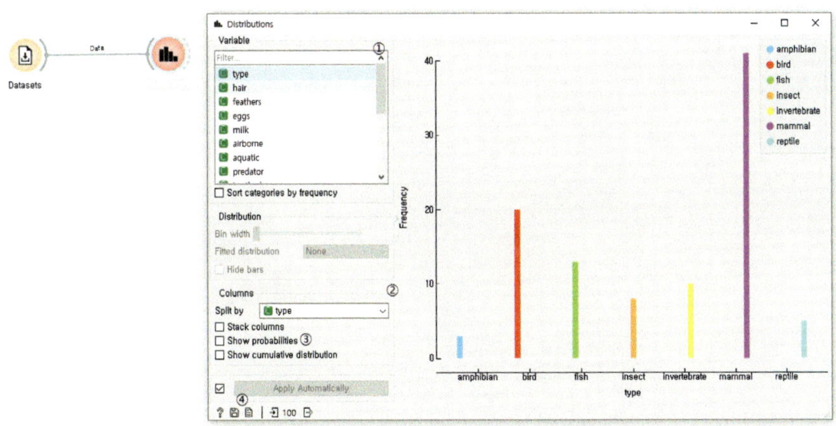

[그림 Ⅲ-7] Distribution 위젯 창

[표 Ⅲ-3] Distribution 위젯 창 세부 설명

① Variable	분포 표시에 대한 변수 리스트를 보여준다.
② Group by	위젯에서 특정 클래스의 인스턴스에 대해서만 값 분포를 표시하도록 할 수 있다. 상대 빈도도 표시는 데이터 세트의 백분율로 데이터를 확장한다.
③ Probabilities	확률을 표시하려면 □상자를 ∨하여 활성화한다.
④ 도움말	그래프를 컴퓨터에 .svg또는 .png 형식으로 저장할 수 있다.

연속형 속성의 경우 속성값이 함수 그래프로 표시된다. 연속 속성에 대한 클래스 확률은 가우스 커널 밀도 추정을 통해 얻고 곡선의 모양은 정밀도막대(매끄러움 또는 정밀함)로 설정된다. 클래스가 없는 도메인에서 막대는 회색으로 표시된다.

4. Scatter Plot

위젯	설명	입력	출력
 Scatter Plot	지능형 데이터 시각화 기능이 향상된 대화형 산점도 시각화이다.	Data	Data Subset, Features Selected Data, Data, Features

Scatter Plot 위젯은 연속 속성에 대한 2차원 산점도 시각화를 제공한다. 데이터는 점 집합으로 표시되며, 각각 수평축의 위치를 결정하는 x축 속성의 값과 수직축의 위치를 결정하는 y축 속성의 값을 갖는다. 점의 색상, 크기 및 모양, 축 제목, 최대 점 크기 및 지터링과 같은 그래프의 다양한 속성을 위젯 왼쪽에서 조정할 수 있다. 아래 그림은 클래스 속성의 색상과 일치하는 Iris 데이터 세트의 산포도를 보여준다.

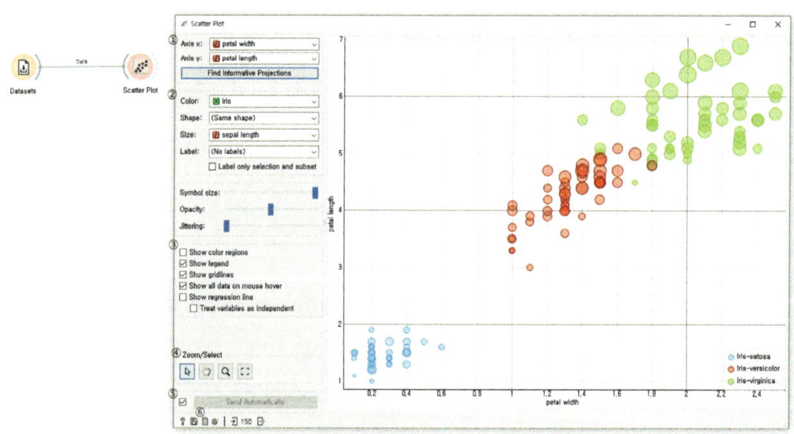

[그림 Ⅲ-8] Scatter Plot 위젯 창

[표 Ⅲ-4] Scatter Plot 위젯 창 세부 설명

항목		설명
① Axis data	x 및 y 속성을 선택한다.	
② Points	Color	표시된 점의 색상을 설정한다.
	Shape	레이블별로 모양을 구분하여 분포를 보여준다.
	Size	원하는 레이블의 크기를 설정하여 점을 구분한다.
	Labels	데이터의 값을 표기한다.

<table>
<tr><td rowspan="5">③ Plot Properties</td><td>Show color regions</td><td>레이블별로 분포된 구역을 색깔로 표시한다.</td></tr>
<tr><td>Show legend</td><td>오른쪽 하단에 범례를 표시한다.</td></tr>
<tr><td>Show gridlines</td><td>그림 뒤에 격자선을 표시한다.</td></tr>
<tr><td>Show all data on mouse hover</td><td>마우스를 특정 위치에 올리면 해당 위치의 데이터를 모두 표시한다.</td></tr>
<tr><td>Show regression line</td><td>회귀선을 표시한다.</td></tr>
<tr><td>④ Zoom/Select</td><td colspan="2">그래프 탐색에 적합한 선택, 확대/축소, 상하좌우 이동을 선택할 수 있다.</td></tr>
<tr><td>⑤ Send Automatically</td><td colspan="2">데이터를 자동으로 반영한다.</td></tr>
<tr><td>⑥ 도움말</td><td colspan="2">이미지를 컴퓨터에 .svg또는 .png 형식으로 저장하거나 보고서를 작성한다.</td></tr>
</table>

데이터 세트에 많은 속성이 있는 경우 모든 쌍을 수동으로 스캔하여 흥미롭거나 유용한 산점도를 찾는 것은 불가능하다. 오렌지3는 위젯의 정보 투영 찾기 옵션으로 지능형 데이터 시각화를 구현한다.

산점도는 선택한 데이터 인스턴스 목록을 출력하는 모든 위젯과 결합할 수 있다. 아래 그림에서는 트리 플롯과 분산 플롯을 결합하여 선택한 의사결정 트리 노드에서 가져온 인스턴스를 표시한다.

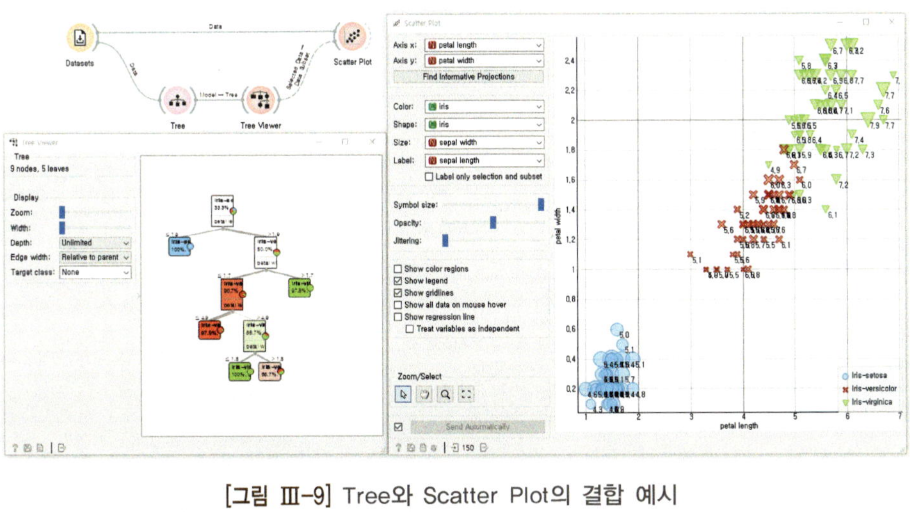

[그림 Ⅲ-9] Tree와 Scatter Plot의 결합 예시

트리의 임의 노드를 클릭하면 선택한 데이터 인스턴스 집합이 분산 플롯으로 전송되고 선택된 인스턴스는 해당 색으로 채워진 기호로 표시된다.

5. Line Plot

위젯	설명	입력	출력
Line Plot	데이터 프로파일(예: 시계열)의 시각화이다.	Data	Data Subset Selected Data, Data

Line Plot 위젯은 데이터 프로파일 시각화로 일반적으로 순서형 숫자 데이터가 표시되며 대표적인 예로 시계열(Time series)이 있다. 직선 세그먼트로 연결된 일련의 점으로 데이터를 표시하는 그림 유형이며 이는 숫자 데이터에만 적용되고 범주형 데이터 점은 데이터 점의 그룹화에 사용할 수 있다.

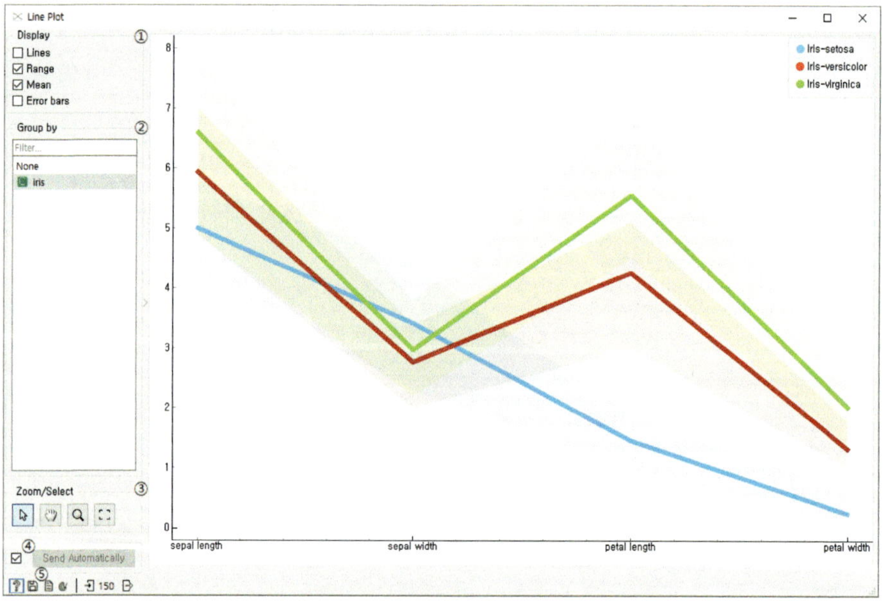

[그림 Ⅲ-10] Line Plot 위젯 창

[표 Ⅲ-5] Line Plot 위젯 창 세부 설명

① Display	Lines	선은 그래프의 개별 데이터 인스턴스를 보여준다.
	Range	범위는 10번째 백분위수와 90번째 백분위수 사이의 데이터 점의 범위를 나타낸다.
	Mean	평균은 평균값에 대한 선을 더한다. 그룹 기준을 선택하면 각 그룹 값별로 평균이 표시된다.
	Error bars	오차 막대는 각 속성의 표준 편차를 보여준다.
② Group by	데이터 인스턴스 그룹화에 사용할 범주형 속성을 선택한다. 그룹화되지 않은 데이터를 표시하려면 없음(None)을 사용한다.	
③ Zoom/Select	그래프 탐색에 적합한 선택, 확대/축소, 상하좌우 이동을 선택할 수 있다.	
④ Send Automatically	데이터를 자동으로 반영한다.	
⑤ 도움말	이미지를 컴퓨터에 .svg또는 .png 형식으로 저장하거나 보고서를 작성한다.	

아래 그림에서는 Iris의 속성에 따라 그룹화된 Iris 데이터를 선 플롯으로 표시한다. 이는 꽃잎 길이가 클래스값 사이에서 얼마나 잘 구분되는지를 보여준다. 만약 우리가 이것을 산점도를 이용해 관찰한다면, 우리는 이것이 실제로 그렇다는 것을 확인할 수 있다. 꽃잎 길이는 특히 꽃잎 너비로 강화되었을 때 등급 분리에 대한 흥미로운 속성이며 이것은 선 그림에서도 잘 구분된다.

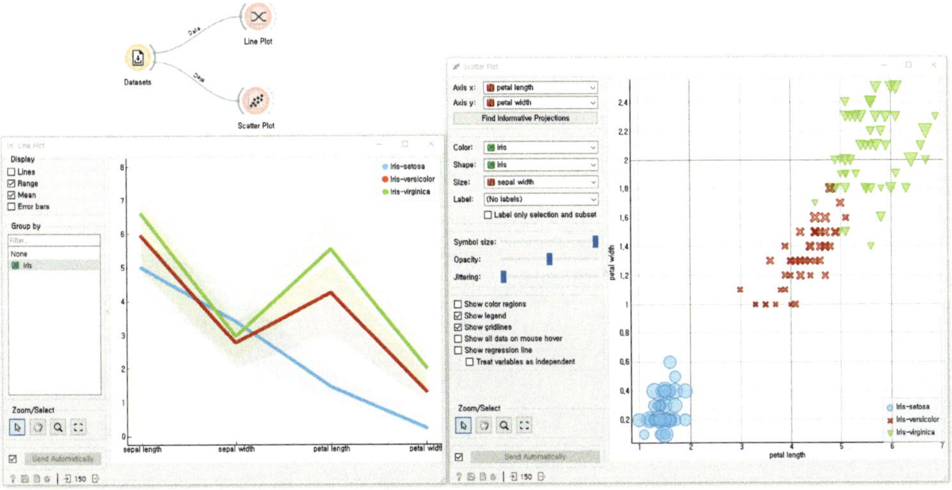

[그림 Ⅲ-11] Line Plot과 Scatter Plot 비교

6. Bar Plot

위젯	설명	입력	출력
Bar Plot	이산형 범주 간의 비교를 시각화한다.	Data	Data Subset Selected Data, Data

Bar Plot 위젯은 숫자 변수를 시각화하고 범주형 변수를 기준으로 비교한다. 특히 해당 위젯은 특이치를 관찰하고 그룹 내 분포를 관찰하며 범주를 비교하는 데 유용하다.

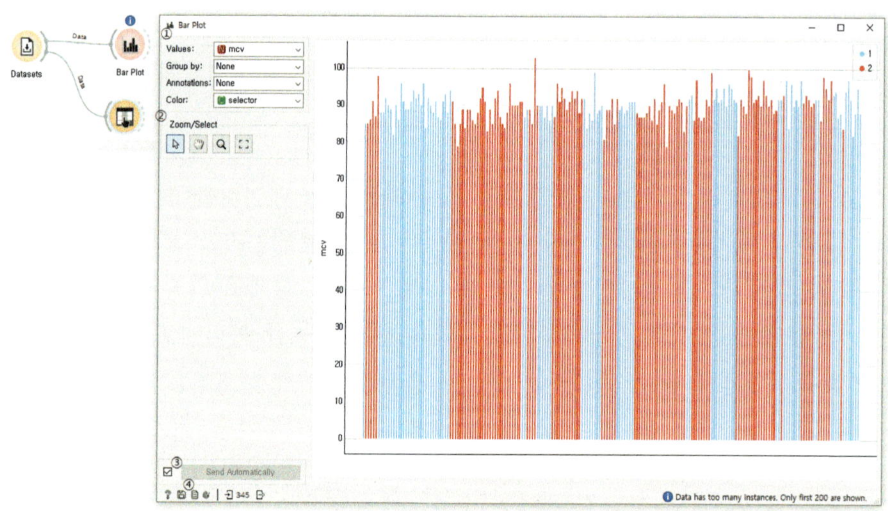

[그림 Ⅲ-12] Bar Plot 위젯 창

[표 Ⅲ-6] Bar Plot 위젯 창 세부 설명

① Display	Values	그래프에 표시할 숫자 변수를 고른다.
	Group by	데이터를 그룹화하기 위한 변수를 선택한다.
	Annotations	주석으로 그림 아래의 범주형 레이블을 보여준다.
	Color	막대 색상에 값을 사용하는 범주형 변수이다.
② Zoom/Select	그래프 탐색에 적합한 선택, 확대/축소, 상하좌우 이동을 선택할 수 있다.	
③ Send Automatically	데이터를 자동으로 반영한다.	
④ 도움말	이미지를 컴퓨터에 .svg또는 .png 형식으로 저장하거나 보고서를 작성한다.	

막대 그림 위젯은 범주형 값을 비교하기 위해 파일 위젯 직후에 가장 일반적으로 사용된다. 아래 예시는 Heart-disease 데이터를 활용하여 변수를 검사했다.

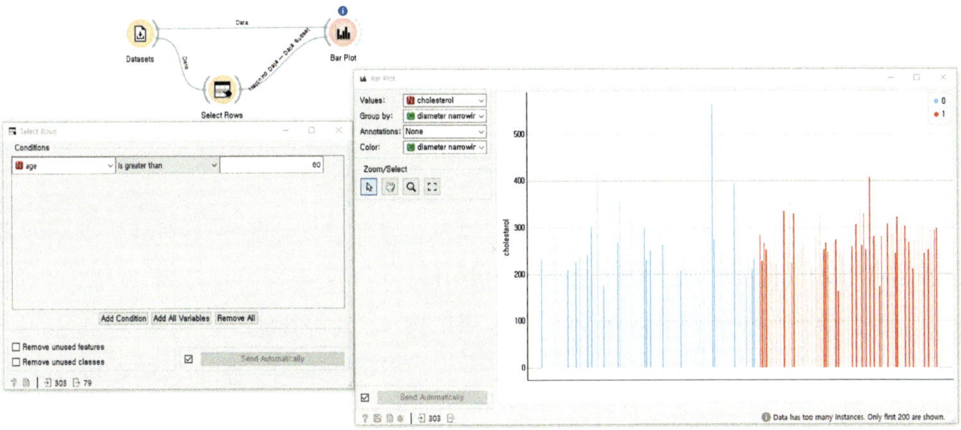

[그림 Ⅲ-13] Select Rows를 연결한 Bar Plot

첫 번째로 데이터 세트로부터 환자의 콜레스테롤 수치를 관찰한다. 오른쪽 막대 그림 위젯에서 심장병이 있는 사람(1)과 없는 사람(0)으로 환자를 정의하는 지름 좁힘으로 분류한다. 막대기의 색은 같은 변수끼리 색을 같게 칠한다.

그런 다음 Select Rows(행 선택) 위젯으로 60세 이상의 환자를 선택한다. 위젯에서 이러한 환자를 강조 표시하기 위해 막대 플롯으로 하위 집합을 보낸다. 콜레스테롤 수치가 높은 이 큰 특이치는 60세가 넘은 것으로 보인다.

7. Sieve Diagram

위젯	설명	입력	출력
Sieve Diagram	값의 조합에 대해 관찰된 빈도와 예상되는 빈도를 시각화한다.	Data	Features Selected Data, Data

Sieve Diagram 다이어그램은 양방향 분할표에서 주파수를 시각화하고 독립성을 가정하여 기대 빈도와 비교하는 그래픽 방법이다. 이 디스플레이에서 각 직사각형의 면적은 예상 주파수에 비례하는 반면, 관측 빈도는 각 직사각형의 사각형 수로 표시된다. 관측 빈도와 예상 빈도의 차이(표준 Pearson 잔차에 비례)는 음영 밀도로 나타나며, 색상을 사용하여 독립성으로부터의 편차가 양(파란색)인지 음(빨간색)인지를 나타낸다.

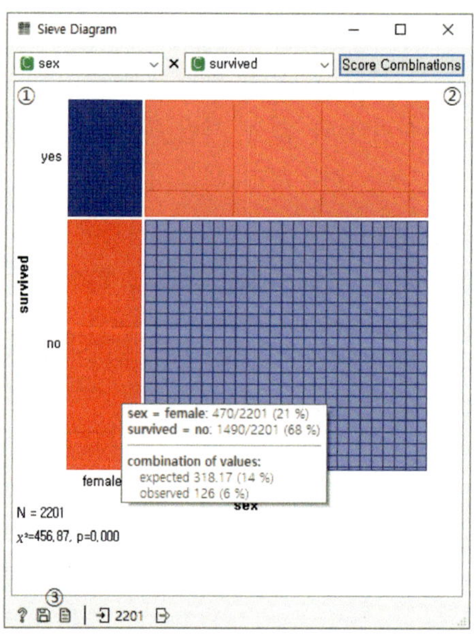

[그림 Ⅲ-14] Sieve Diagram 위젯 창

[그림 Ⅲ-14]는 타이타닉 데이터 세트에 대한 체 도표를 보여주며 성별 속성과 생존 속성이 있다. 이 그래프는 4개의 사분면에서 모두 관측 빈도와 예상 빈도 사이에 상당한 차이가 있기 때문에 두 변수의 연관성이 높다는 것을 보여준다. 예를 들어 풍선에서 나타나 있듯, 여성 승객의 경우 사고에서 살아남을 가능성이 예상보다 훨씬 높았다 (0.06 대 0.15).

흥미로운 연관성이 있는 속성 쌍은 위의 [그림 Ⅲ-14]에 표시된 다이어그램과 같이 강한 음영을 가지고 있다. 대조적으로, 가장 흥미가 없는 쌍(연령 대 생존)의 체 도표는 다음과 같다.

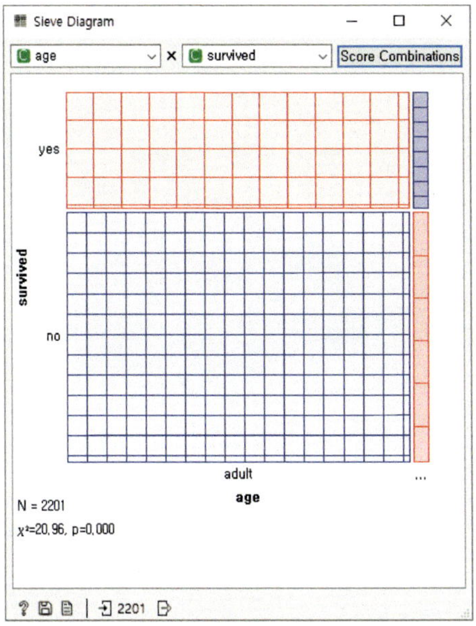

[그림 Ⅲ-15] 연관성이 없는 속성을 나타낸 Sieve Diagram 위젯 창

[표 Ⅲ-7] Sieve Diagram 위젯 창 세부 설명

① Variable	체 플롯에 표시할 속성을 선택한다.
② Score Combinations	점수 조합을 사용하면 가능한 최상의 속성 조합을 완성할 수 있다.
③ 도움말	이미지를 컴퓨터에 .svg또는 .png 형식으로 저장하거나 보고서를 작성한다.

타이타닉 데이터 세트를 사용하는 간단한 예시를 활용할 수 있다.

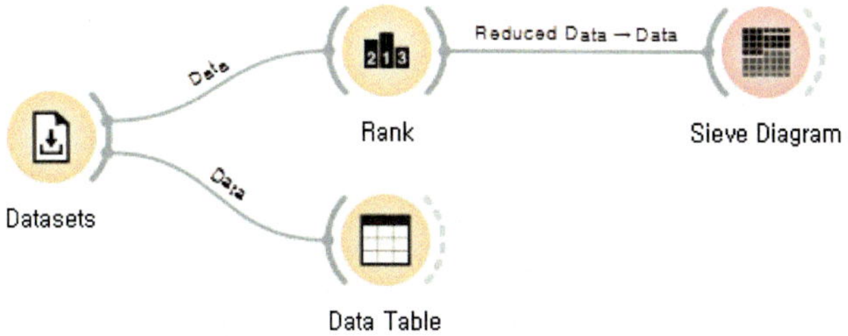

[그림 Ⅲ-16] Sieve Diagram 위젯 워크플로우 예시

순위 위젯을 사용하여 최상의 속성(정보 이득, 이득 비율 또는 지니 지수가 가장 높은 속성)을 선택하여 체 다이어그램에 입력한다. 이것은 가장 좋은 두 가지 속성에 대한 체 플롯을 표시하는데, 아래 예시의 경우 성별과 신분이다. 우리는 타이타닉호의 생존율이 일등석의 여성들에게는 매우 높았고 여성 승무원들에게는 매우 낮다는 것을 알 수 있다.

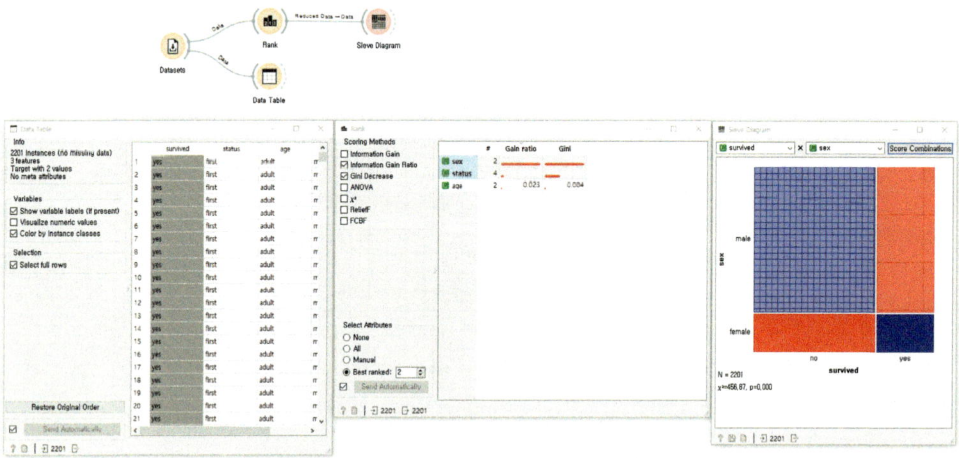

[그림 Ⅲ-17] Sieve Diagram, Data Table, Rank 활용 예시

8. Mosaic Display

위젯	설명	입력	출력
Mosaic Display	모자이크 그림에 데이터를 표시한다.	Data	Data Subset Selected Data, Data

Mosaic Display 위젯은 이원 주파수 표 또는 분할표를 그래픽으로 표현한 것이다. 둘 이상의 질적 변수의 데이터를 시각화하는 데 사용되며, 1981년 하티건과 클라이너에 의해 도입되었고 1994년 프렌디(Friendy)에 의해 확대 · 정밀화 되었다. 사용자에게 서로 다른 변수 간의 관계를 보다 효율적으로 인식할 수 있는 수단을 제공한다.

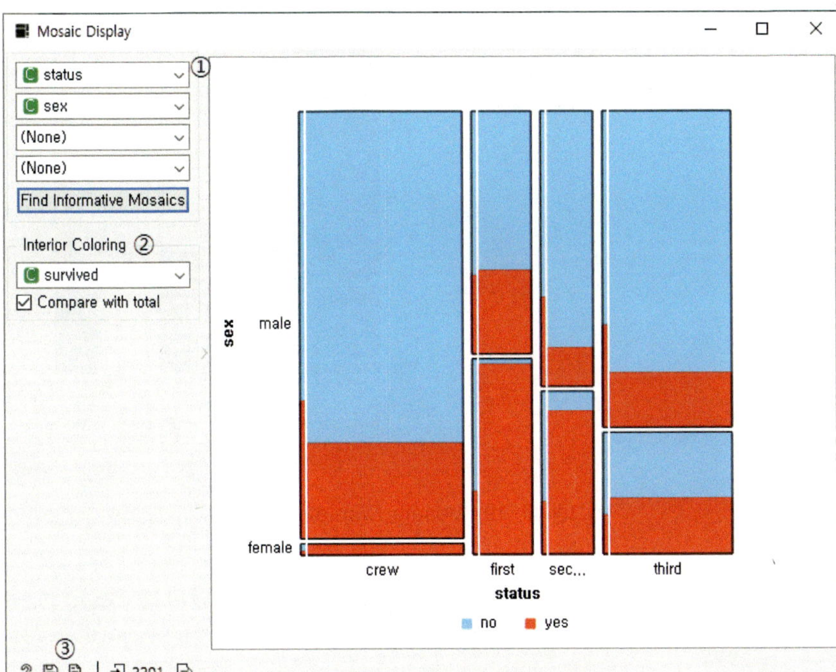

[그림 Ⅲ-18] Mosaic Display 위젯 창

[표 Ⅲ-8] Mosaic Display 위젯 창 세부 설명

① Variable	표시된 변수를 선택한다.
② Interior Coloring	내부 색상을 선택한다. 등급에 따라 내부를 색칠하거나 관측치와 적합치의 차이인 잔차(Pearson)를 관측치의 표준 편차 추정치로 나눈 값을 사용할 수 있다. 전체와 비교를 클릭하면 모든 인스턴스가 비교된다.
③ 도움말	이미지를 컴퓨터에 .svg또는 .png 형식으로 저장하거나 보고서를 작성한다.

타이타닉 데이터 세트를 로드하여 모자이크 디스플레이 위젯에 아래와 같이 연결한다. 지위와 생존이라는 두 가지 변수에 초점을 맞춰 관찰한다. 관측값과 적합치의 차이를 보여주기 위해 잔차에 따라 내부를 색칠한다.

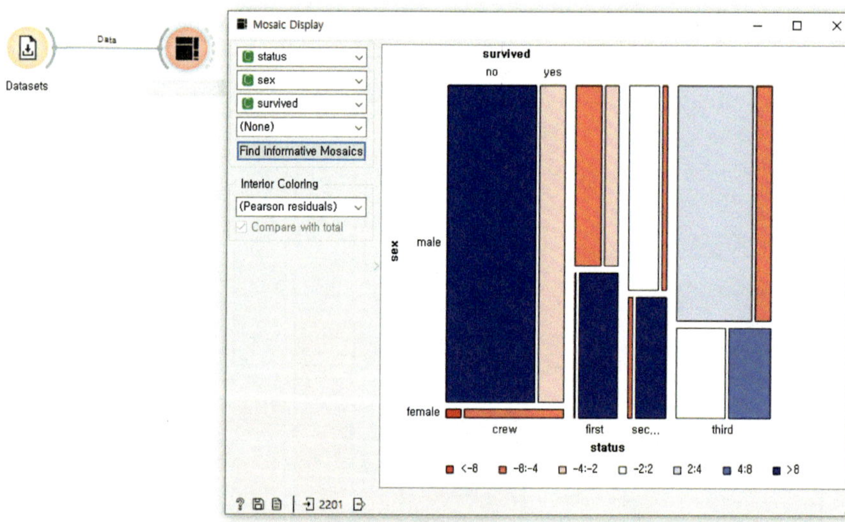

[그림 Ⅲ-19] Mosaic Display 위젯 창II

여기서 남성과 여성의 생존율이 적합치에서 분명히 벗어난다는 것을 알 수 있다.

9. FreeViz

위젯	설명	입력	출력
FreeViz	FreeViz(다변량 시각화)를 표시한다.	Data	Data Subset Selected Data, Data, Components

FreeViz 위젯은 입자물리학에서 차용한 패러다임을 사용한다. 같은 등급의 점들은 서로 끌어당기고, 다른 등급의 점들은 서로 밀어내고, 그 결과 발생하는 힘은 각 차원 축의 단위 벡터, 즉 속성의 닻에 가해진다. 점들은 움직일 수 없지만(투영 공간에 투영된다), 계수형 앵커는 움직일 수 있으므로 최적화 프로세스는 힘이 평형을 이루도록 앵커들이 배치되는 힐 클라이밍 최적화다. Optimize(최적화) 버튼을 사용하여 최적화 프로세스를 호출한다. 최적화의 결과는 원, 임의 또는 수동으로 설정할 수 있는 앵커의 초기 배치에 따라 달라질 수 있다. 후자는 최적화 단계에서도 작동하며, 하나의 앵커의 변화가 데이터 포인트의 위치에 어떤 영향을 미치는지 이해하기 위해 이 옵션을 사용할 것을 권장한다. 선형 투영에서 다른 것에 비해 매우 짧은 벡터 단위의 투영은 관련 속성이 특정 분류 작업에 매우 유용하지 않음을 나타낸다. 이러한 벡터, 즉 해당 앵커는 앵커 표시 상자의 Radius슬라이더를 사용하여 시각화에서 숨길 수 있다.

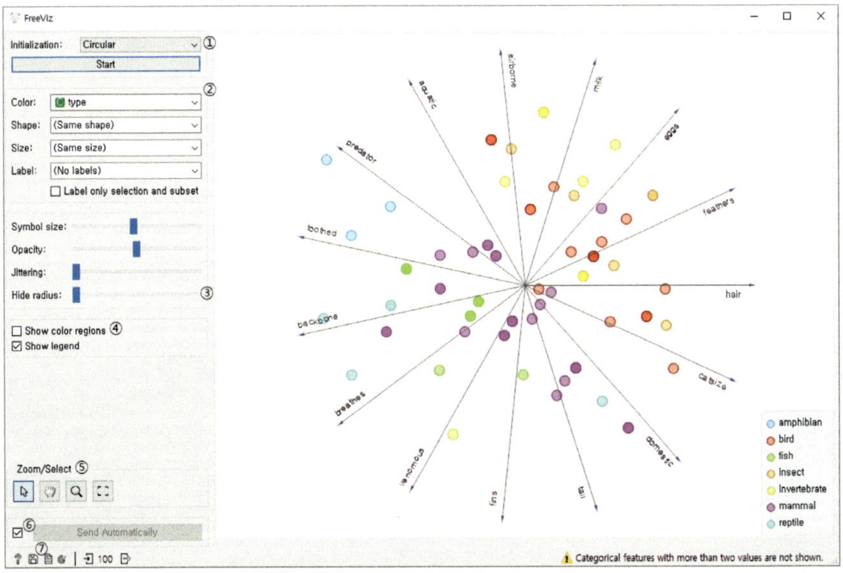

[그림 Ⅲ-20] FreeViz 위젯 창

[표 Ⅲ-9] FreeViz 위젯 창 세부 설명

<table>
<tr><td>① Initialization</td><td colspan="2">표시된 변수를 선택한다.</td></tr>
<tr><td>② Points</td><td colspan="2">내부 색상을 선택한다. 등급에 따라 내부를 색칠하거나 관측치와 적합치의 차이인 잔차(Pearson)를 관측치의 표준 편차 추정치로 나눈 값을 사용할 수 있다. 전체와 비교를 클릭하면 모든 인스턴스가 비교된다.</td></tr>
<tr><td rowspan="2">③ Hide Radius</td><td>Jittering</td><td>점이 겹치지 않도록 지터링을 조정한다.</td></tr>
<tr><td>Hide Radius</td><td>원 반지름을 슬라이더를 사용하여 변경한다.</td></tr>
<tr><td rowspan="2">④ Plot Properties</td><td>Show Color Regions</td><td>클래스 밀도 색상을 클래스별로 표시한다.</td></tr>
<tr><td>Show legend</td><td>오른쪽에 범례를 표시한다.</td></tr>
<tr><td>⑤ Zoom/Select</td><td colspan="2">그래프 탐색에 적합한 선택, 확대/축소, 상하좌우 이동을 선택할 수 있다.</td></tr>
<tr><td>⑥ Send Automatically</td><td colspan="2">데이터를 자동으로 반영한다.</td></tr>
<tr><td>⑦ 도움말</td><td colspan="2">이미지를 컴퓨터에 .svg또는 .png 형식으로 저장하거나 보고서를 작성한다.</td></tr>
</table>

앵커는 수동으로 움직일 수 있다. 마우스 포인터를 사용하여 앵커 끝 위로 마우스를 이동한다. 왼쪽 버튼을 클릭한 다음 원하는 위치로 선택한 고정 장치를 이동할 수 있다.

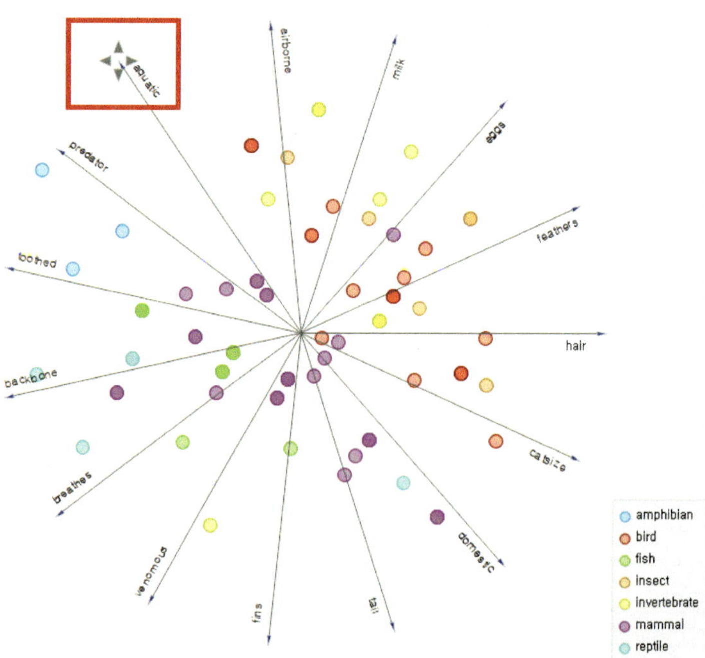

[그림 Ⅲ-21] FreeViz 위젯 마우스를 이용한 이동

FreeViz는 오렌지 위젯의 나머지 부분으로서 플롯의 일부분 확대/축소 및 데이터 인스턴스 수동 선택을 지원한다. 이러한 기능은 위젯의 왼쪽 하단 모서리에서 사용할 수 있다. 기본 도구는 선택한 사각형 영역 내의 데이터 인스턴스를 선택하는 Select(선택)이다. Pan을 사용하면 창을 중심으로 플롯을 이동할 수 있다. Zoom(확대/축소)을 사용하면 마우스 스크롤로 창을 확대/축소할 수 있고, Restore(확대/축소 재설정)은 시각화를 최적의 크기로 재설정할 수 있다.

10. Linear Projection

위젯	설명	입력	출력
 Linear Projection	탐색적 데이터 분석이 포함된 선형 투영 방법이다.	Data	Data Subset, Projection Selected Data, Data, Components

Linear Projection 위젯은 클래스 라벨 데이터의 선형 투영을 표시한다. 원형, 선형 판별 분석, 주성분 분석, 맞춤형 투영 등 다양한 유형의 투영을 지원한다. 우선 아래 Iris 데이터 세트의 투영을 본다. Iris-setosa를 다른 두 개와 분리시킨 것은 sepal-width와 sepap-length인 반면 petal-length는 Iris-versicolor와 Iris-virginica를 분리하는 가장 좋은 속성이다.

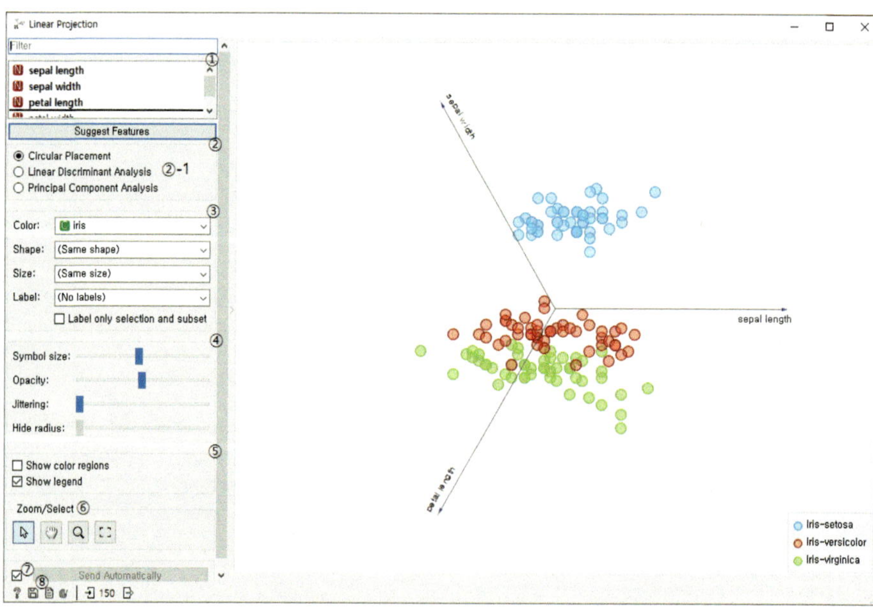

[그림 Ⅲ-22] Linear Projection 위젯 창

[표 Ⅲ-10] Linear Projection 위젯 창 세부 설명

항목		설명
① Displayed Axis	표시되는 투영에서의 축 및 기타 사용 가능한 축을 나타낸다.	
② Suggest Features	features 제안을 사용하여 투영을 최적화한다. 이 feature는 평균 분류 정확도로 속성을 점수화하고 동시 시각화 업데이트로 최상위 점수 속성을 반환한다.	
②-1	투영 유형을 선택한다.	
④ Points	Opacity	원의 투명도를 정한다.
	Jittering	점이 겹치지 않도록 지터링을 설정한다.
	Hide Radius	원의 지름을 선택한다.
⑤ Plot Properties	Show color regions	클래스 밀도 색상을 클래스별로 표시한다.
	Show legend	오른쪽에 범례를 표시한다.
⑥ Zoom/Select	그래프 탐색에 적합한 선택, 확대/축소, 상하좌우 이동을 선택할 수 있다.	
⑦ Send Automatically	데이터를 자동으로 반영한다.	
⑧ 도움말	이미지를 컴퓨터에 .svg또는 .png 형식으로 저장하거나 보고서를 작성한다.	

선형 투영 위젯은 다른 시각화 위젯과 동일하게 작동한다. 아래 2-D 평면에 투영된 세트를 보기 위해 파일 위젯에 연결한다. 그런 다음 추가 분석을 위해 데이터를 선택하고 데이터 테이블 위젯에 연결하여 선택한 하위 집합의 세부 정보를 확인한다.

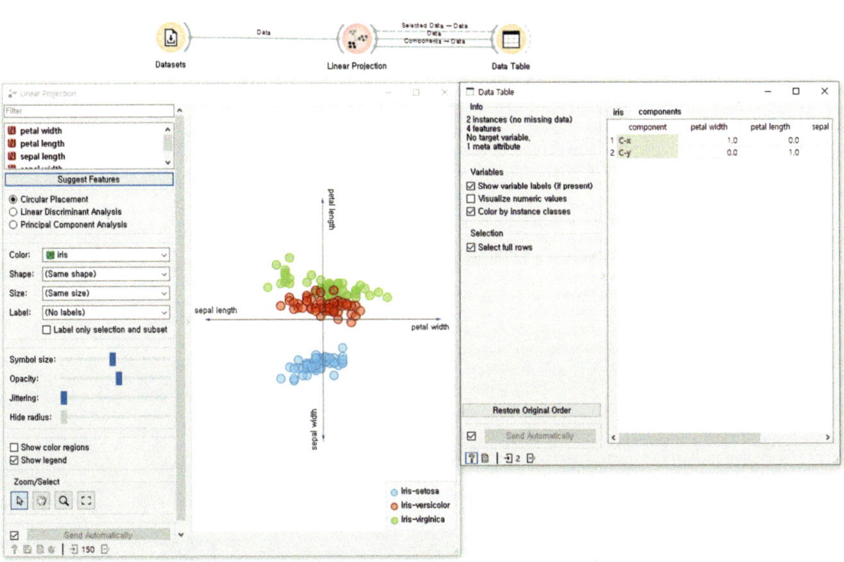

[그림 Ⅲ-23] Linear Projection, Data Table 연결 예시

11. Radviz

위젯	설명	입력	출력
 Radviz	탐색적 데이터 분석 및 지능형 데이터 시각화 향상을 통한 Radviz 시각화 방법이다.	Data	Data Subset Selected Data, Data, Components

Radviz 위젯은 3개 이상의 변수에 의해 정의된 데이터를 2차원 투영으로 표시할 수 있는 비선형 다차원 시각화 기법이다. 시각화된 변수는 단위 원의 둘레에 동일한 간격의 앵커 포인트로 표시된다. 데이터 인스턴스(instance)는 원 내부의 점으로 나타나며, 물리학으로부터 은유에 의해 위치가 결정된다. 각 점은 가변 앵커의 반대쪽 끝에 부착된 스프링으로 제자리에 고정된다. 각 스프링의 강성은 해당 변수의 값에 비례하며, 그 지점은 스프링 힘이 평형을 이루는 위치에 있게 된다. 시각화 전에 변수 값은 0과 1 사이에 놓이도록 조정된다. 변수 앵커 집합에 가까운 데이터 인스턴스는 다른 변수보다 이러한 변수에 대한 값이 더 높다.

아래 [그림 Ⅲ-24]는 Iris의 데이터 세트를 시각화하는 Radviz 위젯 창을 보여준다. 이 특정 시각화에서 데이터 인스턴스는 해당 클래스에 따라 색상이 지정되고 시각화 공

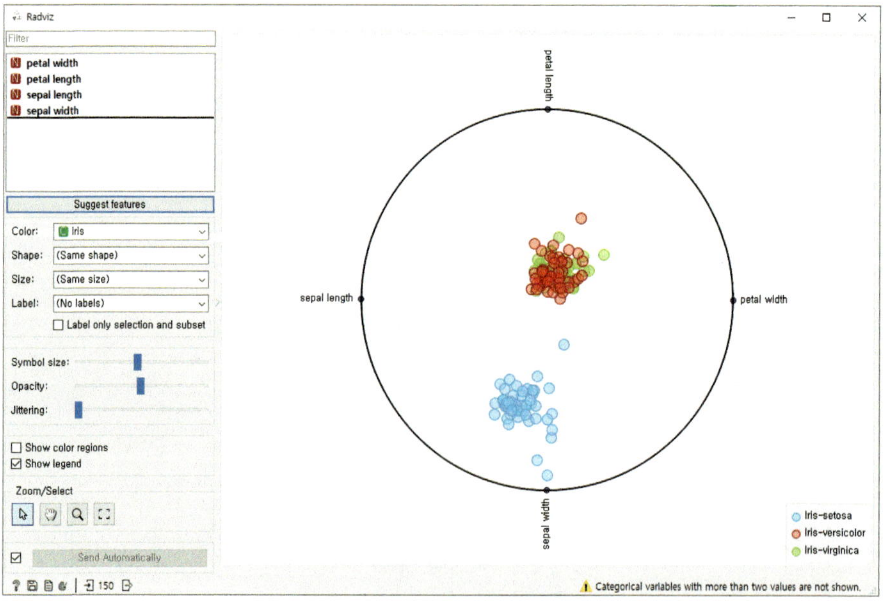

[그림 Ⅲ-24] Radviz 위젯 창

간은 계산된 클래스 확률에 따라 색상이 지정된다. 특정 시각화는 서로 다른 클래스의 데이터 인스턴스를 매우 잘 구분하여 시각화를 흥미롭고 잠재적으로 유용하게 만든다.

해당 위젯은 모든 포인트 기반 시각화와 마찬가지로 지능형 데이터 시각화를 위한 도구와 탐색적 데이터 분석-시각화의 데이터 포인트 선택을 위한 인터페이스를 포함하고 있다. 산점도 위젯처럼 흥미로운 시각화를 초래할 변수 집합을 찾는 데 사용할 수 있다.

12. Heat Map

위젯	설명	입력	출력
Heat Map	속성 쌍에 대한 열 지도를 표시한다.	Data	Selected Data

Heat Map 위젯은 2원 행렬에서 등급별 속성값을 시각화하는 그래픽 방법이다. 연속 변수가 포함된 데이터 세트에서만 자동한다. 값은 색으로 표시된다. 특정 값이 높을수록 표시된 색은 어둡다. x축과 y축에 클래스와 속성을 결합함으로써 속성값이 가장 강한 곳과 가장 약한 곳을 파악하여 각 클래스에 대한 대표적인 특징(분해)이나 값 범위(연속)를 찾을 수 있다.

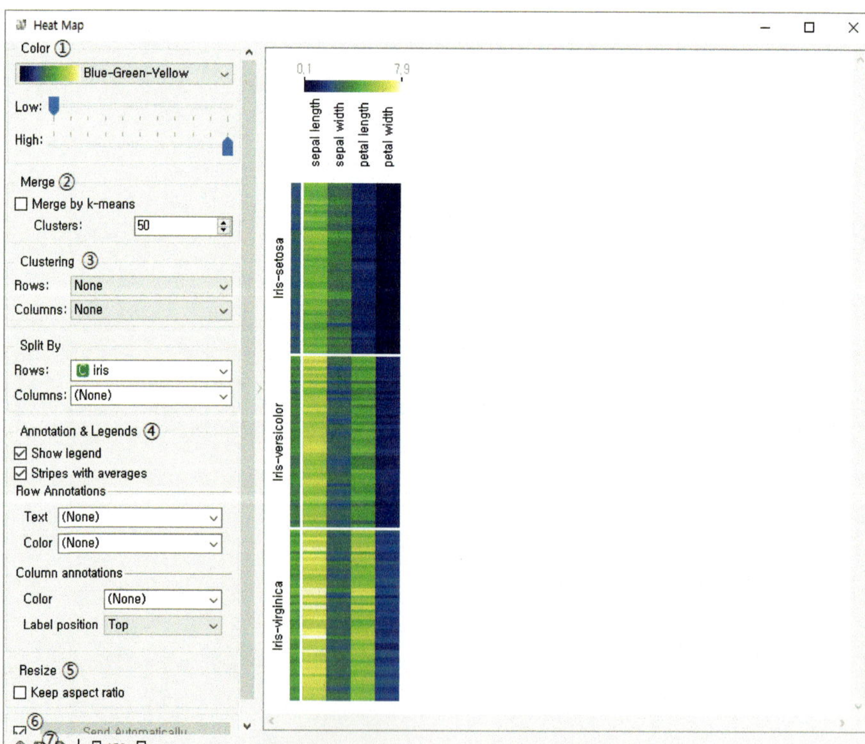

[그림 Ⅲ-25] Heat Map 위젯 창

[표 Ⅲ-11] Heat Map 위젯 창 세부 설명

<table>
<tr><td>① Color</td><td colspan="2">컬러 배색 레전드. 낮음 및 높음(낮음 및 높음)은 색상 팔레트의 임계값(낮은 값을 가진 속성의 경우 낮음, 높은 값을 가진 속성의 경우 높음)이다. 중간점에서 두 가지 극한 색상과 중립(검정색 또는 흰색) 색상을 갖는 분산 팔레트 중 하나를 선택하면 의미 있는 중간점 값(기본값은 0)을 설정할 수 있는 옵션이 가능하다.</td></tr>
<tr><td>② Merge</td><td colspan="2">데이터를 병합할 때 사용한다.</td></tr>
<tr><td rowspan="3">③ Clustering</td><td>None</td><td>정렬 안 함(데이터셋에 있는 속성을 나열)</td></tr>
<tr><td>Clustering</td><td>군집화(유사성에 따라 데이터를 클론화)</td></tr>
<tr><td>Clustering (opt. ordering)</td><td>순서가 지정된 잎을 사용한 군집화</td></tr>
<tr><td rowspan="2">④ Annotation & Legends</td><td>Show Legend</td><td>범례 표시</td></tr>
<tr><td>Stripes with averages</td><td>평균이 있는 새로운 선 표시</td></tr>
<tr><td>⑤ Resize</td><td colspan="2">가로세로 비율 유지를 선택하면 각 값이 정사각형으로 표시된다.</td></tr>
<tr><td>⑥ Send Automatically</td><td colspan="2">데이터를 자동으로 반영한다.</td></tr>
<tr><td>⑦ 도움말</td><td colspan="2">이미지를 컴퓨터에 .svg또는 .png 형식으로 저장하거나 보고서를 작성한다.</td></tr>
</table>

아래 열 지도에는 Housing 데이터 세트에 대한 속성 값이 표시된다. 앞서 언급한 데이터 세트는 보스턴 교외의 주택 가치에 관한 것이다.

우리가 지도에서 가장 먼저 보는 것은 ‘B’와 ‘Tax’ 속성이며, 이 속성은 짙은 주황색으로 색칠되어 있는 유일한 두 가지 색이다. ‘B’ 속성은 도시별 흑인의 비율에 대한 정보를 제공하고, ‘세금’ 속성은 우리에게 1만 달러당 전체 가치 재산세율을 알려준다. 보다 명확한 열 지도를 얻기 위해 Select Columns 위젯을 사용하여 데이터 세트에서 두 가지 속성을 제거한다. 그리고 나서 우리는 다시 열 지도에 데이터를 공급한다. 새로운 투영법은 추가 정보를 제공한다.

‘B’와 ‘세금’을 제거함으로써 우리는 ‘나이’와 ‘ZN’이라는 다른 결정적인 요소들을 볼 수 있다. ‘Age’ 속성은 1940년 이전에 건설된 자가 거주 단위의 비율에 대한 정보를 제공하며, ‘ZN’ 속성은 마을당 비소매 사업 에이커의 비율을 알려준다.

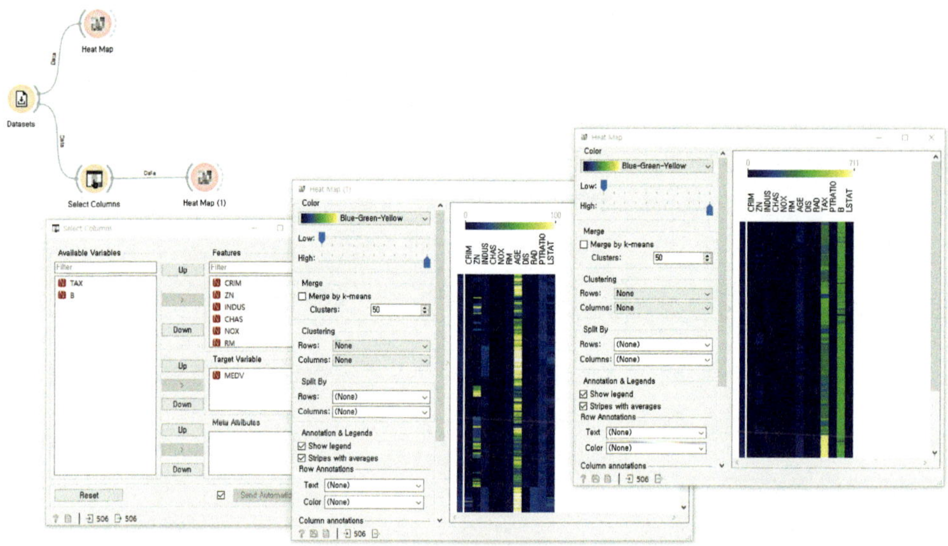

[그림 Ⅲ-26] Heat Map 워크플로우 예시

13. Venn Diagram

위젯	설명	입력	출력
 Venn Diagram	입력 데이터 세트의 데이터 인스턴스 중첩을 그래픽으로 시각화한다.	Data	Selected Data, Data

Venn Diagram 위젯은 공통 데이터 인스턴스(행) 수 또는 공유 feature(열) 수를 표시하여 데이터 세트 간의 논리적 관계를 표시한다. 시각화의 일부를 선택하면 해당 인스턴스 또는 feature가 출력된다.

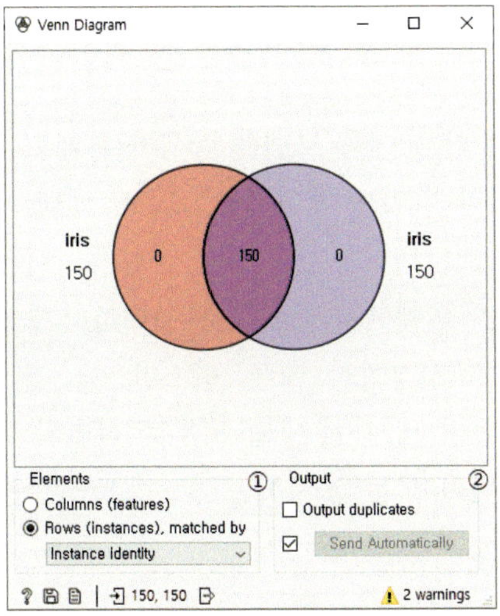

[그림 Ⅲ-27] Venn Diagram 위젯 창

[표 Ⅲ-12] Venn Diagram 위젯 창 세부 설명

① Elements	공통 feature 또는 인스턴스 수를 계산할 것인지 선택한다.
② Output	중복 행을 포함할지 고유한 행만 출력할지 선택한다. 단, 인스턴스별로 일치하는 경우에만 적용 가능하다.

Venn 다이어그램을 사용하는 가장 쉬운 방법은 시각화에서 데이터 하위 집합을 선택하고 일치하는 인스턴스를 찾는 것이다. 우리는 유방암 데이터 세트를 사용하여 Select Rows 위젯이 있는 두 하위 집합을 선택한다. 첫 번째 하위 집합은 40세에서 49세 사이의 유방암 환자 하위 집합이고 두 번째 하위 집합은 20세에서 29세 사이의 종양 크기

환자의 하위 집합이다. 벤 다이어그램은 두 원의 교차점에서 찾을 수 있는 두 기준 모두에 해당하는 인스턴스를 찾는 데 도움이 된다.

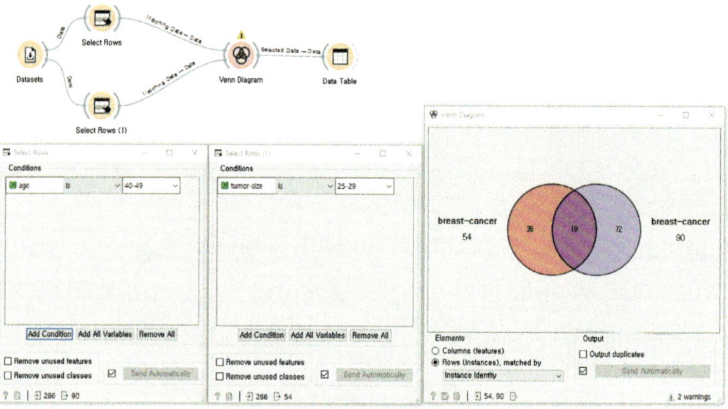

[그림 Ⅲ-28] Venn Diagram 워크플로우 예시

벤 다이어그램 위젯은 다른 예측 모델을 탐색하는 데도 사용할 수 있다. 다음 예에서는 잘못 분류된 예에 따라 나이브 베이지안, SVM, 랜덤 포레스트 등 3가지 예측 방법을 분석했다.

세 가지 혼동 매트릭스 위젯에서 오분류를 선택하여 Venn 도표로 전송함으로써, 사용된 방법별로 오분류를 시각화한 모든 인스턴스를 볼 수 있다. 그런 다음 Venn Diagram을 열고 예를 들어 세 가지 방법 모두로 식별된 잘못 분류된 인스턴스를 선택한다. 이것은 세 개의 원이 모두 교차하는 것으로 표현된다.

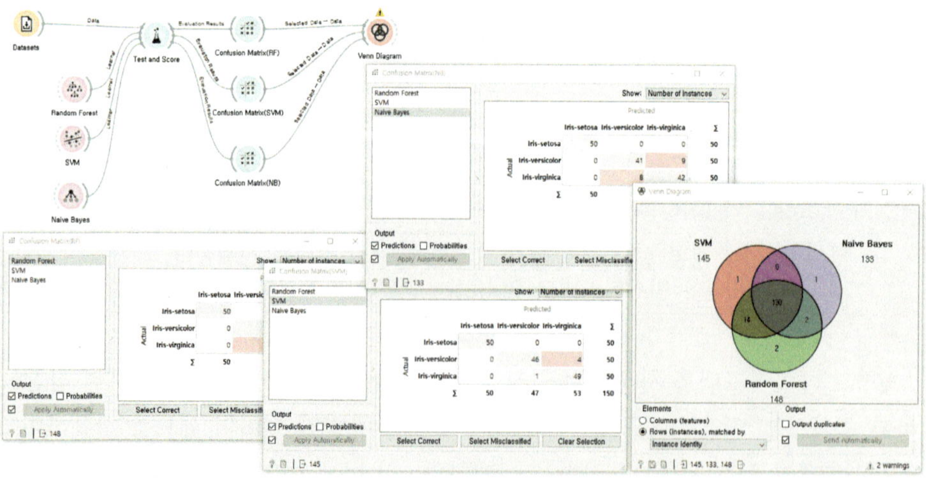

[그림 Ⅲ-29] Venn Diagram 워크플로우 예시2

14. Silhouette Plot

위젯	설명	입력	출력
Silhouette Plot	데이터 군집 내의 일관성을 그래픽으로 나타낸다.	Data	Selected Data, Data

Silhouette Plot 위젯은 데이터 군집 내의 일관성을 그래픽으로 표현하고 클러스터 품질을 시각적으로 평가하는 방법을 사용자에게 제공한다. 실루엣 점수는 물체가 다른 군집과 비교했을 때 자신의 군집과 얼마나 유사한지를 나타내는 척도로 실루엣 플롯의 생성에 결정적이다. 실루엣 점수가 1에 가까우면 데이터 인스턴스가 클러스터의 중심에 가깝고 실루엣 점수가 0에 가까운 인스턴스가 두 클러스터 사이의 경계에 있음을 알 수 있다.

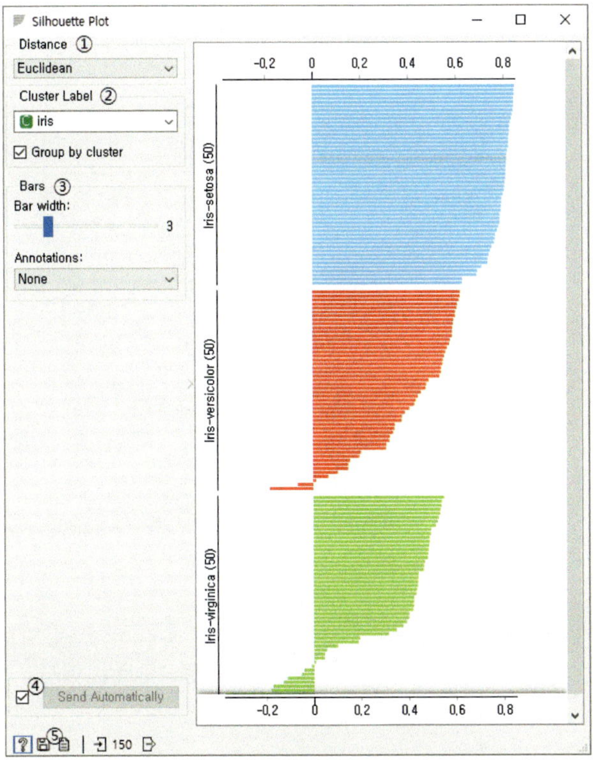

[그림 Ⅲ-30] Silhouette Plot 위젯 창

[표 Ⅲ-13] Silhouette Plot 위젯 창 세부 설명

① Distance	거리 메트릭을 선택한다.	
	Euclidean	두 점 사이의 직선 거리
	Manhattan	모든 속성에 대한 절대 차이의 합계
	Cosine	1-두 벡터 사이의 각도의 코사인
② Cluster Label	클러스터 레이블을 선택한다. 인스턴스를 클러스터별로 그룹화할지 여부를 결정할 수 있다.	
③ Bars	막대 너비를 선택하고 실루엣 그림에 주석(annotations)을 달 수 있다.	
④ Send Automatically	데이터를 자동으로 반영한다.	
⑤ 도움말	이미지를 컴퓨터에 .svg또는 .png 형식으로 저장하거나 보고서를 작성한다.	

아래 그림에서는 Iris 데이터 세트에 실루엣 플롯을 사용한 예이다. 실루엣 점수가 낮은 데이터 인스턴스를 선택하여 산점도 위젯의 하위 집합으로 전달하였다. 이 시각화는 부분 집합이 두 군집 사이의 경계에 있다는 것을 분명히 알 수 있기 때문에 실루엣 플롯 위젯의 정확성만 확인할 수 있다.

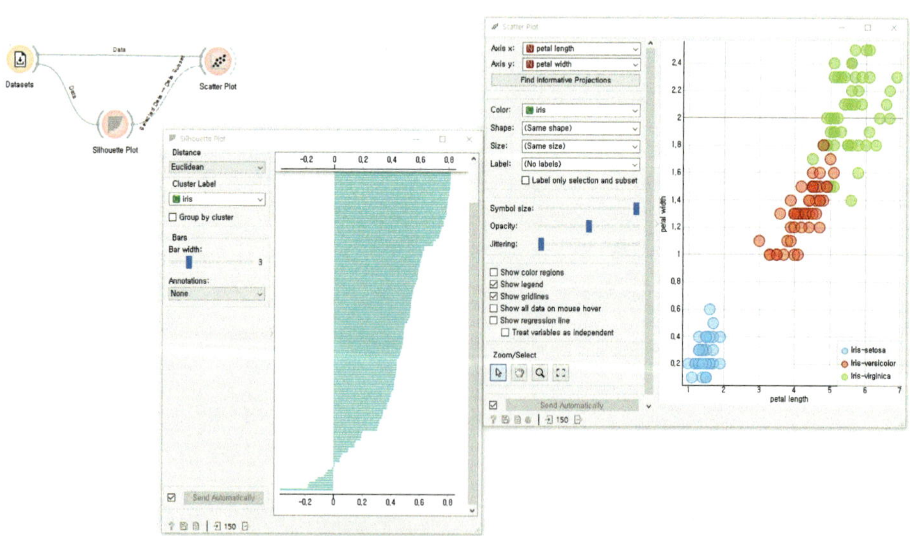

[그림 Ⅲ-31] Silhouette Plot 워크플로우 예시

15. Pythagorean Tree

위젯	설명	입력	출력
 Pythagorean Tree	Tree와 유사한 구조를 위한 피타고라스 트리 시각화이다.	Tree	Selected Data, Data

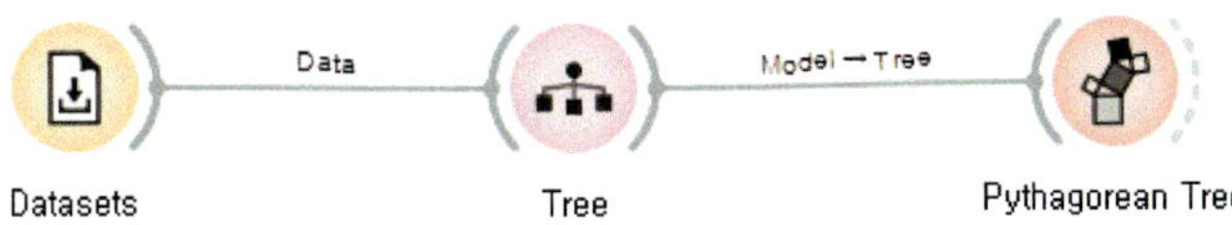

[그림 Ⅲ-32] Pythagorean Tree 워크플로우 예시

Pythagorean Tree는 파비안 벡과 공동저자가 기사에서 제시한 일반 나무 위계를 묘사하는 데 사용할 수 있는 평면 프랙탈이다. 이 위젯은 Tree와 같은 트리 모델을 시각화하고 탐구하는데 사용된다.

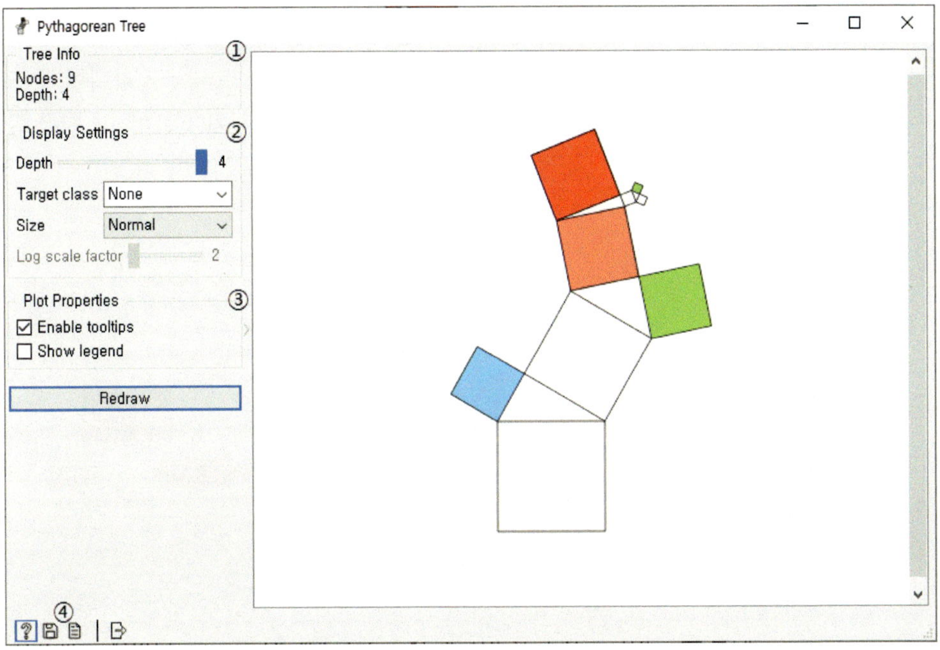

[그림 Ⅲ-33] Pythagorean Tree 위젯 창

[표 Ⅲ-14] Pythagorean Tree 위젯 창 세부 설명

① Tree info	입력 트리 모델에 대한 정보를 확인한다.	
② Display settings	Depth	표시되는 나무의 깊이를 설정한다.
	Target class	트리의 노드에 대한 색의 강도는 대상 클래스의 확률과 일치한다. '없음'을 선택하면 노드의 색상이 가장 가능성이 높은 클래스를 나타낸다.
	Size	노드 크기가 노드의 교육 데이터 부분 집합의 크기와 일치하도록 유지한다. 제곱근과 로그는 노드 크기의 각 변환이다.
	Log scale factor	로그변환을 선택한 경우에만 활성화되며 로그 팩터를 1에서 10 사이로 설정할 수 있다.
③ Plot Properties	Enable tooltips	호버링 시 노드 정보를 표시한다.
	Show legend	플롯의 색상 범례를 나타낸다.
④ 도움말	이미지를 컴퓨터에 .svg또는 .png 형식으로 저장하거나 보고서를 작성한다.	

피타고라스 나무는 분류와 회귀 나무를 모두 시각화할 수 있다. 다음은 회귀 트리의 예이다. 둘의 유일한 차이점은 회귀 트리가 클래스별로 색칠을 가능케 하지 않고 클래스 평균이나 표준 편차에 따라 색칠을 할 수 있다는 점이다. [그림 Ⅲ-34]의 워크플로우는 트리 뷰어와 피타고라스 트리의 차이를 보여준다. 그들은 둘 다 트리를 시각화할 수 있지만 피타고라스 시각화는 작은 Iris 데이터 세트에서도 공간을 덜 차지하며 더 압축돼있다.

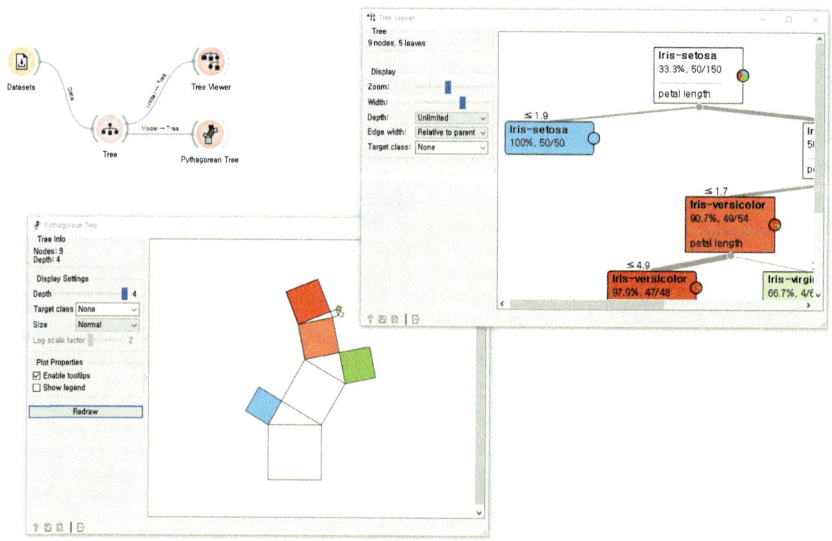

[그림 Ⅲ-34] Pythagorean Tree 워크플로우 예시

[그림 Ⅲ-35]와 같이 워크플로우를 구성하면 선택한 데이터 인스턴스는 산점도에 하위 집합으로 표시되고 데이터 테이블로 전송되고 상자 그림에서 검사된다. 우리는 이 예에서 Brown-selected 데이터 세트를 사용해 왔다. 나무와 산점도는 아래에 나타나 있다. 나무에서 선택한 노드의 윤곽은 검은색이다.

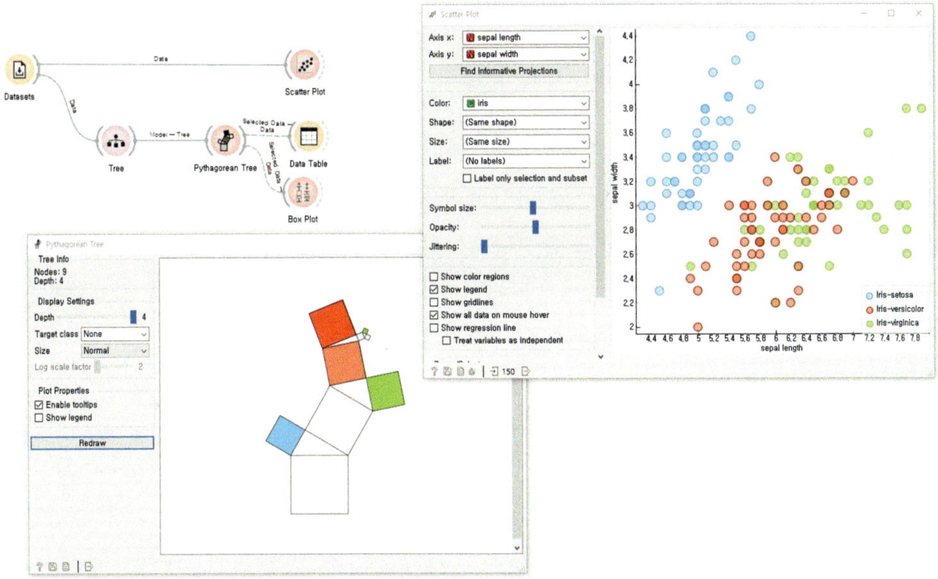

[그림 Ⅲ-35] Pythagorean Tree 워크플로우 예시

16. Pythagorean Forest

위젯	설명	입력	출력
Pythagorean Forest	랜덤 포레스트를 시각화하는 피타고라스 포레스트이다.	Random Forest	Tree

Pythagorean Forest 위젯은 **Random** Forest 위젯에서 학습한 모든 의사결정 나무 모델을 보여준다. 그것은 그것들을 피타고라스 나무로 표시하는데, 각각의 시각화는 무작위로 구성된 나무 한 그루를 포함한다. 시각화에서 트리를 선택하여 피타고라스 트리 위젯에 표시할 수 있다. 가장 좋은 나무는 가장 짧고 색이 강한 가지를 가진 나무다. 이것은 몇 개의 속성들이 가지를 잘 갈라놓지 않는다는 것을 의미한다.

위젯은 분류 및 회귀 분석 결과를 모두 표시한다. 분류에는 데이터 세트에 이산 대상 변수가 필요한 반면, 회귀 분석에는 연속 대상 변수가 필요하다. 그래도 둘 다 나무 한 그루를 포함해야 한다.

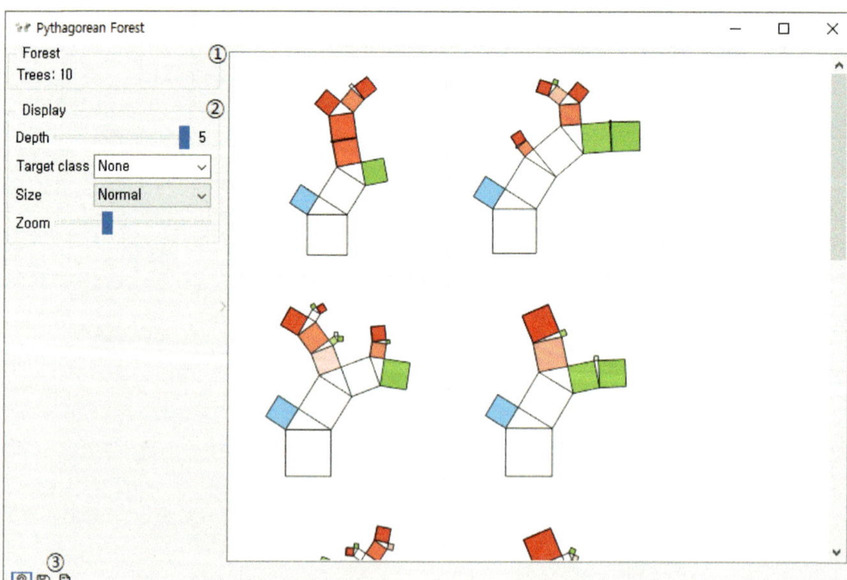

[그림 Ⅲ-36] Pythagorean Forest 위젯 창

[표 Ⅲ-15] Pythagorean Forest 위젯 창 세부 설명

<table>
<tr><td>① Forest</td><td colspan="2">임의의 포레스트에 대한 정보</td></tr>
<tr><td rowspan="4">② Display</td><td>Depth</td><td>나무가 자라는 깊이를 설정한다.</td></tr>
<tr><td>Target class</td><td>나무를 색칠하기 위한 대상 클래스를 선택한다. ‘없음’을 선택하면 나무가 흰색이 된다. 입력 내용이 분류 트리인 경우 각 클래스에 따라 노드를 색칠할 수 있다. 입력이 회귀 트리인 경우 옵션은 클래스 평균으로, 클래스 평균 값은 트리 노드를 색칠하고 표준 편차는 노드의 표준 편차 값으로 색칠한다.</td></tr>
<tr><td>Size</td><td>노드의 크기를 설정한다. ‘Normal’은 노드의 서브셋 크기를 유지한다.</td></tr>
<tr><td>Zoom</td><td>트리 시각화의 크기를 확대/축소 할 수 있다.</td></tr>
<tr><td>③ 도움말</td><td colspan="2">이미지를 컴퓨터에 .svg또는 .png 형식으로 저장하거나 보고서를 작성한다.</td></tr>
</table>

17. CN2 Rule Viewer

위젯	설명	입력	출력
 CN2 Rule Viewer	데이터에서 유도된 규칙을 검토한다.	Data	Classifier Selected Data, Data

CN2 Rule Viewer 위젯은 CN2 분류 규칙을 표시하는 위젯으로 데이터가 연결되면 규칙 선택 시 어떤 인스턴스가 조건을 준수하는지 분석할 수 있다.

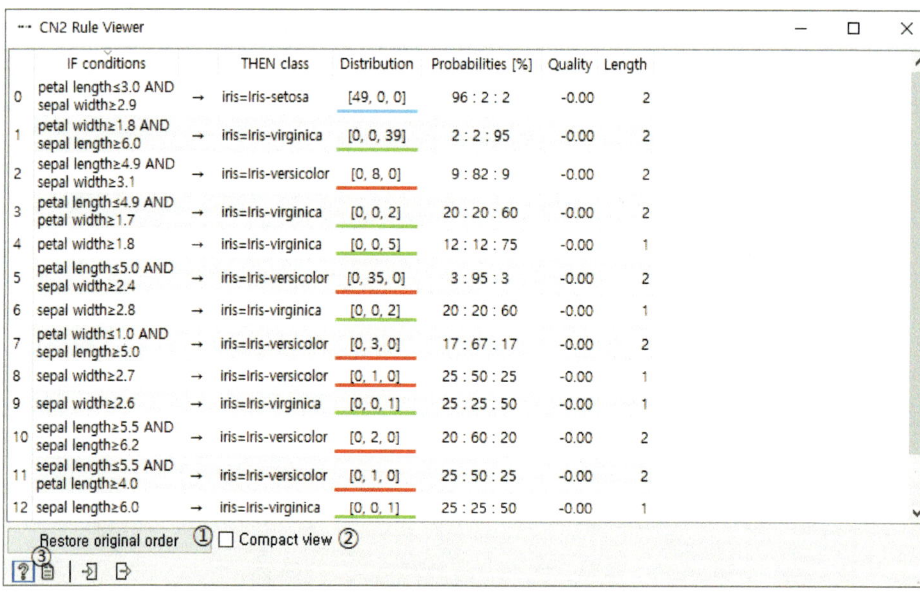

[그림 Ⅲ-37] CN2 Rule Viewer 위젯 창

[표 Ⅲ-16] CN2 Rule Viewer 위젯 창 세부 설명

① Restore original order	유도된 규칙의 원래 순서를 복원할 수 있다.
② Display	규칙이 많고 복잡할 때 꽉 찬 상태로 나타낼 수 있다. 이 때문에 평면적인 제시와 보다 깨끗한 규칙 검사가 가능한 콤팩트한 뷰가 구현되었다.
③ Report	규칙 유도 알고리즘과 매개변수, 데이터 영역 및 유도 규칙에 대한 자세한 설명을 볼 수 있다.

[그림 Ⅲ-38]의 워크플로우에서 위젯의 가장 일반적인 용도가 나타나 있다. 먼저 데이터를 읽고 CN2 규칙 분류기를 교육한다. 우리는 규칙 구성에 타이타닉 데이터 세트를 사용한다. 그런 다음 규칙 뷰어를 사용하여 규칙을 본다. 서로 다른 CN2 알고리즘을 탐구하고 매개변수 조정이 학습 과정에 어떤 영향을 미치는지 이해하려면 규칙 뷰어를 개방하고 시야에 확보하면서 CN2 학습 알고리즘을 설정해야 한다.

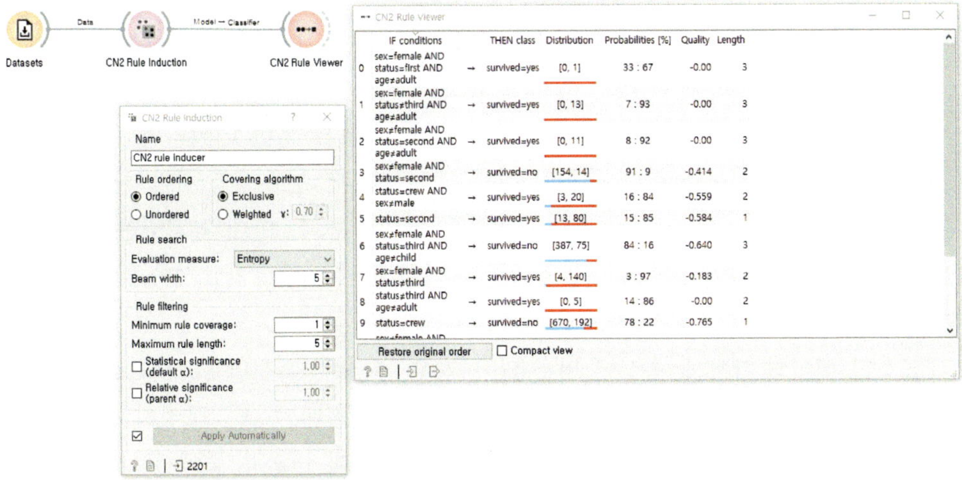

[그림 Ⅲ-38] CN2 Rule Viewer 워크 플로우 예시

18. Nomogram

위젯	설명	입력	출력
Nomogram	나이브 베이지안 및 로지스틱 회귀 분류기의 시각화를 위한 노모그램이다.	Classifier	Data Features

Nomogram(노모그램) 위젯은 일부 분류자의 시각적 표현(더 정밀하게 나이브 베이지안 분류기와 로지스틱 회귀 분류기)을 가능하게 한다. 훈련 데이터의 구조와 속성이 클래스 확률에 미치는 영향에 대한 통찰력을 제공한다. 분류자의 시각화 외에도, 위젯은 클래스 확률을 예측하기 위한 대화형 지원을 제공한다. 아래의 그림은 타이타닉 데이터 세트의 노모그램으로, 승객들이 타이타닉의 재난에서 살아남지 못할 확률을 모델링한 것이다.

표시된 데이터 세트에 속성이 너무 많은 경우, 최상위 속성만 표시되도록 선택할 수 있다. 나이브 베이지안 표현에는 '정렬 금지', '이름', '절대 중요', '긍정적 영향', '부정적 영향', 로지스틱 회귀 표현에는 '정렬 금지', '이름', '절대 중요성' 중에서 선택할 수 있다.

선택된 대상 등급의 확률은 '1-vs-all' 원리에 의해 계산되는데, 이는 멀티클래스 데이터를 다룰 때 고려해야 한다(대체 확률은 1에 합치되지 않는다). 이러한 불편함을 피하기 위해 확률 정규화를 선택할 수 있다.

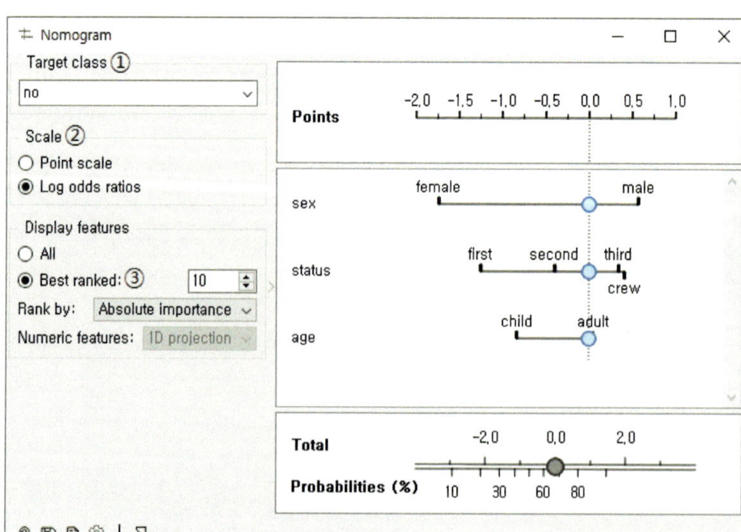

[그림 Ⅲ-39] Nomogram 위젯 창

[표 Ⅲ-17] Nomogram 위젯 창 세부 설명

① Target class	확률을 모형화할 대상 클래스와 확률을 정규화할지 여부를 선택한다.
② Scale	기본적으로 배율은 로그 오즈 배율로 설정된다. 보다 쉽게 이해하고 해석할 수 있도록 Point Scale을 사용할 수 있다. 단위는 노모그램의 최대 절대 로그 오즈 비율이 100점을 나타내도록 로그 오즈의 크기를 재조정한다.
③ Best ranked	모든 속성을 표시하거나 최상의 속성만 표시한다. 정렬 및 투영 유형을 설정한다.

노모그램 위젯은 훈련된 분류자 위젯(예: 나이브 베이지안 또는 로지스틱 회귀 분석) 직후에 사용해야 한다. 또한 아래 워크플로우에서와 같이 선택을 가능하게 하는 위젯(예: 데이터 테이블)을 사용하여 데이터 인스턴스를 전달할 수 있다.

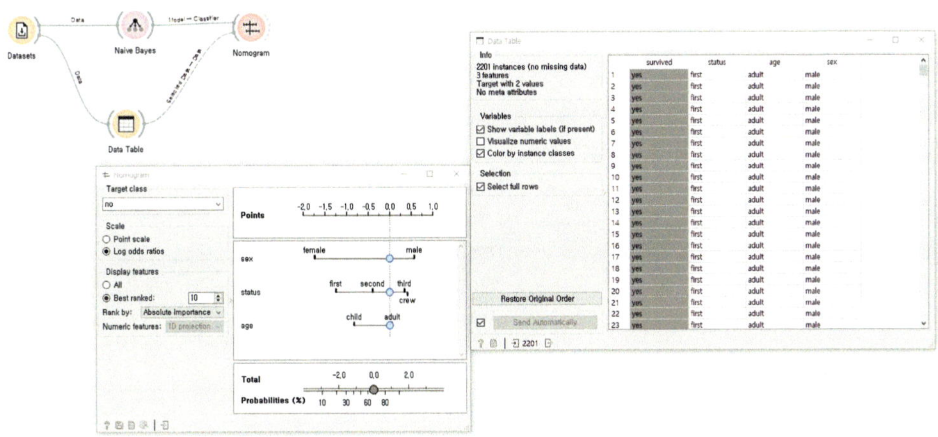

[그림 Ⅲ-40] Nomogram 워크플로우 예시

타이타닉 데이터 세트를 다시 한 번 언급하면서, 2201명 중 타이타닉에서 1490명(68%)의 승객이 사망했다. 예측을 하기 위해 각 속성의 기여도를 점수로 측정하고 개별 점수를 합산하여 확률을 결정한다. 속성의 값을 알 수 없는 경우 그 기여도는 0점이다. 따라서 승객에 대해 아무것도 모르는 상태에서 총점수는 0점이며 그에 상응하는 확률은 무조건 이전과 같다. 예시의 노모그램은 승객이 1등석부터 남성 성인임을 알 때 그 경우를 나타낸다. 점수는 -0.36으로, 해당 확률이 약 53%이다.

두 번째 예는 features 출력을 사용하는 방법을 나타낸다. 이 연습에 hart_disease 데이터를 사용하여 파일 위젯에 업로드한다. 이제 파일을 나이브 베이지안(또는 로지스틱 회귀 분석)에 연결하고 나이브 베이지안에 노모그램을 추가한다. 마지막으로 파일을 열 선택에 연결한다.

Select Columns(열 선택)은 변수의 하위 집합을 선택하는 반면 Nomogram(노모그램)은 훈련된 분류자에 대한 최상위 점수 변수를 보여준다. Nomogram(노모그램)에서 선택한 변수를 기준으로 데이터를 필터링하려면 아래와 같이 Nomogram(노모그램)을 Select Columns(열 선택)에 연결한다.

Nomogram(노모그램)은 선택한 변수 목록을 Select Columns(열 선택)에 전달하며, 이 목록은 목록의 변수만 보존한다. 이 작업을 수행하려면 열 선택에서 입력 features 사용을 누르거나 항상 적용하려면 체크 표시를 눌러야 한다. Nomogram(노모그램)에서 상위 5개 변수를 선택하고 Select Columns(열 선택)를 사용하여 해당 변수만 유지했다.

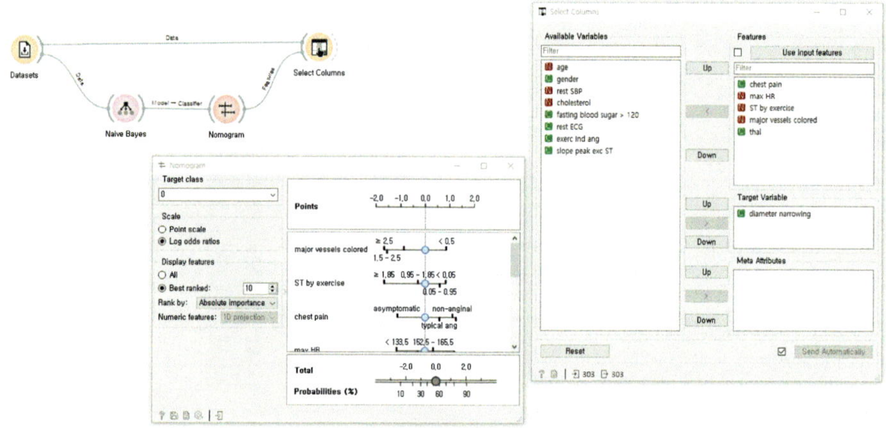

[그림 Ⅲ-41] Nomogram 워크플로우 예시2

Ⅳ

데이터와 모델 연결하기

1. 지도학습

1 Costant

위젯	설명	입력	출력
 Constant	훈련 세트에서 가장 빈도가 높은 클래스 또는 평균값을 예측한다.	Data	Preprocessor Learner, Model

Costant 위젯은 분류 작업의 대다수와 회귀 작업의 평균값을 항상 예측하는 모델을 생산한다. 분류의 경우, 예측을 사용하여 클래스 값을 예측할 때 Costant 위젯은 훈련 세트에 있는 클래스의 상대적 빈도를 반환한다. 둘 이상의 다수 클래스가 있는 경우 분류기는 예측 클래스를 임의로 선택하지만 특정 예에 대해 항상 동일한 클래스를 반환한다. 회귀 분석의 경우 클래스 변수의 평균을 학습하고 평균값이 같은 예측 변수를 반환한다. 이 위젯은 일반적으로 다른 모델의 기준으로 사용된다.

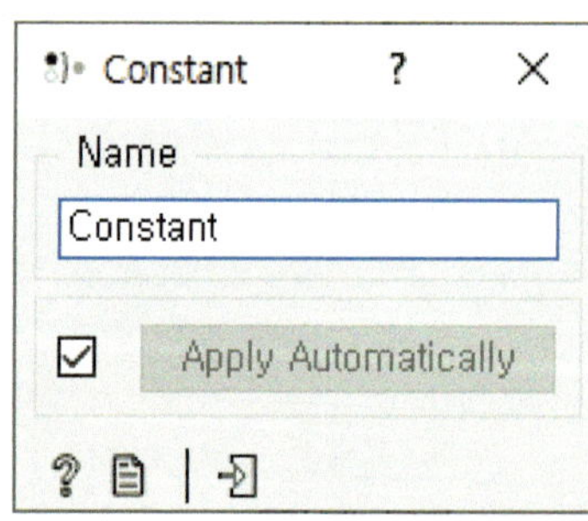

[그림 Ⅳ-1] Costant 위젯 창

[그림 Ⅳ-2]의 워크플로우와 같이 일반적인 분류 예제에서 이 위젯을 사용하여 다른 학습 알고리즘(예 : kNN)의 점수를 기본 점수와 비교한다. Iris 데이터 세트를 테스트 및 점수에 연결하고 Constant 위젯과 kNN 위젯을 연결하여 kNN이 일정한 기준선에 대해 얼마나 잘 작동하는지 관찰한다.

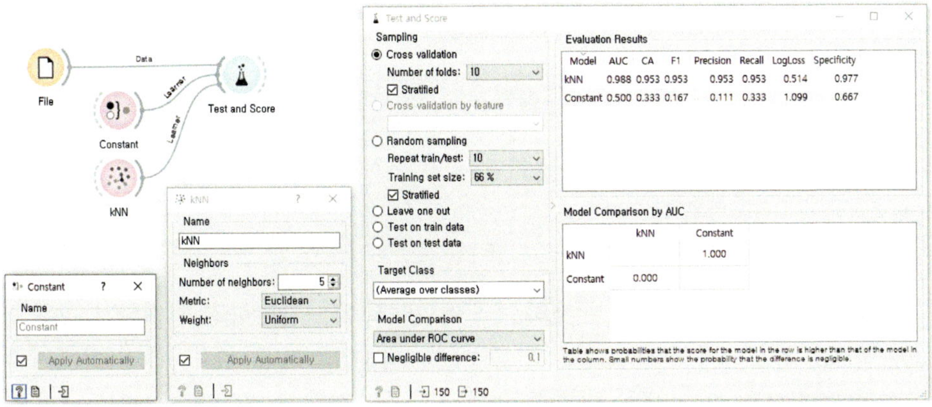

[그림 Ⅳ-2] Costant 예제1

[그림 Ⅳ-3]의 워크플로우와 같이 회귀 분석의 경우 Constant 위젯을 사용하여 예측 위젯에서 예측 변수를 구성한다. 우리는 Housing 데이터 세트를 사용한 예측에서 평균 학습자가 모든 인스턴스에 대해 하나의 (평균) 값을 반환한다는 것을 알 수 있다.

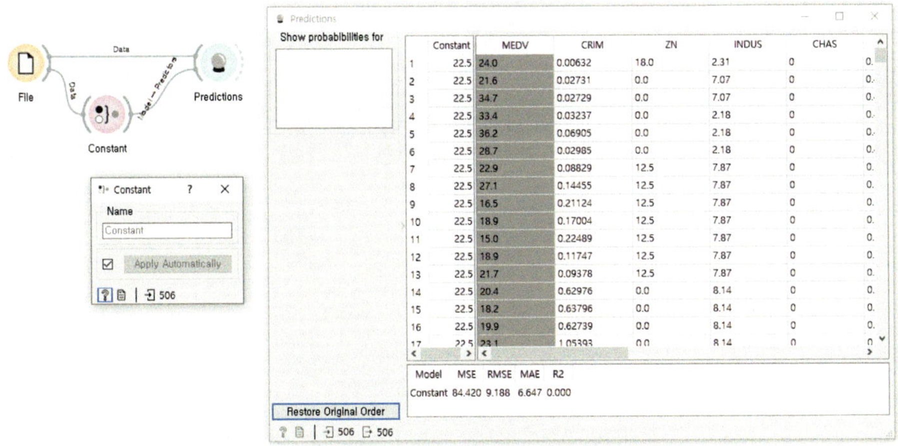

[그림 Ⅳ-3] Costant 예제2

2 CN2 Rule Induction

위젯	설명	입력	출력
 CN2 Rule Induction	CN2 알고리즘을 사용하여 데이터에서 규칙을 유도한다.	Data	Preprocessor Learner, Model

CN2 알고리즘은 노이즈가 존재하는 도메인에서조차 간단하고 이해하기 쉬운 규칙을 효율적으로 유도하기 위해 고안된 분류 기법이다. CN2 Rule Induction 위젯은 분류에만 적용된다. [표 Ⅳ-1]에서 CN2 Rule Induction 위젯 창과 관련된 세부 설명을 참고한다. [그림 Ⅳ-5]의 워크플로우와 같이 동물원 데이터 세트를 사용하여 CN2 규칙 인덕션에 전달하였다. CN2 규칙 뷰어 위젯을 사용하여 빌드 모델을 검토하고 해석할 수 있다.

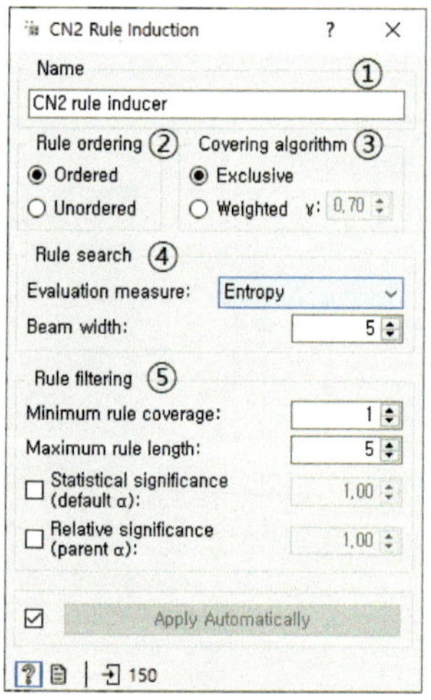

[그림 Ⅳ-4] CN2 Rule Induction 위젯 창

[표 Ⅳ-1] CN2 Rule Induction 위젯 창 세부 설명

① Name	학습자가 다른 위젯에 나타나는 이름으로 기본 이름은 CN2 rule inducer이다.
② Rule ordering	Ordered: 순서 규칙(결정 목록)을 유도한다. 규칙 조건이 발견되고 규칙 헤드에서 다수 클래스가 할당된다. Unordered: 순서가 지정되지 않은 규칙(규칙 집합)을 유도한다. 원래 학습 데이터와 관련하여 각 클래스에 대한 규칙을 개별적으로 학습한다.
③ Covering algorithm	Exclusive: 학습 사례를 다룬 후, 더 이상 고려할 필요가 없다. Weighted: 학습 인스턴스를 적용한 후 가중치를 감소시키고(감마에 의한 곱셈) 알고리즘의 추가 반복에 미치는 영향을 줄인다.
④ Rule search	Evaluation measure: 발견된 가설을 평가할 휴리스틱을 선택한다. 엔트로피(콘텐츠의 예측 불가능성 측정) / 라플라스 정확도 / 가중 상대 정확도 Beam width: 지금까지 발견된 최상의 규칙을 기억하고 고정 대안의 수(빔)를 모니터링 한다
⑤ Rule filtering	Minimum rule coverage: 발견된 규칙은 최소한 필요한 적용 예제 수를 포함해야 한다. 정렬되지 않은 규칙은 이 많은 대상 클래스 예제를 포함해야 한다. Maximum rule length: 발견된 규칙은 허용된 최대 선택자 수(조건)에서 결합할 수 있다. Default alpha: 클래스의 초기 분포와 관련하여 가장 전문화된(적절한 빈도가 낮은) 규칙을 제거하기 위한 유의성 테스트이다. Parent alpha: 상위 클래스 분포와 관련하여 가장 전문화된(적절하게 빈도가 낮은) 규칙을 제거하기 위한 유의성 테스트이다.

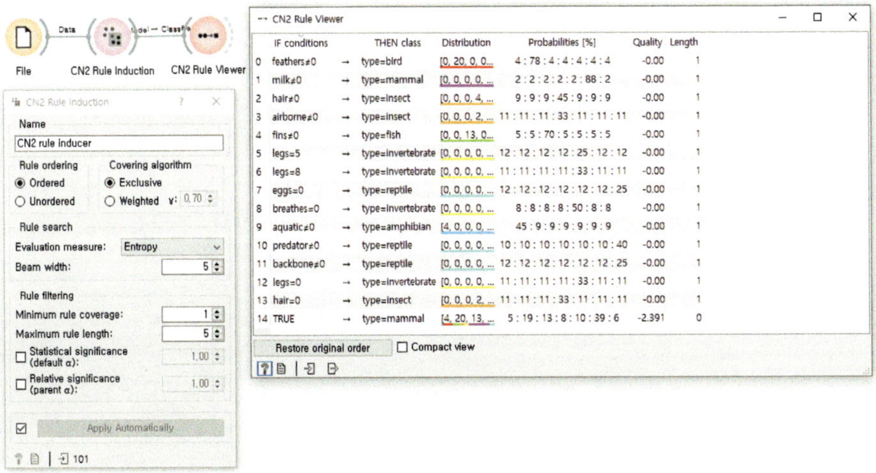

[그림 Ⅳ-5] CN2 Rule Induction 예제

3 Calibrated Learner

위젯	설명	입력	출력
Calibrated Learner	확률 보정 및 의사 결정 임계값 최적화로 다른 학습자를 마무리한다.	Data	Preprocessor, Base Learner Learner, Model

Calibrated Learner 위젯은 클래스 확률의 분포를 보정하고 의사 결정 임계값을 최적화하는 모델을 생성한다. 이진 분류 태스크에서만 작동한다. [표 Ⅳ-2]에서 Calibrated Learner 위젯 창과 관련된 세부 설명을 참고한다. [그림 Ⅳ-7]의 워크플로우와 같이 위젯에 이진수 클래스 값이 필요하기 때문에 타이타닉 데이터 세트를 사용한다. 로지스틱 회귀분석을 기본 학습자로 사용하여 기본 설정, 즉 분포 값의 시그모이드 최적화 및 CA 최적화를 통해 보정한다. 보정되지 않은 로지스틱 회귀 모형과 결과를 비교하면 보정된 모형의 성능이 더 우수하다는 것을 알 수 있다.

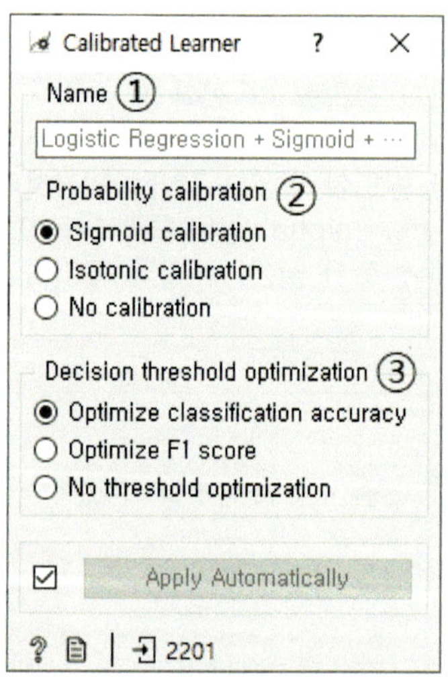

[그림 Ⅳ-6] Calibrated Learner 위젯 창

[표 Ⅳ-2] Calibrated Learner 위젯 창 세부 설명

① Name	다른 위젯에 표시할 이름으로 기본 이름은 학습자, 교정, 최적화 매개 변수로 구성된다.
② Probability calibration	확률 보정으로 "시그모이드 보정 / 등각교정 / 보정 안 함" 중에서 선택할 수 있다.
③ Decision threshold optimization	의사 결정 임계값 최적화로 "분류 정확도 최적화/ F1 점수 최적화/ 임계값 최적화 없음" 중에서 선택할 수 있다.

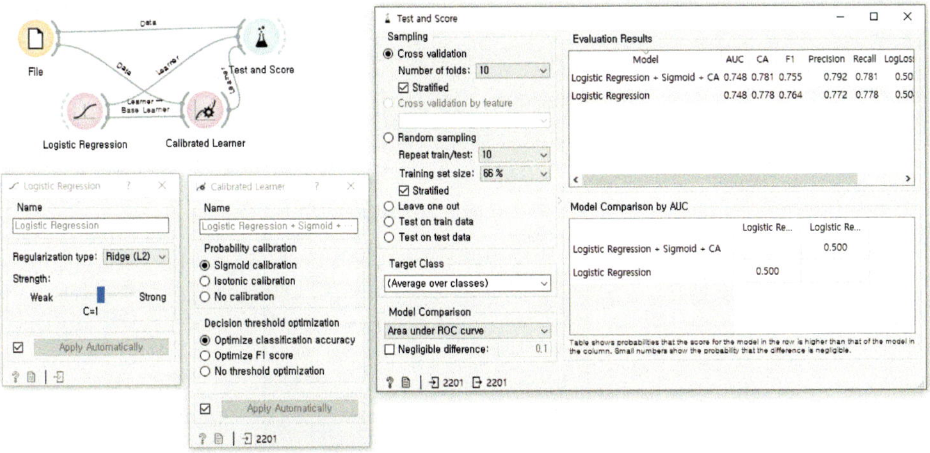

[그림 Ⅳ-7] Calibrated Learner 예제

4 kNN

위젯	설명	입력	출력
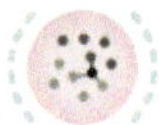 kNN	가장 가까운 훈련 인스턴스에 따라 예측한다.	Data	Preprocessor Learner, Model

kNN 위젯은 feature 공간에서 k개의 가장 가까운 훈련 예를 검색하고 그 평균을 예측으로 사용하는 kNN 알고리즘을 사용한다. [표 Ⅳ-3]에서 kNN 위젯 창과 관련된 세부 설명을 참고한다. [그림 Ⅳ-9]의 워크플로우는 kNN 학습자 출력에 대한 사용 방법을 보여준다. Housing 데이터 세트를 사용하여 kNN 예측 모델을 예측 위젯에 입력하고 예측값을 관찰한다.

[그림 Ⅳ-8] kNN 위젯 창

[표 Ⅳ-3] kNN 위젯 창 세부 설명

① Name	다른 위젯에 표시할 이름으로 기본 이름은 kNN이다.
② Neighbors	가장 가까운 이웃의 수, 거리 모수(측정지표) 및 가중치를 모형 기준으로 설정한다. Matric : Euclidean("직선", 두 점 사이의 거리) Manhattan(모든 속성의 절대적 차이의 합계) Maximal(속성 간 절대 차이 중 가장 큰 차이) Mahalanobis(점과 분포 사이의 거리) Weight : Uniform(각 이웃의 모든 점은 동등하게 가중됨) Distance(쿼리 포인트의 가까운 이웃이 멀리 있는 이웃보다 더 큰 영향을 미침)

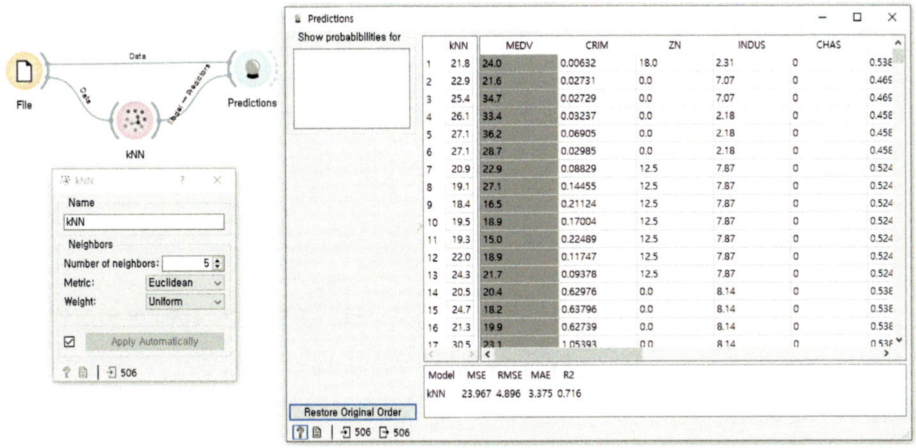

[그림 Ⅳ-9] kNN 예제

5 Tree

위젯	설명	입력	출력
 Tree	정방향 가지치기 기능이 있는 트리 알고리즘이다.	Data	Preprocessor Learner, Model

Tree 위젯은 클래스 순도에 따라 데이터를 노드로 분할하는 간단한 알고리즘으로 랜덤 포레스트의 선구자이다. 오렌지3에서는 이산형 데이터 세트와 연속형 데이터 세트를 모두 처리할 수 있다. 분류와 회귀 작업 모두에 대해 작동한다. [표 Ⅳ-4]에서 Tree 위젯 창과 관련된 세부 설명을 참고한다.

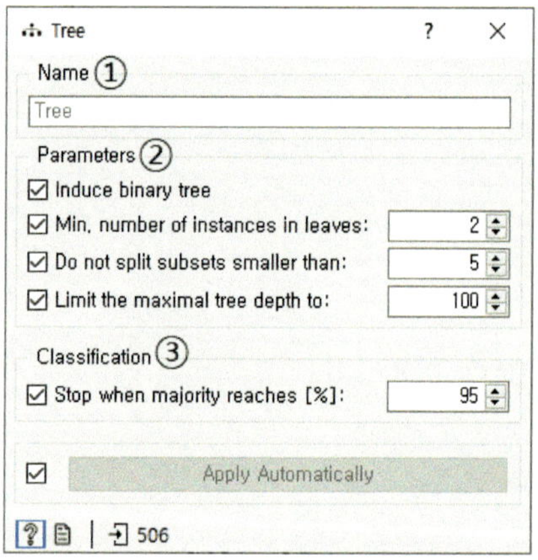

[그림 Ⅳ-10] Tree 위젯 창

[표 Ⅳ-4] Tree 위젯 창 세부 설명

① Name	다른 위젯에 표시할 이름으로 기본 이름은 Tree이다.
② Parameters	• Induce binary tree : 두 개의 하위 노드로 분할한다. • Min. number of instances in leaves : 알고리즘이 지정된 수의 훈련 예제를 분기 내에 넣는 분할을 구성하지 않는다. • Do not split subsets smaller than : 알고리즘에서 지정된 인스턴스 수보다 작은 노드를 분할 할 수 없다. • Limit the maximal tree depth : 분류 트리의 깊이를 지정된 노드 수준 수로 제한한다.
③ Classification	지정된 최대 임계값에 도달한 후 노드 분할을 중지한다.

[그림 Ⅳ-11]의 워크플로우에서는 Iris 데이터 세트를 활용하여 모델을 유도하고 트리 뷰어에서 어떤 모습인지 확인한다.

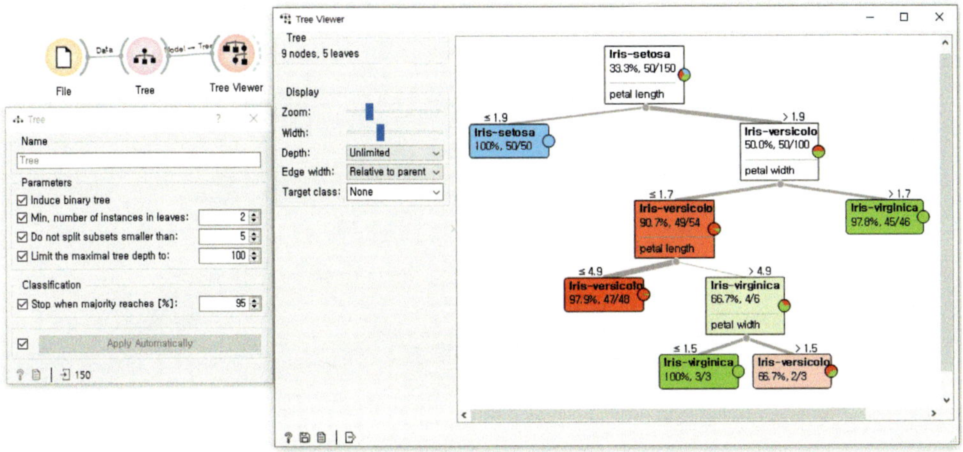

[그림 Ⅳ-11] Tree 예제1

[그림 Ⅳ-12]의 워크플로우에서 Iris 데이터 세트를 활용하여 모형을 훈련하고 로지스틱 회귀 분석을 기준으로 모형을 평가한다.

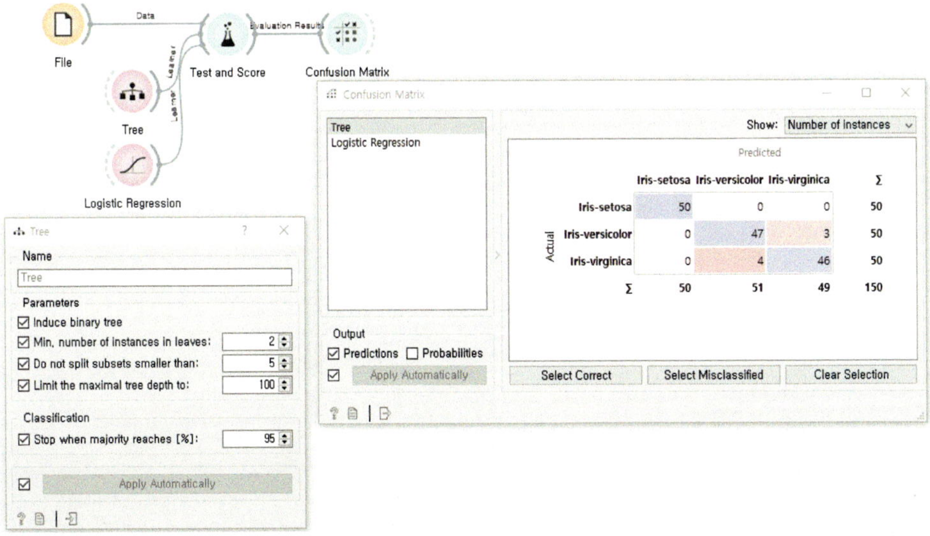

[그림 Ⅳ-12] Tree 예제2

[그림 Ⅳ-13]의 워크플로우에서는 회귀에서도 작동하는 것을 보여준다. Housing 데이터 세트를 사용하여 트리에 전달한다. 트리 뷰어에서 선택한 트리 노드가 산점도에 표시되고 선택한 예제가 동일한 features를 나타낸다는 것을 알 수 있다.

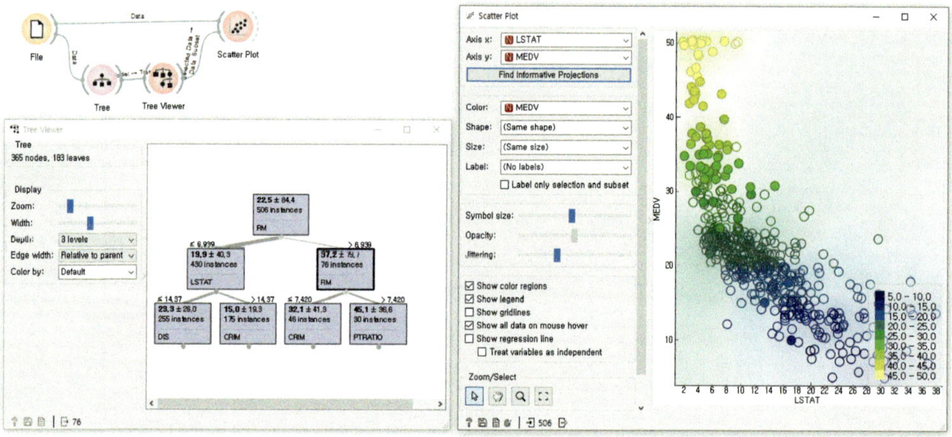

[그림 Ⅳ-13] Tree 예제3

6 Random Forest

위젯	설명	입력	출력
Random Forest	의사 결정 트리의 앙상블을 사용하여 예측한다.	Data	Preprocessor Learner, Model

Random Forest 위젯은 일련의 의사 결정 트리를 만든다. 각 트리는 훈련 데이터에서 부트스트랩 샘플로 개발된다. 개별 트리를 개발할 때 임의적인 속성 부분 집합이 그려지고("랜덤"이라는 용어), 여기서 분할에 가장 적합한 속성이 선택된다. 최종 모델은 숲에서 개별적으로 개발된 나무들의 다수결에 기초한다. 분류와 회귀 작업 모두에 대해 작동한다. [표 Ⅳ-5]에서 Random Forest 위젯 창과 관련된 세부 설명을 참고한다.

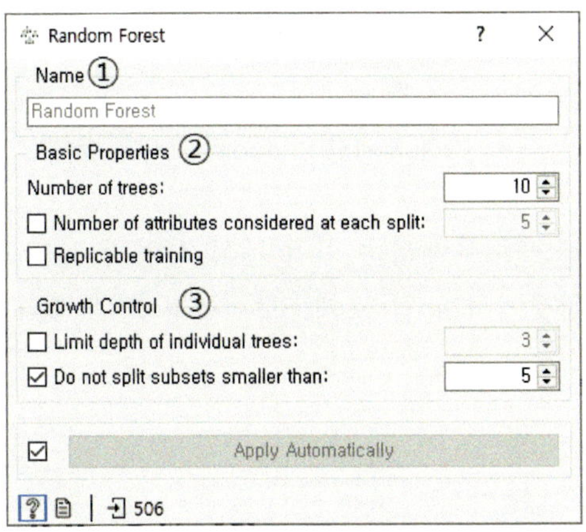

[그림 Ⅳ-14] Random Forest 위젯 창

[표 Ⅳ-5] Random Forest 위젯 창 세부 설명

① Name	다른 위젯에 표시할 이름으로 기본 이름은 Random Forest이다.
② Basic Properties	Number of trees: 포레스트에 포함할 결정 트리 수를 지정한다. Number of trees considered at each split: 각 노드에서 고려할 임의로 그릴 속성 수를 지정한다. 후자가 지정되지 않은 경우(옵션 속성 수가 선택되지 않은 상태) 이 숫자는 데이터에 있는 속성 수의 제곱근과 같다. Replicable training: 결과를 복제할 수 있는 트리 생성을 위한 시드를 수정한다.
③ Growth Control	Limit depth of individual trees: 사용자가 나무가 자랄 깊이를 정한다. Do not split subsets smaller than: 분할할 수 있는 가장 작은 부분 집합을 선택한다.

[그림 Ⅳ-15]의 워크플로우에서 분류 작업의 경우 Iris 데이터 세트를 사용하여 예측에 연결한다. 그런 다음 파일을 임의 포레스트 및 트리에 연결하고 예측에 추가로 연결한다. 마지막으로 두 모형에 대한 예측을 관찰한다.

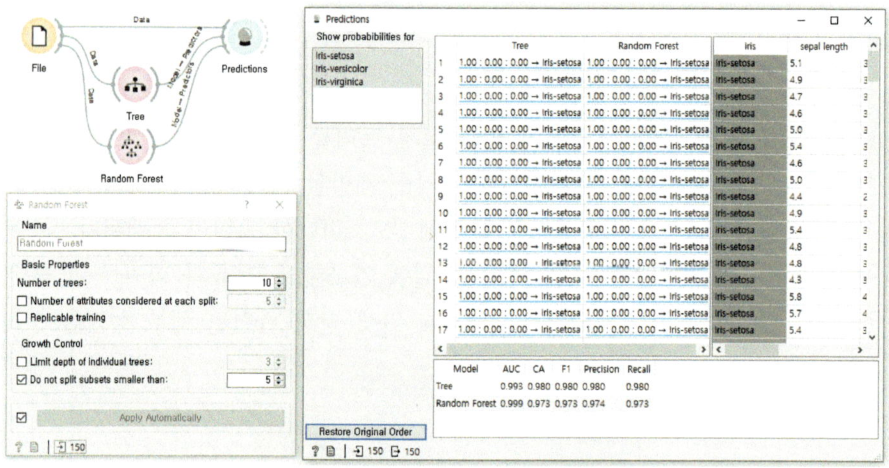

[그림 Ⅳ-15] Random Forest 예제1

[그림 Ⅳ-16]의 워크플로우에서는 회귀 분석 작업의 경우 Housing 데이터를 사용하여 테스트 및 점수 위젯에서 랜덤 포레스트, 선형 회귀 및 Costant 등 다양한 모델을 비교한다.

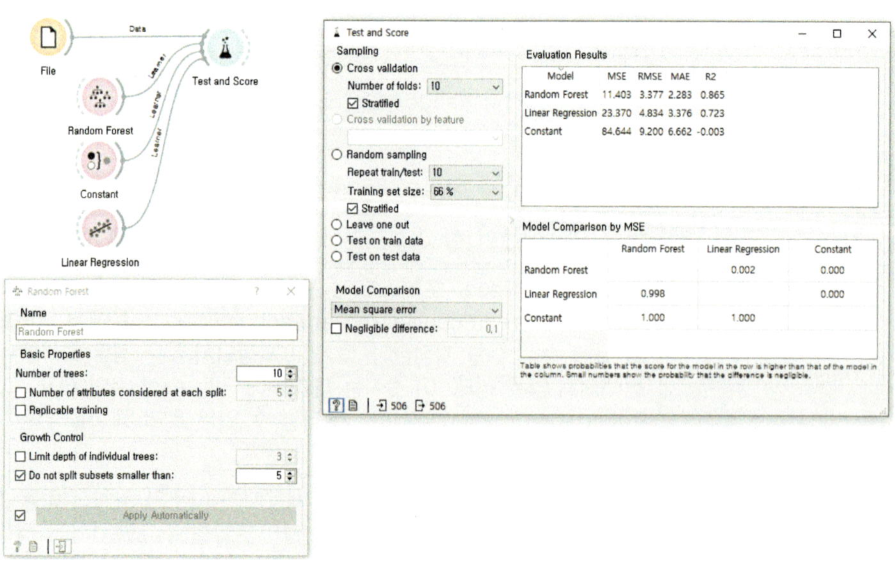

[그림 Ⅳ-16] Random Forest 예제2

7 SVM

위젯	설명	입력	출력
 SVM	서포트 벡터 머신은 입력을 고차원 feature 공간에 매핑한다.	Data	Preprocessor Learner, Model, Support Vectors

서포트 벡터 머신(support vector machine, SVM)은 속성 공간을 하이퍼플레인으로 분리하여 서로 다른 클래스 또는 클래스 값의 인스턴스 사이의 여백을 최대화하는 머신 러닝 기법이다. 이 기술은 종종 최고의 예측 성능 결과를 산출한다. 오렌지3에는 LIBSVM 패키지에서 널리 사용되는 SVM 구현이 포함되어 있다. 회귀 작업의 경우 SVM은 ε -감각 손실을 사용하여 고차원 feature 공간에서 선형 회귀 분석을 수행한다. 추정 정확도는 C, ε 및 커널 파라미터의 설정에 따라 달라진다. 위젯은 SVM 회귀 분석을 기반으로 클래스 예측을 출력한다. 분류와 회귀 작업 모두에 대해 작동한다. [표 Ⅳ-6]에서 SVM 위젯 창과 관련된 세부 설명을 참고한다.

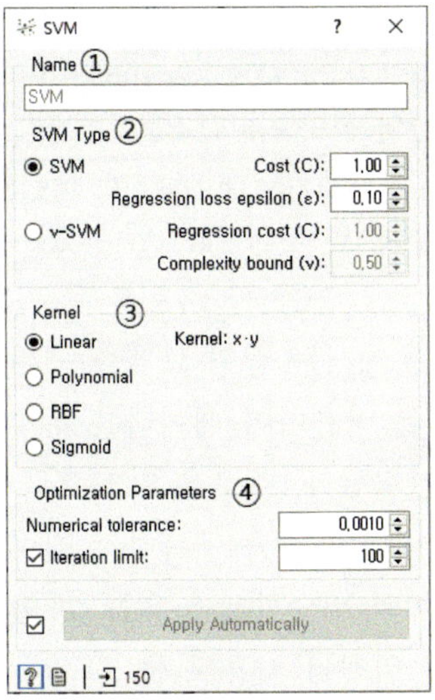

[그림 Ⅳ-17] SVM 위젯 창

[표 Ⅳ-6] SVM 위젯 창 세부 설명

① Name	다른 위젯에 표시할 이름으로 기본 이름은 SVM이다.
② SVM Type	테스트 오류 설정이 있는 SVM 유형이다. SVM과 ν -SVM은 오류 기능의 서로 다른 최소화를 기반으로 한다. 오른쪽에서 검정 오차 한계를 설정할 수 있다. SVM • Cost : 손실에 대한 벌칙 용어이며 분류 및 회귀 작업에 적용된다. • ε : 엡실론-SVR 모델에 대한 파라미터로, 회귀 작업에 적용된다. 예측값과 결점이 연관되지 않는 참값으로부터의 거리를 정의한다. ν -SVM • Cost: 손실에 대한 벌칙 용어이며 회귀 작업에만 적용된다. • ν : ν -SVR 모델에 대한 매개변수는 분류 및 회귀 작업에 적용된다. 훈련 오류의 분수에 대한 상한과 지원 벡터의 분수에 대한 하한이다.
③ Kernel	커널은 속성 공간을 최대 여백 하이퍼플레인에 맞게 새로운 feature 공간으로 변환하는 함수이며, 따라서 알고리즘이 선형, 다항식, RBF 및 시그모이드 커널을 사용하여 모델을 만들 수 있다. 커널을 선택할 때 커널을 지정하는 함수가 표시되며, 관련된 상수는 다음과 같다. • g : 커널 함수의 감마 상수(권장값은 1/k이며, 여기서 k는 속성의 수이지만 위젯에 대한 훈련 세트가 없을 수 있으므로 기본값은 0이고 사용자가 수동으로 이 옵션을 설정해야 함) • c : 커널 함수의 상수 c0(기본값 0) • d : 커널의 정도(기본값 3)
④ Optimization Parameters	수치 공차의 예상값에서 허용되는 편차를 설정한다. 허용되는 최대 반복 횟수를 설정하려면 반복 제한 옆에 있는 상자를 선택한다.

[그림 Ⅳ-18]의 워크플로우에서는 회귀 모델을 구현하기 위해 Housing 데이터 세트를 사용하고 데이터 샘플러를 사용하여 데이터를 두 개의 데이터 하위 집합(데이터 샘플 및 나머지 데이터)으로 분할했다. 샘플은 SVM으로 전송되어 모델을 생성했으며, 이 모델은 예측에서 나머지 데이터의 값을 예측하는 데 사용되었다. 데이터가 이미 두 개의 개별 파일에 있는 경우 이와 비슷하게 사용할 수 있다. 이 경우 파일 - 데이터 샘플러 조합 대신 두 개의 파일 위젯이 사용된다.

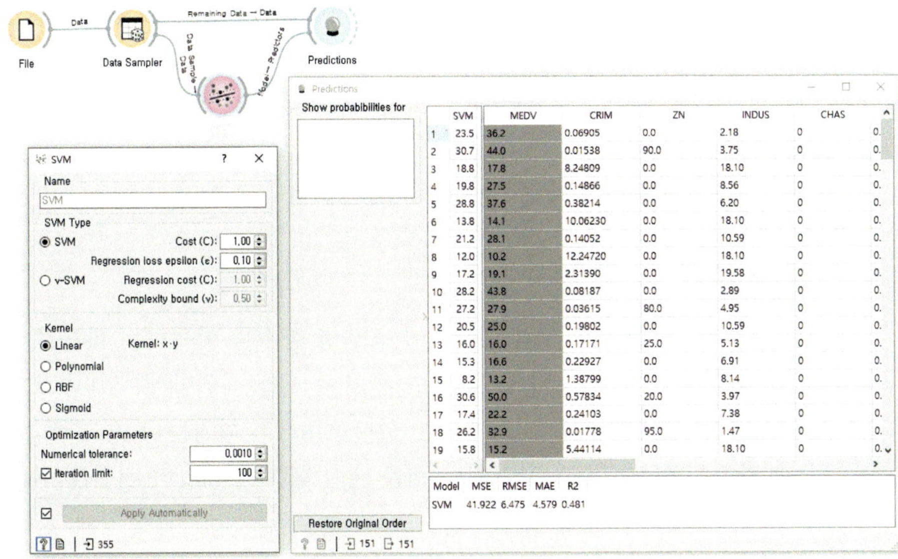

[그림 Ⅳ-18] SVM 예제1

[그림 Ⅳ-19]의 워크플로우에서는 SVM을 산점도와 함께 사용하는 방법을 보여준다. Iris 데이터에 대한 SVM 모델을 훈련하고 출력은 학습 단계에서 지원 벡터로 사용된 데이터 인스턴스인 지원 벡터를 지원한다. 산점도 시각화에서 이러한 데이터 인스턴스를 관찰할 수 있다.

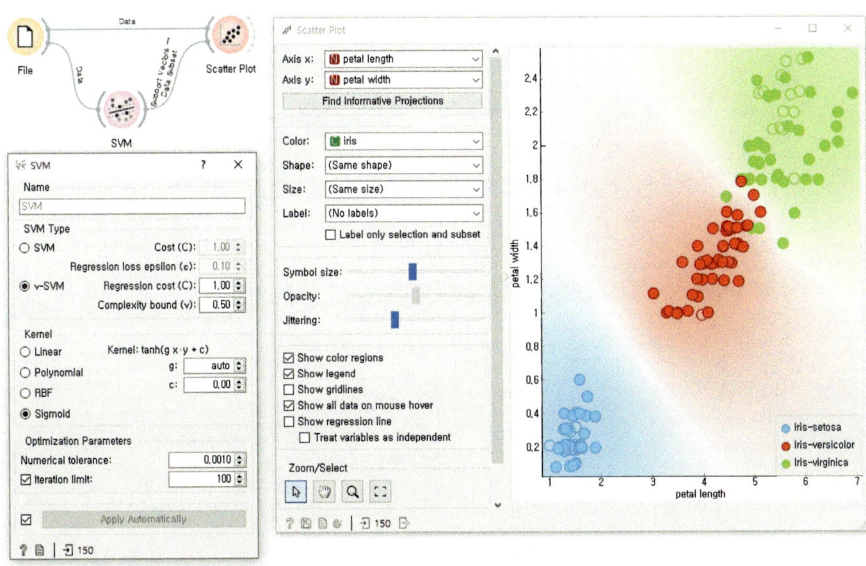

[그림 Ⅳ-19] SVM 예제2

8 Linear Regression

위젯	설명	입력	출력
 Linear Regression	L1(LASSO), L2(리지) 또는 L1L2(탄성망) 정규화 옵션을 사용하는 선형 회귀 알고리즘이다.	Data	Preprocessor Learner, Model, Coefficients

Linear Regression 위젯은 입력 데이터에서 선형 함수를 학습하는 학습자/예측자를 구성한다. 모형은 xi 예측 변수와 반응 변수 간의 관계를 식별할 수 있다. 또한 Lasso 및 Ridge 정규화 파라미터를 지정할 수 있다. lasso 회귀는 L1-norm 페널티와 L2-norm 페널티로 Ridge 정규화의 최소 제곱 손실 함수의 페널티 버전을 최소화한다. 회귀 작업에서만 작동한다. [표 Ⅳ-7]에서 Linear Regression 위젯 창과 관련된 세부 설명을 참고한다.

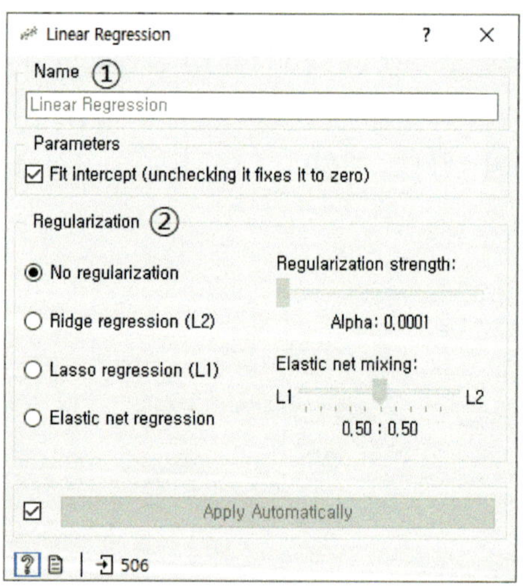

[그림 Ⅳ-20] Linear Regression 위젯 창

[표 Ⅳ-7] Linear Regression 위젯 창 세부 설명

① Name	다른 위젯에 표시할 이름으로 기본 이름은 Linear Regression이다.
② Regularization	교육할 모델 선택 : • no regularization : 정규화하지 않음 • Ridge regression(L2) : 가중치들의 제곱합을 최소화 하는 것을 제약조건으로 추가 • Lasso regression(L1) : 가중치들의 절대값의 합을 최소화 하는 것을 제약조건으로 추가 • Elastic net regression : Ridge와 Lasso를 절충한 모델로 가중치들의 제곱합과 절대값의 합을 동시에 제약 조건으로 추가

[그림 Ⅳ-21]의 워크플로우는 Housing 데이터 세트를 사용하는 간단한 예제이다. 선형회귀 및 랜덤 포레스트를 훈련하고 테스트 및 점수에서 성능을 평가한다.

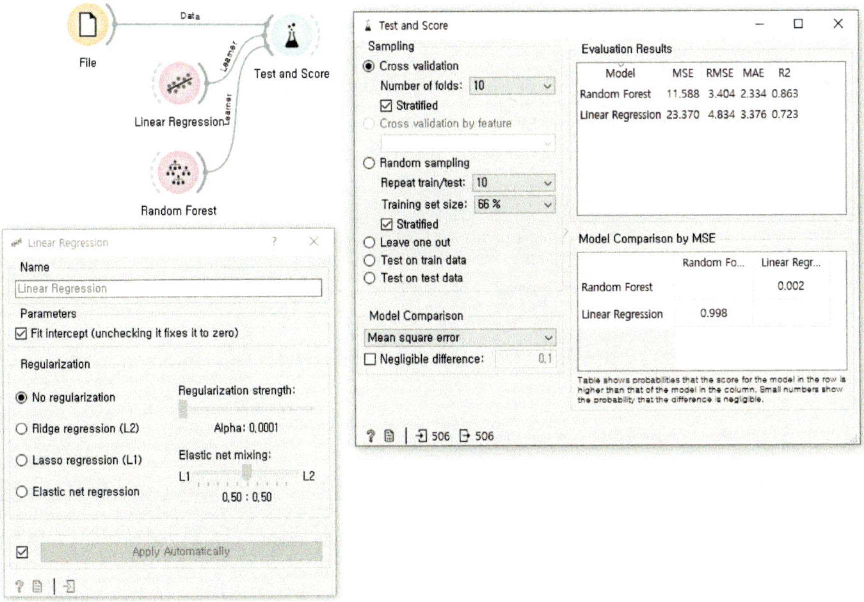

[그림 Ⅳ-21] Linear Regression 예제

9 Logistic Regression

위젯	설명	입력	출력
 Logistic Regression	L1(LASSO) 또는 L2(리지) 정규화를 사용한 로지스틱 회귀 분류 알고리즘이다.	Data	Preprocessor Learner, Model, Coefficients

Logistic Regression 위젯은 데이터에서 로지스틱 회귀 모형을 학습한다. 분류 작업에만 사용할 수 있다. [표 Ⅳ-8]에서 Logistic Regression 위젯 창과 관련된 세부 설명을 참고한다.

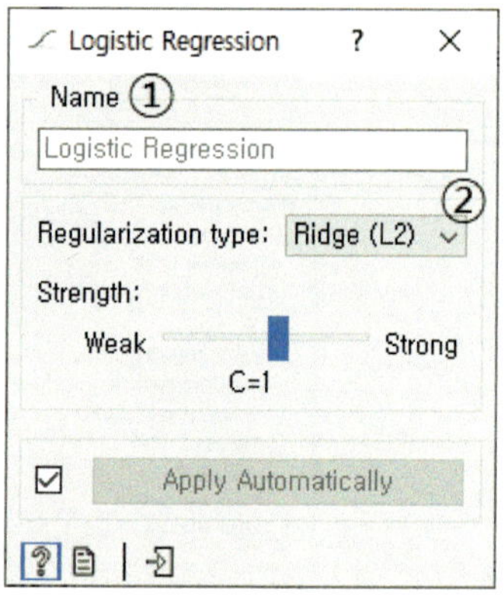

[그림 Ⅳ-22] Logistic Regression 위젯 창

[표 Ⅳ-8] Logistic Regression 위젯 창 세부 설명

① Name	다른 위젯에 표시할 이름으로 기본 이름은 Logistic Regression이다.
② Regularization type	정규화 유형(L1 또는 L2)과 cost 강도를 설정한다(기본값: C=1).

[그림 Ⅳ-23]의 워크플로우는 데이터 세트에 대한 로지스틱 회귀 분석을 통해 예측 결과를 보여주는 예제이다. 먼저 데이터 세트 위젯에서 Attrition-Train을 로드하고 데이터를 로지스틱 회귀 분석으로 전달한다. 그런 다음 훈련된 모델을 예측 위젯에 연결한다. 이제 새로운 데이터 세트에서 클래스 값을 예측하려고 한다. 두 번째 데이터 세트 위젯에서 Attrition-Predict를 로드하여 예측 위젯에 연결한다. 이제 예측에서 로지스틱 회귀 분석을 사용하여 예측된 클래스 값을 직접 관측할 수 있다.

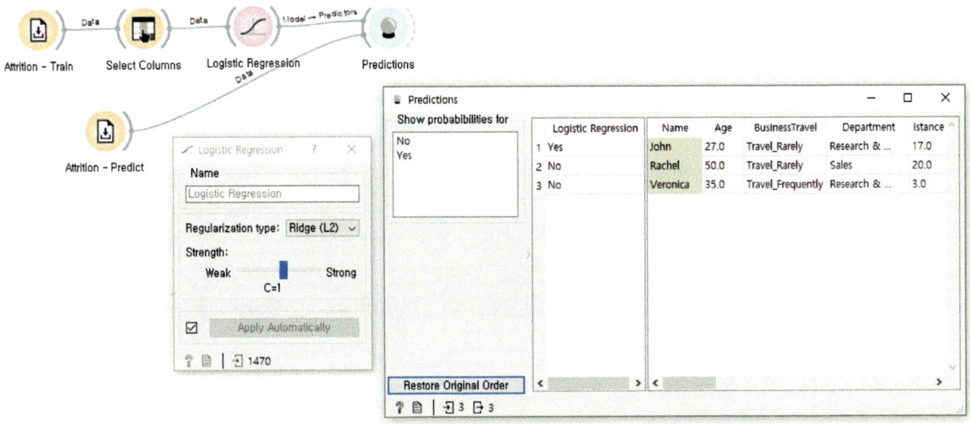

[그림 Ⅳ-23] Logistic Regression 예제

10 Naive Bayes

위젯	설명	입력	출력
 Naive Bayes	feature 사이의 독립성을 가정한 Bayes의 정리를 기반으로 한 빠르고 단순한 확률 분류기이다.	Data	Preprocessor Learner, Model

Naive Bayes 위젯은 데이터로부터 Naive Bayesian 모델을 학습한다. 분류 작업에만 사용할 수 있다.

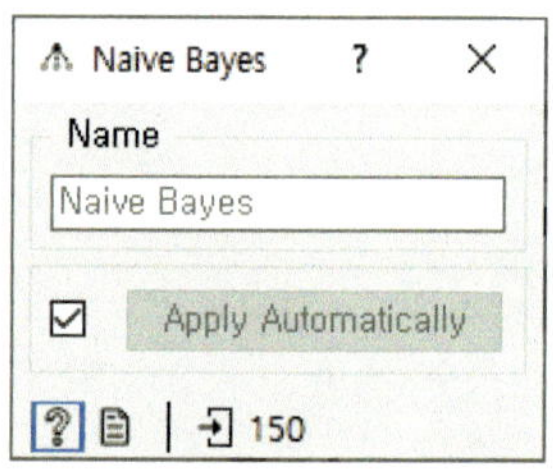

[그림 Ⅳ-24] Naive Bayes 위젯 창

[그림 Ⅳ-25]의 워크플로우는 나이브 베이지안의 결과를 다른 모델인 랜덤 포레스트와 비교한다. 파일로부터 테스트 및 점수 위젯으로 Iris 데이터를 연결한다. 또한 Naive Bayes와 Random Forest를 Test & Score에 연결하고 예측 점수를 관찰한다.

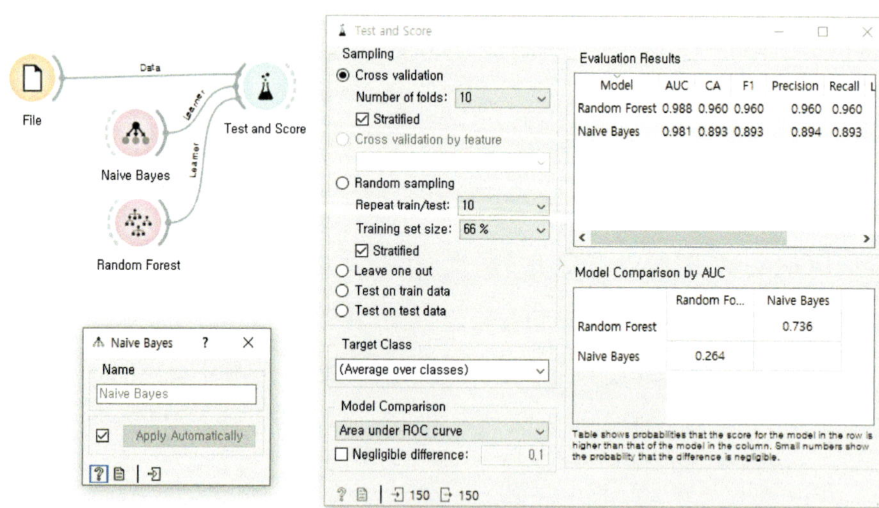

[그림 Ⅳ-25] Naive Bayes 예제1

[그림 Ⅳ-26]의 워크플로우는 테스트 및 점수 위젯을 Naive Bayes 학습자에게 제공한 다음 혼동 행렬로 데이터를 전송한다. 또한 산점도를 파일과 연결한다. 그런 다음 혼동 행렬에서 잘못 분류된 인스턴스를 선택하고 산점도로 피드를 표시한다. 산점도의 굵은 점은 Naive Bayes에서 잘못 분류된 인스턴스이다.

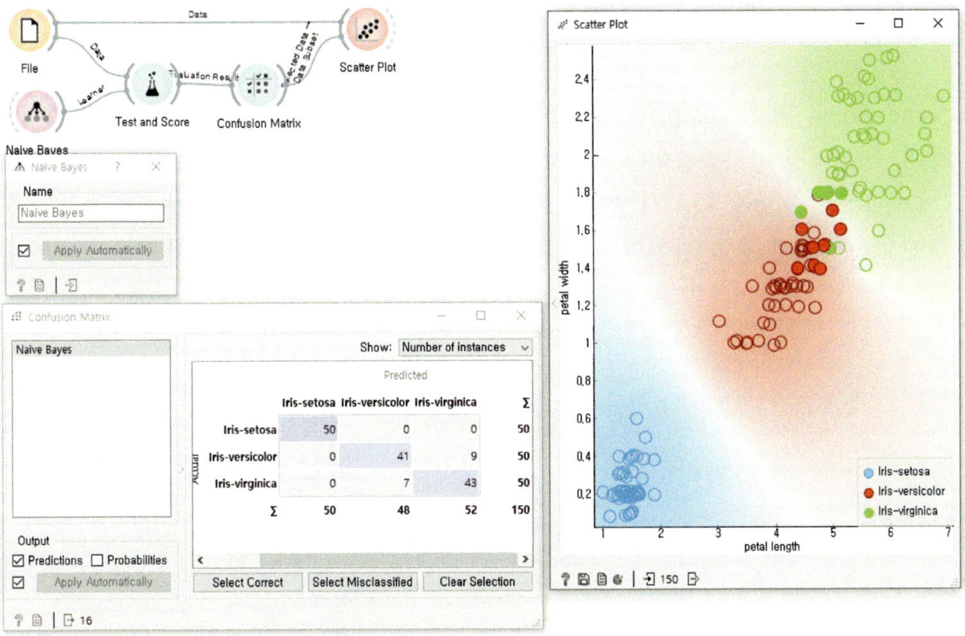

[그림 Ⅳ-26] Naive Bayes 예제2

11 AdaBoost

위젯	설명	입력	출력
 AdaBoost	약한 학습 알고리즘의 결과물에 가중치를 두어 결합하는 방법으로 최종 결과물을 표현하는 앙상블 메타 알고리즘이다.	Data	Preprocessor, Learner Learner, Model

AdaBoost 위젯("Adaptive boost")은 Yaav Freund와 Robert Schapire에 의해 공식화된 머신러닝 알고리즘이다. 다른 학습 알고리즘(성능이 약한 학습자들을 보완)과 함께 사용하여 성능을 향상시킬 수 있다. 분류와 회귀 모두에서 작동한다. [표 Ⅳ-9]에서 AdaBoost 위젯 창과 관련된 세부 설명을 참고한다.

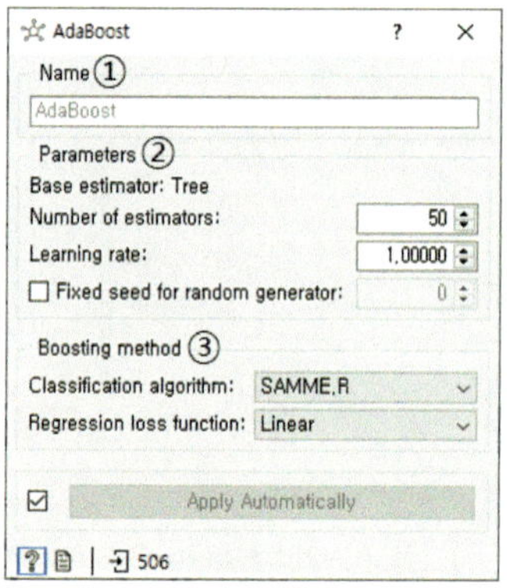

[그림 Ⅳ-27] AdaBoost 위젯 창

[표 Ⅳ-9] AdaBoost 위젯 창 세부 설명

① Name	다른 위젯에 표시할 이름으로 기본 이름은 AdaBoost이다.
② Parameters	파라미터를 설정한다. 기본 추정기는 트리이며 다음을 설정할 수 있다. • Number of estimators(추정치 수) • Learning rate : 새로 획득한 정보가 이전 정보를 어느 정도 재정의할지 결정한다(0 = 에이전트는 아무것도 배우지 않는다, 1 = 에이전트는 최신 정보만 고려한다). • Fixed seed for random generator : 결과를 재현할 수 있도록 고정 시드를 설정한다.
③ Boosting method	• Classification algorithm (if classification on input) : SAMME(분류 결과로 기준 추정기의 가중치를 업데이트) 또는 SAMME.R(확률 추정치로 기준 추정기의 가중치를 업데이트)를 선택할 수 있다. • Regression loss function (if regression on input) : 선형(), 제곱(), 지수()를 선택할 수 있다.

[그림 Ⅳ-28]의 워크플로우는 분류를 위해 Iris 데이터 세트를 불러와서 AdaBoost, 트리 및 로지스틱 회귀 분석을 사용하고 테스트 및 점수에서 모델의 성능을 평가한다.

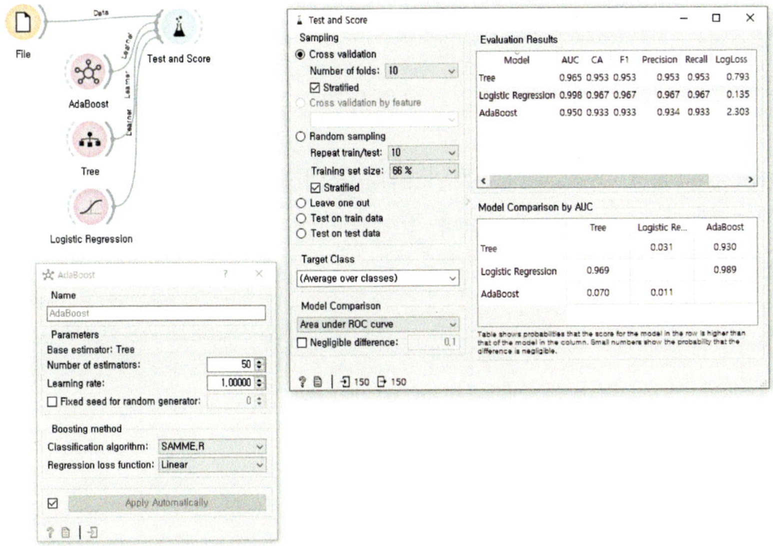

[그림 Ⅳ-28] AdaBoost 예제1

[그림 Ⅳ-29]의 워크플로우는 회귀 분석을 위해 Housing 데이터 세트를 로드하고 데이터 인스턴스를 두 가지 다른 모델(AdaBoost 및 트리)로 전송한 후 예측 위젯으로 출력한다.

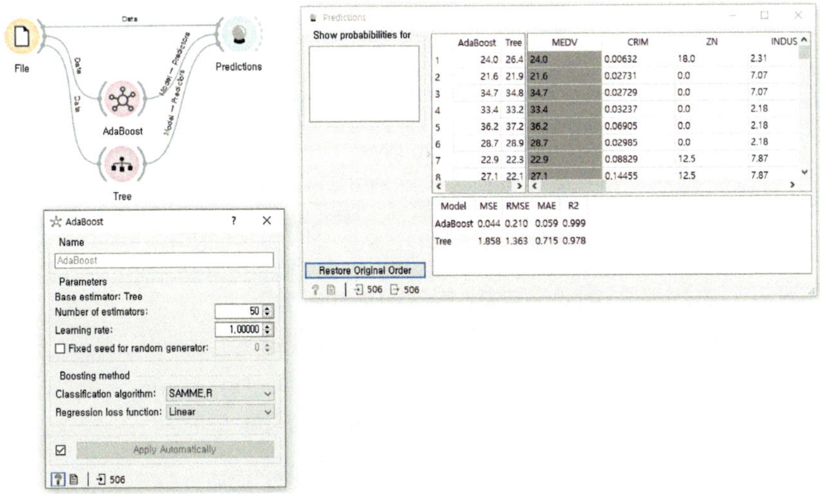

[그림 Ⅳ-29] AdaBoost 예제2

12 Neural Network

위젯	설명	입력	출력
Neural Network	역전파를 사용하는 MLP(다층 퍼셉트론) 신경망 알고리즘이다.	Data	Preprocessor Learner, Model

Neural Network 위젯은 선형뿐만 아니라 비선형 모델을 학습할 수 있는 sklearn의 다층 퍼셉트론 알고리즘을 사용한다. [표 Ⅳ-10]에서 Neural Network 위젯 창과 관련된 세부 설명을 참고한다.

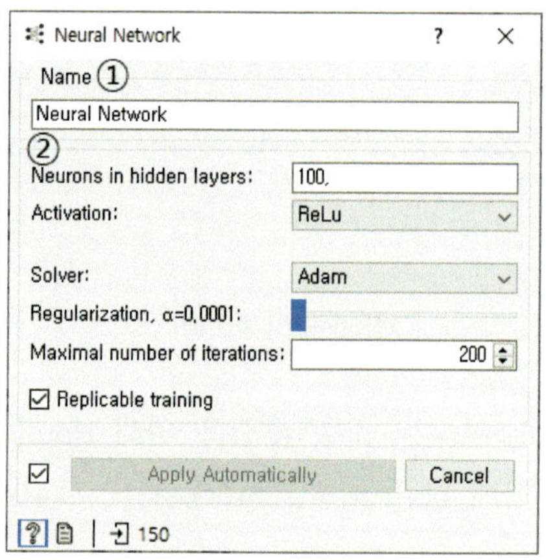

[그림 Ⅳ-30] Neural Network 위젯 창

[표 Ⅳ-10] Neural Network 위젯 창 세부 설명

① Name	다른 위젯에 표시할 이름으로 기본 이름은 Neural Network이다.
② Parameters	• Neurons per hidden layer : i번째 요소로 정의되는 뉴런은 i번째 숨겨진 층에 있는 뉴런의 수를 나타낸다. 예를 들어, 3개의 레이어를 가진 신경망은 2, 3, 2로 정의될 수 있다. • Activation : 활성화 함수를 선택할 수 있다. Identity–무중단 활성화, 선형 병목 현상을 구현하는 데 유용 Logistic–로지스틱 시그모이드 함수 tanh–쌍곡선 함수 ReLu–정규화된 선형 함수 • Solver : 가중치 최적화 도구를 선택할 수 있다. L-BFGS-B–준뉴턴 방법군의 최적화 도구 SGD–확률적 경사 하강 Adam–확률적 경사도 기반 최적화 도구 • Maximum number of iterations(최대 반복 횟수) * 다른 매개 변수는 sklearn의 기본값으로 설정된다.

[그림 Ⅳ-31]의 워크플로우는 Iris 데이터 세트에 대한 분류 작업이다. 신경망의 결과를 로지스틱 회귀 분석과 비교한다.

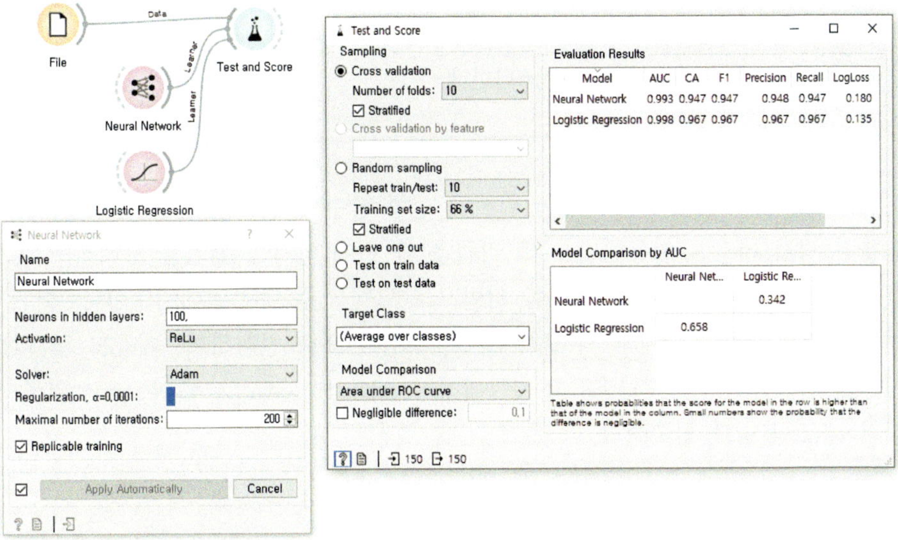

[그림 Ⅳ-31] Neural Network 예제1

[그림 Ⅳ-32]의 워크플로우는 Iris 데이터를 계속 사용하는 예측 작업이다. 이 워크플로우는 학습자 출력 사용 방법을 보여준다. 신경망 예측 모델을 예측에 입력하고 예측값을 관찰한다.

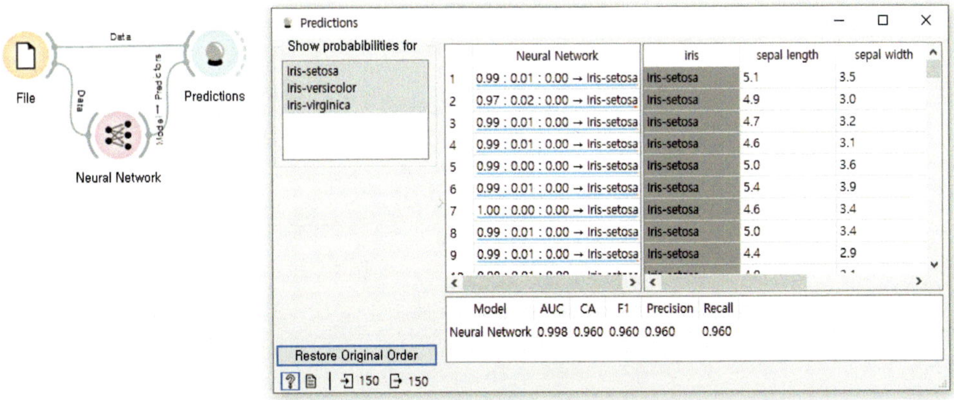

[그림 Ⅳ-32] Neural Network 예제2

13 Stochastic Gradient Descent

위젯	설명	입력	출력
Stochastic Gradient Descent	경사 하강에 대한 확률적 근사치를 사용하여 목적 함수를 최소화한다.	Data	Preprocessor Learner, Model, Coefficients

Stochastic Gradient Descent 위젯은 선형 함수로 선택된 손실 함수를 최소화하는 확률적 경사 하강을 사용한다. 알고리즘은 한 번에 하나의 샘플을 고려하여 실제 경사를 근사화하고 손실 함수의 경사를 기반으로 모델을 동시에 업데이트한다. 회귀 분석의 경우, 예측 변수를 합계의 최소값(예: M-추정자)으로 반환하며, 대규모 및 희소 데이터 세트에 특히 유용하다. [표 Ⅳ-11]에서 Stochastic Gradient Descent 위젯 창과 관련된 세부 설명을 참고한다.

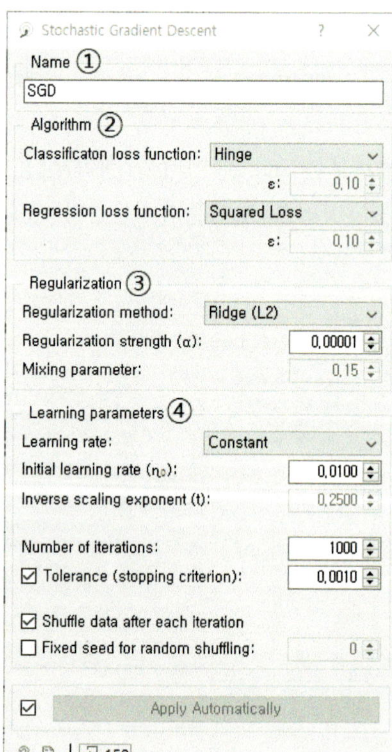

[그림 Ⅳ-33] Stochastic Gradient Descent 위젯 창

[표 Ⅳ-11] Stochastic Gradient Descent 위젯 창 세부 설명

① Name	다른 위젯에 표시할 이름으로 기본 이름은 SDG이다.
② Algorithm	Classification loss function(분류 손실 함수)를 선택할 수 있다. • Hinge–선형 SVM • Logistic Regression–로지스틱 회귀 분석 SGD • Modified Huber–확률 추정치뿐만 아니라 특이치에 대한 공차를 가져오는 부드러운 손실 • Squared Hinge–사분법적으로 벌점이 있는 힌지 • Perceptron–퍼셉트론 알고리즘에서 사용하는 선형 손실 • Squared Loss–일반 최소 제곱에 적합 • Huber–ε 을 초과하는 선형 손실로 전환 • Epsilon insensitive–ε 내 오류 무시한 선형 손실 • Squared epsilon insensitive–손실은 ε –영역을 초과하여 제곱 Regression loss function(회귀 손실 함수)를 선택할 수 있다. • Squared Loss–일반 최소 제곱에 적합 • Huber–ε 을 초과하는 선형 손실로 전환 • Epsilon insensitive–ε 내 오류 무시한 선형 손실 • Squared epsilon insensitive–손실은 ε –영역을 초과하여 제곱
③ Regularization	과적합 방지를 위한 정규화 표준을 선택할 수 있다. • None–정규화 하지 않음 • Lasso(L1)–L1이 희소 솔루션을 유도함 • Ridge(L2)–L2, 표준 정규화기 • Elastic net–L1, L2 규범을 혼합 정규화 강도는 정규화가 얼마나 적용될지(정규화를 덜 할수록 모델이 데이터에 더 많이 적합하도록 허용)와 혼합 매개 변수를 정의하며, L1과 L2 손실 사이의 비율이 어떻게 되는지(0으로 설정하면 손실이 L2이고, 1로 설정하면 L1이다)를 정의한다.
④ Learning parameters	Learning rate(학습 매개 변수)를 선택할 수 있다. • Constant–모든 에포크(합격)를 통해 학습 속도가 동일하게 유지됨 • Optimal–Leon Bottou가 제안한 휴리스틱 • Inverse scaling–학습 속도는 반복 횟수와 반비례 Initial learning rate : 초기 학습 속도 Inverse scaling exponent : 학습 속도 감소 Number of iterations : 훈련 데이터를 통과하는 횟수 Shuffle data after each iteration : 반복 후 데이터 인스턴스 순서가 섞임 Fixed seed for random shuffling : 고정 랜덤 시드를 사용하고 결과를 복제할 수 있음

[그림 Ⅳ-34]의 워크플로우는 분류 작업을 위해 Iris 데이터 세트를 사용하고 그 위에서 두 가지 모델을 테스트한다. 확률적 경사 하강과 트리를 테스트 및 점수에 연결한다. 또한 파일 위젯을 테스트 및 점수 위젯에 연결하고 모델 성능을 관찰한다.

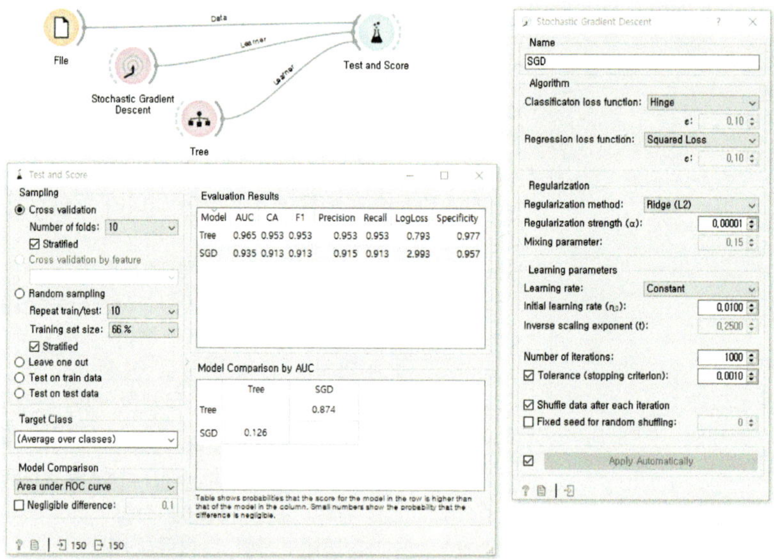

[그림 Ⅳ-34] Stochastic Gradient Descent 예제1

[그림 Ⅳ-35]의 워크플로우에서는 회귀 작업으로 세 가지 다른 모형을 비교하여 어떤 결과가 나올지 예측한다. 이 예제에서는 Housing 데이터 세트를 사용한다. 파일 위젯을 확률적 경사 하강, 선형 회귀 및 kNN 위젯에 연결하고 네 가지 모두를 예측 위젯에 연결한다.

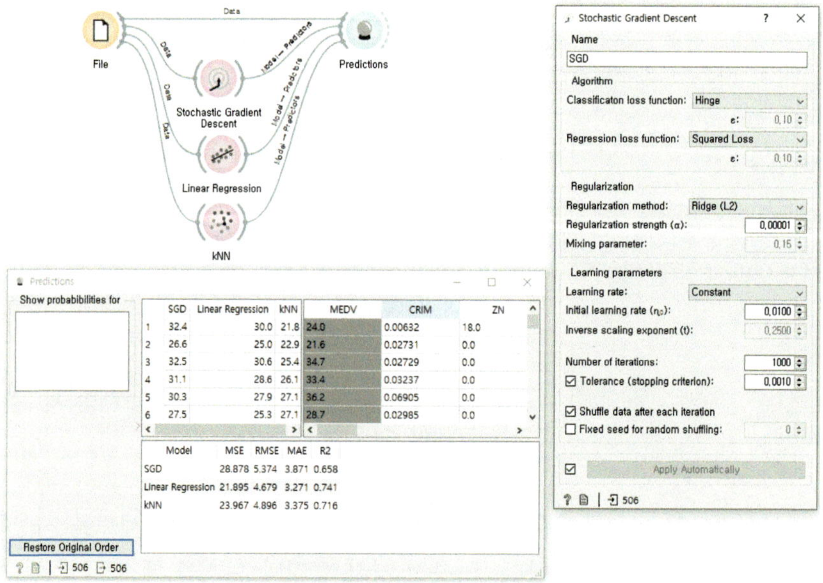

[그림 Ⅳ-35] Stochastic Gradient Descent 예제2

14 Stacking

위젯	설명	입력	출력
 Stacking	여러 예측 모형을 쌓을 수 있다.	Data	Preprocessor, Learner, Aggregate Learner, Model

Stacking은 여러 기본 모델에서 메타 모델을 계산하는 앙상블 방법이다. Stacking 위젯에는 입력 모델을 집계하는 방법을 제공하는 집계 입력이 있다. 집계 입력이 제공되지 않는 경우 기본 방법이 사용된다. 분류에 대한 로지스틱 회귀 분석 및 회귀 문제에 대한 능선 회귀 분석이다.

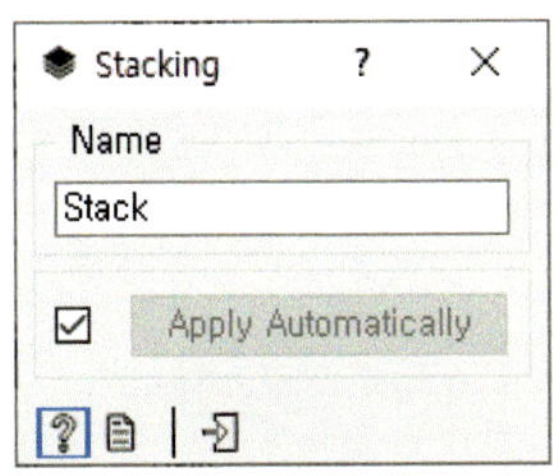

[그림 Ⅳ-36] Stacking 위젯 창

[그림 Ⅳ-37]의 워크플로우는 그림판 데이터를 사용하여 위젯의 사용 방법을 시연한다. 4개의 클래스 레이블이 있는 복잡한 데이터 세트를 만들어 테스트 및 점수 위젯으로 보낸다. 또한 각각 다른 매개 변수를 가진 3개의 kNN 학습자를 제공한다(주변인원은 5, 10 또는 15). 더 좋은 결과를 위해 Stacking을 사용해본다. Stacking 위젯은 입력 및 집계 방법에 대한 여러 학습자가 필요하다. 이 경우에는 로지스틱 회귀 분석을 활용한다. 그런 다음 구성된 메타 학습자가 Test & Score로 전송된다. 결과는 kNN 10, 15보다는 좋아졌지만 KNN 5에 약간 못 미치게 나왔다. Stacking은 일반적으로 복잡한 데이터 세트에서 잘 작동한다.

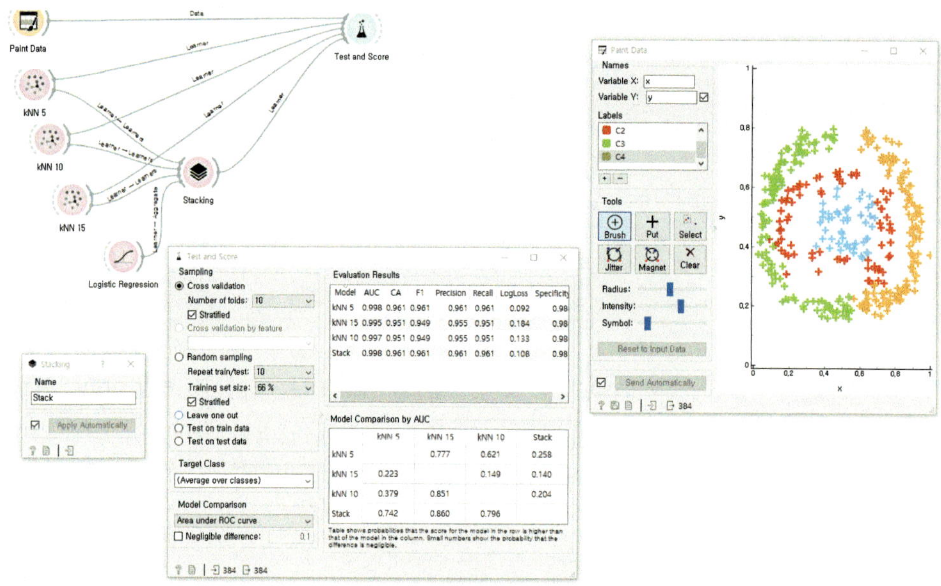

[그림 Ⅳ-37] Stacking 예제

15 Save Model

위젯	설명	입력	출력
Save Model	훈련된 모델을 출력 파일에 저장한다.	Model	X

파일이 워크플로우와 동일한 디렉터리 또는 해당 디렉터리의 하위 트리에 저장된 경우 위젯은 상대 경로를 기억한다. 그렇지 않으면 절대 경로를 저장하지만 보안상의 이유로 자동 저장을 사용하지 않는다.

16 Load Model

위젯	설명	입력	출력
 Load Model	입력 파일에서 모델을 불러온다.	X	Model

입력 파일에서 모델을 불러온다.

2. 비지도학습

1 Distance File

위젯	설명	입력	출력
 Distance File	기존의 거리 파일을 불러온다.	X	Distances

Distance File 위젯은 기존의 Distance 파일을 가져온다.

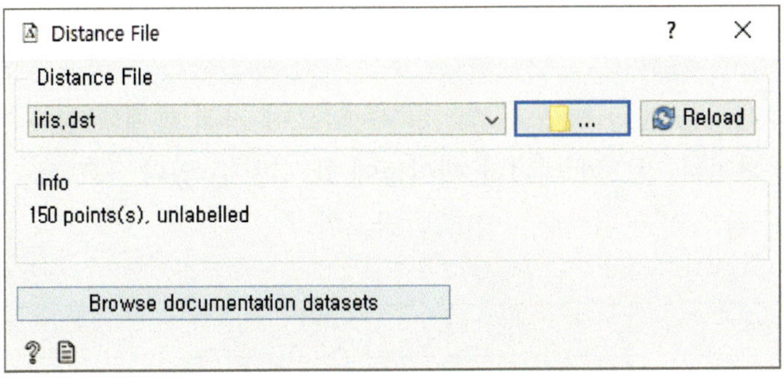

[그림 Ⅳ-38] Distance File 위젯 창

2 Distance Matrix

위젯	설명	입력	출력
 Distance Matrix	거리 행렬을 표시한다.	Distances	Distances, Selected Data

Distance Matrix 위젯은 [그림 Ⅳ-39]와 같이 거리 행렬을 만든다. 거리 행렬은 집합 요소 간에 쌍으로 이동한 거리를 포함하는 2차원 배열이다. 데이터 세트의 요소 수는 행렬의 크기를 정의한다. 데이터 행렬은 계층적 군집화에 필수적이며, 그것들은 좌표 독립적인 방식으로 단백질 구조를 나타내는 데 사용되는 생물 정보학에서도 매우 유용하다. Distance Matrix 행렬에 적합한 입력은 거리 Distances 위젯과 Distance Transformation 위젯이다. 위젯의 출력은 거리 행렬을 포함하는 데이터 테이블이다. 사용자는 표 레이블 지정 방법을 결정할 수 있으며 거리 행렬(또는 거리 행렬의 인스턴스)을 시각화하거나 별도의 데이터 테이블에 표시할 수 있다. [표 Ⅳ-12]에서 Distance Matrix 위젯 창과 관련된 세부 설명을 참고한다.

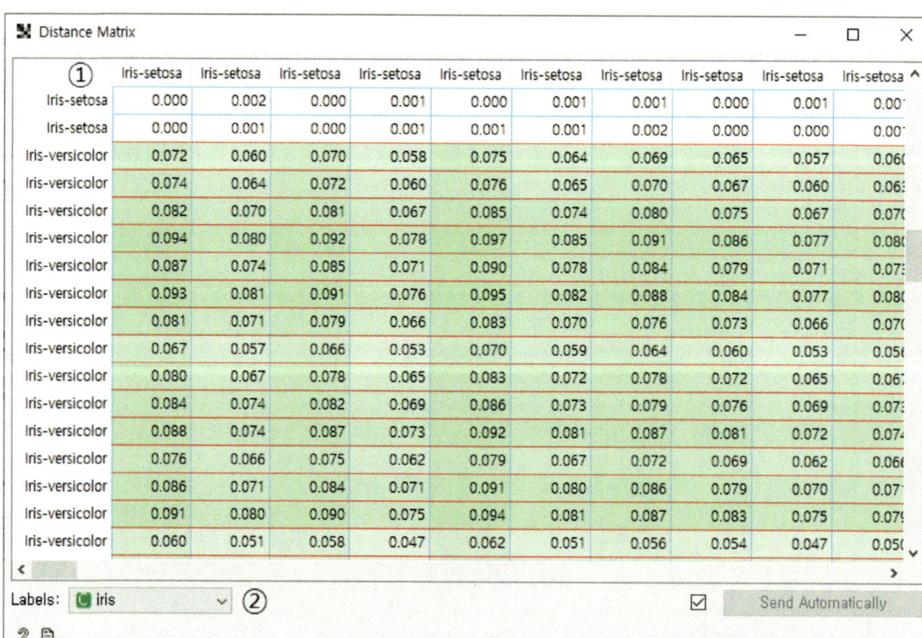

[그림 Ⅳ-39] Distance Matrix 위젯 창

[표 Ⅳ-12] Distance Matrix 위젯 창 세부 설명

① Elements	데이터 세트의 요소와 요소 사이의 거리이다.
② Label	테이블에 레이블을 붙인다. 옵션은 변수에 따라 none 또는 열거형으로 제시된다.

[그림 Ⅳ-40]의 워크플로우는 거리 매트릭스 위젯의 매우 표준적인 사용을 보여준다. Iris 데이터 세트에서 샘플의 행 간 거리를 계산하고 거리 매트릭스로 출력한다. Iris-버지니카와 Iris-세토사가 가장 멀리 떨어져 있다는 것은 놀라운 일이 아니다.

[그림 Ⅳ-40] Distance Matrix 예제

3 t-SNE(t-Stochastic Neighbor Embedding)

위젯	설명	입력	출력
t-SNE	t-SNE를 사용한 2차원 데이터 투영을 나타낸다.	Data	Data Subset Selected Data, Data

t-SNE 위젯은 [그림 Ⅳ-41]과 같이 t-분산 확률적 인접 임베딩 방법을 사용하여 데이터를 표시한다. t-SNE는 MDS와 유사한 차원 축소 기법이며, 여기서 점은 확률 분포에 의해 2D 공간에 맵핑된다. [표 Ⅳ-13]에서 t-SNE 위젯 창과 관련된 세부 설명을 참고한다.

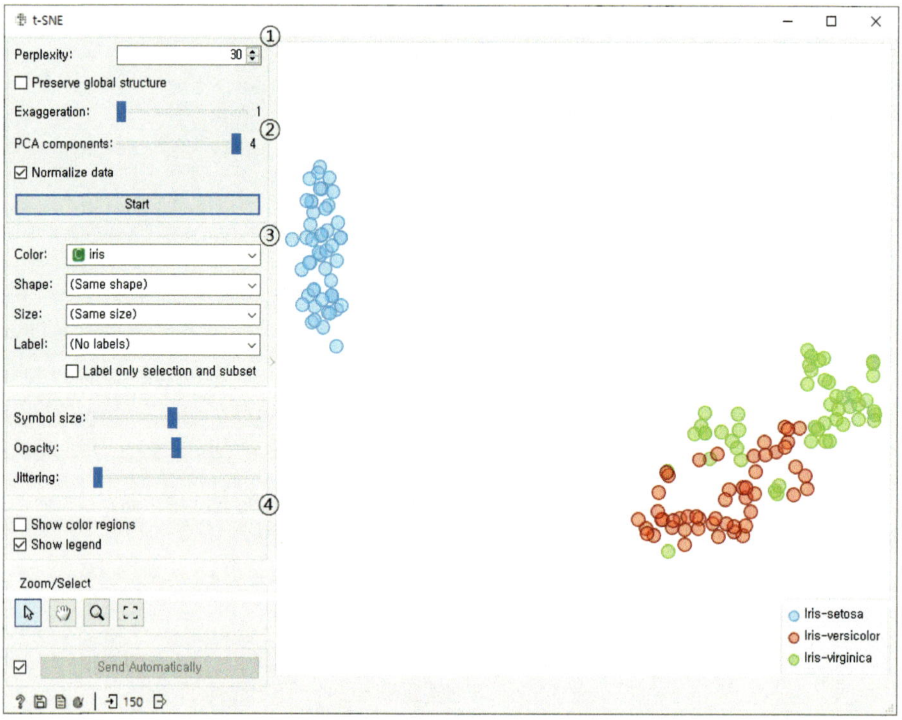

[그림 Ⅳ-41] t-SNE 위젯 창

[표 Ⅳ-13] t-SNE 위젯 창 세부 설명

① t-SNE	복잡성의 측도 개수이다. Start를 눌러 최적화를 실행한다.
② PCA Preprocessing	투영에 사용되는 PCA 구성 요소 수를 선택한다.
③ Points	표시된 점의 색상을 설정한다. 이산형 값에 대한 색상과 연속형 그레이 스케일 포인트를 얻을 수 있다. 모양, 크기 및 레이블을 설정하여 점을 구분한다. 모든 데이터 점에 대한 기호 크기 및 불투명도를 설정한다 데이터 점을 랜덤하게 분산하도록 지터링을 설정한다.
④ Plot Properties	플롯 속성을 조정한다. 범례를 표시하거나 클래스별 구분되는 지역을 색깔로 표시할 수 있다.

[그림 Ⅳ-42]의 워크플로우는 단일 세포 데이터 세트 위젯을 사용하여 골수 단핵 세포를 AML(샘플) 데이터로 로드한다. 그런 다음 k-평균을 통해 전달하고 실루엣 점수에서 2개의 클러스터를 선택한다. 여기에 두 개의 구별되는 군집을 확인한 후 이 세포에서 어떻게 하위 집단을 찾을 수 있을까? 생물정보학의 Marker Genes 위젯을 불러와 목록에서 자연 킬러 세포를 선택한다(NK cells). 마커 및 k-평균 결과를 스코어 셀 위젯에 전달하고 geneName을 선택하여 마커와 유전자를 일치시킨다. 마지막으로 t-SNE를 추가하여 결과를 시각화한다. t-SNE에서 점수 속성을 사용하여 점을 색칠하고 크기를 설정한다. 그 결과 킬러 세포들이 잘 뭉쳐져 있고 t-SNE이 실제로 하위 집단을 발견했다는 것을 알 수 있다.

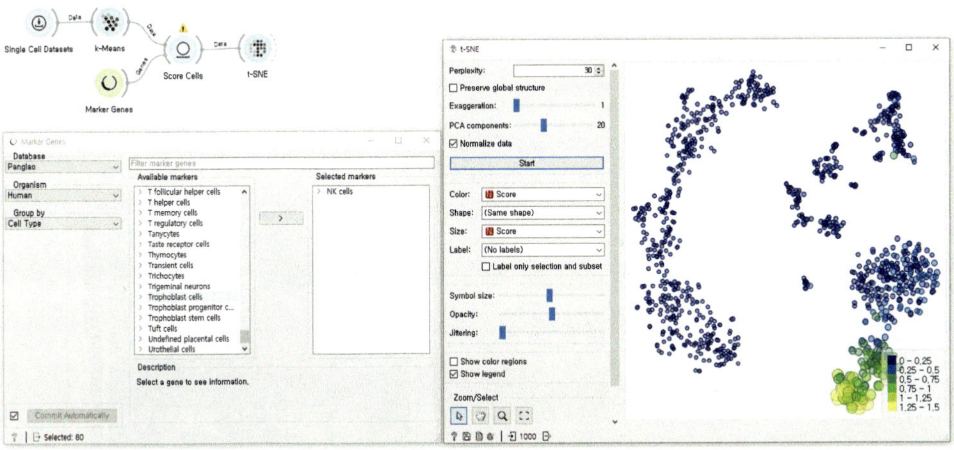

[그림 Ⅳ-42] t-SNE 예제

4 Distance Map

위젯	설명	입력	출력
Distance Map	거리 행렬을 시각화한다.	Distances	Selected Data, Data, Features

Distance Map 위젯은 [그림 Ⅳ-43]과 같이 objects들 사이의 거리를 시각화한다. 시각화는 숫자 표를 출력할 때와 동일하다. 거리는 인스턴스("Distances 위젯의 rows") 또는 속성("Distances 위젯의 columns") 사이의 거리이다. 이 위젯에 적합한 입력은 Distances 위젯이다. 출력의 경우 사용자는 맵의 영역을 선택할 수 있으며 위젯은 해당 인스턴스 또는 속성을 출력한다. 또한 Distances 위젯은 이산형 값을 무시하고 연속형 데이터에 대해서만 거리를 계산하므로 먼저 계속하는 경우에만 이산형 데이터에 대한 거리 맵을 표시할 수 있다. 일반적으로 색상 팔레트는 행렬에 나타나는 전체 거리 범위를 시각화하는 데 사용된다. 이 값은 낮음 및 높음 임계값을 설정하여 변경할 수 있다. 이러한 방식으로 이 구간을 벗어나는 거리의 차이를 무시하고 분포의 흥미로운 부분을 시각화한다. 사용자는 일반적인 커서 클릭 및 드래그로 지도에서 영역을 선택할 수 있다. 맵의 일부를 선택하면 위젯이 선택한 셀에서 모든 항목을 출력한다. [표 Ⅳ-14]에서 Distance Map 위젯 창과 관련된 세부 설명을 참고한다.

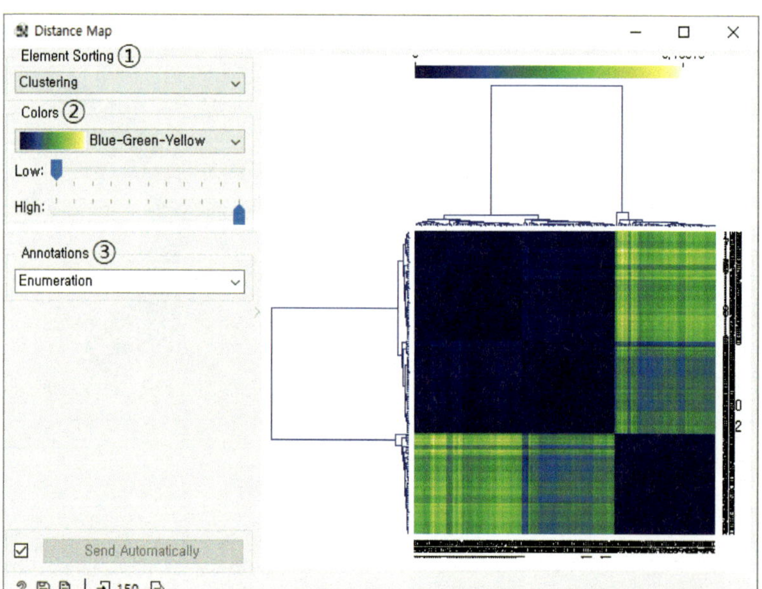

[그림 Ⅳ-43] Distance Map 위젯 창

[표 Ⅳ-14] Distance Map 위젯 창 세부 설명

① Element Sorting	정렬 요소로 다음의 3가지 중에 선택할 수 있다. None(데이터셋에서 발견된 인스턴스 나열) Clustering(유사성별 클러스터 데이터) Clustering with ordered leaves(인접 요소의 유사성 합계를 최대화)
② Colors	Colors(거리 지도의 색상 팔레트 선택) Low and High(색상 팔레트의 임계값으로 낮은 거리의 인스턴스 또는 속성의 경우 낮음, 높은 거리의 인스턴스 또는 속성의 경우 높음)
③ Annotations	주석을 선택할 수 있다.

[그림 Ⅳ-44]의 워크플로우는 거리 지도 위젯의 매우 표준적인 사용을 보여준다. 원본 Iris 데이터의 70%를 샘플로 선택하고 거리 맵에서 행 사이의 거리를 본다.

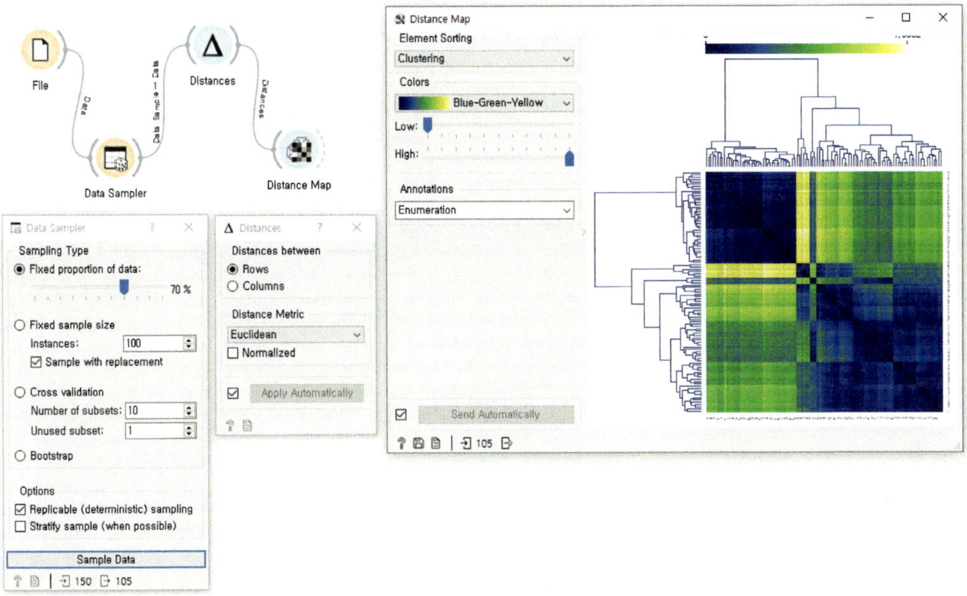

[그림 Ⅳ-44] Distance Map 예제1

[그림 Ⅳ-45]의 워크플로우는 Heart-disease 데이터를 사용하여 데이터 테이블에서 여성의 부분 집합을 선택한다. 그런 다음 거리 맵에서 열 사이의 거리를 시각화한다.

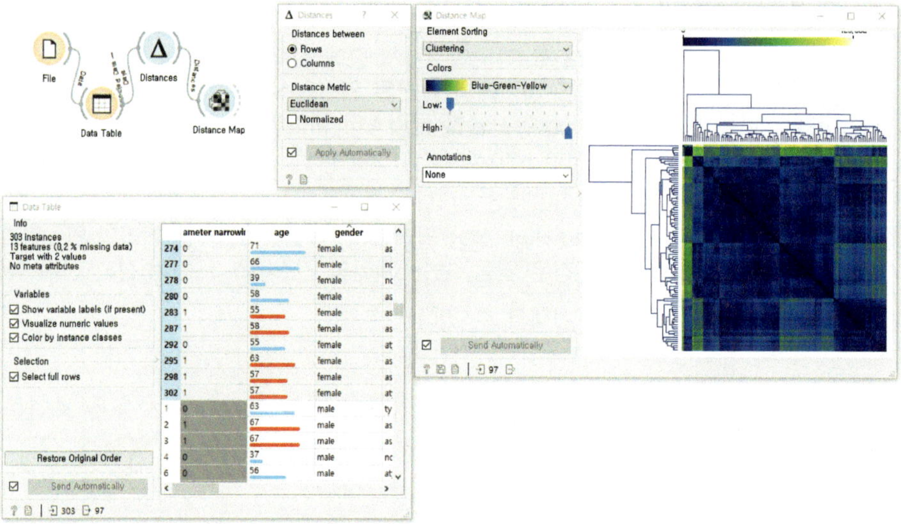

[그림 Ⅳ-45] Distance Map 예제2

5 Hierarchical Clustering

위젯	설명	입력	출력
Hierarchical Clustering	입력된 거리 행렬에서 생성된 계층적 군집화의 덴드로그램을 표시한다.	Distances	Selected Data, Data

Hierarchical Clustering 위젯은 [그림 Ⅳ-46]과 같이 거리 행렬에서 임의의 개체 유형의 계층적 클러스터링을 계산하고 해당 덴드로그램을 표시한다. [표 Ⅳ-15]에서 Hierarchical Clustering 위젯 창과 관련된 세부 설명을 참고한다.

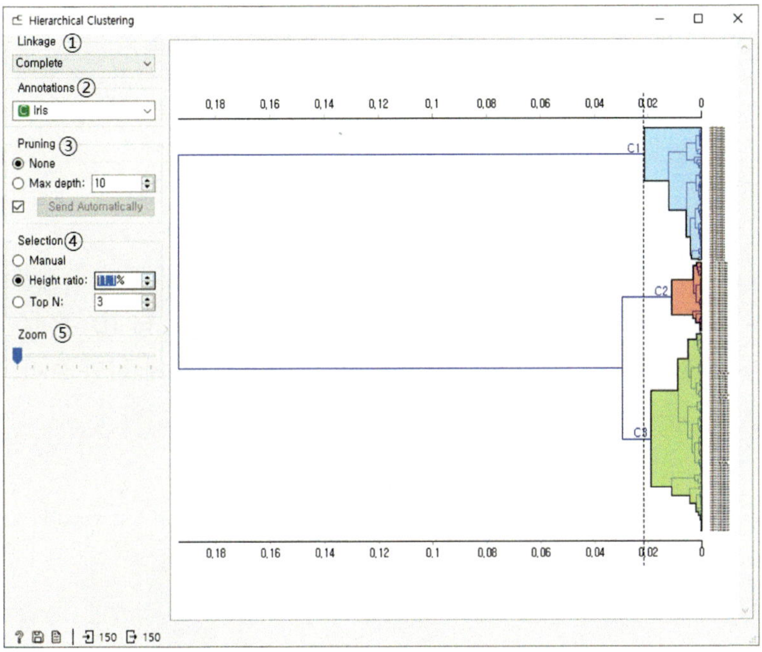

[그림 Ⅳ-46] Hierarchical Clustering 위젯 창

[표 Ⅳ-15] Hierarchical Clustering 위젯 창 세부 설명

① Linkage	클러스터 간 거리를 측정하는 네 가지 방법을 지원한다. • Single : 두 군집의 가장 가까운 요소 사이의 거리를 계산한다. • Average : 두 군집의 요소 사이의 평균 거리를 계산한다. • Weighted : WPGMA 방법을 사용한다. • Complete : 군집의 가장 먼 요소 사이의 거리를 계산한다. • Ward : 두 군집 간의 유사성을 두 군집이 합쳐졌을 때의 오차 제곱합(ESS)의 증가분에 기반해서 계산한다.
② Annotation	덴드로그램의 노드 레이블은 Annotation 박스에서 선택할 수 있다.
③ Pruning	덴드로그램의 최대 깊이를 선택하여 가지치기 상자에서 큰 덴드로그램을 제거할 수 있다. 이는 실제 클러스터링이 아니라 디스플레이에만 영향을 미친다.
④ Selection	위젯은 세 가지 선택 방법을 제공한다. • Manual : 덴드로그램 내부를 클릭하면 클러스터가 선택된다. Ctrl/Cmd를 눌러 여러 클러스터를 선택할 수 있다. 선택한 각 클러스터는 다른 색으로 표시되고 출력에서 별도의 클러스터로 처리된다. • Height ratio : 덴드로그램의 아래쪽 또는 위쪽 눈금자를 클릭하면 그래프에 절단선이 배치된다. 줄의 오른쪽에 있는 항목이 선택된다. • Top N : Top 노드 수를 선택한다.
⑤ Zoom	축소 및 스크롤을 사용하여 확대 또는 축소한다.

[그림 Ⅳ-47]의 워크플로우는 데이터 테이블 위젯의 Iris 데이터 세트에 대한 계층 클러스터링 출력을 보여준다. 계층적 클러스터링에서 클러스터 ID 추가를 선택하면 클러스터라는 데이터 테이블에서 추가 열을 볼 수 있다. 이렇게 하면 클러스터링된 개별 인스턴스를 계층적으로 클러스터링하는 방법을 확인할 수 있다.

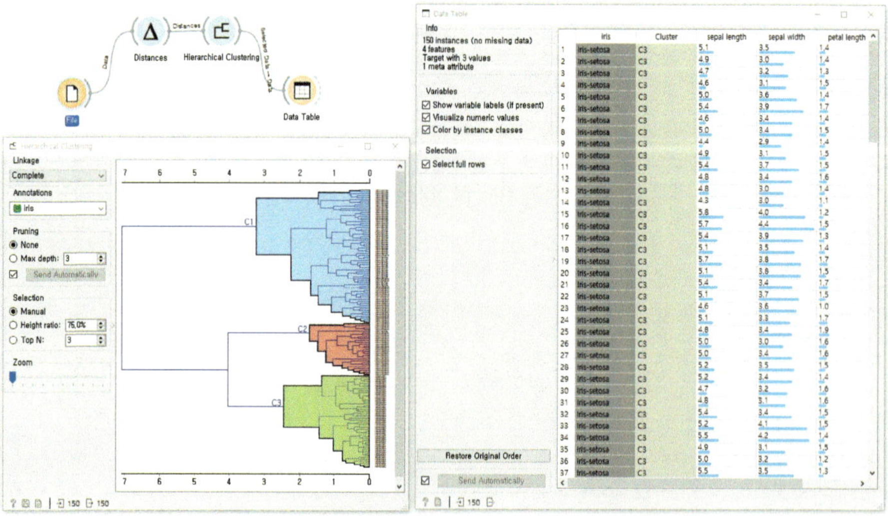

[그림 Ⅳ-47] Hierarchical Clustering 예제1

[그림 Ⅳ-48]의 워크플로우는 Iris 데이터 세트를 다시 로드했지만 이번에는 파일 위젯의 모든 인스턴스를 표시하는 동시에 계층적 클러스터링에서 선택한 인스턴스 신호를 수신하는 산점도를 추가했다. 이렇게 하면 투영에서 선택한 군집의 위치를 관찰할 수 있다.

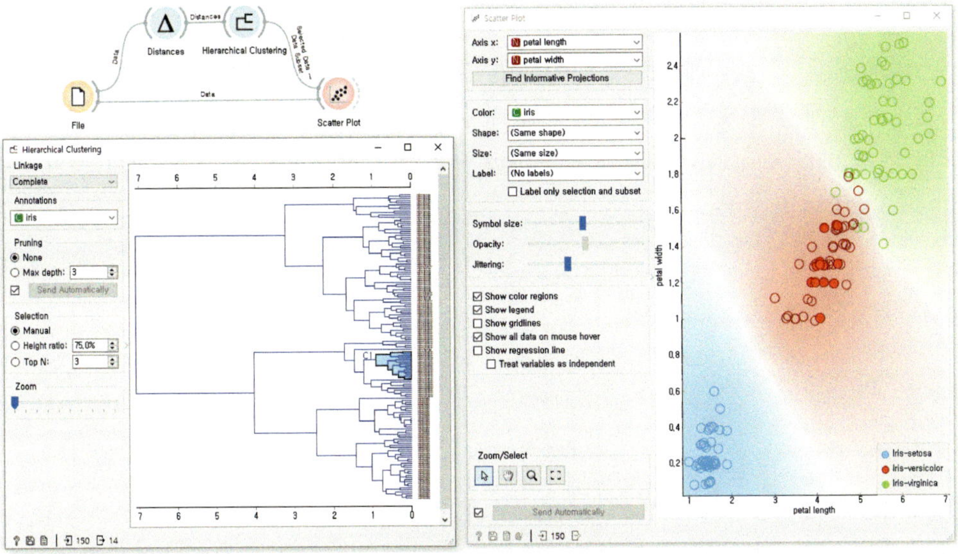

[그림 Ⅳ-48] Hierarchical Clustering 예제1

6 k-Means

위젯	설명	입력	출력
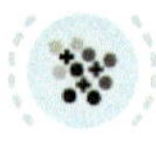 k-Means	k-평균 군집화 알고리즘을 사용하여 항목을 그룹화한다.	Data	Data, Centroids

k-Means 위젯은 데이터에 k-Means 클러스터링 알고리즘을 적용하고 클러스터 인덱스가 클래스 속성으로 사용되는 새 데이터 세트를 출력한다. 원래 클래스 속성이 있는 경우 메타 데이터 속성으로 이동한다. [표 Ⅳ-16]에서 k-Means 위젯 창과 관련된 세부 설명을 참고한다.

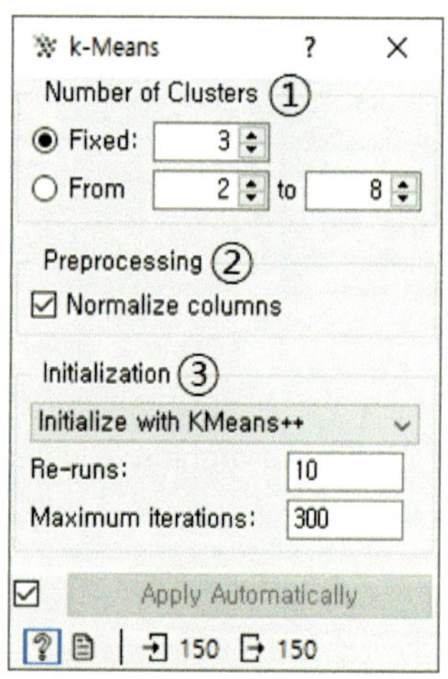

[그림 Ⅳ-49] k-Means 위젯 창

[표 Ⅳ-16] k-Means 위젯 창 세부 설명

① Number of Clusters	군집 수를 선택한다. • Fixed : 알고리즘이 지정된 수의 클러스터로 데이터를 클러스터링 한다. • From~ to~ : 선택한 클러스터 범위에 대한 클러스터링 점수를 보여준다.
② Preprocessing	열 정규화를 실시한다.

③ Initialization	초기화 방법(알고리즘이 클러스터링을 시작하는 방법)을 선택한다. • k-Means++ : 첫 번째 중심은 랜덤하게 선택되고, 그 이후는 가장 가까운 중심으로부터의 거리 제곱에 비례하는 확률로 나머지 점으로부터 선택된다. • Random initialization : 처음에는 클러스터가 랜덤으로 할당되고 이후 반복으로 업데이트된다. • Re-run : 알고리즘이 랜덤 초기 위치에서 실행되는 횟수, 클러스터 내 제곱합이 가장 낮은 결과가 사용된다. • maximal iterations : 각 알고리즘 실행 내 최대 반복 횟수를 설정한다.

[그림 Ⅳ-50]의 워크플로우는 Iris 데이터 세트를 로드하고 이를 3개의 클러스터로 나눈 후 데이터 테이블에 표시하여 어떤 인스턴스가 어떤 클러스터에 들어갔는지 관찰할 수 있다. 흥미로운 부분은 산점도 및 행 선택이다. k-평균이 군집 인덱스를 클래스 속성으로 추가했으므로 산점도는 해당 군집에 따라 점을 색칠한다. 우리가 정말로 관심 있는 것은 (비지도) 클러스터링 알고리즘에 의해 유도된 클러스터가 데이터의 실제 클래스와 얼마나 잘 일치하는지이다. 따라서 개별 클래스를 선택하고 산점도에 해당 점을 표시할 수 있는 행 선택 위젯을 사용한다. 그 결과 세토사에게는 완벽하고, 나머지 두 클래스에서도 꽤 좋은 것으로 나타났다.

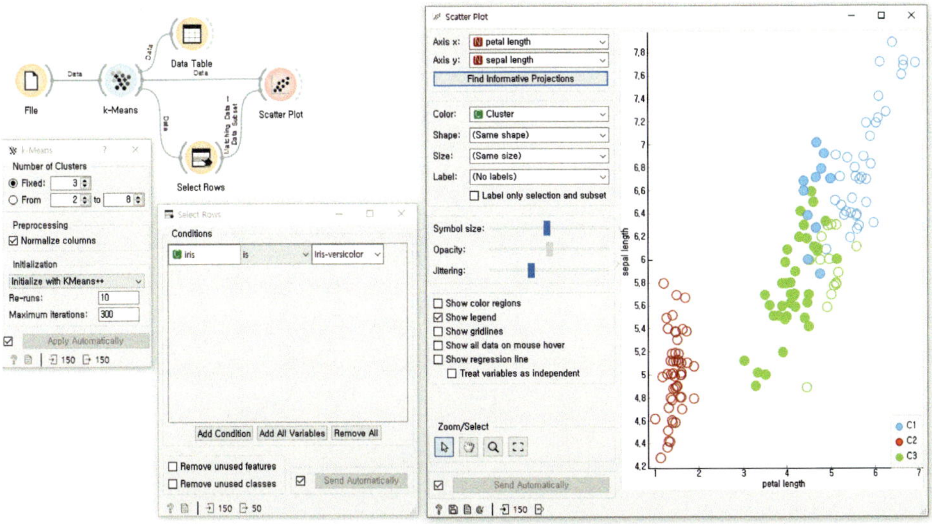

[그림 Ⅳ-50] k-Means 예제1

[그림 Ⅳ-51]의 워크플로우는 클러스터와 원래 클래스 간의 일치를 테스트하는 더 간단한 방법은 Distribution 위젯을 사용하는 것이다. 여기서 사소한 문제는 이 위젯이

일반(메타 아님) 속성만 시각화한다는 것이다. Select Columns에서 우리는 원래의 클래스 Iris를 클래스로 복원하고 속성들 사이에 클러스터 인덱스를 넣는 것으로 이것을 해결한다. 그 결과 세토사에 대해 완벽하다. 세토사의 모든 인스턴스가 세 번째 클러스터(파란색)에 있다. 48개의 베시컬러는 두 번째 클러스터(빨간색)에 있고, 두 개는 첫 번째 클러스터에 있다. 버지니카의 경우, 첫 번째 클러스터에 36개가 있고 두 번째 군 클러스터에 14개가 있다.

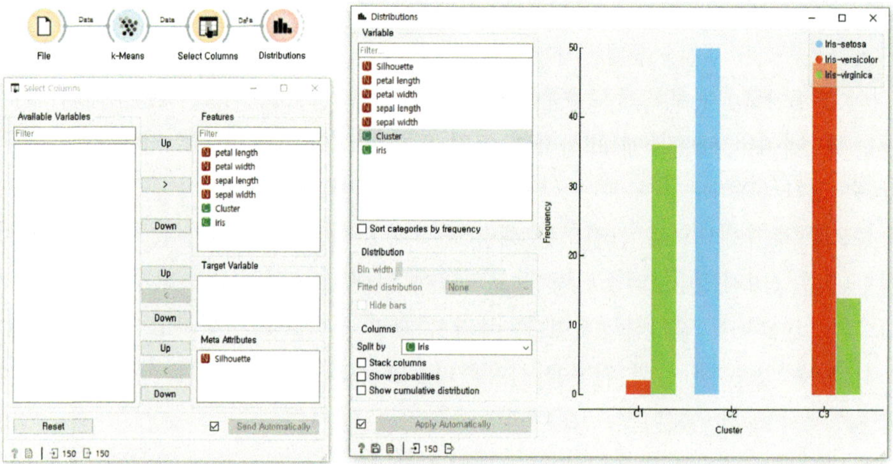

[그림 Ⅳ-51] k-Means 예제2

7 Louvain Clustering

위젯	설명	입력	출력
 Louvain Clustering	가장 가까운 인접 네트워크의 커뮤니티를 탐지한다.	Data	Data

Louvain Clustering 위젯은 입력 데이터를 k근접 이웃 그래프로 변환한다. 거리의 개념을 보존하기 위해 공유된 이웃의 수에 대한 Jaccard 인덱스를 사용하여 가장자리를 가중시킨다. 마지막으로, 모듈화 최적화 커뮤니티 탐지 알고리즘을 그래프에 적용하여 고도로 상호 연결된 노드의 클러스터를 검색한다. 위젯은 클러스터 인덱스가 메타데이터 속성으로 사용되는 새 데이터 세트를 출력한다. [표 Ⅳ-17]에서 Louvain Clustering 위젯 창과 관련된 세부 설명을 참고한다.

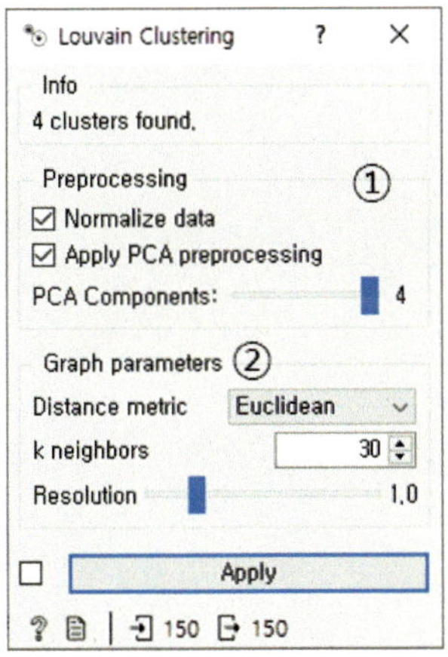

[그림 Ⅳ-52] Louvain Clustering 위젯 창

[표 Ⅳ-17] Louvain Clustering 위젯 창 세부 설명

① Preprocessing	PCA 전처리는 일반적으로 노이즈를 제거하기 위해 원래 데이터에 적용된다. 데이터를 정규화하거나 PCA 전처리를 설정할 수 있다.
② Graph parameters	• Distance metirc : 지정된 수의 가장 가까운 이웃을 찾는 데 사용된다. • k neighbors : KNN 그래프를 구성하는 데 사용할 가장 가까운 이웃의 수이다. • Resolution : 복구된 클러스터 크기에 영향을 미치는 루뱅 커뮤니티 탐지 알고리즘의 매개 변수이다. 해상도가 작을수록 복구량이 작아지므로 클러스터 수가 많을수록 값이 클수록 더 많은 데이터 지점이 포함된 클러스터를 복구할 수 있다.

[그림 Ⅳ-53]의 워크플로우는 동물원 데이터 세트를 활용하여 루뱅 클러스터링 결과를 t-SNE 위젯으로 연결하여 시각화하였다.

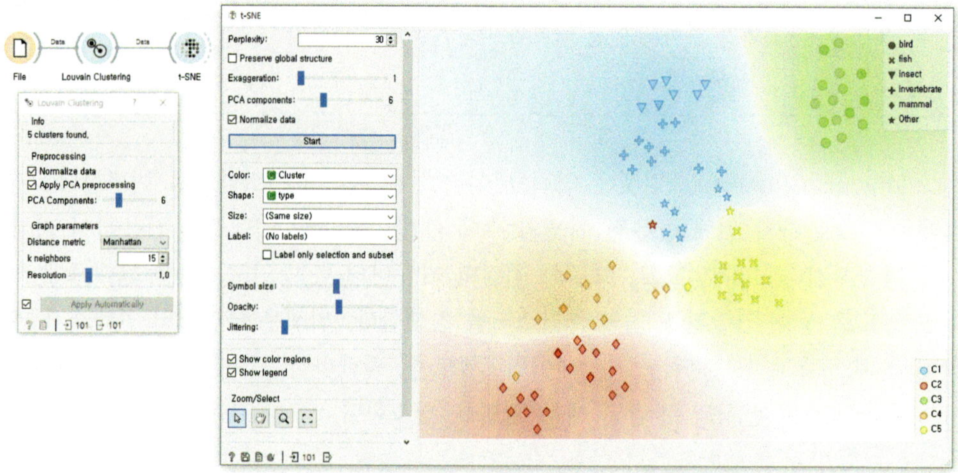

[그림 Ⅳ-53] Louvain Clustering 예제

8 DBSCAN(Density-based spatial clustering of applications with noise)

위젯	설명	입력	출력
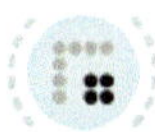 DBSCAN	DBSCAN 클러스터링 알고리즘을 사용하여 항목을 그룹화한다.	Data	Data

DBSCAN 위젯은 DBSCAN 클러스터링 알고리즘을 데이터에 적용하고 클러스터 인덱스를 메타데이터 속성으로 사용하여 새 데이터 세트를 출력한다. 또한 위젯은 k번째 가장 가까운 인접 거리가 있는 정렬된 그래프도 표시한다. k값은 Core point neighbors로 설정된다. 이를 통해 사용자는 Neighborhood 거리 설정에 이상적인 선택을 할 수 있다. [표 Ⅳ-18]에서 DBSCAN 위젯 창과 관련된 세부 설명을 참고한다.

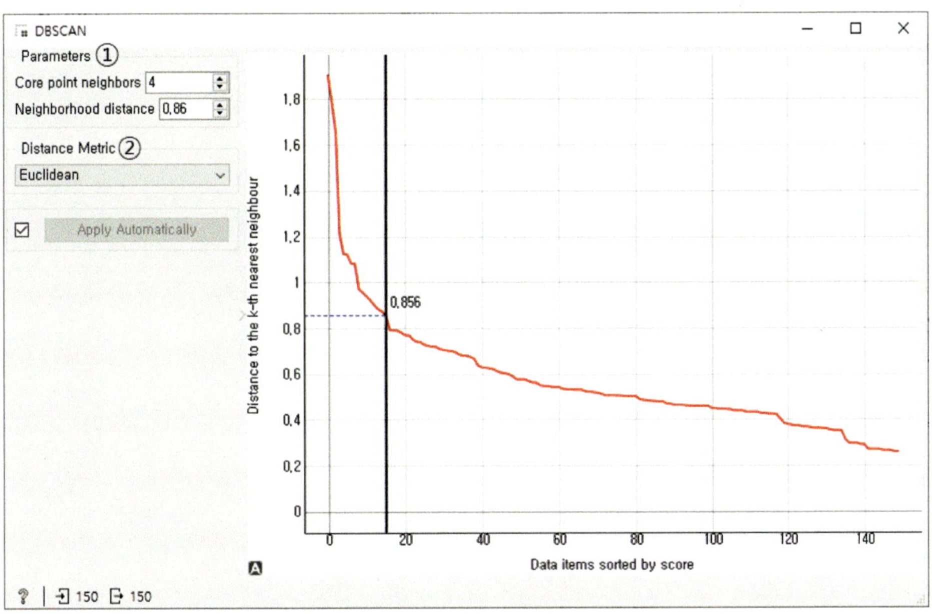

[그림 Ⅳ-54] DBSCAN 위젯 창

[표 Ⅳ-18] DBSCAN 위젯 창 세부 설명

① Parameters	클러스터에 대한 최소 코어 인접 지역 수와 최대 인접 지역 거리를 설정한다.
② Distance Metirc	항목을 그룹화하는 데 사용되는 거리 메트릭을 설정한다.

[그림 Ⅳ-55]의 워크플로우는 Iris 데이터 세트가 있는 파일 위젯을 DBSCAN 위젯에 연결한다. DBSCAN 위젯에서는 Core points nears 매개 변수를 5로 설정한다. 그래프의 첫 번째 "밸리" 값에 대한 인접 거리를 선택하고 산점도 위젯에 클러스터를 표시한다.

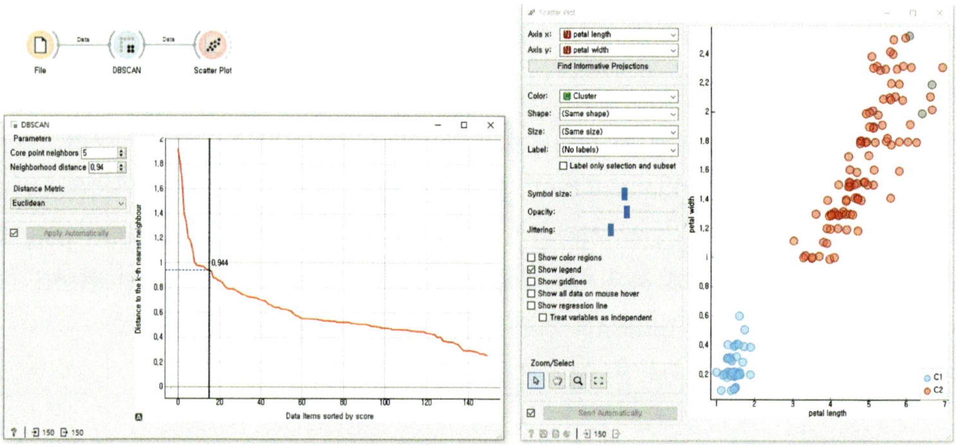

[그림 Ⅳ-55] DBSCAN 예제

9 Manifold Learning

위젯	설명	입력	출력
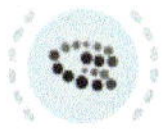 Manifold Learning	비선형 차원 감소를 수행한다.	Data	Transformed Data

Manifold Learning 위젯은 고차원 공간 내에서 비선형 매니폴드를 찾는 기술이다. 그런 다음 위젯은 2차원 공간에 해당하는 새 좌표를 출력한다. 이러한 데이터는 나중에 산점도 또는 기타 시각화 위젯을 사용하여 시각화할 수 있다. [표 Ⅳ-19]에서 Manifold Learning 위젯 창과 관련된 세부 설명을 참고한다.

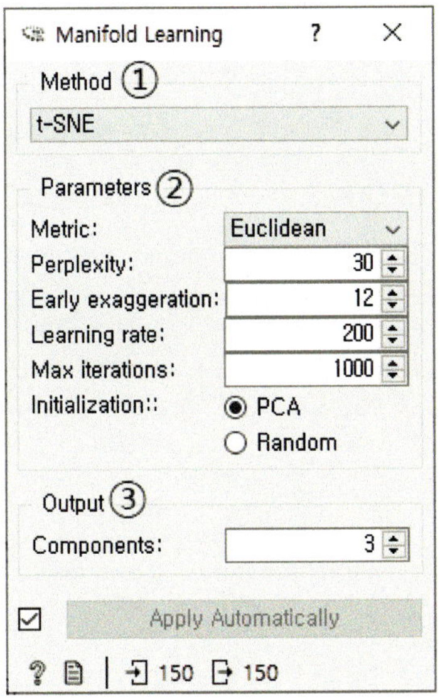

[그림 Ⅳ-56] Manifold Learning 위젯 창

[표 Ⅳ-19] Manifold Learning 위젯 창 세부 설명

① Method	t-SNE, MDS, Isomap, Locally Linear Embedding, Spectral Embedding 중에서 매니폴드 학습 방법을 설정한다.
② Parameters	매니폴드 학습 방법별 매개 변수를 설정한다.
③ Output	축소된 feature(구성 요소)의 수를 설정한다.

[그림 Ⅳ-57]의 워크플로우는 투표 데이터를 사용하여 16차원 데이터를 2D 그래프에 매핑한다. 그런 다음 산점도를 사용하여 임베딩을 표시했다.

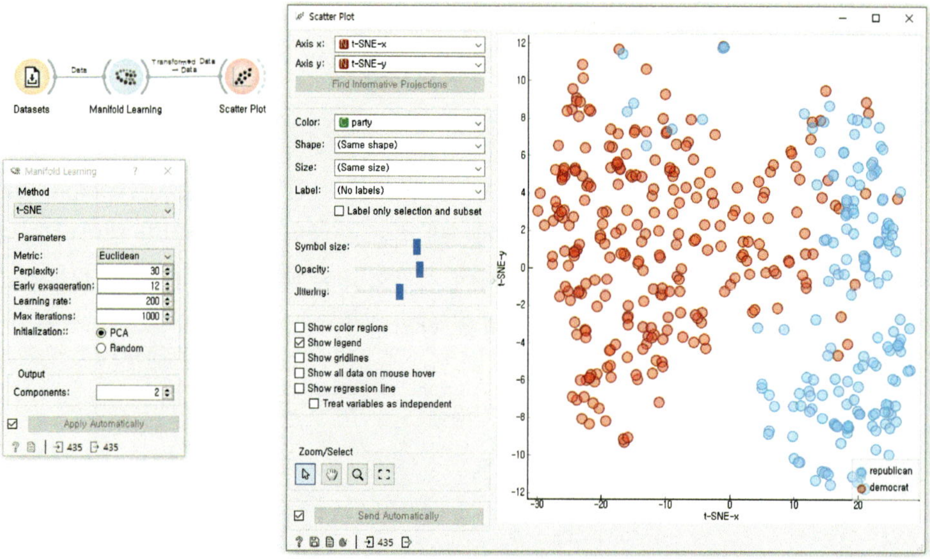

[그림 Ⅳ-57] Manifold Learning 예제

10 PCA(Principal Component Analysis)

위젯	설명	입력	출력
PCA	입력 데이터의 선형 변환을 수행한다.	Data	Transformed Data, Data, Components, PCA

PCA 위젯은 입력 데이터의 PCA 선형 변환을 계산한다. 개별 인스턴스의 가중치와 함께 변환된 데이터 세트 또는 주요 구성 요소의 가중치를 출력한다. [표 Ⅳ-20]에서 PCA 위젯 창과 관련된 세부 설명을 참고한다.

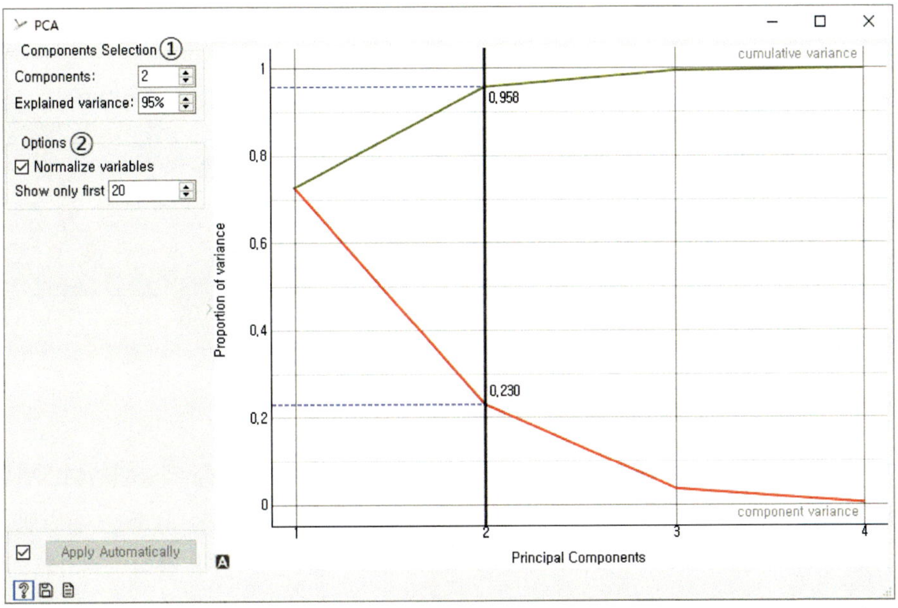

[그림 Ⅳ-58] PCA 위젯 창

[표 Ⅳ-20] PCA 위젯 창 세부 설명

① Components Selection	출력에서 원하는 주성분 수를 선택한다. 분산이 가능한 한 높게 적용된 상태에서 가능한 한 적게 선택하는 것이 가장 좋다. 주성분으로 포함할 분산의 양을 설정할 수도 있다.
② Options	데이터를 정규화하여 값을 공통 척도로 조정할 수 있다.

PCA를 사용하여 대규모 데이터 세트의 시각화를 단순화할 수 있다. [그림 Ⅳ-59]의 워크플로우는 Iris 데이터 세트를 사용하여 PCA로 데이터 세트의 시각화를 개선할 수 있는 방법을 보여준다. 산점도의 변환된 데이터는 클래스 간의 차이를 기본 설정보다 훨씬 더 명확하게 보여준다.

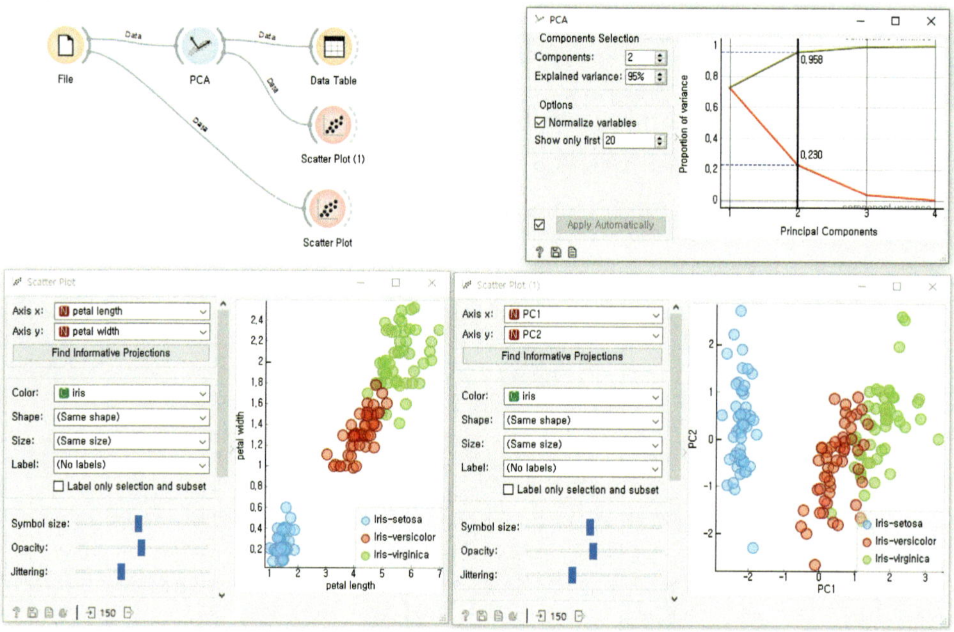

[그림 Ⅳ-59] PCA 예제1

PCA 위젯은 변환된 데이터와 주 구성 요소의 두 가지 출력을 제공한다다. 변환된 데이터는 새 좌표계의 개별 인스턴스에 대한 가중치인 반면, 구성 요소는 시스템 설명자(주요 성분에 대한 가중치)이다. [그림 Ⅳ-60]의 워크플로우와 같이 데이터 테이블에 입력되면 두 출력 모두 숫자 형식으로 표시된다. 워크플로우를 보다 깔끔하게 시각화하기 위해 두 개의 데이터 테이블을 사용했지만 하나의 데이터 테이블에 데이터를 표시하는 방식으로 링크를 편집하도록 선택할 수도 있다. 두 개의 링크를 만들고 변환된 데이터 및 구성 요소 입력을 데이터 출력에 연결하기만 하면 된다.

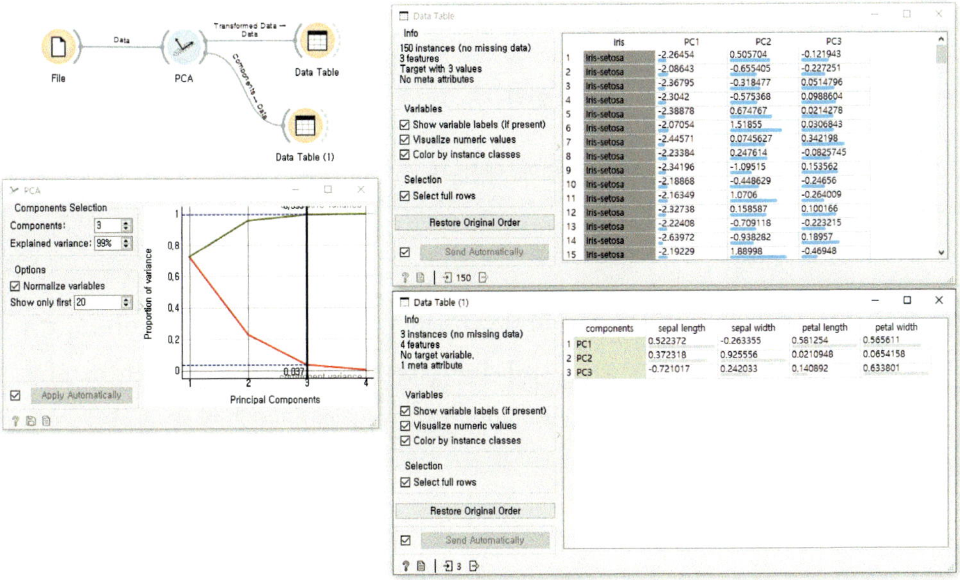

[그림 Ⅳ-60] PCA 예제2

11 Correspondence Analysis

위젯	설명	입력	출력
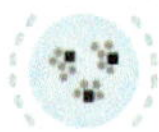 Correspondence Analysis	범주형 다변량 데이터에 대한 대응 분석을 수행한다.	Data	Coordinates

Correspondence Analysis(CA) 위젯은 [그림 Ⅳ-61]과 같이 입력 데이터의 CA 선형 변환을 계산한다. CA는 PCA와 유사하지만 연속 데이터가 아닌 이산형에서 선형 변환을 계산한다. [표 Ⅳ-21]에서 Correspondence Analysis 위젯 창과 관련된 세부 설명을 참고한다.

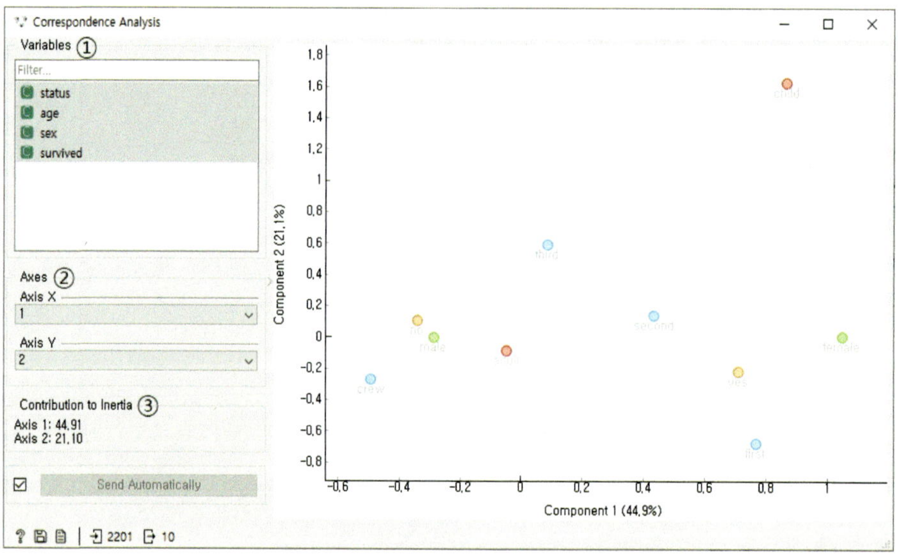

[그림 Ⅳ-61] Correspondence Analysis 위젯 창

[표 Ⅳ-21] Correspondence Analysis 위젯 창 세부 설명

① Variables	플롯을 표시할 변수를 선택한다.
② Axes	각 축의 구성요소를 선택한다..
③ Contribution to Inertia	관성 값(변환으로부터의 독립성 백분율, 즉 변수가 동일한 차원에 있음)을 설정한다.

[그림 Ⅳ-62]의 워크플로우는 타이타닉 데이터 세트의 대응 분석이다. 대응 분석은 2-D 그래프에 여러 변수를 표시할 수 있으므로 변수 값 사이의 관계를 쉽게 확인할 수

있다. 그래프에서 “사망”, “남성” 그리고 “크루”가 서로 관련이 있다는 것은 명백하다. “생존”, “여성”, “1등석”도 마찬가지이다.

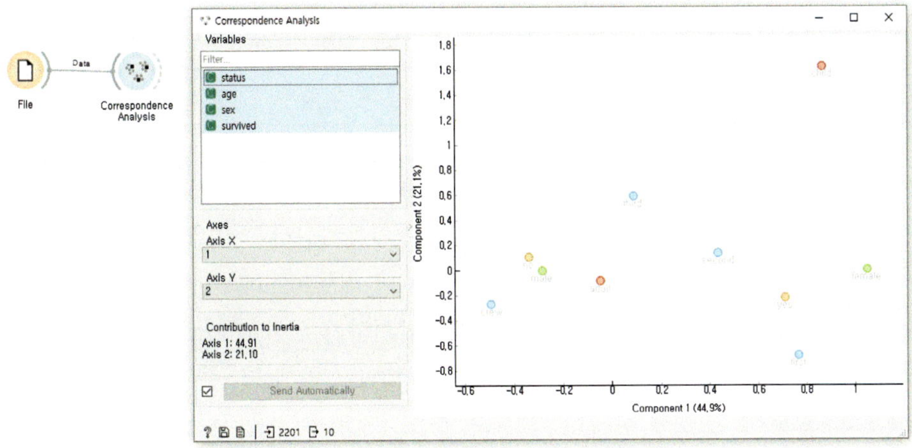

[그림 Ⅳ-62] Correspondence Analysis 예제

12 Distances

위젯	설명	입력	출력
Δ Distances	쌍별 거리 행렬을 계산한다.	Data	Distances

Distances 위젯은 데이터 세트의 행 또는 열 사이의 거리를 계산한다. 기본적으로 데이터는 개별 features를 동일하게 취급하도록 정규화된다. 정규화는 항상 열별로 수행된다. 희소 데이터는 유클리드, 맨해튼 및 코사인 메트릭스에서만 사용할 수 있다. 출력으로 나오는 거리 행렬은 데이터에서 그룹을 발견하기 위한 Hierarchical Clustering 위젯, Distance Map 위젯 또는 Distance Matrix 위젯(더 큰 데이터 세트의 경우 Distance Matrix 위젯이 상당히 느릴 수 있음), 거리 행렬을 사용하여 데이터 인스턴스를 매핑하기 위한 MDS에 추가로 공급될 수 있으며 마지막으로 Save Distance Matrix 위젯을 사용하여 저장할 수 있다. 거리 파일은 Distance File 위젯으로 불러올 수 있다. 오렌지3 추가 기능에서도 Distances 위젯이 잘 작동한다. 거리 행렬은 거리로부터 네트워크(네트워크 추가 기능)에 공급되어 행렬을 그래프로 변환하고 중복 탐지(텍스트 추가 기능)에 공급되어 말뭉치에서 중복 문서를 찾을 수 있다. [표 Ⅳ-22]에서 Distances 위젯 창과 관련된 세부 설명을 참고한다.

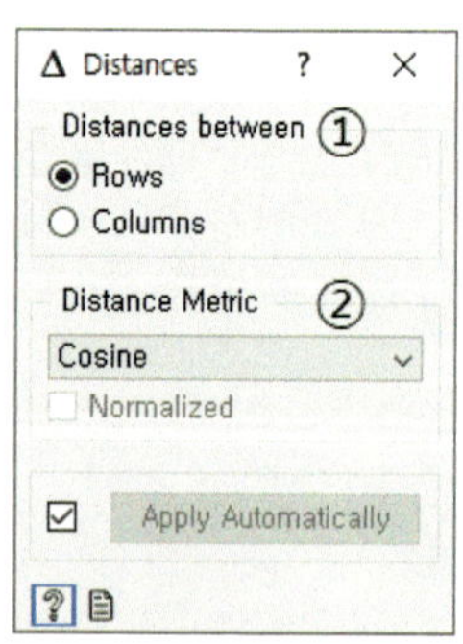

[그림 Ⅳ-63] Distances 위젯 창

[표 Ⅳ-22] Distances 위젯 창 세부 설명

① Distances between	행 사이의 거리를 측정할 것인지 또는 열 사이의 거리를 측정할 것인지 여부를 선택한다.

② Distance Metirc	거리 메트릭을 선택한다. • Euclidean : “직선”, 두 점 사이의 거리 • Manhattan : 모든 속성에 대한 절대적 차이의 합계 • Cosine : 내부 제품 공간의 두 벡터 간 각도의 코사인 • Jaccard : 교차점 크기를 표본 집합의 결합 크기로 나눈 값 • Spearman : 값 순위 간의 선형 상관 관계, [0, 1] 간격의 거리로 다시 매핑 • Spearman absolute : 절대값 순위 간의 선형 상관 관계, [0, 1] 간격의 거리로 다시 매핑 • Pearson : 값 사이의 선형 상관 관계, [0, 1] 간격의 거리로 다시 매핑됨 • Pearson absolute : 절대값 사이의 선형 상관 관계, [0, 1] 간격의 거리로 다시 매핑 • Hamming : 해당 값이 다른 features 수 • Bhattacharyya distance : 삼각 부등식을 따르지 않기 때문에 실제 거리가 아니라 두 확률 분포 사이의 유사성 • Normalized : feature를 정규화한다. 정규화는 항상 열별로 수행된다. 값이 0 중심화되어 있고 크기가 조정된다. 결측값이 있는 경우 위젯은 행 또는 열의 평균값을 자동으로 귀속시킨다. 위젯은 숫자 및 범주형 데이터 모두에 대해 작동한다. 범주형 데이터의 경우 두 값이 동일하면 거리는 0이고(‘녹색’ 및 ‘녹색’) 값이 동일하지 않으면 1이다(‘녹색’ 및 ‘청색’).

[그림 Ⅳ-64]의 워크플로우와 같이 파일 위젯의 iris.tab 데이터를 사용하여 데이터 인스턴스(행) 사이의 거리를 계산하고 결과를 계층적 클러스터링으로 전달하여 데이터 인스턴스 그룹을 찾을 수 있다.

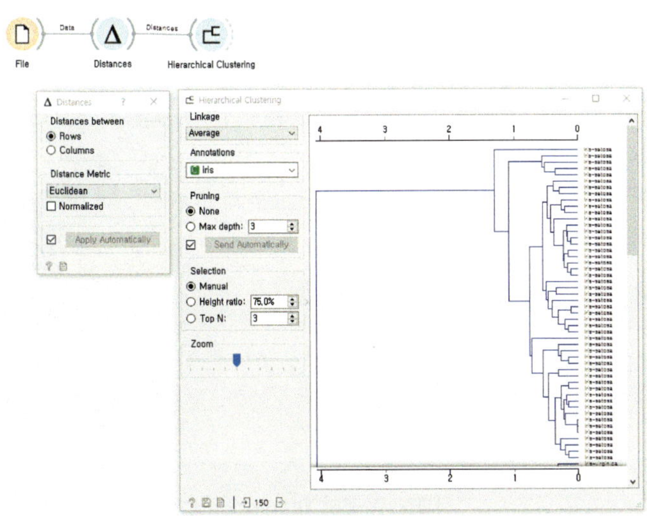

[그림 Ⅳ-64] Distances 예제1-1

또는 [그림 Ⅳ-65]와 같이 열 사이의 거리를 계산하고 feature가 얼마나 유사한지 확인할 수 있다.

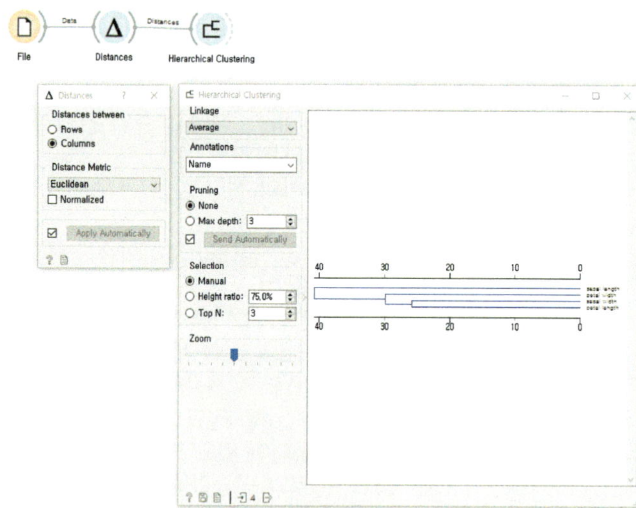

[그림 Ⅳ-65] Distances 예제1-2

[그림 Ⅳ-66]의 워크플로우는 거리의 결과 행렬을 시각화하는 방법이다. 데이터 유사성을 관찰하는 좋은 방법은 거리 지도 또는 MDS이다.

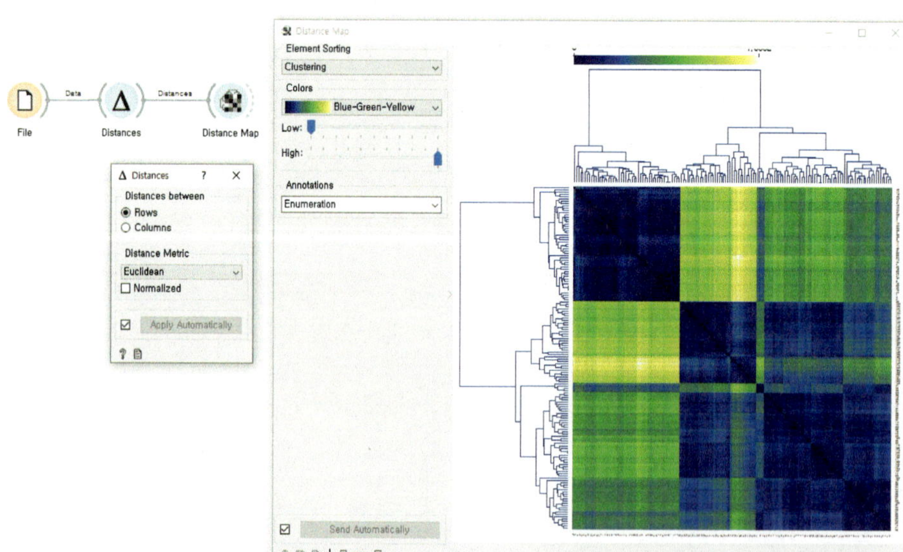

[그림 Ⅳ-66] Distances 예제2

13 Distances Transformation

위젯	설명	입력	출력
Distance Transformation	선택한 기준에 따라 거리를 변환한다.	Distances	Distances

Distances Transformation 위젯은 거리 행렬의 정규화 및 반전에 사용된다. 모든 변수가 서로 비례하도록 하려면 데이터의 정규화가 필요하다. [표 Ⅳ-23]에서 Distances Transformation 위젯 창과 관련된 세부 설명을 참고한다.

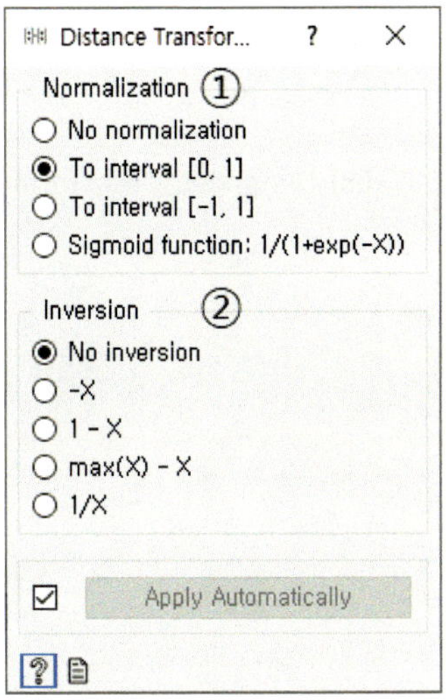

[그림 Ⅳ-67] Distances Transformation 위젯 창

[표 Ⅳ-23] Distances Transformation 위젯 창 세부 설명

① Variables	정규화 유형을 선택한다.
② Axes	반전 유형을 선택한다.

[그림 Ⅳ-68]의 워크플로우는 거리 변환이 거리 행렬에 어떤 영향을 미치는지 확인할 수 있다. Distance 위젯으로 Iris 데이터 세트를 로드하고 행 사이의 거리를 계산한다. 거리 변환이 거리 행렬에 어떤 영향을 미치는지 보여주기 위해 변환된 거리 행렬을 "원래" 매트릭스와 비교한다.

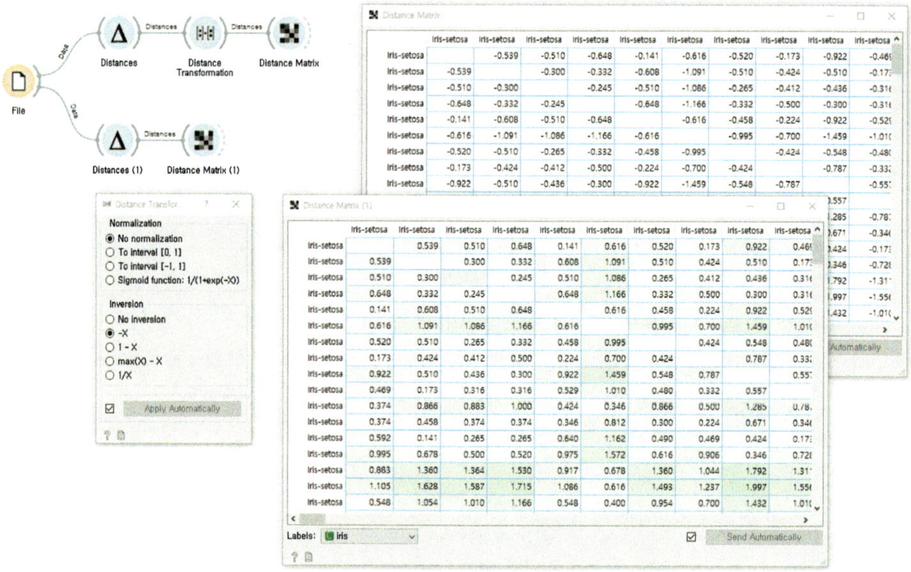

[그림 Ⅳ-68] Distances Transformation 예제

14 MDS(Multidimensional scaling)

위젯	설명	입력	출력
MDS	MDS(다차원 스케일링)는 주어진 점 사이의 거리에 적합한 평면에 항목을 투영한다.	Data	Data Subset, Distances Selected Data, Data

MDS 위젯은 [그림 Ⅳ-69]와 같이 점 사이의 거리를 가능한 한 맞추기 위해 노력하는 점의 저차원(2차원) 투영을 찾는 기술이다. 데이터가 고차원적이거나 거리가 유클리드(유클리드)가 아니기 때문에 일반적으로 완벽한 적합성을 얻는 것은 불가능하다. 입력에서 위젯은 데이터 세트 또는 거리 행렬이 필요하다. 행 사이의 거리를 시각화할 때 점의 색상을 조정하고 모양을 변경하고 표시하며 선택할 때 출력할 수도 있다. 알고리즘은 물리적 모델의 시뮬레이션에서 반복적으로 점을 이동한다. 두 점이 서로 너무 가깝거나 너무 멀리 떨어져 있으면 두 점을 서로 밀어내는 힘이 있다. 각 시간 간격에서 점의 위치 변경은 해당 점에 작용하는 힘의 합에 해당한다. [표 Ⅳ-24]에서 MDS 위젯 창과 관련된 세부 설명을 참고한다.

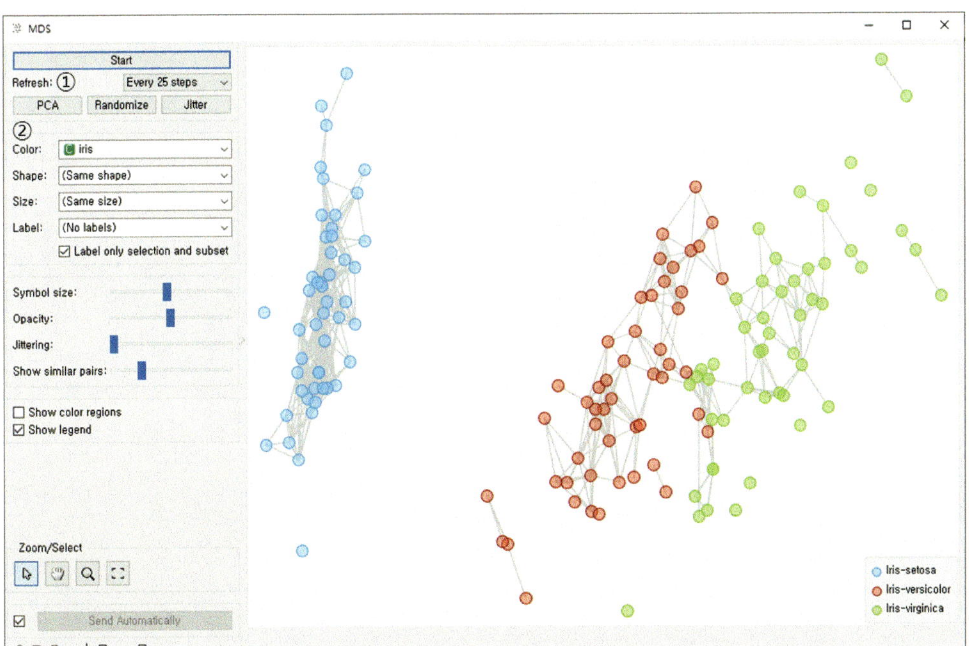

[그림 Ⅳ-69] MDS 위젯 창

[표 Ⅳ-24] MDS 위젯 창 세부 설명

① MDS optimization	위젯은 최적화 중에 투영을 다시 그린다. Optimization(최적화)은 Start(시작)를 눌러 시작과 나중에 자동으로 실행된다. Refresh : 시각화를 새로 고치는 빈도를 설정한다. 모든 반복, 5/10/25/50 단계마다 또는 없음(없음)에 있을 수 있다. 새로 고침 간격을 낮게 설정하면 애니메이션이 시각적으로 더 매력적이지만 포인트 수가 많을 경우 더 느려질 수 있다. PCA(Torgerson)는 주 좌표축을 따라 초기 점을 배치한다. Randomize는 초기 점을 랜덤 위치로 설정한 다음 다시 조정한다. Jitter 데이터 값에 노이즈를 추가하여 데이터가 그래프에서 겹치지 않도록 표시한다.
② Graph	점을 시각화하는 방법을 정의한다. 이러한 옵션은 행 사이의 거리를 시각화하는 경우에만 사용할 수 있다(거리 위젯에서 선택됨).

[그림 Ⅳ-70]의 워크플로우에서 Iris 데이터 세트를 MDS 위젯에 입력하면 2차원 평면에 Iris 데이터가 표시된다. 우리는 데이터 테이블 위젯에서 추가된 좌표를 볼 수 있다.

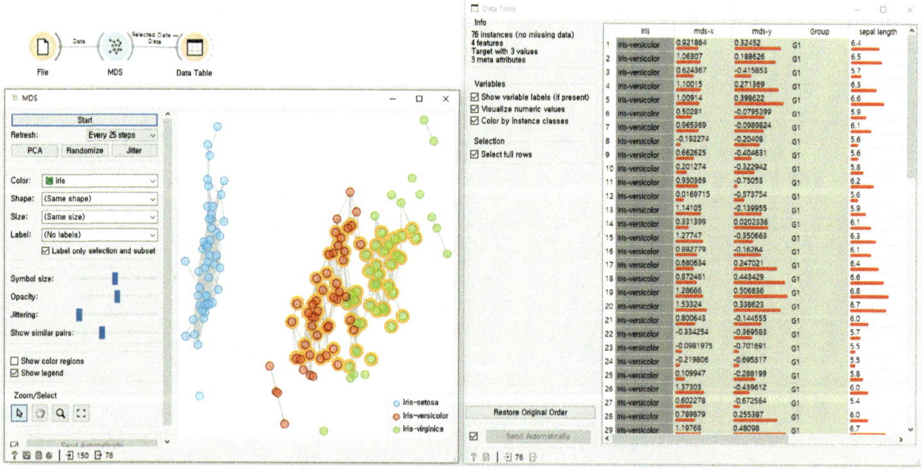

[그림 Ⅳ-70] MDS 예제

15 Save Distance Matrix

Save Distance Matrix 위젯은 거리 행렬을 파일로 저장한다.

위젯	설명	입력	출력
Save Distance Matrix	거리 행렬을 출력 파일에 저장한다.	Distances	X

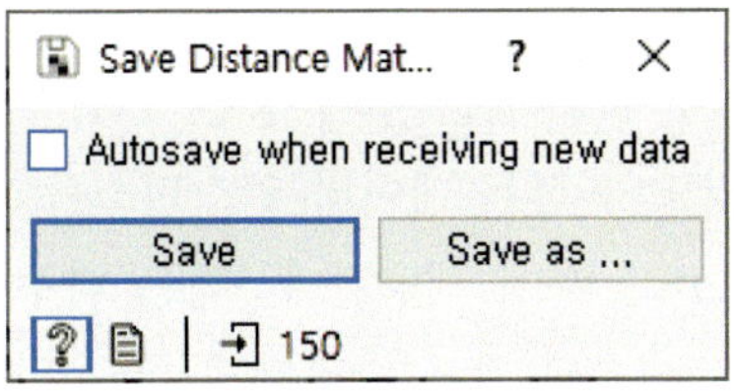

[그림 Ⅳ-71] Save Distance Matrix 위젯 창

16 Self-Organizing Map(SOM)

위젯	설명	입력	출력
Self-Organizing Map	자기조직화지도(SOM)를 수행한다.	Data	Selected Data, Data

Self-Organizing Map 위젯은 [그림 Ⅳ-72]와 같이 차원 축소를 위한 방법으로 비지도 학습을 사용하여 데이터의 2차원 이산화된 표현을 만들기 위해 훈련된 인공 신경망(ANN)의 일종이다. 자체 구성 맵은 입력 공간의 위상학적 속성을 보존하기 위해 인접 함수를 사용한다. 그리드의 점은 데이터 인스턴스를 나타낸다. 기본적으로 점의 크기는 점이 나타내는 인스턴스 수에 해당한다. 점은 다수 등급(사용 가능한 경우)에 따라 색상이 지정되며, 내부 색상의 강도는 다수 등급의 비율을 나타낸다. 클래스 분포를 보려면 파이 차트 표시 옵션을 선택한다. 다른 시각화 위젯과 마찬가지로, 자체 구성 맵도 그룹의 대화형 선택을 지원한다. Shift 키를 사용하여 새 그룹을 선택하고 Ctr+Shift를 사용하여 기존 그룹에 추가한다. [표 Ⅳ-25]에서 Self-Organizing Map 위젯 창과 관련된 세부 설명을 참고한다.

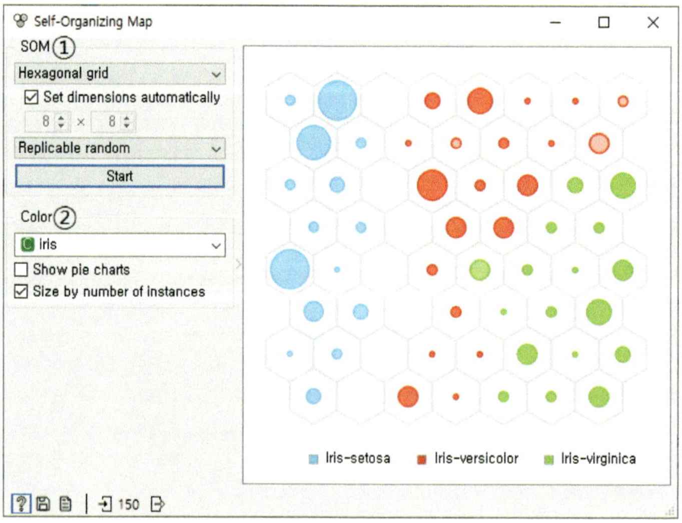

[그림 Ⅳ-72] Self-Organizing Map 위젯 창

[표 Ⅳ-25] Self-Organizing Map 위젯 창 세부 설명

① SOM	SOM 속성 육각형 또는 정사각형 중에서 그리드 유형을 설정한다. 차원 설정을 자동으로 선택하면 그림의 크기가 자동으로 설정된다. 또는 크기를 수동으로 설정한다. SOM 투영에 대한 초기화 유형을 설정한다. PCA 초기화, 임의 초기화 및 복제 가능한 임의 옵션(랜덤_190 = 0)이 있다. 파라미터가 설정되면 Start(시작)를 눌러 최적화를 다시 실행한다.
② Color	기본적으로 클래스별 위젯 색상이 사용 가능한 경우 그림에 있는 인스턴스의 색상을 설정한다. 파이 차트 표시는 점을 색칠에 사용되는 값의 분포를 보여주는 파이 차트로 변환한다. 인스턴스 수별 크기는 점이 나타내는 인스턴스 수에 따라 점의 크기를 조정한다.

자체 구성 맵은 입력 데이터의 저차원 투영이다. [그림 Ⅳ-73]의 워크플로우에서 Brown-selected 데이터를 사용하여 데이터 인스턴스를 2-D 투영으로 표시한다. 이 세 종류의 유전자는 잘 분리되어 있는 것을 확인할 수 있다. 그리드에서 부분 집합을 선택하여 데이터 테이블에 표시할 수 있다.

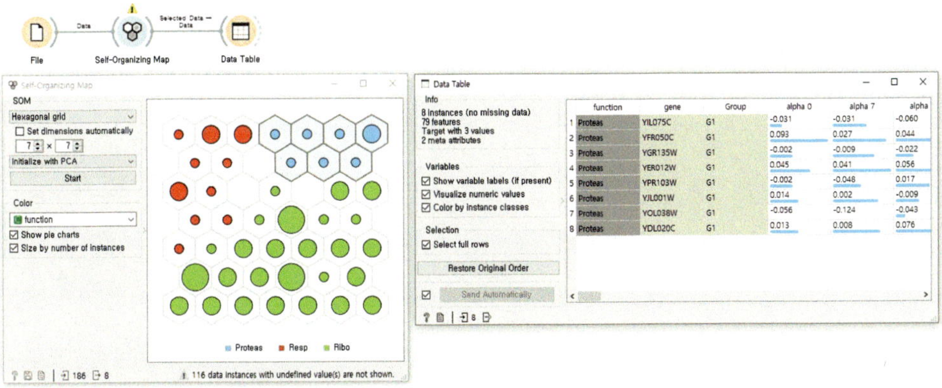

[그림 Ⅳ-73] Self-Organizing Map 예제

V

모델 평가 및 예측하기

1. Test and Score

위젯	설명	입력	출력
Test and Score	교차 검증으로 정확도를 추정한다.	Data, Test Data, Learner, Preprocessor	Predictions, Evaluation Results

Test and Score 위젯은 [그림 Ⅴ-1]과 같이 학습 알고리즘을 테스트한다. 별도의 시험 데이터를 사용하는 등 다양한 표본 추출 체계를 사용할 수 있다. 위젯은 두 가지 작업을 수행한다. 첫째, 분류 정확도, 곡선 아래 면적 등 서로 다른 분류기 성능 측정값을 가진 표를 보여준다. 둘째, 평가 결과를 출력하며, 이는 ROC 분석 또는 혼동 매트릭스와 같은 분류기의 성능을 분석하는 데 다른 위젯에서 사용할 수 있다. 학습자 신호는 두 개 이상의 위젯에 연결되어 동일한 절차로 여러 학습자를 테스트할 수 있는 흔하지 않은 속성을 가지고 있다.

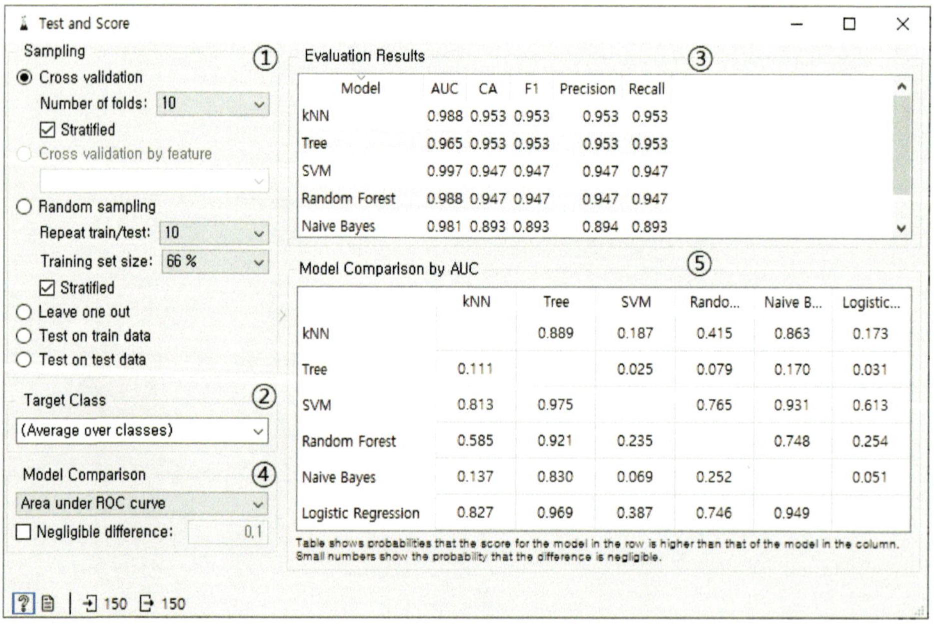

[그림 Ⅴ-1] Test and Score 위젯 창

[표 V-1]에서 Test and Score 위젯 창과 관련된 세부 설명을 참고한다.

[표 V-1] Test and Score 위젯 창 세부 설명

①	위젯은 다양한 샘플링 방법을 지원한다. Cross-validation: 교차 검증은 데이터를 지정된 개수의 fold(일반적으로 5 또는 10)으로 분할한다. 알고리즘은 한 번에 한 fold에서 예제를 보류하여 테스트되며, 모델은 다른 fold에서 유도되며, 유지된 fold에서 예제가 분류된다. 이것은 모든 fold에 대해 반복된다. Cross validation by feature: feature에 의한 교차 검증은 교차 검증을 수행하지만 fold는 메타 feature에서 선택한 범주형 feature에 의해 정의된다. Random sampling: 무작위 샘플링은 주어진 비율(예: 70:30)의 훈련과 시험 세트에 데이터를 무작위로 분할하여 전체 절차는 지정된 횟수 동안 반복된다. Leave-one-out: 유사하지만 한 번에 하나의 인스턴스를 유지하여 다른 모든 사례로부터 모델을 유도한 다음 보류된 인스턴스를 분류한다. 이 방법은 분명 매우 안정적이고, 안정적이며, 매우 느리다. Test on train data: 전체 데이터 세트를 훈련에 사용한 다음 테스트를 위해 사용한다. 이 방법은 사실상 항상 잘못된 결과를 낳는다. Test on test data: 데이터 신호의 데이터만 사용한다. 테스트 예제를 사용하여 다른 데이터 세트(예: 다른 파일 또는 다른 위젯에서 선택한 일부 데이터)를 입력하려면 통신 채널에서 별도의 테스트 데이터 신호를 선택하고 테스트 데이터에 대한 테스트를 선택한다.
②	분류를 위해 위젯 하단에서 대상 클래스를 선택할 수 있다. Target 클래스가 (Average over class)이면 메서드는 모든 클래스에 대해 가중 평균인 점수를 반환한다. 예를 들어, 3개의 클래스가 있는 분류기의 경우, 1등급은 대상 클래스로, 2등급은 대상 클래스로, 3등급은 대상 클래스로 계산된다. 이러한 점수는 최종 점수를 검색하기 위해 클래스 크기에 따라 가중치로 평균을 구한다.
③	여러 성능 통계를 계산한다. 일부 항목은 기본적으로 표시된다. 다른 사용자를 보려면 머리글을 마우스 오른쪽 단추로 클릭하고 원하는 통계를 선택한다. [그림 V-2], [표 V-2], [그림 V-3], [표 V-3]을 참고하여 분류와 회귀에서 각각 활용되는 항목을 확인한다.
④	모델과 실제 동등성 영역(ROP)의 쌍을 비교하기 위해 차이를 무시할 수 있는 점수를 선택한다.
⑤	선택한 점수를 사용하여 모형을 쌍으로 비교한다(교차 검증에만 사용 가능). 표의 숫자는 행에 해당하는 모형이 열에 해당하는 모형보다 나을 확률을 제공한다. 무시할 수 있는 차이가 활성화된 경우 아래 숫자가 작을수록 쌍 간의 차이가 무시할 수 있는 확률을 나타낸다. 테스트는 t-검정에 대한 베이지안 해석(단기 도입)에 기초한다.

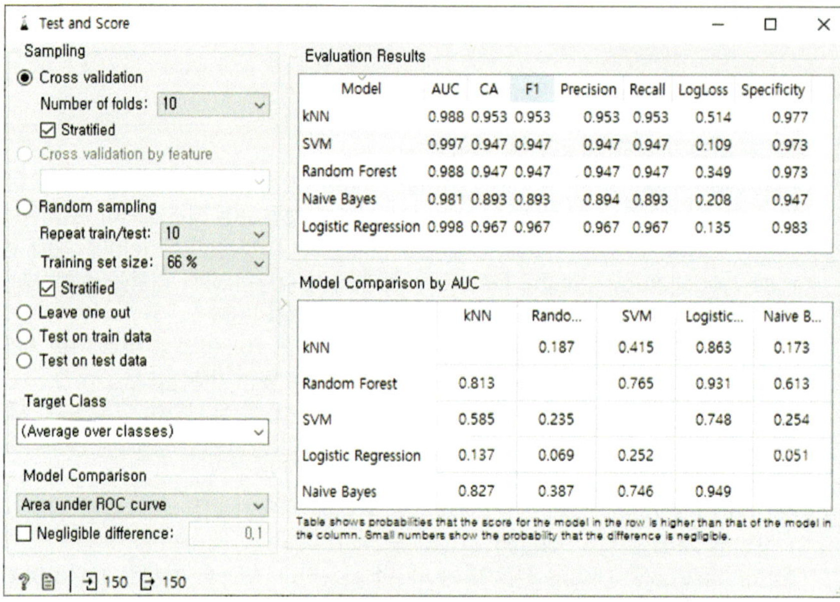

[그림 V-2] Test and Score 위젯 창(Classification)

[표 V-2] Classification 통계 항목

① Area under ROC	수신기 작동 곡선 아래의 영역이다.
② Classification accuracy	정확하게 분류된 예제의 비율이다.
③ F-1	Precision과 Recall의 가중 조화 평균이다.
④ Precision	양성으로 분류된 인스턴스 중 참 양성(true positive)의 비율이다. 예를 들어 Iris virginica로 올바르게 식별된 Iris virginica의 비율
⑤ Recall	데이터의 모든 양성 인스턴스 중 실제 양성(예: 병으로 진단된 모든 환자 중)의 비율이다.
⑥ Specificity	모든 음성 사례 중 진정한 음성의 비율이다. 예를 들어, 비병으로 진단된 모든 사례 중 비병환자의 수이다.
⑦ LogLoss	로그 손실 또는 교차 엔트로피 손실은 실제 레이블과 얼마나 다른지 기준으로 예측의 불확실성을 고려한다.

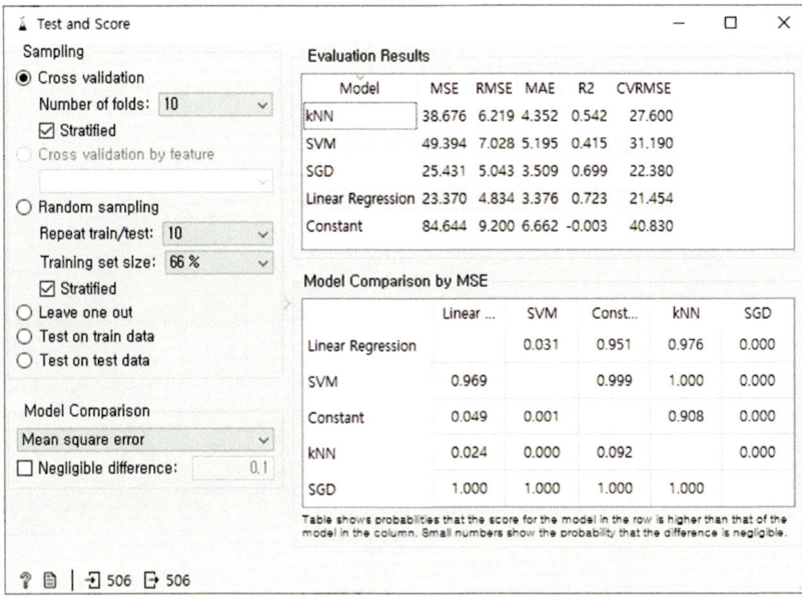

[그림 V-3] Test and Score 위젯 창(Regression)

[표 V-3] Regression 통계 항목

① MSE	오차 또는 편차의 제곱 평균(추정자와 추정된 것의 차이)을 측정한다.
② RMSE	숫자 집합의 제곱 평균의 제곱근이다(데이터에 대한 추정기 적합성의 불완전성 측도).
③ MAE	예측 또는 예측이 최종 결과에 얼마나 가까운지를 측정하는 데 사용된다.
④ R2	독립 변수에서 예측 가능한 종속 변수의 분산 비율로 해석된다.
⑤ CVRMSE	실제 값의 평균값으로 정규화된 RMSE이다.

테스트 및 점수 위젯의 일반적인 사용에서는 데이터 세트와 몇 가지 학습 알고리즘을 제공하고 테스트 및 점수 위젯 내부의 표와 ROC에서 성능을 관찰한다. 데이터는 종종 테스트 전에 전처리된다. [그림 V-4]의 워크플로우에서 타이타닉 데이터 세트에 대해 몇 가지 수동 feature 선택(열 선택 위젯)을 수행한다. 생존자의 성별과 상태만 알고 나이는 생략한다. 모델의 쌍별 비교를 확인할 수 있고 ROC 곡선의 아래의 면적을 기준으로 비교를 선택한다. 표의 숫자는 행에 해당하는 모형이 열에 해당하는 모형보다 나을 확률을 제공한다. 예를 들어, 트리가 SVM보다 나을 확률은 0.663이며, 트리가 나이브 베이지안보다 나을 확률은 0.001이다. 표의 숫자가 작을수록 쌍 간의 차이가 무시할 수 있는 임계값 0.1에 기초할 확률이다.

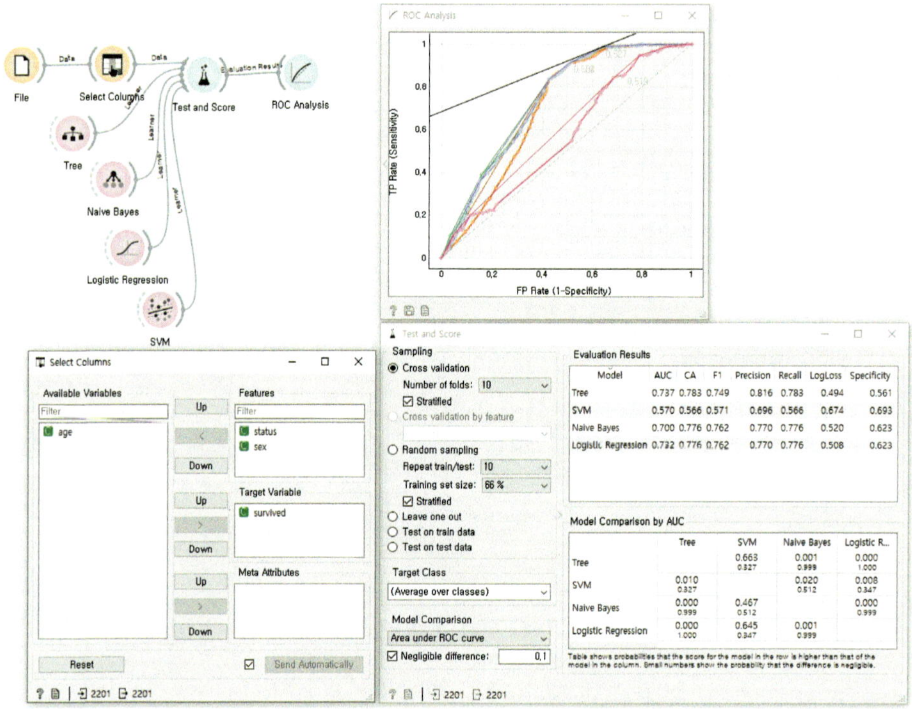

[그림 V-4] Test and Score 예제

2. Predictions

위젯	설명	입력	출력
Predictions	입력 데이터 세트에 대한 모델의 예측값을 표시한다.	Data	Predictors Predictions, Evaluation Results

Predictions 위젯은 데이터 세트와 하나 이상의 예측 변수(알고리즘이 아닌 예측 모델)를 수신하여 데이터와 예측을 출력한다. Predictions 위젯은 예측 모델의 확률과 최종 결정을 보여준다. 위젯의 출력은 또 다른 데이터 세트로, 예측이 새로운 메타 속성으로 추가된다. 출력하려는 features(원래 데이터, 예측, 확률)를 선택할 수 있다. 결과는 데이터 테이블에서 확인할 수 있다. 예측 데이터에 참 클래스 값이 포함된 경우 예측 결과를 혼동 행렬에서도 관측할 수 있다.

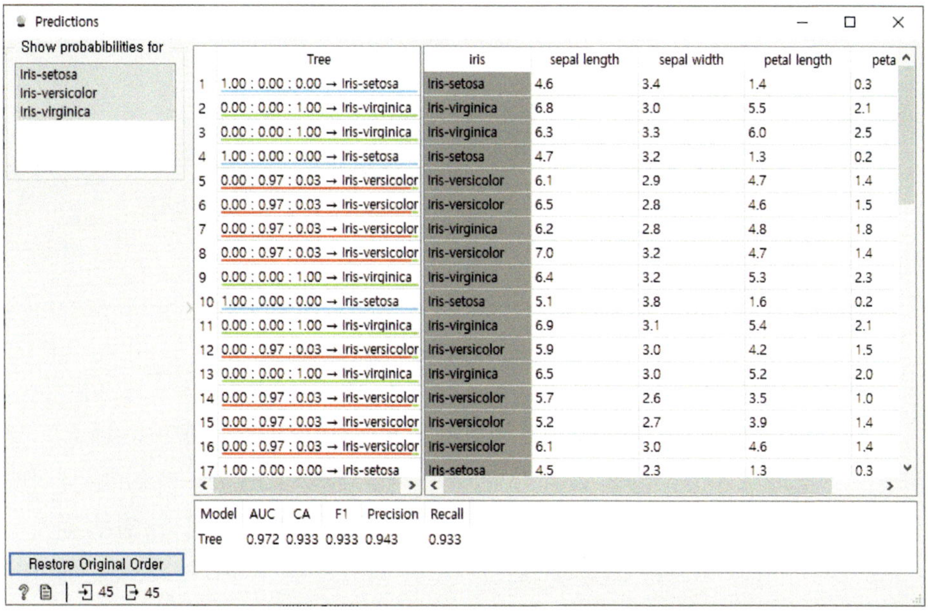

[그림 Ⅴ-5] Test and Score 위젯 창

[그림 Ⅴ-6]의 워크플로우에서 데이터 세트 위젯의 Attrition – Train 데이터를 사용한다. 이것은 특정 직원의 퇴사 여부를 알고자 한다. 트리 위젯을 사용하여 예측 모델을 구성하고 예측 위젯에서 확률을 관찰한다. 예측을 위해서는 첫 번째 데이터 세트 위젯에 로드한 훈련 데이터와 다른 데이터 세트 위젯에 로드되는 예측 데이터가 모두

필요하다. 이번에는 Attrition – Predict 데이터를 사용한다. 두 번째 데이터 세트를 예측 위젯에 연결한다. 이제 두 번째 데이터 세트에서 세 개의 데이터 인스턴스에 대한 예측을 확인할 수 있다. 트리 모델은 직원이 회사를 떠나지 않을 것이라고 예측한다. 다른 모형을 사용하여 예측이 변경되는지 확인할 수 있다. 또는 먼저 테스트 및 점수 위젯에서 예측 점수를 테스트할 수 있다.

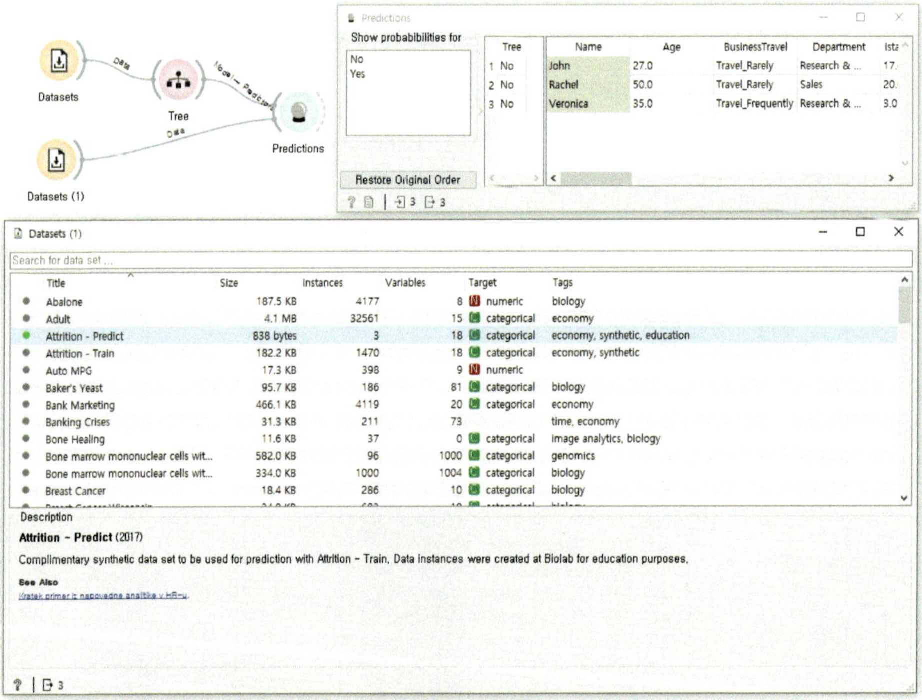

[그림 V-6] Test and Score 예제1

[그림 V-7]의 워크플로우에서 예측 위젯을 사용한 전처리 위젯 또는 테스트 및 점수 위젯을 적절하게 사용하는 방법을 살펴본다. 파일 위젯의 Heart-disease 데이터를 사용한다. 의사에게 온 흉통을 앓는 303명의 환자 중 검사가 완료된 후 일부 환자는 지름이 좁아지고 다른 환자는 그렇지 않은 것으로 확인된다. Heart-disease 데이터는 몇 가지 결측값을 가지고 있고 우리는 그것을 설명하기를 원한다. 먼저 데이터 세트를 훈련용 데이터와 테스트용 데이터로 나누기 위해 데이터 샘플러를 사용한다. 그런 다음 데이터 샘플을 전처리 프로세스 위젯으로 보낸다. 결측값 귀속은 사용하지만 데이터에 대한 전처리 프로세서를 조합하여 사용할 수 있다. 전처리된 데이터를 로지스틱 회귀 분석으로 보내고 생성된 모형을 예측으로 보낸다. 마지막으로, 예측 위젯에는 예측하기 위한 데이터도 필요하다. 예측을 위해 데이터 샘플러의 출력을 사용하겠지만, 이번에는

데이터 샘플이 아니라 남은 데이터, 즉 모델의 훈련에 사용되지 않았던 데이터이다. 전처리를 적용하지 않고 나머지 데이터를 예측에 직접 보내는 방법에 주목한다. 이는 Orange3가 모델 구성에 오류가 발생하지 않도록 내부적으로 새 데이터에 대한 전처리를 하기 때문에 훈련 데이터에 사용된 것과 동일한 전처리가 예측 위젯에 사용된다. 테스트 및 점수 위젯에도 동일한 프로세스가 적용된다.

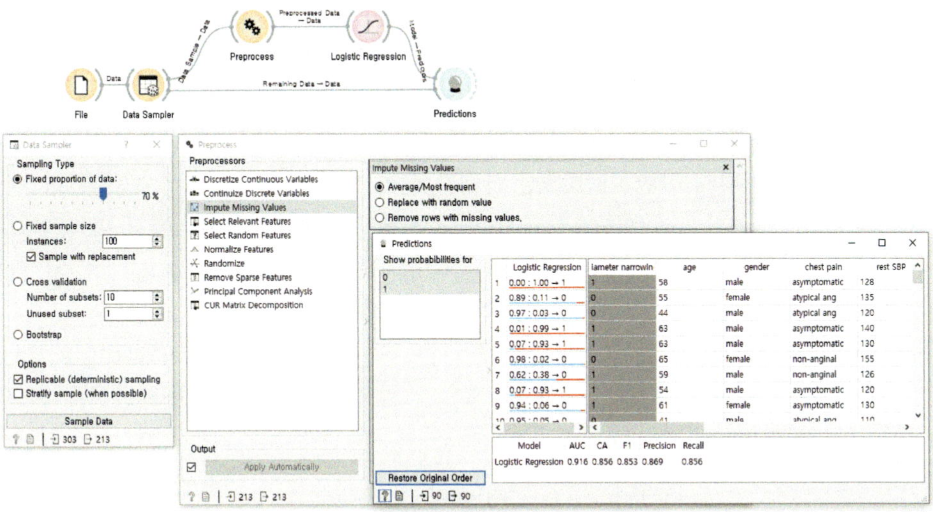

[그림 Ⅴ-7] Test and Score 예제2

3. Confusion Matrix

위젯	설명	입력	출력
 Confusion Matrix	분류자 평가 결과에서 생성된 혼동 행렬을 표시한다.	Evaluation Results	Selected Data, Data

Confusion Matrix 위젯은 [그림 Ⅴ-8]과 같이 예측 클래스와 실제 클래스 사이의 인스턴스 수/비율을 제공한다. 매트릭스에서 요소를 선택하면 해당 인스턴스가 출력 신호에 공급된다. 이렇게 하면 어떤 특정 사례가 잘못 분류되었고 어떻게 분류되었는지 관찰할 수 있다. 일반적으로 Confusion Matrix 위젯은 테스트 및 점수에서 평가 결과를 가져온다. [표 Ⅴ-4]에서 Confusion Matrix 위젯 창과 관련된 세부 설명을 참고한다.

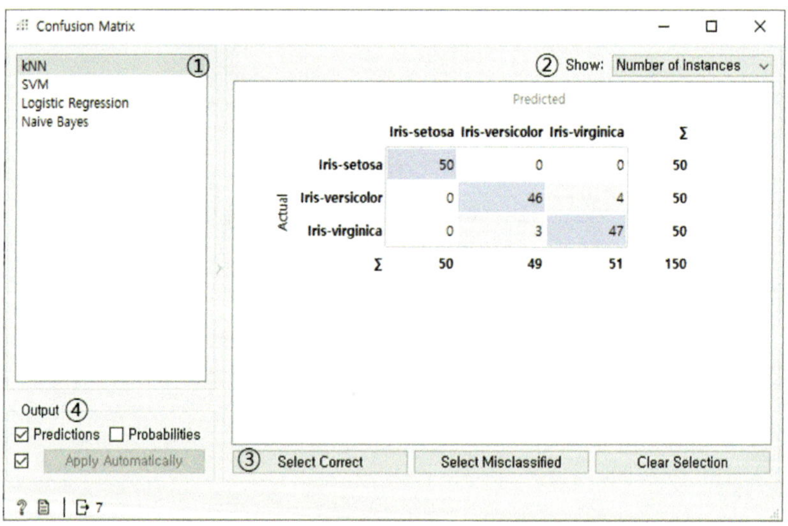

[그림 Ⅴ-8] Confusion Matrix 위젯 창

[표 Ⅴ-4] Confusion Matrix 위젯 창 세부 설명

①	평가 결과에 여러 학습 알고리즘에 대한 데이터가 포함된 경우 학습자 상자에서 하나를 선택해야 한다.
②	표시에서 행렬에서 보려는 데이터를 선택한다. Number of instances: 인스턴스 수가 올바르고 잘못 분류된 인스턴스를 숫자로 표시한다. Proportions of predicted: 예측된 비율에 따라 실제 클래스가 있는 분류된 인스턴스 수가 표시된다. Proportions of actual: 실제의 비율은 반대 관계를 보여준다.

③	선택에서 원하는 출력을 선택할 수 있다.
④	선택한 인스턴스를 보낼 때 해당 옵션인 예측 또는 확률을 선택하면 위젯이 예측 클래스나 확률과 같은 새 속성을 추가할 수 있다.

[그림 Ⅴ-9]의 워크플로우는 이 위젯을 사용할 수 있는 대상을 보여 준다. 테스트 및 점수 위젯에서 파일 데이터를 얻고 나이브 베이지안과 트리에서 두 가지 학습 알고리즘을 얻는다. 교차 검증 또는 일부 다른 훈련 및 테스트 절차를 수행하여 모든(또는 일부) 데이터 인스턴스에 대한 두 알고리즘에 의한 클래스 예측을 얻는다. 테스트 결과는 혼동 매트릭스 위젯에 입력되며, 여기서 우리는 얼마나 많은 인스턴스가 잘못 분류되었고 어떤 방식으로 분류되었는지 관찰할 수 있다. 출력에서 데이터 테이블을 사용하여 혼동 행렬에서 선택한 인스턴스를 표시한다. 예를 들어, [오분류]를 클릭하면 선택한 방법으로 잘못 분류된 모든 인스턴스가 테이블에 포함된다. 산점도는 두 데이터 세트를 가져온다. 파일 위젯에서는 전체 데이터를 가져오지만, 혼동 행렬은 선택한 데이터만 전송한다. 산점도에는 선택한 데이터를 나타내는 굵은 기호가 있는 모든 데이터가 표시된다.

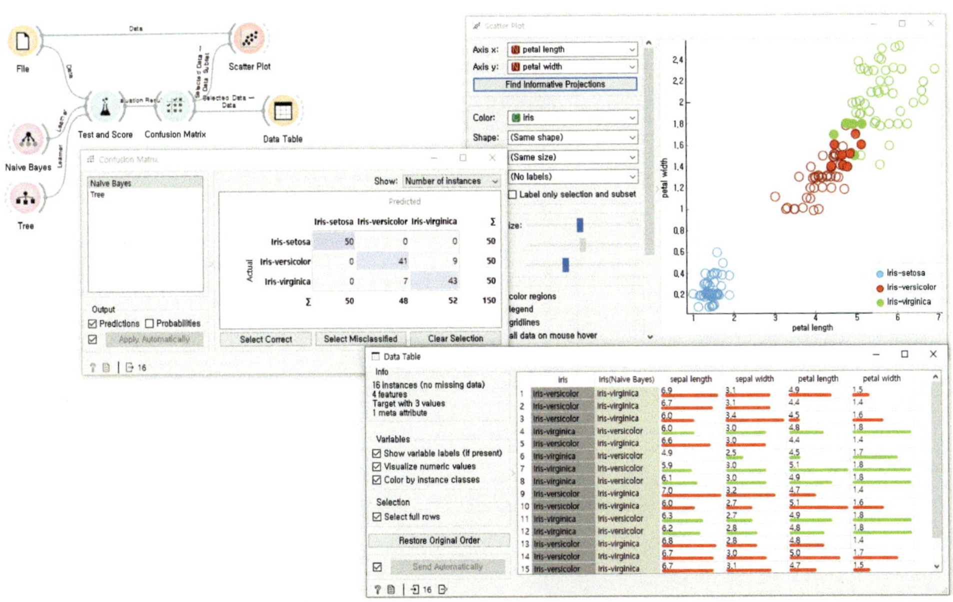

[그림 Ⅴ-9] Confusion Matrix 예제

4. ROC Analysis

위젯	설명	입력	출력
ROC Analysis	분류자 평가에 기반한 수신기 작동 특성(ROC) 곡선을 표시한다.	Evaluation Results	X

ROC Analysis 위젯은 [그림 Ⅴ-10]과 같이 테스트 된 모델과 해당 볼록한 선체에 대한 ROC 곡선을 보여준다. 이것은 분류 모델 간의 비교 수단 역할을 한다. 곡선은 y축의 참 양수 비율에 대한 x축의 거짓 양수 비율을 표시한다. 곡선이 왼쪽 테두리를 따라 갈수록, ROC 공간의 위쪽 테두리는 더 정확하다. 잘못된 긍정과 잘못된 부정의 비용을 고려할 때 위젯은 최적의 분류기와 임계값을 결정할 수도 있다. [표 Ⅴ-5]에서 ROC Analysis 위젯 창과 관련된 세부 설명을 참고한다.

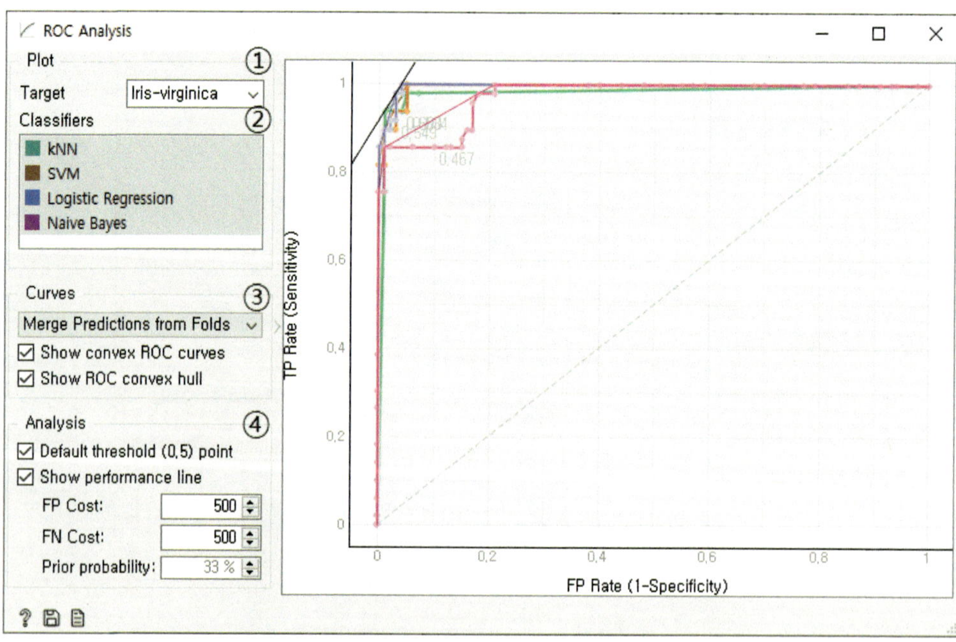

[그림 Ⅴ-10] ROC Analysis 위젯 창

[표 Ⅴ-5] ROC Analysis 위젯 창 세부 설명

①	원하는 Target Class를 선택한다. 기본 클래스는 알파벳 순으로 선택된다.
②	검정 결과에 둘 이상의 분류기가 포함된 경우 사용자는 표시된 곡선을 볼 수 있다. 분류기를 클릭하여 선택하거나 선택을 취소한다.
③	k-폴드 교차 검증과 같은 여러 번의 훈련과 테스트에서 데이터가 나올 경우, 결과는 평균(일반적으로) 될 수 있다. • Merge predictions from folds : 모든 검정 데이터를 단일 반복에서 가져온 것처럼 처리하는 fold의 병합 예측 • Mean TP rate : 수직 곡선을 평균하여 해당 신뢰 구간을 표시 • Mean TP and FP at threshold : 평균 TP 및 FP가 임계값을 통과하고, 곡선의 위치를 평균하며, 수평 및 수직 신뢰 구간을 표시 • Show individual curves : 평균을 내지 않고 대신 모든 곡선을 인쇄한다. • Show convex ROC curves : 각 개별 분류기에 대한 볼록 곡선(곡선에 배치된 얇은 선)을 나타냄 • Show ROC convex hull : ROC 볼록 선체 그림을 표시하여 모든 분류기를 결합한 볼록 선체(곡선 아래의 회색 영역)를 표시함
④	곡선 분석 전용으로 사용자는 FP(false positive) 및 FN(false negative)의 비용과 이전 대상 클래스 확률을 지정할 수 있다. 기본 임계값(0.5) 점은 확률이 0.5를 초과할 경우 대상 클래스를 예측할 경우 분류기가 달성한 ROC 곡선의 점을 표시한다. Show Performance Line은 ROC 공간의 Iso 성능을 보여주므로 라인의 모든 포인트가 동일한 수익/손실을 제공한다. 왼쪽 위쪽에 있는 라인이 아래, 오른쪽 라인보다 낫다. 선의 방향은 비용과 확률에 따라 달라진다. 주어진 비용에 대한 최적의 임계값을 설명하기 위한 방법을 제공한다. 주어진 기울기를 가진 접선이 곡선에 닿아 그림에 표시된 지점이다. Iso 성능을 왼쪽으로 더 높게 또는 더 많이 누르면 Iso 성능 라인의 포인트는 학습자가 도달할 수 없다. 내려가거나 오른쪽으로 가면 성능이 저하된다. 비용을 1에서 1000까지 설정할 수 있다. 크기와 단위는 중요하지 않다. 중요한 것은 두 비용 사이의 관계이므로 100과 200으로 설정하면 400과 800으로 같은 결과를 얻을 수 있다. 기본값: 두 비용이 모두 동일함(500)이고, 이전 목표 클래스 확률은 50%(데이터로부터)이다.

[그림 Ⅴ-11]의 워크플로우는 ROC 분석에 필요한 적절한 유형의 신호를 제공하는 것은 테스트 및 점수 위젯이 유일하다. 테스트 및 점수 위젯에서 트리와 나이브 베이지안을 비교한 다음 ROC Analysis, Life Curve 및 Calibration Plot에서 성능을 비교한다.

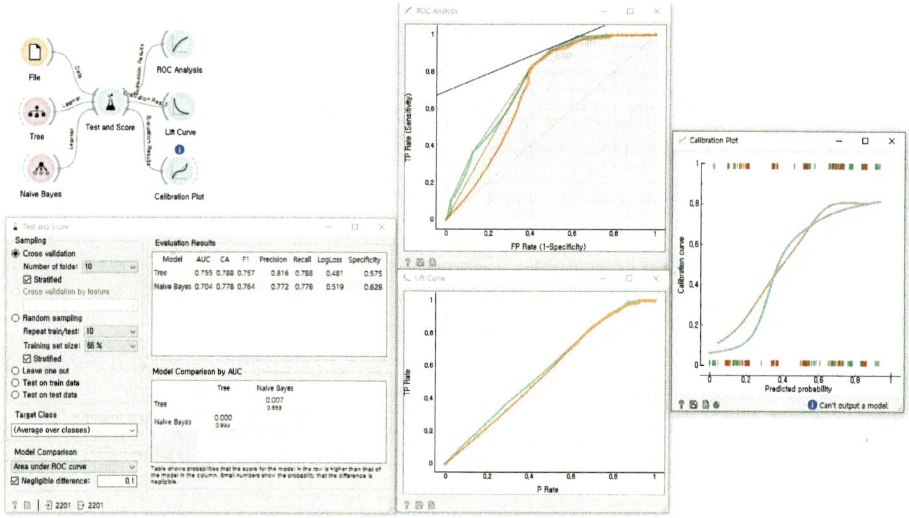

[그림 V-11] ROC Analysis 예제

5. Lift Curve

위젯	설명	입력	출력
Lift Curve	분류자 평가에서 리프트 곡선을 구성하고 표시한다.	Evaluation Results	X

Lift Curve 위젯은 [그림 V-12]와 같이 예측된 인스턴스 수의 양과 실제 인스턴스 수의 양 사이의 관계를 나타내므로 랜덤 분류기에 대해 선택한 분류기의 성능을 측정한다. 그래프는 x축의 누적 환자 수(확률 내림차순으로)와 y축의 누적 참 양성 수로 구성된다. 리프트 곡선은 예를 들어 접촉한 모든 고객의 수에 대해 응답 고객의 수를 표시하는 등 모집단을 세분화하는 데 종종 사용된다. 그래프에서 최적 분류기와 해당 분계점을 확인할 수도 있다.

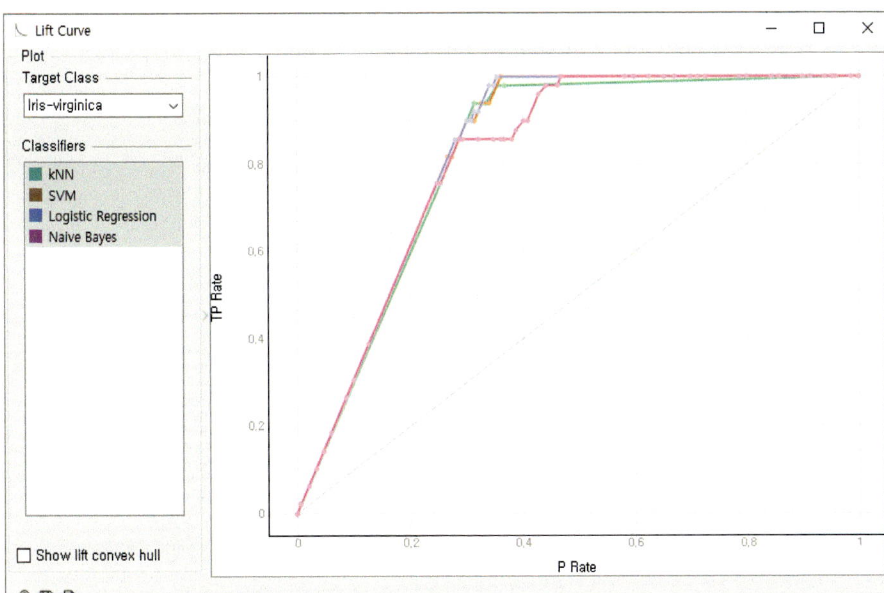

[그림 V-12] Lift Curve 위젯 창

리프트 곡선에 필요한 신호의 올바른 유형을 제공하는 유일한 위젯은 테스트 및 점수 위젯이다. [그림 V-13]의 워크플로우는 타이타닉 데이터 세트에서 '생존' 클래스에 대한 예측 품질을 확인하려고 한다. 테스트 학습자 위젯에서 세 개의 다른 분류기를 비교하고 임의의 모델에 대한 성능을 확인하기 위해 그것들을 리프트 커브로 보낸다. 트리 분류기가 리프트 볼록 선체와 가장 잘 정렬되기 때문에 세 개 중 가장 좋은 것으로 본다. 또한 그 성능이 모집단의 처음 30%(내림 확률 순서)에 대해 가장 우수하다는 것을 알 수 있으며, 이를 최적의 분류 임계값으로 설정할 수 있다.

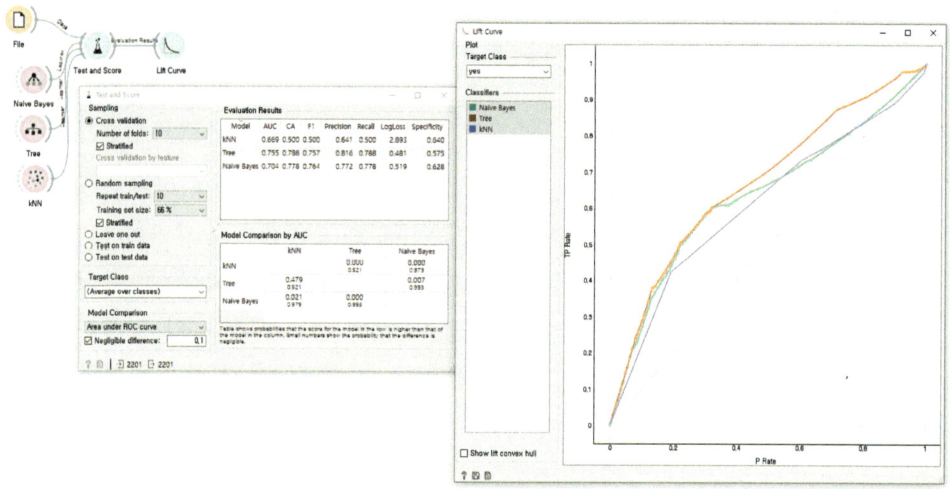

[그림 V-13] Lift Curve 예제

6. Calibration Plot

위젯	설명	입력	출력
Calibration Plot	분류자 평가에 기반한 캘리브레이션 그래프(Calibration plot)를 표시한다.	Evaluation Results	Calibrated Model

Calibration Plot 위젯은 [그림 Ⅴ-14]와 같이 분류기에서 예측한 것과 비교하여 클래스 확률을 표시한다.

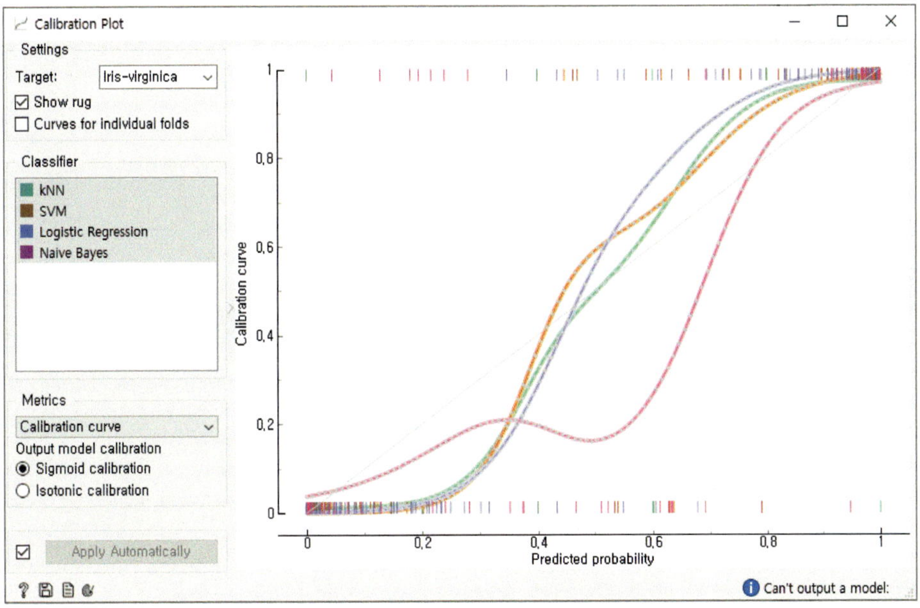

[그림 Ⅴ-14] Calibration Plot 위젯 창

현재 보정 플롯에 필요한 올바른 유형의 신호를 제공하는 유일한 위젯은 테스트 및 점수이다. [그림 Ⅴ-15]의 워크플로우는 세 가지 분류기를 비교하여 테스트 및 점수 위젯에 입력하는 전형적인 예가 있다. 타이타닉 데이터 세트를 사용하여 테스트 및 점수 위젯에서 각 분류기에 대한 평가 결과를 표시한다. 그런 다음 테스트 및 점수 위젯에서 보정 플롯 및 ROC 분석 위젯을 연결하여 분류기의 성능을 추가로 분석한다. 보정 플롯을 사용하면 그림에서 클래스 확률의 예측 정확도를 볼 수 있다.

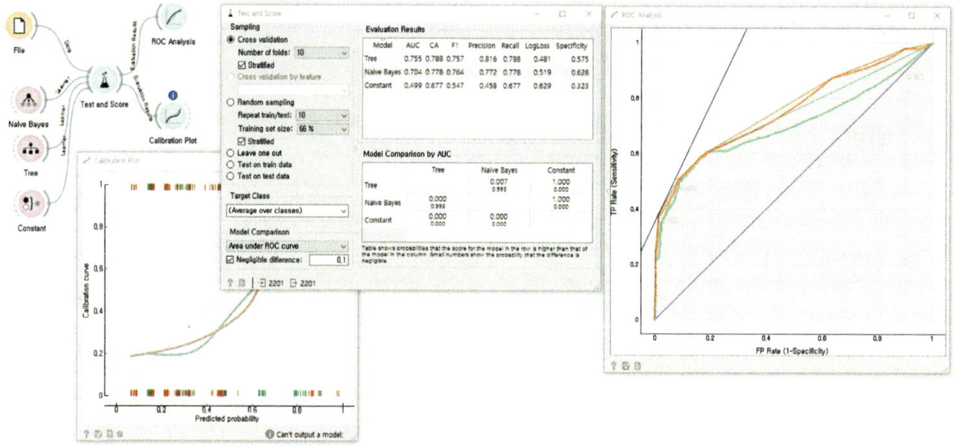

[그림 Ⅴ-15] Calibration Plot 예제

VI

다양한 데이터 분석 활용하기

1. 분광학 분석

1 Spectra

위젯	설명	입력	출력
Spectra	공간 정보 없이 일련의 스펙트럼을 시각적으로 탐색한다.	Data	Data Subset Selection, Data

Spectra 위젯을 사용하면 [그림 Ⅵ-1]과 같이 여러 스펙트럼을 시각적으로 탐색할 수 있다. 스펙트럼을 클릭하여 선택하면 일부 스펙트럼을 출력할 수 있다. 다중 항목을 선택할 경우 Ctrl(또는 Cmd)키를 유지하거나 선 선택을 사용한다(플롯 옵션 메뉴 참조). 선택된 스펙트럼이 파선으로 나타난다. [표 Ⅵ-1]에서 Spectra 위젯 창과 관련된 세부 설명을 참고한다.

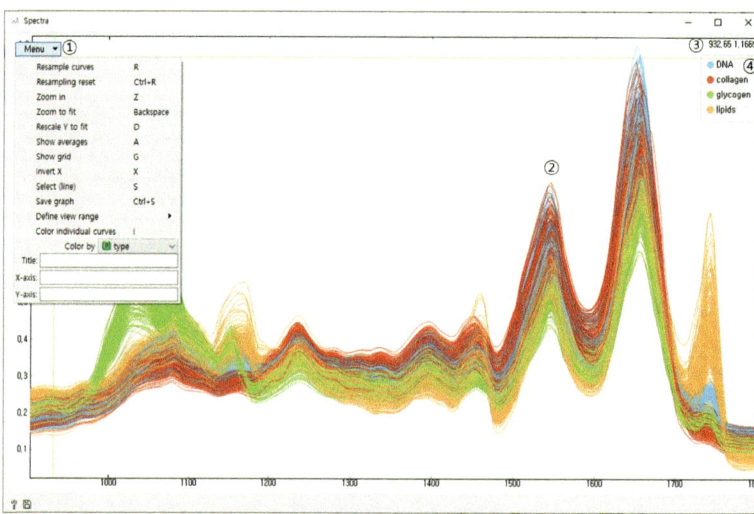

[그림 Ⅵ-1] Spectra 위젯 창

[표 Ⅵ-1] Spectra 위젯 창 세부 설명

①	플롯 옵션[표 Ⅵ-2] 메뉴 열기
②	스펙트럼
③	커서의 X 및 Y 위치
④	범례

[표 Ⅵ-2] Spectra 플롯 옵션 메뉴 설명

Resample curves	표시된 부분 집합을 다시 샘플링(성능에 대한 부분집합만 표시됨)
Resampling reset	기본 보기로 다시 샘플링
Zoom in	영역 확대
Zoom to fit	원래 플롯으로 돌아가기
Rescale Y to fit	Y축을 화면에 맞게 다시 정렬
Show averages	평균 및 표준 편차 표시(그룹당)
Show grid	그래프를 더 잘 검사하기 위해 그리드 표시
Invert X	X축의 순서를 뒤집기
Select (line)	선에 닿는 스펙트럼 선택(마우스로 선 그리기)
Save graph	시각화를 이미지로 내보내기
Define view range	표시할 특정 범위 정의
Color by	색상에 대한 범주형 feature
Title, X-axis, Y-axis	그림에 주석 달기

스펙트럼 위젯은 스펙트럼 데이터를 시각화하는 데 사용된다. X축은 일반적으로 파동수를 나타내고 Y축은 흡광도를 나타낸다. [그림 Ⅵ-2]의 워크플로우에서는 데이터 세트 위젯의 Liver spectroscopy 데이터를 사용한다. 색상별 옵션을 사용하여 각 스펙트럼의 유형을 표시한다. 또는 'C'를 누르면 그림에 색상이 표시된다. 색상은 데이터와 함께 정의된다. 색을 변경하려면 색 위젯을 사용하면 된다. 예를 들어 1027 파동수에서 나머지 스펙트럼과 상당히 분리된 스펙트럼에 관심이 있다면 해당 지점에서 S를 누르고 선을 끌어 본다. 이렇게 하면 해당 지점부터 방금 끌어온 선까지의 스펙트럼이 선택된다. 다른 스펙트럼 위젯에서 선택 사항을 관찰하거나 추가 분석에 사용할 수 있다.

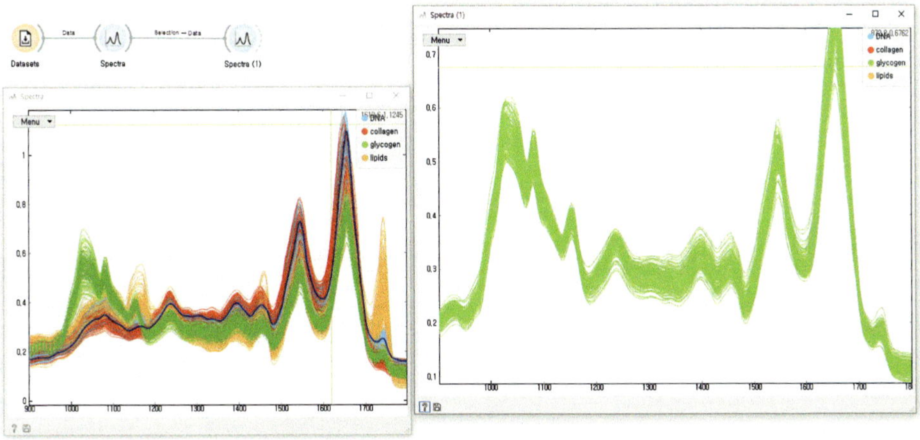

[그림 Ⅵ-2] Spectra 예제

2 HyperSpectra

위젯	설명	입력	출력
HyperSpectra	하이퍼스펙트럼 2D 그림지도를 표시한다.	Data	Selection, Data

HyperSpectra 위젯을 사용하면 [그림 Ⅵ-3]과 같이 .map 파일에서 읽은 하이퍼 스펙트럼을 표시한다. 적외선 스펙트럼 데이터와 함께 이 위젯을 사용하려면 Reshape Map 위젯을 사용하여 위젯을 변환해야 한다. 상단에서 HyperSpectra는 스펙트럼 슬라이스의 2D 지도를 보여준다. 맨 아래에 스펙트럼 그림이 상단에서 관찰 중인 파형 번호 슬라이스를 나타내는 빨간색 선과 함께 표시된다. [표 Ⅵ-3]에서 HyperSpectra 위젯 창과 관련된 세부 설명을 참고한다.

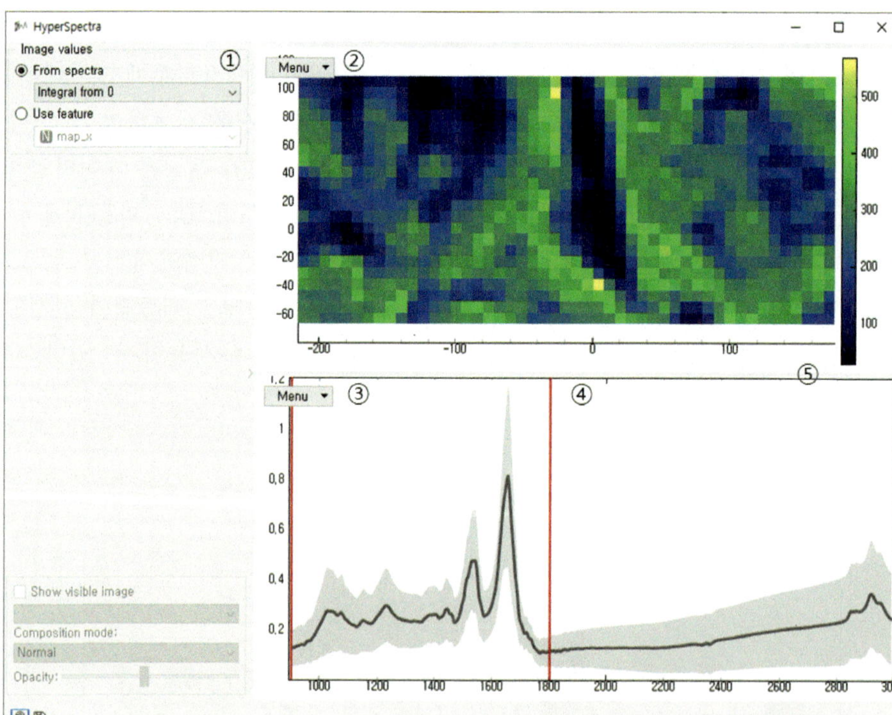

[그림 Ⅵ-3] HyperSpectra 위젯 창

[표 Ⅵ-3] HyperSpectra 위젯 창 세부 설명

①	스펙트럼의 변환(일반적으로 적분)을 정의하거나 feature를 사용하여 플롯 값으로 사용한다. 이전 변환은 0에서 정수, 0에서 피크, 가장 가까운 값, 0에서 최대치 X값 또는 기준에서 최대치의 X-값의 적분이 될 수 있다.
②	스펙트럼 슬라이스의 초분광도이다.
③	선택한 영상 영역의 스펙트럼 그림으로 스펙트럼 위젯처럼 작동한다.
④	선택한 통합 방법에 대한 영역 선택기이다.
⑤	영상과 스펙트럼 뷰로 마우스로 클릭하여 분할 비율을 조정한다.

3 Interpolate

위젯	설명	입력	출력
Interpolate	스펙트럼 데이터를 보간한다.	Data	Points Interpolated Data

Interpolate 위젯을 사용하면 [그림 Ⅵ-4]와 같이 데이터 세트를 서로 다른 파형 번호로 정렬할 수 있다. 자동 보간을 하거나 정렬할 참조 데이터 세트를 제공할 수 있다. [표 Ⅵ-4]에서 Interpolate 위젯 창과 관련된 세부 설명을 참고한다.

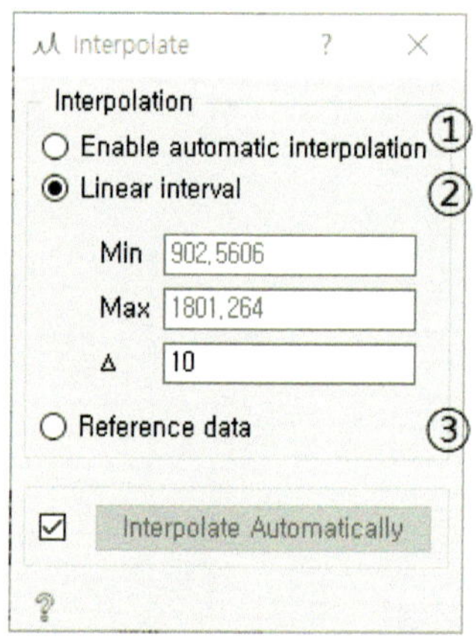

[그림 Ⅵ-4] Interpolate 위젯 창

[표 Ⅵ-4] HyperSpectra 위젯 창 세부 설명

① Enable automatic interpolation	새 도메인을 만들어 테스트 데이터에 대한 값 보간을 활성화한다.
② Linear interval	Min: 최소 컷오프 Max: 최대 컷오프 Delta: 컷오프 간의 차이
③ Reference data	데이터가 참조 데이터에 정렬된다.

[그림 Ⅵ-5]의 워크플로우에서는 Interpolate를 사용하여 측정에서 얼마나 많은 세분성을 잃을 수 있는지 결정할 것이다. 데이터 세트 위젯의 Liver spectroscopy 데이터를 사용하여 Interpolate 위젯에 연결하고 선형 간격 옵션을 사용한다. 델타는 기본 10으로 설정되어 있다. 그런 다음 테스트 및 점수 위젯에서 예측 모델의 성능을 관찰한

다. 로지스틱 회귀 분석 및 랜덤 포레스트를 선택하여 연결한다. 이제 델타를 50으로 설정하고 AUC의 변화를 관찰한다. 델타를 100 또는 150으로 설정해 본다. AUC는 여전히 높기 때문에 이렇게 낮은 해상도에서도 분류기가 안정적이라는 뜻이다. 이렇게 하면 클래스 값 간의 적절한 분리를 달성하기 위해 얼마나 많은 세분성을 손실할 수 있는지 확인할 수 있다.

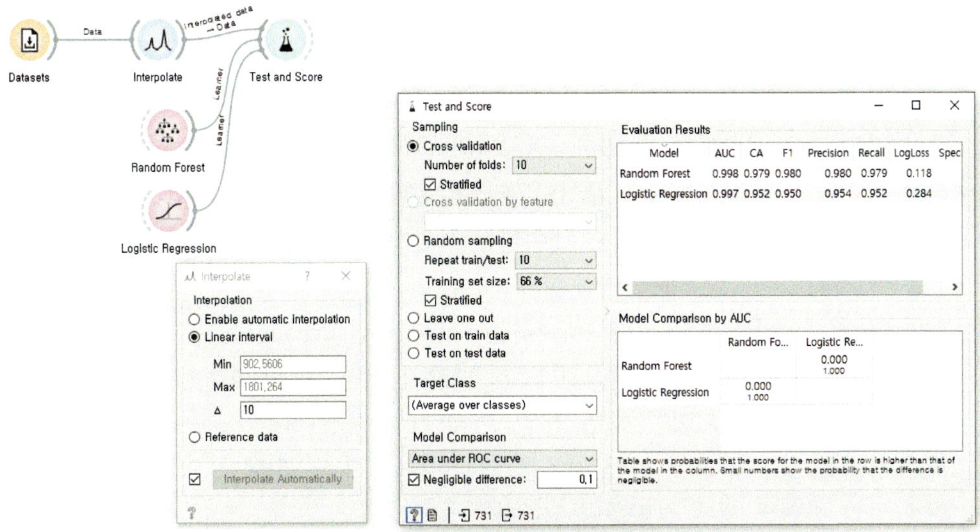

[그림 Ⅵ-5] Interpolate 예제

4 Preprocess Spectra

위젯	설명	입력	출력
 Preprocess Spectra	데이터 전처리 파이프라인을 구성한다.	Data	Reference Preprocessed Data, Preprocessor

Preprocess Spectra 위젯을 사용하면 [그림 Ⅵ-6]과 같이 일련의 전처리 방법을 스펙트럼 데이터에 적용한다. 목록에서 사전 처리 방법을 선택하고 오른쪽의 삼각형 버튼을 눌러 결과를 시각화할 수 있다. 전처리의 순서가 중요하므로 전처리의 순서를 바꾸려면 메소드를 적절한 위치에 끌어다 놓으면 된다. 선택한 방법에 대한 입력 데이터는 상단 그림에 표시되고, 전처리된 데이터는 하단 그림에 표시된다. 오른쪽의 삼각형 버튼을 눌러 각 전처리 단계를 관찰할 수 있다. 모두 적용하고 최종 결과 그림을 관찰하려면 Final Preview를 누른다. 데이터를 출력하려면 Commit을 누른다. 기준 데이터 세트는 입력 데이터를 따라 처리된다. 첫 번째 전처리기만 입력에서와 같이 참조를 사용한다. 참조가 고정되어야 하는 경우, 여러 가지 사전 처리 스펙트럼 위젯으로 사전 처리 방법을 나누고 그에 따라 참조를 연결한다. [표 Ⅵ-5]에서 Preprocess Spectra 위젯 창과 관련된 세부 설명을 참고한다.

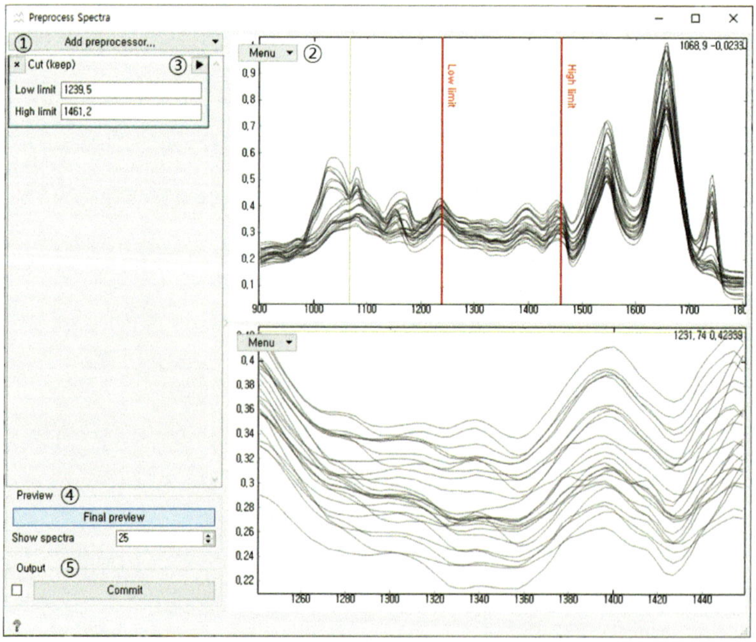

[그림 Ⅵ-6] Preprocess Spectra 위젯 창

[표 VI-5] Preprocess Spectra 위젯 창 세부 설명

①	드롭다운 메뉴에서 전처리를 추가한다.
②	스펙트럼 위젯에서처럼 편집기 메뉴를 사용하여 플롯을 미리 본다. 맨 위 그림에는 전처리 전과 전처리 후의 데이터가 표시된다.
③	단일 전처리를 미리 본다(상위 그림에는 입력, 출력 아래에 플롯이 표시된다).
④	Final Preview(최종 미리 보기) 버튼을 클릭하여 사전 처리의 최종 결과를 관찰한다. 그림에 표시된 스펙트럼의 수를 변경한다.
⑤	Commit을 눌러 전처리된 데이터를 계산하고 출력한다.

일반적으로 분석 초기에는 전처리 스펙트럼을 사용한다. [그림 VI-7]의 워크플로우에서는 Liver spectroscopy 데이터를 사용한다. 전처리 스펙트럼에서 두 가지 전처리 방법을 선택하고 출력을 관찰한다. 먼저 스펙트럼에서 기준선을 제거하는 기준선 보정을 사용한다. 그런 다음 Cut (keep) 방법으로 관심 영역을 잘라낸다. 유지할 영역을 설정하려면 그래프의 빨간색 선을 왼쪽 또는 오른쪽으로 끈다. 선택사항이 변경되면 바닥이 어떻게 변하는지 볼 수 있다. 전처리의 최종 결과를 보려면 Final Preview(최종 미리 보기)를 누르고 결과가 만족스러우면 Commit(커밋)을 누른다. 우리는 스펙트럼 위젯에서 최종 결과를 관찰하거나 다운스트림 분석에서 전처리된 데이터를 사용할 수 있다.

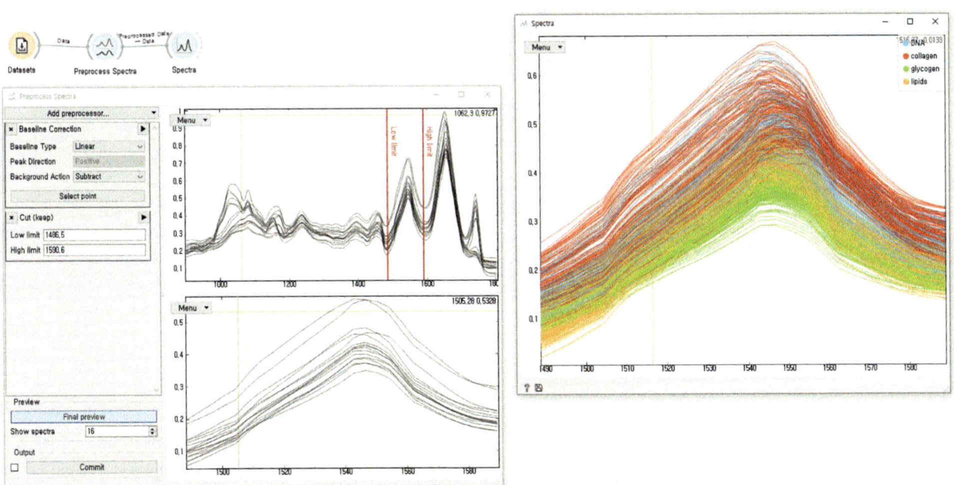

[그림 VI-7] Preprocess Spectra 예제

5 Integrate Spectra

위젯	설명	입력	출력
 Integrate Spectra	스펙트럼을 다양한 방법으로 통합한다.	Data	Integrated Data, Preprocessor

Integrate Spectra 위젯을 사용하면 [그림 Ⅵ-8]과 같이 관심 영역을 선택하고 여러 가지 방법과 통합하여 데이터에 적분을 추가할 수 있다. [표 Ⅵ-6]에서 Integrate Spectra 위젯 창과 관련된 세부 설명을 참고한다.

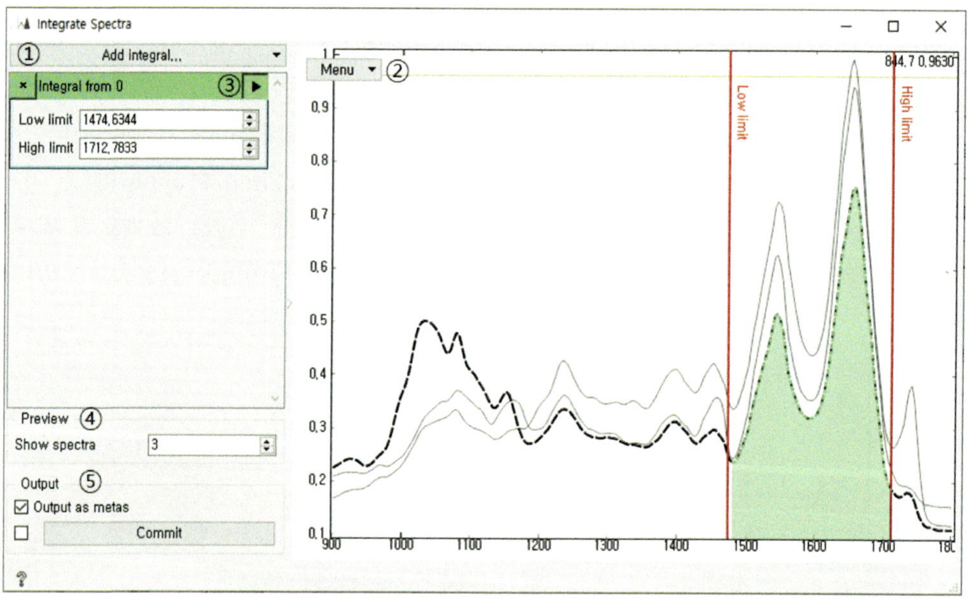

[그림 Ⅵ-8] Integrate Spectra 위젯 창

[표 Ⅵ-6] Integrate Spectra 위젯 창 세부 설명

①	적분 추가(0으로부터의 적분, 0부터 피크까지, 가장 가까운 값, X값 0부터 최대값)
②	스펙트럼 위젯에서처럼 편집기 메뉴를 사용하여 플롯을 미리 본다.
③	미리 보기를 전환한다.
④	(성능을 위해 구현된) 스펙트럼의 하위 표본을 보여준다.
⑤	출력은 메타 속성으로 통합된다. 그렇지 않으면 적분만 출력된다. 변경 내용을 출력에 전송하도록 Commit한다.

[그림 Ⅵ-9]의 워크플로우는 스펙트럼 통합 위젯을 사용하는 방법에 대한 간단한 예제이다. 위젯은 스펙트럼 영역을 통합하기 위한 많은 옵션을 제공하며 결과는 데이터에 추가 열로 추가된다. 데이터 세트 위젯의 Liver spectroscopy 데이터 세트를 사용하여 스펙트럼 통합 위젯에서 '0에서 적분'을 선택하고 빨간색 선으로 하한과 상한을 설정한다. 왼쪽의 Low limit과 High limit 값을 조정하여 설정할 수도 있다. 통합 영역을 관찰하기 위해서는 옆에 있는 삼각형 재생 버튼을 눌러야 한다. 데이터를 출력하려면 Commit을 누르면 된다. 데이터 테이블에서 영역의 정수 값을 사용하여 추가 열을 관찰할 수 있다.

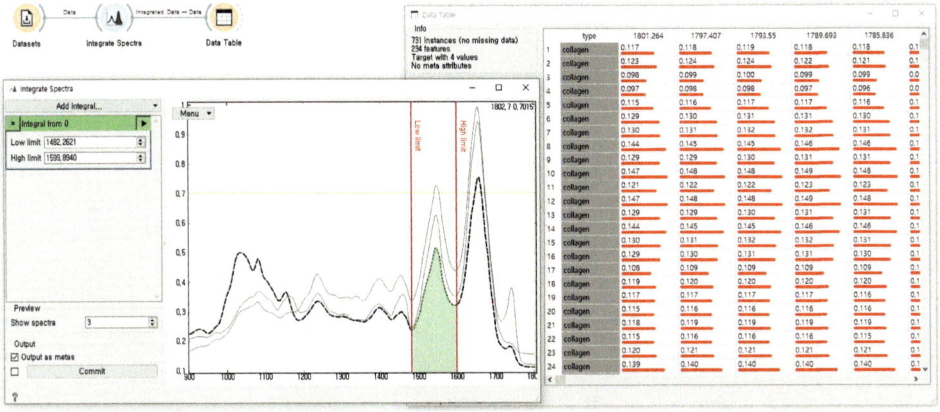

[그림 Ⅵ-9] Integrate Spectra 예제

6 Multifile

위젯	설명	입력	출력
Multifile	입력 파일에서 데이터를 읽고 출력으로 데이터 테이블을 보낸다.	X	Data

Multifile 위젯을 사용하면 다양한 소스에서 데이터를 로드하며 분광학을 위한 연결 위젯과 같은 기능을 수행한다. 위젯은 일치하지 않는 파형 번호에 대한 결측값과 함께 속성 및 features의 조합을 출력한다. 결측 데이터를 보간하려면 Interpolate 위젯을 사용한다.

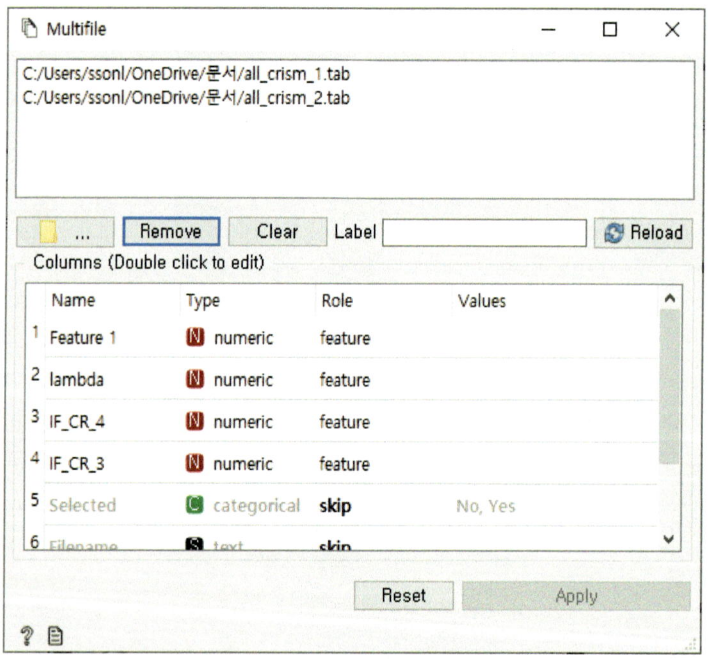

[그림 Ⅵ-10] Multifile 위젯 창

[그림 Ⅵ-11]의 워크플로우는 Multifile 위젯 사용 방법에 대한 간단한 예제이다. 로컬 컴퓨터에 저장된 두 개의 데이터 세트를 로드한다. 폴더 아이콘을 사용하여 파일을 액세스하고 파일을 로드한다. 이제 파일이 상단 상자에 표시된다. 스펙트럼 위젯 또는 데이터 테이블에서 관련 데이터를 관찰할 수 있다.

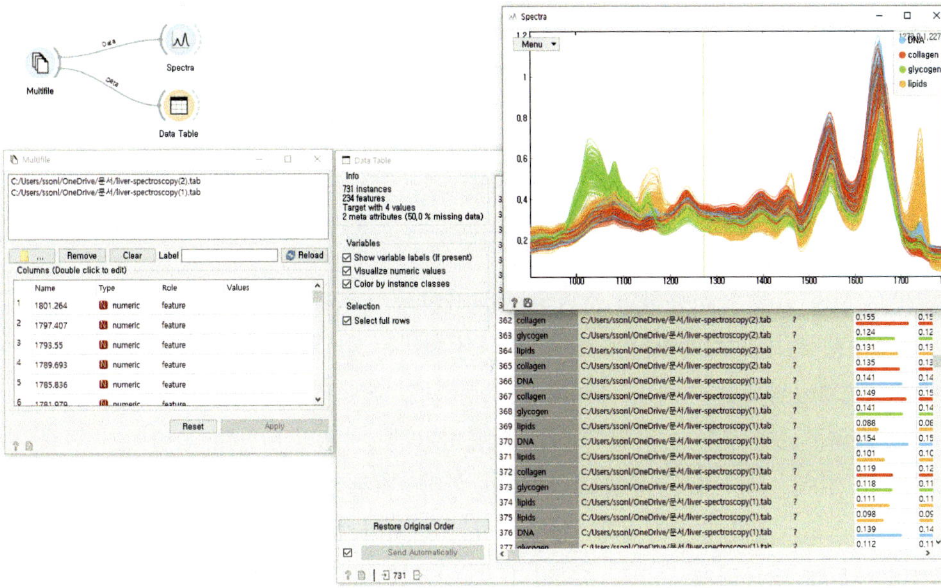

[그림 Ⅵ-11] Multifile 예제

7 Tile File

위젯	설명	입력	출력
 Tile File	입력 파일에서 타일별로 데이터 읽기, 사전 처리 및 출력으로 데이터 테이블을 전송한다.	Preprocessor	Data

Tile File 위젯을 사용하면 호환되는 모자이크 스펙트럼 이미지에서 데이터를 로드하고 제공된 전처리를 데이터에 적용한다. 전처리는 한 번에 하나의 모자이크 타일이 적용되고, 결과적으로 처리된 데이터 세트는 단일 데이터 테이블로 결합된다. 적어도 하나의 프리프로세서가 이 파일 로더를 활용하고 총 메모리 사용량을 줄이기 위해 데이터 세트 크기(예: 잘라내기, 통합)를 줄여야 한다. 기본적으로 위젯은 데이터 세트를 자동으로 불러오지 않는다. 이렇게 하면 원하는 전처리기 체인이 구성되기 전에 대용량 데이터 세트를 메모리에 로드할 수 없다. 데이터를 로드하려면 "Reload" 버튼을 누른다.

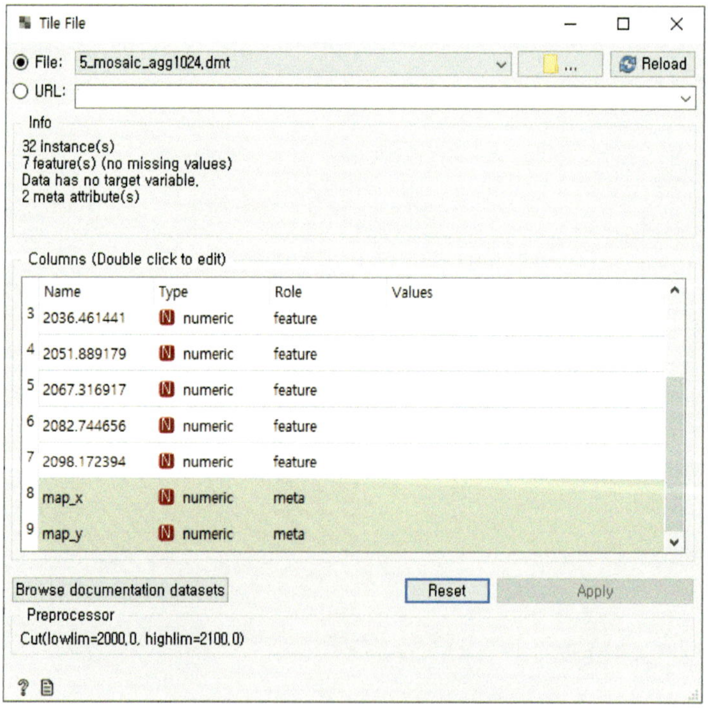

[그림 Ⅵ-12] Tile File 위젯 창

[그림 Ⅵ-13]의 워크플로우는 타일 파일 위젯을 사용하는 간단한 예제이다. 전처리 스펙트럼에서 전처리기 목록을 구성하고 전처리기 출력을 타일 파일 위젯의 입력에 연

결한다. 로컬에 저장되어 있는 모자이크 데이터 세트를 로드한다. 폴더 아이콘을 사용하여 파일에 액세스하고 데이터를 불러올 수 있다. 적용할 전처리를 확인하고 "Reload"를 눌러 데이터를 로드한다. 이제 전처리된 데이터 세트에 대한 정보가 정보 상자와 도메인 편집기에 표시된다. HyperSpectra 위젯 또는 데이터 테이블에서 전처리된 데이터를 관찰할 수 있다.

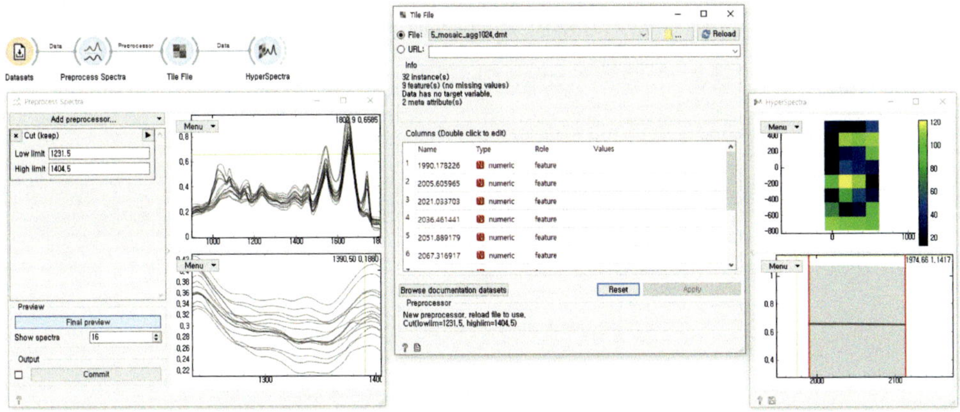

[그림 Ⅵ-13] Tile File 예제

8 Average Spectra

위젯	설명	입력	출력
Average Spectra	스펙트럼 평균을 계산한다.	Data	Averages

Average Spectra 위젯을 사용하면 평균 스펙트럼을 계산할 수 있다. 전체 데이터 세트의 평균 또는 평균을 범주형 feature에 의해 정의된 그룹으로 출력할 수 있다.

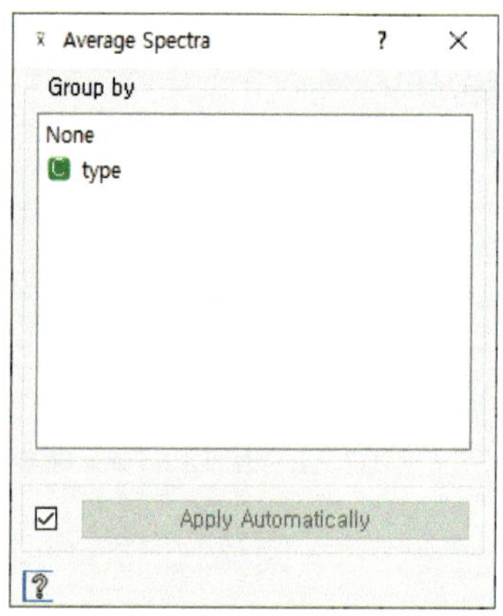

[그림 Ⅵ-14] Average Spectra 위젯 창

9 Interferogram to Spectrum

위젯	설명	입력	출력
 Interferogram to Spectrum	0으로 채우기, 아포다이제이션 및 위상 보정을 포함하여 인터페로그램에서 고속 푸리에 변환을 수행한다.	Interferogram	Stored phase Spectra, Phases

Interferogram to Spectrum 위젯을 사용하면 0 채우기, 양형화 및 위상 보정을 포함하여 인터페로그램에서 빠른 푸리에 변환을 수행한다.

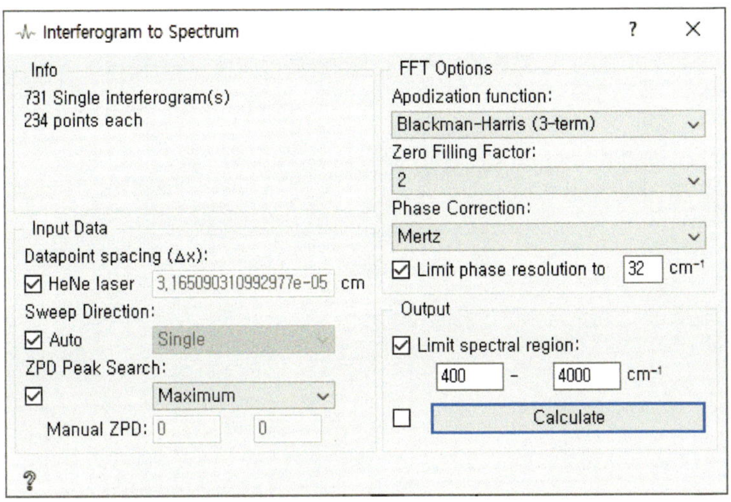

[그림 Ⅵ-15] Interferogram to Spectrum 위젯 창

10 Reshape Map

위젯	설명	입력	출력
 Reshape Map	입력 데이터 세트의 모양을 구축하거나 수정하여 영상 시리즈 데이터에서 2D 맵을 만들거나 기존 2D 데이터 세트의 크기를 변경한다.	Data	Map Data

Reshape Map 위젯을 사용하면 입력 데이터를 Map으로 변환한다.

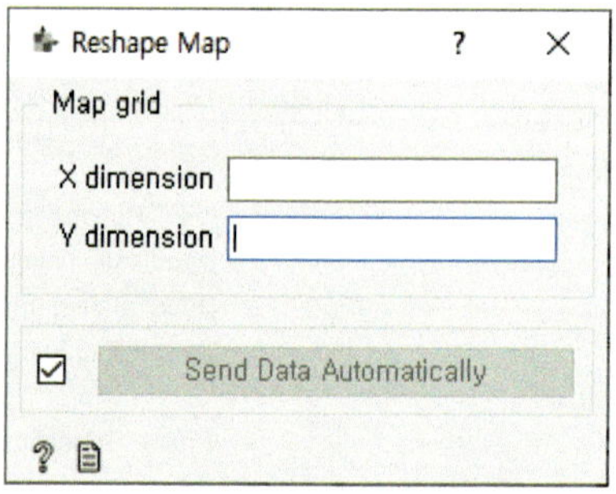

[그림 VI-16] Reshape Map 위젯 창

2. 텍스트 마이닝

1 Corpus

위젯	설명	입력	출력
Corpus	텍스트 문서의 말뭉치를 불러온다.	Data	Corpus

Corpus 위젯을 사용하면 다음 두 가지 모드에서 작동할 수 있다. 첫 번째는 입력에 데이터가 없을 때, 파일로부터 텍스트 코퍼스를 읽고 그것의 출력 채널로 말뭉치 인스턴스를 보낸다. 가장 최근에 연 파일의 기록이 위젯에서 유지된다. 위젯에는 추가 기능과 함께 사전 설치되는 샘플 코퍼스가 있는 디렉토리도 포함된다. 위젯은 Excel(.xlsx), 쉼표로 구분된(.csv) 및 기본 탭으로 구분된(.tab) 파일에서 데이터를 읽는다. 두 번째는 사용자가 입력에 데이터를 제공할 때 데이터를 말뭉치로 변환한다. 사용자는 텍스트 feature로 사용할 feature를 선택할 수 있다. [표 Ⅵ-7]에서 Corpus 위젯 창과 관련된 세부 설명을 참고한다.

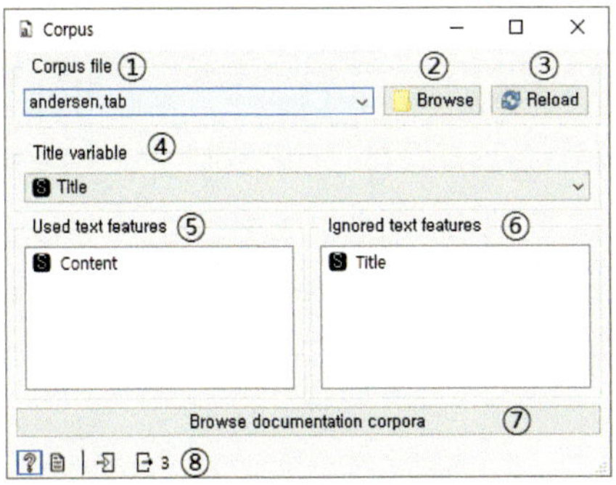

[그림 Ⅵ-17] Corpus 위젯 창

[표 Ⅵ-7] Corpus 위젯 창 세부 설명

①	이전에 연 데이터 파일을 탐색하거나 샘플 파일을 로드한다.
②	데이터 파일을 찾는다.
③	현재 선택한 데이터 파일을 다시 로드한다.
④	Corpus Viewer에서 문서 제목으로 표시되는 변수를 선택한다.
⑤	텍스트 분석에 사용될 feature이다.
⑥	텍스트 분석에서 사용되지 않는 feature이다.

⑦	추가 기능과 함께 제공되는 데이터 세트를 탐색한다.
⑧	도움말에 액세스하여 보고서를 작성하고 로드된 데이터 세트에 대한 정보를 가져온다.

[그림 Ⅵ-18]의 워크플로우는 코퍼스 위젯의 매우 간단한 사용을 보여준다. Corpus 위젯에 Corpus Viewer를 연결한다. book-excerpts.tab 데이터 세트를 사용하여 코퍼스 뷰어에서 확인해 본다.

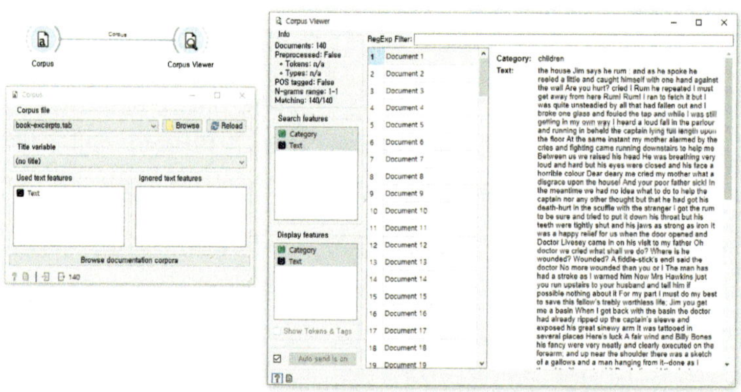

[그림 Ⅵ-18] Corpus 예제1

[그림 Ⅵ-19]의 워크플로우는 Word Cloud를 사용하여 말뭉치를 신속하게 시각화하는 방법을 보여준다. 워드 클라우드를 코퍼스에 직접 연결할 수 있지만 그 대신 전처리 텍스트를 사용하여 몇 가지 사전 처리를 적용한다. book-excerpts.tab 데이터를 활용하여 전처리에서 모든 텍스트를 소문자로 지정, 텍스트를 단어로만 토큰화(분할), 영어 중지 단어를 필터링, 가장 자주 사용하는 토큰 100개를 선택한다.

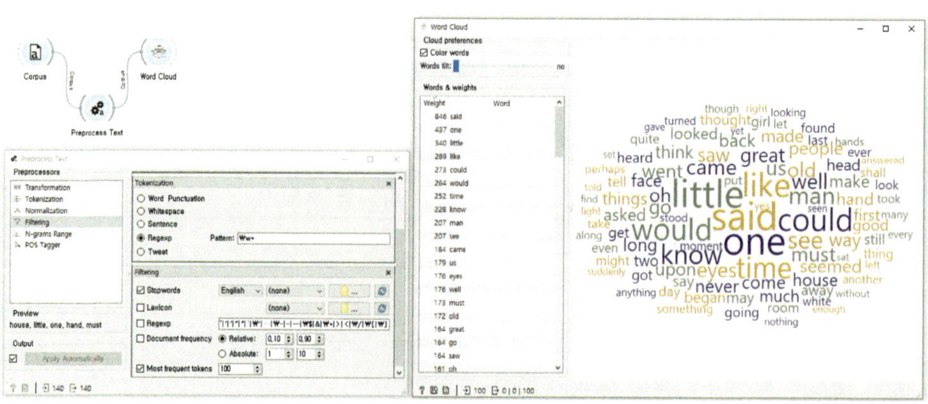

[그림 Ⅵ-19] Corpus 예제2

2 Import Documents

위젯	설명	입력	출력
 Import Documents	폴더에서 텍스트 문서를 가져온다.	X	Corpus, Skipped documents

Import Documents 위젯을 사용하면 [그림 Ⅵ-20]과 같이 폴더에서 텍스트 파일을 검색하고 말뭉치를 작성한다. 위젯에서는 .txt, .docx, .odt, .pdf 및 .xml 파일을 읽는다. 폴더에 하위 폴더가 있으면 클래스 레이블로 사용된다.

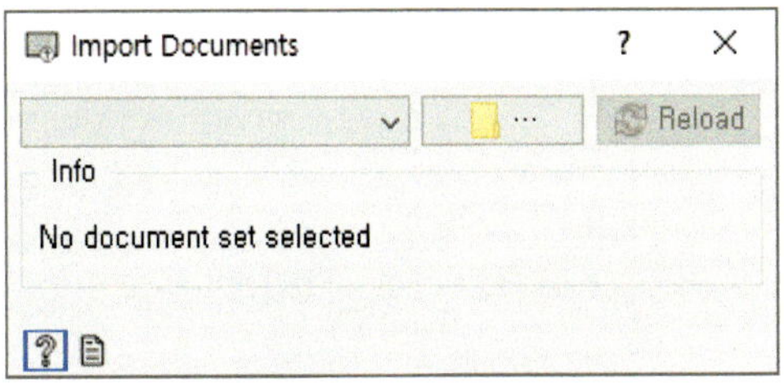

[그림 Ⅵ-20] Import Documents 위젯 창

3 The Guardian

위젯	설명	입력	출력
The Guardian	가디언 API에서 기사를 가져온다.	X	Corpus

The Guardian 위젯을 사용하면 [그림 Ⅵ-21]과 같이 API를 통해 가디언 신문에서 기사를 검색한다. 위젯이 작동하려면 액세스 플랫폼에서 얻을 수 있는 API 키를 제공해야 한다. [표 Ⅵ-8]에서 The Guardian 위젯 창과 관련된 세부 설명을 참고한다.

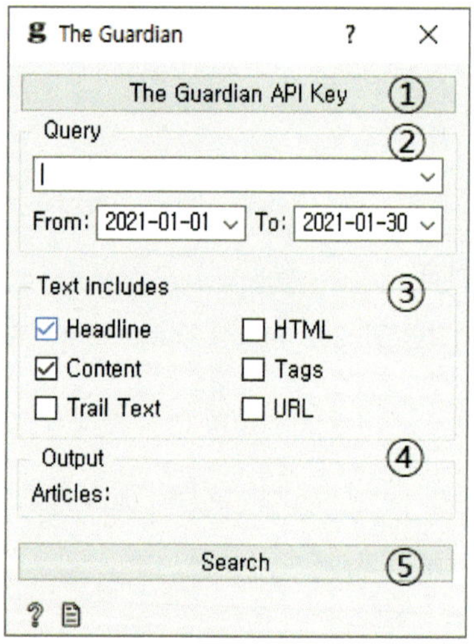

[그림 Ⅵ-21] The Guardian 위젯 창

[표 Ⅵ-8] The Guardian 위젯 창 세부 설명

①	위젯이 작동할 API 키를 삽입한다.
②	쿼리를 제공하고 기사를 검색할 기간을 설정한다.
③	가디언 플랫폼에서 검색할 feature를 정의한다.
④	출력에 대한 정보이다.
⑤	문서 검색을 시작하려면 검색을 누르고 검색을 중지하려면 중지를 누른다.

[그림 Ⅵ-22]의 워크플로우는 가디언은 NYTimes, Wikipedia, Twitter 또는 PubMed와 같은 오렌지3의 다른 데이터 검색 위젯과 마찬가지로 사용될 수 있다. 2021년 1월 30일부터 31일까지 covid 관련 기사 2500건을 회수하였다. 텍스트에는 기사 헤드라인과

내용이 포함되며 검색을 누르면 기사가 검색된다. 코퍼스 뷰어 위젯에서 결과를 관찰할 수 있다.

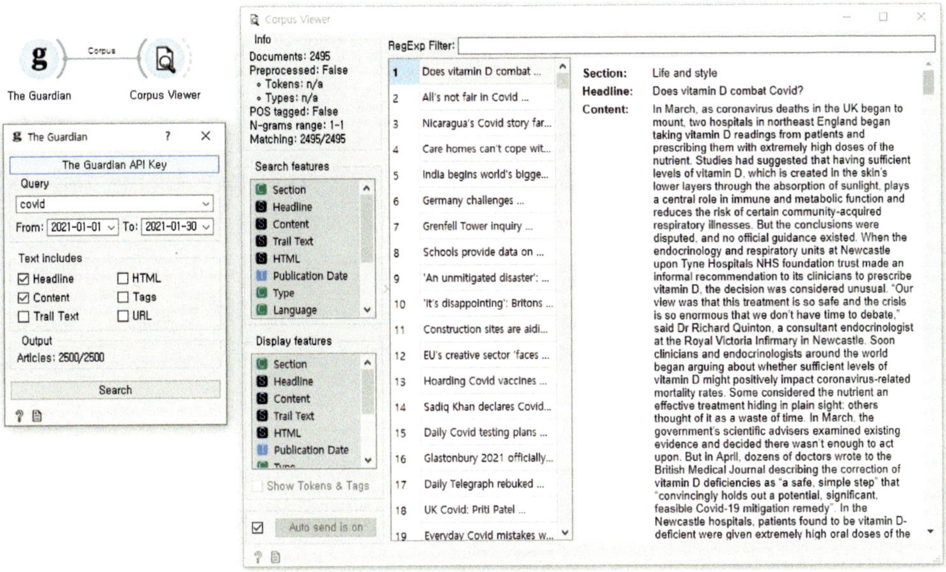

[그림 Ⅵ-22] The Guardian 예제

4 NY Times

위젯	설명	입력	출력
NY Times	뉴욕타임즈 검색 API에서 기사를 가져온다.	X	Corpus

NY Times 위젯을 사용하면 [그림 Ⅵ-23]과 같이 NY Times의 기사 검색 API에서 데이터를 로드한다. 1851년 9월 18일부터 오늘까지 NYTimes 기사를 조회할 수 있지만 API 제한은 쿼리당 1000개의 문서만 검색할 수 있도록 설정되어 있다. 기본적으로 선택되는 텍스트 마이닝, 헤드라인 및 요약 에 사용할 feature를 정의한다. 위젯을 사용하려면 자신의 API 키를 입력해야 한다.

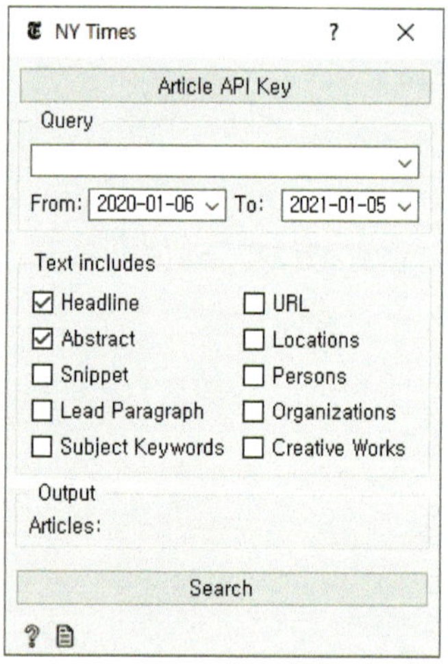

[그림 Ⅵ-23] NY Times 위젯 창

5 Pubmed

위젯	설명	입력	출력
Pubmed	Pubmed에서 데이터를 가져온다.	X	Corpus

Pubmed 위젯을 사용하면 [그림 Ⅵ-24]와 같이 MEDLINE, 생명과학 저널, 온라인 서적의 생물 의학 문헌에 2,600만 건 이상의 인용문을 위젯을 사용하여 항목을 쿼리하고 검색할 수 있다. 정기 검색을 사용하거나 고급 쿼리를 구성할 수 있다.

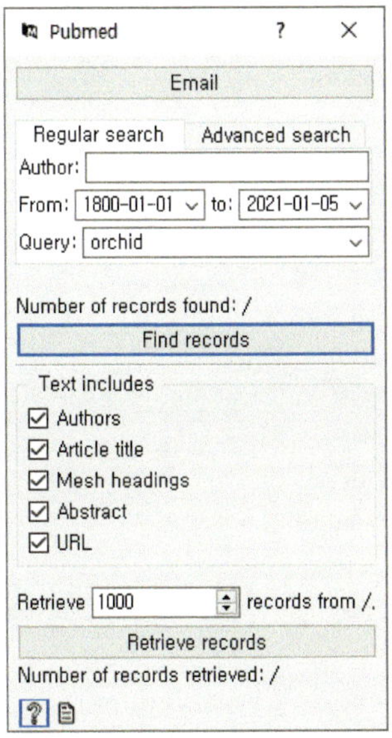

[그림 Ⅵ-24] Pubmed 위젯 창

6 Twitter

위젯	설명	입력	출력
Twitter	Twitter API에서 트윗을 불러온다.	X	Corpus

Twitter 위젯을 사용하면 [그림 Ⅵ-25]와 같이 Twitter API를 통해 트윗을 쿼리할 수 있다. 더 큰 데이터 세트를 생성하려면 컨텐츠, 작성자 또는 둘 다로 쿼리하고 결과를 누적시킬 수 있다. 위젯은 REST API만 지원하며 최대 2주 동안 쿼리를 허용한다. [표 Ⅵ-9]에서 Twitter 위젯 창과 관련된 세부 설명을 참고한다.

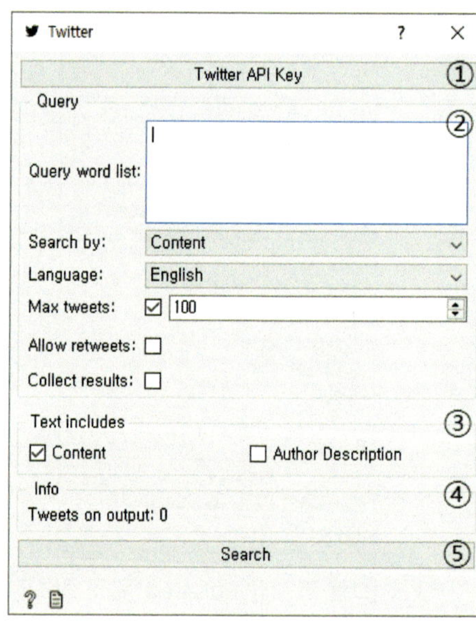

[그림 Ⅵ-25] Twitter 위젯 창

[표 Ⅵ-9] Twitter 위젯 창 세부 설명

①	쿼리를 시작하려면 Twitter 키와 암호를 삽입한다.
②	쿼리 매개 변수를 설정한다.
③	텍스트 feature로 포함할 feature를 정의한다.
④	출력의 트윗 수에 대한 정보이다.
⑤	쿼리를 실행한다.

7 Wikipedia

위젯	설명	입력	출력
Wikipedia	위키피디아 API에서 데이터를 가져온다.	X	Corpus

Wikipedia 위젯을 사용하면 [그림 Ⅵ-26]과 같이 Wikipedia API에서 텍스트를 검색하는 데 사용되며 주로 강의 및 시연에 유용하다. [표 Ⅵ-10]에서 Wikipedia 위젯 창과 관련된 세부 설명을 참고한다.

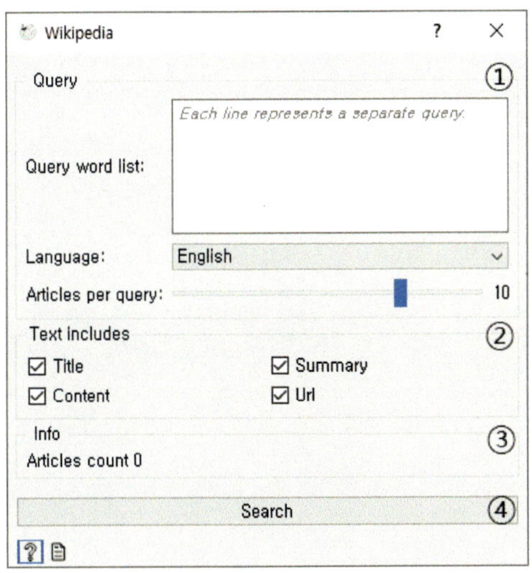

[그림 Ⅵ-26] Wikipedia 위젯 창

[표 Ⅵ-10] Wikipedia 위젯 창 세부 설명

①	쿼리 매개 변수를 설정한다.
②	텍스트 feature로 포함할 feature를 정의한다.
③	출력에 대한 정보이다.
④	쿼리를 실행한다.

[그림 Ⅵ-27]의 워크플로우는 위키피디아를 사용하여 '한국'과 '미국'에 대한 내용을 검색하는 것이다. 그런 다음 텍스트 전처리를 통해 기본 전처리를 적용하고 워드 클라우드에서 가장 빈번한 단어를 관찰하면 된다.

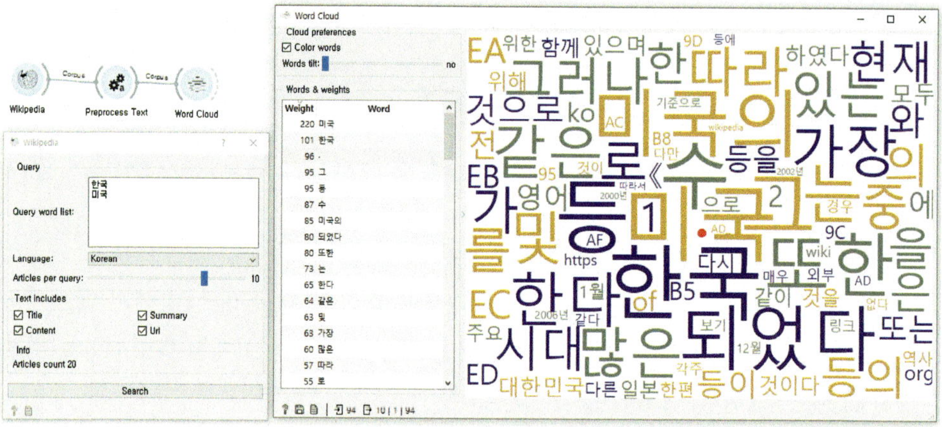

[그림 Ⅵ-27] Wikipedia 예제

8 Preprocess Text

위젯	설명	입력	출력
Preprocess Text	텍스트 전처리 파이프라인을 구성한다.	Corpus	Corpus

Preprocess Text 위젯을 사용하면 [그림 Ⅵ-28]과 같이 텍스트를 더 작은 단위(토큰)로 분할하여 필터링하고 정규화를 실행하며, n-gram을 만들고, 일부 언어 레이블이 있는 토큰에 태그를 지정한다. 분석 단계는 순차적으로 적용되며 순서를 변경할 수 있다. 전처리를 클릭하고 끌어서 순서를 변경한다. [표 Ⅵ-11]에서 Preprocess Text 위젯 창과 관련된 세부 설명을 참고한다.

[그림 Ⅵ-29]의 워크플로우에서 먼저 트위터 위젯으로 데이터를 획득한다. @trump @biden의 트윗을 요청했고 총 100개의 트윗을 받았다. 텍스트 전 처리에는 해시 태그, 이모티콘, 멘션 등을 보관하는 트윗 토큰화가 있다. 하지만, 이 토큰화기는 구두점을 없애지 않기 때문에 제거하고자 했던 기호로 Regex 필터링을 확장했다. 우리는 워드 클라우드에 전시된 워드 전용 토큰을 갖게 되었다. 그런 다음 트윗 내용을 기반으로 작성자를 예측하기 위한 모델을 만들었다.

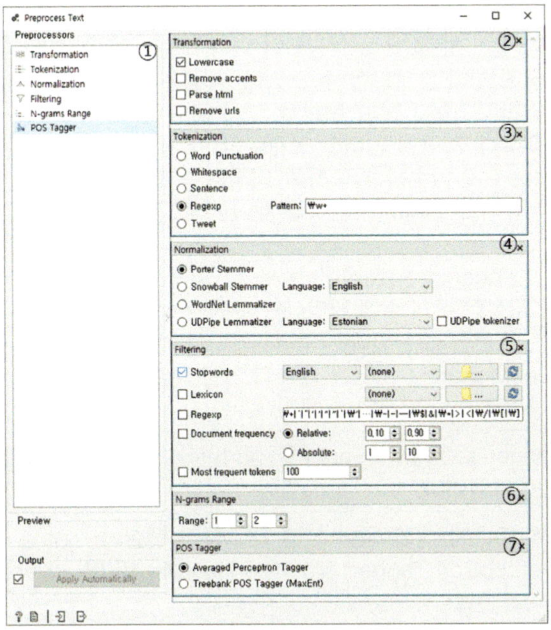

[그림 Ⅵ-28] Preprocess Text 위젯 창

[표 Ⅵ-11] Preprocess Text 위젯 창 세부 설명

①	사용 가능한 전처리를 목록에서 보고 선택한다.
②	Transformation은 입력 데이터를 변환한다. 기본적으로 소문자 변환을 적용한다. • Lowercase : 모든 텍스트를 소문자로 바꾼다. • Remove accents : 텍스트의 모든 악센트/악센트가 제거된다. • Parse html : html 태그를 탐지하고 텍스트만 구문 분석한다. • Remove urls : 텍스트에서 URL이 제거된다.
③	Tokenization은 텍스트를 더 작은 구성 요소(단어, 문장, 빅그램)로 나누는 방법이다. • Word & Punctuation : 텍스트를 단어별로 나누고 구두점 기호를 유지한다. • Whitespace : 텍스트를 공백으로만 분할한다. • Sentence : 전체 문장만 유지한 채 텍스트를 완전히 중지하여 분할한다. • Regexp : 제공된 정규식별로 텍스트를 분할한다. 기본적으로 단어 단위로만 분할된다. • Tweet : 해시태그, 이모티콘 및 기타 특수 기호를 보관하는 사전 훈련된 트위터 모델에 의해 텍스트를 분할한다.
④	Normalization은 단어에서 비롯되고, 문법은 단어에서 비롯된다. 영어 이외의 언어에서는 스노우볼 스템머(NLTK 구현에서 사용 가능한 언어 제공) 또는 UDPipe를 사용한다. • Porter Stemmer : 원래 포터 스템머를 적용한다. • Snowball Stemmer : 개선된 포터 스템머(Porter 2)를 적용한다. 표준화를 위한 언어를 설정한다. 기본값은 영어이다. • WordNet Lemmatizer : 영어의 큰 어휘 데이터베이스를 기반으로 하는 토큰에 인지 동의어 네트워크를 적용한다. • UDPipe : 데이터를 정규화하기 위해 사전 훈련된 모델을 적용한다.
⑤	Filtering으로 단어 선택 제거 또는 유지를 한다. • Stopwords : 텍스트에서 중지 단어를 제거한다(예: 'and', 'or', 'in'…). 필터링할 언어를 선택한다. 영어는 기본값으로 설정되어 있다. 또한 간단한 *.txt 파일에 제공된 중지 단어 목록을 한 줄에 하나씩 로드할 수도 있다. 제공된 중지 단어만 필터링하려면 '영어'를 '없음'으로 변경한다. 중지 단어 목록을 다시 로드하려면 '재로드' 아이콘을 클릭한다. • Lexicon : 파일에 제공된 단어만 보관한다. 어휘로 사용할 *.txt 파일을 한 줄에 하나씩 로드한 'Reload' 아이콘을 클릭하여 어휘를 다시 로드한다. • Regexp : 정규식과 일치하는 단어를 제거한다. 기본값은 구두점을 제거하도록 설정되어 있다. • Document frequency : 지정된 문서 수/퍼센트 이상에 나타나는 토큰을 유지한다. Absolute는 지정된 문서 수에 나타나는 토큰만 보관한다. Relative는 지정된 문서 백분율에 나타나는 토큰만 보관한다. • Most frequent tokens : 지정된 개수의 가장 자주 사용하는 토큰만 유지한다. 기본값은 가장 자주 사용하는 100개의 토큰이다.
⑥	N-grams Range: 토큰에서 n-gram을 생성한다. 숫자는 n그램의 범위를 지정한다. 기본값은 1그램과 2그램이다.
⑦	POS Tagger: 토큰에 대해 음성 부분 태그를 실행한다. Averaged Perceptron Tagger: Matthew Honnibal의 평균 Perceptron Tagger와 함께 POS 태깅을 실행한다. Treebank POS Tagger (MaxEnt): 훈련된 Penn Treebank 모델로 POS 태깅을 실행한다.

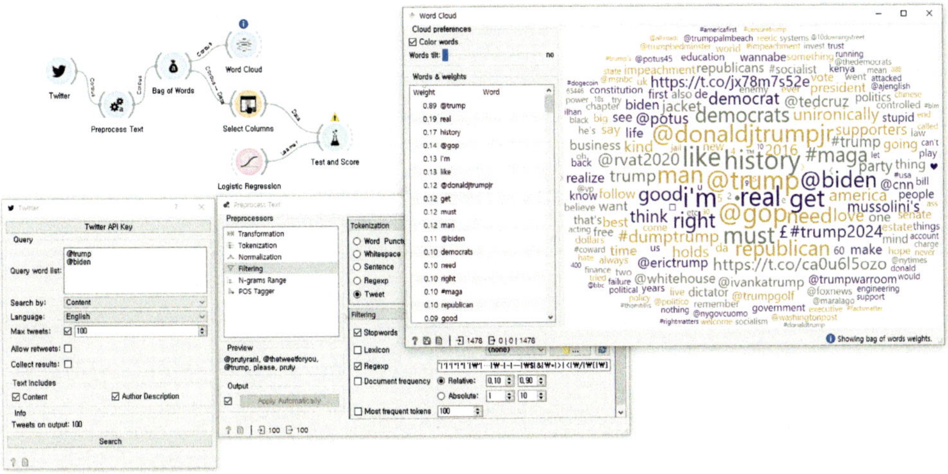

[그림 Ⅵ-29] Preprocess Text 예제

9 Corpus to Network

위젯	설명	입력	출력
 Corpus to Network	지정된 말뭉치에서 네트워크를 구성한다.	Corpus	Node Data

Corpus to Network 위젯을 사용하면 문서 또는 단어(ngrams)에서 작동할 수 있다. 노드가 문서인 경우, 두 문서에 모두 나타나는 단어(ngrams) 수가 최소 임계값인 경우 두 문서 사이에 에지가 있다. 노드가 단어(ngrams)인 경우 두 단어 사이의 에지가 있다. 둘 다 창 내부에 나타나는 횟수(크기 2 * 창 크기 + 1)가 최소 임계값이다. 빈도 임계값보다 높은 빈도를 가진 단어만 노드로 포함된다. 이것은 단어 동시 발생 네트워크이다. [표 Ⅵ-12]에서 Corpus to Network 위젯 창과 관련된 세부 설명을 참고한다.

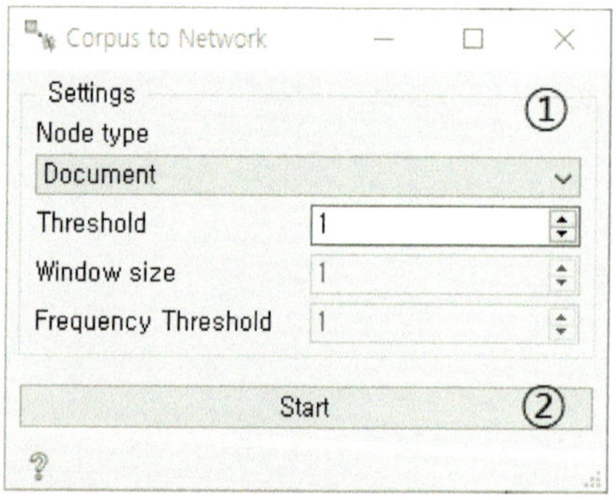

[그림 Ⅵ-30] Corpus to Network 위젯 창

[표 Ⅵ-12] Corpus to Network 위젯 창 세부 설명

①	위젯 매개 변수 • Node type : 노드가 문서인지 워드(ngrams)인지 여부를 제어한다. • Threshold : 두 노드 사이의 에지를 정의하는 데 필요한 임계값을 제어한다 • Window size : 창 크기를 제어한다(노드 유형이 워드로 설정된 경우에만 해당) • Frequency Threshold : 워드 주파수의 임계값을 제어한다(노드 유형이 워드로 설정된 경우에만 해당)
②	위젯이 실행되는 동안 중지하거나 매개 변수를 변경한 후 계산을 시작하기 위한 버튼으로 이 옵션을 클릭하면 중지 버튼으로 바뀐다.

[그림 Ⅵ-31]의 워크플로우에서 Corpus 위젯을 사용하여 book-excerpts.tab을 로드하고, 기본 매개 변수를 사용하여 텍스트 전처리에 연결한 후 텍스트 전처리를 네트워크에 연결한다. 노드 유형을 Word로, Threshold를 10으로, Window size를 3으로, Frequency Threshold를 200으로 설정하고 Start(시작)를 누른다. 이제 출력 네트워크에는 주파수가 200을 넘는 단어(ngrams)만 포함된다. 이 단어 사이의 가장자리는 단어가 최소 10개의 너비 7(2 * 창 크기 + 1)의 창에서 동시에 발생하는 경우 생성된다. 네트워크 탐색기에 코퍼스에 네트워크 위젯을 연결하고 연결을 두 번 클릭한 다음 노드 데이터를 노드 데이터에 연결한다. 이제 Network Explorer 위젯을 열고 노드에 주석을 달려면 Label을 word로 설정하고, word_frequency로 Size를 설정하여 노드 크기가 해당 주파수에 일치하도록 한다. 가장 빈번한 단어들의 멋진 시각화를 확인할 수 있다.

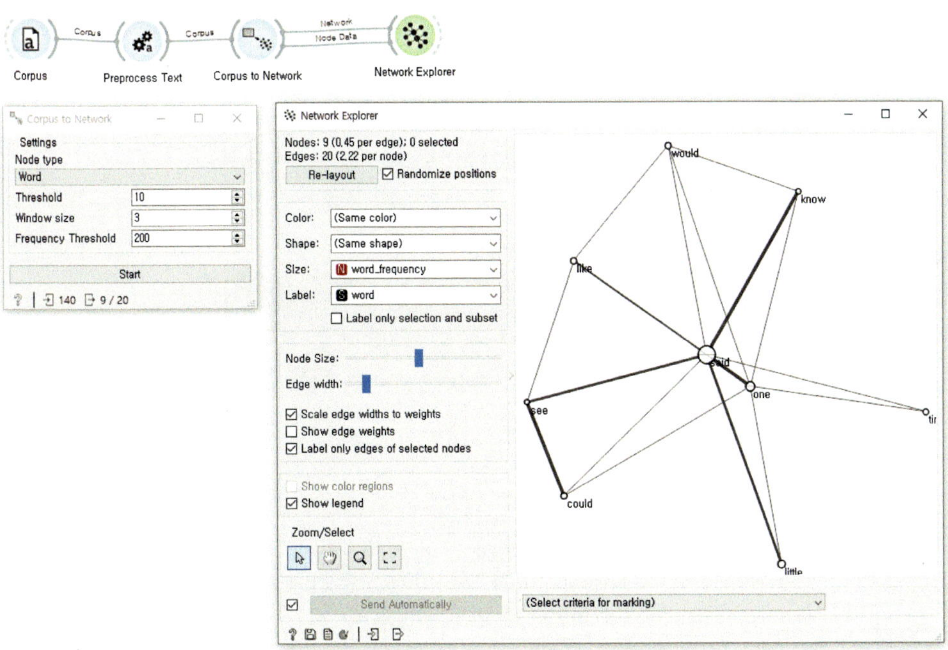

[그림 Ⅵ-31] Corpus to Network 예제

10 Bag of Words

위젯	설명	입력	출력
 Bag of Words	입력 말뭉치에서 단어 주머니를 생성한다.	Corpus	Corpus

Bag of Words 위젯을 사용하면 각 데이터 인스턴스(문서)에 대한 단어 수가 있는 말뭉치를 만든다. 카운트는 절대, 이진(포함 또는 포함하지 않음) 또는 준선형(빈도 용어의 대수)일 수 있다. Bag of Words 위젯은 워드 농축과 함께 필요하며 예측 모델링에 사용될 수 있다. [표 Ⅵ-13]에서 Bag of Words 위셋 창과 관련된 세부 설명을 참고한다.

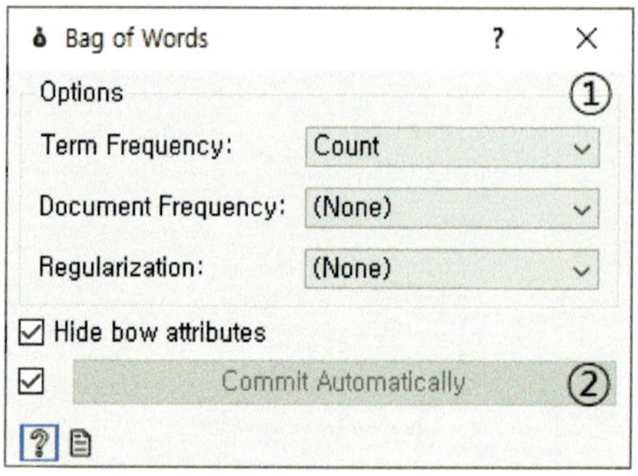

[그림 Ⅵ-32] Bag of Words 위젯 창

[표 Ⅵ-13] Bag of Words 위젯 창 세부 설명

①	위젯 매개 변수 • Term Frequency : Count(문서에서 단어 발생 횟수) Binary(단어가 나타나거나 문서에 나타나지 않음) Sublinear(항 빈도(카운트)의 로그) • Document Frequency : (없음) IDF(역 문서 빈도) Smooth IDF(문서 빈도에 하나를 추가하여 영분할을 방지.) • Regulariation : (없음) L1(요소의 합: 벡터 길이를 요소의 합으로 정규화) L2(유클리드: 벡터 길이를 제곱합으로 정규화)
②	Commit Automatically(자동으로 커밋)가 켜져 있으면 변경 내용이 자동으로 전달된다. 또는 Commit을 누른다.

[그림 Ⅵ-33]의 워크플로우에서 문서 카테고리를 예측하려고 한다. 기본 매개 변수를 사용하여 텍스트 전처리를 통해 보낸 book-excerpts.tab 데이터 세트를 사용한다. 그런 다음 전처리 텍스트를 말뭉치에 연결하여 모델을 계산할 용어 빈도를 얻는다. 예측 모델링을 위해 말뭉치를 테스트 및 점수에 연결한다. SVM 또는 다른 분류기도 테스트 및 점수에 연결한다. 이제 테스트 및 점수는 입력에 대한 각 학습자의 성능 점수를 계산한다. SVM을 통해 매우 인상적인 결과를 얻었다. 이제 모델이 어디서 실수를 했는지 확인할 수 있다. 혼동 행렬을 테스트 및 점수에 추가한다. 혼동 행렬은 정확하게 분류된 문서와 잘못 분류된 문서를 구분하여 표시한다. 잘못 분류된 문서를 선택하면 해당 문서가 출력되며, 이 문서는 Corpus Viewer를 사용하여 추가로 확인할 수 있다.

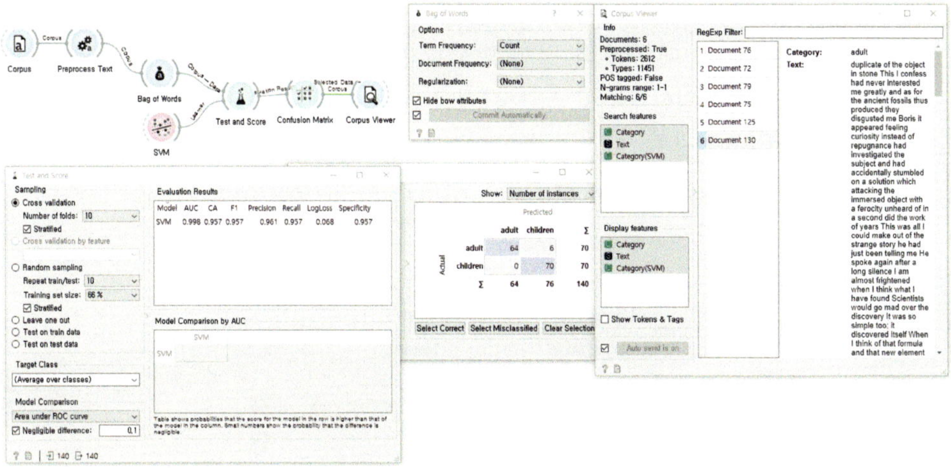

[그림 Ⅵ-33] Bag of Words 예제

11 Document Embedding

위젯	설명	입력	출력
 Document Embedding	사전 훈련된 고속 텍스트 모델을 사용하여 입력 말뭉치의 문서를 벡터 공간에 삽입한다	Corpus	Embeddings, Skipped documents

Document Embedding 위젯을 사용하면 말뭉치에 있는 각 문서의 임베딩 구문들은 선택된 언어에 대해 사전 훈련된 모델을 사용하여 각 ngram에 대해 임베딩을 얻고 제공된 집계기 중 하나를 사용하여 ngram 임베딩을 집계하여 각 문서에 대해 하나의 벡터를 얻는다. 방법은 어떤 ngram에서도 작동하지만 ngrams가 단어(단어를 포함하도록 모델이 훈련되었기 때문에)와 같이 말뭉치가 사전 처리될 경우 최상의 결과를 제공할 수 있다는 점에 유의한다. [표 Ⅵ-14]에서 Document Embedding 위젯 창과 관련된 세부 설명을 참고한다.

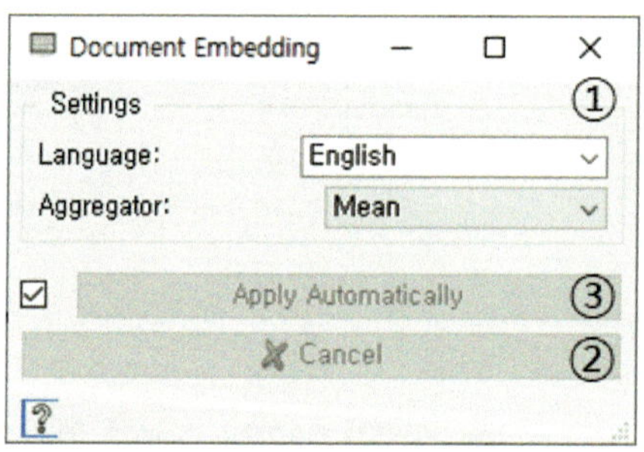

[그림 Ⅵ-34] Document Embedding 위젯 창

[표 Ⅵ-14] Document Embedding 위젯 창 세부 설명

①	위젯 매개 변수 • Language : 위젯은 선택한 언어로 문서에 대해 훈련된 모델을 사용한다. • Aggregator : ngram 임베딩을 수행하여 단일 문서 벡터로 집계하는 작업이다.
②	현재 실행을 취소한다.
③	Apply(적용)를 자동으로 선택하면 파라미터의 변경 사항이 자동으로 전송된다. 또는 Apply를 누른다.

[그림 Ⅵ-35]의 워크플로우에서 위젯의 작동 방식을 확인한다. 코퍼스 위젯을 사용하여 book-excerpts.tab을 로드하고 이를 문서 임베딩에 연결한다. 문서 임베딩을 데이터 테이블에 연결하여 출력 데이터를 확인한다. 위젯에 추가된 300개의 feature를 확인할 수 있다.

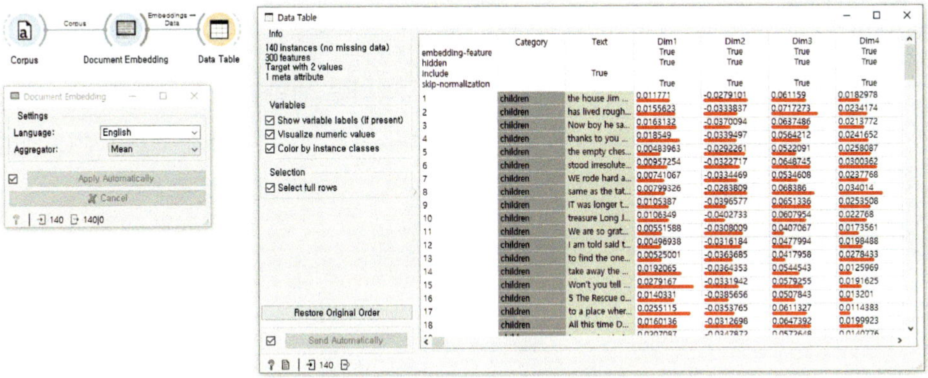

[그림 Ⅵ-35] Document Embedding 예제

12 Similarity Hashing

위젯	설명	입력	출력
Similarity Hashing	문서의 해시를 계산한다.	Corpus	Corpus

Similarity Hashing 위젯은 문서를 유사성 벡터로 변환하는 기능이 있다. 이 위젯은 Moses Charikar의 SimHash 방법을 사용한다. [표 Ⅵ-15]에서 Similarity Hashing 위젯 창과 관련된 세부 설명을 참고한다.

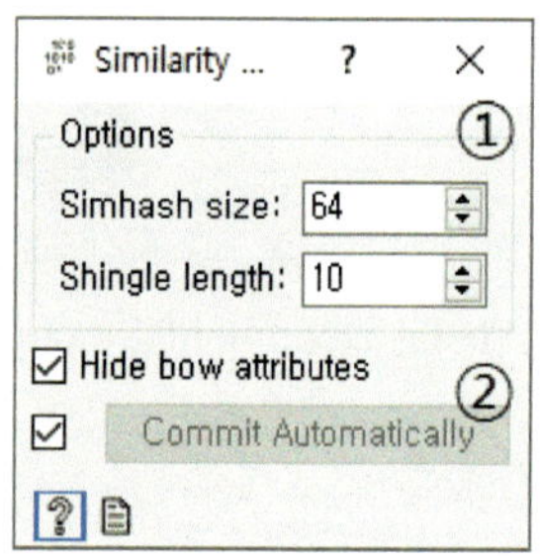

[그림 Ⅵ-36] Similarity Hashing 위젯 창

[표 Ⅵ-15] Similarity Hashing 위젯 창 세부 설명

①	옵션 • Simhash size : 정보 비트에 해당하는 출력에 포함될 속성 수를 설정 • Shingle length 싱글에 사용되는 토큰 수를 설정
②	커밋 데이터를 자동으로 출력하거나 Commit을 누른다.

[그림 Ⅵ-37]의 워크플로우는 작은 말뭉치에서 비슷한 문서를 찾기 위해 andersen.tab을 사용한다. 데이터를 코퍼스로 로드하고 유사성 해싱에 전달한다. 기본 해시 크기와 싱글 길이를 유지한다. 위젯이 데이터 테이블에서 출력하는 내용을 관찰할 수 있다. Simhash size(심해시 크기) 매개 변수에 해당하는 64개의 새 속성을 사용할 수 있다.

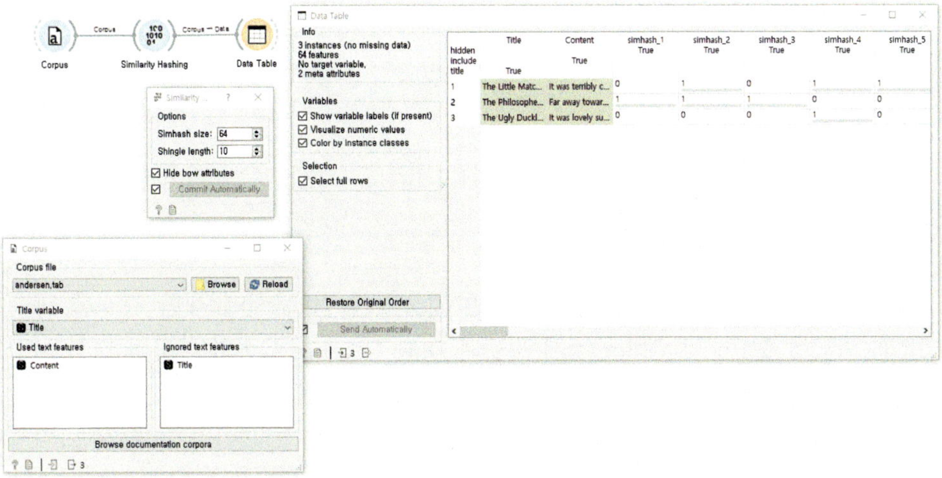

[그림 Ⅵ-37] Similarity Hashing 예제

13 Sentiment Analysis

위젯	설명	입력	출력
Sentiment Analysis	텍스트에서 감정을 계산한다.	Corpus	Corpus

Sentiment Analysis 위젯을 사용하면 말뭉치의 각 문서에 대한 감정을 예측한다. NLTK의 Liu & Hu 및 Vader 정서 모듈과 Data Science Lab의 다국어 정서 어휘를 사용한다. 그들 모두는 사전 편찬에 기반을 두고 있다. 류앤후의 경우 영어 또는 슬로베니아어 버전을 선택할 수 있다. 베이더는 오직 영어에만 작동한다. 다국어 감정은 여러 언어를 지원한다. [표 Ⅵ-16]에서 Sentiment Analysis 위젯 창과 관련된 세부 설명을 참고한다.

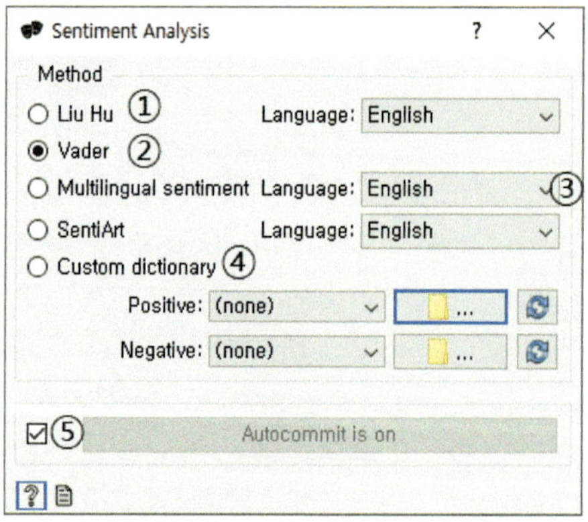

[그림 Ⅵ-38] Sentiment Analysis 위젯 창

[표 Ⅵ-16] Sentiment Analysis 위젯 창 세부 설명

①	어휘 기반 정서 분석(영어와 슬로베니아어 지원) 최종 점수는 양의 단어와 음의 단어 합계의 차이로, 문서 길이로 정규화되고 100으로 곱한다. 최종 점수는 문서의 감정 차이 백분율을 반영한다.
②	사전 및 규칙 기반 정서 분석이다.
③	여러 언어에 대한 사전 편집 기반 정서 분석이다.
④	사용자 자신의 긍정 및 부정 감정 사전을 추가한다. 허용된 소스 유형은 각 단어가 고유한 줄에 있는 txt 파일이다. 최종 점수는 류후와 같은 방식으로 계산된다.
⑤	Auto 커밋이 켜져 있으면 감정 태그가 지정된 말뭉치가 자동으로 통신된다. 또는 Commit을 누른다.

14 Tweet Profiler

위젯	설명	입력	출력
Tweet Profiler	트윗에서 Ekman's, Plutchik's 또는 Profile of Mood States의 감정을 탐지한다.	Corpus	Corpus

Tweet Profiler 위젯을 사용하면 지정된 각 트윗(또는 문서)에 대한 서버로부터 감정에 대한 정보를 검색한다. 위젯은 모델이 감정 확률 및 점수를 계산하는 서버로 데이터를 전송한다. 이 위젯은 Ekman's, Flutchik's and Profile of Mood States(POMS)와 같은 세 가지 감정 분류를 지원한다. [표 Ⅵ-17]에서 Tweet Profiler 위젯 창과 관련된 세부 설명을 참고한다.

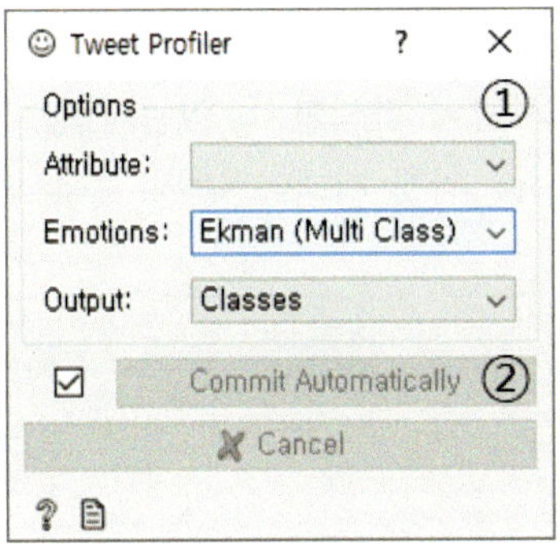

[그림 Ⅵ-39] Tweet Profiler 위젯 창

[표 Ⅵ-17] Tweet Profiler 위젯 창 세부 설명

①	옵션 • Attribute : 콘텐츠로 사용할 속성 • Emotions : 감정 분류, 에크만, 플루트치크 또는 기분 상태 프로파일로 다중 클래스는 문서당 하나의 가장 가능성이 높은 감정을 출력하는 반면 다중 레이블은 각 감정당 열의 값을 출력한다. • Output : 감정(범주형), 확률(숫자) 또는 임베딩(문서의 감정 벡터)의 클래스를 출력할 수 있다.
②	커밋 결과를 자동으로 출력하거나 Commit을 누른다.

15 Topic Modelling

위젯	설명	입력	출력
Topic Modelling	말뭉치의 숨겨진 주제 구조를 밝혀낸다.	Corpus	Corpus, Selected Topic, All Topics

Topic Modelling 위젯을 사용하면 [그림 Ⅵ-40]와 같이 각 문서에서 발견된 단어 군집과 해당 빈도에 기초하여 말뭉치에서 추상적인 주제를 발견한다. 문서는 일반적으로 서로 다른 비율로 여러 개의 주제를 포함하므로 위젯은 문서당 항목 가중치도 보고한다. 이 위젯은 gensim의 주제 모델(LSI, LDA, HDP)을 래핑한다. 첫째, LSI는 긍정 단어와 부정 단어(주제에 포함된 단어와 그렇지 않은 단어)를 동시에 반환할 수 있으며, 이 단어들은 긍정적이거나 부정적일 수 있다. LDA는 더 쉽게 해석될 수 있지만 LSI보다 느리다. HDP에는 많은 매개변수가 있다. 항목 수에 해당하는 매개 변수는 최상위 잘라내기 수준(T)이다. 한 사람이 검색할 수 있는 가장 적은 수의 항목은 10개이다. [표 Ⅵ-18]에서 Topic Modelling 위젯 창과 관련된 세부 설명을 참고한다.

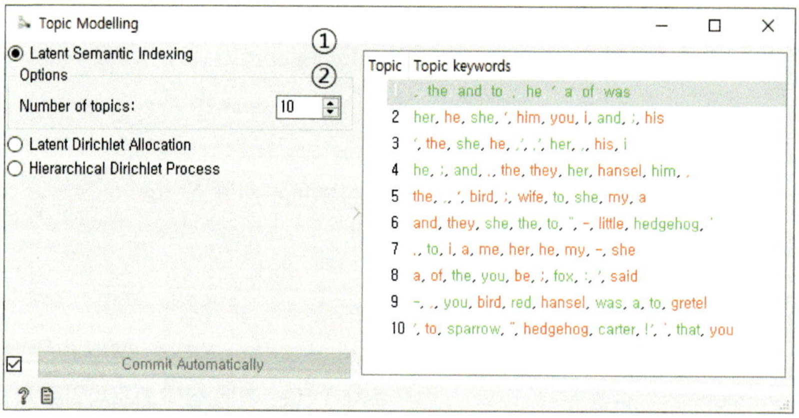

[그림 Ⅵ-40] Topic Modelling 위젯 창

[표 Ⅵ-18] Topic Modelling 위젯 창 세부 설명

①	주제 모델링 알고리즘 • Latent Semantic Indexing(음수 및 양수 단어와 주제 가중치를 모두 반환한다) • Latent Dirichlet Allocation • Hierarchical Dirichlet Process
②	알고리즘에 대한 매개변수 LSI 및 LDA는 모델링된 항목 수만 허용하며 기본값은 10으로 설정된다. 그러나 HDP에는 더 많은 매개변수가 있다. 이 알고리즘은 계산적으로 매우 까다롭기 때문에 하위 집합에서 시도하거나 필요한 모든 매개 변수를 미리 설정한 다음 알고리즘을 실행하는 것이 좋다(입력 정보를 위젯에 연결).

[그림 Ⅵ-41]의 워크플로우는 주제 모델링 위젯의 간단한 사용을 제시한다. 먼저 grim-tales-selected.tab 데이터 세트를 로드하고 사전 처리 텍스트를 사용하여 단어만 토큰화하고 중지 단어를 제거한다. 그런 다음 전처리 텍스트를 토픽 모델링에 연결하고 여기서 간단한 잠재 의미 지수화를 사용하여 텍스트에서 10개의 주제를 찾는다. LSI는 주제당 양수 가중치와 음수 가중치를 모두 제공한다. 양의 가중치는 해당 단어가 주제를 매우 잘 나타낸다는 것을 의미하며, 음의 가중치는 해당 단어가 주제를 잘 나타내지 않는다는 것을 의미한다(텍스트에서 덜 발생할수록 주제가 더 잘 표현되지 않음). 긍정적인 단어는 녹색, 부정적인 단어는 빨간색이다. 그런 다음 첫 번째 항목을 선택하고 해당 항목에서 가장 자주 사용되는 단어를 Word Cloud에 표시한다. 또한 선택한 문서를 출력할 수 있도록 전처리 텍스트를 Word Cloud에 연결한다. 이제 워드 크라우드에서 작은 단어를 선택할 수 있다. 빨간색으로 표시되고 왼쪽 단어 목록에도 강조 표시된다. 이제 우리는 코퍼스 뷰어에서 little이라는 단어를 포함하는 모든 문서를 관찰할 수 있다.

[그림 Ⅵ-41] Topic Modelling 예제

16 Corpus Viewer

위젯	설명	입력	출력
Corpus Viewer	말뭉치 내용을 표시한다.	Corpus	Matching Docs, Other Docs

Corpus Viewer 위젯은 [그림 Ⅵ-42]과 같이 텍스트 파일(Corpus의 인스턴스)을 보기 위한 것이다. Corpus Viewer 위젯은 항상 말뭉치의 예를 출력한다. RegExp 필터링을 사용할 경우 위젯은 일치하는 문서만 출력한다. [표 Ⅵ-19]에서 Corpus Viewer 위젯 창과 관련된 세부 설명을 참고한다.

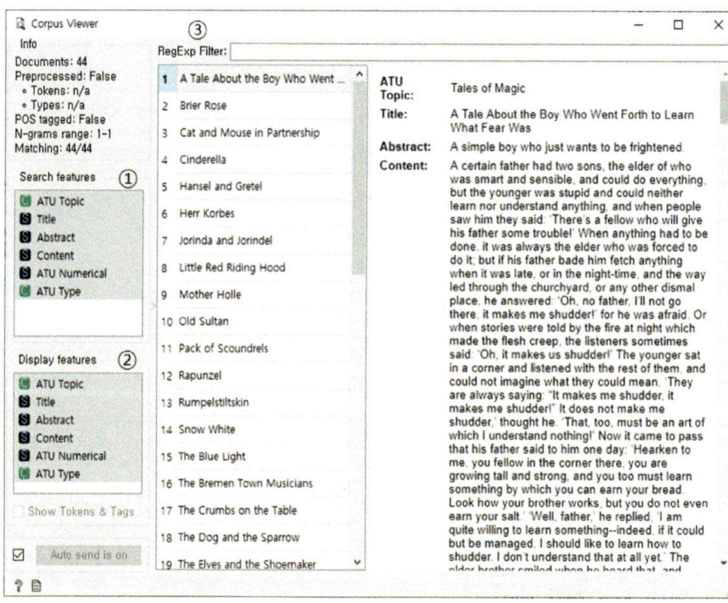

[그림 Ⅵ-42] Corpus Viewer 위젯 창

[표 Ⅵ-19] Corpus Viewer 위젯 창 세부 설명

①	Search Features: RegExp 필터가 필터링하는 feature이다. Ctrl(Cmd)를 사용하여 여러 features를 선택한다.
②	Display Features: 뷰어에 표시되는 feature이다. Ctrl(Cmd)를 사용하여 여러 features를 선택한다.
③	RegExp Filter: 문서를 필터링하기 위한 파이썬 정규식이다. 기본적으로 문서가 필터링되지 않는다(전체 말뭉치가 출력에 있음).

17 Word Cloud

위젯	설명	입력	출력
Word Cloud	말뭉치에서 워드 크라우드를 생성한다.	Corpus	Topics Corpus, Selected Words, Word Counts

Word Cloud 위젯을 사용하면 [그림 Ⅵ-43]과 같이 말뭉치의 토큰을 표시하며, 말뭉치 features가 위젯의 입력에 있을 때 말뭉치의 단어 빈도나 평균 단어 수를 나타낸다. 단어는 위젯의 빈도(중량)에 따라 나열된다. 위젯은 클라우드 단어에서 선택한 토큰을 포함하는 문서를 출력한다. [표 Ⅵ-20]에서 Word Cloud 위젯 창과 관련된 세부 설명을 참고한다.

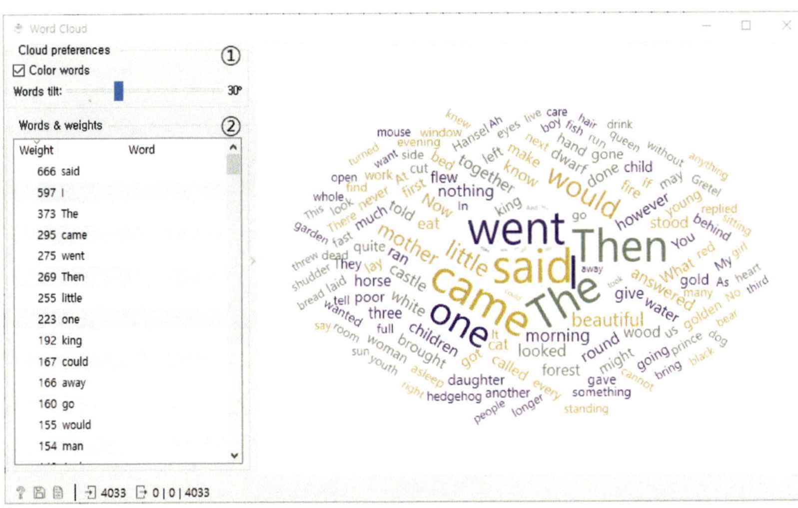

[그림 Ⅵ-43] Word Cloud 위젯 창

[표 Ⅵ-20] Word Cloud 위젯 창 세부 설명

①	plot을 조정한다. Color words가 선택된 경우, 단어에는 임의의 색상이 할당된다. 선택하지 않으면 단어가 검은색으로 바뀐다. Worlds tilt는 단어 기울기를 조정한다. 현재 틸트 상태가 슬라이더 옆에 표시된다.
②	Words & weights는 말뭉치 또는 항목의 빈도별로 단어(토큰)를 정렬하여 표시한다. 단어를 클릭하면 클라우드에서 동일한 단어가 선택되고 일치하는 문서가 출력된다. Ctrl 키를 사용하여 두 개 이상의 단어를 선택한다. 선택한 단어 중 임의의 단어와 일치하는 문서가 출력(논리 OR)에 나타난다.

18 Concordance

위젯	설명	입력	출력
 Concordance	단어의 맥락을 표시한다.	Corpus	Query Word Selected Documents, Concordances

Concordance 위젯을 사용하면 [그림 Ⅵ-44]와 같이 텍스트에서 쿼리된 단어를 찾고 이 단어가 사용되는 컨텍스트를 표시한다. 단일 색상의 결과는 동일한 문서에서 가져온다. 위젯은 추가 분석을 위해 선택한 문서 또는 쿼리된 단어의 일치사항 표를 출력할 수 있다. 위젯은 단어와 정확히 일치하는 단어만 찾는다. 즉, 단어 'do'를 쿼리하면 'doctor'라는 단어가 결과에 나타나지 않는다. Number of words는 쿼리된 각 단어에 표시되는 단어의 수이다.

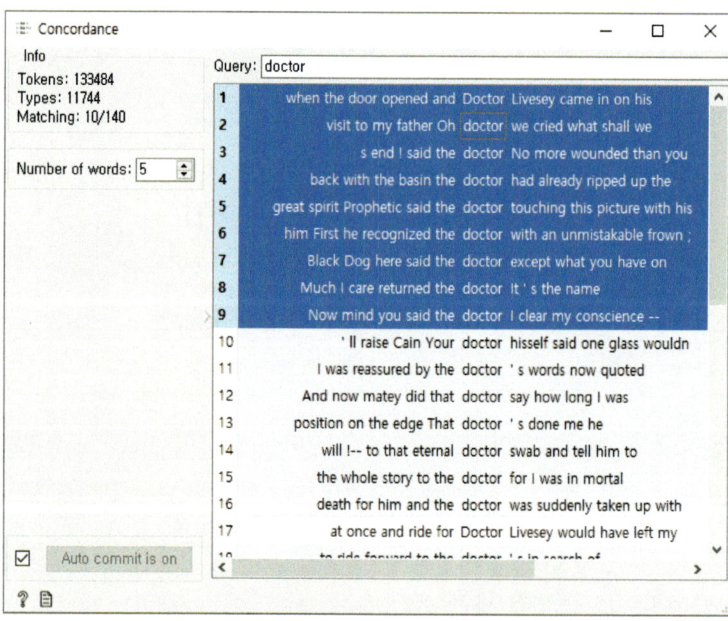

[그림 Ⅵ-44] Concordance 위젯 창

일치성은 말뭉치의 단어 컨텍스트를 표시하는 데 사용할 수 있다. [그림 Ⅵ-45]의 워크플로우는 먼저 코퍼스에서 book-excerpts.tab을 로드한다. 그런 다음 코퍼스를 일치성과 연결하고 '닥터'라는 단어의 일치점을 검색한다. 위젯은 '닥터'라는 단어를 포함하는 모든 문서를 주변(컨텍스트적) 단어와 함께 표시한다. 컨텍스트가 포함된 문서를 선택하여 Corpus Viewer로 출력하여 더 자세히 확인할 수 있다.

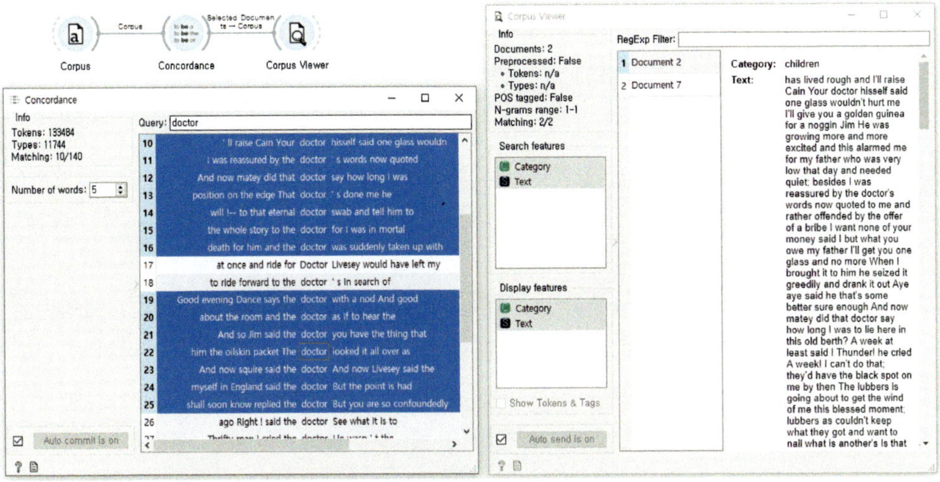

[그림 Ⅵ-45] Concordance 예제

19 Document Map

위젯	설명	입력	출력
Document Map	텍스트에 언급된 지리적 위치를 표시한다.	Data	Corpus

Document Map 위젯을 사용하면 [그림 Ⅵ-46]과 같이 텍스트(문자열) 데이터의 지리적 위치를 표시한다. 지리적 이름(국가와 수도)에 대한 언급을 찾고 이러한 이름의 분포(언급 빈도)를 지도에 표시한다. 이 기능은 데이터 테이블을 출력하고 하나 이상의 문자열 속성을 포함하는 모든 오렌지3 위젯과 함께 작동한다. 위젯은 선택한 데이터 인스턴스를 출력한다. 즉, 선택한 국가(또는 국가)에 대한 설명을 포함하는 모든 문서이다.

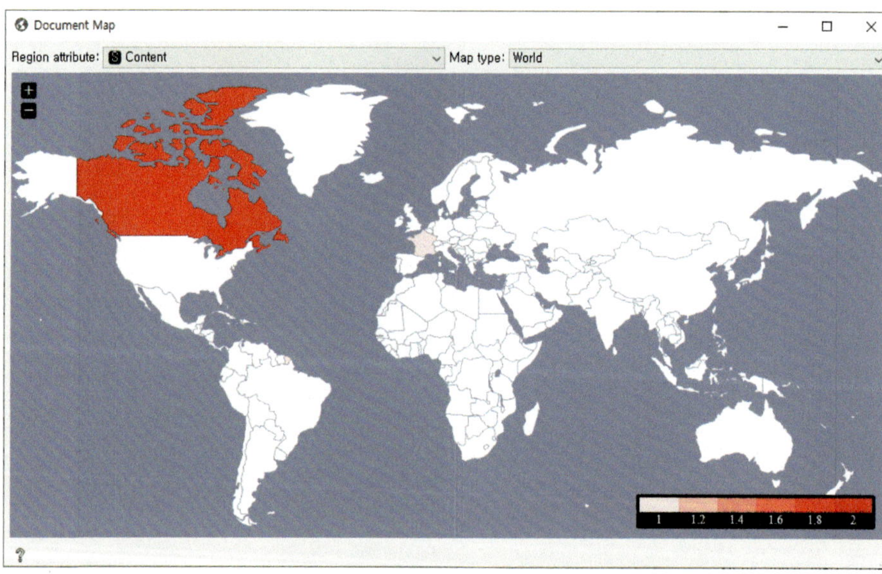

[그림 Ⅵ-46] Document Map 위젯 창

문서 지도 위젯은 단순히 지리적 위치 분포를 시각화하거나 보다 복잡한 대화형 데이터 분석을 위해 사용될 수 있다. [그림 Ⅵ-47]의 워크플로우는 The Guardian에서 2021년 1월 25일부터 30일 사이에 코로나 관련 기사를 조회한다. 그리고 Corpus Viewer로 결과를 확인한다. 그런 다음 데이터를 문서 맵에 전송하여 국가 속성별 지리적 위치 분포를 확인한다. 속성에는 이미 각 아티클에 대한 국가 태그가 포함되어 있으므로 The Guardian은 문서 맵과 함께 사용할 수 있다. 우리는 영국을 선택하여 영국으로 태그된 모든 문서를 출력으로 보냈다. 코퍼스 뷰어를 사용하여 다시 출력을 검사할 수 있다. 하지만 데이터를 시각화하는 더 흥미로운 방법이 있다. 선택한 문서를 텍스트 전처리로 전송했으며, 여기서 텍스트를 단어로 토큰화하고 중지 단어를 제거했다. 마지막으로 코로나 관한 문서에 등장하는 상위 단어들과 영국도 워드 크라우드에서 함께 언급할 수 있다.

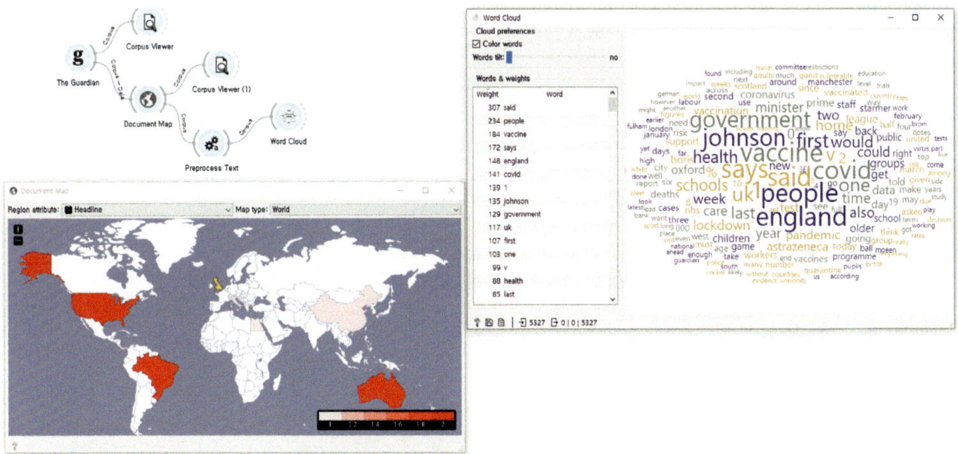

[그림 Ⅵ-47] Document Map 예제

20 Word Enrichment

위젯	설명	입력	출력
Word Enrichment	선택한 문서에 대한 단어 확장 분석 결과를 표시한다.	Selected Data, Data	X

Word Enrichment 위젯을 사용하여 [그림 Ⅵ-48]과 같이 전체 말뭉치에 비해 선택된 부분 집합에 대해 p-값이 낮은 단어 목록(더 높은 유의성)을 표시한다. p-값이 낮으면 선택한 부분 집합(텍스트에서 랜덤하게 발생하지 않음)에 대해 해당 단어가 유의할 가능성이 더 높음을 나타낸다. FDR(False Discovery Rate)은 p-값에 연결되어 예측 집합에서 예상되는 거짓 예측 비율을 보고하며, 이는 낮은 p-값 목록에서 잘못된 긍정을 설명함을 의미한다.

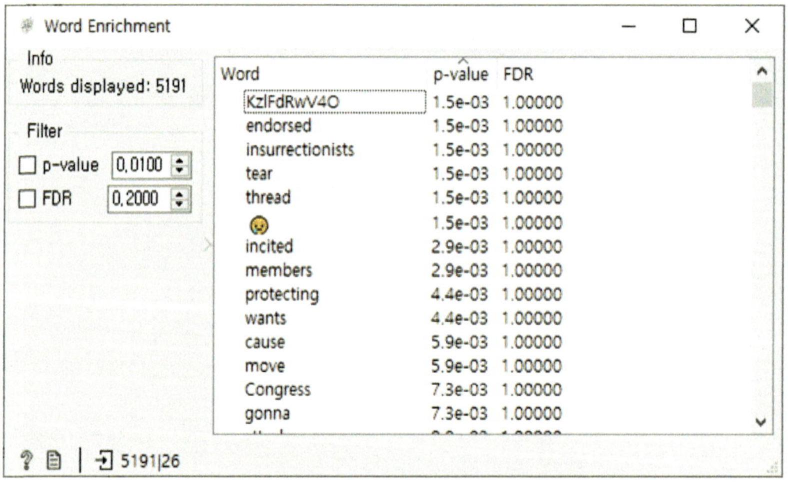

[그림 Ⅵ-48] Word Enrichment 위젯 창

[그림 Ⅵ-49]의 워크플로우는 도널드 트럼프와 조 바이든 관련 최근 트윗을 검색한다. 그런 다음 트윗을 사전 처리하여 단어만 토큰으로 가져오고 불용어를 제거한다. 전처리된 데이터를 말뭉치에 연결하여 말뭉치에 대한 단어 수가 있는 표를 구한다. 그리고 나서 코퍼스 뷰어를 말뭉치에 연결하고 도널드 트럼프 관련 트윗만 골랐다. Word Enhancement은 두 가지 입력, 즉 참조 역할을 할 전체 말뭉치와 농축 작업을 수행할 말뭉치에서 선택한 부분 집합이라는 두 가지 입력을 받아들인다. 먼저 코퍼스 뷰어를 Word Enhancement(입력 일치 문서 → Selected Data)에 연결한 다음 Bag of Words

를 연결한다(입력 Corpus → Data). Word Enhancement에서 도널드 트럼프보다 조 바이든에게 더 중요한 단어 목록을 볼 수 있다.

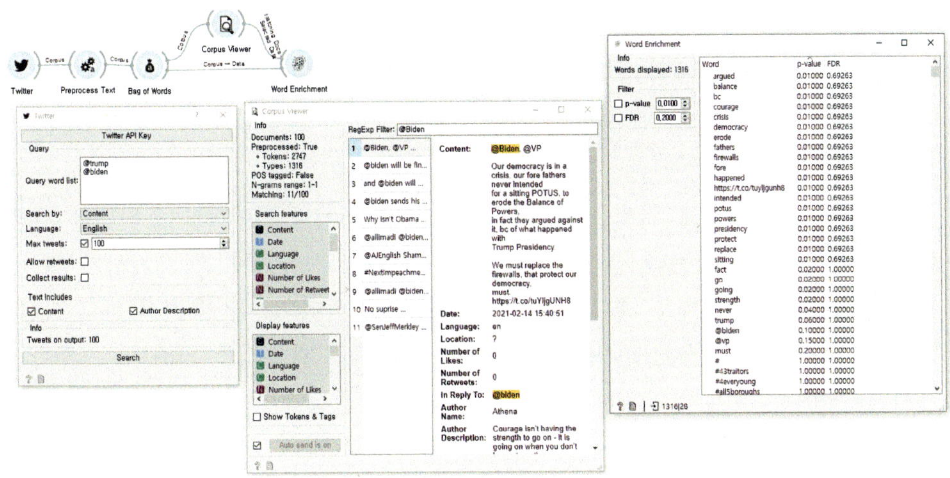

[그림 Ⅵ-49] Word Enrichment 예제

21 Duplicate Detection

위젯	설명	입력	출력
 Duplicate Detection	말뭉치에서 중복을 탐지하고 제거한다.	Distances	Corpus Without Duplicates, Duplicates Cluster, Corpus

Duplicate Detection 위젯을 사용하면 [그림 Ⅵ-50]과 같이 클러스터링을 사용하여 말뭉치에서 중복을 찾는다. 이것은 리트윗 및 기타 유사한 문서를 제거하기 위한 트위터 위젯과 함께 하면 매우 좋나. 유사성 수준을 설정하려면 시각화에서 선 수직선을 왼쪽 또는 오른쪽으로 끈다. 더 멀리 떠날수록, 중복으로 간주되기 위해서는 서류들이 더 유사해야 한다. 제어 영역에서 임계값을 수동으로 설정할 수도 있다.

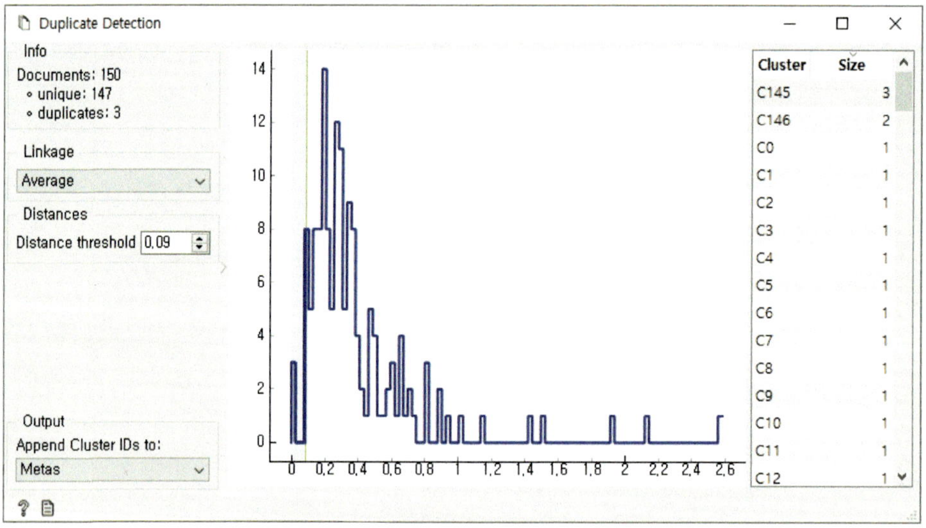

[그림 Ⅵ-50] Duplicate Detection 위젯 창

[그림 Ⅵ-51]의 워크플로우는 Iris 데이터를 사용하여 동일한 데이터 인스턴스를 찾는다. Iris를 파일 위젯으로 로드하여 거리에 전달한다. 거리에서는 거리 행렬을 계산하기 위해 유클리드 거리를 사용한다. 중복 탐지에 거리를 전달한다. 클러스터 C147에 세 개의 중복 항목이 포함된 것 같다. 위젯에서 선택하고 데이터 테이블에서 관찰한다. 출력을 복제 클러스터로 설정해야 한다. 세 데이터 인스턴스는 동일하다. 중복 없이 데이터 세트를 사용하려면 첫 번째 출력인 Corpus Without Duplicates를 사용한다. 같은 절차를 코퍼스에서도 사용할 수 있다. 코퍼스와 거리 사이에 말뭉치를 사용하면 된다.

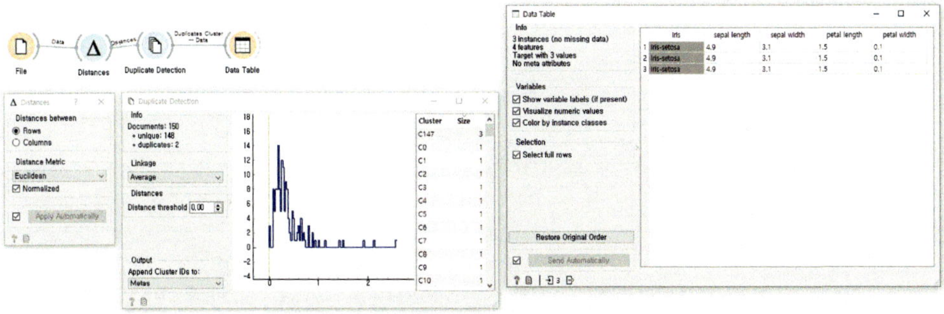

[그림 Ⅵ-51] Duplicate Detection 예제

22 Statistics

위젯	설명	입력	출력
Statistics	문서에 대한 새 통계 변수를 작성한다.	Corpus	Corpus

Statistics 위젯은 [그림 Ⅵ-52]와 같이 간단한 문서 통계를 말뭉치에 추가하는 feature 생성 위젯이다. 표준 통계 측정치와 사용자 정의 변수를 모두 지원한다. features를 추가하거나 제거한다. feature는 아래 + 기호와 함께 추가할 수 있다. 왼쪽에 있는 x 기호로 제거할 수 있다.

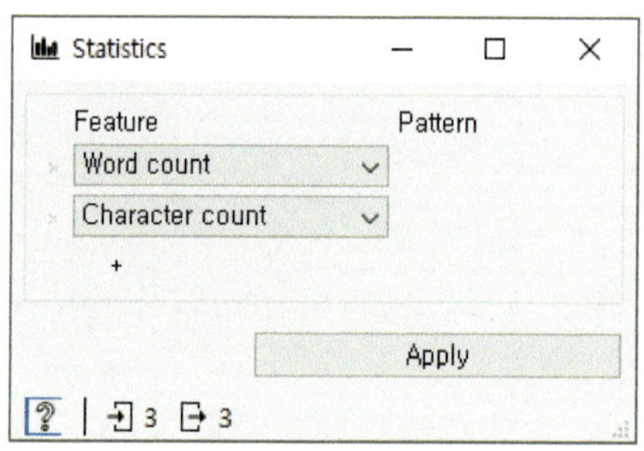

[그림 Ⅵ-52] Statistics 위젯 창

[그림 Ⅵ-53]의 워크플로우는 통계 위젯이 작동하는 간단한 예제이다. 기본 feature 구성 위젯이므로 Corpus 바로 다음에 사용할 수 있다. 단어 수, 문자 수, 백분율 고유 단어 및 'oran'을 포함하는 단어 수 등 몇 가지 features를 추가해본다. 데이터 표의 추가 열이 있는 표를 관찰할 수 있다. 또한 통계의 출력을 테스트 및 점수로 예측 모델링에 사용할 수 있다. 그러나 일반적으로 통계는 말뭉치 위젯의 features를 향상시키는 데만 사용된다. 일부 features에는 전처리 텍스트 위젯을 사용하여 만들 수 있는 POS 태그가 지정된 토큰이 필요하다.

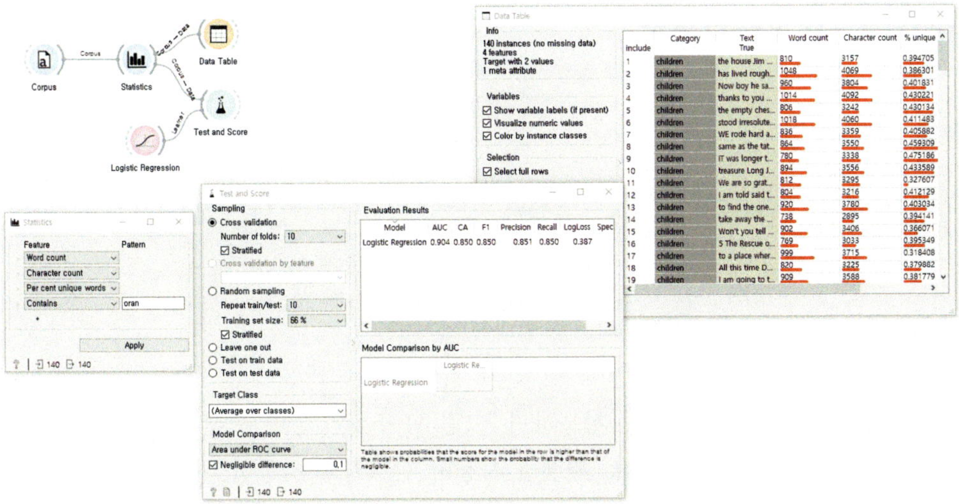

[그림 Ⅵ-53] Statistics 예제

3. 생물정보분석

1 Databases Update

위젯	설명	입력	출력
Databases Update	유전자 온톨로지, 주석, 유전자 이름, 단백질 상호작용 네트워크 등과 같은 로컬 시스템 생물학 데이터베이스를 업데이트한다.	X	X

Databases Update 위젯을 사용하면 [그림 Ⅵ-54]와 같이 오렌지3에서 직접 여러 데이터베이스에 접속할 수 있다. 위젯을 사용하여 로컬로 저장된 데이터베이스의 업데이트 및 관리가 가능하다. 특정 데이터베이스 이름에 대한 자세한 정보를 보려면 해당 데이터베이스 이름을 선택한다.

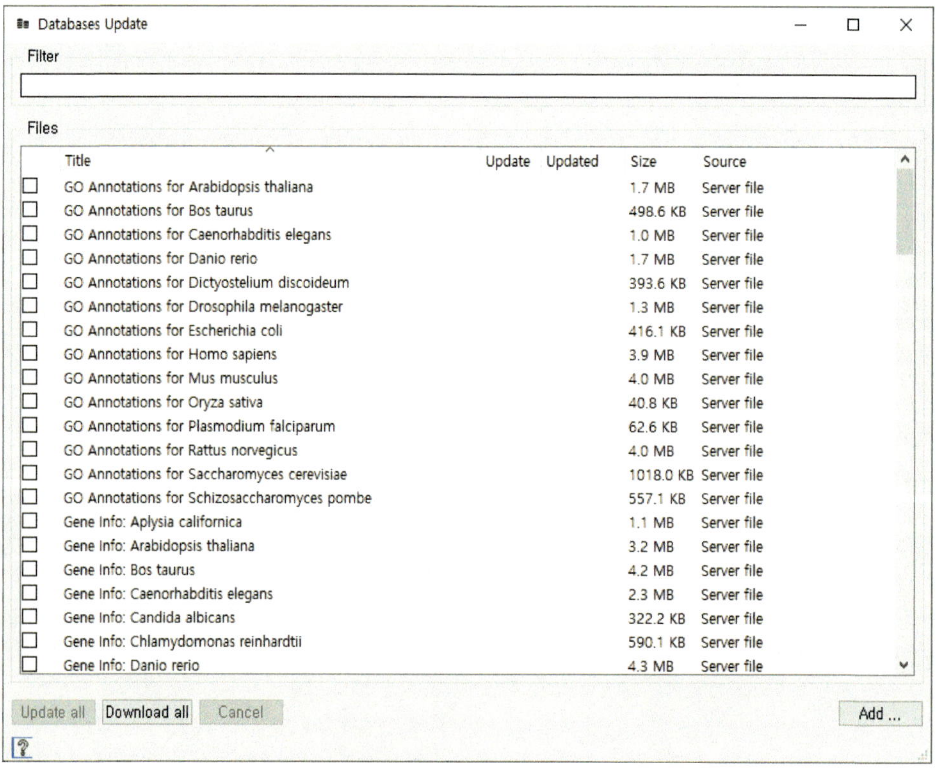

[그림 Ⅵ-54] Databases Update 위젯 창

2 GEO Data Sets

위젯	설명	입력	출력
GEO Data Sets	유전자 표현 옴니버스로부터 데이터 세트에 대한 접근을 제공한다.	X	Expression Data

GEO Data Sets 위젯을 사용하면 [그림 VI-55]와 같이 NCBI가 관리하고 Gene Expression Omnibus에 포함된 유전자 발현 큐레이션 프로파일 데이터베이스이다. 이 위젯은 모든 데이터 세트에 대한 액세스를 제공하고 추가 처리를 위해 선택한 데이터 세트를 출력한다. 편의상 각 다운로드 데이터 세트는 로컬에 저장된다.

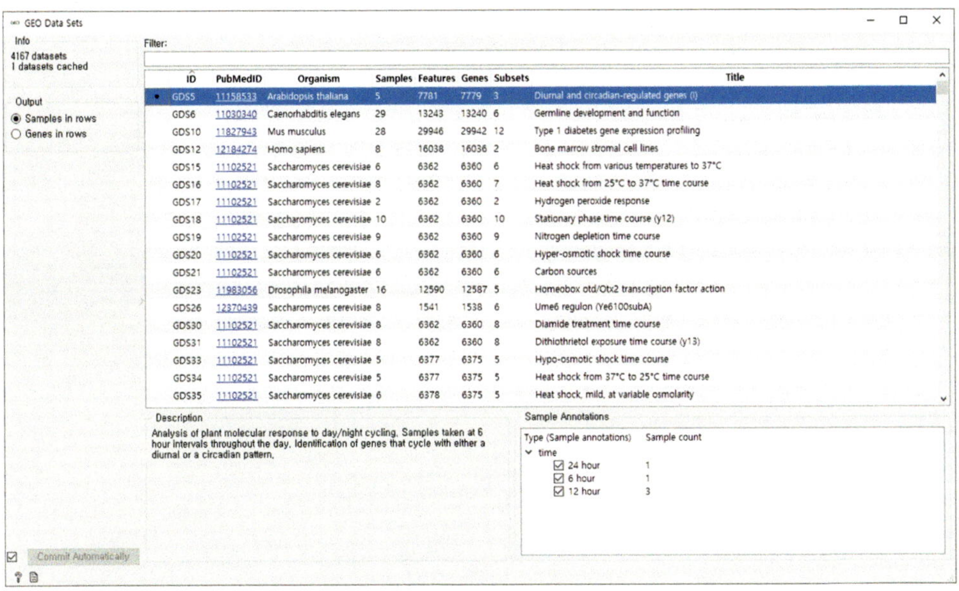

[그림 VI-55] GEO Data Sets 위젯 창

3 dictyExpress

위젯	설명	입력	출력
dictyExpress	Baylor Medicine College의 Dictyostelium에서 선택한 실험에서 데이터를 다운로드 한다.	X	Data

dictyExpress 위젯을 사용하면 [그림 Ⅵ-56]과 같이 dictyExpress 데이터베이스에 직접 액세스할 수 있다. 이를 통해 베일러 의과대학의 딕티오스텔륨에서 선택한 실험의 데이터를 다운로드할 수 있다. 위젯이 작동하려면 인터넷에 연결해야 한다.

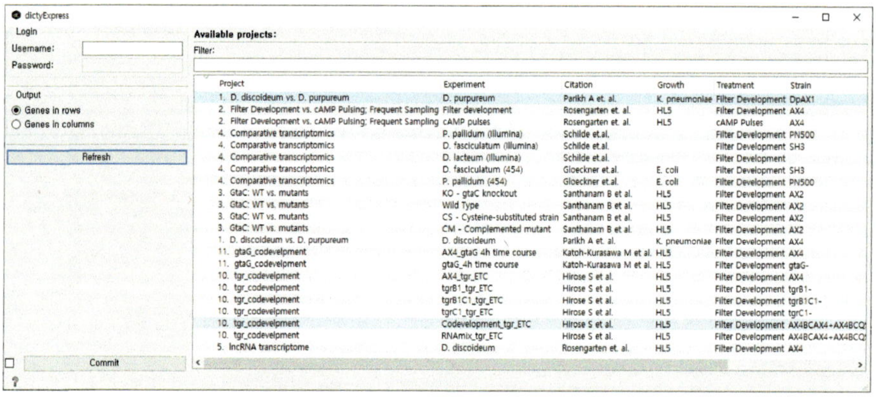

[그림 Ⅵ-56] dictyExpress 위젯 창

4 Genes

위젯	설명	입력	출력
Genes	입력 유전자 ID를 해당 Entrez ID와 일치시킨다.	Data	Data, Genes

Genes 위젯은 [그림 Ⅵ-57]과 같이 NCBI Gene 데이터베이스의 유전자에 대한 정보를 제시하고 주석이 달린 데이터 테이블을 출력하는 유용한 위젯이다. 하위 집합을 선택하여 다른 위젯에 제공할 수도 있다. 목록에서 Gene Entrez ID를 클릭하면 해당 유전자에 대한 정보가 있는 NCBI 사이트로 이동한다.

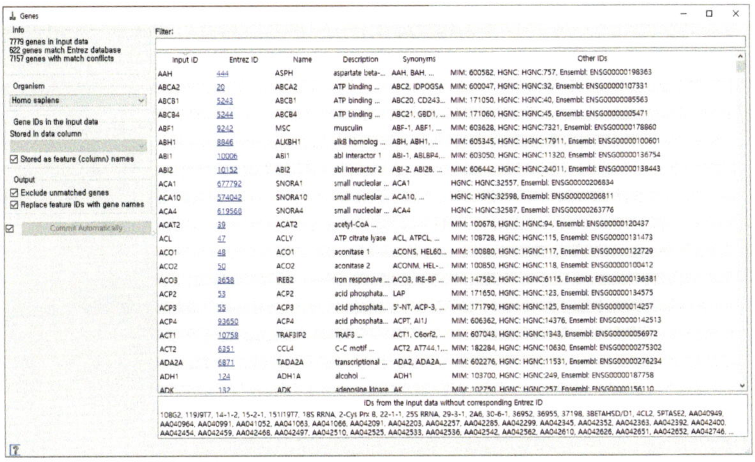

[그림 Ⅵ-57] Genes 위젯 창

[그림 Ⅵ-58]의 워크플로우에서 brown-selected.tab을 파일 위젯과 함께 로드하고 데이터를 Genes 위젯에 제공한다. 오렌지3는 유기체를 정확히 인식했지만, 우리는 우리의 유전자 라벨이 어디에 있는지 확인해야 한다. 이렇게 하려면 feature(열) 이름으로 저장을 선택하고 목록에서 유전자 속성을 선택한다. 그러면 NCBI Gene 데이터베이스에서 제공된 유전자 정보를 확인할 수 있으며 데이터 표에서 메타데이터 속성으로 포함된 Entrez ID 열을 볼 수 있다. 데이터에 대한 주석도 올바르게 첨부되어 있다.

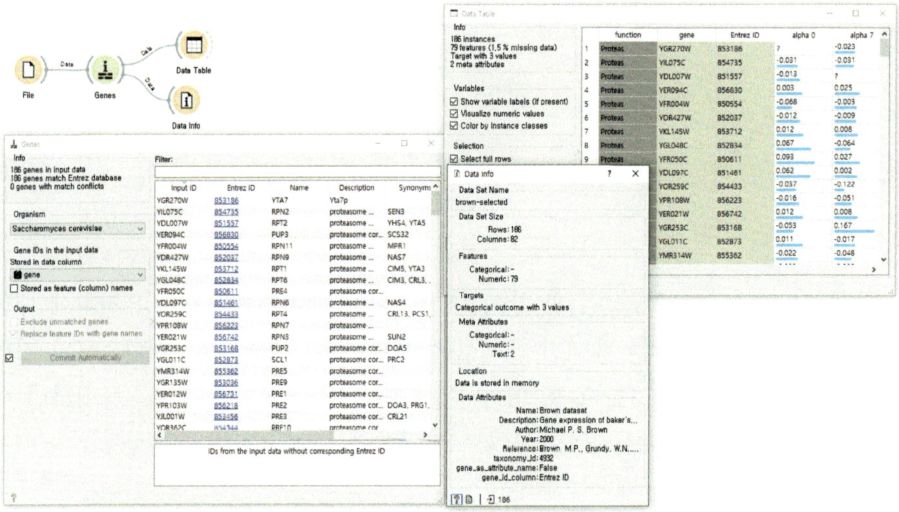

[그림 Ⅵ-58] Genes 예제

5 Differential Expression

위젯	설명	입력	출력
Differential Expression	선택한 실험에 대한 차동 유전자 발현을 표시한다.	Data	Data Subset, Remaining Data Subset, Selected Genes

Differential Expression 위젯을 사용하면 [그림 Ⅵ-59]와 같이 표본 대상에 대한 차동 유전자 표현 그래프를 표시한다. dictyExpress, GEO 데이터 세트 등의 입력으로 유전자 발현 데이터를 사용하고 선택된 데이터 서브셋(일반적으로 가장 흥미로운 유전자)을 출력한다.

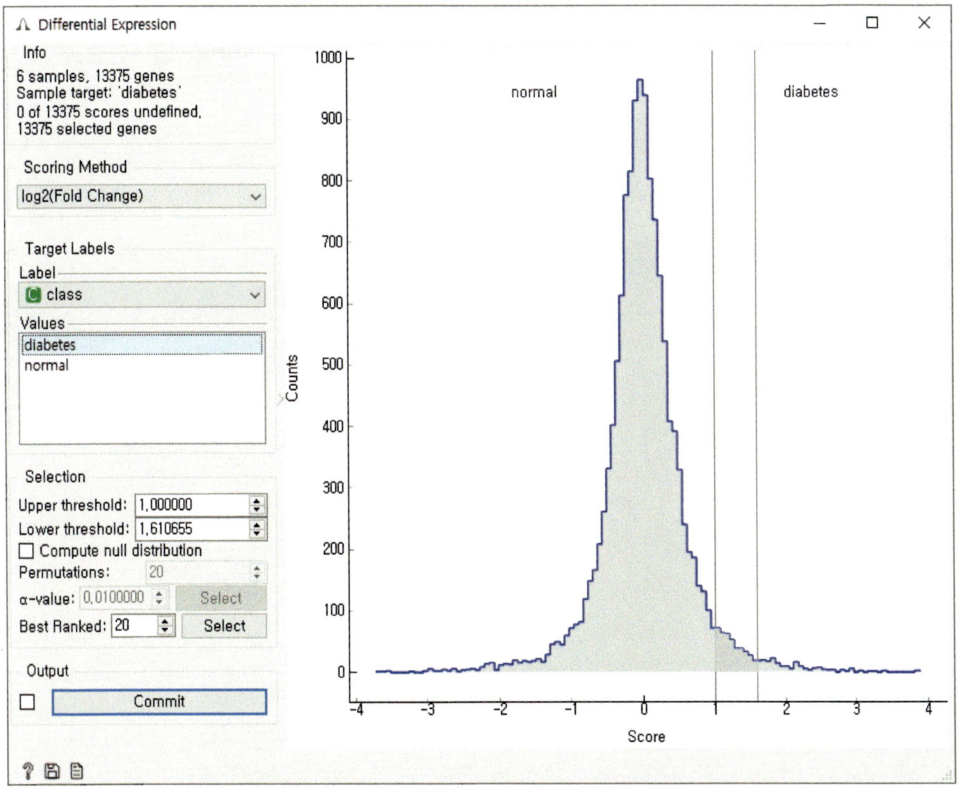

[그림 Ⅵ-59] Differential Expression 위젯 창

[그림 Ⅵ-60]의 워크플로우에서 예제는 GEO 데이터 세트 위젯에서 14개의 치료 저항성 종양과 10개의 치료 민감 종양을 가진 유방암 및 의사 혈소판 치료(GDS360)를 선택한다. 그런 다음 가장 흥미로운 유전자를 선택하기 위해 차동 표현 위젯을 사용한다.

상한 및 하한 임계값을 기본값(1 및 -1)으로 유지하고 데이터를 출력한다. 그런 다음 데이터 테이블에서 선택한 데이터 부분 집합을 관찰한다. 이 표는 선택된 유전자와 추가적인 유전자 점수 레이블을 나타낸다.

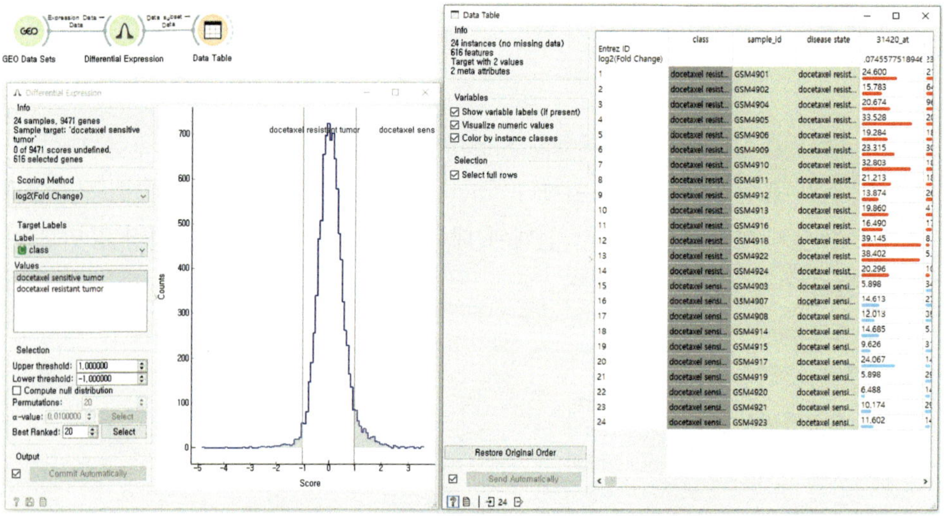

[그림 Ⅵ-60] Differential Expression 예제

6 GO Browser

위젯	설명	입력	출력
GO Browser	Gen Ontology 데이터베이스에 대한 접근을 제공한다.	Cluster Data	Reference Data Data on Selected Genes, Enrichment Report

GO Browser 위젯을 사용하면 [그림 Ⅵ-61]과 같이 Gene Ontology 데이터베이스에 대한 액세스를 제공한다. GO(Gene Ontology)는 유전자와 유전자 생성물을 온톨로지라고 불리는 그래프 구조로 구성된 용어로 분류한다. 위젯은 유전자에 대한 모든 데이터를 입력(예: 차동 표현 위젯의 출력에서 통계적으로 유의한 유전자를 입력하는 것이 가장 좋다)으로 가져가고 p-값과 함께 GO 용어의 순위 목록을 보여준다. 이것은 특정 유전자 세트에서 과잉 또는 과소 표현된 생물학적 과정을 발견하는데 좋은 도구이다. 사용자는 목록에서 용어를 선택하여 입력 데이터를 필터링할 수 있다.

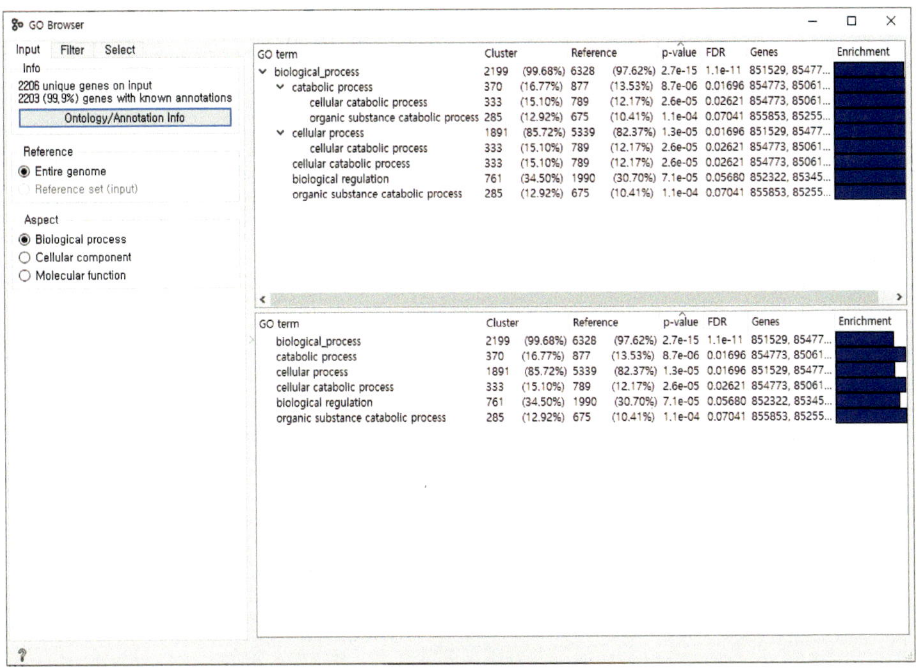

[그림 Ⅵ-61] GO Browser 위젯 창

[그림 Ⅵ-62]의 워크플로우에서 GEO 데이터 세트 위젯을 사용하여 카페인 효과(시간 과정 및 선량 반응 데이터 세트)를 선택하고 차동 표현식에 연결한다. 차동 분석을

통해 통계 관련성이 가장 높은 유전자를 선택하고(ANOVA 채점 및 에이전트 레이블을 사용) GO Browser에 공급할 수 있다. 이 위젯은 선택된 유전자에 대한 네 가지 생물학적 과정을 나열한다. 이 GO 용어에 주석이 달린 유전자에 대해 자세히 알아보려면 보기에서 해당 유전자를 선택하고 데이터 표에서 결과를 관찰하면 이 과정에 참여하는 모든 유전자가 나열된다. GO 브라우저 위젯의 또 다른 출력은 두 번째 데이터 표에서 확인할 수 있는 농축 보고서이다.

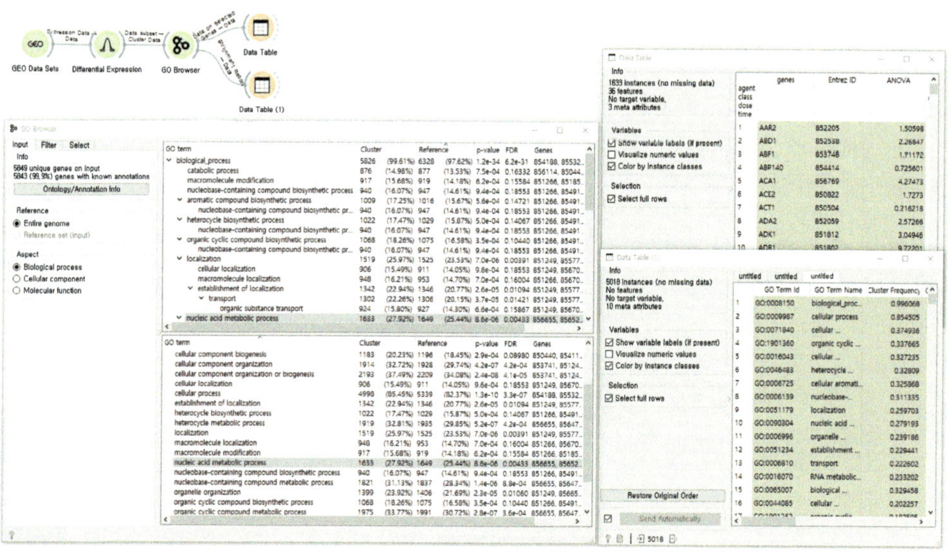

[그림 VI-62] GO Browser 예제

7 KEGG Pathways

위젯	설명	입력	출력
KEGG Pathways	유전자 입력 세트를 포함하는 KEGG Pathways를 탐색한다.	Data	Reference Selected Data, Unselected Data

KEGG Pathways 위젯을 사용하면 [그림 Ⅵ-63]과 같이 KEGG 경로 데이터베이스의 분자 상호작용, 반응 및 관계에 대한 다이어그램을 표시한다. 유전자 발현에 대한 데이터를 입력으로 받아들이고, 유전자를 생물학적 과정에 일치시키며, 그에 상응하는 경로의 목록을 표시한다. 경로를 탐색하기 위해 사용자는 목록에서 프로세스를 클릭하거나 P-값별로 정렬하여 가장 관련성이 높은 프로세스를 맨 위에 가져올 수 있다.

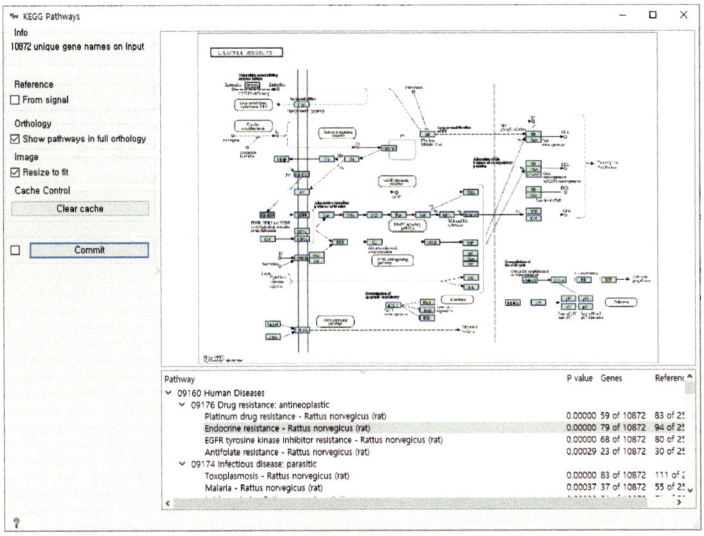

[그림 Ⅵ-63] KEGG Pathways 위젯 창

[그림 Ⅵ-64]의 워크플로우에서 KEGG 경로와의 상호작용을 시각화하는 방법을 보여준다. GEO 데이터 세트 위젯으로 카페인 효과: 시간 과정 및 선량 반응(GDS2914) 데이터를 로드한다. 그런 다음 KEGG 경로에서 원하는 항목에 대한 경로를 관찰한다.

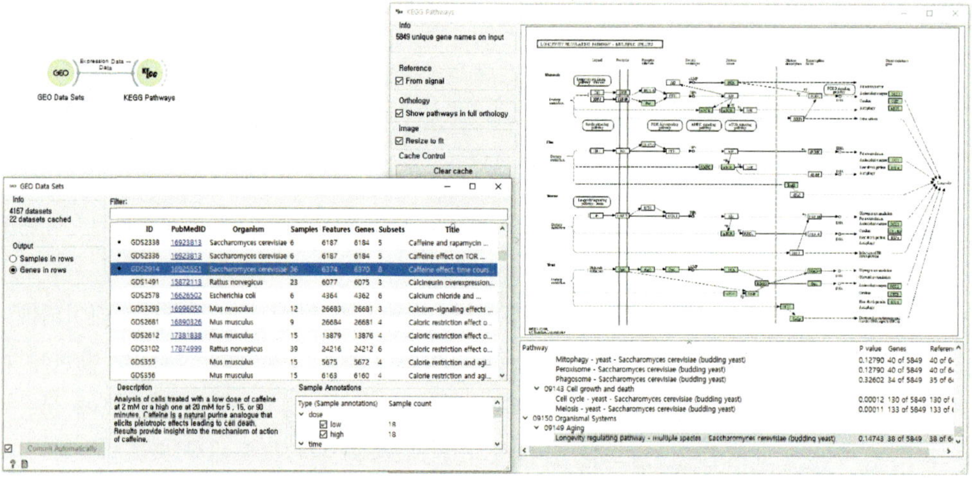

[그림 Ⅵ-64] KEGG Pathways 예제

8 Gene Set Enrichment

위젯	설명	입력	출력
Gene Set Enrichment	유전자 세트를 풍부하게 한다.	Data	Custom Gene Sets, Reference Genes Matched Genes

Gene Set Enrichment 위젯을 사용하면 [그림 Ⅵ-65]과 같이 선험적으로 정의된 유전자 세트가 두 생물학적 상태(예 : 표현형) 간에 통계적으로 유의한 일치 차이를 나타내는지 여부를 결정하는 계산 방법을 활용할 수 있다.

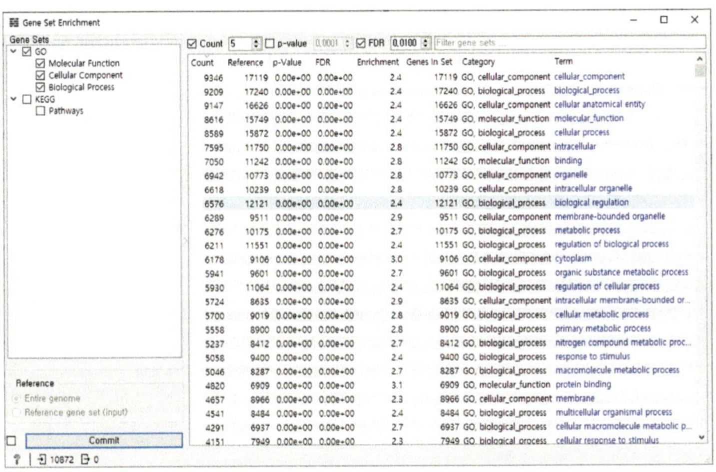

[그림 Ⅵ-65] KEGG Pathways 위젯 창

9 Cluster Analysis

위젯	설명	입력	출력
Cluster Analysis	클러스터를 특성화하는 차별적으로 발현된 유전자와 차별적으로 발현된 유전자를 설명하는 해당 유전자 용어를 표시한다.	Data	Custom Gene Sets Selected Data, Gene Scores, Gene Set Scores

Cluster Analysis 위젯을 사용하면 [그림 Ⅵ-66]과 같이 군집을 특징짓는 차동 표현 유전자와 차동 표현 유전자를 설명하는 해당 유전자 용어를 표시한다.

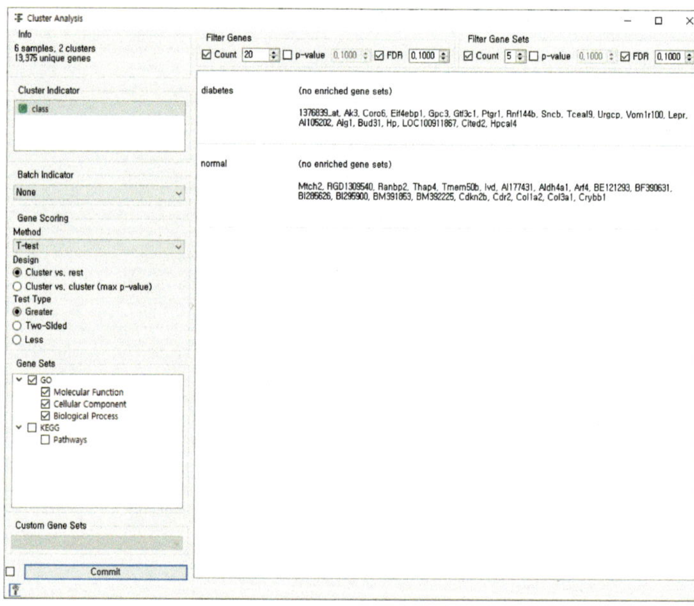

[그림 Ⅵ-66] Cluster Analysis 위젯 창

10 Volcano Plot

위젯	설명	입력	출력
 Volcano Plot	유전자 발현율에 대해 유의성 대 Fold change를 표시한다.	Data	Data Subset Selected Data, Data

Volcano Plot 위젯을 사용하면 [그림 Ⅵ-67]과 같이 반복실험 데이터의 변화를 시각화하는 그래픽 방법이다. 위젯은 x축의 접이식 변경 이진 로그 대 통계 유의성(p-값의 음수 기준 10 로그)을 y축에 표시한다. 또한 통계적으로 유의한 데이터(유전자)를 신속하게 시각적으로 식별하는 데 유용하다. 매우 비정상적으로 조절된 유전자는 왼쪽과 오른쪽으로 더 멀고, 반면에 매우 중요한 접이 변화는 줄거리에서 더 높게 나타난다. 이 두 개의 결합은 통계적으로 중요한 유전자들이다.

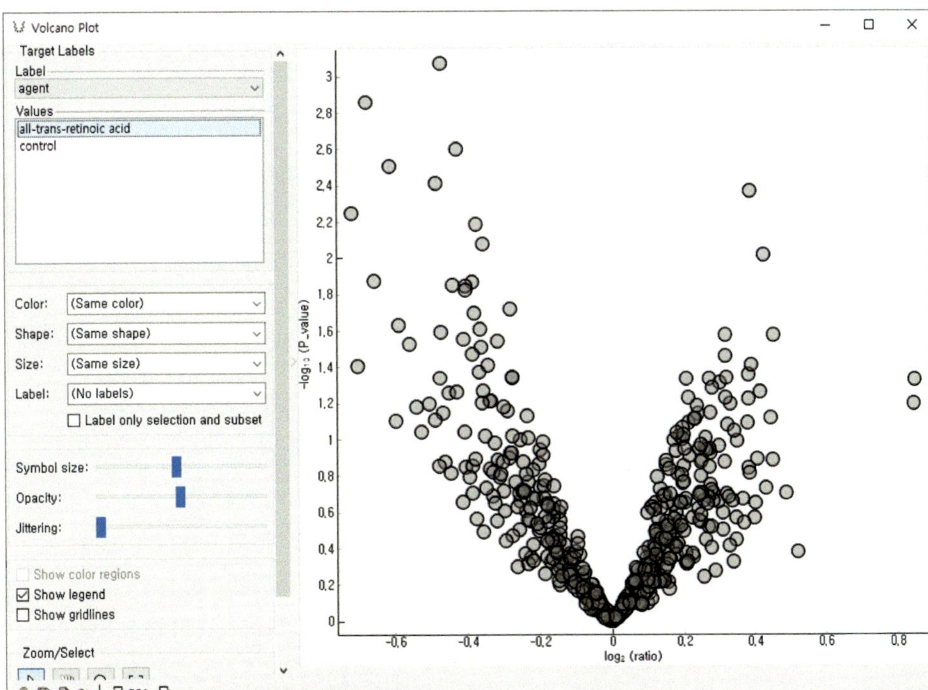

[그림 Ⅵ-67] Volcano Plot 위젯 창

11 Marker Genes

위젯	설명	입력	출력
Marker Genes	마커 유전자의 공개 데이터베이스에 대한 액세스를 제공한다.	X	Genes

Marker Genes 위젯을 사용하면 [그림 Ⅵ-68]과 같이 마커 유전자의 공개 데이터베이스에 대한 액세스를 제공한다.

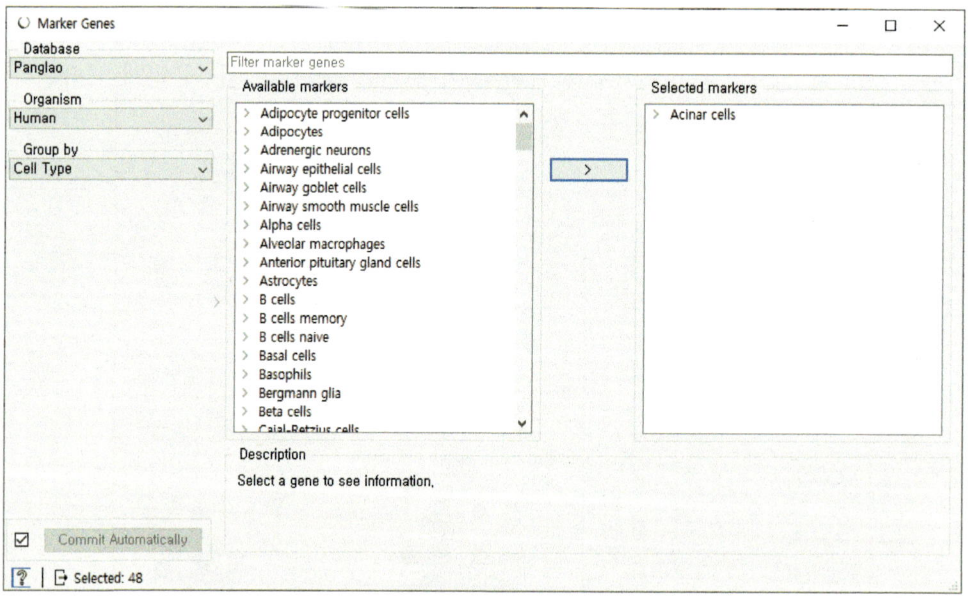

[그림 Ⅵ-68] Marker Genes 위젯 창

12 Annotator

위젯	설명	입력	출력
Annotator	투영 클러스터에 주석을 추가한다.	Reference Data	Secondary Data, Genes Selected Data, Data

Annotator 위젯을 사용하면 [그림 Ⅵ-69]와 같이 2차원 공간 및 마커 유전자에 대한 매핑과 함께 유전자 표현 데이터를 수신한다. 만-휘트니 U 테스트로 각 세포에 대해 가장 많이 발현된 유전자를 선택하고 선택된 통계 테스트를 바탕으로 세포에 대한 각 세포 유형의 p-값을 계산한다. 그것은 세포의 그룹을 시각화하고 각 그룹에 대해, 현재 가장 적은 세포 유형을 보여준다.

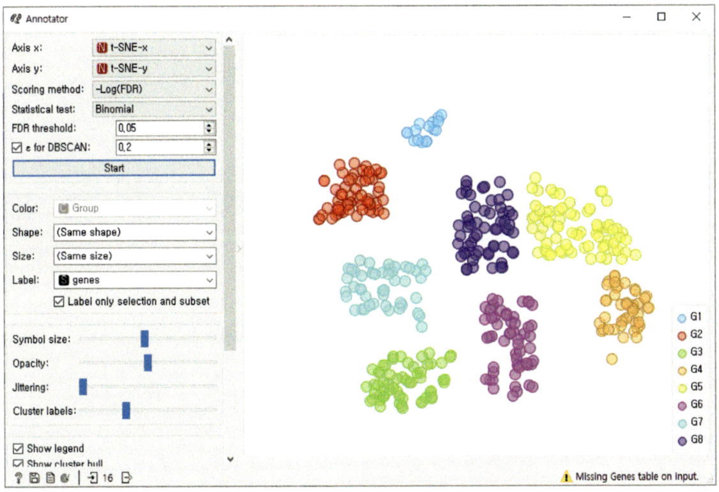

[그림 Ⅵ-69] Annotator 위젯 창

[그림 Ⅵ-70]의 워크플로우에서 단일 세포 데이터 세트 위젯은 골수 단핵 세포에 AML(샘플) 유전자 발현 데이터 세트를 제공하고 t-SNE 위젯은 데이터를 2차원 공간으로 매핑한다. Marker Genes 위젯은 주석자 위젯에 마커 유전자와 셀 유형을 제공한다. 데이터 테이블은 주석 위젯의 출력을 수신하고 그래프에서 선택한 항목을 표시한다. 위젯은 2차원 평면에 투영된 군집화된 셀을 보여준다. 클러스터 레이블에는 클러스터에서 가장 일반적인 레이블이 있는 주석이 표시된다.

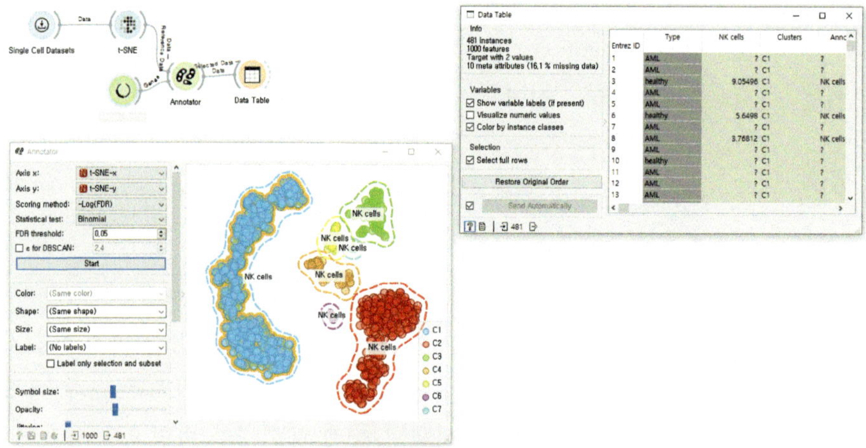

[그림 Ⅵ-70] Annotator 예제

4. 단일 세포 분석

1 Single Cell Datasets

위젯	설명	입력	출력
Single Cell Datasets	온라인 저장소에서 데이터 세트를 불러온다.	X	Data

Single Cell Datasets 위젯을 사용하면 [그림 Ⅵ-71]과 같이 데이터베이스 서버에서 선택한 데이터 세트를 검색하고 데이터를 출력으로 전송한다. 유전자 발현 데이터 세트에는 행에 있는 세포와 열에 있는 유전자가 포함된다. 데이터 세트 파일은 로컬 메모리에 다운로드되며, 이후 요청의 경우 인터넷에 연결되지 않더라도 즉시 사용할 수 있다.

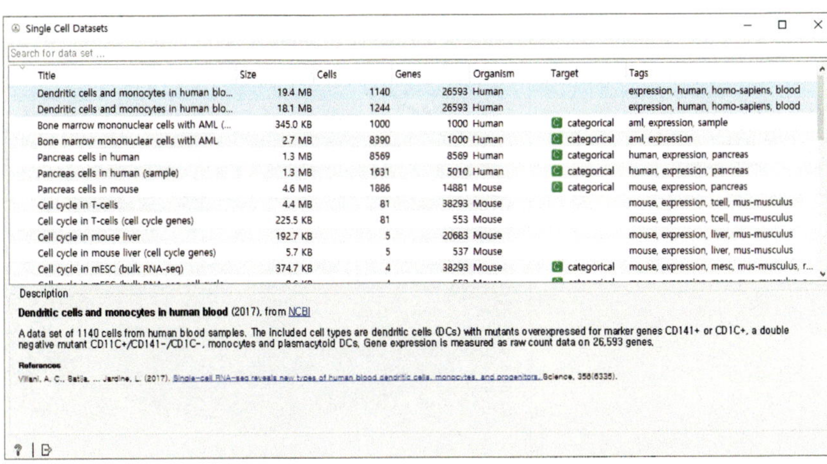

[그림 Ⅵ-71] Single Cell Datasets 위젯 창

2 Filter

위젯	설명	입력	출력
 Filter	세포와 유전자 필터를 적용한다.	Data	Data

Filter 위젯을 사용하면 [그림 Ⅵ-72]와 같이 양의 측정 횟수를 기준으로 셀 또는 유전자를 필터링한다. 시각화에서 유전자를 선택하여 불규칙하고 지나치게 빈번한 세포/유전자를 제거할 수 있다.

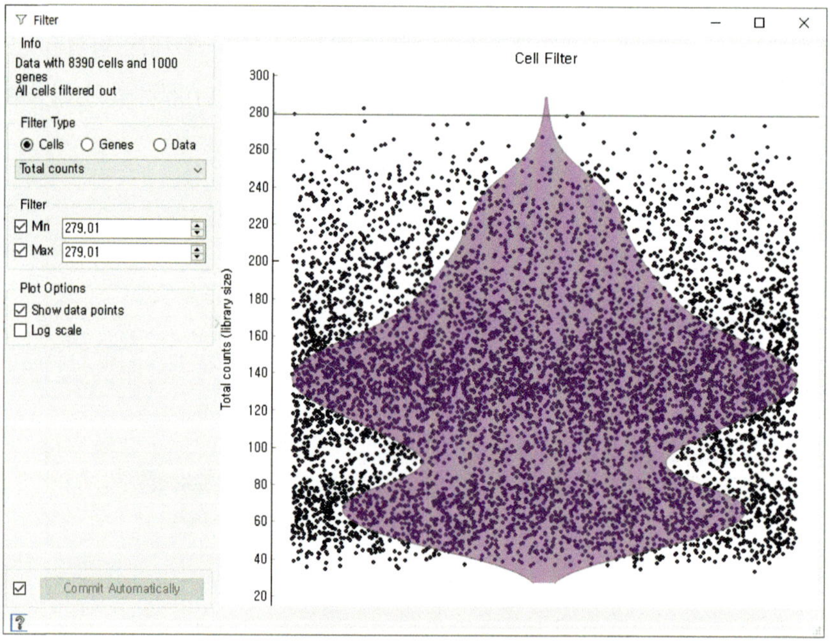

[그림 Ⅵ-72] Filter 위젯 창

[그림 Ⅵ-73]의 워크플로우는 필터 위젯을 사용하여 흥미 없는 세포, 유전자 또는 데이터를 필터링하는 예제이다. 흥미롭지 않다는 것은 데이터가 0(표현 없음)인 경우, 너무 자주 또는 너무 빈도가 낮다는 것을 의미한다. 이를 통해 더 얇은 데이터 세트를 가질 수 있으므로 계산 속도가 빨라지고 결과를 보다 쉽게 분석할 수 있다. 단일 셀 데이터 세트를 사용하여 mESC(Fluidigm) 데이터 세트에서 셀 주기를 로드한다. 그런 다음 필터 위젯을 사용하여 유전자 선택을 38,293개에서 11,932개로 좁힌다. 그러면 데이터 테이블의 폭(열 수)이 크게 감소한다. 여기서 선택 항목을 수동으로 설정했지만(낮은

임계값의 경우 20, 상한 임계값의 경우 170), 녹색 필드를 위 또는 아래로 끌어 시각화에서 선택 항목을 설정할 수도 있다.

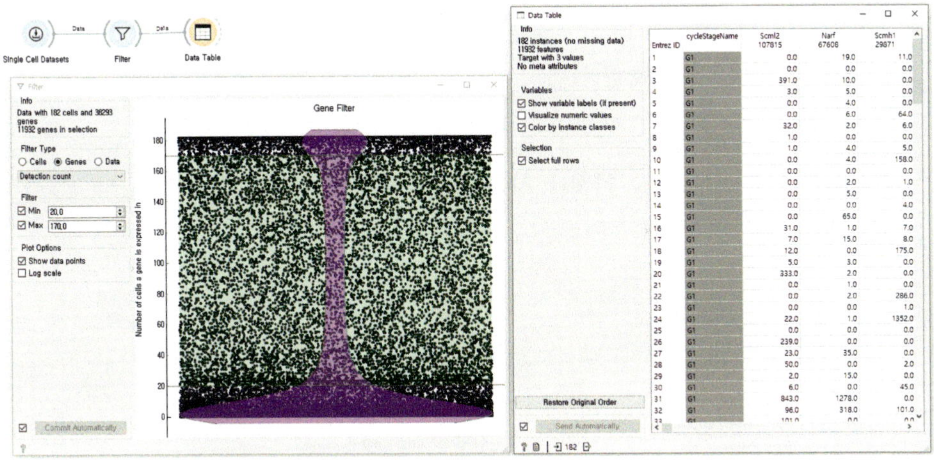

[그림 Ⅵ-73] Filter 예제

3 Single Cell Preprocess

위젯	설명	입력	출력
Single Cell Preprocess	단일 세포 데이터 세트의 전처리 파이프라인을 구축한다.	Data	Preprocessed Data

Single Cell Preprocess 위젯을 사용하면 [그림 Ⅵ-74]와 같이 단일 세포 데이터 세트에 전처리 파이프라인을 구축할 수 있다.

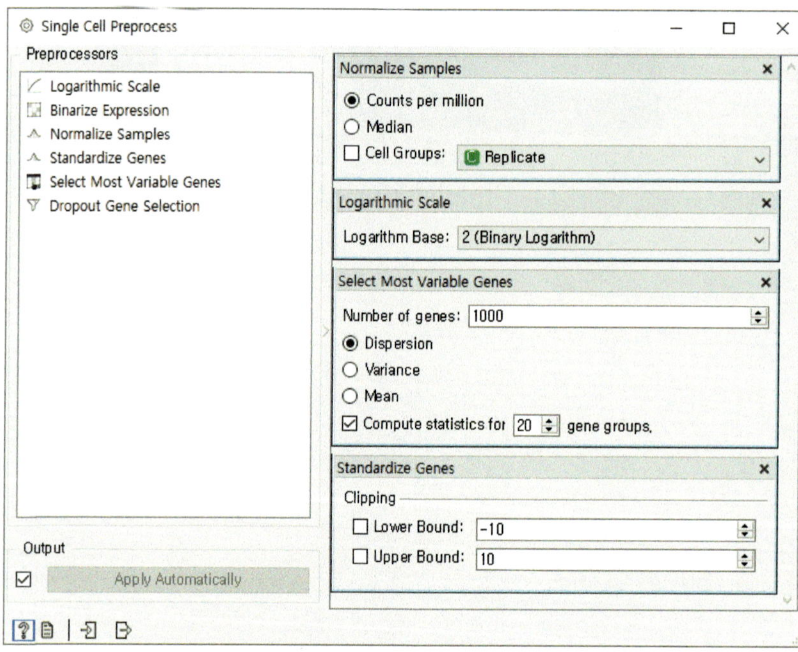

[그림 Ⅵ-74] Single Cell Preprocess 위젯 창

4 Batch Effect Removal

위젯	설명	입력	출력
Batch Effect Removal	단일 세포 데이터 세트에 배치 효과를 제거한다.	Data	Data

Batch Effect Removal 위젯을 사용하면 [그림 Ⅵ-75]과 같이 단일 세포 데이터 세트에 배치 효과 정규화를 할 수 있다.

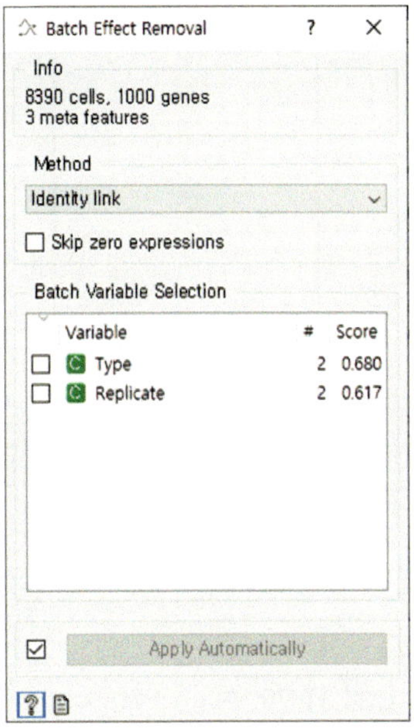

[그림 Ⅵ-75] Batch Effect Removal 위젯 창

5 Align Datasets

위젯	설명	입력	출력
Align Datasets	상관 관계 시각화 다이어그램에 여러 데이터 세트를 정렬한다.	Data	Transformed Data, Genes per n.Components

Align Datasets 위젯을 사용하면 [그림 Ⅵ-76]과 같이 상관관계 시각화 다이어그램으로 여러 데이터 세트를 정렬한다.

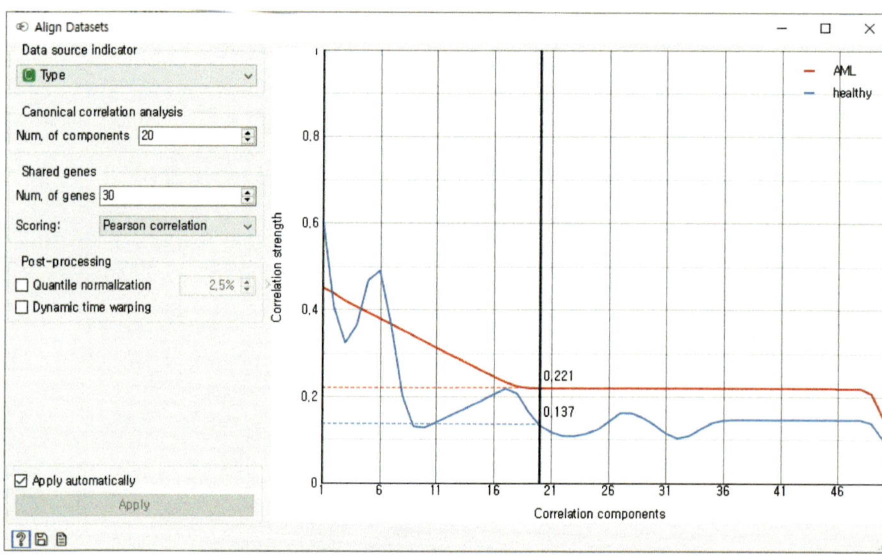

[그림 Ⅵ-76] Align Datasets 위젯 창

6 Score Genes

위젯	설명	입력	출력
Score Genes	관련성에 따라 유전자를 채점하고 필터링한다.	Data	Scorer Reduced Data, Scores

Score Genes 위젯을 사용하면 [그림 Ⅵ-77]과 같이 열에 유전자가 있는 유전자 발현 데이터와 행에 있는 단일 세포 발현 프로파일을 고려한다. 유전자 발현 통계를 바탕으로 유전자 점수를 매긴다. 예를 들어, 평균 발현을 기준으로 유전자를 분류할 수 있다. 이 위젯은 가장 점수가 높은 유전자 선택을 지원하고 유전자 필터링을 수행한다.

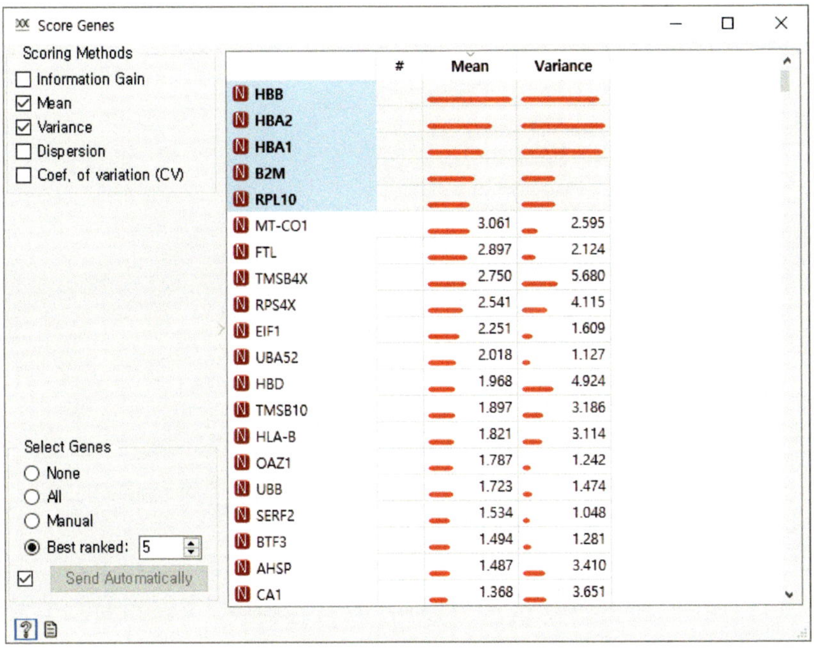

[그림 Ⅵ-77] Score Genes 위젯 창

7 Score Cells

위젯	설명	입력	출력
Score Cells	주어진 유전자 세트에 기초한 세포 점수를 추가한다.	Data	Genes Data

Score Cells 위젯을 사용하면 [그림 VI-78]과 같이 입력 마커 유전자의 표현에 따라 입력 데이터의 셀(행)에 점수를 매긴다. 입력 데이터는 (속성 이름으로) 열 헤더에 유전자 이름을 포함해야 한다. 점수는 각 세포에 대해 독립적으로 계산되며 마커 유전자의 최대 표현과 같다. 모든 마커 유전자에 대한 식이 없으면 세포는 0점을 얻는다. Genes 입력이 제공되면, 열 중 하나는 표현 데이터에서 입력한 것과 일치하는 유전자의 이름을 포함해야 한다.

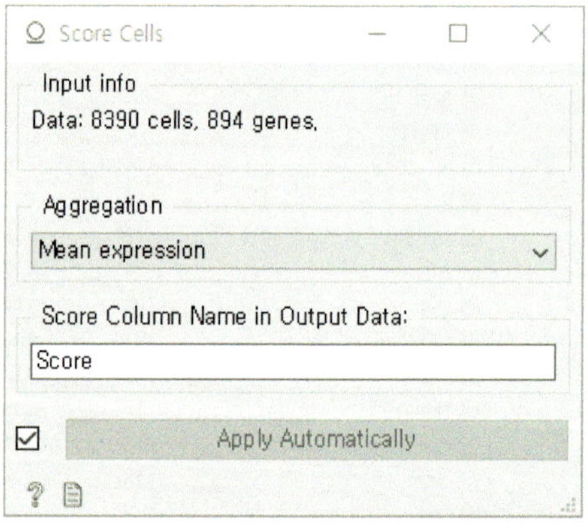

[그림 VI-78] Score Cells 위젯 창

[그림 VI-79]의 워크플로우는 단일 세포 데이터 세트 위젯을 사용하여 골수 단핵 세포를 AML(샘플) 데이터로 로드한다. 그런 다음 k-평균을 통해 전달하고 실루엣 점수에서 2개의 클러스터를 선택한다. 여기에 두 개의 구별되는 군집을 확인할 수 있다. 이 세포에서 어떻게 하위 집단을 찾을 수 있을까? 생물정보학의 Marker Genes 위젯을 불러와 목록에서 자연 킬러 세포를 선택한다(NK cells). 마커 및 k-평균 결과를 스코어 셀 위젯에 전달하고 geneName을 선택하여 마커와 유전자를 일치시킨다. 마지막으로 t-SNE를 추가하여 결과를 시각화한다. t-SNE에서 점수 속성을 사용하여 점을 색칠하고 크기를 설정한다. 그 결과 킬러 세포들이 잘 뭉쳐져 있고 t-SNE이 실제로 하위 집단을 발견했다는 것을 알 수 있다.

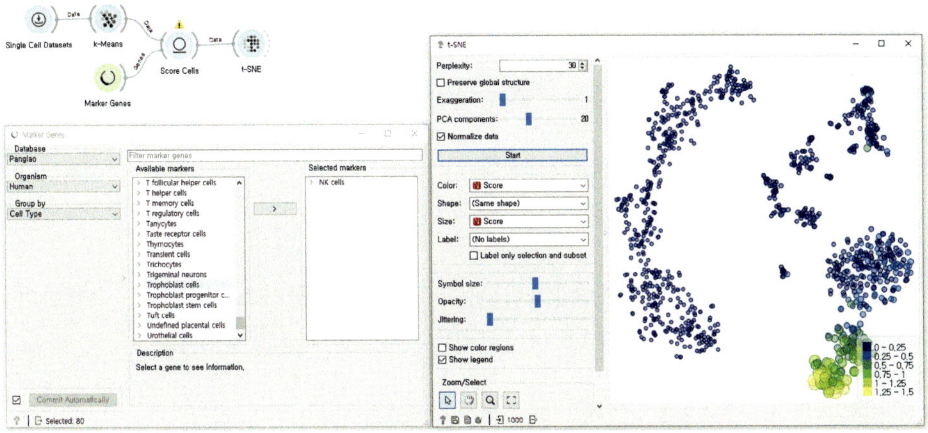

[그림 Ⅵ-79] Score Cells 예제

8 Dot Matrix

위젯	설명	입력	출력
Dot Matrix	클러스터 분석을 수행한다.	Data	Selected Data, Data, Contingency Table

Dot Matrix 위젯을 사용하면 [그림 Ⅵ-80]과 같이 클러스터 분석을 수행한다. 입력이 많은 경우 처음 100개까지만 나타난다.

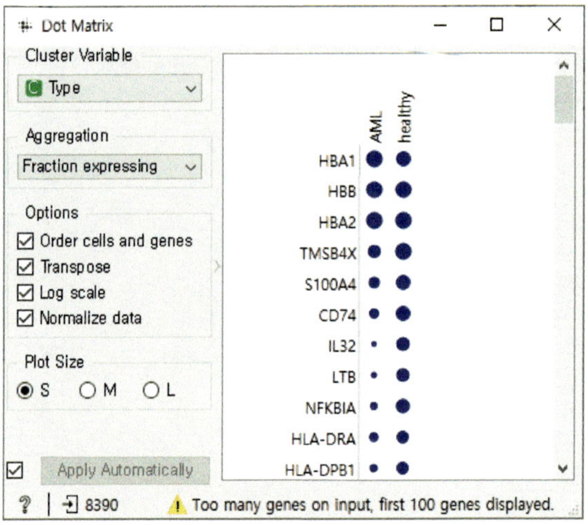

[그림 Ⅵ-80] Dot Matrix 위젯 창

5. 이미지 분석

1 Import Images

위젯	설명	입력	출력
 Import Images	디렉터리에서 이미지를 가져온다.	X	Data

Import Images 위젯을 사용하면 [그림 Ⅵ-81]과 같이 디렉토리에서 이미지를 찾고 발견한 이미지당 하나의 행을 반환한다. 열에는 이미지 이름, 이미지 경로, 너비, 높이 및 이미지 크기가 포함된다. 영상 경로가 있는 열은 나중에 영상 시각화 및 임베딩의 속성으로 사용된다. 또한 하위 폴더가 포함된 폴더를 가져올 수 있다. 이 경우 오렌지3에서 각 폴더를 클래스 값으로 간주한다.

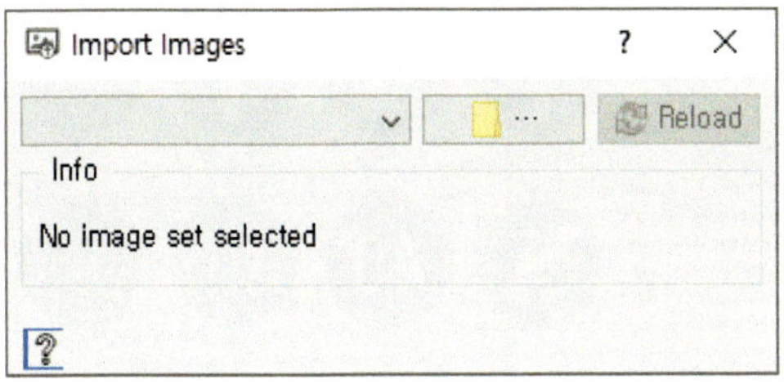

[그림 Ⅵ-81] Import Images 위젯 창

2 Image Viewer

위젯	설명	입력	출력
 Image Viewer	데이터에서 참조된 이미지를 본다.	Data	Selected Images, Data

Image Viewer 위젯을 사용하면 [그림 Ⅵ-82]와 같이 로컬 또는 인터넷에 저장된 데이터 세트의 이미지를 표시할 수 있다. 위젯은 세 번째 헤더 행에서 유형 = 이미지의 속성을 찾는다. 선택한 데이터 인스턴스 간의 유사성 또는 불일치(예: 세균 증가 또는 손글씨의 비트맵 표현)를 찾는 동안 이미지 비교에 사용할 수 있다.

[그림 Ⅵ-82] Image Viewer 위젯 창

[그림 Ⅵ-83]의 워크플로우에서 데이터세트 위젯을 이미지 뷰어에 연결하고 데이터 세트와 함께 제공되는 모든 이미지를 보는 것이다. 이미지 가져오기에서 이미지를 시각화할 수도 있다.

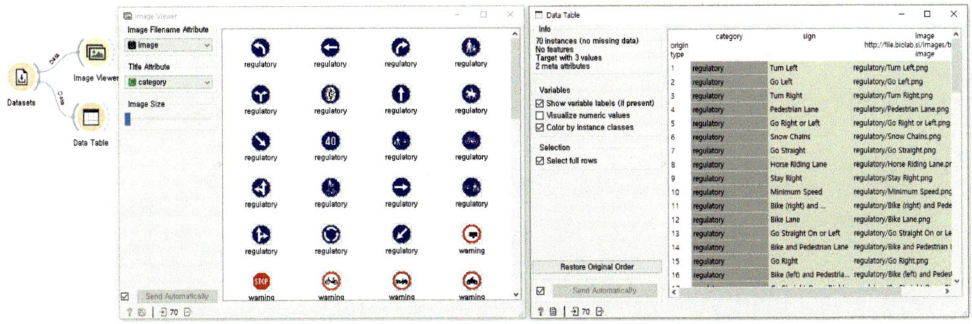

[그림 Ⅵ-83] Image Viewer 예제1

[그림 Ⅵ-84]의 워크플로우와 같이 선택한 인스턴스만 시각화할 수 있다.

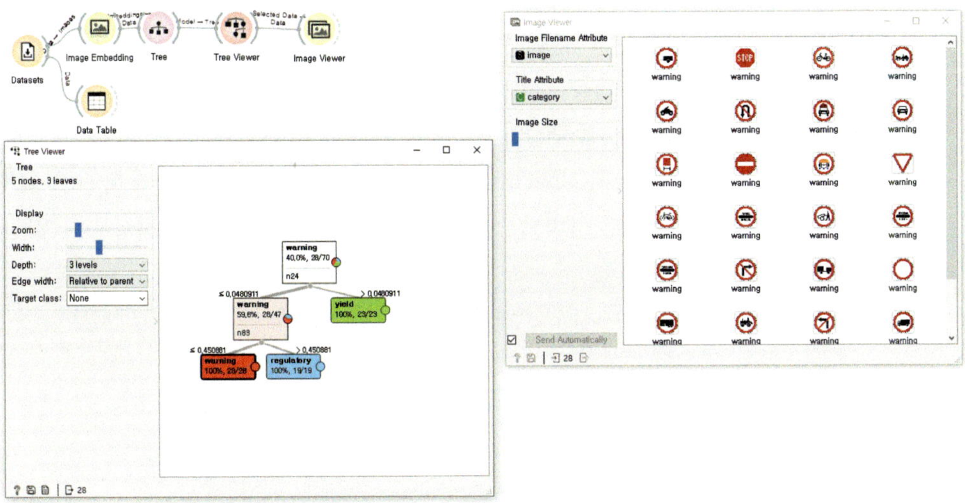

[그림 Ⅵ-84] Image Viewer 예제2

3 Image Embedding

위젯	설명	입력	출력
 Image Embedding	심층 신경망을 통한 이미지를 임베딩한다.	Images	Embeddings, Skipped Images

Image Embedding 위젯을 사용하면 [그림 Ⅵ-85]와 같이 이미지 임베딩은 이미지를 읽고 원격 서버에 업로드하거나 로컬로 평가한다. 딥러닝 모델은 각 이미지에 대한 피처 벡터를 계산하는 데 사용된다. 추가 열(이미지 설명자)이 있는 향상된 데이터 테이블을 반환한다. 이미지 가져오기 위젯을 사용하거나 스프레드시트의 이미지 경로로 이미지를 가져올 수 있다. 이 경우 영상 경로가 있는 열에는 세 번째 행에 유형 = 영상 레이블이 있는 3행 헤더가 필요하다. 이미지 임베딩은 각각 특정 작업에 대해 훈련된 여러 임베더를 제공한다. 이미지가 서버로 전송되거나 사용자의 컴퓨터에서 로컬로 평가되어 벡터 표현이 계산된다. 스퀴즈넷 임베더는 인터넷 연결이 필요 없는 사용자 컴퓨터에서 빠른 평가를 제공한다. SpecureNet이 아닌 다른 임베더를 사용하기로 결정한 경우 인터넷 연결이 필요하다. 서버로 전송된 이미지는 아무 곳에나 저장되지 않는다.

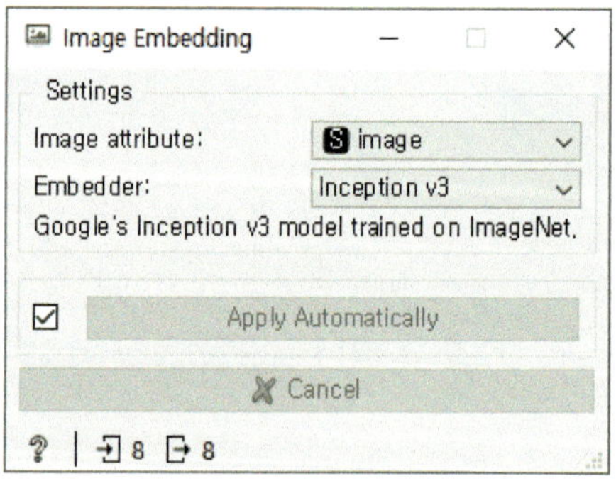

[그림 Ⅵ-85] Image Embedding 위젯 창

[그림 Ⅵ-86]의 워크플로우와 같이 이미지 가져오기 위젯으로 폴더에서 이미지를 가져온다. 과일이라는 폴더에 오렌지, 바나나, 딸기의 이미지가 세 개 있다. 이미지 가져오기에서 이미지들을 이미지 임베딩으로 보낸다. 기본 임베더인 스퀴즈넷으로 설정한다. 위젯이 서버에서 이미지 벡터 검색을 자동으로 시작한다. 계산이 완료되면 데이터 테이블에서 향상된 데이터를 관찰할 수 있다. 검색된 임베딩을 사용하면 오렌지3에서 제공하는 머신러닝 방법을 사용할 수 있다.

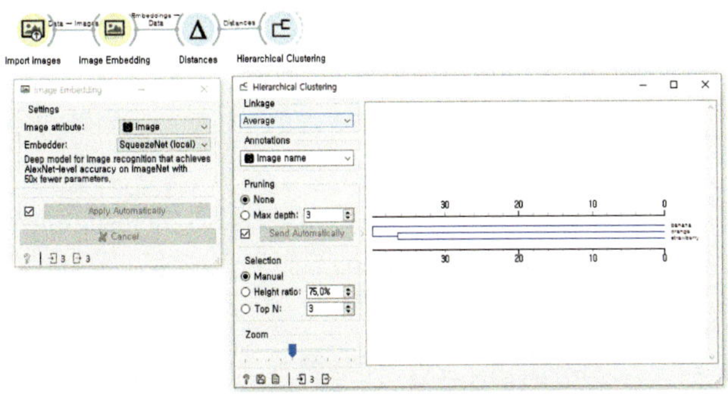

[그림 Ⅵ-86] Image Embedding 예제

4 Image Grid

위젯	설명	입력	출력
Image Grid	유사성 그리드에서 이미지를 시각화한다.	Embeddings	Data Subset Selected Images, Images

Image Grid 위젯을 사용하면 [그림 Ⅵ-87]과 같이 유사성 그리드에 있는 데이터 세트의 이미지를 표시할 수 있으며, 유사한 내용의 이미지가 서로 더 가까이 배치된다. 선택한 데이터 인스턴스 간의 유사성 또는 불일치(예: 세균 증가 또는 손글씨의 비트맵 표현)를 찾는 동안 이미지 비교에 사용할 수 있다.

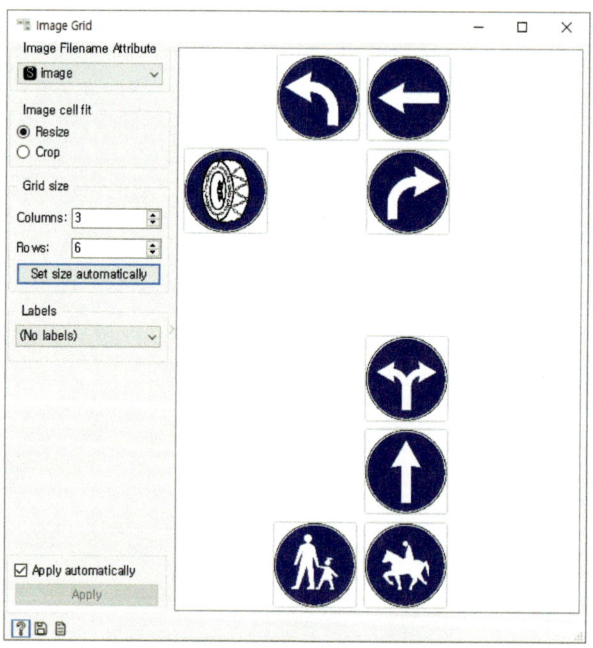

[그림 Ⅵ-87] Image Grid 위젯 창

[그림 Ⅵ-88]의 워크플로우와 같이 이미지 그리드는 2D 투영에서 이미지의 유사성을 시각화하는 데 사용할 수 있다. 데이터 세트에서 교통 표지판 데이터 세트를 가져오고 이미지 임베딩에 연결한 후 인셉션 v3 임베더로 설정한다. 마지막으로 이미지 그리드에서 이미지를 시각화한다. 색깔과 모양 등에 따라 유사성이 있는 표지판끼리 모여 있는 것을 확인할 수 있다.

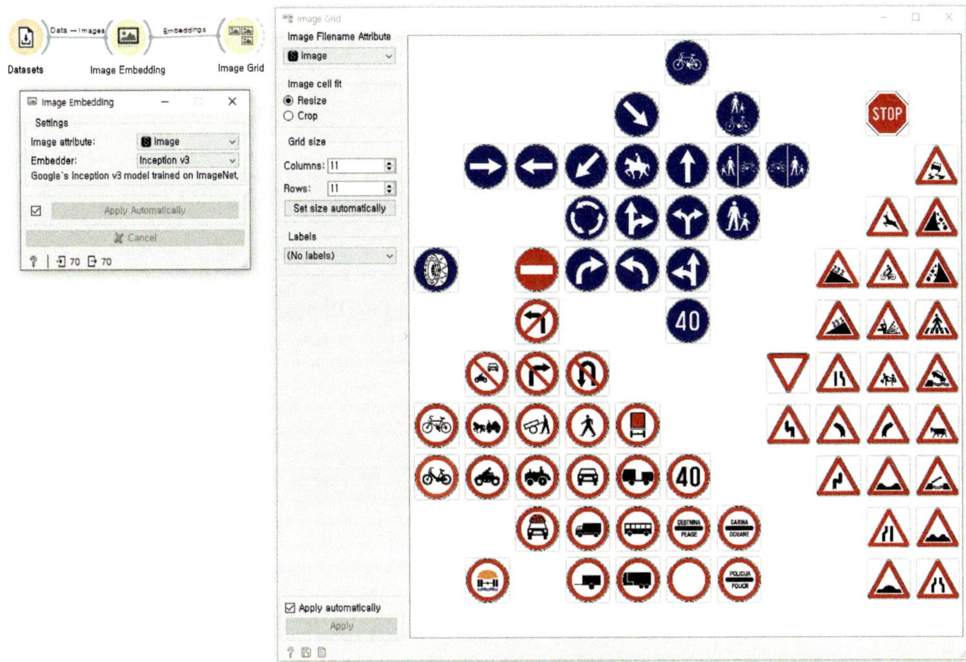

[그림 Ⅵ-88] Image Grid 예제

5 Save Images

위젯	설명	입력	출력
Save Images	이미지를 디렉터리에 저장한다.	Data	X

Save Images 위젯을 사용하면 입력으로 전송된 이미지를 저장할 수 있다. 이미지는 자체 디렉터리에 별도의 파일로 저장된다. 데이터에 클래스가 있으면 클래스 변수를 기준으로 영상이 하위 디렉터리에 저장된다.

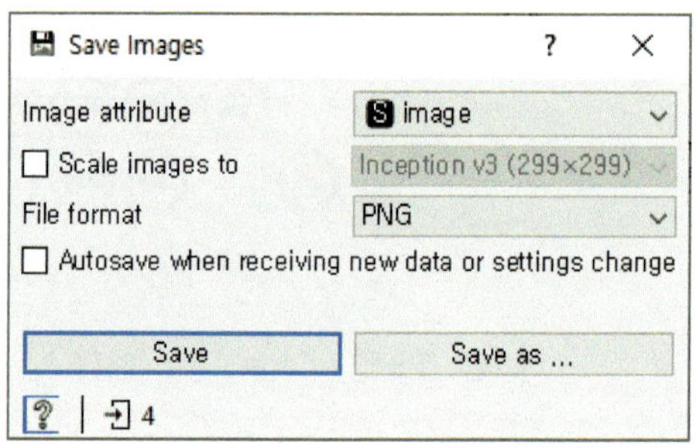

[그림 Ⅵ-89] Save Images 위젯 창

6. 네트워크 분석

1 Network File

위젯	설명	입력	출력
Network File	네트워크 그래프 파일을 불러온다.	Items	Network, Items

Network File 위젯을 사용하면 네트워크 파일을 읽고 입력 데이터를 출력 채널로 보낸다. 위젯에서 가장 최근에 연 파일의 기록이 유지 관리 된다. 위젯에는 추가 기능과 함께 사전 설치되는 샘플 데이터 세트가 있는 디렉토리도 포함된다. 위젯은 데이터를 .net 및 .pajek 형식으로 읽는다. 노드 정보에 대해 무료 .tab, .tsv 또는 .csv 데이터 세트를 제공할 수 있다. 기본적으로 오렌지3는 .net 파일과 이름이 같은 파일과 일치한다.

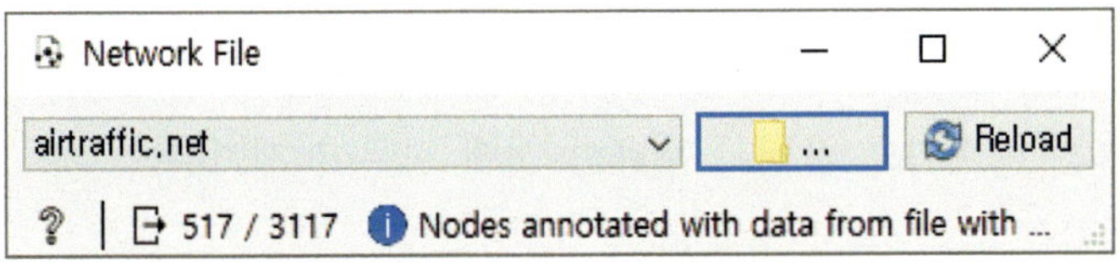

[그림 Ⅵ-90] Network File 위젯 창

2 Network Explorer

위젯	설명	입력	출력
Network Explorer	네트워크와 해당 속성을 시각적으로 탐색한다.	Node Data	Node Subset, Network, Node Distances Selected Data, Data, Selected Sub-network, Remaining Sub-network, Distance matrix

Network Explorer 위젯은 [그림 Ⅵ-91]과 같이 네트워크 그래프를 시각화하는 기본 위젯이다. Fruchterman-Reingold 레이아웃 최적화 그래프를 표시하고 노드의 색, 크기 및 레이블을 설정할 수 있다. 특정 속성의 노드를 강조 표시하고 출력할 수도 있다. Network Explorer 위젯의 시각화는 산점도에 대한 시각화와 동일하게 작동한다. 노드의 하위 집합을 선택하려면 하위 집합 주위에 사각형을 그린다. Shift 키를 누르면 새 그룹이 추가된다. Ctrl-Shift(Cmd-Shift)가 기존 그룹에 추가된다. Alt(옵션)은 그룹에서 제거된다. 네트워크 밖에서 누르면 선택 항목이 제거된다.

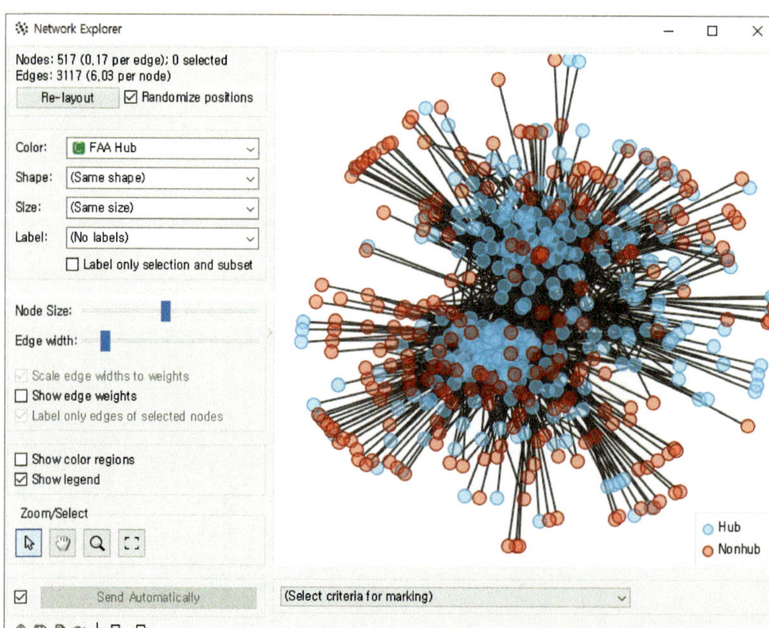

[그림 Ⅵ-91] Network Explorer 위젯 창

[그림 Ⅵ-92]의 워크플로우는 네트워크 파일 위젯에 로드할 수 있는 lastfm 데이터 세트를 사용한다. 네트워크의 노드는 음악가들로, 그들이 연주하는 장르, 앨범의 제작 수 등이 feature이다. 에지는 LastFm의 수신기 수다. 전체 데이터 세트는 Network Explorer에서 시각화된다. 위젯에서 색을 제거하고 노드 크기를 앨범 개수에 맞게 설정한다. 그런 다음 네트워크에서 일부 노드를 선택하여 Network Explorer(1)에서 선택한 내용을 확인할 수 있다.

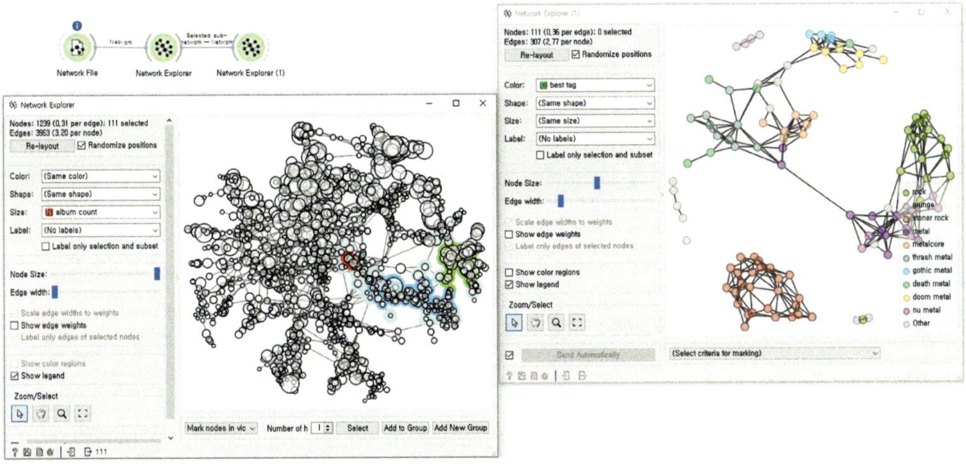

[그림 Ⅵ-92] Network Explorer 예제

3 Network Generator

위젯	설명	입력	출력
Network Generator	예제 그래프를 구성한다.	X	Network

Network Generator 위젯을 사용하면 모범적인 네트워크를 구성한다. 대부분 네트워크에 대해 강의/학습하기 위한 것이다.

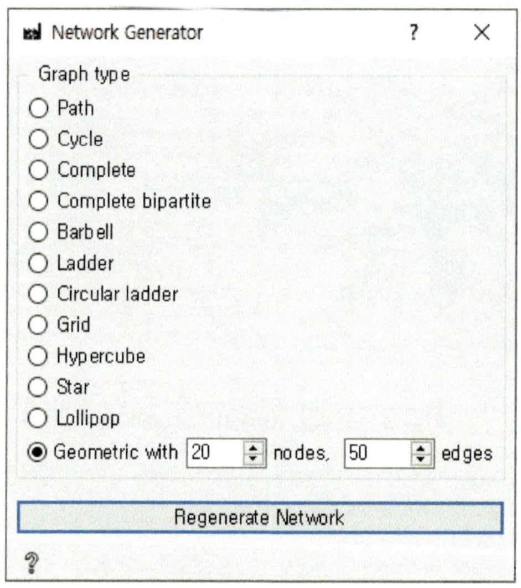

[그림 Ⅵ-93] Network Generator 위젯 창

[그림 Ⅵ-94]의 워크플로우와 같이 Network Generator는 일반적인 그래프 구조를 탐색하는 데 유용한 도구이다. 높이 4와 너비 5의 그리드 그래프를 생성하여 네트워크 분석으로 보낸다. 노드 정도를 계산하고 데이터를 Network Explorer로 보낸다. 마지막으로, 시각화에서 생성된 그래프를 관찰하고 노드의 크기와 색을 정도로 설정한다. 이것은 네트워크의 속성을 관찰하고 설명하기에 좋은 도구이다.

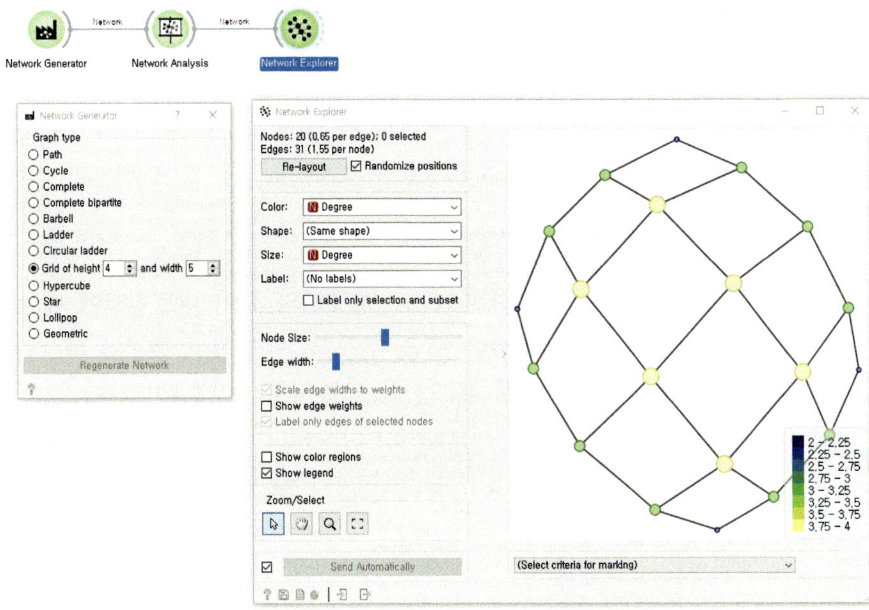

[그림 Ⅵ-94] Network Generator 예제

4 Network Analysis

위젯	설명	입력	출력
Network Analysis	네트워크 데이터의 통계적 분석을 수행한다.	Network	Items Network, Items

Network Analysis 위젯을 사용하면 [그림 Ⅵ-95]와 같이 네트워크에 대한 노드 수준 및 그래프 수준 요약 통계를 계산할 수 있다. 새롭게 계산된 통계와 확장된 항목 데이터 테이블을 사용하여 네트워크를 출력한다(노드 수준 인덱스만 해당).

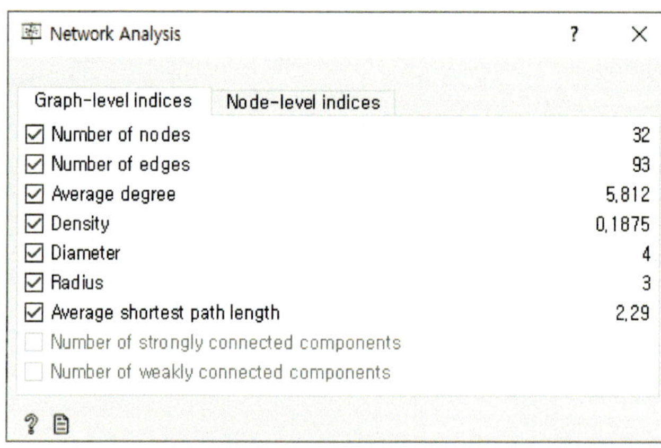

[그림 Ⅵ-95] Network Analysis 위젯 창

[그림 Ⅵ-96]은 네트워크 분석이 워크플로우를 강화하는 방법을 보여 준다. 네트워크 파일에서 lastfm.net을 입력하고 네트워크 분석으로 보낸다. 노드 레벨에서 degree, degree centrality 및 closeness centrality을 계산하기로 설정한다. 네트워크 탐색기에서 네트워크를 시각화할 수 있다. 위젯에서는 이 데이터 세트의 기본값과 같이 최상의 태그별로 색을 지정한다. 계산된 정도 중심성에 대응하도록 노드의 크기를 설정할 수도 있다. 이렇게 하면 네트워크의 속성을 시각화할 수 있다.

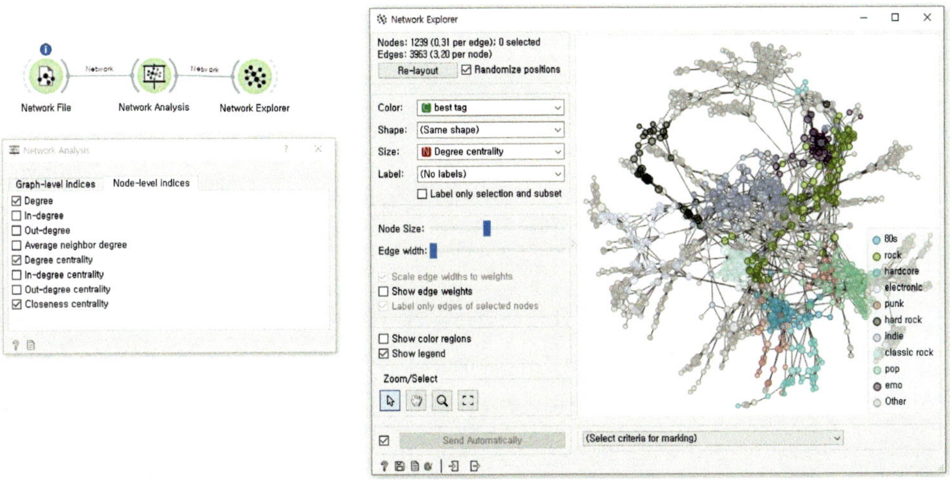

[그림 Ⅵ-96] Network Analysis 예제

5 Network Clustering

위젯	설명	입력	출력
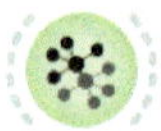 Network Clustering	네트워크에서 커뮤니티를 감지한다.	Network	Network, Items

Network Clustering 위젯을 사용하면 [그림 Ⅵ-97]과 같이 네트워크에서 클러스터를 찾는다. 클러스터링은 Raghavan, Leung의 두 개의 알고리즘과 함께 작동한다. 레이블 전파를 사용하여 적절한 클러스터를 찾고 Raghavan, Leung의 작업을 기반으로 하며 클러스터 형성을 위한 매개변수로 hop attenuation을 추가한다.

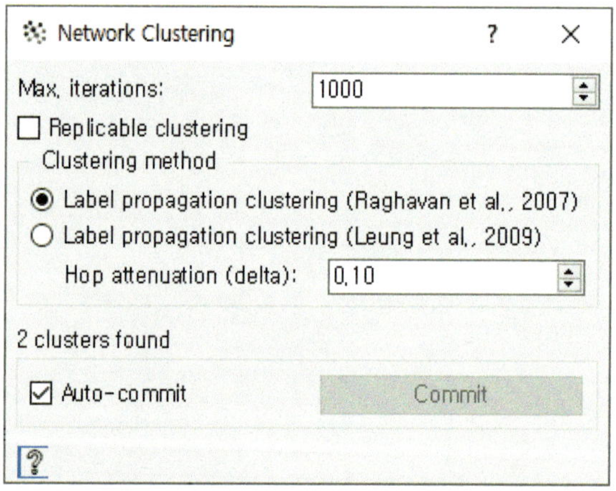

[그림 Ⅵ-97] Network Clustering 위젯 창

네트워크 클러스터링은 네트워크에서 클라크와 고도로 연결된 그룹을 찾는 데 도움이 된다. [그림 Ⅵ-98]의 워크플로우에서 먼저 네트워크 파일을 사용하여 lastfm.net 데이터 세트를 로드한다. 그런 다음 네트워크 클러스터링을 통해 네트워크를 전달한다. 네트워크에서 79개의 클러스터를 찾았다. 결과를 시각화하려면 네트워크 탐색기를 사용하고 색 속성을 클러스터로 설정한다. 네트워크 노드를 해당 클러스터 색상으로 채색한다. 고밀도 네트워크에서 고도로 연결된 그룹을 시각화하는 좋은 방법이다.

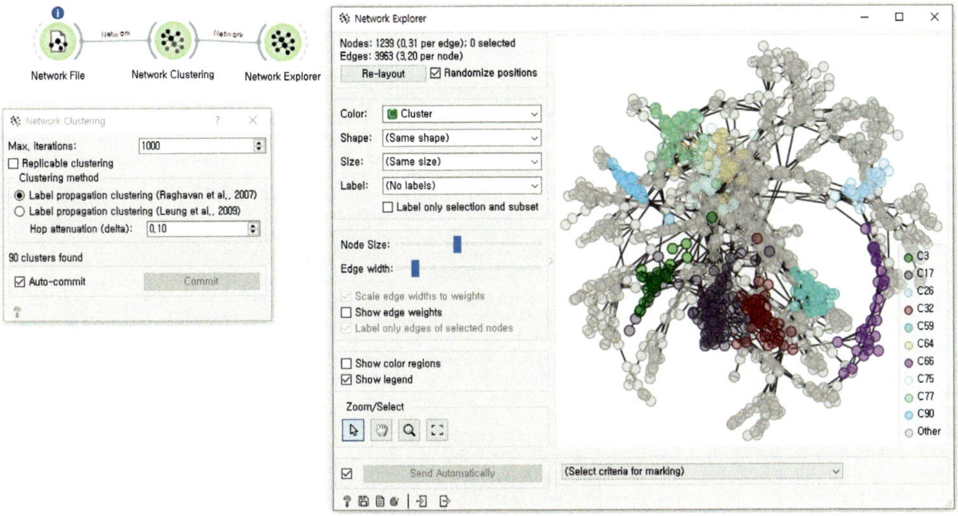

[그림 Ⅵ-98] Network Clustering 예제

6 Network Of Groups

위젯	설명	입력	출력
Network Of Groups	feature별로 인스턴스를 그룹화하고 관련 그룹을 연결한다.	Network	Data Network, Data

Network Of Groups 위젯은 [그림 Ⅵ-99]와 같이 그룹별 작업의 네트워크 버전이다. 드롭다운에서 선택한 속성의 값이 동일한 노드는 단일 노드로 표시된다.

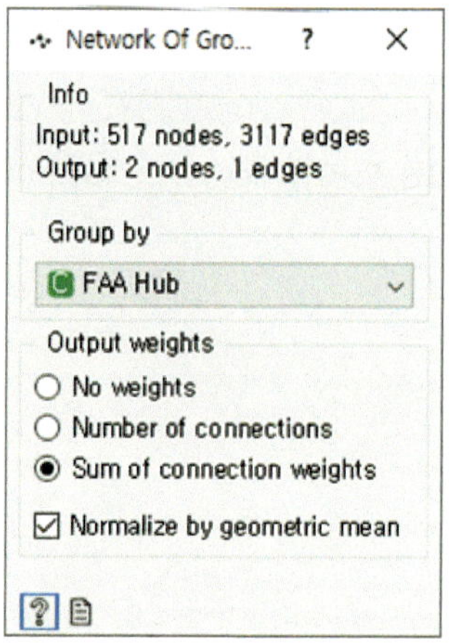

[그림 Ⅵ-99] Network Of Groups 위젯 창

[그림 Ⅵ-100]의 워크플로우에서 네트워크 파일 위젯에 있는 항공 트래픽 데이터 세트를 사용한다. 전체 데이터 세트는 Network Explorer(1)에서 확인할 수 있다. 그런 다음 그룹 네트워크를 사용하여 FAA 분류 속성별로 네트워크를 그룹화한다. 이 속성의 값이 같은 모든 노드는 출력에서 단일 노드로 표시된다. 원래 네트워크에서 연결을 공유하는 경우 두 노드 사이에는 에지가 있다. 그룹화된 네트워크가 네트워크 탐색기에 표시된다.

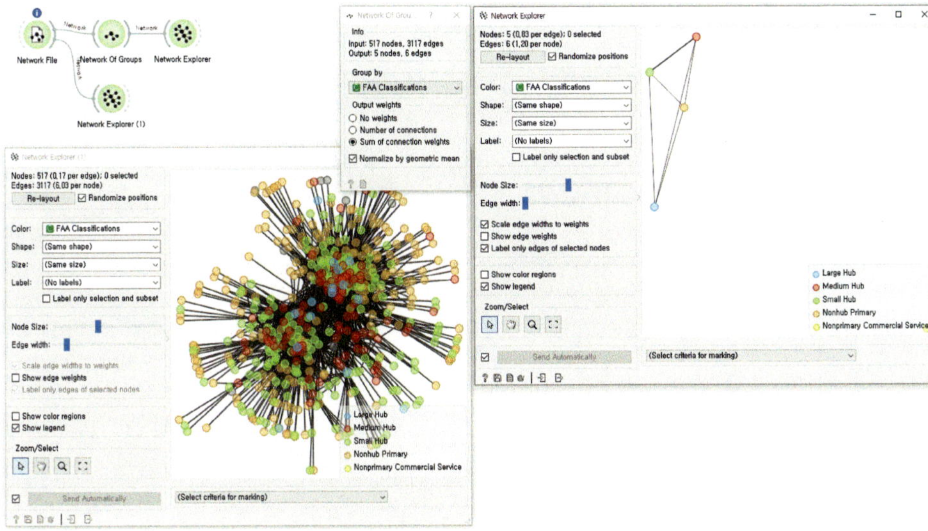

[그림 Ⅵ-100] Network Of Groups 예제

7 Network From Distances

위젯	설명	입력	출력
 Network From Distances	지정된 임계값 사이의 거리가 있는 데이터 테이블에서 노드를 연결하여 그래프 개체를 구성한다.	Distances	Network, Data, Distances

Network From Distances 위젯은 [그림 Ⅵ-101]과 같이 지정된 거리 행렬에서 네트워크 그래프를 구성한다. 그래프는 노드 간 거리가 지정된 임계값보다 낮은 매트릭스에서 노드를 연결하여 구성된다. 즉, 거리가 선택한 임계값보다 낮은 모든 인스턴스가 연결된다.

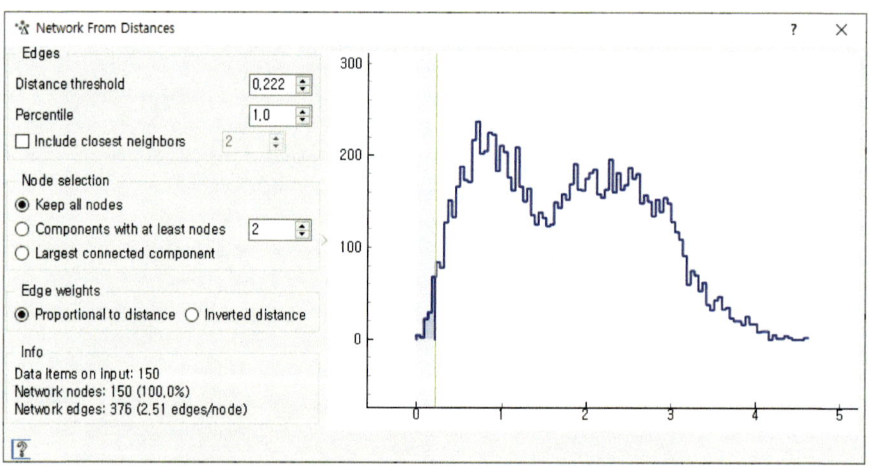

[그림 Ⅵ-101] Network From Distances 위젯 창

거리의 네트워크는 거리 행렬에서 네트워크를 생성한다. [그림 Ⅵ-102]의 워크플로우에서 Iris 데이터 세트를 활용하여 거리 행렬을 통해 데이터 테이블에서 네트워크 그래프로 데이터 세트를 변환한다. 이 위젯은 연결된 인스턴스의 그래프로 인스턴스 유사성을 시각화하는 데 유용하다.

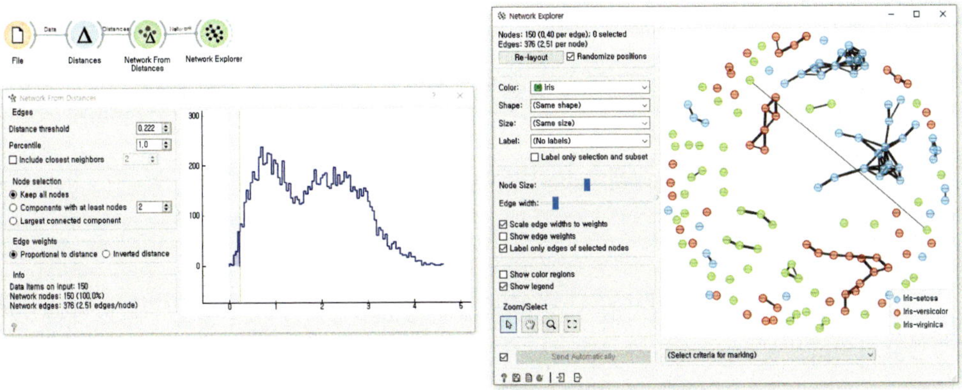

[그림 Ⅵ-102] Network From Distances 예제

8 Single Mode

위젯	설명	입력	출력
 Single Mode	다중 모드 그래프를 단일 모달로 변환한다.	Network	Network

Single Mode 위젯은 이분법 네트워크에서 작동하며, 하위 집합은 이진 이산 특성으로 표시된다. 위젯은 노드가 선택한 값(예: 사람)을 나타내고 나머지 값(예: 이벤트)을 에지로 표시하는 네트워크를 출력한다. 위젯은 이항이 아닌 이산 특성에서도 작동하지만, 이 속성을 이진(일 대 모든)으로 처리한다.

[그림 Ⅵ-104]의 워크플로우에서는 미국 남부에서 온 여성들과 그들이 참가한 행사를 설명하는 유명한 데이비스 데이터 세트를 사용한다. 네트워크는 사람 또는 이벤트인 노드로 구성된다. 노드 역할은 속성 역할에 설명되어 있다. 네트워크 파일을 사용하여 네트워크를 로드한다. 원래 파일은 네트워크 탐색기에서 볼 수 있다. 파란색 노드는 이벤트이고 빨간색 노드는 사람이다. 이벤트에는 사람들이 참석한다. 사용자가 이벤트에 참석한 경우 노드는 이벤트와 사용자를 연결한다. 이제 우리는 어떤 사람들이 같은 행사에 참석했는지, 반대로 어떤 행사에 같은 사람들이 참석했는지 관찰할 수 있다. 단일 모드에서는 노드의 역할을 설명하는 feature를 설정한다. 그래서 속성이 역할로 명명된다. 참석한 행사(에지)로 사람을 연결한다. 에지 가중치는 공통 연결 수가 된다. 변환에서 에지 가중치는 두 사람이 모두 참석한 이벤트의 수가 될 것이다. 네트워크 탐색기(1)가 최종 네트워크를 표시한다.

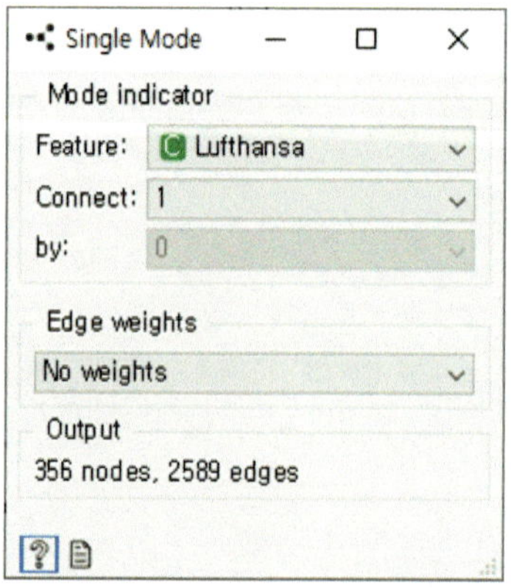

[그림 Ⅵ-103] Single Mode 위젯 창

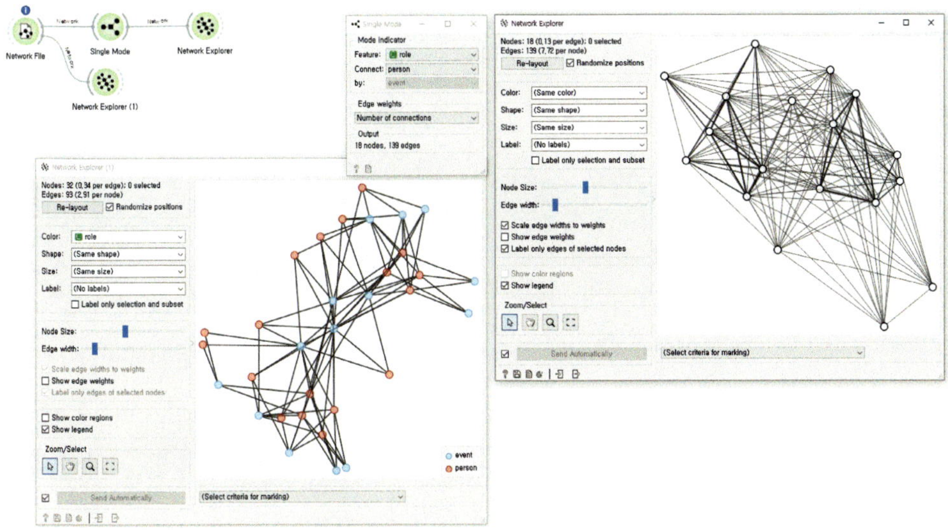

[그림 Ⅵ-104] Single Mode 예제

7. 지오코딩

1 Geocoding

위젯	설명	입력	출력
Geocoding	지역 이름을 지리적 좌표로 인코딩하거나 위도 및 경도 쌍을 지역 이름으로 역으로 지오 코딩한다.	Data	Coded Data

Geocoding 위젯을 사용하면 [그림 Ⅵ-105]와 같이 지역 이름에서 위도/경도 쌍을 추출하거나 위도/경도를 합성하여 지역 이름을 반환한다. 영역이 크면, 국가와 같이 기하학적 중심의 위도와 경도를 인코더가 반환한다.

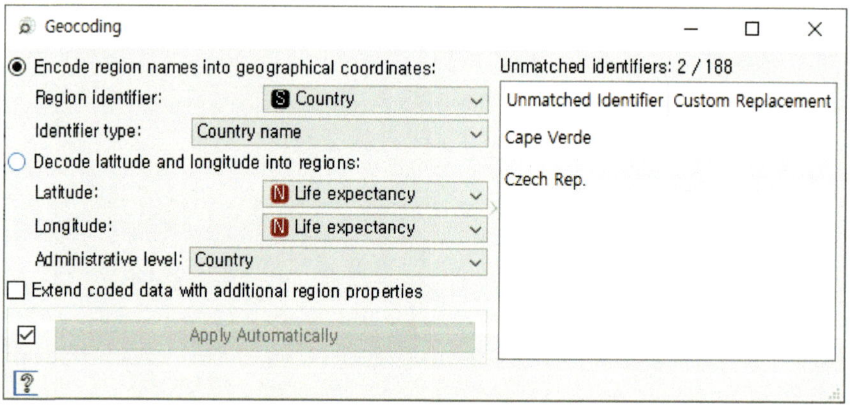

[그림 Ⅵ-105] Geocoding 위젯 창

[그림 Ⅵ-106]의 워크플로우에서 데이터 세트 위젯의 HDI 데이터를 사용한다. 먼저 데이터 테이블의 데이터를 살펴본다. 국가 이름을 포함하는 국가라는 메타 속성이 있다. 이제 이것을 지도에 표시하려고 하지만 지오맵 위젯에는 위도와 경도 쌍이 필요하다. 지오코딩은 국가 이름에서 이 정보를 추출하는 데 도움이 된다. 지오코딩을 데이터 세트에 연결한다. 이 경우 지역 식별자는 국가 속성이고 식별자 유형은 국가 이름이다. 만약 우리의 데이터가 유럽의 주요 도시들을 포함하고 있다면, 우리는 이것을 드롭다운에서 선택해야 한다. 오른쪽에는 일치하지 않는 식별자 편집기가 있는데, 이것은 Geocoding이 해당 위도/경도 쌍을 찾지 못한 인스턴스들을 보여준다. 우리는 맞춤형 교체를 제공함으로써 위젯을 도울 수 있다. 마지막으로 두 번째 데이터 테이블의 데이터를 관찰할 수 있다. 이제 작업한 데이터가 두 가지 추가 속성을 가지고 있다는 것을

알 수 있다. 하나는 위도에 대한 것이고 하나는 관심 영역의 경도에 대한 것이다. 이제, 지도에 데이터를 표시할 수 있다.

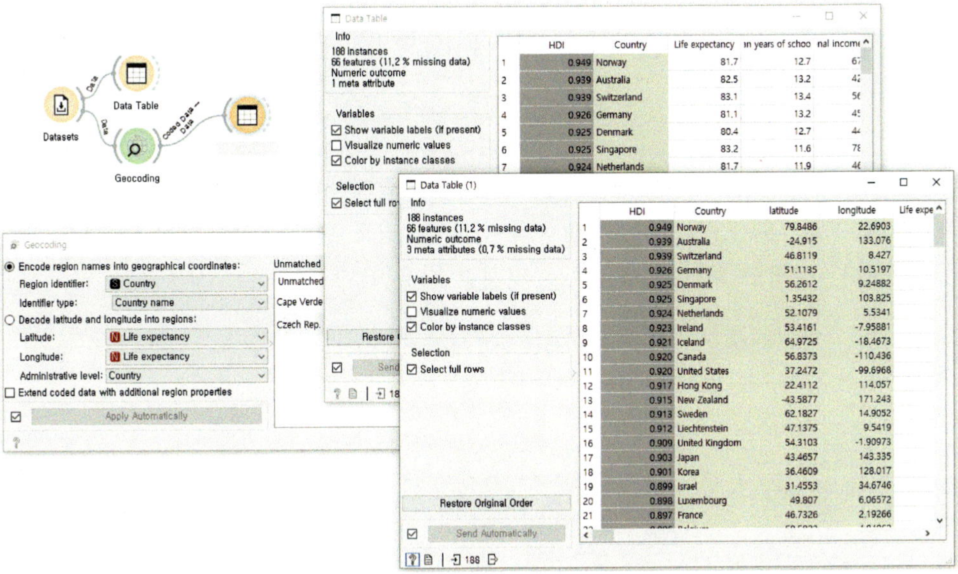

[그림 VI-106] Geocoding 예제

2 Geo Map

위젯	설명	입력	출력
Geo Map	세계 지도에 데이터 점을 표시한다.	Data	Data Subset Selected Data, Data

Geo Map 위젯을 사용하면 [그림 Ⅵ-107]과 같이 지도에서 지리공간 데이터를 시각화한다. WGS 84(EPSG:4326) 형식의 위도 및 경도 변수를 포함하는 데이터 세트에서 작동한다. 산점도 위젯을 사용하는 것처럼 시용할 수 있다.

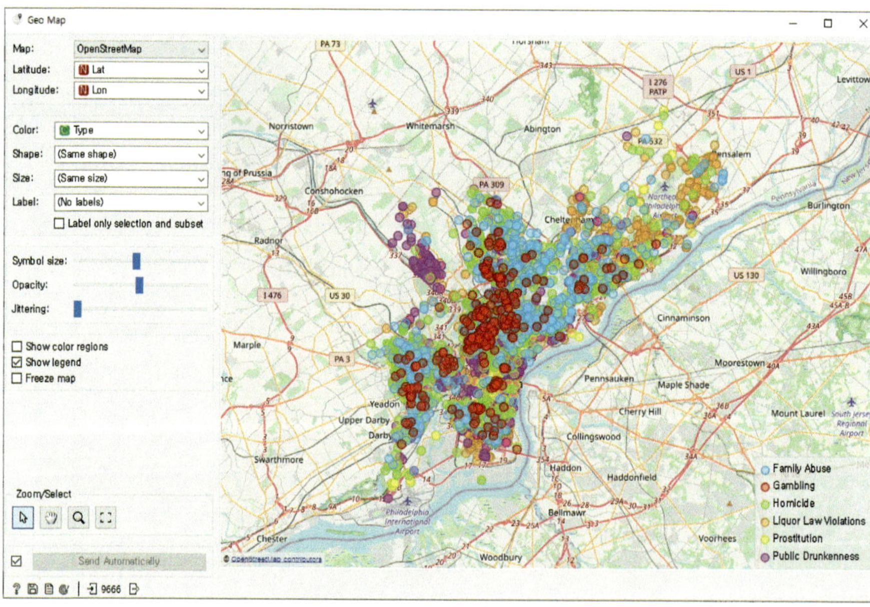

[그림 Ⅵ-107] Geo Map 위젯 창

[그림 Ⅵ-108]의 워크플로우에서 데이터 세트 위젯에서 찾을 수 있는 필라델피아 범죄 데이터 세트를 시각화한다. 해당 위젯의 출력을 맵 위젯에 연결한다. 위도 및 경도 변수가 자동으로 탐지되고 색상에 대한 범죄 유형 변수를 추가로 선택한다. 우리는 도시의 특정 지역에서 어떻게 다른 범죄가 더 많이 발생하는지 관찰할 수 있다.

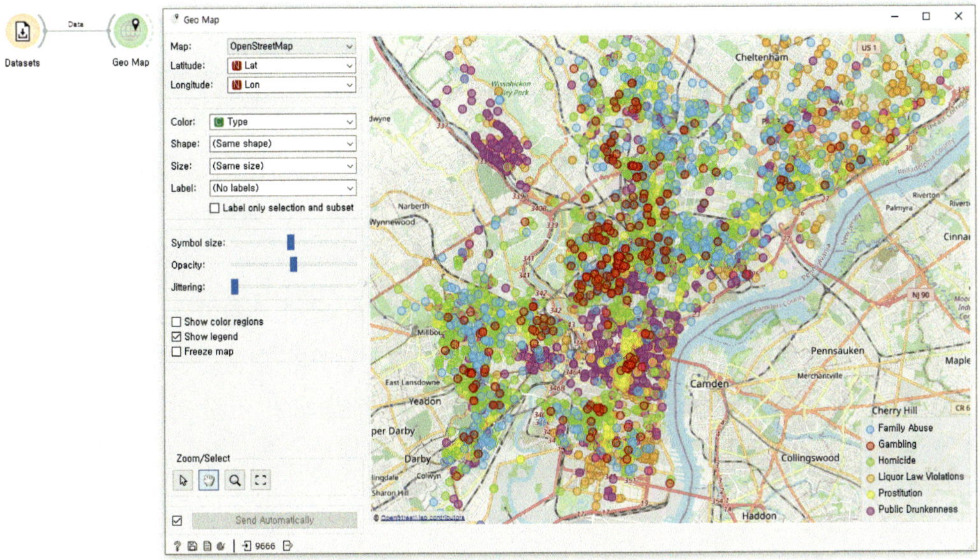

[그림 Ⅵ-108] Geo Map 예제

3 Choropleth Map

위젯	설명	입력	출력
Choropleth Map	표시되는 통계 변수의 측정에 비례하여 영역이 음영 처리되는 주제 맵을 표시한다.	Data	Selected Data, Data

Choropleth Map 위젯을 사용하면 [그림 Ⅵ-109]와 같이 측정이 지리적 영역에 따라 어떻게 변화하는지를 쉽게 가시화하거나 지역 내 변동성의 수준을 보여주는 방법을 제공한다. 국가별로, 주별로, 카운티별로, 또는 자치체별로 몇 가지 세분화 수준을 사용할 수 있다.

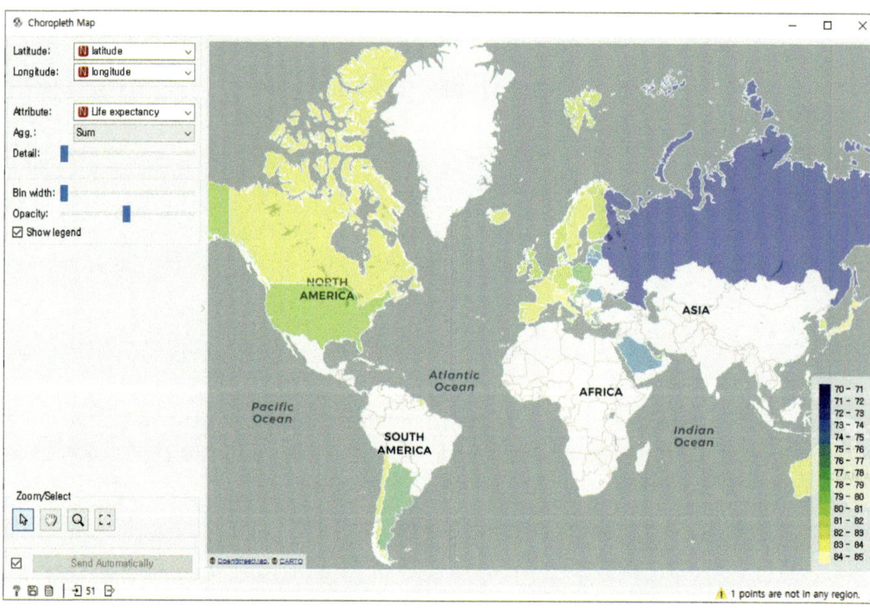

[그림 Ⅵ-109] Choropleth Map 위젯 창

[그림 Ⅵ-110]의 워크플로우에서 데이터 세트 위젯의 HDI 데이터를 사용한다. Choropleth Map 위젯은 위도와 경도 쌍이 필요하므로 지오코딩을 사용하여 이 정보를 추출한다. Country 속성을 사용하고 Choropleth가 사용할 수 있는 lat/lon 쌍을 확인한다. Choropleth는 자동으로 위도, 경도, lat, lon 또는 유사한 이름을 가진 속성을 찾는다. HDI 속성은 대상 변수이기 때문에 색칠에 자동으로 사용된다. Attribute 드롭다운에서 기대 수명으로 변경한다. 집계 수준을 평균으로 설정했지만 국가당 하나의 값만 있기 때문에 합계 또는 중위수를 사용할 수도 있다. 이 위젯은 유엔이 국가별로 보

고한 기대 수명을 보여준다. 노란색 국가는 기대 수명이 높은 국가이고 파란색 국가는 기대 수명이 낮은 국가이다.

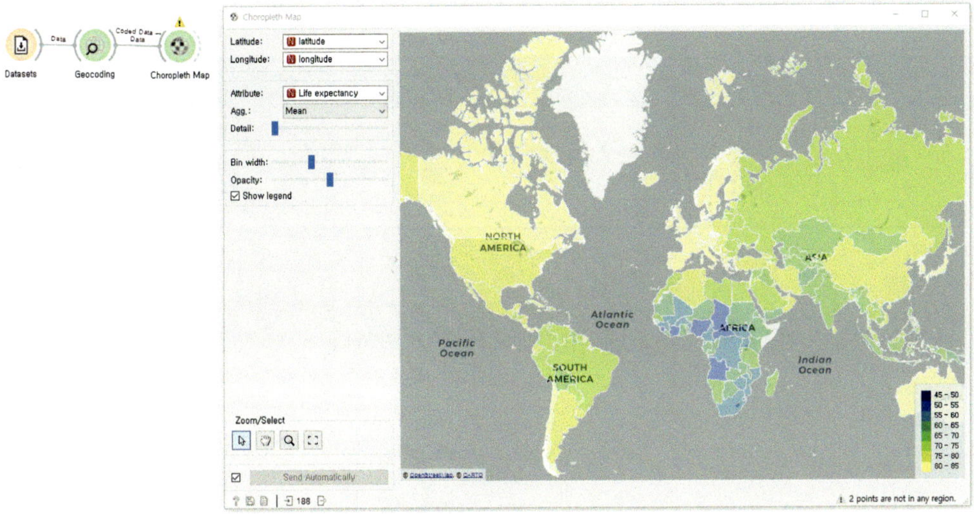

[그림 Ⅵ-110] Choropleth Map 예제

8. 시계열 자료 예측

1 Yahoo Finance

위젯	설명	입력	출력
 Yahoo Finance	야후 파이낸스 주식 시장 데이터에서 시계열을 생성한다.	X	Time Series

Yahoo Finance 위젯을 사용하면 [그림 Ⅵ-111]와 같이 야후 파이낸스에서 과거 증시 데이터를 가져와 시계열 데이터 테이블로 출력한다.

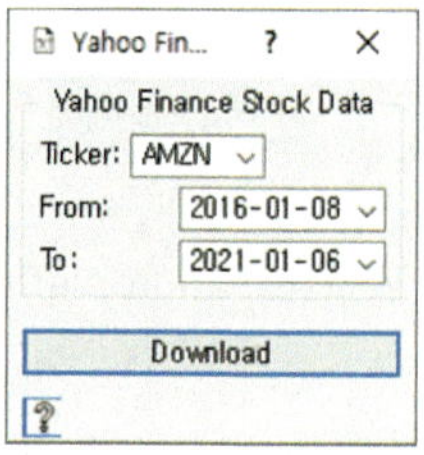

[그림 Ⅵ-111] Yahoo Finance 위젯 창

[그림 Ⅵ-112]의 워크플로우에서 출력 데이터에 데이터 테이블과 분포, 박스 그림을 연결하여 활용할 수 있다.

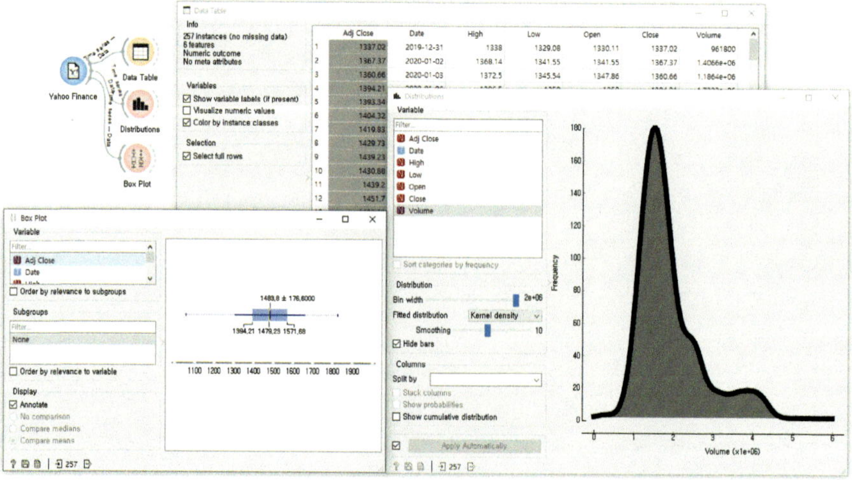

[그림 Ⅵ-112] Yahoo Finance 예제

2 As Timeseries

위젯	설명	입력	출력
 As Timeseries	데이터 테이블을 시계열 개체로 재해석한다.	Data	Time Series

As Timeseries 위젯을 사용하면 [그림 Ⅵ-113]과 같이 모든 데이터 테이블을 시계열로 재해석하므로 이 추가 기능의 나머지 위젯과 함께 사용할 수 있다. 위젯에서 시간 변수를 나타내는 데이터 속성을 설정할 수 있다.

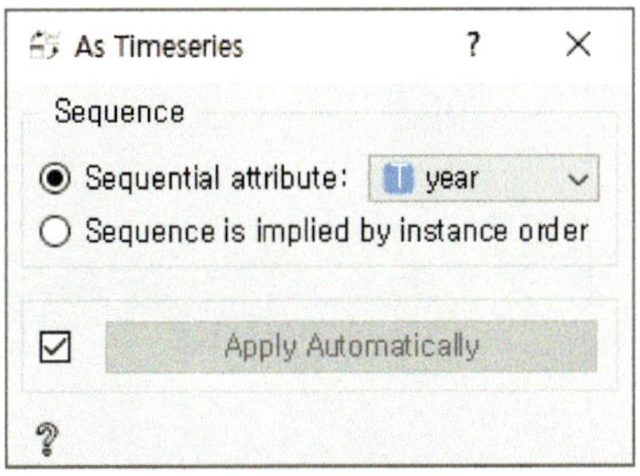

[그림 Ⅵ-113] As Timeseries 위젯 창

3 Interpolate

위젯	설명	입력	출력
 Interpolate	보간법을 통해 시계열에서 결측값(nan)을 유도한다.	Time Series	Interpolated Time Series, Time Series

Interpolate 위젯을 사용하면 [그림 Ⅵ-114]와 같이 결측값을 귀속시킬 보간법을 선택할 수 있다. 대부분의 시계열 알고리즘은 데이터에 결측값이 없다고 가정하기 때문이다. 기본적으로 선형 보간법(빠르고 합리적인 기본값)으로 설정되어 있다.

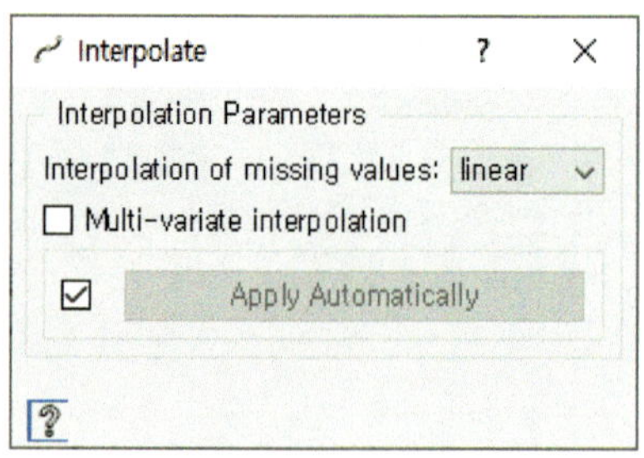

[그림 Ⅵ-114] Interpolate 위젯 창

4 Moving Transform

위젯	설명	입력	출력
 Moving Transform	롤링 윈도우 방법을 시계열에 적용한다.	Time Series	Time Series

Moving Transform 위젯을 사용하면 [그림 Ⅵ-115]와 같이 시계열에서 실행할 집계 기능과 창 크기를 정의한다.

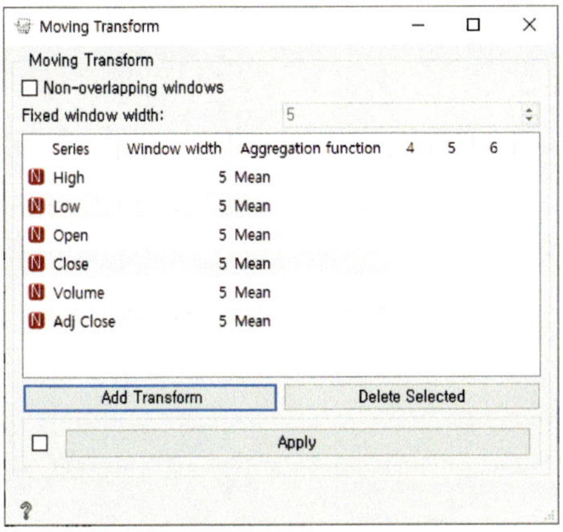

[그림 Ⅵ-115] Moving Transform 위젯 창

[그림 Ⅵ-116]의 워크플로우에서 5일 이동 평균을 얻으려면 평균 집계가 있는 롤링 윈도우를 사용할 수 있다.

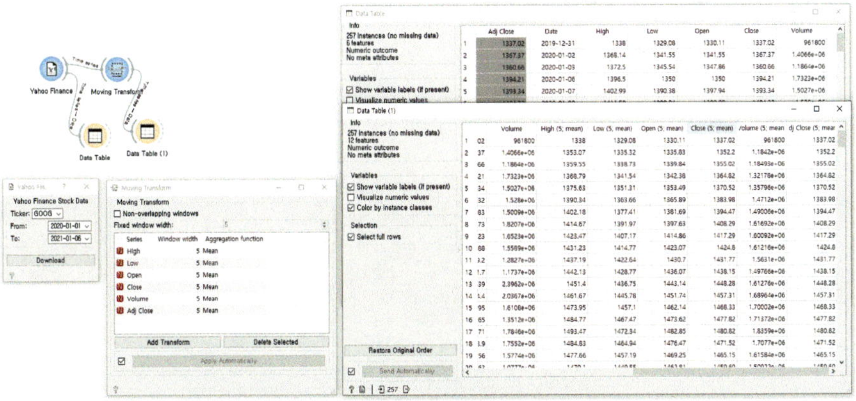

[그림 Ⅵ-116] Moving Transform 예제

5 Line Chart

위젯	설명	입력	출력
Line Chart	시계열의 시퀀스 및 진행을 시각화한다.	Time Series, Forecast	X

Line Chart 위젯을 사용하면 [그림 Ⅵ-117]과 같이 시계열을 시각화할 수 있다.

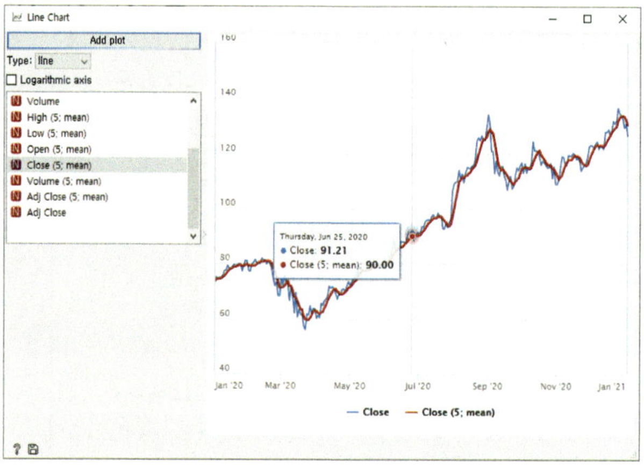

[그림 Ⅵ-117] Line Chart 위젯 창

[그림 Ⅵ-118]의 워크플로우에서는 예측 입력 신호에 모델의 예측값을 첨부하여 미리 본다. 예측은 점선과 신뢰 구간을 범위 영역으로 그린다.

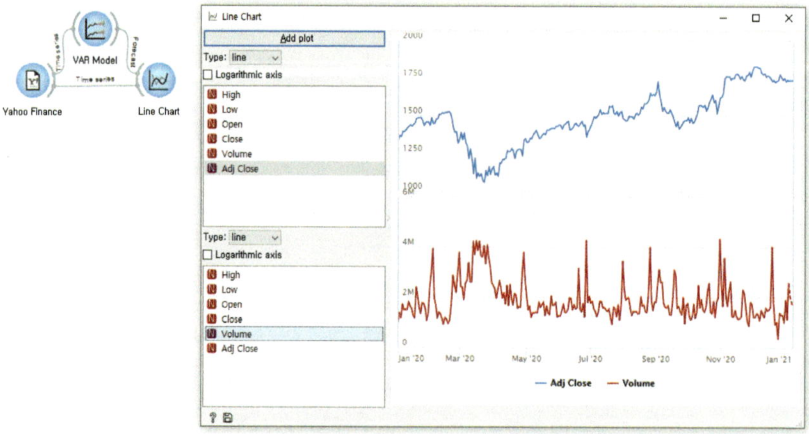

[그림 Ⅵ-118] Line Chart 예제

6 Periodogram

위젯	설명	입력	출력
Periodogram	시계열의 주기, 계절성, 주기성 및 가장 중요한 빈도를 시각화한다.	Time Series	X

Periodogram 위젯을 사용하면 [그림 Ⅵ-119]와 같이 시계열의 가장 중요한 기간을 시각화할 수 있다.

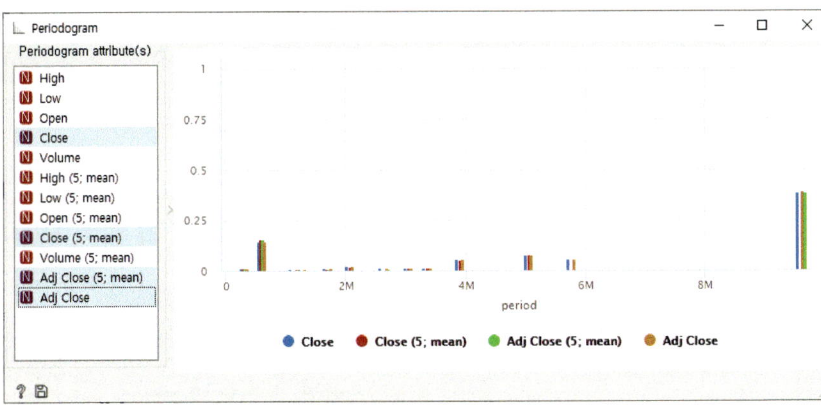

[그림 Ⅵ-119] Periodogram 위젯 창

7 Correlogram

위젯	설명	입력	출력
Correlogram	시계열의 자기 상관 계수를 시각화한다.	Time Series	X

Correlogram 위젯을 사용하면 [그림 Ⅵ-120]와 같이 선택한 시계열의 자기 상관 계수를 시각화할 수 있다.

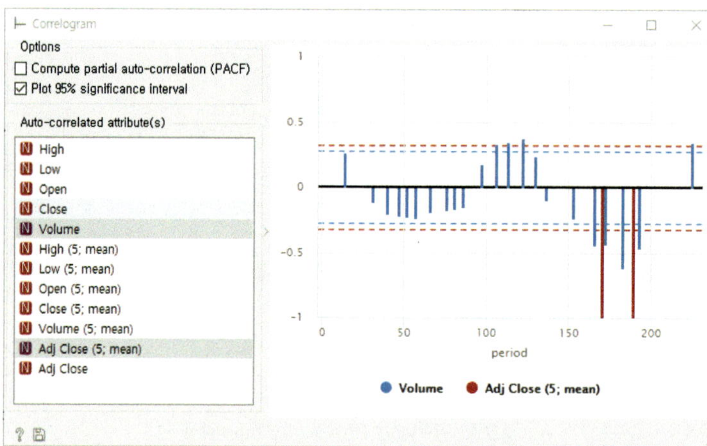

[그림 Ⅵ-120] Correlogram 위젯 창

8 Spiralogram

위젯	설명	입력	출력
Spiralogram	나선형 열 지도에서 시계열의 주기성을 시각화한다.	Time Series	Time Series

Spiralogram 위젯을 사용하면 [그림 Ⅵ-121]과 같이 Spiral(나선형) 열 지도에서 시계열의 주기성을 시각화한다.

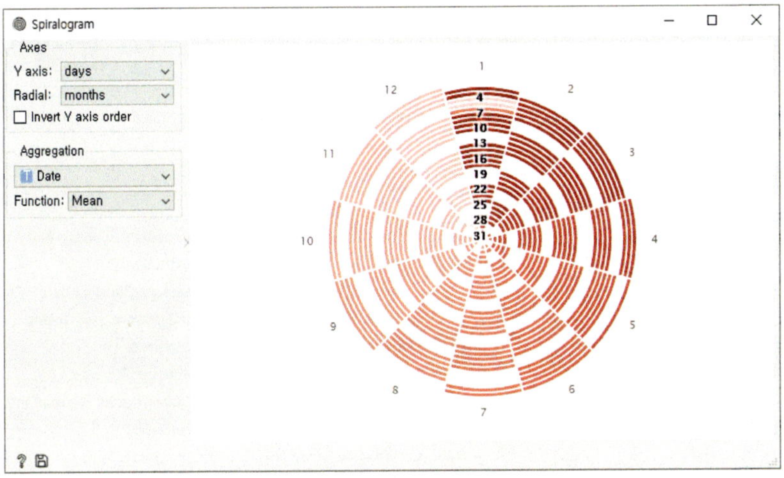

[그림 Ⅵ-121] Spiralogram 위젯 창

9 Granger Causality

위젯	설명	입력	출력
 Granger Causality	한 시계열 Granger가 다른 시계열을 유발하는지 (즉, 지표가 될 수 있는지) 테스트한다.	Time Series	X

Granger Causality 위젯을 사용하면 [그림 Ⅵ-122]과 같이 일련의 통계 테스트를 수행하여 다른 열을 유발하는 열을 결정하므로 전자를 사용하여 후자를 예측할 수 있다. Granger가 관심 있는 시리즈를 생성하는 시계열은 동일한 VAR 모델에서 사용할 수 있는 좋은 후보이다. 하지만 한 시리즈가 그레인저에게 다른 시리즈가 원인이 된다고 해도, 이것이 실제로 인과관계가 존재한다는 것을 의미하지는 않는다.

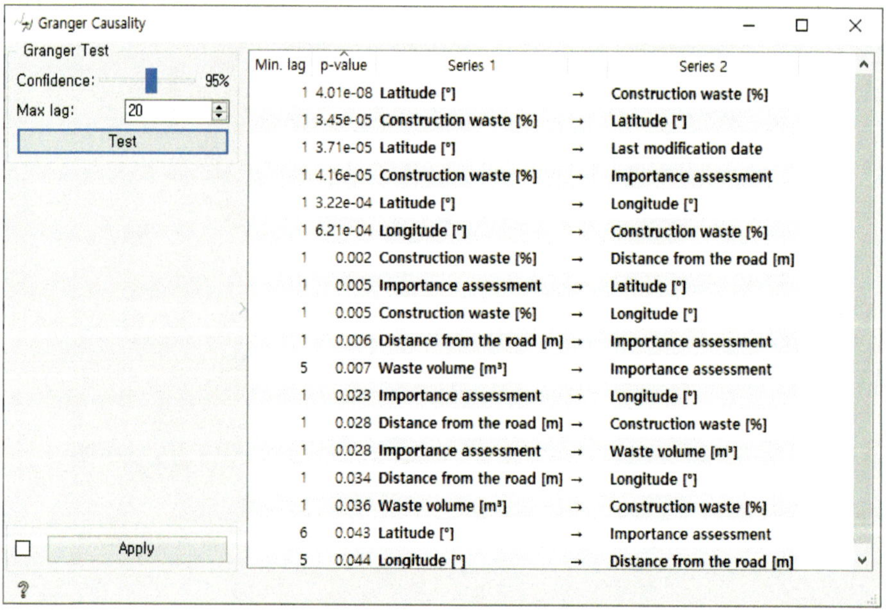

[그림 Ⅵ-122] Granger Causality 위젯 창

10 ARIMA Model

위젯	설명	입력	출력
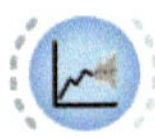 ARIMA Model	ARMA, ARIMA 또는 ARIMAX를 사용하여 시계열을 모델링 한다.	Time Series	Exogenous Data Time Series Model, Forecast, Fitted Values, Residuals

ARIMA Model 위젯을 사용하면 [그림 Ⅵ-123]과 같이 ARIMA 모델을 사용하여 시계열을 모형화할 수 있다.

[그림 Ⅵ-124]의 워크플로우에서 예측 값을 데이터 테이블로 확인할 수 있다.

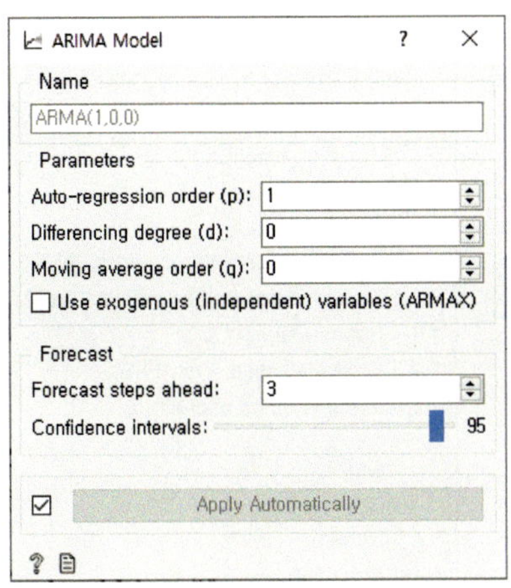

[그림 Ⅵ-123] ARIMA Model 위젯 창

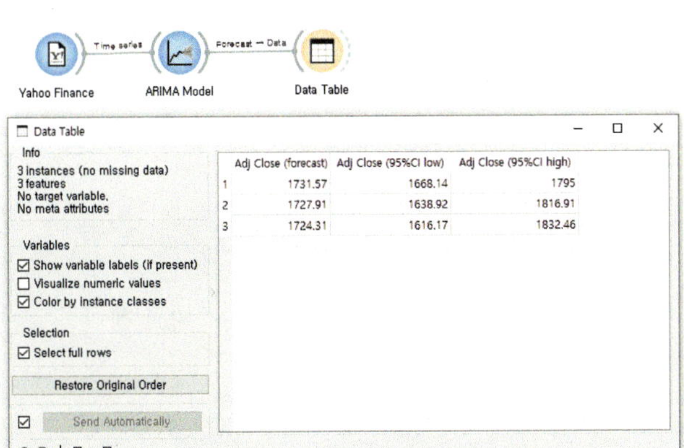

[그림 Ⅵ-124] ARIMA Model 예제

11 VAR Model

위젯	설명	입력	출력
VAR Model	벡터 자동 회귀(VAR)를 사용하여 시계열을 모델링 한다.	Time Series	Time Series Model, Forecast, Fitted Values, Residuals

VAR Model 위젯을 사용하면 [그림 Ⅵ-125]와 같이 VAR 모델을 사용하여 시계열을 모형화할 수 있다.

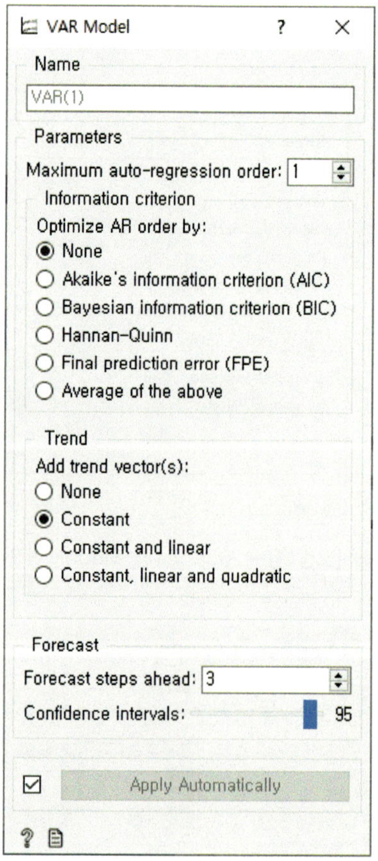

[그림 Ⅵ-125] VAR Model 위젯 창

12 Model Evaluation

위젯	설명	입력	출력
Model Evaluation	루트 평균 제곱 오차(RMSE), 중위 절대 오차(MAE), 평균 절대 백분율 오차(MAPE), 방향 변경 예측(POCID), 결정 계수(AIC), 베이지안 정보 기준(BIC)의 관점에서 서로 다른 시계열 모델을 비교하여 평가한다.	Time Series	Time Series Model X

Model Evaluation 위젯을 사용하면 [그림 Ⅵ-126]과 같이 서로 다른 시계열의 모델을 평가하여 루트 평균 제곱 오차(RMSE), 중앙값 절대 오차(MAE), 평균 절대 백분율 오차(MAAPE), 방향 변화 예측(POCID), 결정 계수(R^2), AIC(Akaike Information Criteria) 및 베이지안 정보 기준(BIC)에서 발생하는 오류를 비교한다.

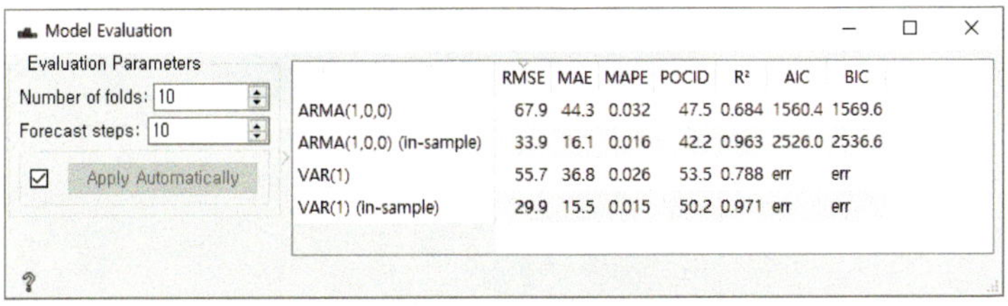

[그림 Ⅵ-126] Model Evaluation 위젯 창

13 Time Slice

위젯	설명	입력	출력
Time Slice	시간 간격에 대한 측정 조각을 선택한다.	Data	Subset

Time Slice 위젯을 사용하면 [그림 Ⅵ-127]과 같이 날짜 및 시간별로 데이터 부분 집합을 선택할 수 있다. 또한 슬라이딩 윈도우에서 스텝 크기와 출력 변경 속도에 대한 옵션을 사용하여 데이터를 출력할 수 있다.

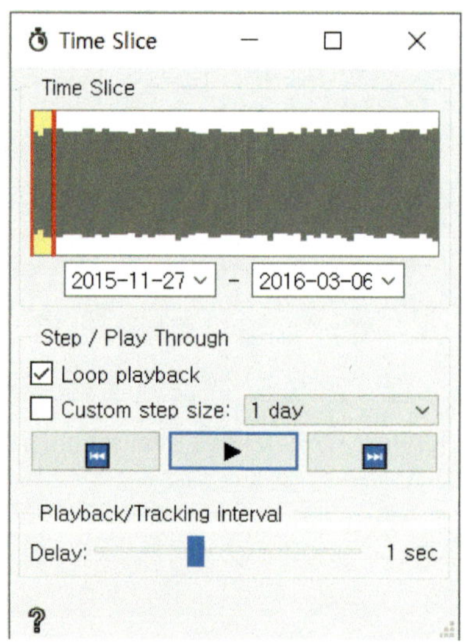

[그림 Ⅵ-127] Time Slice 위젯 창

[그림 Ⅵ-128]의 워크플로우에서 Yahoo Finance 위젯을 사용하여 2015년부터 2020년까지의 AMZN 주가지수 데이터를 검색한다. 다음으로, 시간 슬라이스를 사용하여 데이터가 시간에 따라 어떻게 변화했는지 관찰한다. 라인 차트에서 시간 슬라이스의 출력을 관찰할 수 있다. Play in Time Slice(시간 슬라이스에서 재생)를 눌러 선형 차트가 대화식으로 어떻게 변화하는지 확인한다.

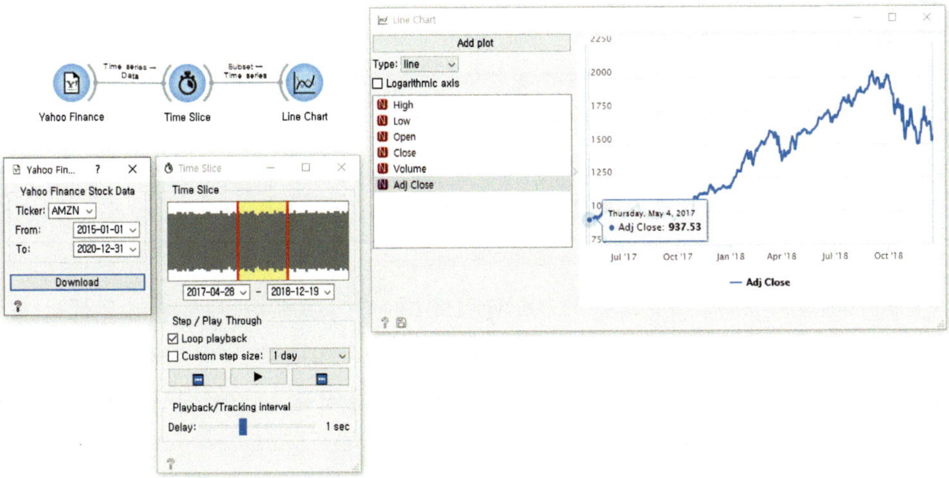

[그림 Ⅵ-128] Time Slice 예제

14 Aggregate

위젯	설명	입력	출력
 Aggregate	초, 분, 시간, 일, 주, 월 또는 연도별로 데이터를 빈에 집계한다.	Time Series	Time Series

Aggregate 위젯을 사용하면 [그림 Ⅵ-129]와 같이 동일한 세분화 수준에서 인스턴스를 결합한다. 즉, 일별로 집계하면 같은 날의 모든 인스턴스가 하나로 병합된다. 속성 유형에 따라 집계 함수를 별도로 정의할 수 있다. [표 Ⅵ-21]에서 Aggregate 위젯 창과 관련된 세부 설명을 참고한다.

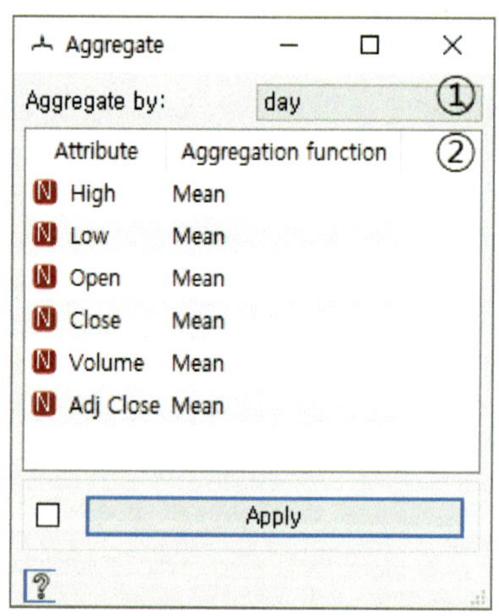

[그림 Ⅵ-129] Aggregate 위젯 창

[표 Ⅵ-21] Aggregate 위젯 창 세부 설명

①	시계열 집계 기준 간격으로 옵션은 2차, 분, 시간, 일, 주, 월 또는 연도이다.
②	표의 각 시계열의 집계 함수로 이산형 변수(시퀀스)는 모드(즉, 가장 빈번한 값)를 통해서만 집계할 수 있는 반면 문자열 변수는 문자열 연결만 사용하여 집계할 수 있다.

15 Difference

위젯	설명	입력	출력
 Difference	시계열 값을 따라 1차 또는 2차 이산형 차이로 바뀌 시계열은 정지 상태로 만든다.	Time Series	Time Series

Difference 위젯을 사용하면 [그림 Ⅵ-130]과 같이 값을 따라 1차 또는 2차 이산형 차이로 교체하여 시계열을 정지시킨다. 차이를 원래 시리즈(예: 예측)로 다시 통합하려면 이동 변환 위젯을 사용한다. [표 Ⅵ-22]에서 Difference 위젯 창과 관련된 세부 설명을 참고한다.

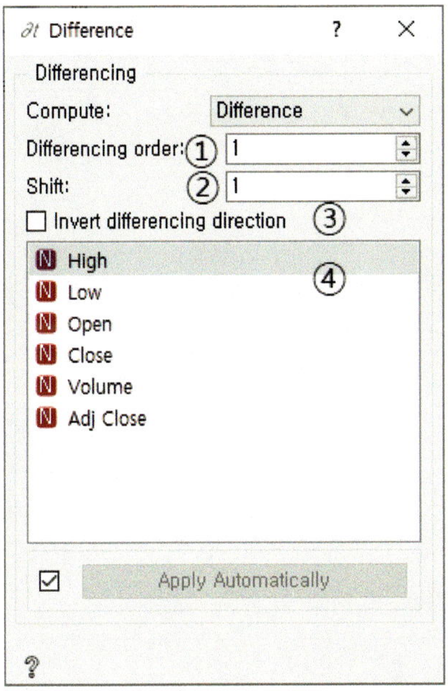

[그림 Ⅵ-130] Difference 위젯 창

[표 Ⅵ-22] Difference 위젯 창 세부 설명

①	차등의 순서. 1 또는 2일 수 있다.
②	차이에 앞서의 변화. 값 1은 이산형 차이와 같다. 더 높은 값을 사용하여 현재와 이 많은 단계 사이의 차이를 계산할 수 있다.
③	차이점 조정 방향을 반전한다.
④	차이에 사용할 영상 시리즈를 선택한다.

16 Seasonal Adjustment

위젯	설명	입력	출력
 Seasonal Adjustment	계절 패턴을 나타내는 시계열의 계절 성분을 제거한다.	Time Series	Time Series

Seasonal Adjustment 위젯을 사용하면 [그림 Ⅵ-131]와 같이 시계열을 계절, 추세 및 잔차 성분으로 분해한다. [표 Ⅵ-23]에서 Seasonal Adjustment 위젯 창과 관련된 세부 설명을 참고한다.

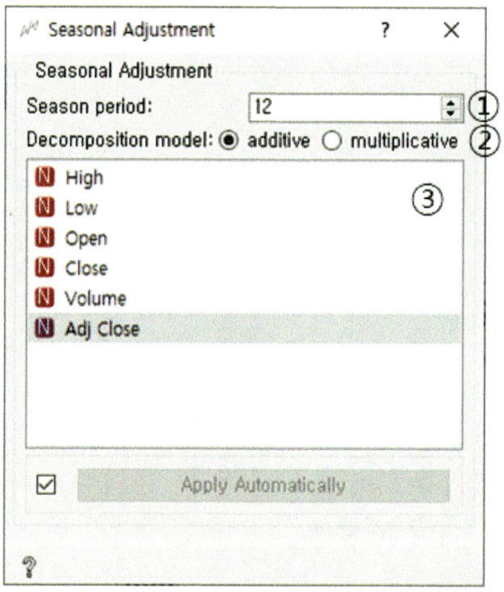

[그림 Ⅵ-131] Seasonal Adjustment 위젯 창

[표 Ⅵ-23] Seasonal Adjustment 위젯 창 세부 설명

①	기간의 계절 길이(예: 월별 데이터의 경우 12)
②	시계열 분해 모형, 가법 또는 승법
③	계절적으로 조정할 시리즈

9. 연관분석

1 Frequent Itemsets

위젯	설명	입력	출력
Frequent Itemsets	자주 함께 나타나는 항목 집합을 탐색한다.	Data	Matching Data

Frequent Itemsets 위젯을 사용하면 [그림 Ⅵ-132]와 같이 규칙에 대한 지원 척도를 기준으로 데이터 세트에서 빈 항목을 찾는다. [표 Ⅵ-24]에서 Frequent Itemsets 위젯 창과 관련된 세부 설명을 참고한다.

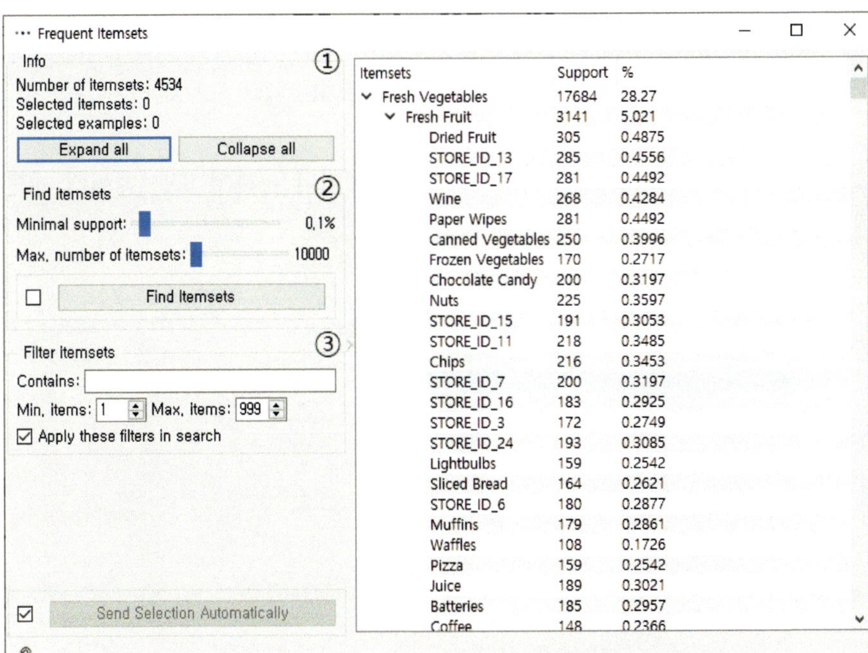

[그림 Ⅵ-132] Frequent Itemsets 위젯 창

[표 Ⅵ-24] Frequent Itemsets 위젯 창 세부 설명

①	데이터 세트에 대한 정보이다. '모두 확장'은 빈번한 항목 집합 트리를 확장하는 반면, '모두 축소'는 해당 트리를 축소한다.
②	다음에 의해 항목 집합 찾기에서는 항목 집합 검색에 대한 기준을 설정할 수 있다. Minimal support: 생성할 항목 집합을 지원(포함)해야 하는 데이터 인스턴스의 최소 비율이다. 대규모 데이터 세트의 경우 최소 지원(예: 2%–0.01%)을 낮게 설정하는 것이 일반적이다. Max. number of itemsets: 생성된 항목 세트의 상승 양을 제한한다. 항목 집합은 특정 순서로 생성되지 않는다. 항목 세트 자동 찾기가 켜져 있으면 매개 변수를 변경할 때마다 위젯이 검색을 실행한다. 큰 데이터 세트의 경우 속도가 느릴 수 있으므로 매개 변수가 설정된 경우에만 항목 세트 찾기를 누르는 것이 좋다.
③	Filter itemsets: 특정 항목 또는 항목 집합을 찾는 경우 정규식을 기준으로 결과를 필터링한다. 정규식을 쉼표로 구분하여 둘 이상의 단어로 필터링한다. Contains: 정규식을 기준으로 항목 집합을 필터링한다. Min. items: 항목 집합에 표시되어야 하는 최소 항목 수 1인 경우 모든 항목 세트가 표시된다. 예를 들어, 4로 늘리면 4개 이상의 항목이 있는 항목 집합만 표시된다. Max. items: 항목 집합에 표시할 최대 항목 수이다. 예를 들어, 항목이 5개 미만인 항목 집합만 찾으려면 이 매개변수를 5로 설정한다. 검색에 이 필터 적용을 선택하면 위젯이 실시간으로 결과를 필터링한다. 큰 데이터 세트에는 체크 표시를 하지 않는 것이 좋다.

[그림 Ⅵ-133]의 워크플로우와 같이 빈도 항목 집합은 파일 또는 데이터 세트 위젯과 함께 직접 사용할 수 있다.

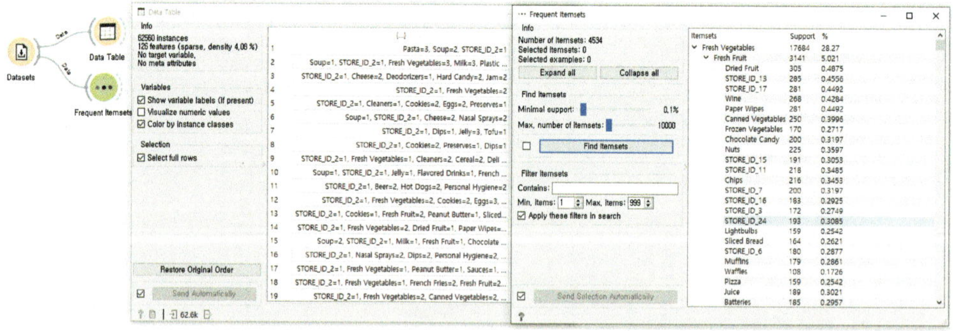

[그림 Ⅵ-133] Frequent Itemsets 예제

2 Association Rules

위젯	설명	입력	출력
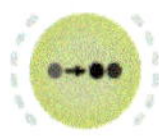 Association Rules	데이터에서 연결 규칙을 유도한다.	Data	Matching Data, Rules

Association Rules 위젯을 사용하면 [그림 VI-134]과 같이 적은 항목의 조건부 데이터베이스에 대해 버킷 최적화를 사용하여 FP 성장 빈도 패턴 마이닝 알고리즘을 구현한다. 분류 규칙을 유도하기 위해 전체 항목 집합에 대한 규칙을 생성하고 결과가 클래스 값 중 하나와 일치하지 않는 규칙은 건너뛴다. [표 VI-25]에서 Association Rules 위젯 창과 관련된 세부 설명을 참고한다.

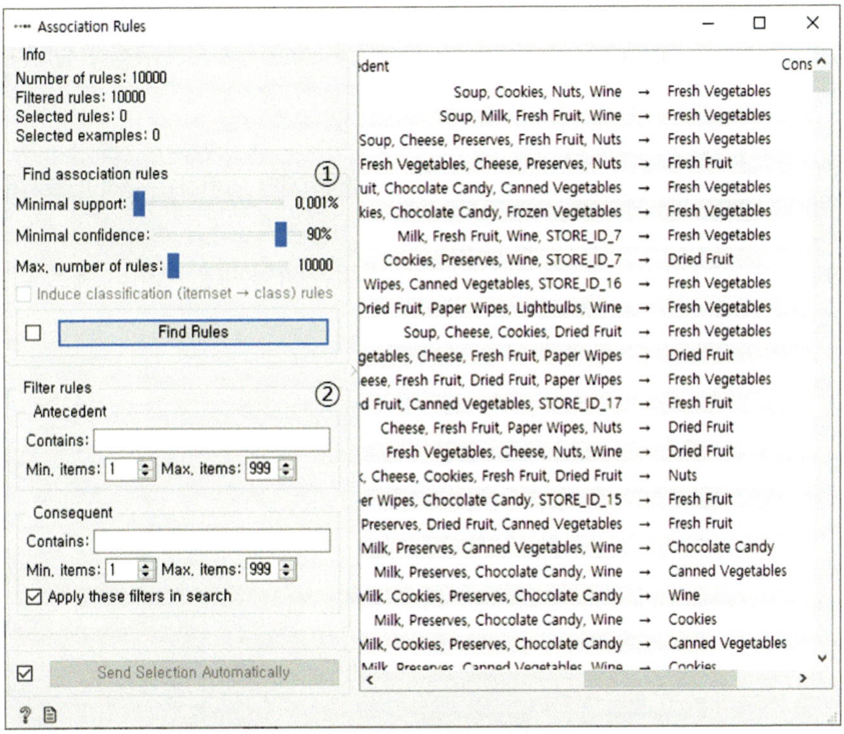

[그림 VI-134] Association Rules 위젯 창

[표 Ⅵ-25] Association Rules 위젯 창 세부 설명

①	n 연결 규칙 찾기 규칙 유도 기준을 설정할 수 있다. • Minimal support : 전체 규칙에서 적용되는 전체 데이터 세트의 백분율(이전 및 후속) • Minimal confidence : 왼쪽(선행)에 맞는 예제 중 오른쪽(후행)에 맞는 예제 수의 비율 • Max. number of rules : 알고리즘이 생성하는 규칙 수를 제한한다. 규칙이 너무 많으면 위젯 속도가 상당히 느려질 수 있다. 분류 유도(하위 집합 → 클래스) 규칙이 선택된 경우 위젯은 규칙의 오른쪽(하위)에 클래스 값이 있는 규칙만 생성한다. 자동 찾기 규칙이 켜져 있으면 매개 변수를 변경할 때마다 위젯이 검색을 실행한다. 속성이 많은 데이터 세트의 경우 속도가 느릴 수 있으므로 매개 변수가 설정된 경우에만 규칙 찾기를 누르는 것이 좋다.
②	규칙 필터링 기준 Antecedent • Contains : 이전 항목의 공백으로 구분된 정규식을 일치시켜 규칙을 필터링한다. • Min. items : 선행 항목에 나타나야 하는 최소 항목 수 • Max. items : 선행 항목에 나타날 수 있는 최대 항목 수 Consequent • Contains : 결과 항목의 공백으로 구분된 정규식을 일치시켜 규칙을 필터링한다. • Min. items : 결과에 표시되어야 하는 최소 항목 수 • Max. items : 결과에 나타날 수 있는 최대 항목 수 • Apply these filters in search : 필터와 일치하는 규칙으로만 규칙 생성을 제한한다. 이 옵션을 선택하지 않으면 모든 규칙이 생성되지만 일치하는 규칙만 표시된다.

[그림 Ⅵ-135]의 워크플로우와 같이 연결 규칙은 파일 또는 데이터 세트 위젯과 직접 사용할 수 있다.

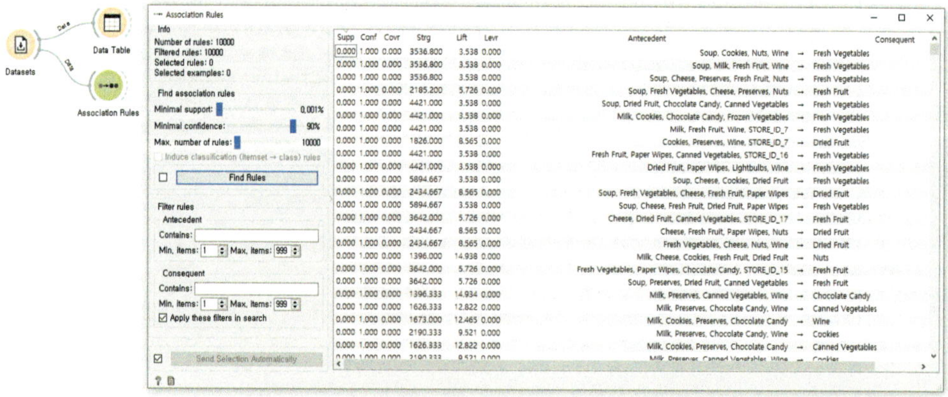

[그림 Ⅵ-135] Association Rules 예제

Ⅶ

설명 가능한 인공지능 (eXplainable AI, XAI)

1. Explain Model

위젯	설명	입력	출력
Explain Model	모델을 설명한다.	Data	Model Selected Data, Scores

Explain Model 위젯은 [그림 Ⅶ-1]과 같이 어떠한 모델이 각 타겟 클래스를 예측함에 있어서 어떤 feature가 긍정적인 또는 부정적인 영향을 어느 정도 주었는지 나타낸다. 이를 토대로 모델이 어떤 feature를 어떻게 활용했는지 설명이 필요할 때 그 근거로 제시할 수 있다.

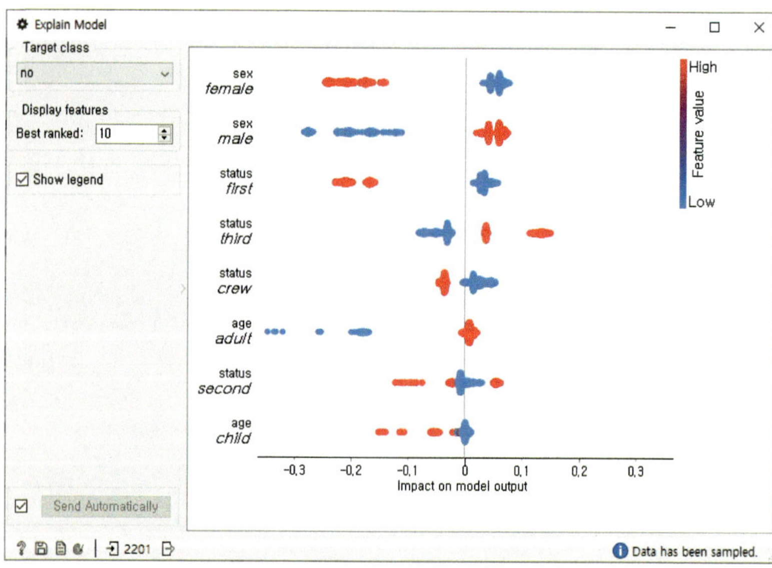

[그림 Ⅶ-1] Explain Model 위젯 창

[그림 Ⅶ-2]의 워크플로우와 같이 타이타닉 데이터 세트를 불러와서 예측에 활용할 모델을 연결하고 Explain Model 위젯에 모델과 데이터 세트를 각각 연결한 다음 Explain Model 위젯을 더블클릭하여 위젯 창을 열면 타겟 클래스를 설정할 수 있다. 여기에서는 생존하는 경우(yes)에 해당하는 것을 살펴본다. 가장 위에서부터 나타나는 feature부터 생존이라고 예측하는 데 가장 큰 기여를 하는 순서라고 생각할 수 있다. 성별 중에서도 여성인 경우 빨간색점이 0을 기준으로 우측에 많이 분포하고 있는 것을 볼 수 있는데 이는 타이타닉 호의 여성 탑승자의 생존 확률이 더 올라간다는 것을 설명

하는 것이다. 그리고 남자는 0을 기준으로 좌측에 파란색 점으로 나타난 것으로 보아 사망 확률이 높다는 것을 설명한다. 그 아래 보면 등급에서 1등석인 경우 빨간색 점이 우측에 분포하고 있어서 생존 확률이 올라가는 반면에 3등석인 경우 빨간색이 좌측에 분포하고 있어서 사망 확률이 올라간다고 설명할 수 있다. 그 밖에도 나이에서 어린이인 경우 우측에 빨간색 분포가 많이 보이고 성인인 경우 비교적 좌측에 빨간색 분포가 많이 보이는 것으로 보아 어린이인 경우 생존 확률이 올라간다고 설명할 수 있다.

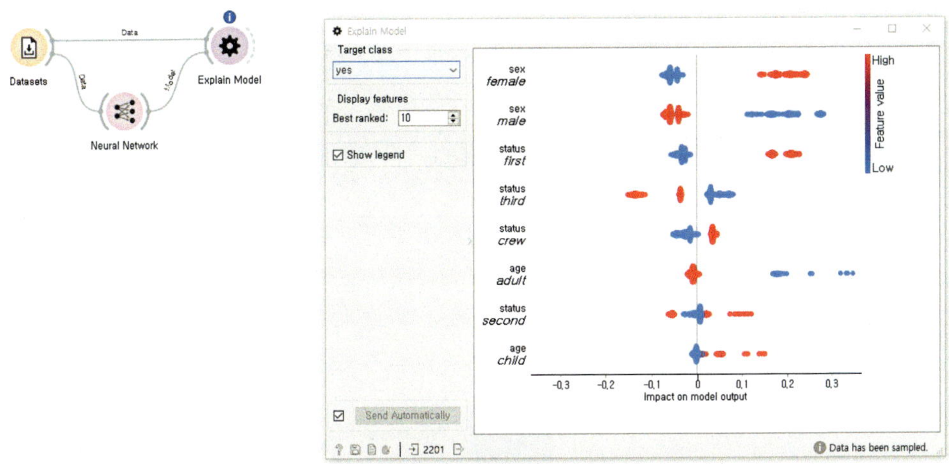

[그림 Ⅶ-2] Explain Model 예제

2. Explain Prediction

위젯	설명	입력	출력
Explain Model	예측을 설명한다.	Model	Background Data, Data Scores

Explain Prediction 위젯은 [그림 Ⅷ-3]과 같이 해당 인스턴스의 결과를 예측하고 어떤 feature가 그 예측에 긍정적 혹은 부정적으로 기여를 했는지 나타낸다. 예측한 것을 의사 결정에 활용해야 할 때 설명의 근거 자료로 활용할 수 있다.

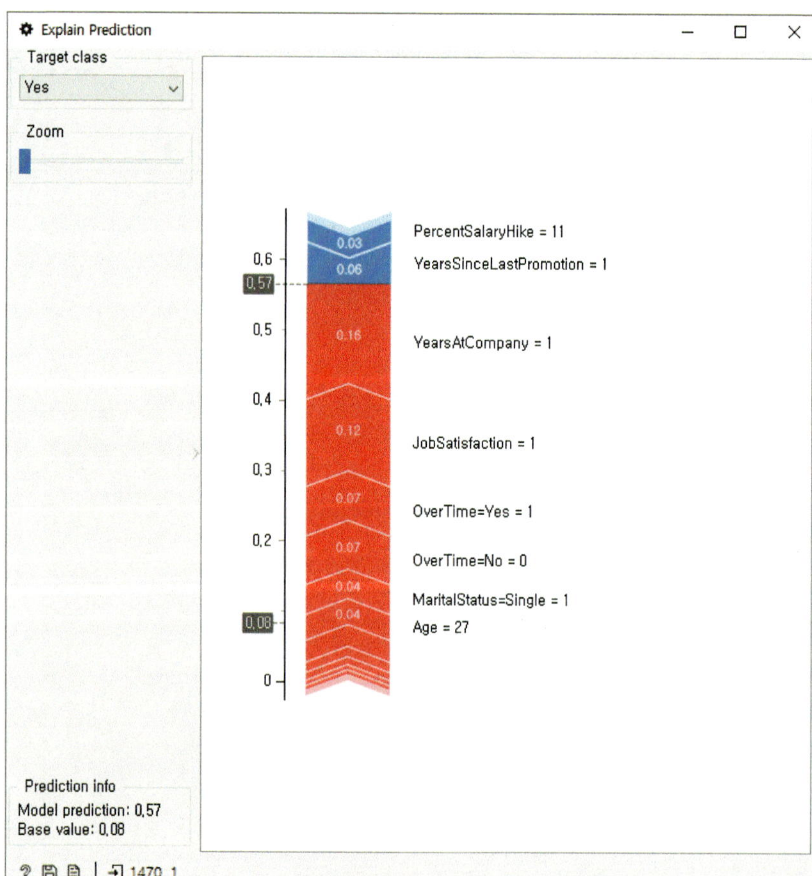

[그림 Ⅷ-3] Explain Prediction 위젯 창

[그림 Ⅶ-4]의 워크플로우와 같이 데이터 세트 위젯에서 제공하는 Attrition-Train 데이터 세트와 Attrition-Predict 데이터 세트를 활용한다. 먼저 로지스틱 회귀 모델에 훈련 데이터를 연결하여 Explain Predict 위젯에 연결한다. 훈련 데이터 자체도 백그라운드 데이터로 Explain Predict 위젯에 연결한다. 그리고 예측에 활용할 데이터 세트에서 데이터 테이블 위젯을 활용하여 예측을 하고자 하는 인스턴스(이 예제에서는 John을 선택)를 선택한 후 Explain Predict 위젯 창을 열어서 그 결과를 확인해 본다. 타켓 클래스를 Yes(회사를 떠날 것임)로 했을 때 해당 인스턴스가 Yes일 확률은 57%로 나타나고 그 예측에 가장 긍정적인 feature는 YesrsAtCompany였고 그 다음은 JobSatisfaction이었다. 가장 부정적인 freature는 YearsSinceLastPromotion인 것으로 나타났다.

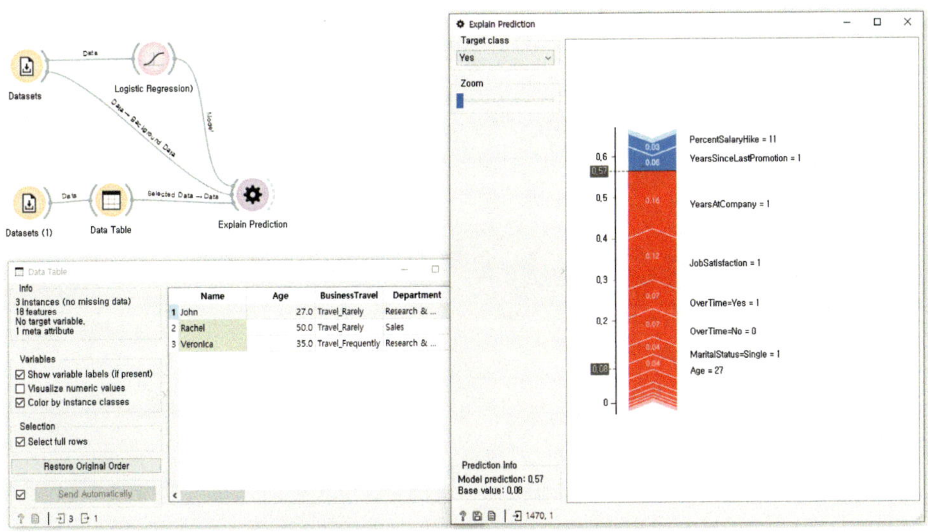

[그림 Ⅶ-4] Explain Prediction 예제

Ⅷ

실습하기

1. 예제모음(Datasets 위젯 제공)

1 Abalone 데이터를 활용한 전복 나이 예측 모델 만들기

Abalone 데이터 세트의 출처는 1994년 UCI ML Repository이다. Abalone 데이터 세트는 물리적 측정에서 전복 나이를 예측하는 것이다. 전복의 나이는 껍데기를 원뿔 모양으로 잘라 얼룩을 낸 뒤 현미경을 통해 고리의 수를 세는 방식으로 결정되는데, 지루하고 시간이 많이 걸리는 작업이다. 나이를 예측하기 위해 더 쉽게 구할 수 있는 다른 측정값을 사용할 수 있다. 데이터 세트에는 성별, 크기 및 체중 측정에 대해 보고하는 속성이 포함되어 있다. 나이는 고리의 수가 1.5가 증가할 때 1년 단위로 나타난다.

2 Adult 데이터를 활용한 연간 소득 $50k 초과 가능성 예측 모델 만들기

Adult 데이터 세트의 출처는 1996년 UCI ML Repository이다. 1994년 인구조사 데이터베이스의 배리 베커가 추출했다. 인구조사 데이터를 기준으로 한 사람의 연간 소득이 $50k를 초과하는지의 여부를 예측한다.

3 Attrition 데이터를 활용한 직원의 퇴직 가능성 예측 모델 만들기

Attrition 데이터 세트는 직원 감소로 이어지는 요인을 파악하고, '직업 역할과 감소에 따른 가정과의 거리 분석' 또는 '교육 및 감소에 따른 월평균 소득 비교'와 같은 중요한 질문을 탐구한다. 이것은 IBM 데이터 과학자들에 의해 만들어진 가상의 데이터 세트이다. 해당 직원의 퇴직 가능성 여부를 예측한다.

4 Auto MPG 데이터를 활용한 자동차 연비 예측 모델 만들기

Auto MPG 데이터 세트의 출처는 1993년 UCI ML Repository이다. 이 데이터 세트는 StatLib 라이브러리에 제공된 데이터 세트의 약간 수정된 버전으로 1970년대 후반부터 1980년대 전반까지의 자동차 연비 예측을 수행한다. Ross Quinlan (1993)이 속성 'mpg'를 예측하는데 사용한 것과 일치하며 원래 인스턴스 중 8개는 'mpg' 속성에 대해 알 수 없는 값을 가지고 있었기 때문에 제거되었다. '데이터'는 갤런당 마일 단위의 도시 사이클 연료 소비량에 관한 것으로, 3개의 이산형 다중값 및 5개의 연속형 속성으로 예측된다.

5 Baker's Yeast 데이터를 활용하여 유전자를 기능적으로 분류하는 모델 만들기

Baker's Yeast 데이터 세트의 출처는 Brown, M.P., Grundy, W.N., Lin, D., Cristianini, N., Sugnet, C., Furey, T.S., Ares, M., Haussler, D. (2000) Knowledge-based analysis of microarray gene expression data by using support vector machines, Proceedings of the National Academy of Sciences, 1, 262-267. 이다. 이 데이터 세트는 유전자를 기능적으로 예측하여 분류한다.

6 Bank Marketing 데이터를 활용한 정기예금 가입 여부 예측 모델 만들기

Bank Marking 데이터 세트의 출처는 2014년 UCI ML Repository이다. 포르투갈 은행의 직접 마케팅 캠페인(전화)의 데이터이다. 연령, 직무유형, 계업상태, 교육, 과거 대출정보 등 속성을 담은 의뢰인의 프로필을 볼 때 의뢰인이 정기예금 가입 여부를 예측하는 것이 목적이다.

7 Bone Healing 데이터를 활용한 이미지 예측 모델 만들기

Bone Healing 데이터 세트의 출처는 2018년 휴스턴 베일러 의과대학 박동수 연구실에서 찍은 것이다. 이 데이터는 골격 줄기세포로부터의 관여를 강조하는 골격 골절 수리의 현미경 이미지이다. 7일차와 14일차 이미지를 예측하여 분류하는 모델을 만들어 본다.

8 Bone marrow mononuclear cells with AML 데이터를 활용한 AML-MRC 또는 AML-NOS_AML-MLD-sole 예측 모델 만들기

Bone marrow mononuclear cells with AML 데이터 세트의 출처는 2011년 Gene Expression Omnibus GDS4182 이다. 이 데이터는 세포유전학 또는 골수성플라스틱증후군(MDS) 이력을 바탕으로 골수이형성관련 급성골수성백혈병(AML-MRC)과 골수성플라스틱증후군(AML-NOS+AML-MLD-sole)의 치료되지 않은 환자로부터 골수 단핵세포 분석을 통한 유전자 발현 데이터이다. 데이터 크기를 줄이기 위해 원본 데이터 세트에서 무작위로 선택된 유전자(특징) 1,000개만 보존되었다. 무작위로 선택된 유전자 특징을 활용하여 AML-MRC 인지 AML-NOS+AML-MLD-sole 인지 예측하는 모델을 만들어 본다.

9 Breast Cancer 데이터를 활용한 유방암 재발 예측 모델 만들기

Breast Cancer 데이터 세트의 출처는 1992년 UCI ML Repository이다. 이것은 머신러닝 문헌에 반복적으로 등장한 Oncology Institute에서 제공하는 세 가지 도메인 중 하나이다. 이 데이터 세트에는 한 클래스의 201개 인스턴스와 다른 클래스의 85개 인스턴스가 포함된다. 인스턴스는 9개의 속성으로 설명되며, 그중 일부는 선형이고 일부는 명목이다. 이 데이터 세트를 활용하여 유방암의 재발 여부를 예측하는 모델을 만들어 본다.

10 Car Evaluation 데이터를 활용한 자동차 평가 예측 모델 만들기

Car Evaluation 데이터 세트의 출처는 1999년 UCI ML Repository이다. 이것은 의사결정 지원 시스템 DEX를 입증하기 위한 단순한 계층적 의사결정 모델에서 파생된 합성 데이터 세트이다. 결정 모델에는 구매 및 유지비 가격, 승객 수, 짐 부스의 크기 등 6가지 속성이 포함돼 있으며, 구매자 입장에서 차의 효용성을 평가했다. 모든 속성은 3-4개의 값을 갖는 이산형이었다. 데이터 세트는 가능한 모든 속성 값의 조합에 대한 차량의 유틸리티를 제공한다. 이 데이터 세트를 활용하여 자동차 평가를 예측하는 모델을 만들어 본다.

11 Congressional Voting Records 데이터를 활용한 소속 정당 예측 모델 만들기

Congressional Voting Records 데이터 세트의 출처는 1987년 UCI ML Repository이다. 이 데이터 세트에는 CQA가 식별한 16개 주요 투표에 대한 미국 하원의원 개개인의 표가 포함된다. CQA에는 9가지 유형의 투표가 나열되어 있다. 투표, 페어링, 발표(이 세 가지 항목을 y로 단순화), 반대 투표, 반대 페어링, 반대 선언(이 세 가지 항목은 n으로 단순화), 투표에 출석, 이해 상충을 피하기 위해 출석, 투표하거나 다른 입장을 알리지 않음(이 세 가지는 빈칸으로 단순화) 이 데이터 세트를 활용하여 민주당 출신인지 공화당 출신인지 예측하는 모델을 만들어 본다.

12 Dermatology 데이터를 활용한 Erythemato-squamous diseases(ESDs) 유형을 예측하는 모델 만들기

Dermatology 데이터 세트의 출처는 1998년 UCI ML Repository이다. 이 데이터 세트의 목적은 Erythemato-squamous diseases(ESDs)의 유형을 결정하는 것이다. ESD는 일반적인 피부 질환이다. 건선, 피지선 피부염, 편평 태선, 장미색 비강증, 만성 피부염 및 루브라 피라리스 비뇨증의 여섯 가지 범주로 구성된다. 그들은 모두 홍반과 비늘의 임상적 특징을 거의 차이없이 공유한다. 그들의 자동 감지는 중복되는 징후와 증상이 있기 때문에 어려운 문제이다. 대개 조직검사는 진단을 위해 필요하지만 불행히도 이러한 질병들은 많은 조직병리학적 특징들을 공유한다. 정확한 진단의 또 다른 어려움은 질병이 시작 단계에서 다른 질병의 특징을 나타낼 수 있고 다음 단계에서 특징적인 특징을 가질 수 있다는 것이다. 환자들은 우선 12가지 특징을 가지고 임상적으로 평가되었다. 이후 22개의 조직병리학적 특징을 평가하기 위해 피부 샘플을 채취했다. 조직병리학적 features의 값은 현미경으로 관찰한 샘플 분석에 의해 결정된다. 이 도메인에 대해 구성된 데이터 세트에서 패밀리 히스토리 feature는 패밀리 내에서 이러한 질병 중 하나라도 관찰된 경우 값 1을 가지며, 그렇지 않은 경우 값 0을 가진다. 연령 feature는 단순히 환자의 나이를 나타낸다. 다른 모든 feature(임상 및 조직병리학)은 0 – 3 범위의 등급이 주어졌다. 여기서 0은 feature가 존재하지 않았음을 나타내고, 3은 가능한 가장 큰 양을 나타내며, 1, 2는 상대적 중간값을 나타낸다.

13 Development of Social Amoeba 데이터를 활용하여 이미지 분석하기

Development of Social Amoeba 데이터 세트의 출처는 2018년 미국 휴스턴의 베일러 의과대학 갓 슐스키의 연구실에서 나온 사회성 아메바 딕티오스텔리움(Dictyostelium discoideum)의 변종 이미지이다.

14 Foodmart 2000 데이터를 활용하여 연관규칙분석(장바구니분석)하기

Foodmart 2000 데이터 세트의 출처는 2005년 neo4j data repository이다. Foodmart 2000은 마이크로소프트 Analysis Services와 함께 제공되는 시장 기반 데이터 세트다. 모든 트랜잭션(행)에 대해 항목 이름 및 구입한 항목 수의 튜플이 포함된다. 모든 트랜잭션에는 저장소 ID도 포함된다.

15 Forest Fires 데이터를 활용한 산불 발생 지역 예측 모델 만들기

Forest Fires 데이터 세트의 출처는 2007년 UCI ML Repository이다. 포르투갈 북동부 지역의 산불 발생 지역을 예측하는 것이 목표인 어려운 회귀 과제이다. 이 속성은 기상 데이터(온도, 바람, 비, 습도), 상태 월 및 일, 산불 기상 지수 몇 가지 지수, 몬테시뉴 공원 지도 내의 공간 좌표에 대한 보고이다. 2개의 추가 메타 속성이 영역 +1의 로그를 인코딩하는 Orange 데이터 세트에 포함되며, 공원의 일부에 불이 붙었을 경우 이진 속성 보고(제로가 아닌 화재 영역)가 포함된다.

16 Glass 데이터를 활용한 유리 종류 예측 모델 만들기

Glass 데이터 세트의 출처는 1987년 UCI ML Repository이다. 글라스가 '플로트' 글라스의 일종인지 여부를 판단한다. 유리 종류 분류 연구는 범죄학적 조사에 의해 동기가 부여되었다. 범행 현장에서 남은 유리잔이 정확히 식별된 경우 증거로 삼을 수 있다

17 Grades for English and Math 데이터를 활용하여 군집 분석하기

Grades for English and Math 데이터는 유클리드 거리 및 계층적 클러스터링을 도입하기 위해 수작업으로 제작된 영어와 수학의 최종 등급을 가진 작은 데이터 세트이다.

18 HDI 데이터를 활용한 HDI 지수 예측 모델 만들기 / 군집 분석하기

HDI 데이터 세트의 출처는 2016년 Human Development Data(1990-2015) 이다. 인간 개발 지수(Human Development Index, HDI)는 인간 개발의 핵심 차원에서의 평균 성취도를 요약한 척도이다. 오래되고 건강한 삶, 지식이 풍부하며 적절한 생활 수준을 가지고 있다. HDI는 3차원 각각에 대해 정규화된 인덱스의 기하학적 평균이다. HDI는 인간 개발이 수반하는 일의 일부만을 단순화하고 포착한다. 이 데이터는 전체 데이터의 사전 처리된 버전이다. HDI 관련 변수와 HDI 점수가 누락된 국가는 제거되어 있다.

19 Heart Disease 데이터를 활용한 심장 질환 여부 예측 모델 만들기

Heart Disease 데이터 세트의 출처는 1988년 UCI ML Repository이다. 이 데이터는 클리블랜드 데이터베이스의 14개 속성의 부분 집합을 사용한다. 데이터를 활용하여 환자에게 심장 질환이 있는 것을 예측하는 것이 목표이며 0(존재 없음)에서 4까지 값이 매겨진 정수로 되어 있다. 클리블랜드 데이터베이스에 대한 실험은 단순히 심장 질환의 여부를 구별하는 데 초점을 맞추었다.

20 Housing 데이터를 활용한 주택가격 예측 모델 만들기

Housing 데이터 세트의 출처는 1979년 StatLib이다. 이 데이터 세트에는 보스턴 지역의 주택과 관련하여 미국 인구조사국이 수집한 정보가 포함되어 있다. StatLib 아카이브에서 얻었으며 문헌 전체에서 알고리즘을 벤치마킹하기 위해 광범위하게 사용되어 왔다. 이 데이터는 원래 UCI 기계 학습 리포지토리의 일부였고 제거되었다. 목표는 주어진 특징을 이용하여 주택가격의 가치를 예측하는 것이다.

21 Imports 1985 데이터를 활용한 차량 가격 예측 모델 만들기

Imports 1985 데이터 세트의 출처는 1987년 UCI ML Repository이다. 이 데이터 세트에는 1985년 미국으로 수입된 자동차의 사양이 포함되어 있다. 클래스 변수는 차량 가격으로 설정되지만 다른 대상 변수로 변경할 수 있다. 이 데이터에는 세 가지 유형의 실체가 포함된다. (a) 다양한 특성 측면에서 자동차의 사양, (b) 할당된 보험 위험 등급, (c) 다른 자동차와 비교하여 사용 중인 정상화된 손실. 두 번째 등급은 자동차가 가격이 나타내는 것보다 더 위험한 정도에 해당한다. 자동차에는 처음에 가격과 관련된 위험 요소 기호가 할당된다. 그런 다음 더 위험하거나 덜 위험하면 이 기호는 척도를 위 또는 아래로 이동하여 조정한다. 보험사들은 이 과정을 상징이라고 부른다. +3 값은 자동차가 위험하다는 것을 나타내며 -3은 안전하다는 것을 나타낸다.

22 Ionosphere 데이터를 활용한 레이더 복귀 예측 모델 만들기

Ionosphere 데이터 세트의 출처는 1989년 from UCI ML Repository이다. 이 레이더 데이터는 래브라도 구스 베이의 한 시스템에 의해 수집되었다. 이 시스템은 6.4 킬로와트의 순서로 총 전송 전력을 가진 16개의 고주파 안테나로 구성된 단계적 배열로 구성되어 있다. 표적은 전리층의 자유 전자였다. '좋음' 레이더 회수는 전리층 구조의 증거를 보여주는 것이다. '나쁨' 회수는 전리층을 통과하는 신호이다. 수신된 신호는 인수가 펄스 시간과 펄스 번호인 자기 상관 함수를 사용하여 처리되었다. 구스 베이 시스템에는 17개의 펄스 번호가 있었다. 이 데이터베이스의 인스턴스는 펄스 번호당 2개의 속성으로 설명되며, 이는 복잡한 전자기 신호에서 비롯되는 함수에 의해 반환되는 복잡한 값에 해당한다. 이 데이터를 활용하여 전리층으로부터의 레이더 복귀를 예측하는 모델을 만들어 본다.

23 Iris 데이터를 활용한 붓꽃 품종 예측 모델 만들기

Iris 데이터 세트의 출처는 1936년 UCI ML Repository이다. 아이리스 플라워 데이터 세트(Iris flower data set) 또는 피셔스 아이리스 데이터 세트는 영국의 통계학자이자 생물학자인 로널드 피셔(Ronald Fisher)가 1936년 논문에서 선형 판별 분석의 한 예로 소개했다. 꽃잎과 세팔잎의 길이와 너비에 대한 데이터는 미국의 식물학자 에드거 앤더슨이 세 종의 아이리스 꽃의 형태학적 변화를 정량화하기 위해 수집한 것이다. 이 데이터를 활용하여 붓꽃의 품종을 예측하는 모델을 만들어 본다.

24 Kickstarter projects 데이터를 활용한 자금 지원 예측 모델 만들기

Kickstarter projects 데이터 세트는 캠페인 시작 시 킥스타터 프로젝트 페이지(www.kickstart.com에 대한 기본 프로파일링이다. 클래스 레이블은 프로젝트가 시작되었는지 여부를 기록한다. 이 데이터는 2016년 1월부터 4월까지 캠페인을 시작한 킥스타터 프로젝트의 작은 샘플에 대한 것이다. 속성에는 포함된 비디오와 이미지의 수와 같이 웹 페이지에 대한 매우 기본적인 정보가 포함되어 있지만, 프로젝트의 성공을 확실하게 예측하는 데 충분한 것이 놀랍다. 이 데이터를 활용하여 자금을 지원받을 수 있을 것인지 여부를 예측하는 모델을 만들어 본다.

25 Lenses 데이터를 활용한 콘택트렌즈 착용 가능성 및 추천 렌즈 예측 모델 만들기

Lenses 데이터 세트의 출처는 1990년 UCI ML Repository이다. 이 데이터는 안과 광학계에서 가져온 것이다. 목적은 환자가 콘택트렌즈 착용에 적합한지 여부 및 어떤 유형의 콘택트를 사용하는지 판단하는 것이다.

26 Liver Disorders 데이터를 활용하여 간질환 군집분석하기

Liver Disorders 데이터 세트의 출처는 1990년 UCI ML Repository이다. BUPA 데이터 세트에는 6개의 숫자 속성을 가진 345명의 단일 남성 환자가 포함되어 있다. 이 중 5가지 features는 과도한 알코올 섭취로 인해 발생할 수 있는 간 질환에 민감하다고 생각되는 혈액 검사이다. 데이터 세트의 각 행은 단일 남성 개인의 기록을 구성한다. selector 변수는 간질환 유무가 아니라 그 당시 연구원이 훈련용 및 테스트용으로 데이터를 분류하기 위해 임의로 설정한 숫자이다.

27 Liver cirrhosis – spectral image 데이터를 활용하여 스펙트럼 분석하기

Liver cirrhosis – spectral image 데이터 세트는 크리스토프 샌드 박사에 의해 이미징되었다. 간은 식품 및 약물 해독, 콜레스테롤, 지질, 글리코겐 합성을 담당하는 기관이다. 간경변의 경우 콜라겐이 풍부한 섬유조직에 의해 간 일부분이 결절에서 분리된다. 적외선 지도가 여러 개의 간경변성 결절 사이의 교차점에 기록되었다. 푸리에 변환 적외선 분광법(FTIR) 측정은 10μm 두께의 구간에서 8×8μm 공간 분해능으로 반사 모드에서 수행되었다.

28 Liver spectroscopy (Collagen) 데이터를 활용하여 스펙스럼 분석하기

Liver spectroscopy (Collagen) 데이터 세트는 푸리에 변환 적외선 분광법(FTIR)으로 측정하여 세포의 해당 부분에 화학 화합물(콜라겐, 글리코겐, 지질 또는 DNA)의 다수 존재에 따라 주석을 달았다. 각 행은 특정 셀에 대한 데이터를 나타내며, 열에 주어진 스펙트럼 구성 요소를 나타낸다. 그 데이터는 크리스토프 샌드 박사에 의해 컴파일되었다.

29 Lymphography 데이터를 활용한 악성 림프종 예측 모델 만들기

Lymphography 데이터 세트의 출처는 1988년 UCI ML Repository이다. 이것은 148개의 인스턴스를 포함하는 작은 의료 데이터 세트이다. 건강한 환자와 악성 림프종을 구별하는 게 과제이다. 이는 종양학연구소가 제공하는 3개 영역 중 하나로 머신러닝 문헌에 반복적으로 등장해왔다.

30 Online Retail 데이터를 활용하여 탐색적 데이터 분석 후 나만의 가설을 세워 다양한 예측 모델 만들기

Online Retail 데이터 세트의 출처는 2012년 UCI ML Repository이다. 이 데이터 세트는 영국 및 등록 비점포 온라인 소매점에서 2010-12-1과 2011-12-09 사이에 발생한 모든 트랜잭션을 포함하는 초국가적 데이터 세트이다. 그 회사는 주로 독특한 사은품을 판매한다. 그 회사의 많은 고객들은 도매상들이다.

31 Philadelphia Crime 데이터를 활용한 범죄 발생 지도 만들기

Philadelphia Crime 데이터 세트는 2016년 필라델피아에서 일어난 경범죄 사건에서 나온 자료이다. 사건의 종류와 사건 발생 위치 및 시각이 포함되어 있다.

32 Pittsburg Bridges 데이터를 활용한 5가지 속성(설계 설명) 예측 모델 만들기

Pittsburg Bridges 데이터 세트의 출처는 1990년 UCI ML Repository이다. 이 데이터는 클래스가 없다. 대신에 7가지 사양 속성을 기준으로 5가지 속성(설계 설명)을 예측해야 한다.

33 Poker Hand 데이터를 활용한 Poker Hand 예측 모델 만들기

Poker Hand 데이터 세트의 출처는 2007년 UCI ML Repository이다. 각 데이터 인스턴스는 52의 표준 데크에서 가져온 5장의 플레이 카드로 구성된 포커 핸드의 예이다. 각 카드는 총 10개의 예측 속성에 대해 두 가지 속성(정장 및 순위)을 사용하여 설명한다. 슈트(suit)는 하트, 스페이드, 다이아몬드, 클럽을 나타내는 별개의 속성이다. 카드의 순위는 1부터 13까지의 값이 에이스, 2, 3, ..., 퀸, 킹을 나타내는 정수값 속성이다. 이산 클래스는 정수로 인코딩된 포커핸드로, (0), (1개), (2개), (2개), (8개), (9개) 중 아무것도 나타내지 않는다. UCI ML 리포지토리에는 각 데이터 인스턴스의 파일 원점에 대한 메타 속성 보고와 함께 하나로 병합된 두 개의 데이터 세트(훈련 및 테스트)가 포함되어 있다. 타켓 클래스는 다음과 같다

0 : 손에 아무것도 없다. 인식되지 않는 포커 핸드

1 : 한 쌍; 5 장의 카드 내에서 한 쌍의 동일한 등급

2 : 두 쌍; 5 장의 카드 내에서 2 쌍의 동일한 등급

3 : 3 종; 5 개의 카드 내에서 3 개의 동일한 등급

4 : 스트레이트; 5 장의 카드, 간격없이 순차적으로 순위가 매겨 짐

5 : 플러시; 같은 무늬의 카드 5 장

6 : 풀 하우스; 쌍 + 다른 등급 3 종류

7 : 4 종류; 5 개의 카드 내에서 4 개의 동일한 등급

8 : 스트레이트 플러시; 스트레이트 + 플러시

9 : 로얄 플러시; {Ace, King, Queen, Jack, Ten} + 플러시

34 Primary Tumor 데이터를 활용한 1차 종양 위치 예측 모델 만들기

Primary Tumor 데이터 세트의 출처는 1988년 UCI ML Repository이다. 이것은 사람들의 1차 종양에 대한 데이터 세트이다. 1차 종양의 위치는 종양이 처음 나타난 신체의 다른 부위로 전이되기 시작한 위치이다. 이는 종양학연구소가 제공하는 3개 영역 중 하나로 머신러닝 문헌에 반복적으로 등장해왔다.

35 Sailing 데이터를 활용한 항해 여부 예측 모델 만들기

Sailing 데이터 세트는 분류 트리의 추론을 설명하는 수작업 데이터 세트이다. 주말 항해사인 사라의 데이터와 회사, 보트 종류, 날씨로 항해하기 전의 데이터를 기록한다. 그 클래스는 그녀가 실제로 항해하러 갔는지를 말해준다.

36 Smoking effect on B lymphocytes 데이터를 활용한 흡연 여부 예측 모델 만들기

Smoking effect on B lymphocytes 데이터 세트의 출처는 2009년 Gene Expression Omnibus GDS3713이다. 말초 순환 B 세포의 유전자 발현 데이터(샘플 39개)와 비흡연 건강한 미국 백인 여성(샘플 40개) 데이터 크기를 줄이기 위해 원본 데이터 세트에서 무작위로 선택된 3,000개의 유전자(특징)만 보존되었다. 이 데이터를 활용하여 흡연 여부 예측 모델을 만들어 본다.

37 Telecom customer churn 데이터를 활용한 고객 이탈 여부 예측 모델 만들기

Telecom customer churn 데이터 세트의 출처는 Telco 고객 이탈(2018) 데이터이다. 통신 고객의 프로필 및 고객이 탈퇴했는지에 여부에 대한 정보이다. 이 데이터를 활용하여 고객이 통신사를 이탈하였는지 여부를 예측하는 모델을 만들어 본다.

38 Titanic 데이터를 활용한 생존 예측 모델 만들기

Titanic 데이터 세트는 경제적 상태(클래스), 성별, 나이, 생존에 따라 요약된 타이타닉호의 치명적인 첫 항해에 대한 승객들의 운명에 대한 정보를 제공한다. 이 데이터를 활용하여 승객들의 생존 예측 모델을 만들어 본다.

39 Traffic signs 데이터를 활용하여 이미지 분석 및 군집 분석하기

Traffic signs 데이터 세트는 2017년 교통 표지판의 이미지(아이콘)이다.

40 Vehicle Silhouettes 데이터를 활용한 차량 유형 예측 모델 만들기

Vehicle Silhouettes 데이터 세트의 출처는 1986년 UCI ML Repository이다. 이 데이터의 목적은 실루엣에서 추출한 feature 세트를 사용하여 주어진 실루엣을 4가지 유형의 차량 중 하나로 분류하는 것이다. 차량을 다양한 각도 중 하나에서 볼 수 있다.

41 Wine 데이터를 활용한 와인 포도 재배지 예측 모델 만들기

Wine 데이터 세트의 출처는 1992년 UCI ML Repository이다. 이것은 이탈리아에서 같은 지역에서 재배되었지만 세 개의 다른 재배지에서 생산된 와인에 대한 데이터이다. 와인은 알코올, 말산, 플라바노이드 등 13개 성분의 양을 보고하는 화학 분석에 의해 프로파일링된다.

42 Wine quality-red 데이터 세트를 활용한 와인 품질 예측 모델 만들기

Wine quality – red 데이터 세트의 출처는 2009년 UCI ML Repository이다. 이 데이터는 포르투갈산 "Vinho Verde" 와인의 빨간색 변종 품질과 관련되어 있다. 와인 샘플은 산성, 당분, 알코올 농도, 밀도 및 기타 정보를 포함하는 물리 화학 테스트의 결과와 함께 설명된다. 이 데이터 세트는 화이트 와인의 품질에 대한 자매 데이터 세트와 관련이 있다.

43 Wine quality-white 데이터 세트를 활용한 와인 품질 예측 모델 만들기

Winc quality – white 데이터 세트의 출처는 2009년 UCI ML Repository이다. 포르투갈산 "Vinho Verde" 와인의 백색 변종 품질과 관련되어 있다. 와인 샘플은 산성, 당분, 알코올 농도, 밀도 및 기타 정보를 포함하는 물리 화학 테스트의 결과와 함께 설명된다. 이 데이터 세트는 레드와인의 품질에 대한 자매 데이터 세트와 관련이 있다.

44 Yeast Protein Localization 데이터를 활용한 효모 단백질 위치 이미지 분석

Yeast Protein Localization 데이터 세트의 출처는 2018년 YPL+.db이다. YPL+ 데이터베이스의 효모 단백질 위치 확인 이미지로 고유한(단일) 위치 지정 사이트가 있는 영상만 포함된다. 데이터 세트에는 최소 30개의 구별되는 단백질에 대해 보고된 국소화 사이트만 포함된다.

45 Zoo 데이터를 활용한 동물 유형 예측 모델 만들기

Zoo 데이터 세트의 출처는 1990년 UCI ML Repository이다. 리처드 포시스가 만든 데이터 세트에는 동물을 설명하는 17개의 이진값 속성이 포함되어 있다. 특징은 털, 깃털, 이빨의 존재에 대한 정보, 동물이 수생인지 공생인지 여부 등을 포함한다. 동물의 이름은 양서류, 조류, 어류, 곤충, 인버타이브레이트, 포유류, 파충류의 7가지 범주로 분류된다.

2. 가이드 프로젝트

1 다양한 변수를 통해 알아보는 집값 예측 시스템

가. AI문제 확인

2021년 1월 14일, 한국은행이 발표한 2020년 12월 가계대출 동향에 따르면 지난해 말 은행 가계대출 잔액은 전년대비 100조 5,000억원이 늘어난 988조 8,000억원으로 집계됐다. 2004년 통계 집계 이래 사상 최대치로, 부동산 수요와 신용대출이 급증한 영향이 컸다는 분석을 내놓았다. 급증하는 부동산 가격으로 인해 너도나도 부동산에 매달리고 시쳇말로 영끌(영혼까지 끌어모으다, 아주 작고 사소한 것들을 하나로 모은 행위를 강조하는 말)을 통해 빚을 내 집 마련에 나섰기 때문이다.

이렇게 사람들이 대출을 통해서라도 내집 마련에 힘쓰는 까닭은 언제 어떻게 바뀔지 알 수 없는 부동산 가격 상승에 대해 부담감을 느끼고 소위 가격 상승의 '막차'를 타기 위해 안간힘을 쓰기 때문이다. 만약 부동산 가격이 앞으로 내려갈지, 오를지 혹은 유지가 될지 미리 알 수만 있다면 현재와 같은 혼란이 조금 덜 하지 않을까?

나. AI솔루션 탐색

서민들에게 내 집 마련이란 인생에서 큰 의미를 가진다. 따라서 부동산 가격의 변화는 사회적으로 중요한 의미를 지니고 있다. 이런 주택 매매 가격에 대해 머신러닝을 활용하여 예측이 가능하다면 어떨까? 주택 가격의 전망을 알 수 있다면 사람들이 이렇게 무작정 빚을 내 아파트를 사들이는 행위를 줄이고 재정 건전성을 확보할 수 있지 않을까? 우리가 시계열 데이터를 통해 주택 가격 예측을 해보았지만 다양한 속성(feature)를 사용하지 않았기에 그 가격을 예측하는데 있어 한계가 있다. 왜냐하면 시계열 데이터의 기본은 지난 데이터값을 기반으로 한 예측이므로 미래에도 과거와 똑같이 진행될 것이라는 보장이 없다. 재화의 가격은 앞으로 존재할 혹은 지금까지 존재하는 다양한 요소의 영향으로 인해 결정되기 때문이다.

따라서 집값에 영향을 주는 속성(feature)에는 어떤 것들이 있을지 생각해보고 해당 속성(featuere)에 맞는 데이터들을 수집 후에 앞서 제시한 머신 러닝을 활용한 데이터 예측 단계에 맞춰 예측을 해보도록 한다.

다. AI솔루션 설계

다양한 변수를 통해 알아보는 집값 예측 시스템

활용할 데이터 선택	인공지능 모델 학습	학습한 모델로 예측	예측 결과 활용
자치구별 지하철 승하차 인원, 한강 인접 여부, 1인당 공원 면적 등	지도학습 (선형회귀, SVM, 랜덤포레스트, 에이다부스트, 심층신경망 등)을 활용한 학습	앞으로의 주택 가격 변동 상황을 예측	예측값을 받아 원격 수업 시간 격차 등의 사회적 문제와 연결

회귀분석을 간단히 설명하면 데이터 간의 관계를 통해 변수의 값을 예측, 설명하는 것을 뜻한다. 여기서 사용되는 변수는 다른 변수에 의해 영향을 받는 종속 변수와 종속 변수에 영향을 끼치는 독립 변수 두 가지로 나눌 수 있다. 이 장에서는 집값에 영향을 주는 요인, 즉 독립 변수들을 알아보고 이러한 독립 변수들이 집값, 즉 종속 변수에 어떤 영향을 미치는지 설명하고 예측해보도록 한다. 머신러닝을 위한 선형회귀분석에서 사용되는 대표적인 예제로써 '보스턴 집값 데이터'가 있다.

'보스턴 집값 데이터' 는 1978년 하버드대학교에서 발표된 자료로써 집값에 영향을 미치는 요인을 모아서 집값의 변동을 보여주는 데이터 셋이다. 다양한 독립변수를 통해 집값을 예측하는 사례로 위와 같은 특정 요인 14가지가 집값에 어떤 영향을 주는지 분석한다. 분석을 위해서 제시된 14가지 독립 변수와 집값인 종속 변수 간에 선형관계가 존재하는지 파악한다. 선형관계가 존재한다면 종속 변수에 영향을 미치는 독립 변수가 유의미한지, 유의미하다면 영향력은 얼만큼인지 파악한다. 마지막으로 추정된 선형회귀모형을 통해 종속 변수의 미래값을 예측한다. 단, 제시된 14가지 독립 변수는 미국의 환경을 반영한 변수이므로 우리나라만의 환경을 반영하여, 오렌지3를 이용해 만들도록 한다.

우리나라에서 공개된 데이터가 한정적이기 때문에 보스턴 집값 예측 사례에 비해 한정된 자료를 가지고 제작할 수 밖에 없다. 이에 걸맞은 집값 예측 시스템을 만들기 위해서는 집값 예측에 관한 다양한 데이터가 필요한데 종속 변수 데이터로 지역별 아파트 평균 매매가격을 활용한다. 공공데이터포털(www.data.go.kr)에 공개돼 있으므로 다운받아 이용하도록 한다.

데이터는 전국 자치구별 아파트 평균 매매가격이며 우리가 필요한 부분은 서울 지역의 매매 가격이다. 그러므로 서울을 제외한 데이터를 모두 삭제하도록 한다. 이렇게 데이터를 분석 및 처리에 적합한 형태로 만드는 과정을 '데이터 전처리'라고 한다. 일반적으로 데이터 분석을 하고 이를 처리하는 과정에서 매우 중요한 단계로 데이터 과학자들이 데이터 분석 시 가장 많은 시간을 할애하는 단계라고 한다. 데이터 전처리가 필요한 이유는 다음과 같다. 첫째, 일반적으로 데이터는 비어있거나 정합성이 맞지 않는 경우가 많다. 국가에서 제공하는 공공데이터포털이나 각 기관별 통계자료를 다운받아보면 내가 원하는 데이터일지라도 내가 필요한 형태의 데이터가 아닐 가능성이 크다. 그러므로 내가 쓸 수 있는 형태로 바꾸는 데이터 전처리 과정이 반드시 필요하다.

둘째, 아무리 좋은 도구나 분석 기법도 품질이 낮은 데이터로는 좋은 결과를 얻을 수 없다. 요리를 할 때 아무리 좋은 칼, 도마 등의 주방 기구를 사용할지라도 재료에 흙이 묻어 있거나 필요한 형태로 다듬어지지 않은 경우 맛있는 요리가 나올 수 없다. 결국 분석하고 처리하는 기반이 되는 재료는 데이터이므로 잘 정제된 데이터를 준비하는 게 반드시 필요하다.

데이터 전처리를 위해서는 총 5가지의 과정을 거치는데 그 중 첫 번째가 데이터 수집이다. 이는 우리가 공공데이터포털에서 분석이나 학습에 필요한 데이터를 수집하는 과정이다. 두 번째는 데이터 정제 과정이다. 비어있는 데이터(결측치:missing values)나 잡음(noise), 모순된 데이터 등을 정합성이 맞도록 교정하는 작업이다. 세 번째는 데이터 통합이다. 여러 개의 데이터베이스, 데이터집합 또는 파일을 통합하는 작업이다. 네 번째는 데이터 축소의 과정으로 샘플링, 차원축소 등의 과정을 통해 데이터 크기를 줄이는 작업이다. 마지막 다섯 번째 과정은 데이터 변환 과정으로 데이터를 정규화, 이산화 혹은 집계를 통해 변환하는 작업이다.

일반적으로 오렌지3에서 활용하는 데이터 전처리 과정 역시 Preprocess 위젯을 활용해 손쉽게 가능하다. 위젯을 활용한 데이터 전처리 과정은 머신러닝을 활용한 예측 때 다뤄보기로 한다.

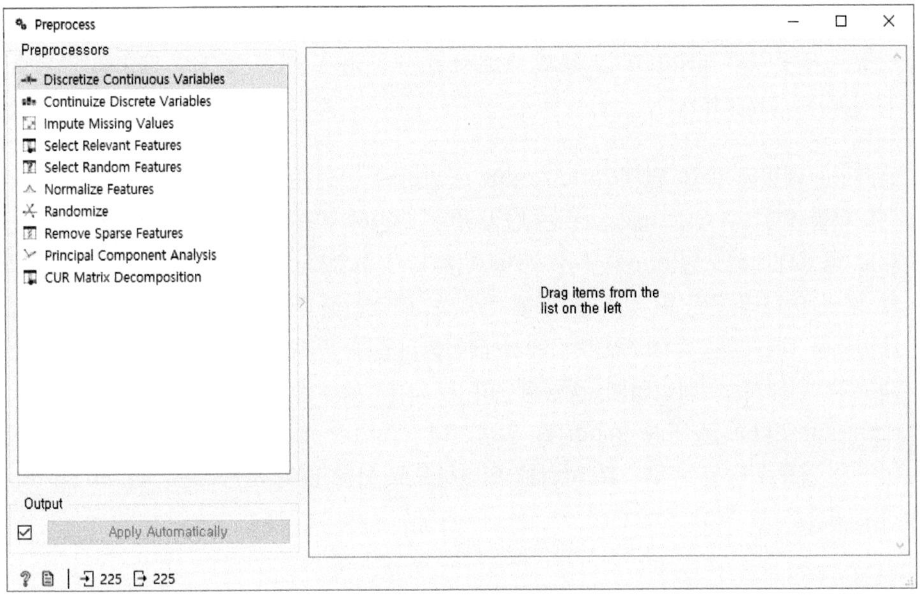

다운받은 자료를 바탕으로 행과 열을 바꿔주는 작업을 한다. 서울의 각 자치구를 오름차순으로 정리 후 데이터를 알아보기 쉽게 처리하기 위해 district 1~25를 지정한다. 각 자치구별 집값에 영향을 주는 요인(feature)들(지하철 승하차 인구수, 자치구별 자동차 등록 대수, 한강 인접(0,1) 등)도 1~25를 지정하여 각 요인별 영향을 알아보기 쉽게 한다.

머신러닝 방법을 이용한 예측을 위해서 사용할 모델은 서포트 벡터 머신(support vector machine, SVM), 선형 회귀(Linear Regression, LR), 심층신경망(deep neural network, DNN), 랜덤 포레스트(random forest, RF), 에이다부스트(adaboost, AB), 의사결정나무(decision tree, DT) 이다. 데이터값을 기반으로 하여 각 모델별 아파트 매매가격을 예측해 보고 매매가격 동향에 가장 가까운 모델은 어떤 것인지 파악해보도록 한다.

예측은 정확성이 요구되므로 사용한 모델별로 예측의 정확성을 판단하기 위해 MSE(Mean Square Error), MAE(Mean Absolute Error), R^2(Coefficient of Determination) 등을 활용하여 머신러닝 모델간 예측력을 비교하여 예측의 정확성을 판단하고 산출된 가격에 대한 현재 실거래가 반영률의 적정성을 분석하였다.

오렌지3을 이용한 머신러닝을 활용하는 방법은 각자 다양한 방법이 있겠으나 여기서는 다음과 같은 7단계의 과정이 필요하다.

1단계는 문제를 설정하는 단계이다. 내가 머신러닝을 활용해 얻고자 하는 종속 변수 데이터값은 무엇인지 파악하고 그 문제 속에서 훈련 시켜야 할 독립 변수 데이터 값은 무엇인지 정하는 과정이다.

2단계는 데이터 수집 단계이다. 사실에 근거하여 원하는 데이터를 찾아야 한다. 우리가 데이터를 얻을 수 있는 웹사이트는 다양하다. 그중에서도 다양성과 신뢰도를 갖춘 웹사이트로 공공데이터포털(https://www.data.go.kr/)이 있다. 다양한 데이터가 업로드 돼 있을 뿐만 아니라 간단한 절차를 통해 원하는 데이터를 직접 신청할 수 있다.
데이터를 다운받은 후에 오렌지3에서 데이터파일을 가져오도록 한다. 데이터 파일을 가져오기 위해서는 데이터의 종류에 따라 다른 위젯을 사용하는데 보통 왼쪽 메뉴 data-File이나 CSV File Import를 활용한다. CSV(comma seperated value)파일은 데이터가 쉼표로 구분된 텍스트 파일을 의미하므로 보통 많이 사용하는 엑셀 파일이라 할지라도 확장자를 보고 판단한다.

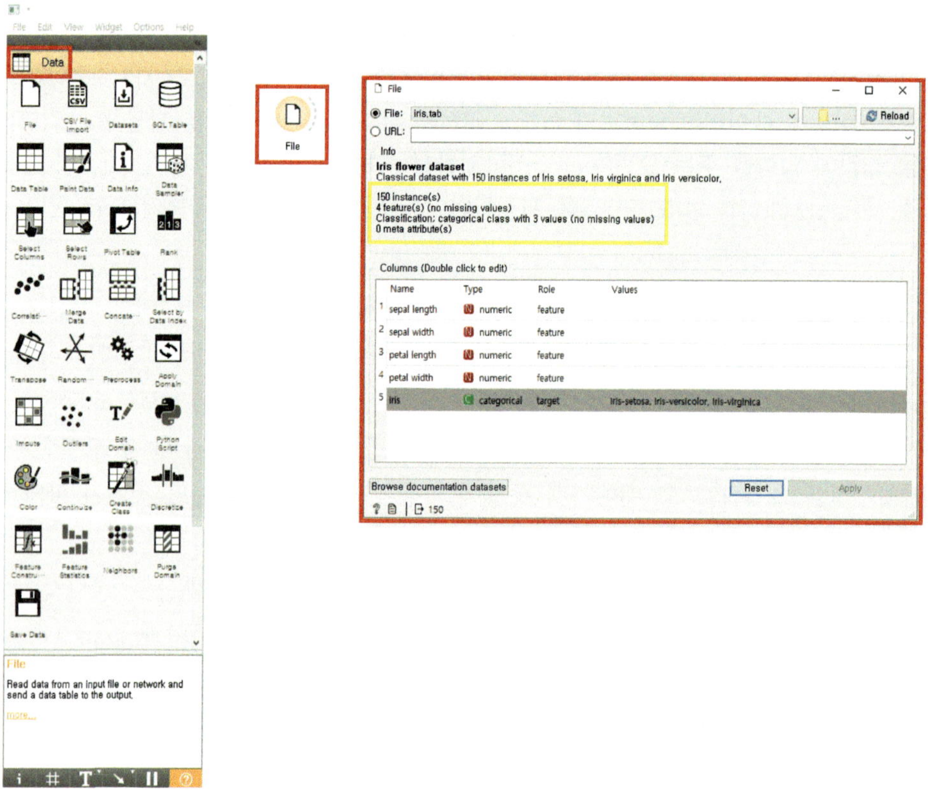

먼저 File위젯을 드래그 앤 드랍한다. 파일 위젯을 더블 클릭해서 데이터 파일을 가져오도록 한다. File의 경우 xls, tab 파일 등을 끌어올 수 있으며 구글에서 사용되는 엑셀폼에서 URL을 끌어오는 입력도 가능하다. 데이터 정보가 안보이면 Reload 버튼을 클릭하여 새로 고침한다. 업데이트 된 데이터는 위 그림에서 노란색 박스에서 보이는 것과 같이 몇 개의 instance가 업로드 되었으며 feature는 몇 개이고 결측치는 존재하는지, 유형(type)별 값(values)은 몇 개가 있는지 확인할 수 있다.

3단계는 데이터 관찰 및 정제를 하는 과정이다. 다운받은 각 데이터의 유형(type)과 역할(role)을 결정한다. 먼저 데이터의 유형(type)에는 categorical, numeric, text, datetime가 있다. categorical은 유형별로 나눠진 데이터값을 말하는 것으로써 대표적인 예로 붓꽃(iris)의 유형을 나눌 때 사용한다. numeric은 숫자로써 해당 데이터값이 숫자값을 가질 때 사용한다. 우리는 주택 매매가격을 활용하므로 매매가격에 해당하는 PRICE값이 numeric이라 할 수 있다. text는 문자열로 데이터값이 문자로 구성돼 있을 때 사용한다. datetime은 시간으로 우리가 시계열 데이터에서 사용한 '연도-월-일'과 같은 경우에 사용한다. datetime을 쓸때는 사용자가 임의로 쓰는 것이 아니라 일반적으로 '연도-월-일'이나 'January-01' 등 컴퓨터가 인지할 수 있는 정해진 규칙에 따라 써야 한다.

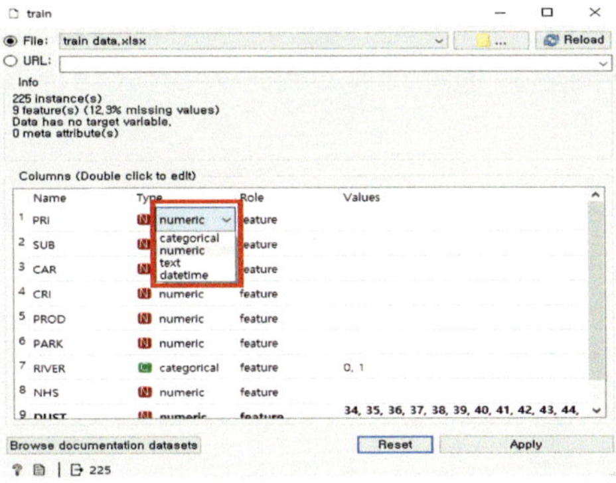

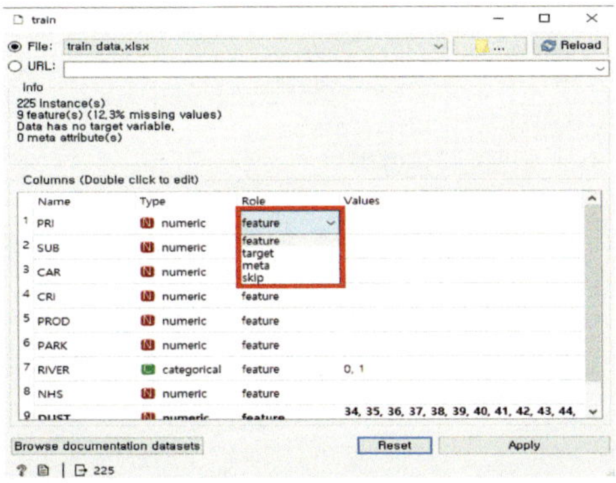

데이터 역할(role)은 속성(feature), 목표(target), 메타(meta), 무시(skip)로 구성돼 있다. 속성(feature)은 독립 변수로써 우리가 예측하고자 하는 값에 영향을 주는 값으로 지정한다. 속성(feature), 즉 독립 변수가 하나인 경우 단순 선형회귀(Simple Linear Regression)이 되고 속성(feature)이 여러 개인 경우 다중 회귀 분석(Multiple Linear Regression)이라고 한다. 즉 회귀식을 통해 예측하고자 하는 결괏값에 영향을 주는 인자가 하나인 경우 단순선형회귀분석을 사용하고, 2개 이상일 경우 다중회귀분석을 사용한다.
예를 들어 키와 몸무게의 상관관계에서 '키'라는 인자 이외에 몸무게에 영향을 미치는 인자를 고려한다면 다중선형회귀분석을 사용해야 한다. 이때 고려해야 할 인자가 많아질수록 더욱 의미있는 분석이 될 수 있다.

다음으로 목표(target)는 종속 변수로써 우리가 예측하고자 하는 값을 의미한다. 보통 데이터 선정 시 결정된다. 다음으로 메타(meta)는 데이터값을 예측할 때 직접적으로 영향을 주지는 않지만 데이터를 구성하는데 필요한 값들을 의미한다. 예를 들면 datetime(시간)이 메타(meta)값으로 많이 구분된다. 마지막으로 무시(skip)는 데이터를 예측하는데 아예 상관이 없어서 필요 없는 값들을 처리하는데 쓰인다. 다운받은 데이터 값이 모두 쓰이는 게 아니므로 필요 없는 값들은 무시(skip) 처리 해주면 된다.

데이터 유형(type)과 역할(role) 설정이 끝나면 데이터에 대한 전처리 과정이 필요하다. 데이터 전처리를 하기 위해서는 왼쪽 메뉴 Data-Preprocess 위젯을 추가하여 train data와 연결시킨다.

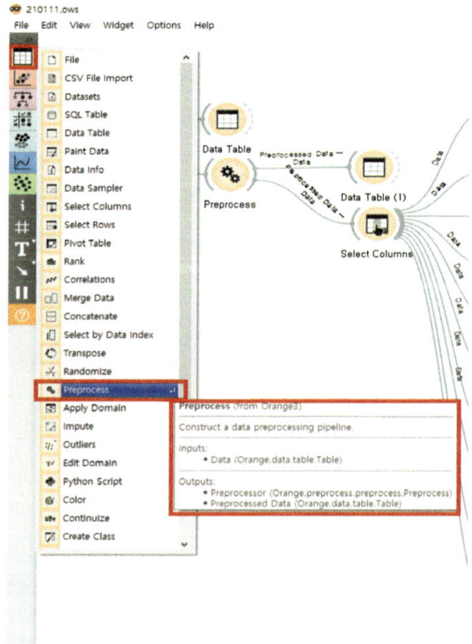

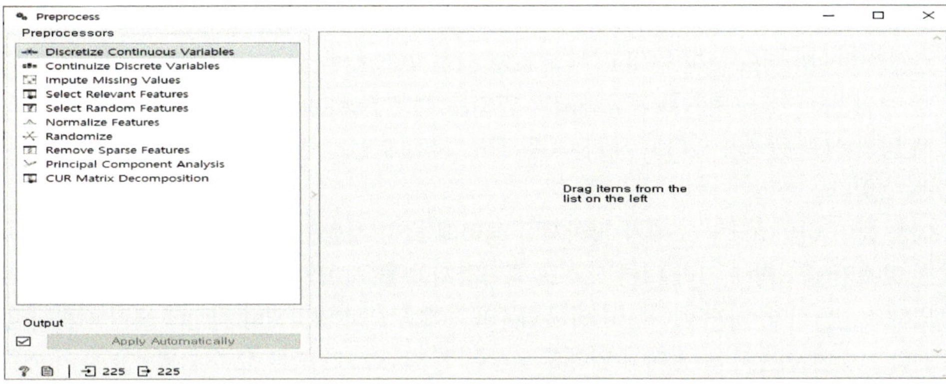

일반적으로 데이터 전처리 과정에서 다루는 것은 측정 과정에서 무작위로 발생하여 측정 값의 에러를 발생시키는 잡음(noise)과 특정 요인으로 인해 반복적으로 발생하는 왜곡이나 에러를 의미하는 아티펙트(artifact), 시스템적인 변동으로 생기는 바이어스(bias), 특정 속성의 값이 다른 개체들과 달리 유별난 값을 보이는 이상치(outlier), 중간에 빠져있는 결측값인 결측치(missing value), 때에 따라 측정 데이터가 다르게 나타나는 경우인 불일치(inconsistent values), 중복값(duplicate data) 등이 있다. 데이터 요소에 방해가 되는 내용들을 보정 해주는 작업이 전처리 과정에 속한다.

그렇다고 해서 이러한 값들이 항상 무의미한 값들이라고 생각해서는 안된다. 단적인 예로 이상치(outlier)의 경우 중요한 점은 잡음(noise)과는 다른 특성을 가진다. 잡음(noise)은 임의로 발생하는 예측하기 어려운 요소이지만 이상치(outlier)는 적법한 하나의 데이터 요소로써 그 자체가 분석의 목적이 될 수 있다. 예를 들면 네트워크에서 일반 접속 중 예외적으로 발생하는 불법 접속 등이 이상치(outlier)에 해당할 수 있으므로 이를 찾는 것이 주된 목적이 될 수 있다.

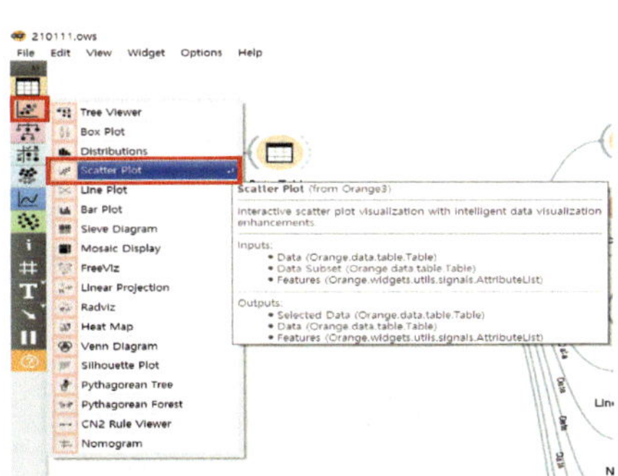

데이터 유형(type)과 역할(role) 설정 및 전처리가 끝나면 각 요소별 관계를 파악하기 위해 산점도(Scatter Plot)를 활용한다. 왼쪽 메뉴 Data Visulization–Scatter Plot 위젯을 활용하여 기존 train data내의 data table에서 요소별 분포를 파악한다.

요소별 분포는 한 요소가 증가할 때 다른 요소도 같이 증가하는 양상을 보여주는 양의 상관관계를 보이기도 하며 반대로 한 요소가 증가할 때 다른 요소가 감소하는 음의 상관관계를 보이기도 한다. 여기서 혼동해서는 안되는 점은 Scatter plot을 사용한 분포를 파악할 때 양의 상관 관계가 있다고 해서 이 두 요소 사이에 인과 관계가 있다고 판단하면 안 된다는 것이다.

예를 들어 아이스크림 소비가 많아지니 상어에 물린 사람이 많아진다고 가정해본다. 이는 한 요소가 증가함에 따라 다른 요소도 증가하지만 둘 사이의 영향은 없으므로 상관 관계에 있다고 판단한다. 하지만 여름이 되어 해수욕장에 사람이 많아지니 상어에 물린 사람이 많아진다고 하면 이는 인과 관계에 있다고 판단한다. 한 요소가 다른 요소에 영향을 주기 때문이다. 보통 데이터 예측에서는 인과 관계를 파악하지 않고 상관 관계를 파악하는데 이를 상관분석이라고 한다. 둘 이상의 요소가 얼만큼 밀접하게 관련되어 있는지 파악하는 것이다.

상관분석의 핵심은 상관계수인데 이 계수는 독립변수와 종속변수의 관계 정도를 -1에서 1 사이로 정량화한 것으로 독립변수와 종속변수가 함께 변하는 정도를 독립변수와 종속변수가 따로 변하는 정도로 나눈 값이다.

상관 계수가 -1이나 1에 가깝다면 상관 관계가 매우 강하다고 판단하며 0에 가까울수록 독립 변수와 종속 변수 사이에 아무런 관계가 없다고 판단한다.

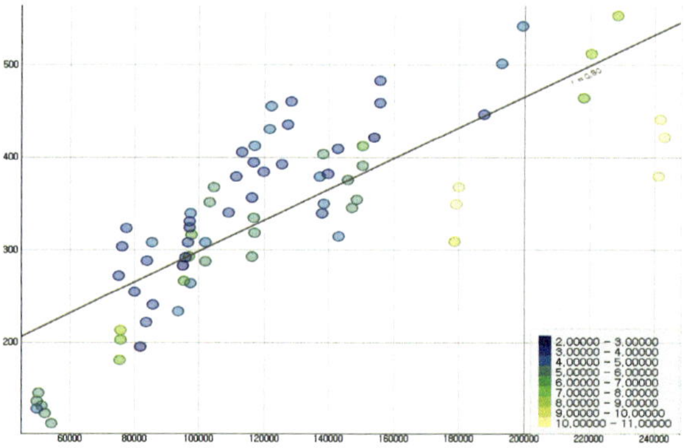

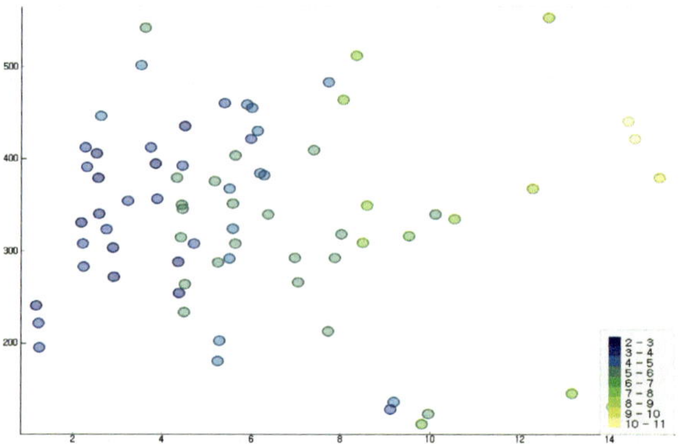

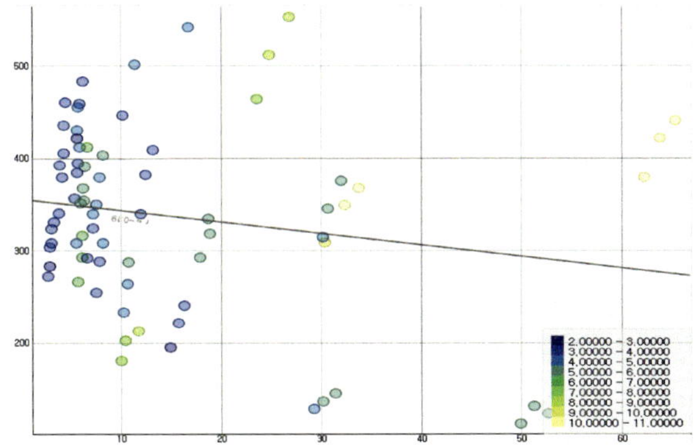

첫 번째 그림은 상관계수가 0보다 크고 1보다 작은 경우로 양의 상관 관계에 있다고 한다. 두 번째 그림은 상관 계수가 거의 0에 가까워 상관 관계가 없다. 세 번째 그림은 상관 계수가 0보다 작고 -1보다 큰 경우로 음의 상관 관계에 있다고 한다.

4단계는 머신러닝 모델 설정 및 학습 단계이다. 어떤 모델을 설정해야 사용자가 원하는 가장 적합한 결괏값을 도출할 수 있을지 설정하는 단계이며 원하는 모델을 위젯으로 가져와 정제된 자료를 학습시켜 원하는 데이터를 추출한다. 데이터에 따라 정해진 모델이 있지 않기 때문에 가능한 모델들을 모두 학습시킨다. 머신러닝을 활용한 데이터 예측 시 서포트 벡터 머신(support vector machine, SVM)이나 랜덤 포레스트(random forest, RF), 심층 신경망(deep neural networks, DNN), 선형 회귀(linear regression, LR), 에이다부스트(adaboost, AB) 등을 주로 사용한다.

5단계는 테스트 데이터 입력 및 예측 단계이다. 테스트 데이터를 입력하고 이에 대한 예측을 하는 단계로 왼쪽 메뉴 evaluate classification/regression performance-predictions 혹은 test and score 위젯을 활용한다. 구현하고자 하는 모델을 예측 위젯과 연결시켜 원하는 예측값을 생성한다.

6단계는 평가 단계이다. 평가 단계에서는 예측값을 확인하고 예측값이 정확한지 판단하기 위해 모형별 예측의 정확성을 나타내는 MAE(mean absolute error), MSE(mean square error), R^2(Coefficient of Determination) 등의 값을 활용한다.

주어진 독립변수에 대해 임의의 계수를 가지는 어떤 함수식으로 예측한 결괏값과 실제값의 차이(오차 error 혹은 잔차 residual)를 제곱해서 모두 더한 값이 최소가 되는 함수식이 가장 타당한 함수식이다. 이를 표현한 값들이 바로 MAE, MSE, R^2 값이다.

이는 Test and Score, Predictions 위젯을 통해 확인할 수 있는데 MAE나 MSE값은 해당값이 0에 가까울수록 R^2값은 해당값이 1에 가까울수록 예측값이 정확하다고 할 수 있다. MAE는 예측값에서 실제 값의 차이를 평균 낸 값이며 MSE는 예측값과 실제값의 차이의 제곱을 평균낸 값이다. RMSE는 MSE값에 제곱근을 씌운 값이며 R^2는 R스퀘어드 값으로 예측값과 y들의 평균값의 차를 제곱한 것들의 합을 y값과 y들의 평균값의 차를 제곱한 것으로 나눈 값을 뜻하는데 결정계수라고 한다. 이들 셀 각각이 무엇을 의미하는지 그래프와 함께 자세히 알아보도록 한다.

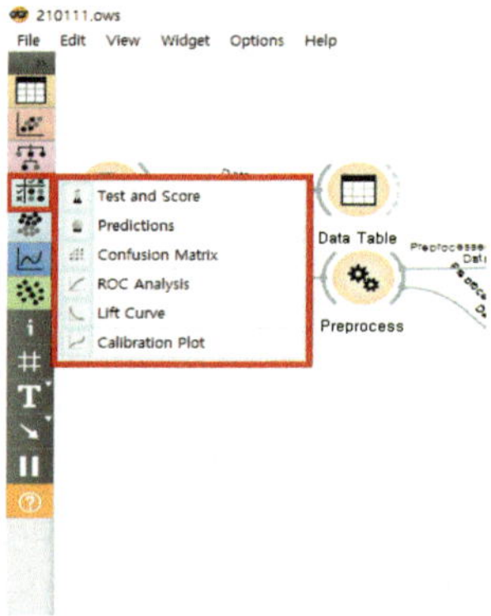

아래에 나타난 표는 Test and Score 위젯을 실행시키면 확인할 수 있다. 다만 예측값을 확인할 수 있는 모든 과정이 완료되고 난 후에 Predictions 위젯에서 Test and Score 위젯을 연결해야 한다.

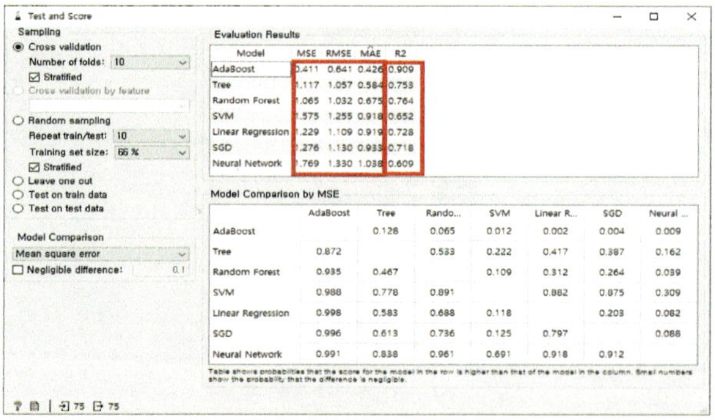

위 그림의 첫 번째 네모 표시를 보면 평가 결과에 대한 MSE, RMSE, MAE값이 나와 있고 두 번째 네모 표시에 R^2값이 나와 있다. 해당 모델별로 예측을 했을 때 얼마나 타당한지 보여주는 정량적인 척도라고 할 수 있다. 밑에 표를 보게 되면 활용한 모델별로 MSE값을 비교하는 데이터도 확인할 수 있다.

해당 값이 어떻게 산출되었고 왜 MAE나 MSE값은 해당 값이 0에 가까울수록 R^2값은 해당 값이 1에 가까울수록 예측값이 정확하다고 할 수 있는지 그래프를 통해 살펴본다.

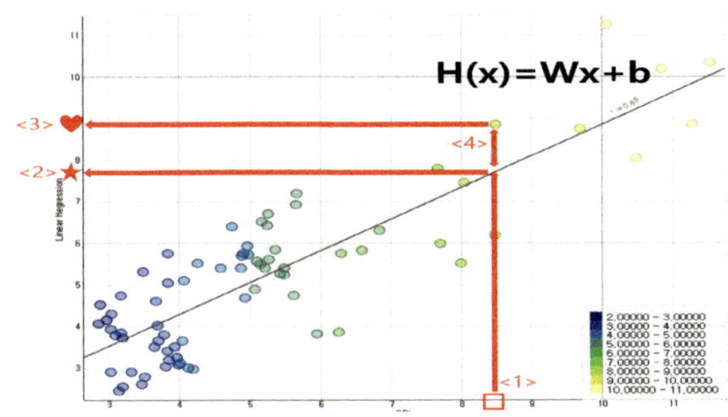

컴퓨터를 활용해 머신러닝에서 학습을 한다는 것은 위 그림에서 $H(x) = Wx + b$라는 식이 있을 때 W(웨이트)값과 b(바이어스)값을 찾아가는 과정이다.

위 그림에서 각 점의 분포가 나타내는 것은 독립 변수 x에 따른 종속 변수 y값을 뜻한다. 우리는 분포된 점들을 가지고 컴퓨터에 학습(머신 러닝)을 시켜 하나의 식을 완성하려고 한다. 하나의 식은 제시된 직선 그래프로 나타날 수 있으며 위와 같이 $H(x) = Wx + b$라는 식으로 나타낼 수 있다.

그림의 〈1〉에서 보듯 임의의 □값을 넣어 보면 〈2〉에서 나타난 바와 같이 머신러닝을 통해 도출해낸 그래프 위의 값인 ★을 얻을 수 있다. 독립 변수 □에 해당하는 예측값은 ★값이 되며 이것이 $H(x)$값이다. 여기서 실제값은 〈3〉에서 나타난 ♥값이 된다.

〈4〉를 보면 실제 y값(♥)과 예측값(★)의 차이〈4〉가 발생함을 알 수 있다. 이 차이의 간격이 적어질수록 예측의 정확도가 높다고 할 수 있다. 즉 차가 적을수록 예측의 정도가 가깝기 때문이다. 이를 토대로 결괏값에 나온 것들을 다시 한번 살펴보도록 한다.

MSE는 Mean Squared Error의 약자로 예측값과 실제값의 차이의 제곱을 평균낸 것이라 한다. 식으로 나타내면 다음과 같다.

$$MSE = \frac{1}{n}\sum_{i=1}^{n}(H(x_i) - (y_i))^2$$

주어진 n은 학습 데이터세트 크기이며 $\sum$안의 내용은 무수히 많은 차이〈4〉들을 제곱해서 평균낸 값을 의미한다. 〈4〉에 나타난 부분들을 제곱해서 평균을 구한 것이므로 0에 가까워질수록 더 예측을 잘했다고 평가할 수 있다. 이 과정은 통계에서 (편차)^{2}의 평균인 분산을 구하는 과정과 비슷하다고 할 수 있다.

RMSE는 MSE앞에 R, 즉 Root가 붙은 값으로 MSE값에 제곱근을 씌운 값이다. 이 값 역시 0에 가까울수록 예측을 잘했으며 의미있는 회귀식을 구했다고 평가할 수 있다. 이 과정은 통계에서 분산에 제곱근을 씌운 값인 표준편차를 구하는 과정과 비슷하다고 할 수 있다. MAE는 Mean Absolute Error의 약자로 예측값과 실제값의 차이에 절댓값을 평균낸 것이다. MAE와 MSE는 예측값과 실제값의 차이를 이용하고 이를 평균을 낸 점에서 비슷한 양상을 띤다.

$$MAE = \frac{1}{n}\sum_{i=1}^{n}|H(x_i) - y_i|$$

그렇다면 도대체 왜 MSE와 다르게 절댓값을 사용했는지 알아보자. 예측값에서 거리가 멀어진다면 양의 방향(+)으로 멀어질 수 있지만 음의 방향(-)으로 멀어질 수도 있다.
예를 들어 주사위를 던져 나온 1부터 6까지의 수 중에서 임의로 나온 수 실제값인 3을 예측할 때 4라고 하는 경우 양의 방향으로 멀어졌지만 2라고 할 경우 음의 방향으로 멀어진 경우이다. 이 경우 예측한 값은 다르지만 예측값과 실제값의 차이는 같기 때문에 MAE 값이 같다고 할 수 있다. 하지만 이를 절댓값 처리 없이 그냥 평균을 낸다면 평균이 0이므로 제3자가 측정값을 보고 판단한다면 예측값이 실제값에서 멀지 않다고 판단할 것이다.
그러므로 실제값과 얼마나 떨어져 있는지 확인하기 위해서 거리를 찾아야 하기 때문에 절댓값을 씌워 +1이나 -1이나 같은 거리에 놓여있도록 처리하는 것이다.
그렇다면 양의 방향과 음의 방향에 대한 거리의 차를 같게 하도록 제곱과 절댓값을 사용한다는 점을 알았으나 하필 MSE에서는 왜 제곱을 하고 MAE에서는 왜 절댓값을 씌우는지 궁금할 수 있다. 이는 MSE에서 거리가 많이 떨어지면 떨어질수록 제곱을 통해 더 많은 페널티(penalty)를 부과하여 더 많이 떨어진 것처럼 보이게 만드는 것이다.
하지만 데이터 실제값과 예측값의 차이가 최소가 되더라도 대부분의 데이터와 다른 특성을 보이거나 특정 속성의 값이 다른 개체들과 달리 유별난 값을 가지는 이상치(Outlier)가 존재할 때 지나치게 많은 페널티(penalty)가 부여된다. 따라서 MSE값이 지나치게 높게 나와 정확도를 판단하는 데 어려움이 있을 수 있다. 그러므로 실제값이 예측값에 비해 너무 멀리 떨어져 있는 경우 조금 더 가까이 조정을 할 수 있는데 이 조정이 전처리(preprocess) 과정에서 이루어진다.

R^2은 R Squared값으로 제곱의 형태를 가지며 결정계수(coefficient of determination)라고 한다. 독립변수를 가지고 얼마만큼 의미 있게 종속변수를 예측할 수 있는지를 판별할 때 사용한다.

$$R^2 = \frac{\sum_{i=1}^{n}(H(x_i) - \bar{y})^2}{\sum_{i=1}^{n}(y_i - \bar{y})^2}$$

여기에서 y_i는 실제 y값이고 $H(x_i)$는 우리가 예측해낸 예측값이다. 그리고 $\bar{y}$로 표기된 것은 y의 평균값이다. 따라서 분모는 실제 y값에서 y의 평균값을 뺀 값들을 제곱한 것들의 합이다. 분자는 예측값 $H(x_i)$에서 y의 평균값을 뺀 값들을 제곱한 것들의 합이다. 즉 실제 데이터에 상대적으로 얼마나 가까이 있는지 비율을 계산한 값이다. 아주 근접하다면 분자, 분모가 같게 되어 1에 가까워지게 된다. 따라서 R^2, 즉 결정계수의 값이 1에 가까워질 때 의미 있는 회귀식을 구했다고 할 수 있다.

참고

이 결정계수를 이용하는 것의 장점은 실제 데이터의 규모와는 상관없이 상대적인 값을 찾아낸다는 점에 있다. 하지만 이것도 완벽한 값은 아니므로 수정된 결정계수를 활용하기도 한다. 결정 계수가 완벽하지 않은 이유는 크게 두 가지이다. 첫째, 표본 수가 증가하면 결정 계수도 같이 커지는 경향성을 띠고 있다. 둘째, 독립 변수의 개수가 늘어나면 결정계수가 증가한다. 수정된 결정계수란 독립 변수의 수가 많아짐에 따라 무조건적으로 증가하는 결정계수의 문제점을 보완한 것으로 회귀 모형에 적합하지 않은 변수를 투입 시 이에 대한 페널티(penalty)를 부여한다. 구하는 식은 다음과 같다. adj는 adjusted(수정된)의 약자로 결정계수를 수정하였다고 해서 앞에 붙인다.

$$adjR^2 = 1 - \frac{(n-1)}{(n-p-1)}(1-R^2)$$

R^2: 결정계수, n: 표본 수, p: 독립 변수의 수

다음으로 Test and Score위젯을 다른 방식으로 활용해 볼 수 있다. 우리는 하나의 데이터를 가지고 다양한 방식으로 훈련과 테스트를 진행할 수 있다. 즉 하나의 데이터 내에서 훈련 데이터(train data)와 테스트 데이터(test data)가 구분되는데 각각의 비율을 어떻게 구성하는지에 관한 것이다. 방식마다 테스트 결괏값이 다르므로 다양한 방식의 샘플링을 통해 최적의 값을 찾도록 한다. 예를 들어 100개의 데이터가 있다고 가정해보자. 만약 사용자가 100개의 데이터를 가지고 실제값을 가지고 하는 훈련(train)과 예측값을 구하기 위한 테스트(test)를 진행한다면 예측값이 실제값 그대로 나오게 된다. 하지만 100개 중 90개의 데이터만 가지고 훈련을 시키고 나머지 10개의 데이터를 테스트하거나 80개의 데이터만 가지고 훈련을 시키고 나머지 20개의 데이터를 테스트 했을 때는 어떤 것들은 좋은 결과가 나오지만 어떤 것들은 좋지 않은 결과가 나오게 된다. 이것이 바로 샘플링의 과정이다. 이 과정을 Test and Score 위젯을 활용하여 확인해보도록 한다.

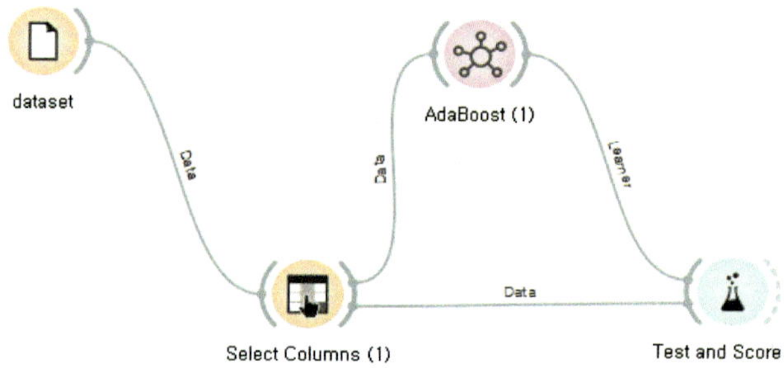

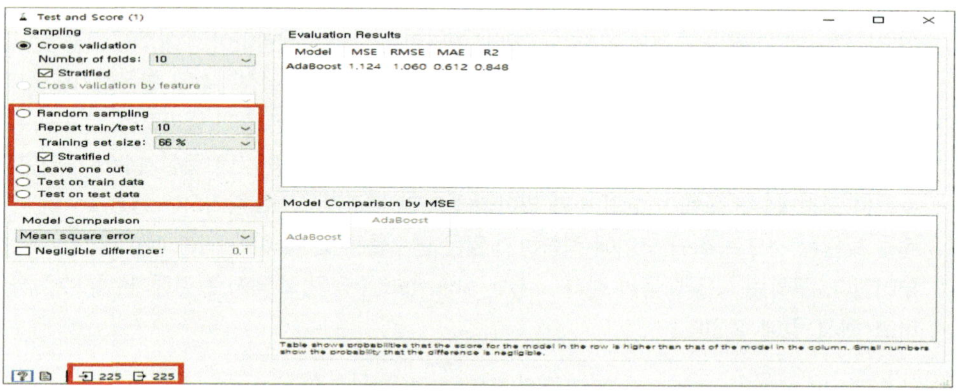

첫 번째 그림을 보면 기본 데이터(dataset)를 바탕으로 Select Columns를 통해 목표(target)와 속성(feature)을 분류하였다. 머신러닝 모델은 AdaBoost를 활용했으며 Test and Score위젯을 활용하여 가장 많이 활용되는 데이터 샘플링을 해보고자 한다. Test and Score에서는 세 가지 항목이 들어올 수 있는데 Training data, Test data 그리고 학습 알고리즘이다. 각각을 다르게 구성해보도록 한다.

두 번째 그림의 네모 박스안의 구성을 확인한다. 첫 번째 항목인 Random Sampling을 확인한다. 말 그대로 데이터에서 무작위로 샘플을 뽑아 훈련을 시키는 것으로써 현재 하위 항목으로 Training set size는 66%로 설정돼 있다. 이것이 의미하는 바는 전체 225개의 instances 중에 무작위로 66%의 데이터만 훈련(train) 데이터로 설정하고 나머지 34%의 데이터는 테스트(test) 데이터로 설정한다는 것이다. 이 부분은 아까 언급한 대로 예측값의 정확도와 신뢰도를 높이기 위해 상황마다 사용자가 지정해야 할 부분이며 정해진 답은 없다.

하위 항목으로 Repeat train/set은 무작위로 샘플링 된 일정 비율의 데이터들을 몇 번 훈련 시키는지에 대한 설정이다. 현재 10으로 설정돼 있다. 훈련 횟수가 늘어날수록 데이터 처리에 필요한 시간이 많이 소요된다.

두 부분을 모두 종합해보면 225개의 데이터 중 무작위로 66%의 훈련 데이터 샘플을 뽑아 열 번의 훈련을 하도록 구성돼 있음을 확인할 수 있다.

66%의 훈련 데이터를 구성하고 열 번의 훈련을 반복했을 때와 75%의 훈련 데이터를 구성하고 오십 번의 훈련을 반복했을 때를 비교해 본다. MSE값은 기존 1.095에서 1.337로 증가하는 양상을 보였으며 MAE역시 기존 0.632에서 0.657로 소폭 상승했다. R^2값은 0.836에서 0.820으로 소폭 감소했다. Test and Score 값을 토대로 보면 샘플링 환경을 변경하기 전이 훨씬 더 예측을 잘했다고 평가할 수 있다. 사용자는 다양한 샘플링 조작을 직접 해보며 적합한 샘플을 찾도록 한다.

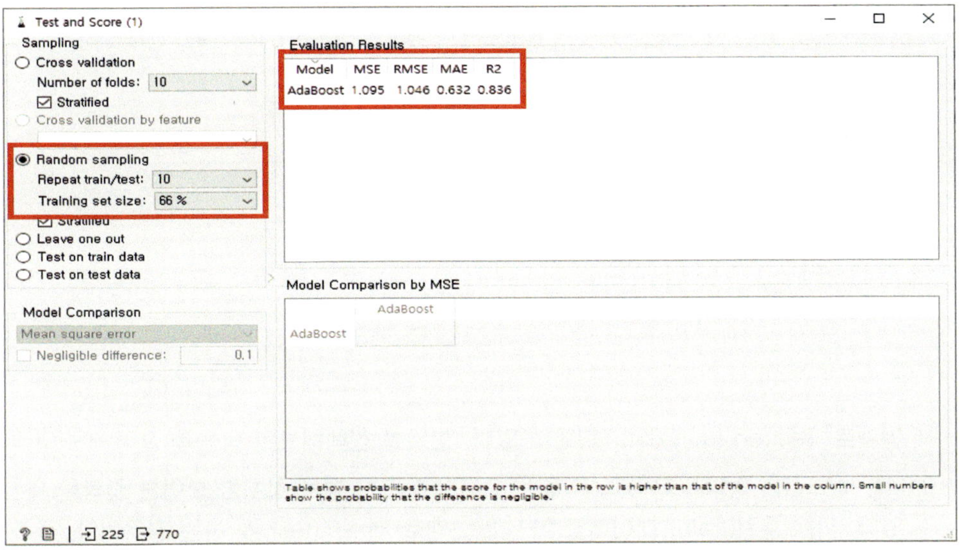

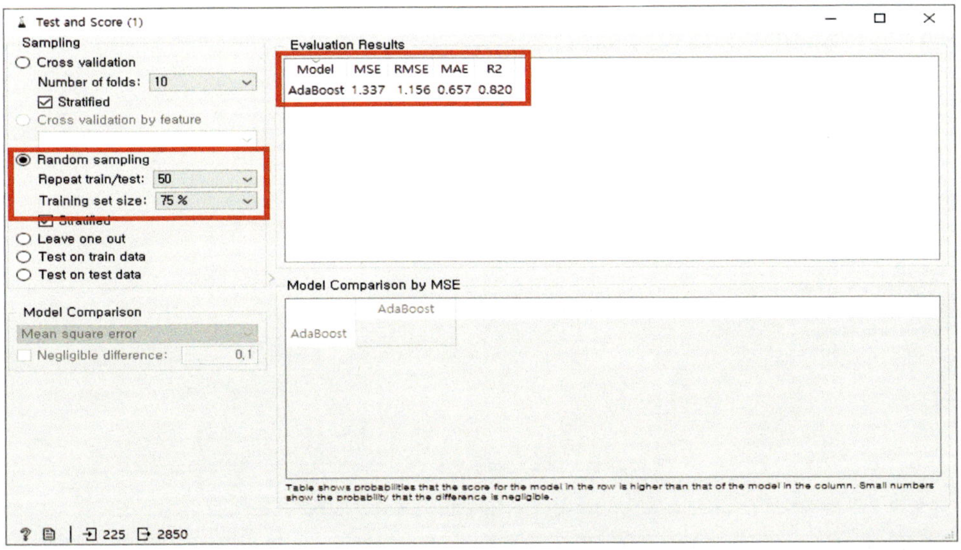

두 번째 항목으로 'Leave one out'이 있다. 이 항목은 테스트를 위한 데이터를 한 개만 남겨두고 나머지는 모두 훈련(train)을 하도록 설정한다. 학습에 시간이 오래 걸리는 반면 예측값이 안정적이고 신뢰도가 높다는 장점이 있다. 결괏값을 보니 MSE값은 0.783, MAE값은 0.559 그리고 R^2의 값은 0.894가 나왔음을 확인할 수 있다. 이렇게 다양한 샘플링 방식에 따라 결괏값 또한 다르게 나타나는 양상을 확인할 수 있다.

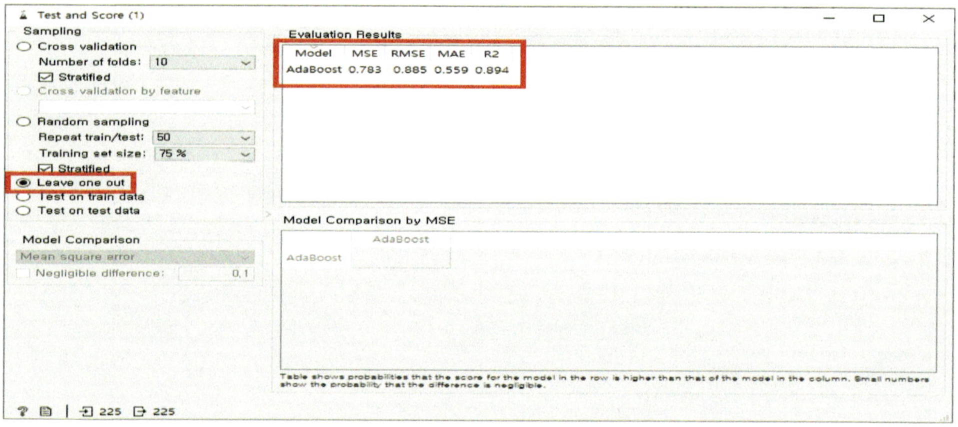

세 번째로 'Test on train data' 항목이 있다. 항목을 선택해보면 다음과 같이 MSE의 값은 0.044, MAE값은 0.059 그리고 R^2값은 0.999로 가장 좋은 것처럼 보이는 결과를 확인할 수 있다. 이는 훈련(train) 데이터를 가지고 그대로 테스트(test)를 하는 경우이다. 즉 아까 예시를 보자면 100개의 데이터를 가지고 훈련(train)을 하고 그걸 그대로 테스트(test)하는 경우이다. 그렇다고 이 경우가 가장 좋다고 판단할 수는 없다. 왜냐하면 정해진 데이터값을 훈련하고 해당값 그대로 예측을 한다면 그것이 과연 뛰어난 예측일까 하는 의문을 가질 수 있기 때문이다.

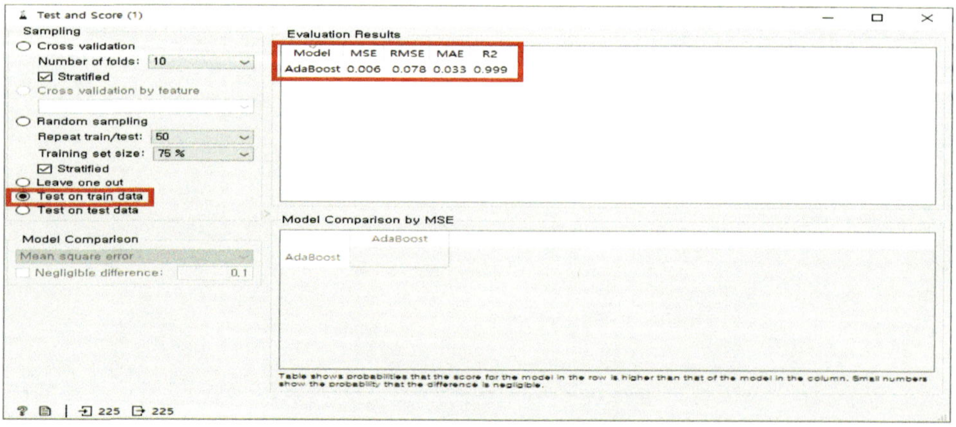

네 번째로 'Test on test data' 항목이 있다. 이 항목을 클릭해보면 아래와 같이 'Missing separate test data input' 경고 메시지가 뜨는 것을 확인할 수 있다.

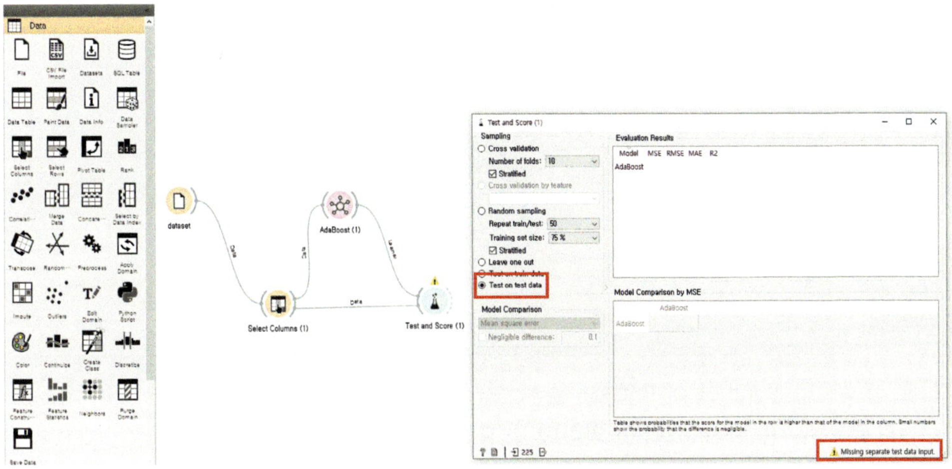

이 항목을 사용하기 위해서는 기존 dataset을 훈련(train)에 활용하고 테스트(test)에 활용할 데이터를 따로 연결해주어야 한다. 현재 훈련(train) 데이터가 연결되지 않았기 때문에 오류 메시지가 뜨는 것이다.

이번에는 가장 위에 있는 'Cross validation'을 활용해보도록 한다. 교차 검증이라고 하며 이 항목에서는 데이터를 validation 세트와 train 세트로 구분하며 train 세트를 통해 훈련된 결과를 validation 세트에서 검증하는 절차를 거친다. 즉, train 세트를 가지고 훈련(train)을 한 뒤 모의로 validation 세트를 가지고 검증을 해보는 것이다. 이때 얼마나 잘 훈련이 됐는지 파악할 수 있다.

이 검증 과정은 한 번만 이뤄지는 것이 아니라 여러번 이뤄지게 되는데 이 개념이 교차검증(k-fold Cross Validation)과정이다. 여기서 적혀 있는 k는 데이터셋(dataset)을 k개의 구간으로 나누는 것을 의미한다. 예를 들어 총 100개의 데이터셋(dataset)을 10개의 구간을 나눴을 때 첫 번째 구간은 검증을 하는데 사용하고 나머지 9개의 구간은 훈련을 하는데 사용한다. 교차 검증이므로 다음 두 번째 구간을 검증하는 데 사용하고 나머지 9개 구간은 훈련을 하는데 사용한다. 이렇게 열 번째 구간을 검증하기 까지 끝나면 교차검증이 완료된다.

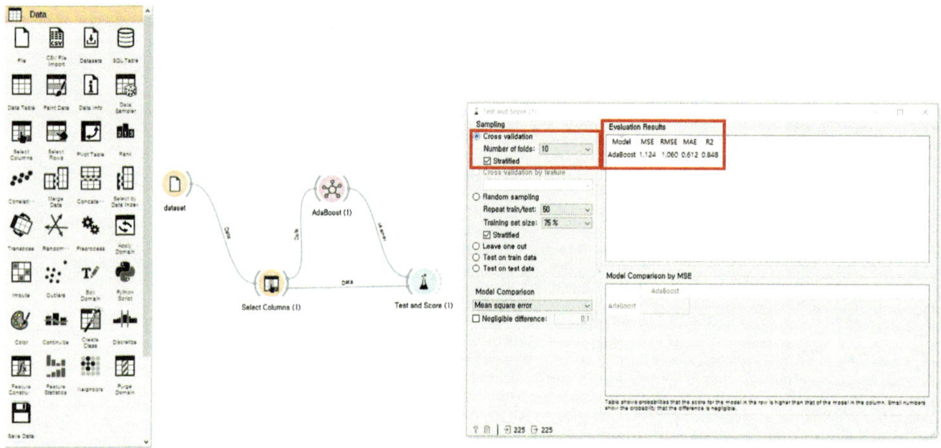

하위 항목으로 Number of folds는 앞서 얘기한 k값을 의미하며 현재 10은 데이터를 총 열 구간으로 나누어 검증하겠다는 의미이다. 이것 역시 MSE값은 1.124, MAE값은 0.612 그리고 R^2값은 0.848로 결과가 바뀜을 알 수 있다. 어떤 샘플링을 설정하는가 결정하는 것은 사용자에 달려있다. 샘플링의 여러 가지들을 바꾸어 수행해보고 그 중에서 결괏값이 좋은 것을 선택하면 될 것이다. 실제값을 알고 싶으면 Test and Score위젯에 데이터 테이블을 연결하여 확인해보면 된다.

마지막으로 Test and Score 위젯을 활용하여 모델별 비교를 확인해보도록 한다. 단 비교는 샘플링 작업 시 교차 검증(Cross Validation)을 할때만 비교가 가능하다. 샘플링을 Random Sampling이나 Leave one out, Test on train data, Test on test data 등의 다른 방식으로 진행할 경우 비교할 수 없다. 여기에서는 모델들이 다른 모델에 비해 어느 정도의 성능이 좋은지 확률값을 제공한다.

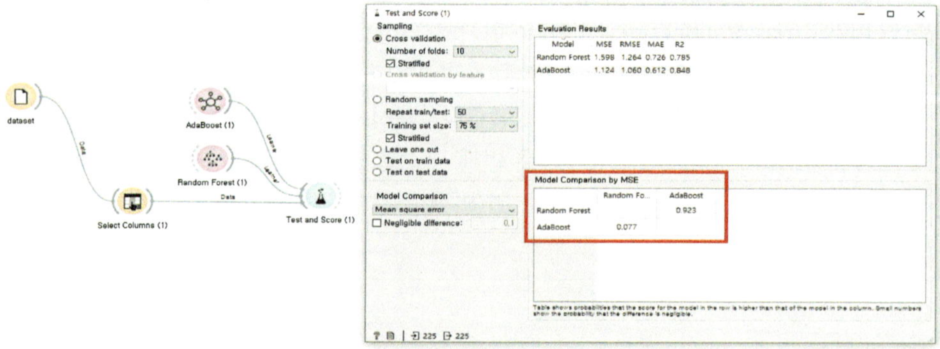

7단계는 배포 단계이다. 구한 데이터값을 토대로 엔트리 등의 코딩 프로그램을 활용하여 블록 코딩을 구현하는 등 다양한 방법을 통해 교육에 적용할 수 있다.

라. AI솔루션 개발

	속성(feature) 및 목표(target)
1	인구 1인당 범죄 발생 수
2	25,000평방 피트 이상의 주거 구역 비중
3	소매업 외 상업이 차지하는 면적 비율
4	찰스강 위치 변수(1: 강 주변, 0: 이외)
5	일산화질소 농도
6	집의 평균 방 수
7	1940년 이전에 지어진 비율
8	5가지 보스턴 시 고용 시설까지의 거리
9	순환고속도로의 접근 용이성
10	$10,000당 부동산 세율 총계
11	지역별 학생과 교사 비율
12	지역별 흑인 비율
13	급여가 낮은 직업에 종사하는 인구 비율(%)
14	가격(단위: $1,000)

위에 제시된 표는 보스턴 집값 예측 사례에 활용된 속성(feature) 목록이다. 머신러닝을 활용한 대표적인 예측 모델이다. 총 13가지(1~13번)의 속성(feature)을 활용해 14번 목표(target) 가격을 예측한다. 해당 속성(feature)들은 일반적으로 주택 가격에 영향을 줄 수 있는 상관관계에 있으며 실제 어느 정도의 관계가 있는지는 직접 모델을 만들어봐야 알 수 있다. 위의 사례에 경우 오렌지3 프로그램 내에서 데이터를 다운받아 활용할 수 있는데 이렇게만 하면 예측값을 확인 해보는 정도에 그칠 수 있다. 그러므로 여기서 우리는 직접 활용할 데이터들을 선별하여 수집하고 모델을 개발해보는 과정을 해보려 한다.

우리는 앞서 보스턴 집값 예측에 활용된 변수들을 살펴보았다. 하지만 해당 변수들을 그대로 활용하기에는 무리가 있다. 그 이유는 첫째, 보스턴과 우리나라의 환경이 다르다. 보스턴에서 사용된 데이터를 가지고 우리나라의 아파트 매매가격을 예측하는 것은 양식의 재료를 가지고 한식을 만들겠다는 시도와 같으므로 한식을 만들기 위해서는 한식의 재료를 준비해야 한다. 둘째, 현재 정부에서 데이터 개방을 한 시기가 얼마 되지 않아 공개된 데이터가 많지 않다. 따라서 보스턴 집값 예측에 영향을 주는 속성(feature)들을 공개된 데이터를 가지고 1:1로 매칭하기엔 어려움이 많다. 따라서 이번 예측에서 활용될 속성(feature)들은 다음과 같이 활용하도록 한다.

	기존 속성(feature)	대체 속성(feature)
1	인구 1인당 범죄 발생 수	5대 범죄 발생 건수
2	25,000평방 피트 이상의 주거 구역 비중	–
3	소매업 외 상업이 차지하는 면적 비율	지하철 하차 인원
4	찰스강 위치 변수(1: 강 주변, 0: 이외)	한강 위치 변수(1: 강 주변, 0: 이외)
5	일산화질소 농도	대기오염 정도(미세먼지)
6	집의 평균 방 수	자치구별 공원 수
7	1940년 이전에 지어진 비율	–
8	5가지 보스턴 시 고용 시설까지의 거리	–
9	순환고속도로의 접근 용이성	자동차 등록 대수
10	$10,000당 부동산 세율 총계	지역내 총생산
11	지역별 학생과 교사 비율	–
12	지역별 흑인 비율	–
13	급여가 낮은 직업에 종사하는 인구 비율(%)	건강보험급여 총계
14	가격(단위: $1,000)	아파트 매매가격

최종적으로 정리하면 다음과 같은 속성(feature)들을 토대로 아파트 매매가격을 예측하도록 한다. 수집 기간이 길고 표본이 많을수록 신뢰도가 높은 데이터를 예측할 수 있으나 현재 공개된 데이터에는 한계가 있으므로 될 수 있는 한의 데이터를 수집하여 진행하도록 한다. 이후 추가로 공개되는 데이터가 있는 경우 추가해서 예측치를 비교해 보는 것이 더욱 좋다.

유형	속성(feature) 및 목표(target)	수집 기간(단위: 년)
속성	서울시 5대 범죄 발생 수(단위: 회)	2014~2019(6년)
속성	지하철 하차 인원(단위: 명)	2012~2020(9년)
속성	한강 위치 변수(1: 강 주변, 0: 이외)	2012~2020(9년)
속성	대기오염 정도(단위: ㎍/㎥)	2015~2019(5년)
속성	자치구별 1인당 공원면적 통계(단위: 1,000m^2)	2012~2019(8년)
속성	자동차 등록 대수(단위: 대)	2012~2020(9년)
속성	자치구별 지역내 총생산(단위: ₩1,000,000)	2012~2017(6년)
속성	건강보험급여 총계(단위: ₩1,000)	2012~2020(9년)
목표	가격(단위: ₩100,000,000)	2012~2020(9년)

먼저 목표(target)에 영향을 줄 수 있는 속성(feature)값부터 데이터를 수집하도록 한다. 기초가 되는 데이터셋(dataset)은 앞서 제시한 공공데이터포털에서 다운받을 수 있다. 먼저 서울시 5대 범죄 발생 수 데이터를 찾기 위해 데이터 목록창에 '서울 5대 범죄'를 검색하도록 한다. 키워드만으로 검색이 되므로 검색 시 총 3,834건이 검색됨을 알 수 있다.
해당 파일을 다운로드 하도록 한다. 해당 데이터는 서울시에서 제공하는 데이터광장과 연계돼 있어 링크를 눌러 서울시 사이트로 접속하게 된다. 단, 다운로드 전에 우리가 원하는 최대의 데이터값을 얻기 위해 아래에 해당되는 기간을 현재 제공하고 있는 2014년~2019년로 설정하도록 한다. 데이터값은 많으면 많을수록 좋다. 단위를 월로 지정하면 2013년 이전의 데이터가 나타나는 것을 확인할 수 있다.

년 단위로 2014년 이전부터 검색을 할 경우 시계열 데이터 조회가 불가능하다고 나타난다. 왜냐하면 2014년 이전 데이터도 검색이 가능한데 2014년 이전 데이터를 검색해보면 서울의 자치구별로 구분 짓지 않아 사용하기에 무리가 있기 때문이다.

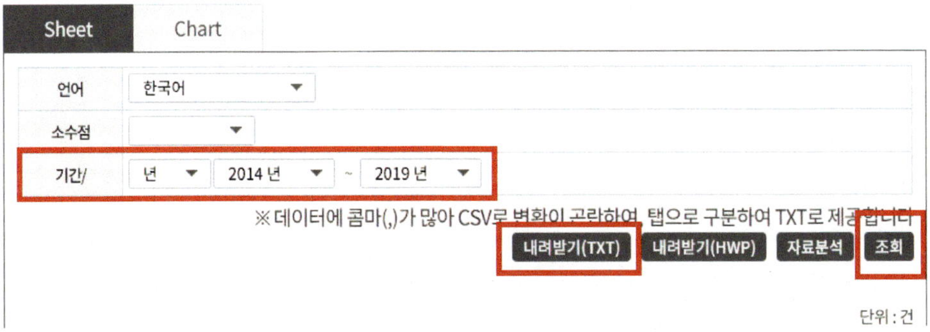

2014년부터 설정하고 조회를 눌러 데이터가 제대로 나오는지 확인한다. 조회가 완료되면 내려받기(TXT) 버튼을 클릭해서 데이터가 어떤 모습으로 나타나는지 확인한다. 아마 위의 그림처럼 메모장 형식으로 나타날 것이다. 이를 그대로 올려도 되지만 편집이 쉽고 보기 좋게 하기 위해 엑셀에 옮겨담는 과정을 거친다. 다운받은 파일의 내용에 마우스를 놓고 'Ctrl+A'를 눌러 모든 영역을 드래그하고 'Ctrl+C'를 눌러 클립보드에 복사 후 엑셀 문서를 실행한다. 엑셀 문서에 마우스 오른쪽 버튼을 클릭해서 아래와 같이 '선택하여 붙여넣기-텍스트'로 진행한다.

기간	자치구	합계	합계	살인	살인	강도	강도	강간강제추행		강간강제추행		절도
기간	자치구	발생	검거	발생	검거	발생	검거	발생	검거	발생	검거	발생
2014	합계	130,674	79,061	158	152	343	299	5,462	4,957	59,393	19,120	65,3
2014	종로구	5,021	4,610	3	7	12	15	226	948	2,272	1,281	2,5
2014	중구	5,231	3,188	6	5	13	13	221	161	2,576	887	2,41
2014	용산구	3,799	2,340	1	2	7	7	213	169	1,560	522	2,01
2014	성동구	3,582	2,048	1	1	5	6	141	103	1,753	529	1,6
2014	광진구	6,268	3,531	8	9	16	22	249	199	3,167	1,001	2,82
2014	동대문구	4,363	2,882	12	11	13	8	141	112	1,809	676	2,3
2014	중랑구	5,353	3,259	11	10	14	11	163	118	2,390	823	2,77
2014	성북구	4,606	3,028	8	5	16	20	165	128	2,130	935	2,2
2014	강북구	4,030	2,806	6	5	21	10	189	152	1,494	575	2,32
2014	도봉구	3,124	1,986	6	7	11	15	172	159	1,350	478	1,5
2014	노원구	5,312	3,300	5	4	8	7	173	136	2,404	803	2,72
2014	은평구	5,431	3,325	5	3	24	21	188	158	2,352	798	2,8
2014	서대문구	4,194	2,588	3	3	4	7	185	150	1,883	665	2,11
2014	마포구	5,740	3,136	4	4	22	9	265	218	2,763	742	2,6
2014	양천구	4,642	2,654	5	5	11	10	129	96	2,058	630	2,4
2014	강서구	5,289	3,225	8	6	9	9	214	179	2,341	734	2,71
2014	구로구	5,389	2,985	3	3	14	10	252	186	2,377	579	2,74
2014	금천구	3,842	2,434	7	7	9	6	162	133	1,552	496	2,11

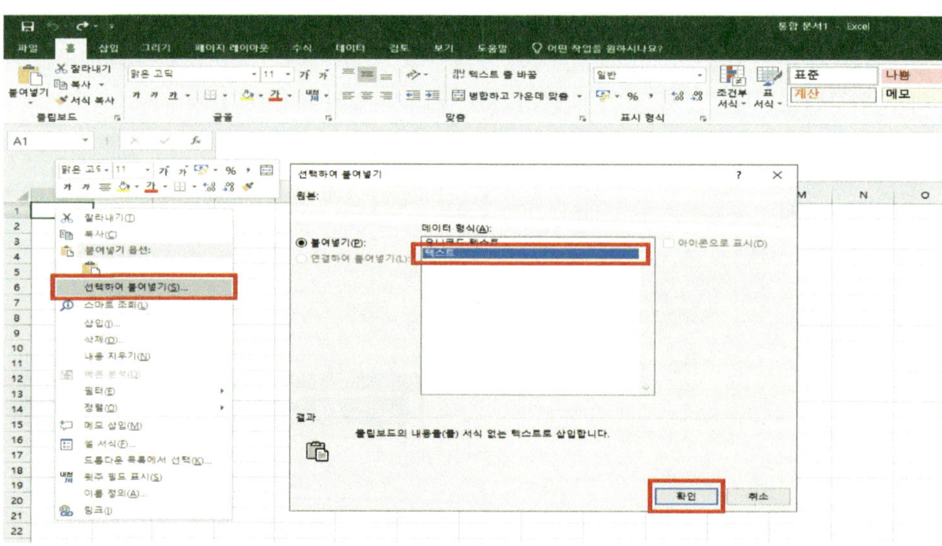

복사가 잘 됐으면 아래와 같이 보기 쉽게 엑셀 형식으로 옮겨졌음을 확인할 수 있다.

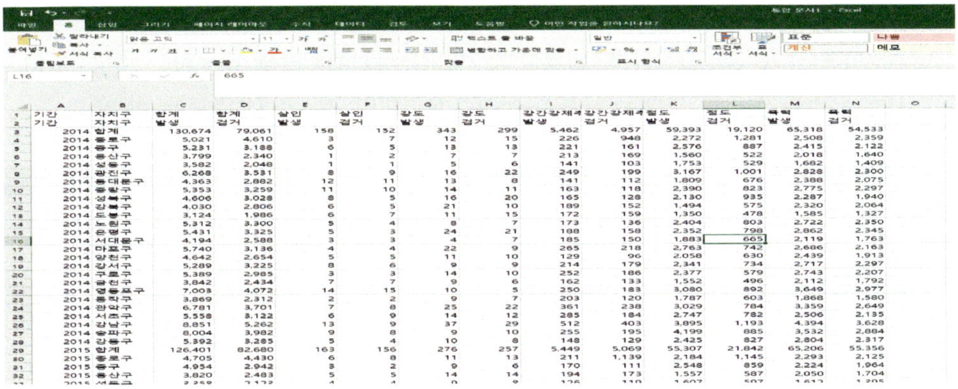

엑셀 파일에 담지 않고 메모장으로도 오렌지3에 업로드가 가능하나 지역별로 데이터를 정렬할 때 엑셀 파일로 손쉽게 가능하므로 가능하면 엑셀 파일로 데이터를 다루도록 한다. 옮겨진 파일을 가지고 다시 한번 정렬을 하도록 한다. 나중에 집값을 예측할 때 5대 범죄 발생 현황, 지하철 하차 인원 등이 따로 적용되면 안되고 하나의 행(row)에 알맞게 적용돼야 한다.

예를 들어 무작위로 짚은 행이 2014년 종로구에 해당하는 행이라면 해당 행에는 2014년 종로구 5대 범죄 발생 현황, 2014년 종로구 주택 매매평균가격이 알맞게 들어가 있어야 한다.

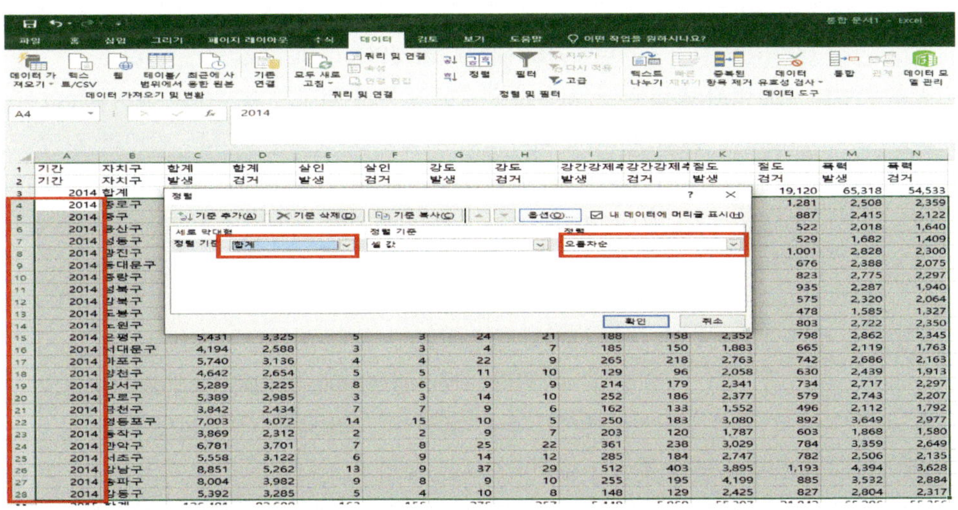

따라서 지금부터 데이터를 정렬할 때 서울 25개 자치구를 오름차순으로 정렬하며 그 값은 과거에서 현재까지 정리하도록 한다. 그리고 각 열(column)은 속성(feature)을 나타낸다. 연도별 데이터를 정리하기 위해 연도별로 드래그하고 기준을 B열(Column B)로 잡아 아래와 같이 오름차순 정렬한다.

각 오름차순으로 모두 정렬 후에는 새로운 엑셀 창을 열어 데이터를 옮겨 정리하도록 한다. 먼저 1열에는 기간을 작성한다. 다음으로 2열에는 각 자치구를 작성한다. 이때 자치구의 순서는 우리가 정리한 그대로 오름차순으로 정리하여 헷갈리지 않도록 한다.

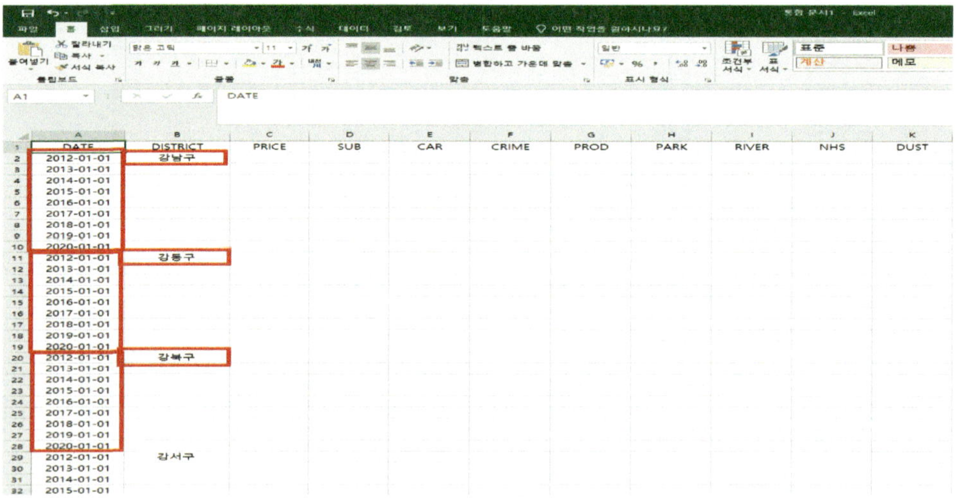

위의 그림과 같이 A열에는 날짜(DATE), B열에는 구역(DISTRICT)를 작성하고 오른쪽으로 차례로 우리가 넣으려고 했던 속성(feature)값들인 가격(PRICE), 지하철 하차 인원(SUB), 자동차 등록 대수(CAR), 5대 범죄 발생 수(CRIME), 지역내총생산(PROD), 공원 수(PARK), 한강 인접 여부(RIVER), 건강보험급여(NHS), 미세먼지(DUST) 열을 만든다.
방금 받았던 5대 범죄 발생 수를 지역과 연도에 맞도록 알맞게 복사하여 붙여넣는다. 데이터를 복사해서 보면 현재 우리가 처음으로 수집한 데이터는 2014~2019의 값만 있어 2012~2013, 2020년의 데이터 결측치(missing value)가 발생한다. 빈칸이 존재하더라도 개의치 않고 이점은 나중에 데이터 전처리를 통해 보완할 예정이므로 우선 시기와 자치구에 맞는 적합한 데이터값을 정리하도록 한다.

다음으로 주택 매매가격에 대한 데이터를 정리한다. 해당 데이터 속성(featrue)값 역시 공공데이터 포털을 통해 다운 받을 수 있다. 해당 검색창에 '아파트 매매 가격'이라고 검색 후 한국부동산원에서 제공하는 월별 평균 매매가격 데이터를 다운 받도록 한다.
데이터를 다운받아 보면 우리가 정리하는 데이터의 형식과 일치하지 않음을 알 수 있다. 우선 우리가 사용하는 데 필요 없는 데이터들이 있어 삭제가 필요하다. 서울 25개 자치구를 제외한 나머지 데이터는 모두 삭제하도록 한다. 정리하면 아래와 같다

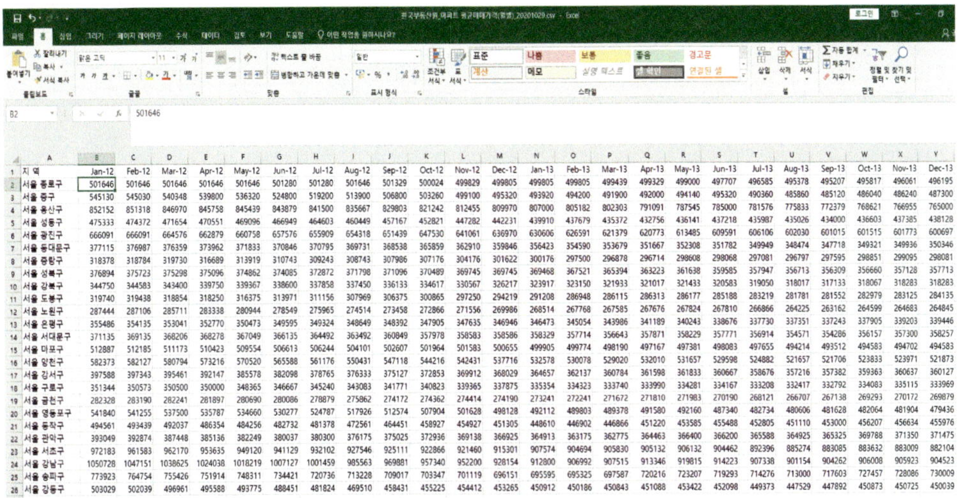

다음으로 데이터셋(dataset)의 형식에 맞게 정리하도록 아래와 같이 A열(지역)을 기준으로 하여 오름차순 정렬을 한다.

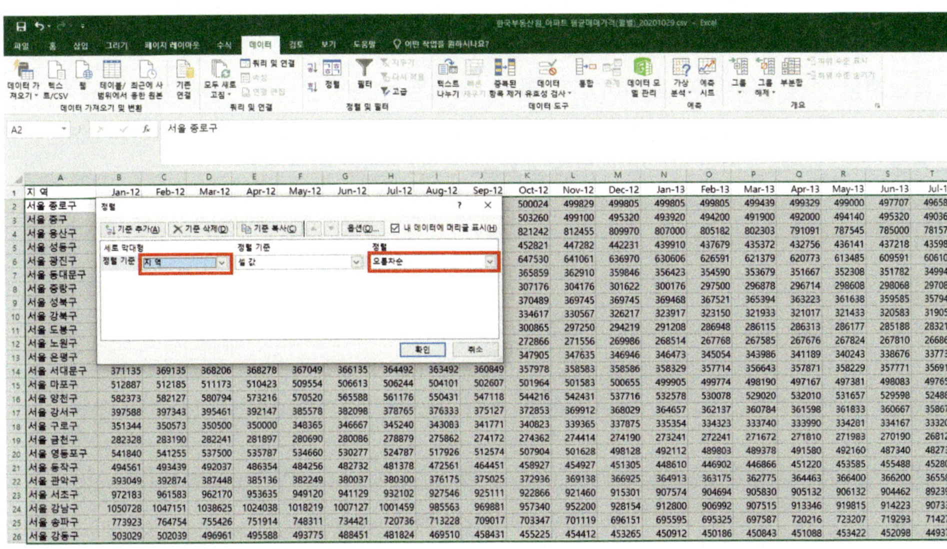

다음으로 데이터셋(dataset)을 정리할 때 시간의 흐름을 행으로 정리했으므로 해당 데이터의 행과 열을 바꾼다. 행과 열을 바꿀 때는 먼저 행과 열을 바꿀 모든 데이터를 드래그 후에 'Ctrl+c'를 눌러 클립보드에 복사한다. 복사한 데이터를 붙여넣기 위해 해당 데이터 밑에 빈칸에 마우스 오른쪽 버튼을 클릭하여 선택하여 붙여넣기를 한다.

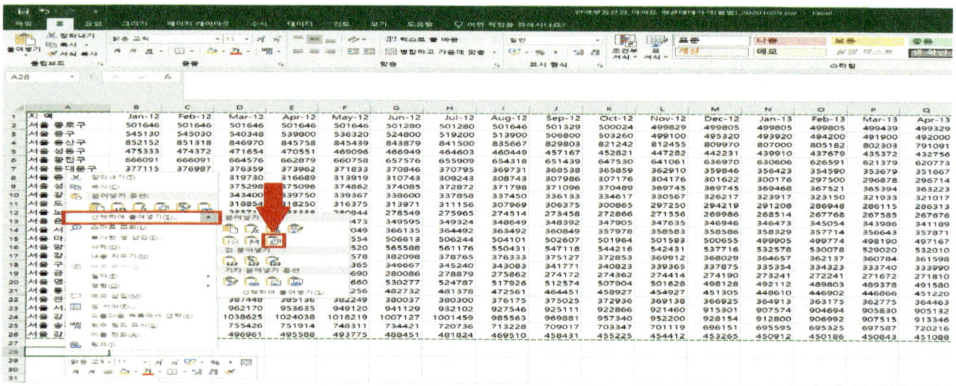

단 위와 같이 빨간 박스 안의 버튼을 클릭하여 행과 열을 바꿔 붙여넣기를 하도록 한다. 붙여넣기 후 기존 데이터는 삭제한다. 이어서 정리된 데이터는 연도별-월별 정리가 돼 있는데 우리가 정리할 데이터셋(dataset)은 연도별로 구성이 돼 있으므로 각 해당연도의 평균값을 정리하도록 한다. 즉 2012년 1월부터 12월까지의 값에 대한 평균을 데이터셋(dataset) 2012년에 기입 하도록 한다. 이때 엑셀에 있는 함수(SUM)를 이용해서 평균을 내도 되고 해당 값을 드래그했을 때 오른쪽 아래에 나타나는 평균값을 기입해도 좋다. 해당 데이터에서 평균을 냈는데 소수점이 생기는 경우 아래와 같이 상단 메뉴 홈-소수점 줄이기를 통해 정수값만 표기하도록 한다. 정리된 연도별 아파트 매매가격 평균 데이터는 우리가 기초로 하는 데이터셋(dataset)에 옮겨 붙여넣도록 하며 함수를 이용해서 구했을 경우 선택하여-붙여넣기-값만 붙여넣기를 이용하도록 한다.

함수를 이용하는 방법은 데이터 몇 개만 구하고 나면 의외로 간단하다. 먼저 아래 그림과 같이 서울 강남구에 해당하는 평균만 모두 구한다. 엑셀에 내장된 SUM함수를 사용하며 데이터의 개수는 2012년부터 2019년까지는 12개, 2020년에는 9개이다. 그리고 해당 엑셀을 드래그하여 오른쪽 아래를 잡아끌면 강동구, 강북구 순서로 모든 평균 값들이 자동으로 계산이 된다. 계산을 하기 전 모든 평균값을 계산할 수 있도록 25개의 열을 삽입해 놓아야 한다.

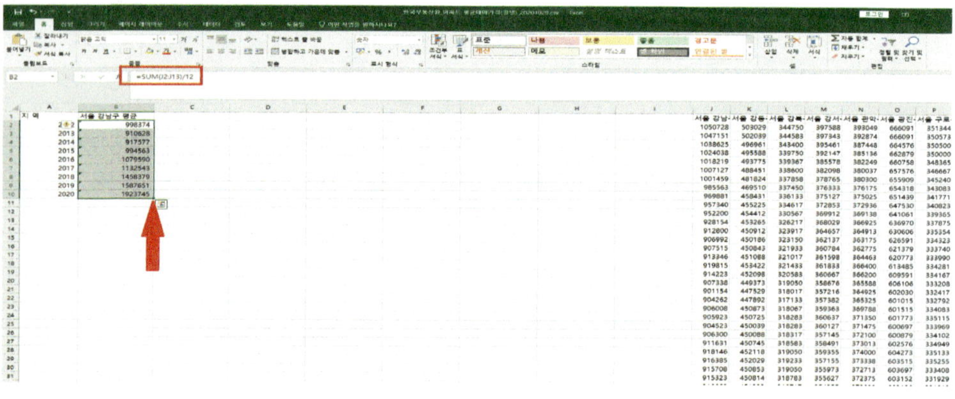

소수점이 나타나는 경우는 전에 언급했던 바와 같이 소수점 당기기 작업을 통해 모두 정수값으로 표현해준다.

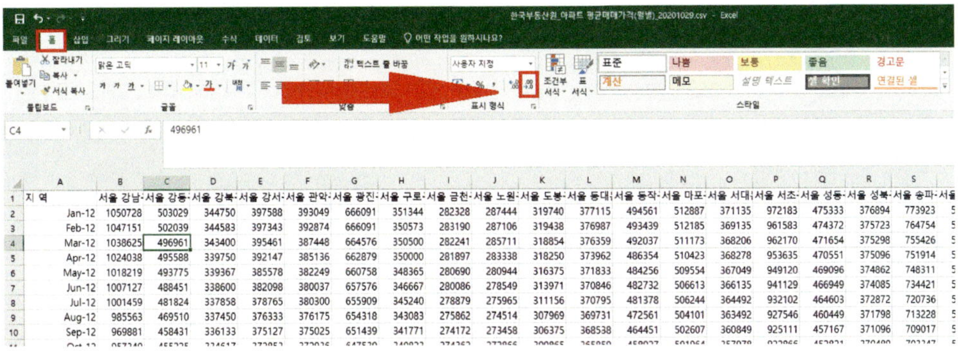

정리된 값들은 복사하여 기본이 되는 데이터셋(dataset)에 붙여넣기 하도록 한다. 이때도 역시 연도별 해당 값이 올바르게 잘 입력되도록 주의한다. 덧붙여 목표(target)가 되는 값의 단위가 너무 클 경우 나중에 평가를 할 때 파악하기가 어려울 수 있다. 그러므로 현재 천원 단위의 값들을 억 단위로 바꿔주기 위해 각 값을 10만으로 나눠줄 필요가 있다. 각 데이터값들을 일일이 나눠줄 필요없이 이것 또한 함수를 활용하도록 한다.

B	C	D
값만 복사	10만을 나눈값	PRI
	9.98373	998373
	9.08658	908658
	9.19559	919559
	10.05876	1005876
	10.83761	1083761
	11.53589	1153589
	14.68925	1468925
	16.0305	1603050
	17.37293	1737293
	4.79376	479376
	4.50415	450415
	4.55349	455349
	4.88303	488303
	4.87679	487679

먼저 PRI열 앞에 두 개의 열을 만든다. 하나는 나눗셈(나누기 10만)을 적용시키기 위한 열이고 다른 하나는 그 나눈 값을 값만 복사하는 열이다. C열의 첫 번째 값은 '=D2/100000'를 입력후 밑으로 마우스 드래그하여 D열의 값을 전부 10만으로 나눠준다. 이대로 기존 D열을 삭제하면 좋겠지만 C열이 D열을 기반으로 작성된 값이므로 D열을 삭제할 경우 C열 값에 오류가 발생한다. 따라서 C열의 결괏값을 복사하여 B열에 선택하여 붙여넣기-값만 붙여넣기를 실행한다. 이후 남은 C열과 D열은 삭제한다.
덧붙여 목표(target)에 영향을 주는 속성(feature)값들은 단위를 크게하여 수를 낮춰줄 필요는 없다. 나중에 평가 단계에서 MAE나 MSE값을 알아보기 쉽게 구하는데 영향을 주지 않기 때문이다.

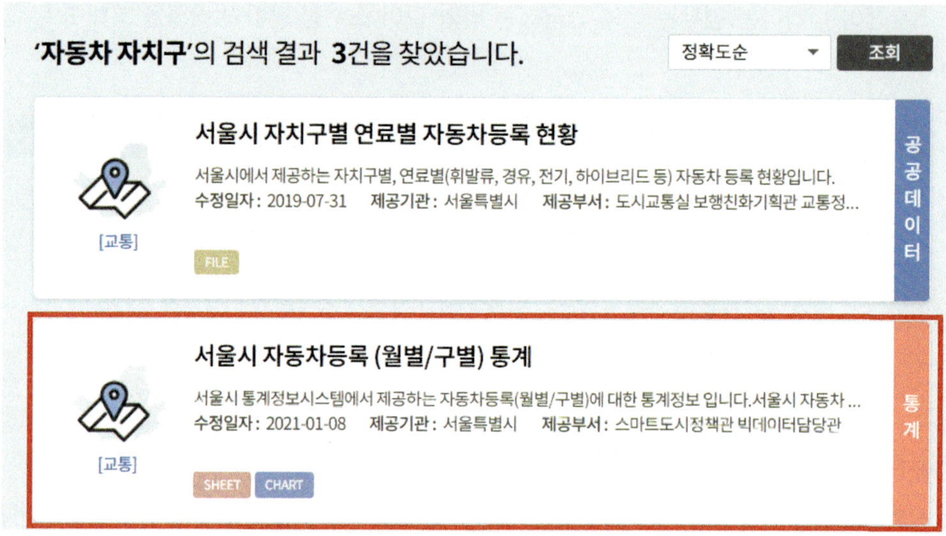

PRICE속성값에 아파트 매매가격에 대한 데이터가 정리됐으면 이제 자동차 등록 대수에 대한 데이터를 정리하도록 한다. 서울 25개 자치구별 자동차 등록 대수 현황은 서울 열린데이터 광장(http://data.seoul.go.kr/)을 이용한다. 검색창에 '자동차 자치구'를 검색하면 서울시 자동차등록 (월별/구별) 통계 자료가 나타난다.

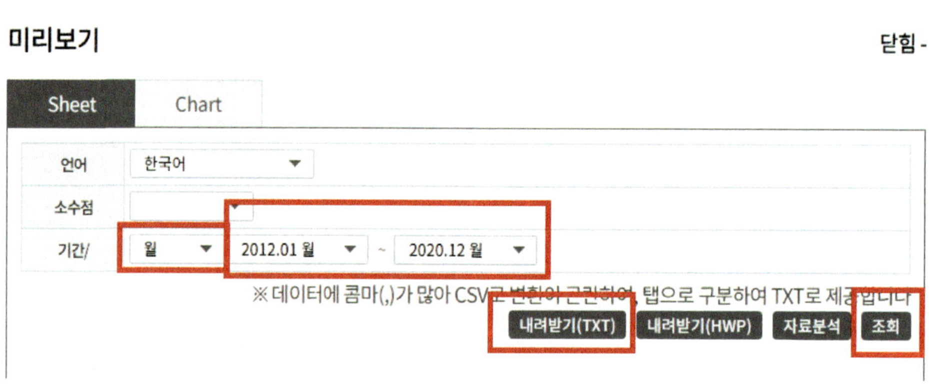

2020년의 경우 데이터를 월별로 제공하고 있으므로 동시에 조회가 되지 않는다. 필요한 데이터의 구분 기준은 연도이지만 2020년까지 데이터를 얻기 위해 구분 기준을 '월'로 정하고 2020. 01월부터 2020. 12월까지 기간을 설정하여 조회하여 TXT파일로 다운받는다.

다운받은 TXT파일을 편집하기 쉽도록 엑셀 파일로 옮기는 작업을 한다. 메모장에 있는 모든 파일을 드래그 혹은 'Ctrl+A'하여 선택 후 엑셀창 새 문서에서 붙여넣기 한다. TXT파일 내에서 이미 탭으로 구분되기 때문에 엑셀 파일에 칸별로 자연스럽게 입력이 된다. 연도별 자치구에 해당하는 소계만 필요하므로 필요 없는 부분은 삭제하고 데이터를 오름차순에 맞게 정렬한다.

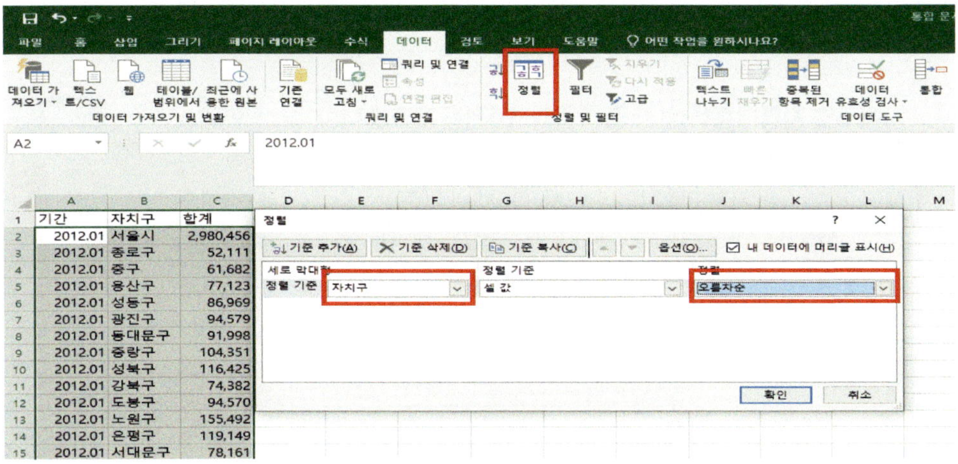

정렬 후에는 해당 연도별 평균값을 모두 구하고 소수점이 나오는 데이터들은 아파트 매매가격에서 했던 것처럼 모두 소수점을 당겨 주도록 한다. 정리된 데이터는 복사하여 기본 데이터셋(dataset)에 붙여넣는다. 이때도 마찬가지로 정해진 기간과 지역에 정확한 데이터가 들어갈 수 있도록 주의를 기울인다. 함수를 이용해 쉽게 계산하기 위해서는 자치구를 열(column)로 구분하여 드래그하는 편이 좋다. 따라서 아래와 같이 정리하면 평균을 구하는데 용이하게 할 수 있는 장점이 있다.

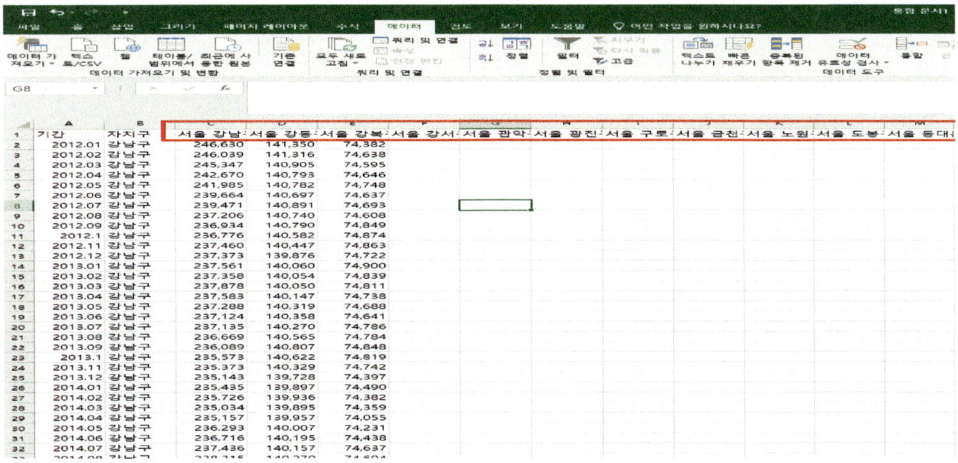

이렇게 데이터를 정리한 후 함수를 적용하면 드래그를 통해 쉽게 평균을 구할 수 있다. 정리된 데이터는 복사하여 기본이 되는 데이터셋(dataset)의 CAR열에 붙여넣기 하도록 한다. 데이터를 전처리하는 과정이 8할이므로 인내심을 가지고 데이터를 정리하고 나면 실제 예측을 하는데 그리 오래 걸리지 않는다. 다음 속성(feature)값으로 지역내총생산을 도입한다. 지역내총생산 값은 서울 열린데이터 광장을 이용하며 검색창에 '자치구별 지역내총생산'을 입력하여 아래 데이터에서 기준은 '년', 기간은 2012년~2017년으로 조회하여 TXT 파일을 다운로드 받는다.

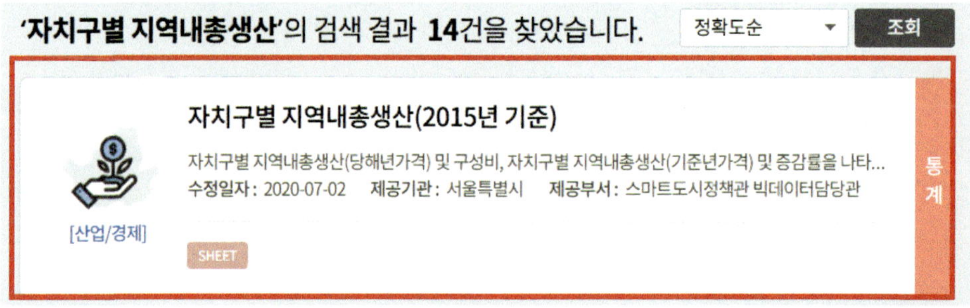

TXT파일 다운로드 및 실행하여 'Ctrl+A'를 눌러 모든 데이터를 선택 후 엑셀 파일에 옮긴다. 우리가 필요한 데이터는 지역내총생산(당해년가격)이므로 구성비, 지역내총생산(2015년 기준), 전년대비 증감률은 삭제하도록 한다. 이후 모든 데이터를 선택하여 자치구를 기준으로 하는 오름차순 정렬을 한다. 모든 데이터를 선택한 후 정렬을 하면 연도별-지역별 정리가 되어 나중에 데이터셋(dataset)에 붙여넣기 쉽다.

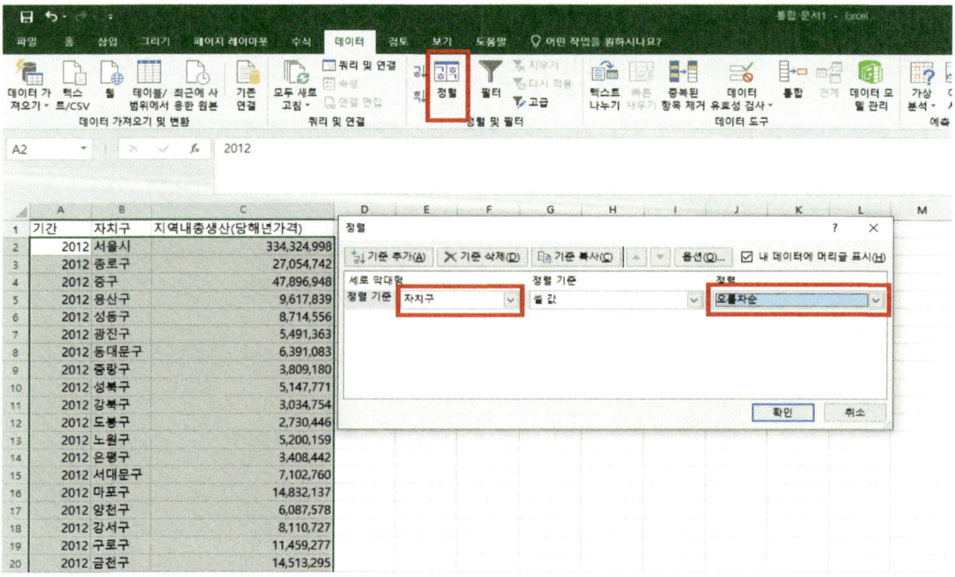

지역내총생산은 PROD열에 붙여넣고 2018~2020년 3년에 해당하는 결측치는 비워둔다. 지역내총생산을 도입한 이유는 간단하다. 지역내총생산 값이 크다는 것은 지역 내에서 일자리가 많다는 뜻이며 이는 인구 유입의 조건이 될 수 있다. 유출되는 인구보다 유입되는 인구가 많은 경우 시장경제의 원리에 따라 공급보다 수요가 많기에 가격은 자연스레 올라가게 마련이다.

이제 남은 속성(feature)값은 지하철 하차 인원, 지역 내 공원 수, 한강 인접 여부, 건강보험급여총계, 미세먼지이다. 간단히 구할 수 있는 것부터 차례로 입력해보도록 한다. 서울 열린데이터 광장에서 '건강보험급여'를 검색한다. 서울시에서 제공하는 '서울시 건강보험급여(구별) 통계'를 클릭한다. 서울시 건강보험 급여 통계가 구별로 정리돼 있지 않고 다른 기준으로 된 파일도 있으므로 클릭할 때 유의하도록 한다.

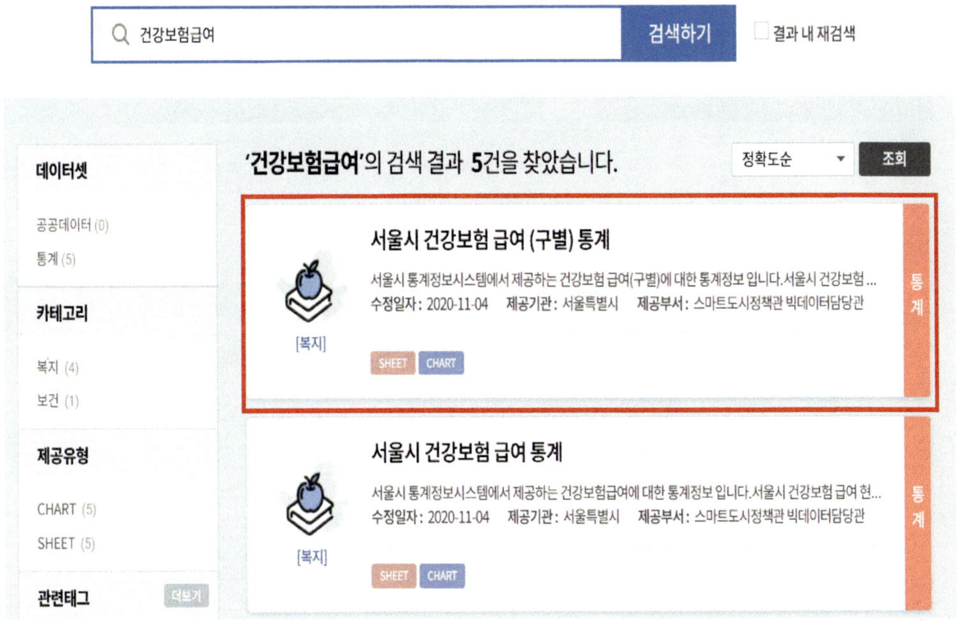

서울시 건강보험 급여 통계가 구별로 정리돼 있지 않고 다른 기준으로 된 파일도 있으므로 클릭할 때 유의한다. 우리가 원하는 값은 연도이며 최대로 조회할 수 있는 값은 2012년~2019년이므로 해당 연도를 설정 후 조회하여 TXT파일로 다운받도록 한다. 참고로 우리는 아파트 매매가격을 2012년부터 2020년으로 정했기 때문에 해당 기간에 맞는 데이터가 필요하다. 그러므로 2012년 이전 데이터에 대해서는 데이터 전처리를 할 때 결측값(missing value)을 지우게 될 경우 필요없는 부분이 되기 때문에 굳이 우리가 담지 않아도 되는 부분이므로 2012년부터의 데이터값만 조회하도록 한다.

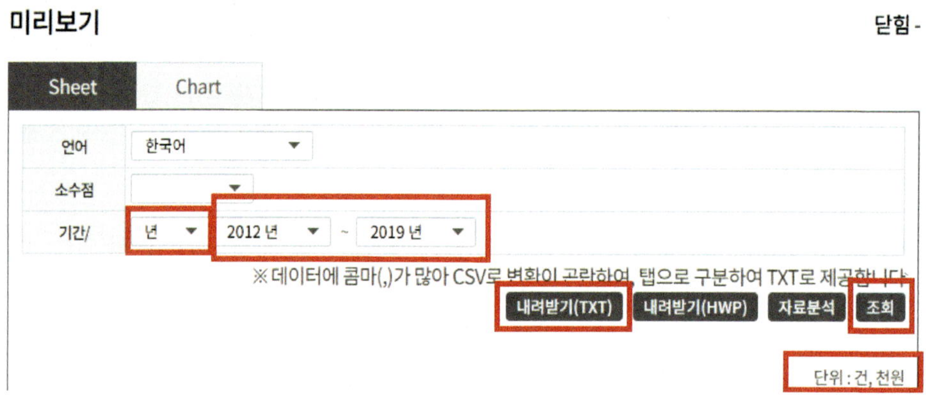

다운로드 받은 데이터를 살펴보면 분류를 하여 제시하고 있음을 알 수 있다. 우리는 연도-지역에 따른 소계만 중요하므로 나머지 데이터는 과감하게 삭제하도록 한다.

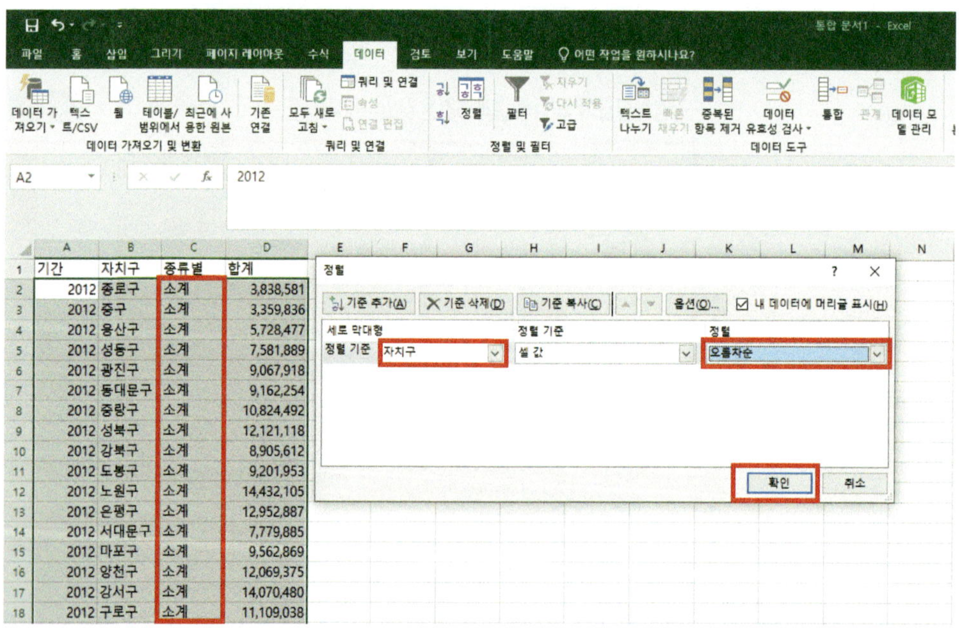

다운로드 받은 파일을 소계만 남기고 다 삭제한 후 모든 데이터를 선택하여 자치구별 오름차순 정렬을 한다. 정렬된 데이터는 복사하여 기본 데이터셋(dataset)의 NHS(national health service)열에 붙여넣기 한다.

다음으로 자치구별 공원 수 속성(feature)값으로 데이터를 입력하기로 한다. 해당 데이터는 1인당 공원면적 통계로 서울 열린데이터 광장에 공개 돼 있다. 서울 열린데이터 광장 검색창에 '1인당 공원면적'을 검색하여 '서울시 공원(1인당 공원면적) 통계'를 클릭한다. 서울시에서 제공하는 데이터 광장에 자치구별로 공원이 몇 개 있는지 데이터를 제공한 것도 있는데 자치구별 인구가 반영이 되지 않아 1인당 공원면적을 적용하도록 한다. D열에 해당하는 1인당 공원 면적을 제외한 데이터를 삭제 후 자치구별로 오름차순 정렬을 한다. 오름차순 정렬을 끝내면 1인당 공원 면적이 25개 자치구별로 2012년부터 2019년까지 공개돼있음을 알 수 있다. 정리된 파일을 아래와 같이 복사하여 기본이 되는 데이터셋(dataset)에 붙여넣기 하도록 한다.

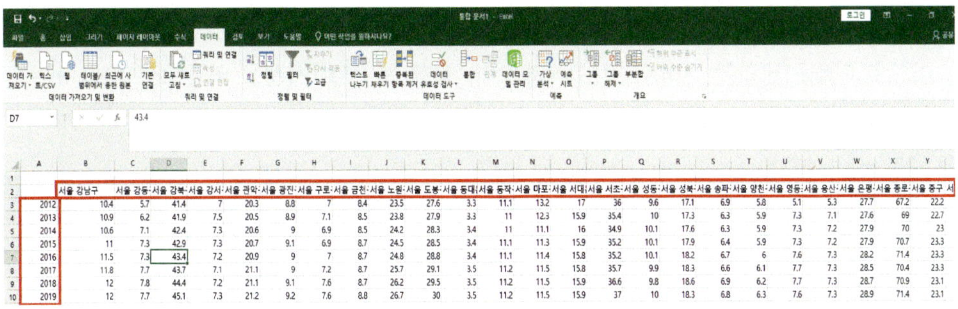

	서울 강남구	서울 강동	서울 강북	서울 강서	서울 관악	서울 광진	서울 구로	서울 금천	서울 노원	서울 도봉	서울 동대	서울 동작
2012	10.4	5.7	41.4	7	20.3	8.8	7	8.4	23.5	27.6	3.3	11.1
2013	10.9	6.2	41.9	7.5	20.5	8.9	7.1	8.5	23.8	27.9	3.3	11
2014	10.6	7.1	42.4	7.3	20.6	9	6.9	8.5	24.2	28.3	3.4	11
2015	11	7.3	42.9	7.3	20.7	9.1	6.9	8.7	24.5	28.5	3.4	11.1
2016	11.5	7.3	43.4	7.2	20.9	9	7	8.7	24.8	28.8	3.4	11.1
2017	11.8	7.7	43.7	7.1	21.1	9	7.2	8.7	25.7	29.1	3.5	11.2
2018	12	7.8	44.4	7.2	21.1	9.1	7.6	8.7	26.2	29.5	3.5	11.2
2019	12	7.7	45.1	7.3	21.2	9.2	7.6	8.8	26.7	30	3.5	11.2

	서울 마포	서울 서대	서울 서초	서울 성동	서울 성북	서울 송파	서울 양천	서울 영등	서울 용산	서울 은평	서울 종로	서울 중구
2012	13.2	17	36	9.6	17.1	6.9	5.8	5.1	5.3	27.7	67.2	22.2
2013	12.3	15.9	35.4	10	17.3	6.3	5.9	7.3	7.1	27.6	69	22.7
2014	11.1	16	34.9	10.1	17.6	6.3	5.9	7.3	7.2	27.9	70	23
2015	11.3	15.9	35.2	10.1	17.9	6.4	5.9	7.3	7.2	27.9	70.7	23.3
2016	11.4	15.8	35.2	10.1	18.2	6.7	6	7.6	7.3	28.2	71.4	23.3
2017	11.5	15.8	35.7	9.9	18.3	6.6	6.1	7.7	7.3	28.5	70.4	23.3
2018	11.5	15.9	36.6	9.8	18.6	6.9	6.2	7.7	7.3	28.7	70.9	23.1
2019	11.5	15.9	37	10	18.3	6.8	6.3	7.6	7.3	28.9	71.4	23.1

다음으로 미세먼지 속성(feature)값을 추가하도록 한다. 미세먼지 데이터는 서울 열린데이터 광장에 공개돼 있다. 검색창에 '대기오염 통계'를 검색하여 '서울시 대기오염(구별) 통계'에서 기준을 '년', 기간을 2015년~2019년 값을 조회하여 TXT파일로 다운로드 한다.

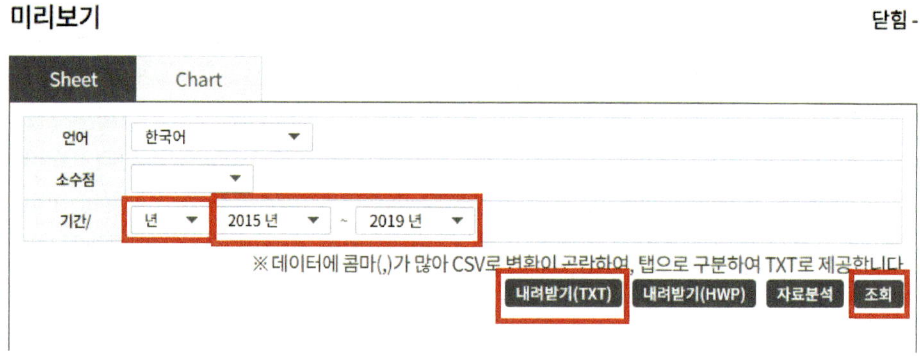

해당 TXT파일을 모두 엑셀 파일에 옮겨 편집하기 쉽도록 한다. 필요한 열(column)은 F열이므로 F열을 제외한 나머지 열은 삭제한다. 삭제 후 B열(구분)을 기준으로 오름차순 정렬을 하도록 한다.

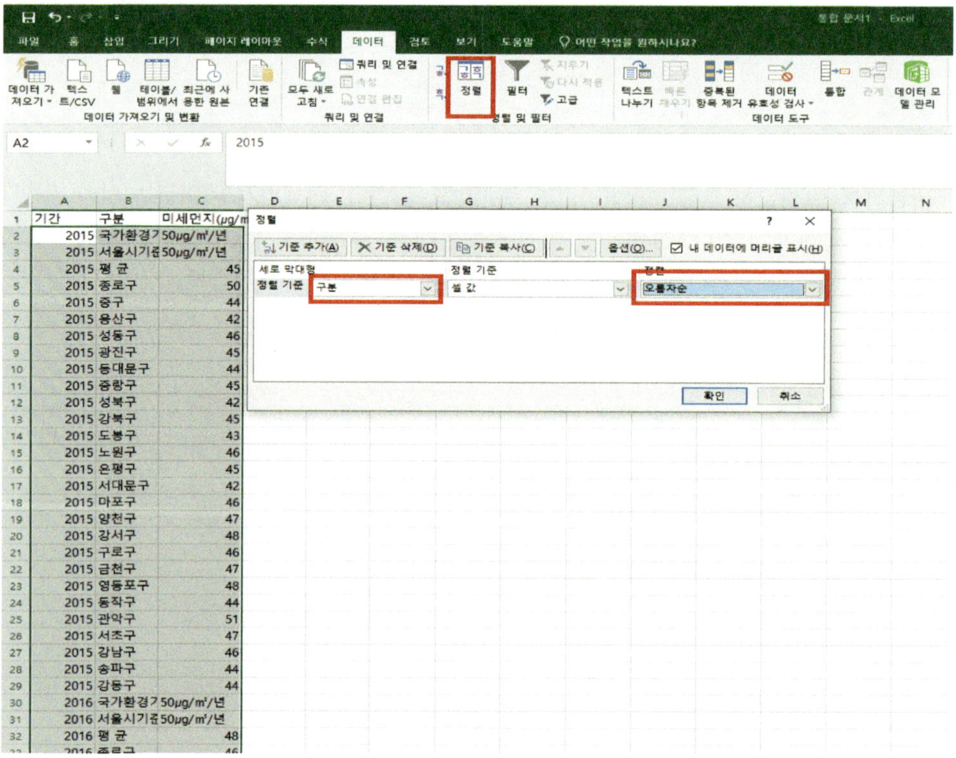

정리된 데이터는 기본이 되는 데이터셋(dataset)에 옮기도록 한다. 현재까지 정리된 속성(feature)값들을 정리해보면 주택매매가격, 5대 범죄 통계, 자동차 등록수, 지역내총생산, 건강보험급여총계, 1인당 공원 면적, 미세먼지를 정리했다.

PRI	CAR	CRI	PROD	PARK	NHS	DUST
9.98373	240630		51039580	137	322708815	
9.08658	236731		53810793	137	341464062	
9.19559	237406	8851	57487436	138	367396276	
10.05876	241490	8617	62295492	154	379568723	46
10.83761	243044	8149	63866440	158	421852298	51
11.53589	241795	7720	65387478	155	440908759	44
14.68925	236126	7513		155	498899824	35
16.0305	234462	7304		155	555011681	40
17.37293	235271			155	415976304	
4.79376	140764		7690317	113	314256231	
4.50415	140276		7291261	130	333252728	
4.55349	140077	5392	7333512	135	343825509	
4.88303	138482	5244	7519077	122	350167585	44
4.87679	137155	4462	7897558	124	379603976	53
5.10514	138260	4261	8225774	124	403574173	48
6.13232	136312	3919		124	450594861	44
7.16107	136194	4014		124	523375806	42

이제 각 자치구별로 지하철 하차 인원과 한강 인접 여부를 기입한다. 먼저 한강 인접 여부는 RIVER열을 활용한다. 한강에 인접한 경우 1, 인접하지 않은 경우 0으로 작성한다. RIVER열에 해당 자치구에 따라 한강에 인접한 경우 1, 한강에 인접하지 않은 경우 0값을 주고 카테고리를 분류한다. 자치구 내에서도 한강에 인접하거나 인접하지 않은 주택이 있지만 개별 주택에 대한 데이터까진 알 수 없으므로 한강 주변에 있는 자치구는 모두 한강에 인접한 경우로 간주한다.

한강에 인접한 구역(n=12)	강서구, 양천구, 영등포구, 동작구, 서초구, 강남구, 송파구, 강동구, 마포구, 용산구, 성동구, 광진구
한강에 인접하지 않은 구역(n=13)	구로구, 금천구, 관악구, 은평구, 서대문구, 종로구, 중구, 강북구, 성북구, 도봉구, 노원구, 동대문구, 중랑구

마지막 속성(feature)값으로 지하철 하차 인원 데이터를 추가한다. 지하철을 이용하는 인원이 많다는 것은 유동 인구가 많다는 것을 뜻하므로 해당 자치구에 인구를 유입시킬만한 요소가 많다는 것으로 판단할 수 있다. 여기서 굳이 하차 인원을 반영시킨 것은 자치구의 주택 가격이 다른 지역에 비해 상대적으로 저렴한 경우 상주 인구가 많을 것이고 이에 따라 승차 인원이 많이 발생하므로 주택 매매 가격을 예측하는데 오류가 생길 수 있기 때문이다. 대표적인 예로 베드 타운을 형성한 경기도의 위성 도시의 주택 가격이 서울의 주택 가격보다 비교적 저렴한 것을 들 수 있다. 지하철 하차 인원을 판단하기 위해 서울 열린데이터 광장과 공공데이터 포털을 이용한다. 현재 서울 열린데이터 광장에는 서울교통공사가 2012년~2019년 연도별 일별 역별 승하차 인원을 공개해놓았다. 먼저 제공된 2012년~2019년 데이터를 다운받도록 한다. 서울 열린데이터 광장 검색창에 '서울교통공사 승하차'를 검색한다. 아래와 같이 검색 결과 '서울 교통공사 연도별-일별-시간대별-역별 승하차 인원'을 클릭하여 전체 파일 보기를 눌러 2012년부터 2019년 데이터를 모두 다운받는다.

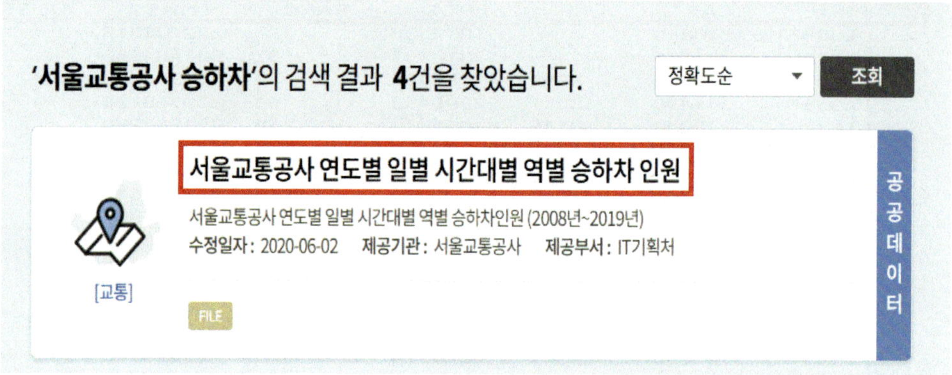

NO	항목	파일명	용량(MB)	수정일	내려받기
1	데이터	서울교통공사 2019년 일별 역별 시간대별 승하차인원(1_8호선).xlsx	30.2	2020.06.03	
2	데이터	서울교통공사 2018년 일별 역별 시간대별 승하차인원(1_8호선).xlsx	30.1	2019.05.10	
3	데이터	서울교통공사 2017년 일별 역별 시간대별 승하차인원(1_8호선).xlsx	31.8	2019.05.10	
4	데이터	서울교통공사 2016년 일별 역별 시간대별 승하차인원(1~8호선).csv	29.4	2017.08.28	
5	데이터	서울교통공사 2015년 일별 역별 시간대별 승하차인원(1~8호선).csv	29.3	2017.08.28	

현재 공개된 2020년의 자료는 2020년 11월 30일까지 제공돼 있는데 공공데이터포털에 따로 업로드가 돼 있다. 따라서 공공데이터포털 검색창에 '서울교통공사 역별'이라고 검색 후 아래와 같은 게시글을 찾아 '서울교통공사_역별_일별_시간대별 승하차인원'을 클릭 후 해당 데이터를 다운로드한다.

이제 다운받은 데이터를 각 자치구에 맞는 수정, 종합해주는 작업이 필요하다. 2012년도 자료를 확인한다. 우선 필요한 자료만 취사선택하기 위해 1행에 필터를 걸도록 한다. 필터를 걸고 D열의 구분값을 하차에만 체크하여 하차값만 볼 수 있도록 한다.

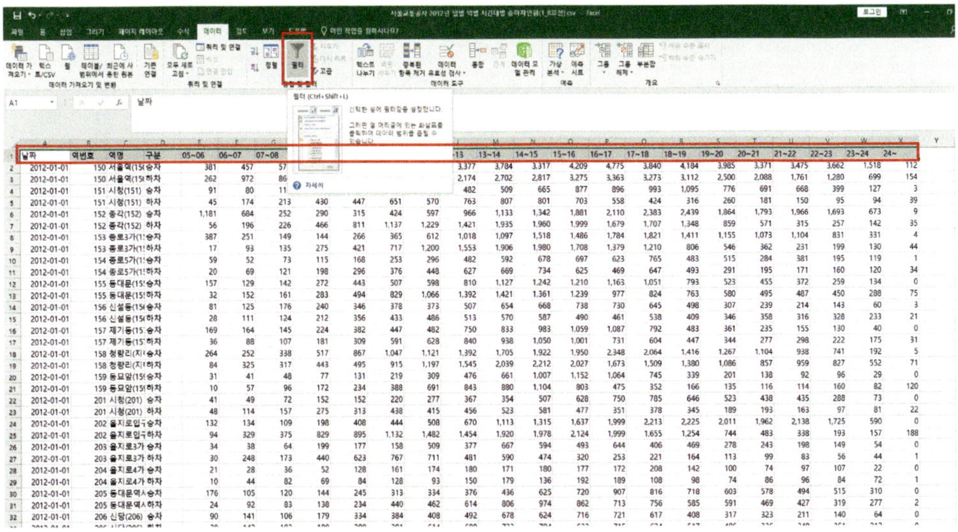

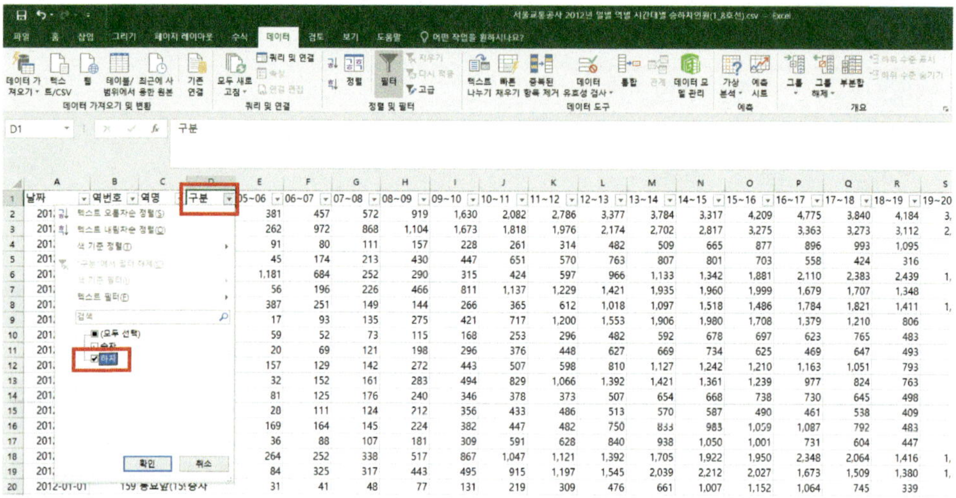

필터로 정렬된 새 데이터를 모두 복사하여 아래와 같이 하단의 Sheet1로 넘어가 붙여넣기 하도록 한다. 데이터 복사가 완료되면 필요없는 역번호(B열)는 삭제한다.

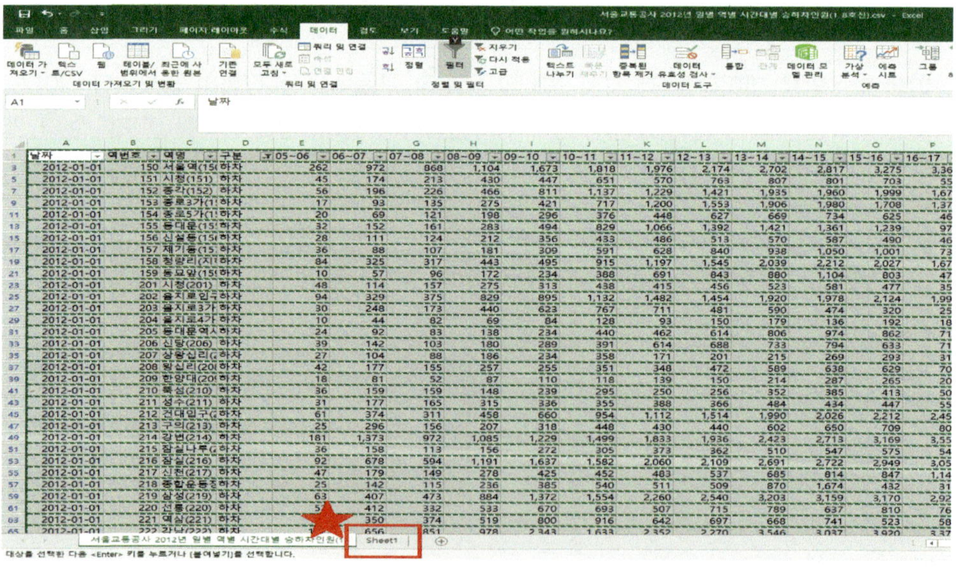

그리고 현재 제시된 데이터의 형태가 시간대별로 나타나 있으므로 엑셀의 합계 함수를 활용해 시간대별 인원을 모두 더한 값을 Y열에 넣는다. 2012년 1월 1일자 서울역 하차 인원에 대한 값만 함수를 넣고 Y열의 1행을 제외한 나머지 전체를 아래와 같이 채우기(Ctrl+D)한다. 이렇게 하면 일일이 행마다 함수를 집어넣을 필요가 없다. 다음으로 Y열의 모든 값을 복사하여 Z열에 선택하여 값만 붙여넣기 한다. 마지막으로 Z열을 제외한 나머지 열을 모두 삭제한다.

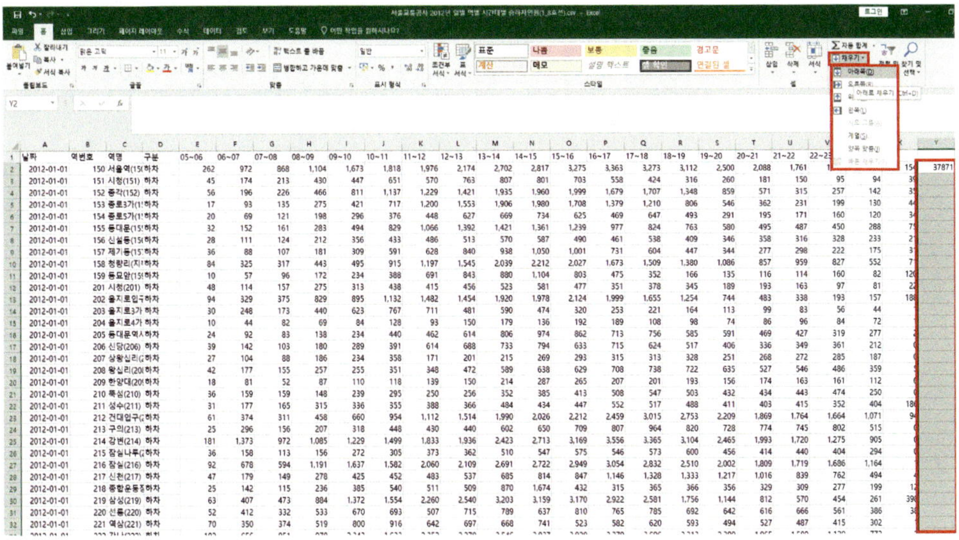

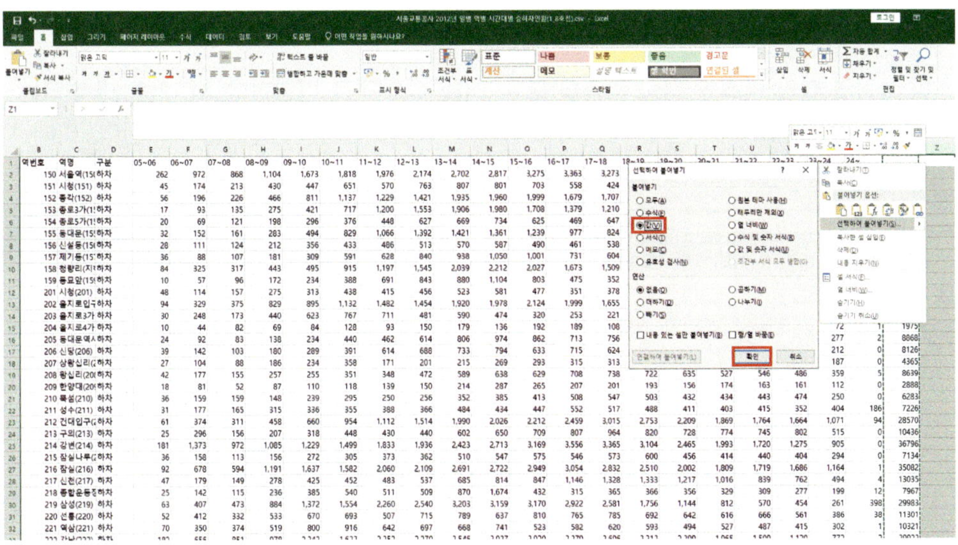

이제 지하철역이 위치한 소재지에 해당하는 자치구로 이름을 바꿔줘야 한다. 지하철역이 위치한 소재지는 인터넷 검색을 통해 확인하도록 한다. 소재지는 2012년 1월 1일에 해당하는 것만 바꿔주면 이후에는 모두 같다. 단 소재지를 작성할 때 주의할 점은 이름을 정확하게 작성해야 한다는 것이다. 예를 들면 서초역과 방배역은 모두 서울 서초구에 위치한 지하철역인데 하나는 '서울 서초구'로 작성하고 나머지 하나는 '서초구'로 작성하면 안된다는 것이다. 왜냐하면 나중에 엑셀의 내장 함수 중 SUMIF함수를 사용하기 때문이다. 만약 명칭을 다르게 할 경우 '서울 서초구'에 해당하는 값들을 모아 더해줄 때 '서초구'에 해당하는 값은 빠지게 된다.

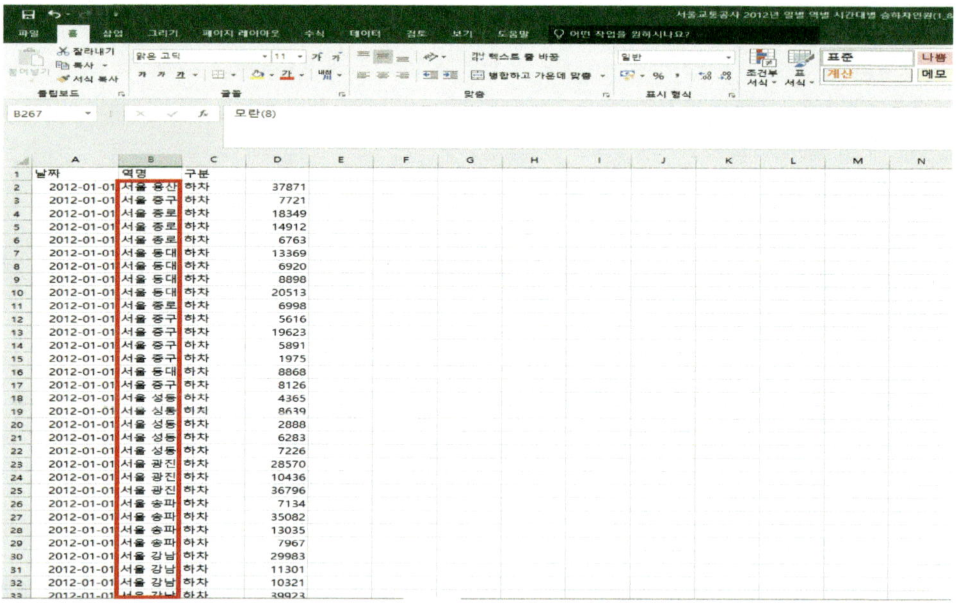

위 그림의 빨간 박스 안처럼 역명을 모두 '서울 ㅇㅇ구'로 변경한다. 2012년 2월부터는 1월의 역명을 그대로 복사한다. 역명의 변경이 모두 끝나면 월별 합계를 내야한다. 이때 사용되는 함수가 바로 SUMIF 함수이다.

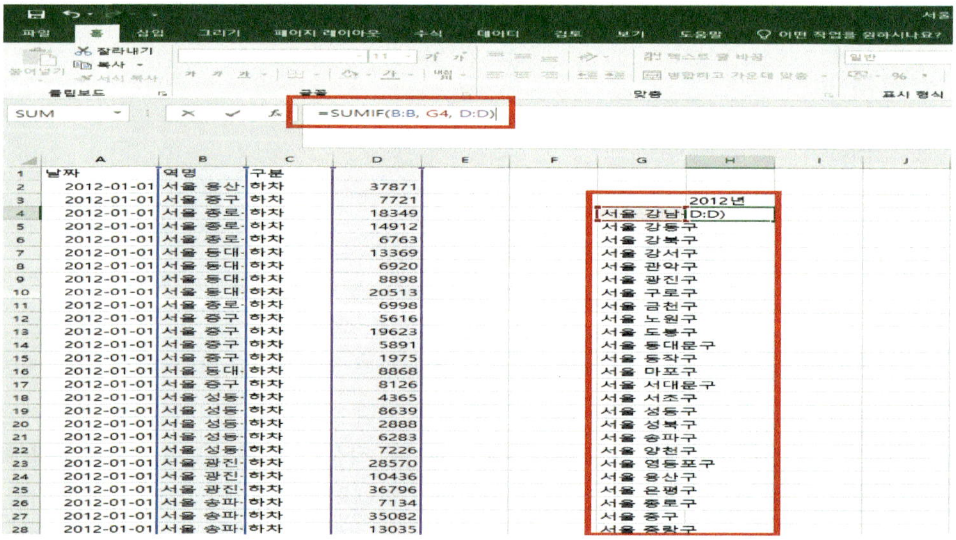

정리한 표 바로 옆에 자치구를 오름차순으로 정렬하여 SUMIF함수를 사용해 연도별로 몇 명의 인원이 지하철을 이용하는지 구하도록 한다. SUMIF함수는 =SUMIF(역명, 자치구명, 인원수)로 계산한다.

서울 강남구부터 서울 중랑구까지 모두 구하기 위해 SUMIF함수 내의 역명과 인원수를 드래그하여 F4로 고정 후 마우스를 잡고 드래그하여 모두 구하도록 한다.

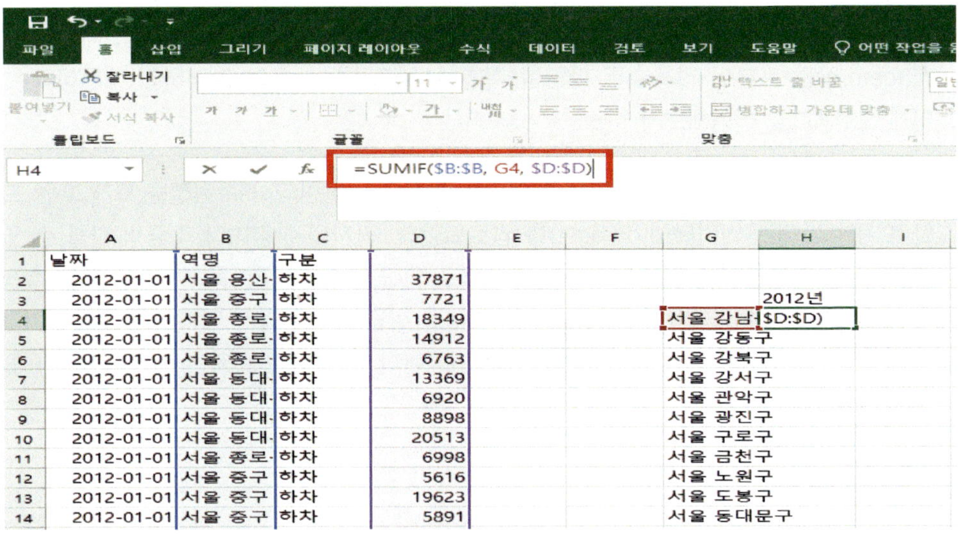

H4 =SUMIF($B:$B, G4, $D:$D)

	A	B	C	D	E	F	G	H
1	날짜	역명	구분					
2	2012-01-01	서울 용산	하차	37871				
3	2012-01-01	서울 중구	하차	7721				2012년
4	2012-01-01	서울 종로	하차	18349			서울 강남	$D:$D)
5	2012-01-01	서울 종로	하차	14912			서울 강동구	
6	2012-01-01	서울 종로	하차	6763			서울 강북구	
7	2012-01-01	서울 동대	하차	13369			서울 강서구	
8	2012-01-01	서울 동대	하차	6920			서울 관악구	
9	2012-01-01	서울 동대	하차	8898			서울 광진구	
10	2012-01-01	서울 동대	하차	20513			서울 구로구	
11	2012-01-01	서울 종로	하차	6998			서울 금천구	
12	2012-01-01	서울 중구	하차	5616			서울 노원구	
13	2012-01-01	서울 중구	하차	19623			서울 도봉구	
14	2012-01-01	서울 중구	하차	5891			서울 동대문구	

마우스를 드래그하여 함수를 끌어온다면 역명과 인원수 모두 바뀌기 때문에 F4를 통해 고정하는 작업이 꼭 필요하다. 똑같은 방식으로 2012년부터 2020년까지의 지하철 하차 인원을 모두 계산하여 기본이 되는 데이터셋(dataset)에 옮기도록 한다. 우리가 원하는 속성(feature)값을 모두 옮기면 다음과 같은 엑셀 파일이 완성된다.

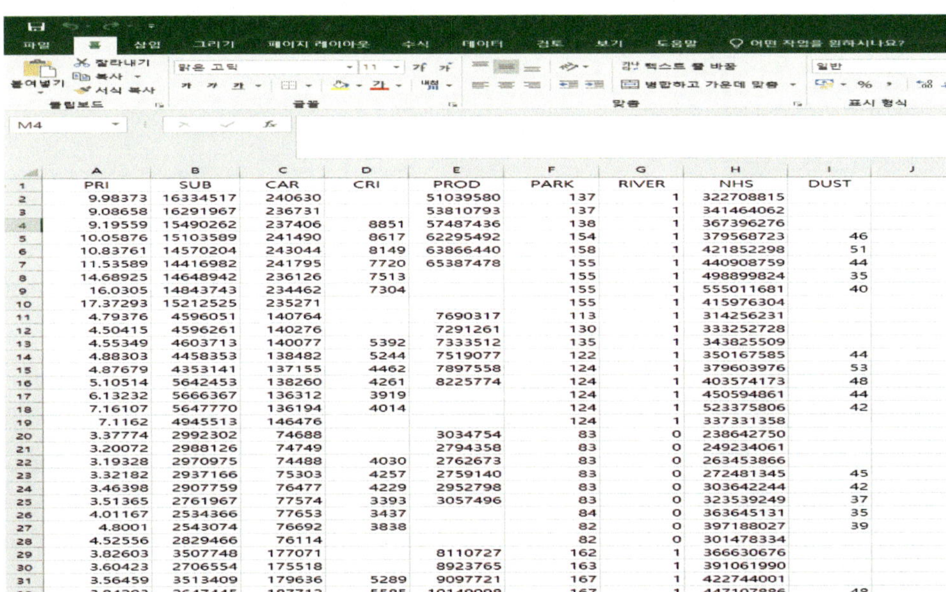

	A	B	C	D	E	F	G	H	I
1	PRI	SUB	CAR	CRI	PROD	PARK	RIVER	NHS	DUST
2	9.98373	16334517	240630		51039580	137	1	322708815	
3	9.08658	16291967	236731		53810793	137	1	341464062	
4	9.19559	15490262	237406	8851	57487436	138	1	367396276	
5	10.05876	15103589	241490	8617	62295492	154	1	379568723	46
6	10.83761	14570204	243044	8149	63866440	158	1	421852298	51
7	11.53589	14416982	241795	7720	65387478	155	1	440908759	44
8	14.68925	14648942	236126	7513		155	1	498899824	35
9	16.0305	14843743	234462	7304		155	1	555011681	40
10	17.37293	15212525	235271			155	1	415976304	
11	4.79376	4596051	140764		7690317	113	1	314256231	
12	4.50415	4596261	140276		7291261	130	1	333252728	
13	4.55349	4603713	140077	5392	7333512	135	1	343825509	
14	4.88303	4458353	138482	5244	7519077	122	1	350167585	44
15	4.87679	4353141	137155	4462	7897558	124	1	379603976	53
16	5.10514	5642453	138260	4261	8225774	124	1	403574173	48
17	6.13232	5666367	136312	3919		124	1	450594861	44
18	7.16107	5647770	136194	4014		124	1	523375806	42
19	7.1162	4945513	146476			124	1	337331358	
20	3.37774	2992302	74688		3034754	83	0	238642750	
21	3.20072	2988126	74749		2794358	83	0	249234061	
22	3.19328	2970975	74488	4030	2762673	83	0	263453866	
23	3.32182	2937166	75303	4257	2759140	83	0	272481345	45
24	3.46398	2907759	76477	4229	2952798	83	0	303642244	42
25	3.51365	2761967	77574	3393	3057496	83	0	323539249	37
26	4.01167	2534366	77653	3437		84	0	363645131	35
27	4.8001	2543074	76692	3838		82	0	397188027	39
28	4.52556	2829466	76114			82	0	301478334	
29	3.82603	3507748	177071		8110727	162	1	366630676	
30	3.60423	2706554	175518		8923765	163	1	391061990	
31	3.56459	3513409	179636	5289	9097721	167	1	422744001	
32	3.84203	2647445	187712	5585	10149098	167	1	447107886	48

A열과 B열에 날짜(DATE)와 지역(DISTRICT)값을 지워놨는데 굳이 지우지 않고 나중에 meta값으로 처리하면 된다. 날짜와 지역은 오렌지3에서 meta값으로 처리하면 목표(target)값을 예측하는 데 영향을 주지 않기 때문이다. 이제 데이터의 정리가 끝났다. 여기서 소개하는 속성(feature)값 이외에도 추가할 부분이 있으면 추가해도 좋다. 데이터는 속성(feature)값 표본이 많을수록 다양한 측면에서 고려한 예측이 가능하기 때문이다.
이제 오렌지3를 실행해보자.

오렌지3를 실행시켜 우리가 원하는 데이터를 가져오도록 한다. File위젯을 드래그 앤 드랍하여 기본이 되는 데이터셋(dataset)을 업로드한다. 각자의 환경마다 조금씩 다를 수 있는데 Type을 확인해보니 DUST가 categorical로 되어 있어 이 부분을 numeric으로 수정한다. DUST의 role은 당연히 feature이다. Role을 확인하니 우리가 예측하고 싶은 PRI값이 feature로 되어 있다. 이 부분을 target으로 변경한다. 변경이 완료되면 Apply를 눌러 적용한다.

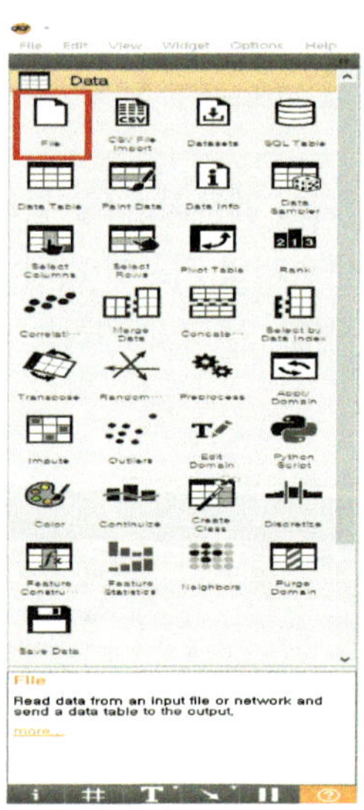

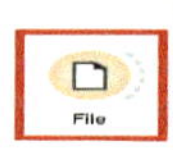

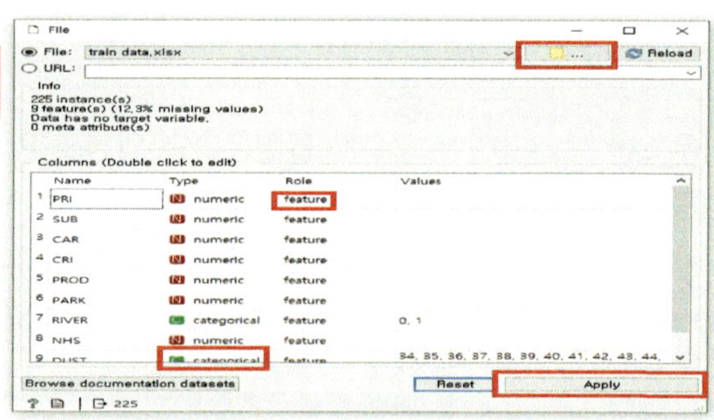

다음으로 우리가 기본으로 하는 데이터셋(dataset)을 전처리하기 위해 Preprocess위젯을 가져와 데이터셋(dataset)과 연결한다. 우선 팝업창 왼쪽 메뉴에서 Impute Missing Values를 더블클릭하여 결측치에 대한 전처리를 한다. 더블클릭 시 오른쪽에 결측치를 어떻게 처리할지 선택하는 옵션이 나타난다. 첫 번째 옵션인 'Average/Most frequent'는 결측치를 평균이나 빈도수가 많은 값으로 대체하는 것을 뜻한다. 두 번째 옵션인 'Replace with random value'는 결측치를 임의의 값으로 대체하는 것을 뜻한다. 세 번째 옵션인 'Remove rows with missing values'는 결측치를 제거하는 것을 뜻한다. 여기서 우리는 결측치를 제거하도록 한다.

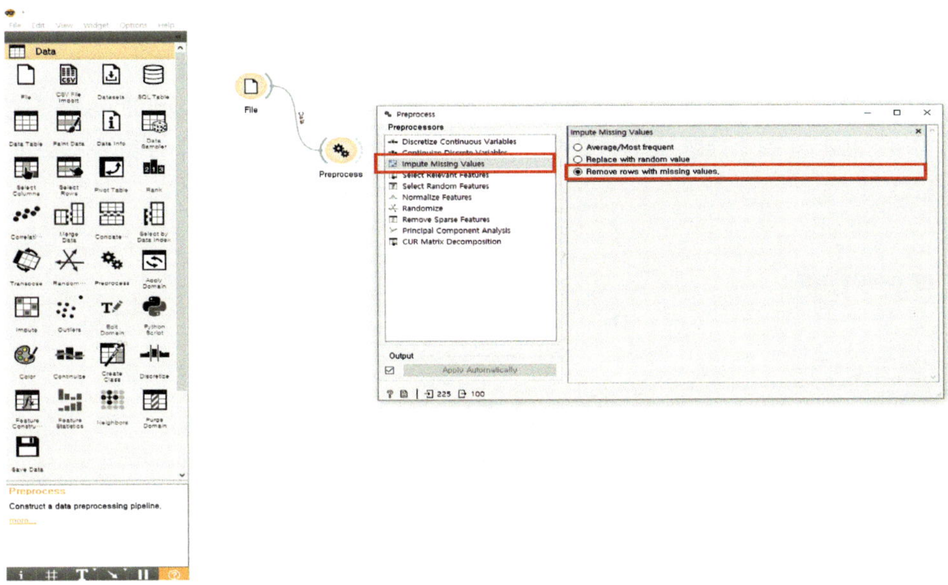

이외에도 많은 전처리가 쓰이는데 우리가 사용하는 기본 데이터셋(dataset)에서는 우선 결측치(missing values)에 대한 전처리만 진행하도록 한다. 전처리값에서 Data Table위젯을 연결하면 전처리 이후에 기본 데이터셋(dataset)이 어떻게 처리됐는지 한눈에 확인할 수 있다. 다음으로 전처리된 데이터를 바탕으로 하여 Select Columns 위젯을 연결한 뒤 데이터 feature, meta, target을 분류한다. DATE나 DISTRICT열을 지우지 않은 사용자는 해당 두 값을 Meta Attributes로 분류한다.

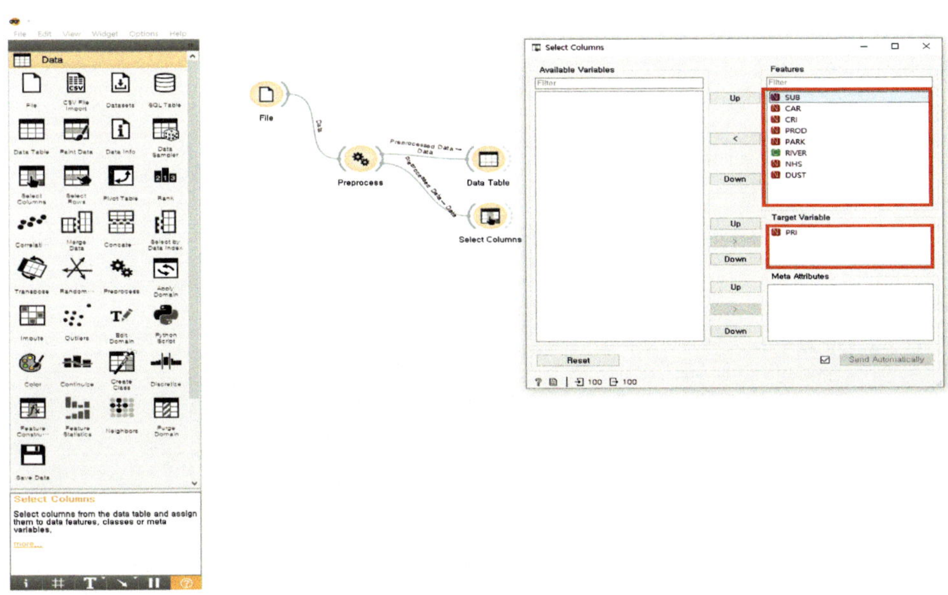

속성(feature)과 속성(feature), 속성(feature)과 목표(target)값 사이의 관계를 알아보기 위해 Scatter Plot 위젯을 연결한다. 보통 영향을 주는 속성(feature)값을 Axix x에 두고 목표(target)값을 Axis y에 둔다. 정확한 위치값을 알아보기 위해 'Show gridlines'를 활성화할 수 있고 분포에 대한 회귀선을 한눈에 보도록 'Show regression line'을 활성화할 수 있다.

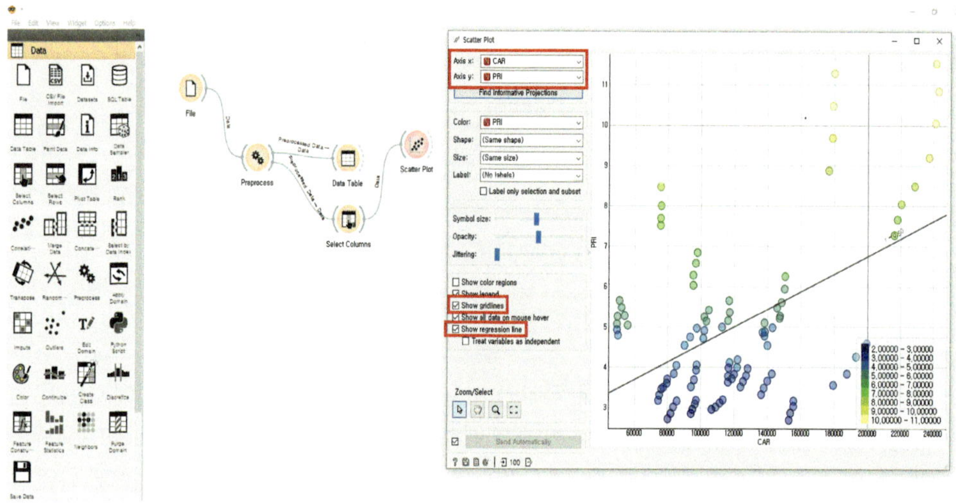

현재 x축에 CAR, y축에 PRI가 놓여있는데 regression line을 보니 양의 두 요소 간에 양의 상관관계가 있다고 판단할 수 있다. 이에 대한 어떤 요소끼리 관계가 큰지 쉽게 파악하기 위해서는 Rank위젯을 활용할 수 있다. Rank위젯을 활용할 경우 목표(target)에 영향을 주는 요소들이 아래와 같이 순위로 나타난다.

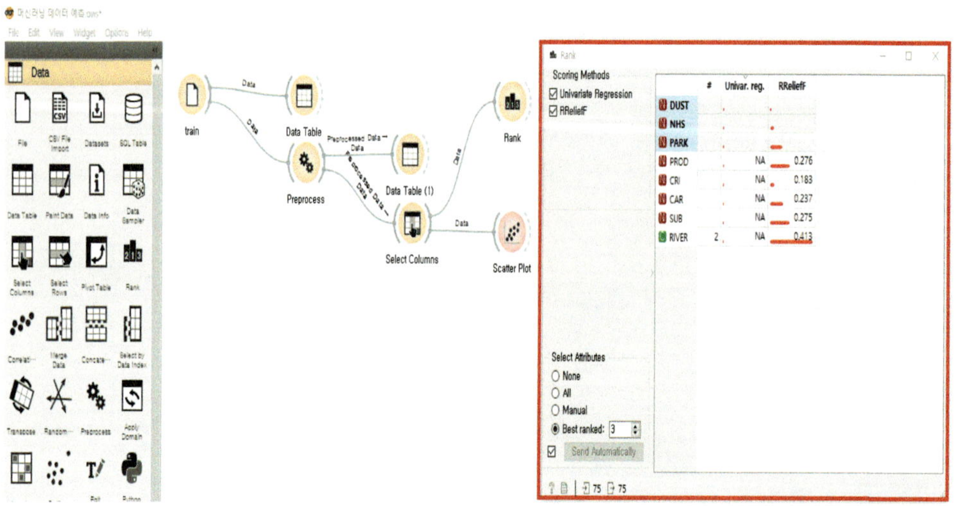

하지만 Scatter Plot이나 Rank위젯에 나타난 내용만 가지고 주택 매매 가격에 대한 섣부른 판단을 해서는 안된다. 따라서 다중 요소들이 예측값에 어떻게 영향을 미치는지 알아보기 위해 머신러닝 모델을 설정하고 학습을 시키도록 한다.

우리가 예측하고 싶은 값을 예측함에 있어 어떤 머신러닝 모델이 가장 적합한지 평가를 하기 전까지는 알 수 없다. 따라서 오렌지3에서 제공하는 예측 모델을 모두 연결해보도록 한다. 머신러닝의 다양한 모델이 있지만 여기서 우리는 SVM(Support Vector Machine), Linear Regression, Neural Network, Random Forest, AdaBoost, Tree, Stochastic Gradient Descent의 모델을 아래와 같이 연결하여 그 결괏값을 판단하도록 한다.

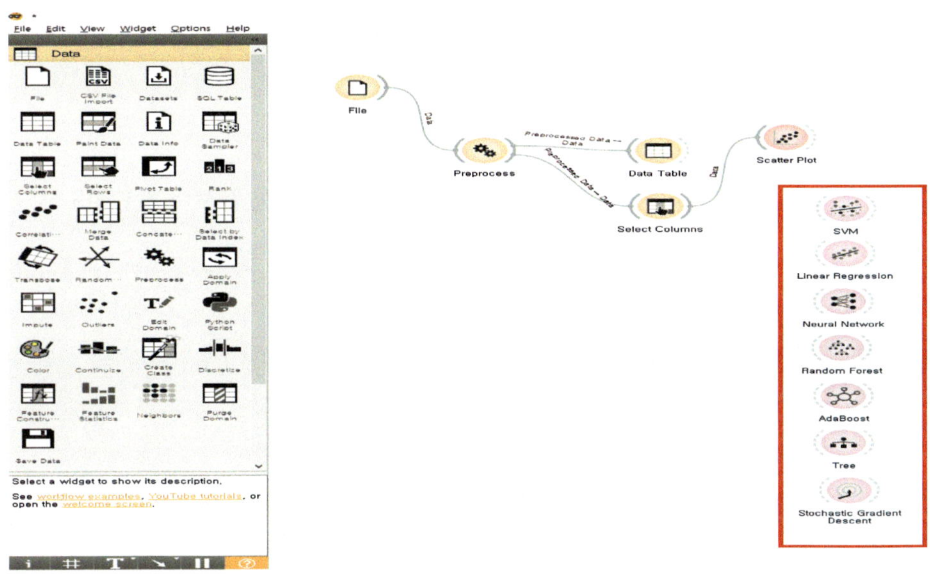

해당 모델을 불러와 Select Columns와 연결하도록 한다. 여기서 오렌지3의 강점을 확인할 수 있다. 보통의 예측은 복잡한 텍스트 코드의 입력을 통해서 이뤄짐에도 불구하고 오렌지3에서는 예측의 기반이 되는 데이터셋(dataset)과 해당 모델의 위젯을 마우스 연결만을 통해 예측값을 찾을 수 있다.

해당 데이터를 예측하기 위해 아래와 같이 Test and Score 위젯을 가져와 머신러닝 모델과 연결하도록 한다. 그리고 이어 Predictions 위젯을 연결하여 그 예측값을 알아보도록 한다. 먼저 예측값에 대한 결과를 확인하기 위해 Predictions위젯을 통해 알아보고 이에 대한 예측이 제대로 됐는지 그 분포는 어떤지 알아보기 위해 Test and Score위젯과 Scatter plot 위젯을 활용하기로 한다. Test and Score 위젯을 먼저 연결한 이유는 Test and Score위젯 안에서 샘플링 수정이 가능하므로 샘플링 수정값에 따라 예측값이 어떻게 변하는지 알아보기 위함이다.

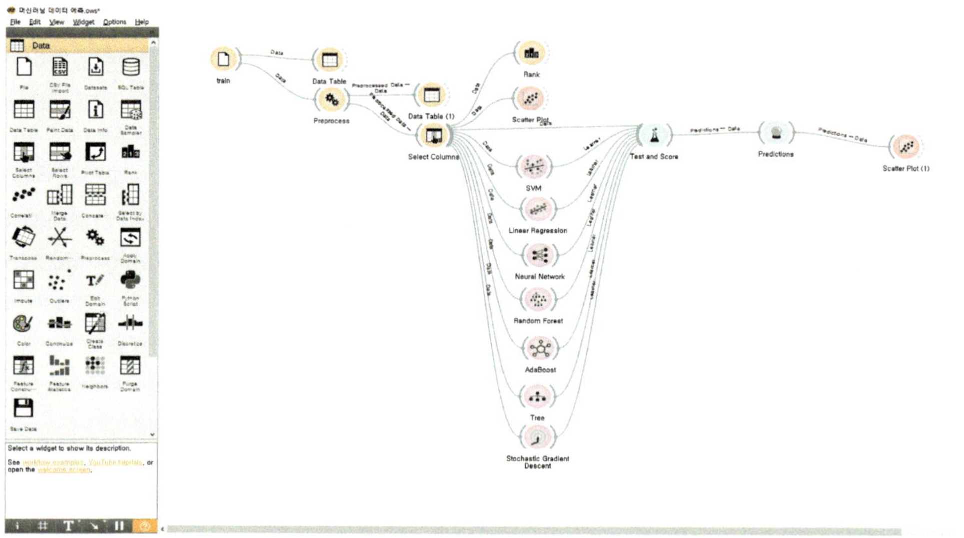

먼저 Predictions위젯을 더블 클릭하여 예측값부터 아래 그림을 보며 확인하도록 한다.

PRI	SVM	Linear Regression	Neural Network	Random Forest	AdaBoost	Tree	SGD
4.87679	4.95067	5.2935	4.85381	5.18007	4.98162	5.01225	5.28146
3.65470	3.22831	3.44739	3.03545	3.87771	3.67211	3.87746	3.40802
4.26415	5.37289	5.44258	6.49572	6.21135	4.58914	7.19551	5.48071
10.05876	11.0721	11.2177	11.8317	9.42391	10.8376	10.9497	10.5321
5.43071	5.43373	5.40678	5.04911	6.33136	6.29025	5.57601	5.81485
7.99590	4.83163	5.75255	6.38297	6.79858	7.70159	5.25851	5.65634
3.09774	2.82319	3.68689	4.31463	3.40271	3.19129	3.13908	3.60613
3.83182	3.80649	3.42808	3.74849	4.20107	3.67211	4.09348	3.35664
5.27269	5.31441	5.55631	5.31819	5.27862	5.48557	3.87932	5.7724
3.80563	3.14654	2.98915	3.70341	3.92495	3.67211	3.87746	3.20263
5.14638	5.40053	5.53875	5.04873	6.33136	6.29025	6.56521	5.84584
9.68273	7.40587	8.60363	6.57069	8.29923	8.49139	10.9497	7.90417
3.99339	2.81957	3.00065	3.78202	4.22547	3.7843	4.09348	3.16144
3.48782	4.90014	5.27255	2.41181	3.92597	3.9292	3.87932	4.8006
3.84203	5.19497	5.75528	5.85438	6.67941	4.58914	7.19551	5.53938
3.03109	3.10512	3.95304	3.9423	3.53778	3.17265	3.00076	3.87521
5.10514	5.43656	5.58624	4.42452	6.08183	5.3616	5.57601	5.70601
4.90912	5.45869	5.82447	5.17014	6.01776	6.29025	6.56521	5.84693
6.25916	3.4955	4.10998	3.53612	4.58694	5.94729	5.78383	3.95477
4.93204	3.7479	4.44592	4.21949	5.27862	5.26075	5.36867	4.3146
3.70873	2.772	3.55757	2.61644	4.25144	4.06763	4.09348	3.45289
3.85187	2.53646	3.09239	3.39867	4.2809	4.04717	4.09348	3.10127
6.58225	6.01841	5.98078	5.53162	6.2084	5.62036	6.56521	5.91708
11.28625	8.27587	8.93755	7.45511	8.84606	10.4755	10.9497	8.54023
4.74739	5.10312	6.15139	5.4721	5.32283	5.24524	5.01225	5.96293
3.69854	3.60569	4.05092	2.45743	3.99165	4.98162	3.87932	3.85358
4.96507	5.16926	6.34421	5.34346	6.65471	4.90912	5.24355	6.22708
5.27269	5.45715	5.37002	5.23711	5.37555	5.65489	3.88818	5.8395
3.92920	4.06272	3.88835	2.99525	4.31392	4.19007	3.88818	3.69998
3.19129	3.35635	3.90877	4.6181	3.13976	3.32182	3.05776	3.85615
3.84835	5.27108	5.2455	2.33418	5.35305	5.48799	3.88818	4.88086
3.99339	3.6702	3.35947	3.91319	3.96534	4.00982	4.10891	3.52877
10.83761	10.1574	10.6518	12.3604	10.2199	11.2863	10.9603	10.3504
4.74739	5.12546	6.58631	5.60727	6.82008	5.14638	5.24355	6.29397
5.10514	5.46711	5.90987	4.69594	5.13085	5.43071	5.24355	6.01959
3.65470	3.88849	3.73952	3.08369	3.89211	3.85187	3.85352	3.58679
3.20202	3.09657	2.56398	3.47585	3.52127	3.13517	3.05776	2.86444
6.84017	6.26418	6.95811	6.30841	6.62572	5.66403	5.80499	6.61068
7.70159	4.99854	6.4759	6.77536	7.10932	7.9959	8.23593	6.16544
7.66224	7.43098	8.36173	6.85317	8.47993	8.49139	8.26533	7.73256
6.29025	5.56337	6.43507	5.69939	7.06062	6.58225	5.80499	5.86696
3.67211	5.01116	5.05893	3.39878	4.91943	5.48799	3.88818	4.52781
3.69854	4.12124	4.38421	2.43372	4.20763	4.90912	5.94227	3.95423

먼저 맨 왼쪽의 빨간 상자안에 나타난 값이 데이터셋(dataset)에 나타난 PRICE값이다. 그리고 오른쪽으로 놓여있는 열들이 머신러닝 모델별 데이터 예측값이다. 즉 행별로 비교해보면 PRI 1행값이 4.87679인데 SVM 모델은 4.95067로 예측하고 Linear Regression 모델은 5.2935로 예측하고 있다. 하지만 이렇게 정량화된 수치들을 눈으로만 파악해서는 어떤 모델이 정확하게 예측하는지 알 수 없다. 따라서 우리가 Predictions위젯 연결 전에 추가한 Test and Score위젯을 통해 어떤 모델이 가장 근접하게 예측을 하는지 알아보도록 한다.

Test and Score위젯을 더블 클릭하여 아래와 같이 예측 결과를 보도록 한다. 샘플링별로 예측값이 어떻게 달라지는지 실시간으로 확인해보려면 Test and Score위젯 옆에 Predictions위젯을 놓아 비교해 보는 것도 좋은 방법이다.

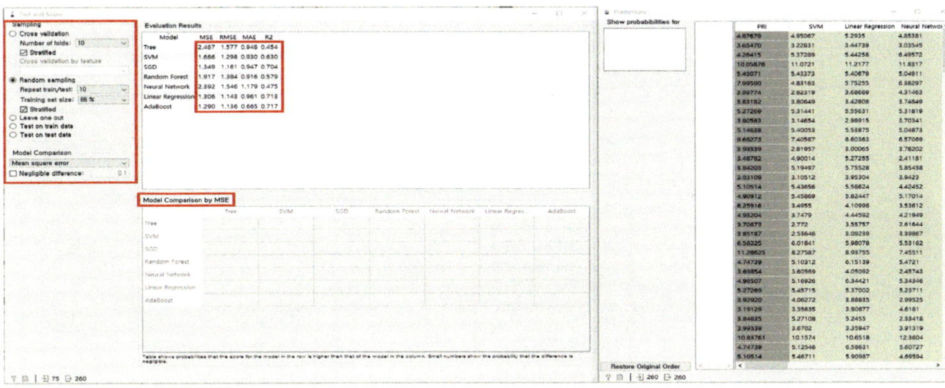

먼저 샘플링 유형을 보면 'Random Sampling'을 선택하여 Training set size를 66%로 설정하고 Repeat train/test를 10으로 설정하였다. 즉 train값을 무작위로 정하며 그 무작위 값은 전체의 66%로 정한다. 그리고 66%를 무작위로 정하는 훈련을 10번 반복한다.

다음으로 모델별 평가 결과를 알아본다. Evaluation Results값을 보면 MSE 및 MAE값이 0에 가까운 모델을 세 가지 정도 꼽자면 Stochastic Gradient Descent, Linear Regression, AdaBoost 정도로 고를 수 있다. 그리고 R^2값이 1에 가까운 모델은 Stochastic Gradient Descent, Linear Regression, AdaBoost값이다. 이 세 모델이 속성(feature)값을 반영한 최적의 모델이라는 점을 알 수 있다.

하지만 샘플링하는 유형에 따라서 예측값을 더 정확하게 바꿀 수 있으므로 훈련 사이즈와 횟수를 변경해보도록 한다. 훈련 사이즈를 80%로 정하고 횟수를 20회로 늘려보았다. 결과는 다음과 같다.

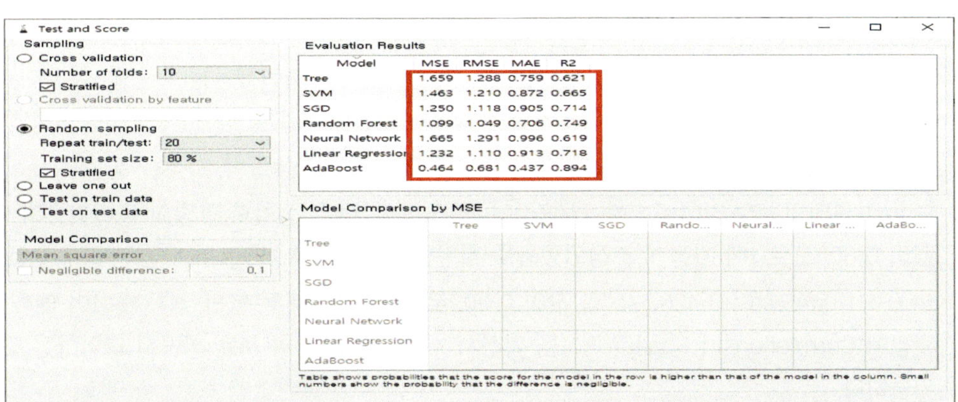

우선 Adaboost 모델을 살펴본다. MSE값의 경우 0.464(기존 1.290)로 큰 폭으로 하락했으며 MAE값 또한 0.437(기존 0.665)로 다소 하락세를 보였다. R^2의 값은 0.894로 기존(0.717) 대비 소폭 상승하였다. MAE, MSE값이 감소하고 R^2값이 증가함에 따라 무작위 샘플링에서 훈련 사이즈를 높이고 횟수를 증가시키니 더 높은 정확도를 보였다.

이번에는 샘플링을 Cross validation 즉 k-fold Cross Validation(교차검증)을 통해 진행해보도록 한다. k값 즉 구간은 10으로 지정한다. 앞선 모델과 비교해보도록 한다.

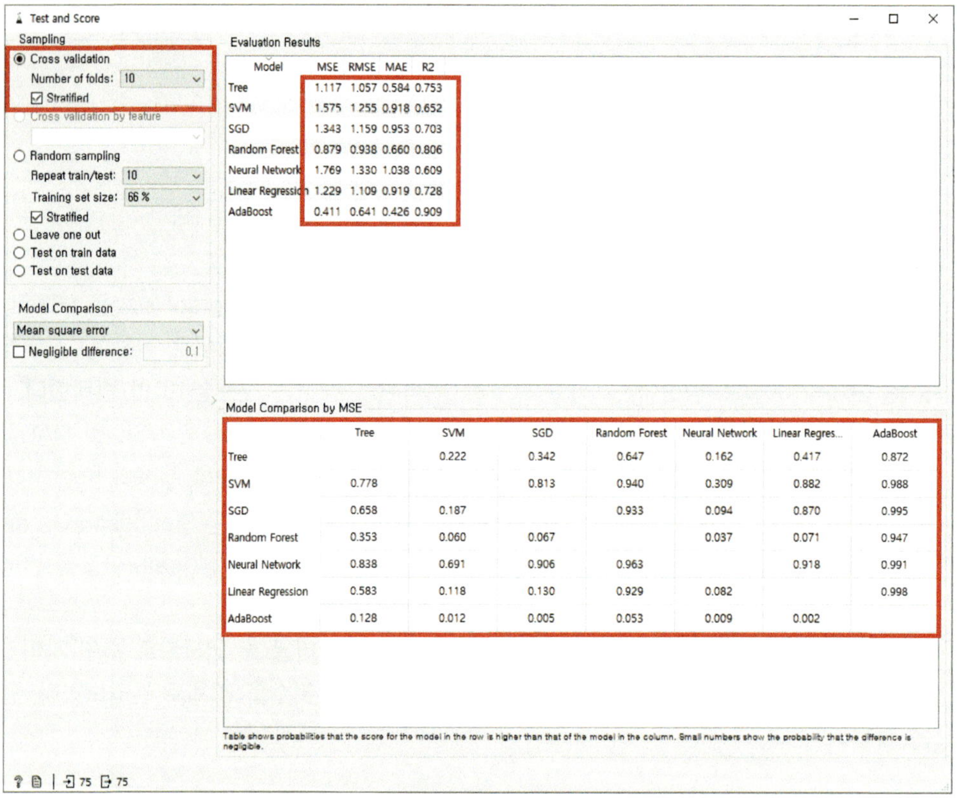

Model	MSE	RMSE	MAE	R2
Tree	1.117	1.057	0.584	0.753
SVM	1.575	1.255	0.918	0.652
SGD	1.343	1.159	0.953	0.703
Random Forest	0.879	0.938	0.660	0.806
Neural Network	1.769	1.330	1.038	0.609
Linear Regression	1.229	1.109	0.919	0.728
AdaBoost	0.411	0.641	0.426	0.909

	Tree	SVM	SGD	Random Forest	Neural Network	Linear Regres...	AdaBoost
Tree		0.222	0.342	0.647	0.162	0.417	0.872
SVM	0.778		0.813	0.940	0.309	0.882	0.988
SGD	0.658	0.187		0.933	0.094	0.870	0.995
Random Forest	0.353	0.060	0.067		0.037	0.071	0.947
Neural Network	0.838	0.691	0.906	0.963		0.918	0.991
Linear Regression	0.583	0.118	0.130	0.929	0.082		0.998
AdaBoost	0.128	0.012	0.005	0.053	0.009	0.002	

MSE 및 MAE값을 확인해보면 0에 가깝게 그 값이 현저히 떨어졌음을 확인할 수 있다. 랜덤 샘플링 작업 내에서 훈련 사이즈와 횟수를 늘린 것 보다 조금 더 정확도가 상승하였다. 또한 R^2값 또한 1에 가깝게 많은 조정이 이뤄졌다. 이번 샘플링 과정을 통해 Random Forest 모델의 MSE값이 0.879, MAE값이 0.660으로 예측 정확도가 많이 올라갔으며 R^2값이 0.806으로 1에 가깝게 조정되었음을 확인할 수 있다. AdaBoost 모델의 경우 MSE값이 0.411, MAE값이 0.426, R^2의 값이 0.909로 정확도가 매우 올라갔다. 덧붙여 예측 결괏값에 Correlations나 Scatter Plot을 확장시켜 모델별 상관 관계는 어떤지 파악하는 것도 가능하다.

마. 평가 및 피드백

머신러닝 모델은 다양한 속성(feature)값을 적용하여 시계열 데이터보다 상대적으로 적은 양의 목표(target) 데이터를 바탕으로 하였기에 단순 확정 및 비교하는 것은 어렵다. 또한 머신러닝 모델에서 활용한 속성(feature)값들은 사용자가 임의로 지정하여 적용한 내용이기에 속성값이 달라지면 그 결과 또한 달라질 수 있어 이에 대한 다양한 적용이 필요하다. 제시된 데이터 이외에 공공데이터 포털이나 KOSIS 국가통계포털에서 얻을 수 있는 자료가 있다면 사용자별로 추가해서 그 추이를 예측해봐도 좋다. 또한 추출한 값을 이용해 엔트리에 적용 분석하는 것도 가능하다.

덧붙여 “155분vs83분…집값 차이가 ‘초등생 학습 시간’ 격차로”라는 기사에서 볼 수 있듯 코로나19 대유행으로 등교 수업이 제대로 이뤄지지 않아 사회경제적 배경이 취약한 학생일수록 학습 시간이 더 많이 줄었다는 조사 결과도 있다. 집값의 차이가 곧 학습 시간 격차의 차이로 이어졌다는 내용인데 다양한 속성(feature)값이 반영이 안된 만큼 섣불리 이 결과가 옳은 것이라고 판단할 수는 없지만 우리가 예측한 결괏값을 토대로 학습 시간과의 연관성 등을 파악해 볼 수 있는 중요한 자료가 될 수 있다.

2 교통사고 데이터를 활용한 안전요소 예측 시스템

가. AI문제 확인

2019년 국토교통부와 경찰청에서 집계한 교통사고 건수는 22만9600건, 사망자는 3,349명이었다. 2019년 보행 중 사망자 수는 2018년 대비 12.4% 감소한 1302명이었지만 전체 교통사고 사망자의 38.9%를 차지할 정도로 심각한 수준이다. 우리 생활에서 가장 접하기 쉬운 사고 중 하나인 교통사고를 줄이기 위해 인공지능 모델을 어떻게 활용할 수 있을까? 교통사고분석시스템에서 제공하는 다양한 교통사고 관련 공공 데이터를 활용하여 사고가 일어나기 쉬운 요인을 파악하고 교통사고가 일어나기 쉬운 환경에 대해 예측한다. 현재 상황을 입력하면 교통사고가 일어날 수 있는 예측 결과를 우리에게 알려주어 보행자 및 운전자들이 조심할 수 있도록 인공지능 모델을 만들어 본다.

나. AI솔루션 탐색

교통사고 데이터를 얻기 위하여 TAAS 교통사고분석 시스템에 접속하여 필요한 데이터를 수집하고 오렌지3를 활용하여 데이터 전처리 및 시각화로 수집된 데이터의 특성과 경향을 살펴보고 모델링을 위한 준비를 한다.

- TAAS 교통사고분석시스템 http://taas.koroad.or.kr/에 접속한다. 교통사고와 관련된 다양한 데이터와 분석 자료를 확인할 수 있다.

• 오픈 API에서는 사고다발지정보(9종), 교통안전정보(3종), 사망사고정보(1종), 교통사고통계(1종)의 데이터를 개방하고 있고 그 외에 추가로 공개되어 있는 데이터는 [커뮤니티]-[공공데이터 자료실]로 이동하여 확인할 수 있다. 교통사고 데이터를 활용한 안전 요소 예측 시스템에 필요한 자료인 어린이 관련 개별사고정보(2015~2019년)와 개별 교통사고 정보(2017~2019년)를 다운로드한다.

• 사망사고 정보(2015~2019년) 파일을 오렌지3에서 파일 위젯으로 가져와서 기본적인 정보를 확인해본다. 총 19521개의 인스턴스와 26개의 feature(그중에 결측값이 15.3%가 존재하는 것으로 보고)와 1개의 메타 속성을 확인할 수 있고 기본적으로 데이터 타입이 어떻게 적용되어 들어왔는지 확인해본다. 이 창을 활용하여 데이터 종류와 역할 등을 언제든지 수정할 수 있다. 나중에 모델을 구성할 때 예측하고자 하는 feature를 타겟으로 정할 수 있다. 여기서는 타겟을 정하지 않고 데이터를 탐색해 본다.

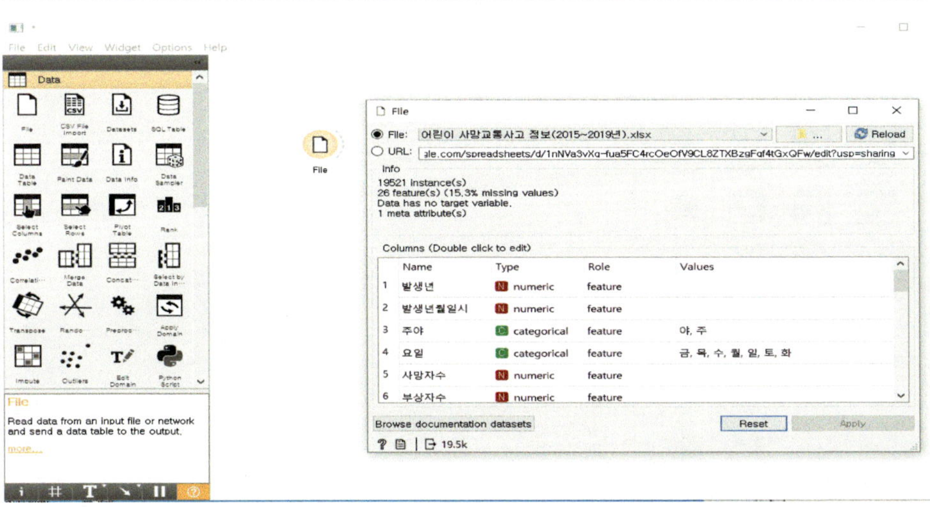

• 가져온 파일 위젯에 데이터 테이블 위젯을 연결하여 오렌지3로 데이터가 어떻게 들어왔는지 확인해본다. 뒷부분에 있는 일부 feature가 필요 없거나 잘못 가져온 경우 업로드하기 전 데이터 파일에서 해당 부분을 확인하여 수정을 하거나 파일 위젯에서 해당 feature를 skip으로 설정하여 데이터를 수정하면 된다.

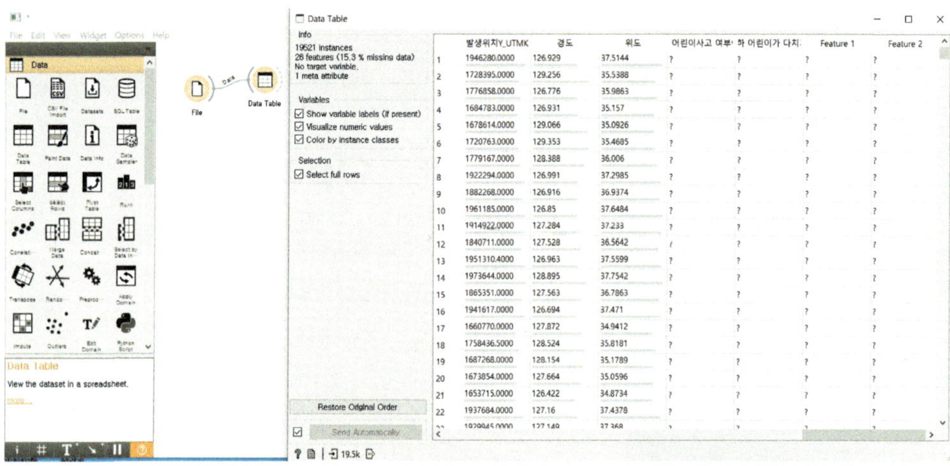

• 파일 위젯에 데이터 인포 위젯을 연결하여 앞서 정리한 데이터가 반영되어 어떻게 이 데이터를 설명하는지 확인한다. 총 19521개의 행과 23개의 열이 있고 범주형 feature가 11개 숫자형 feature가 11개로 되어 있으며 텍스트 feature가 1개로 되어 있다는 것을 확인할 수 있다.

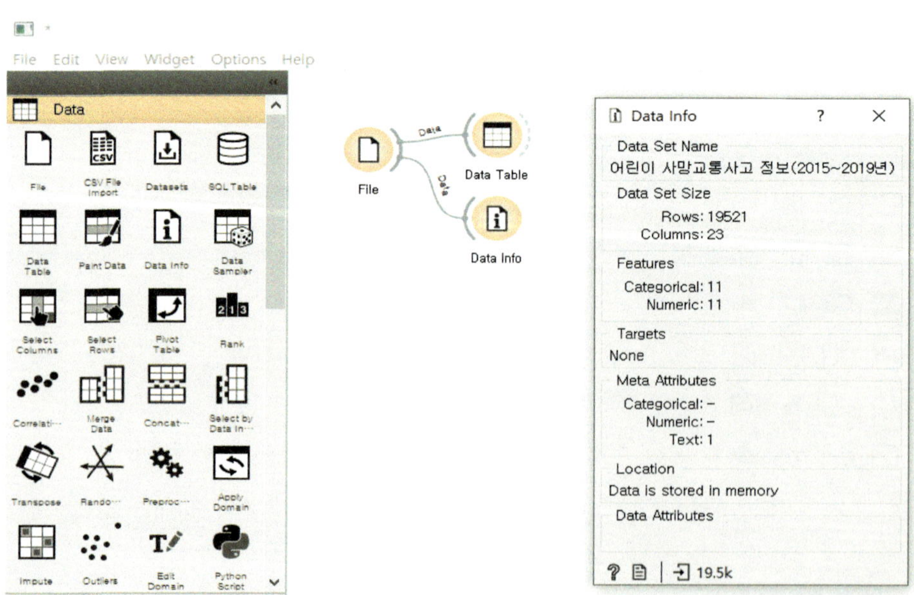

- 파일 위젯에 feature 통계 위젯을 연결하고 feature별로 히스토그램과 함께 기초 통계 수치를 확인해본다. 중앙값, 분산, 최솟값, 최댓값, 결측값을 제공하므로 데이터에 대한 대략적인 분포를 확인한다. 이 과정에서 어떠한 인사이트를 발견할 수도 있고 데이터 중에서 이상이 있는 feature를 발견하여 데이터 전처리로 이어질 수 있다.

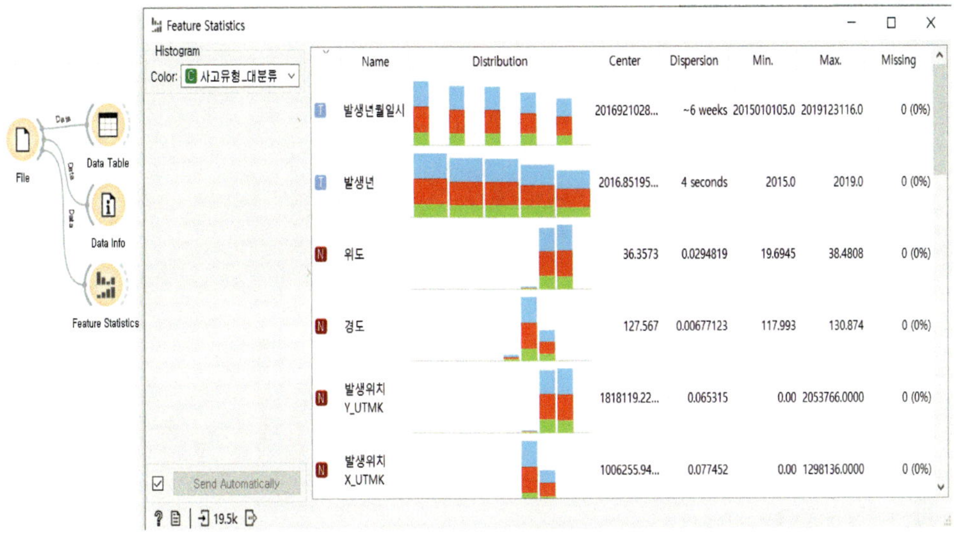

- 파일 위젯에 상관관계 위젯을 연결하여 5년치 어린이 사망사고 데이터에서 feature들간에 어떤 상관관계가 있는지 확인해본다.

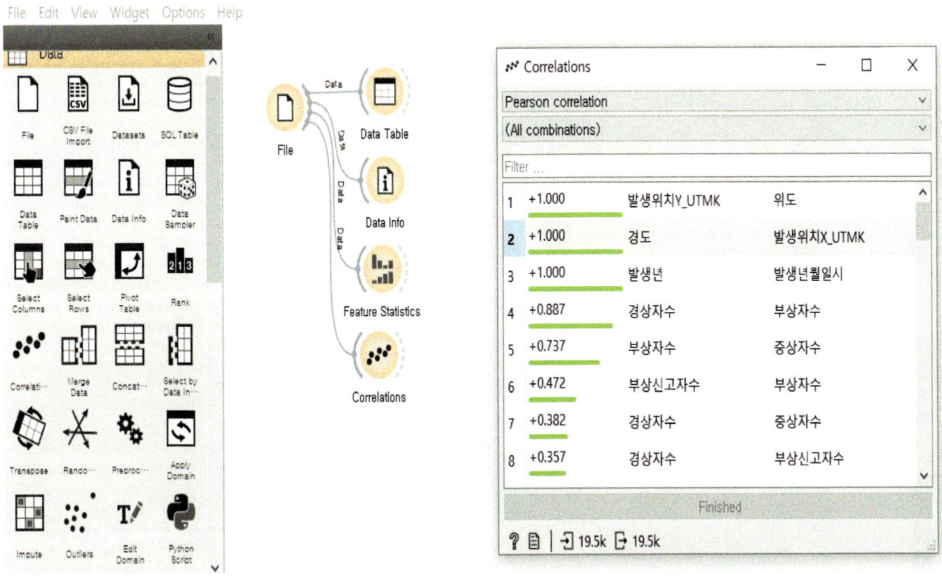

• 파일 위젯에 데이터 분포 위젯을 연결하면 변수들의 분포를 히스토그램으로 확인해 볼 수 있다. 특히 분류할 세부 변수를 지정하면 데이터 feature간에 숨어 있는 시사점을 알아낼 수 있다. 어린이 사망 교통사고 발생지 시도 데이터를 주야로 구분한 히스토그램을 보면 어린이 교통 사망사고가 가장 많은 곳과 주간 사고와 야간 사고 중 시도별 언제 더 많은 사고가 있었는지 알 수 있다.

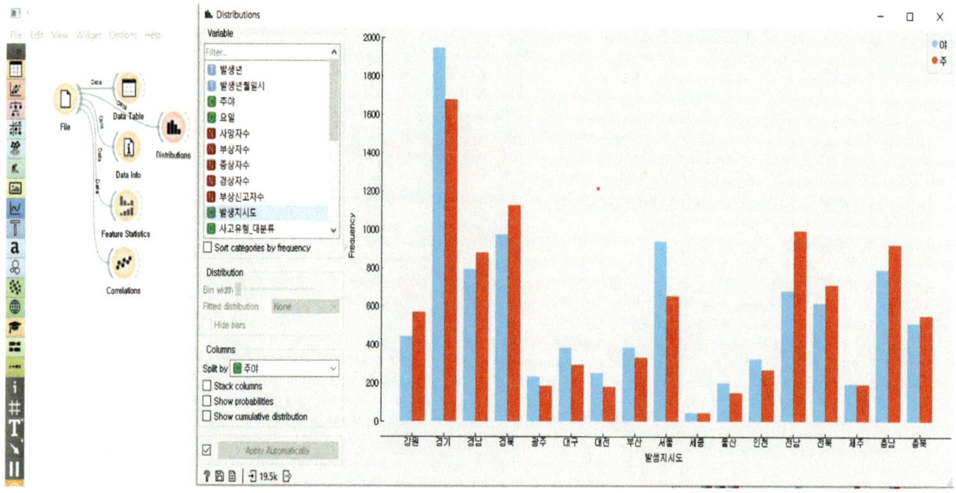

• 어린이 사망 교통사고 유형 대분류를 주야로 구분한 히스토그램을 보면 차대사람 사고는 야간에 많이 발생하고, 차대차 사고는 낮에 많이 발생한다는 것을 알 수 있다.

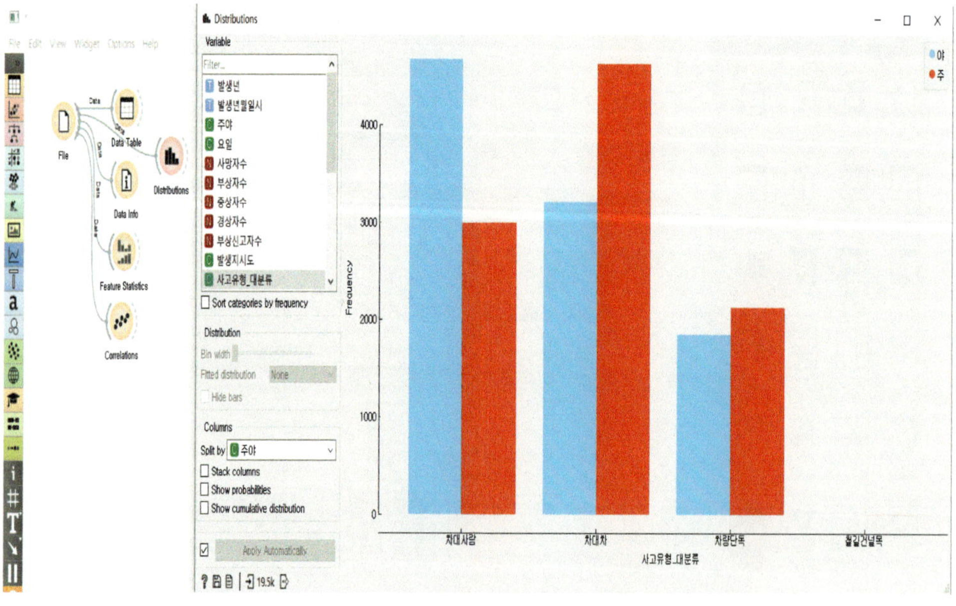

• 어린이 사망 교통사고 유형을 주야로 구분한 히스토그램을 보면 야간에 횡단 중일 때 사고가 많이 발생한 것으로 나타났다.

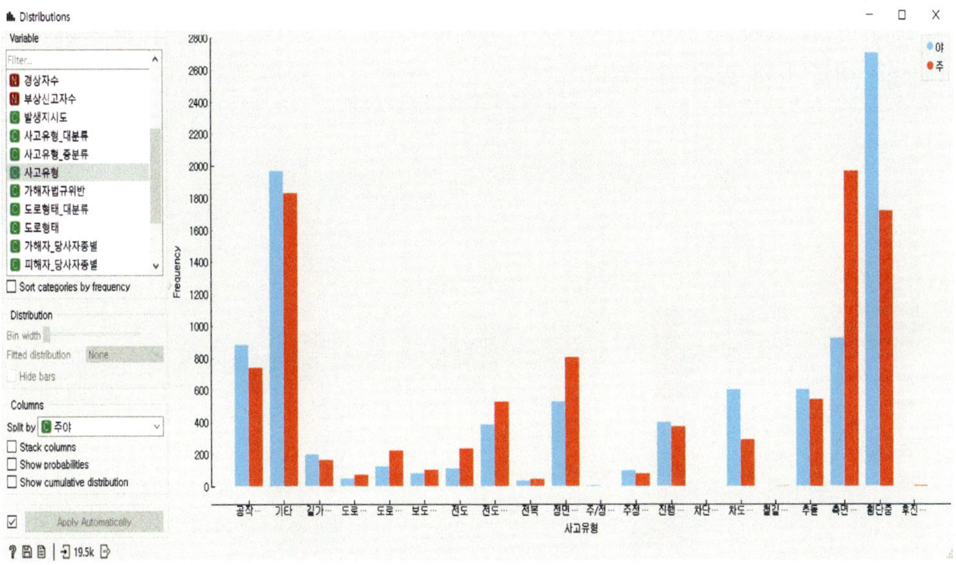

• 어린이 사망 교통사고 가해자법규위반을 주야로 구분한 히스토그램을 보면 주간, 야간 가릴 것 없이 가해자의 안전 의무 불이행으로 발생한 사고가 많았다. 어린이 사망 교통사고를 줄이기 위해서 차량 운전자들의 안전 운전에 대한 의식 개선이 필요하다고 할 수 있다.

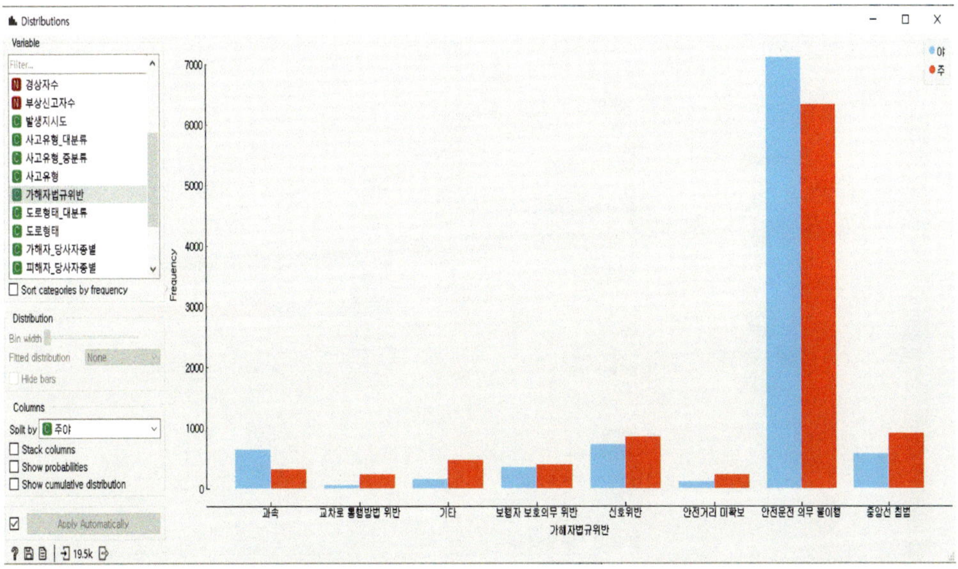

• 어린이 사망 교통사고 도로형태_대분류를 사고유형_대분류로 구분한 히스토그램을 차대사람 사고는 단일로와 교차로에서 주로 발생하였고 교차로보다 단일로에서 더 많이 발생한 것을 확인할 수 있다. 차대차 사고 역시 단일로와 교차로에서 주로 발생하였고 교차로보다 단일로에서 더 많이 발생하였고, 교차로에서는 차대사람 사고의 비율 보다 차대차 사고 비율이 더 높게 나타났다.

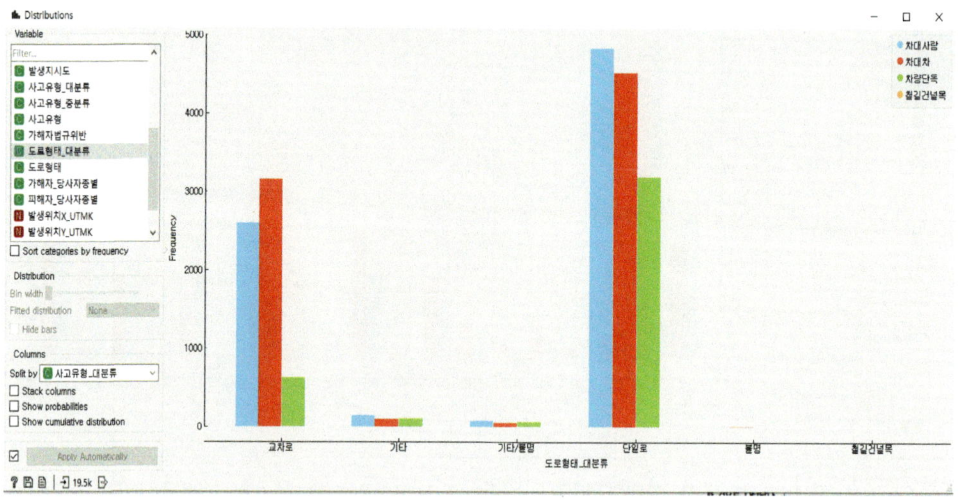

• 파일 위젯에 박스그림 위젯을 연결하면 수치형 변수들의 통계 정보, 범주형 변수들의 항목간 비율을 확인해 볼 수 있다. 먼저 변수를 설정하고 하위 그룹을 설정하면 동시에 비교도 가능하다. 사고유형 대분류를 기본 변수로 설정하고 하위 그룹을 주야로 설정하면 주간 및 야간의 사고유형을 비율로 한눈에 확인할 수 있다.

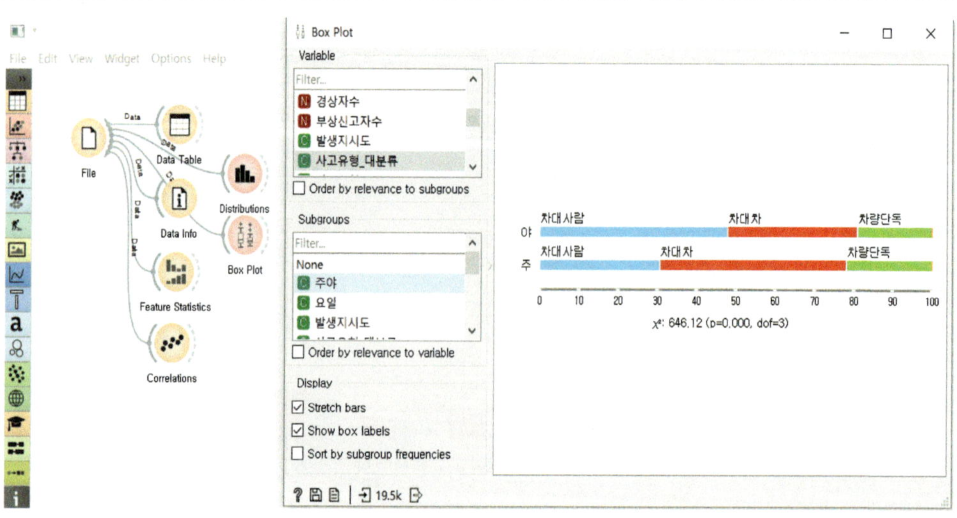

• 부상자수를 기본 변수로 하고 하위 그룹을 주야로 설정하게 되면 주간과 야간의 부상자 수에 대한 상자 그림이 나타나고 부상자 수에 대한 주간 및 야간 정보를 알 수 있다.

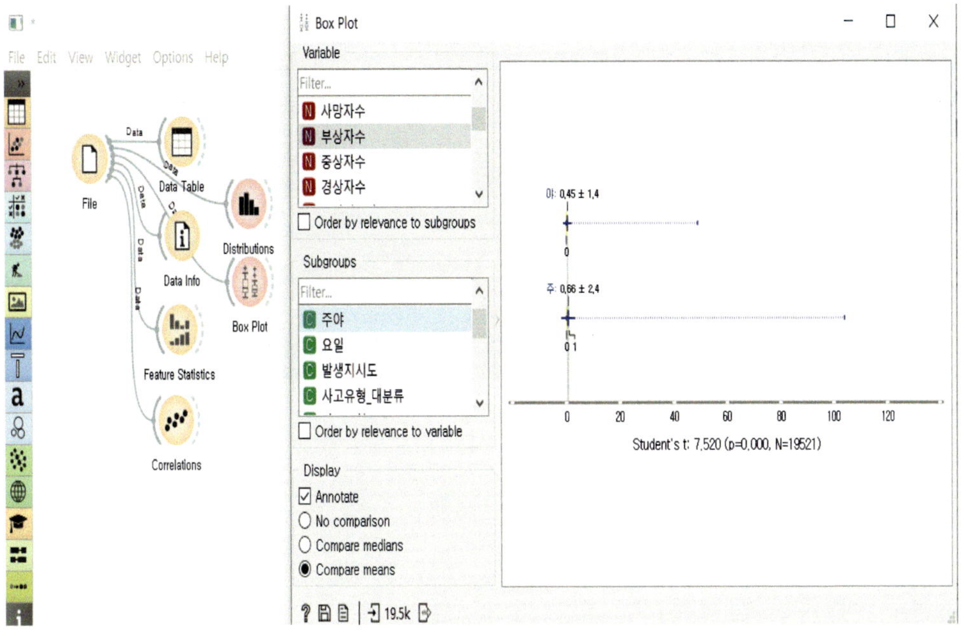

• 기본 변수와 하위 그룹을 동일한 변수로 설정하면 각 항목별 세부 수치를 확인할 수 있다.

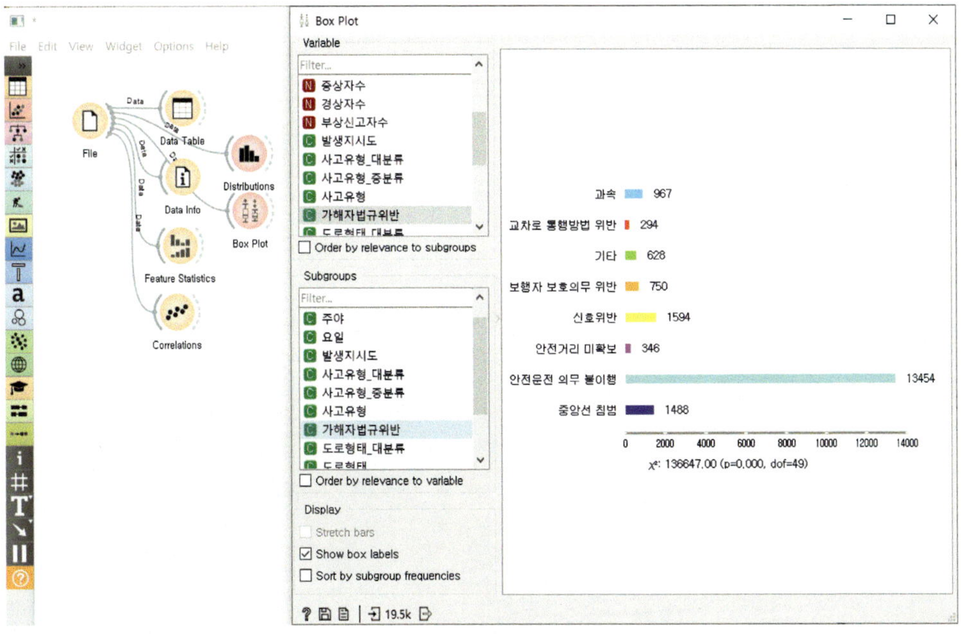

• 파일 위젯에 지오코딩 위젯을 연결하면 위도와 경도 정보를 활용할 수 있다.

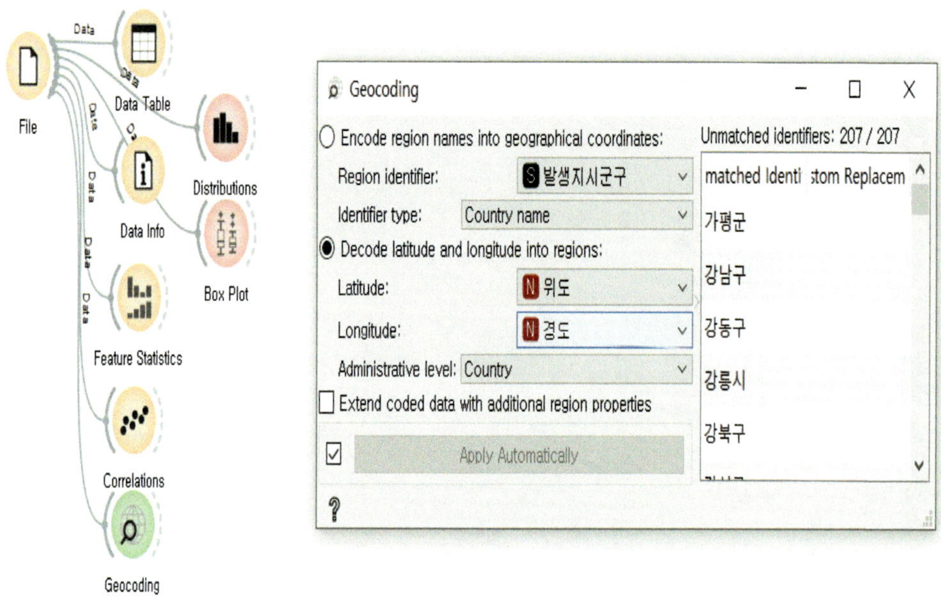

• 위도와 경도 자료를 바탕으로 지도에 어린이 사망사고가 발생한 지점에 표시를 할 수 있다. 이때 feature를 정하면 해당 feature의 범례를 따라 지도에 표시가 된다.

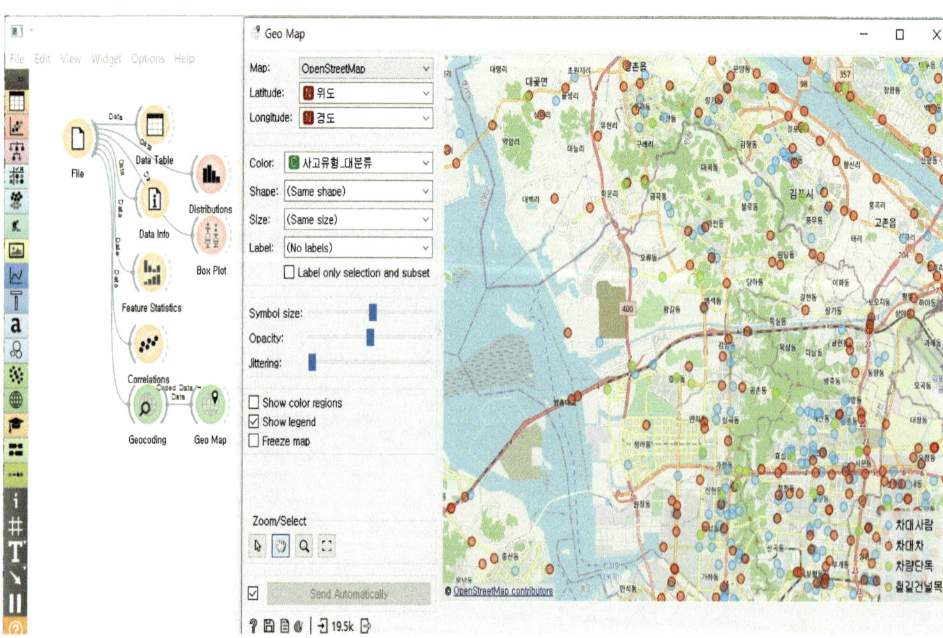

• 파일 위젯을 복사하여 텍스트 마이닝을 위한 준비를 한다. 복사된 파일 위젯을 열어 범주형 자료를 텍스트 타입으로 변경해 준다.

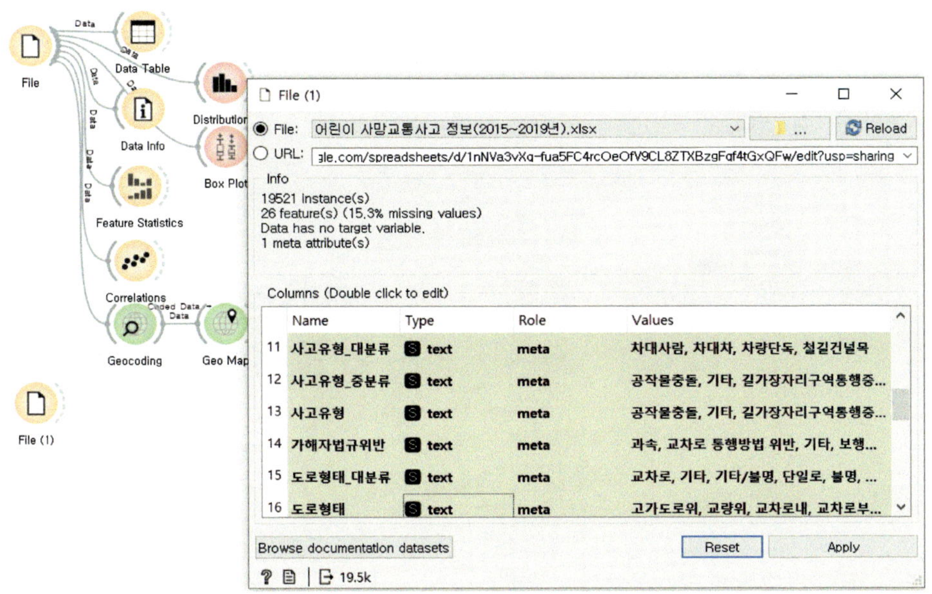

• 복사한 파일 위젯에 코퍼스 위젯을 연결하여 분석하고자 하는 텍스트 feature를 선택한다. 오른쪽에 있는 것은 사용하지 않을 것들이고 왼쪽으로 드래그 앤 드랍으로 해당 feature 옮기면 된다.

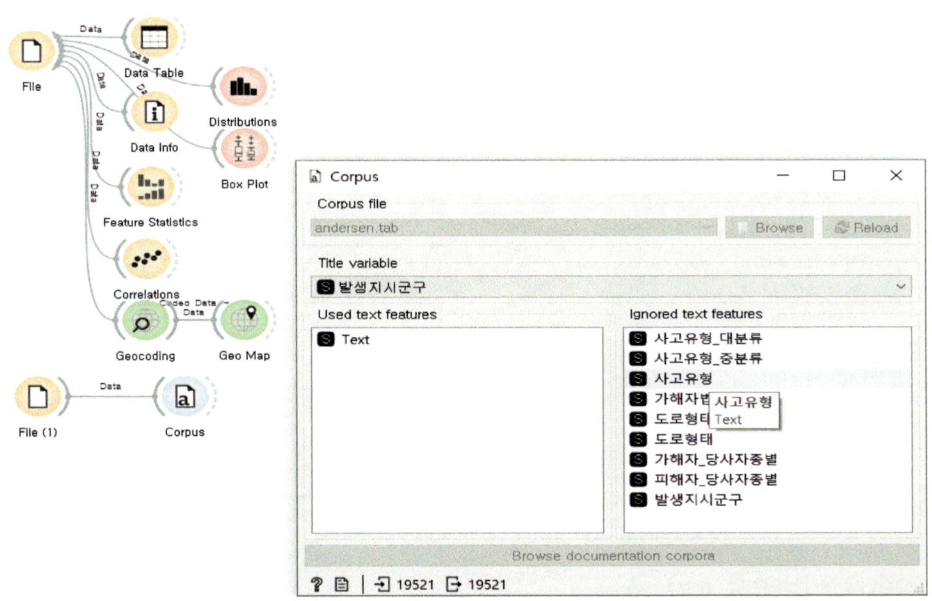

• 워드 크라우드 위젯을 코퍼스 위젯에 연결하고 어떤 단어가 많이 등장했는지 살펴본다. feature를 텍스트 타입으로 변경하고 코퍼스로 선택을 하면 띄어쓰기 단위로 텍스트가 카운트 되어 가장 많은 단어일 수록 크게 표시된다. 해당 단어가 얼마나 많이 나타났는지 카운트 된 숫자도 옆에서 확인할 수 있다. 안전운전 의무 불이행이 13454번으로 가장 많이 등장하는 것으로 보아 어린이 교통 사망 사고의 주요 원인은 안전운전 의무 불이행이라 할 수 있다.

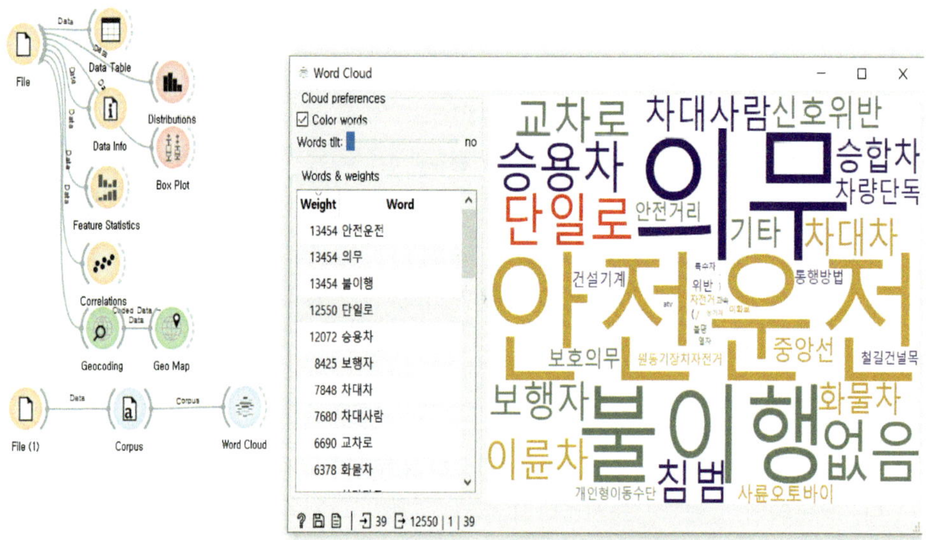

• 워드 크라우드의 각도를 조절하여 내용을 파악해 볼 수도 있다.

• 어린이 교통사고 현황(2015~2019년)파일도 위와 같은 방식으로 데이터를 확인해본다. 방금 전까지 오렌지3에서 구축해 놓은 워크플로우의 파일 위젯에서 어린이 교통사고 현황(2015~2019)으로 데이터 파일을 바꾸면 자동으로 그 데이터가 파일 위젯에서부터 연결되어 있는 위젯들로 다운스트림되어 각 위젯에 적용된다. 이 데이터에서는 사망자수를 타켓으로 정하고 데이터를 탐색해 본다.

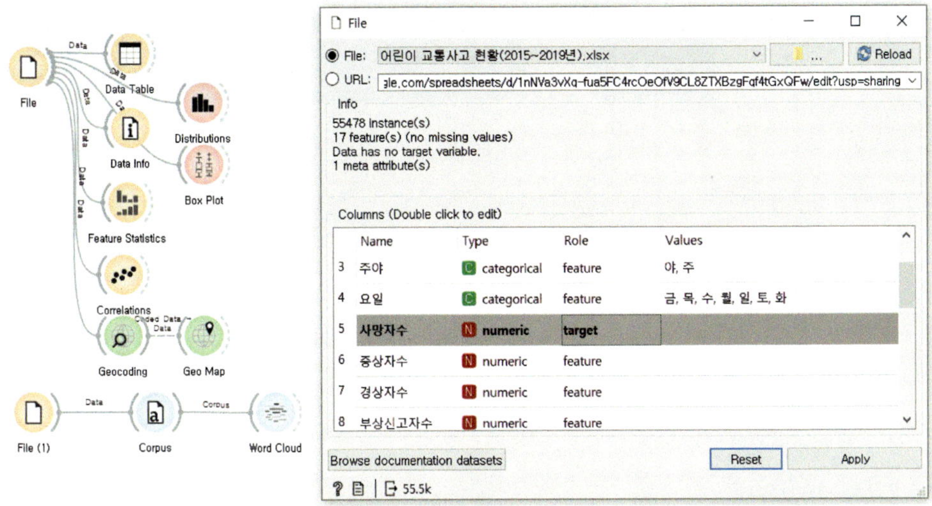

데이터 테이블 위젯에서 feature 값들을 확인한다.

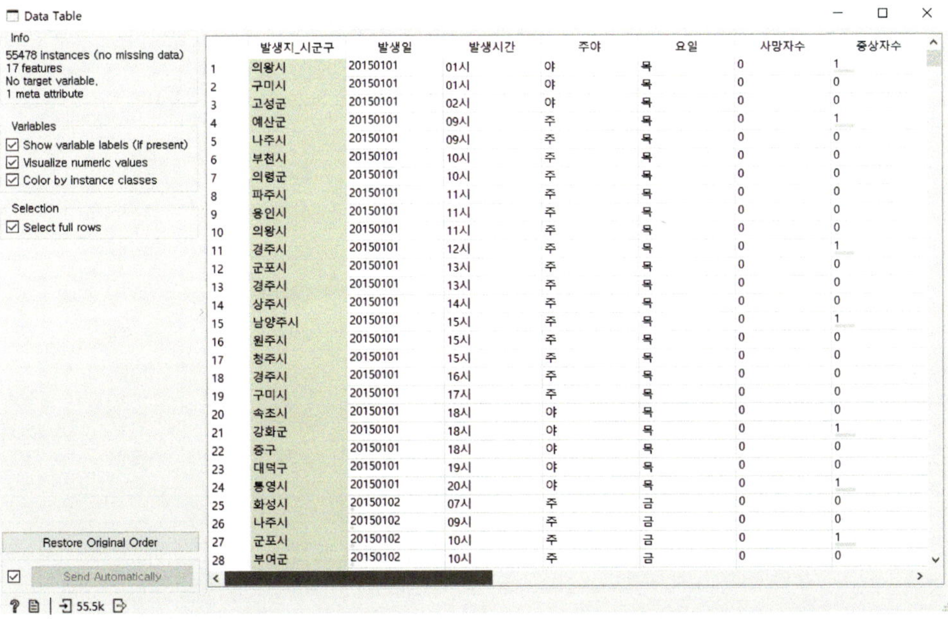

	발생지_시군구	발생일	발생시간	주야	요일	사망자수	중상자수
1	의왕시	20150101	01시	야	목	0	1
2	구미시	20150101	01시	야	목	0	0
3	고성군	20150101	02시	야	목	0	0
4	예산군	20150101	09시	주	목	0	1
5	나주시	20150101	09시	주	목	0	0
6	부천시	20150101	10시	주	목	0	0
7	의령군	20150101	10시	주	목	0	0
8	파주시	20150101	11시	주	목	0	0
9	용인시	20150101	11시	주	목	0	0
10	의왕시	20150101	11시	주	목	0	0
11	경주시	20150101	12시	주	목	0	1
12	군포시	20150101	13시	주	목	0	0
13	경주시	20150101	13시	주	목	0	0
14	상주시	20150101	14시	주	목	0	0
15	남양주시	20150101	15시	주	목	0	1
16	원주시	20150101	15시	주	목	0	0
17	청주시	20150101	15시	주	목	0	0
18	경주시	20150101	16시	주	목	0	0
19	구미시	20150101	17시	주	목	0	0
20	속초시	20150101	18시	야	목	0	0
21	강화군	20150101	18시	야	목	0	1
22	중구	20150101	18시	야	목	0	0
23	대덕구	20150101	19시	야	목	0	0
24	통영시	20150101	20시	야	목	0	1
25	화성시	20150102	07시	주	금	0	0
26	나주시	20150102	09시	주	금	0	0
27	군포시	20150102	10시	주	금	0	1
28	부여군	20150102	10시	주	금	0	0

• feature 통계 위젯에서 feature별 대략적인 통계값 및 데이터 분포를 확인한다.

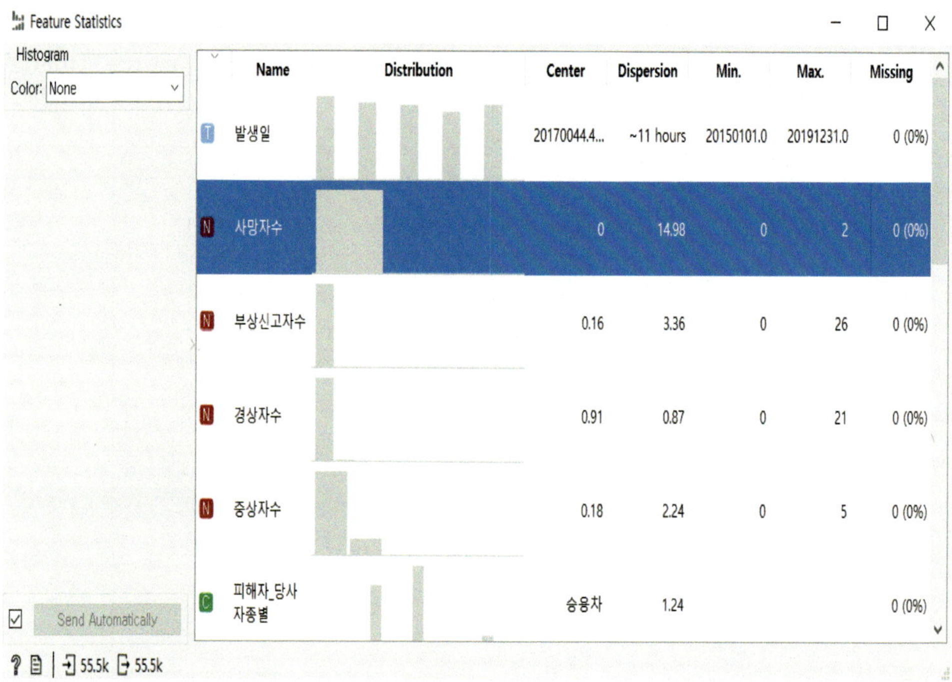

• 상관관계 위젯에서 feature간 피어슨 상관계수와 스피어맨 상관계수를 확인해 본다.

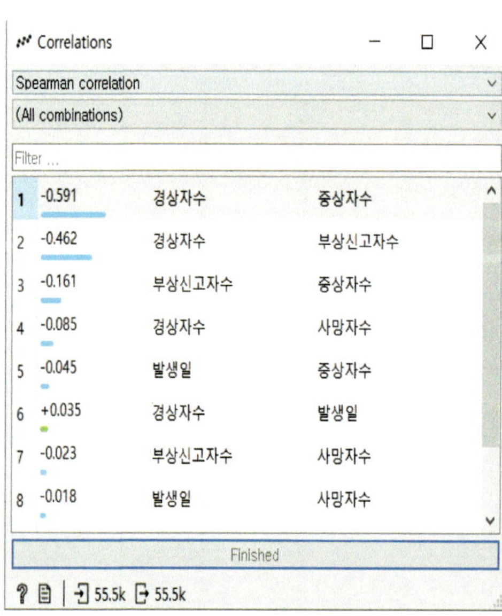

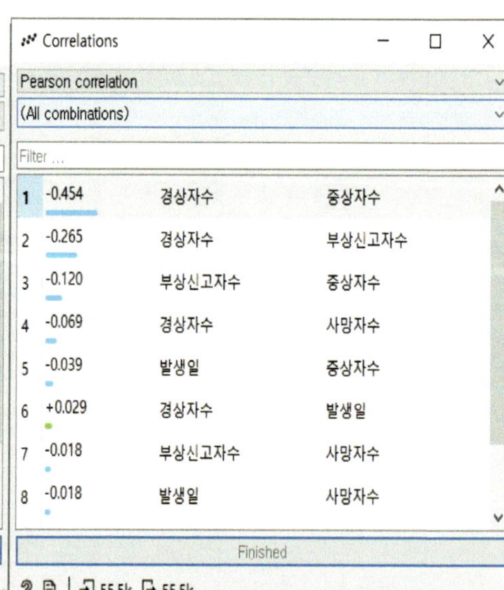

• 데이터 분포에서 변수별 히스토그램을 확인해본다. 사망사고만 있던 데이터와 비교했을 때 이 데이터에는 일반 부상사고와 사망사고까지 다 포함되어 있다 보니 주간 야간 할 것 없이 모두 차대사람 사고보다는 차대차 사고의 비율이 더 높게 나타났다.

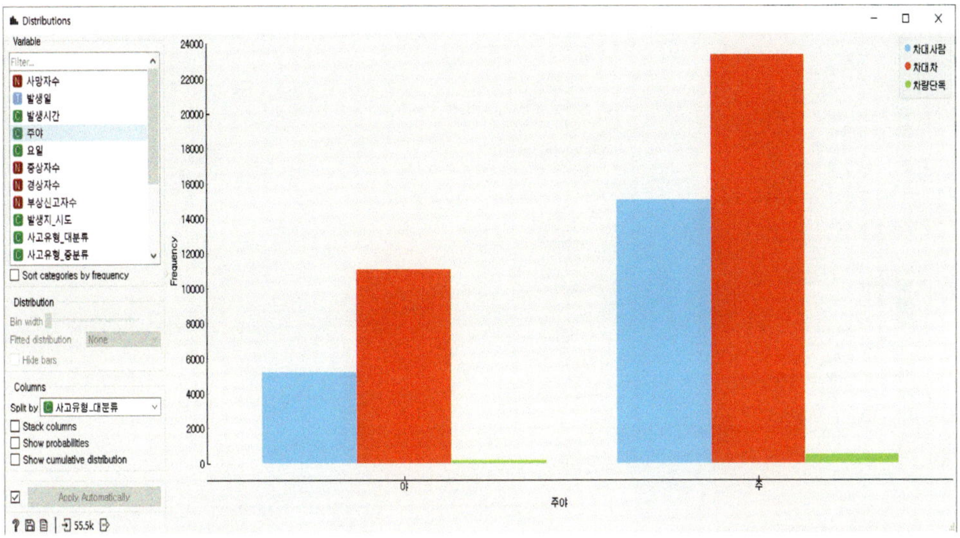

• 발생시간을 사고유형_대분류로 나누어 확인해 본 결과 차대차 사고건수는 08시부터 17시까지 증가 추세를 보이고 18시부터 22시까지 감소 추세로 전환된다는 것을 알 수 있으며 심야 및 새벽시간에는 낮보다 사고 건수가 적었다. 차대사람 사고건수는 어린이들의 이동시간이 많은 08시와 14시부터 19시 사이에 많이 발생하였다.

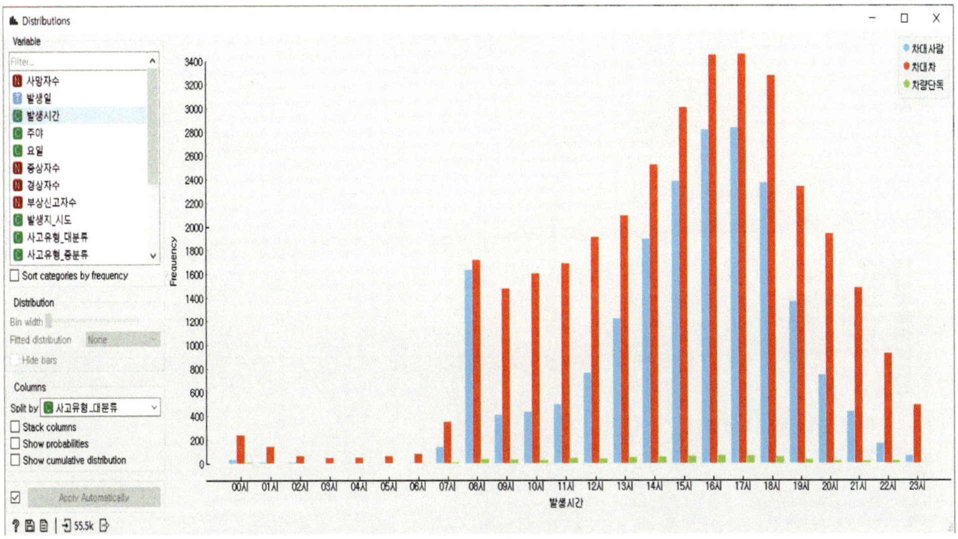

• 박스그림 위젯에서 사망자수를 요일로 확인해 본 결과 금요일과 화요일의 사망자 평균이 다른 요일에 비해 높다는 것을 알 수 있다.

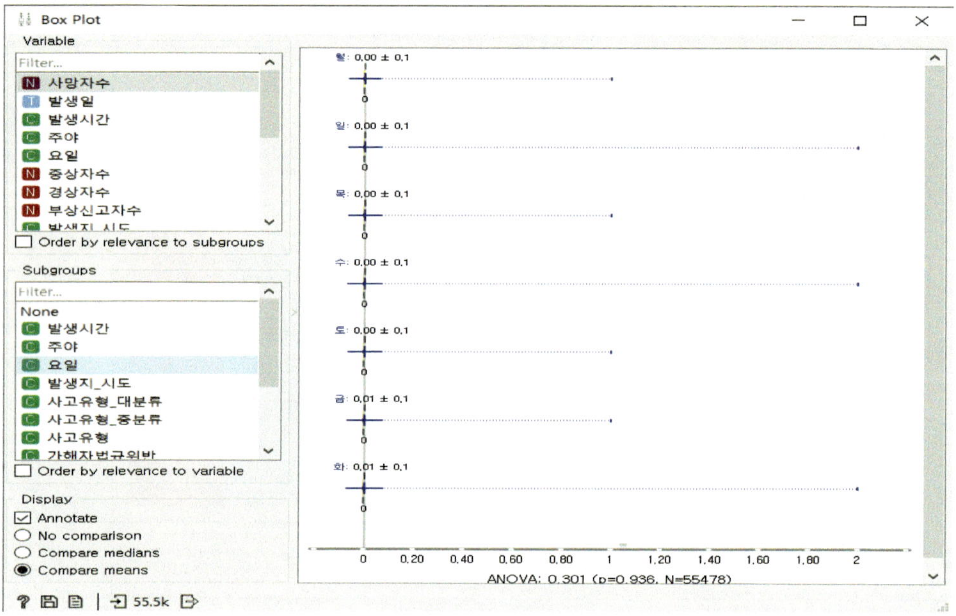

• 사망자수를 사고유형_대분류로 확인해 본 결과 차량단독, 차대사람, 차대차 순으로 사망사고의 비율이 높았다.

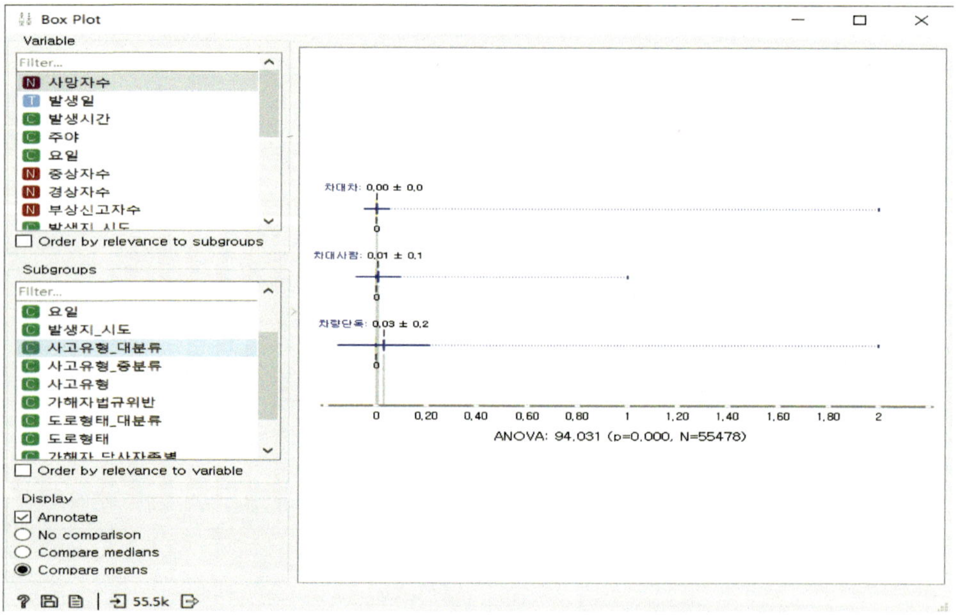

• 텍스트 마이닝으로 데이터를 확인하기 위해 파일위젯에서 해당 파일을 업로드하고 도로형태_대분류, 사고유형, 도로형태, 가해자_당사자종별, 피해자_당사자종별을 텍스트 유형으로 바꾼 뒤 코퍼스 위젯에서 사용한 텍스트 feature로 선택을 한다.

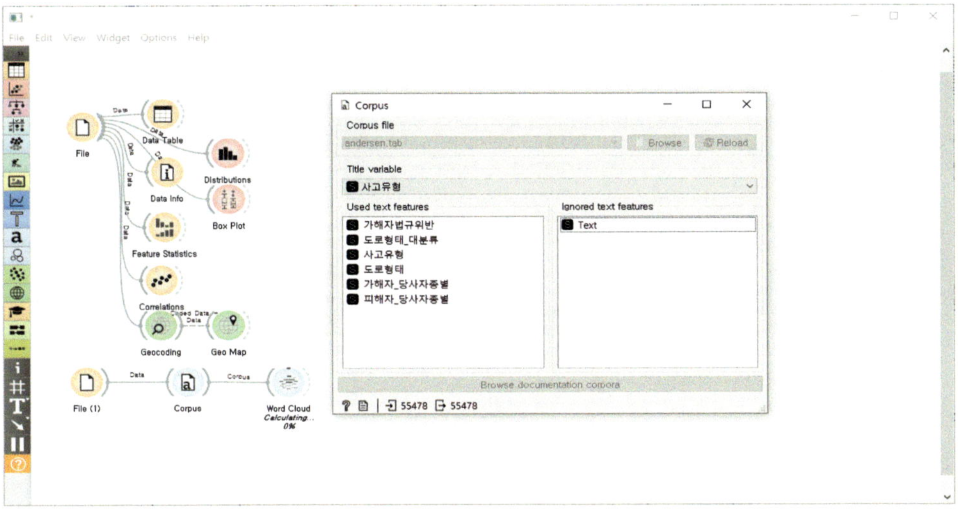

• 부상사고까지 전부 포함한 데이터이다 보니 차대차 사고 비율이 높았던 만큼 승용차(가해, 피해)가 가장 많이 등장한 단어로 집계 되었고 안전운전 의무 불이행이 그 다음으로 많이 나온 단어였다. 어린이가 피해자인 차대차 교통사고의 주된 원인 역시 안전운전 의무 불이행이기 때문에 운전자들에게 사고를 줄이기 위해 경각심과 안전운전의 필요성을 다시금 일깨워줄 필요가 있다.

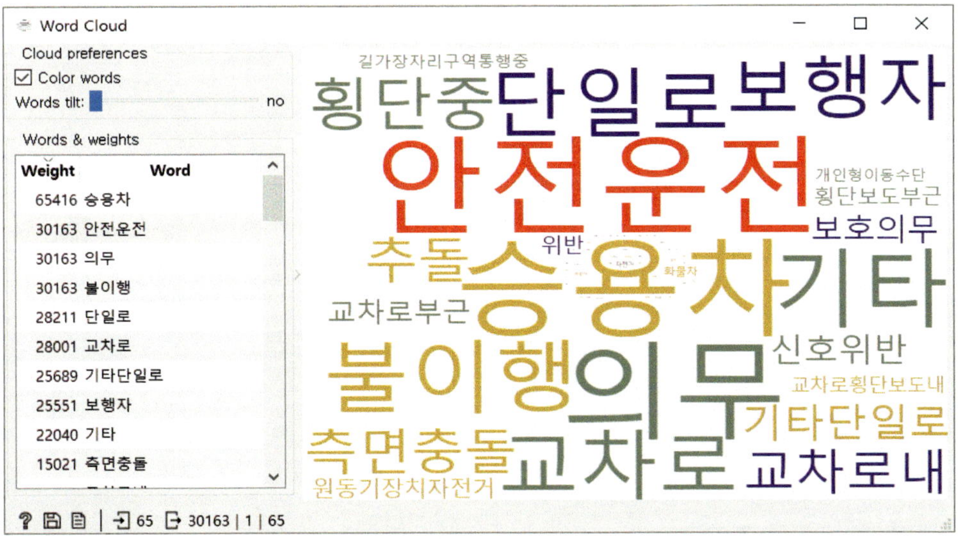

• 마지막으로 개별 교통사고 정보(2017~2019년)파일도 위와 같은 방식으로 데이터를 확인해 본다. 663083개의 인스턴스가 확인되고 33개의 feature와 1개의 메타 속성이 있다는 것을 알 수 있으며 결측값은 없다는 것도 알 수 있다.

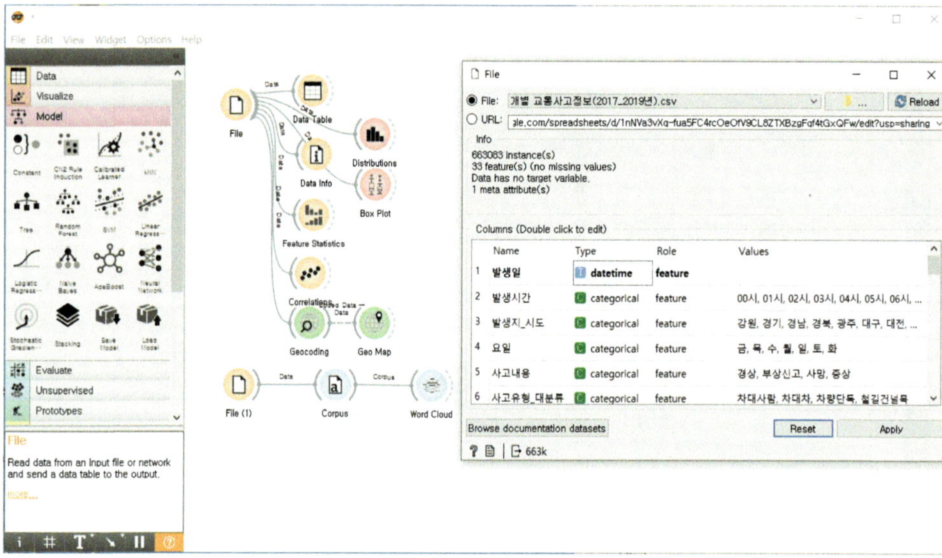

• 데이터 테이블 위젯에서 feature 값들을 확인한다.

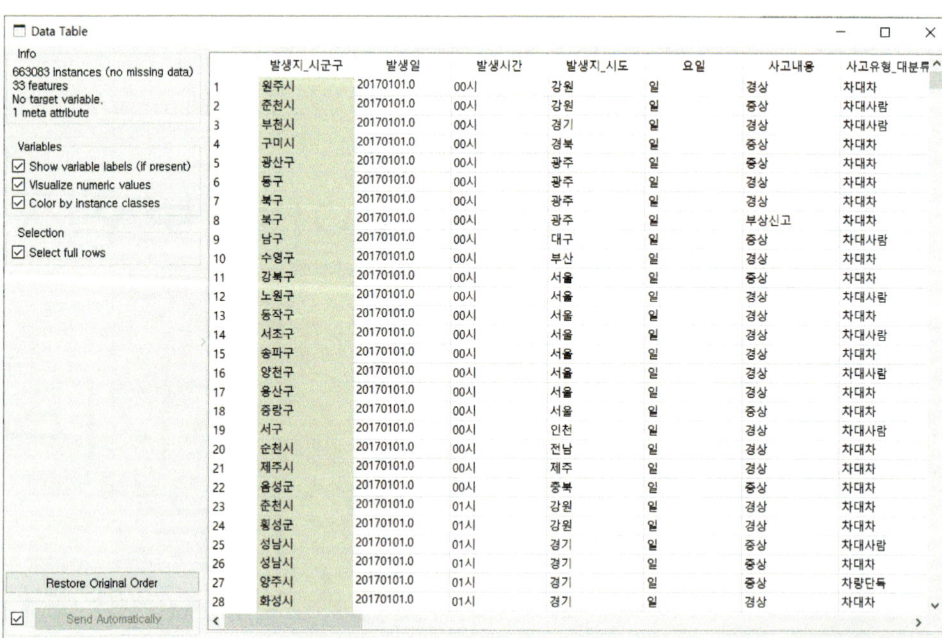

• feature 통계 위젯에서 feature별 대략적인 통계값 및 데이터 분포를 확인한다.

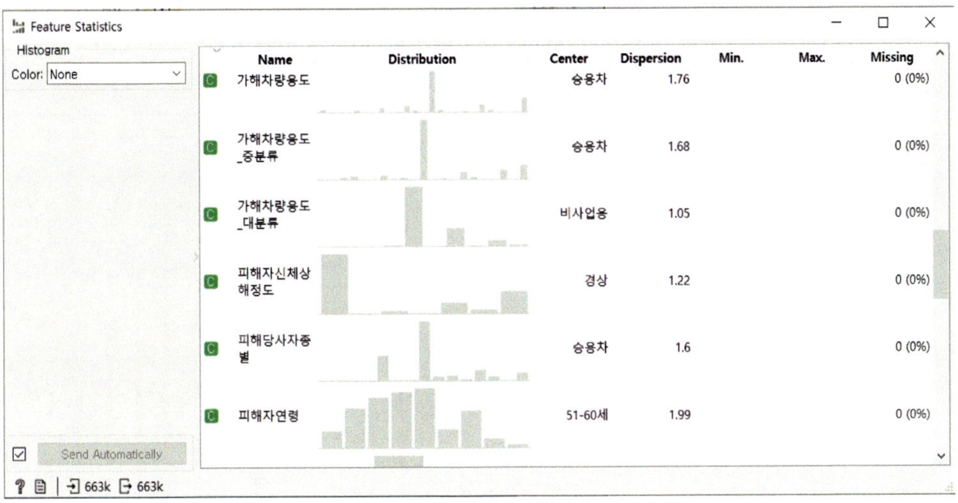

• 상관관계 위젯에서 feature간 피어슨 상관계수와 스피어맨 상관계수를 확인해 본다.

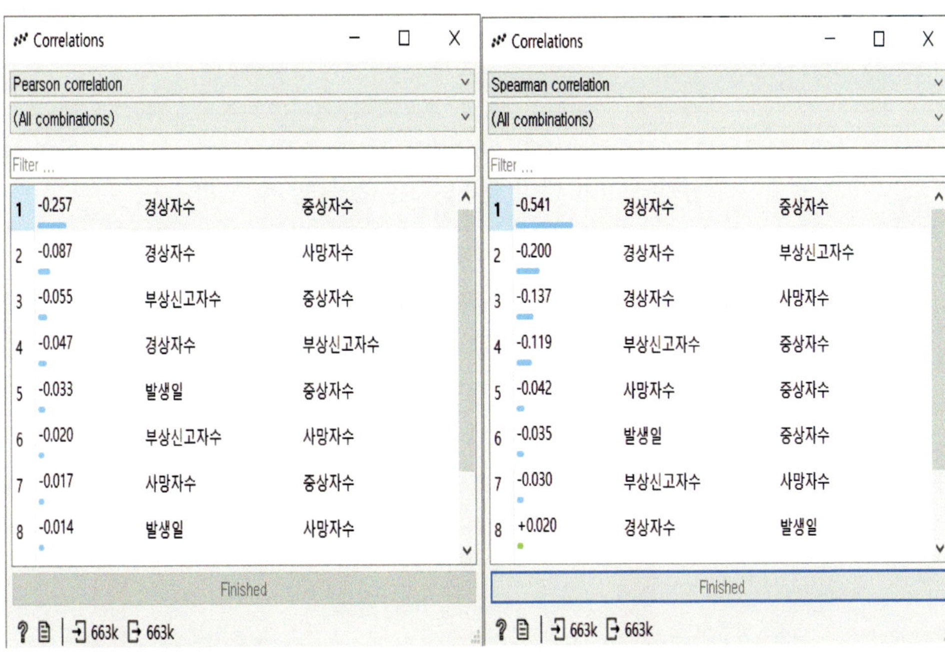

• 데이터 분포에서 변수별 히스토그램을 확인해본다. 이제 대상이 어린이를 포함하여 모든 연령대의 부상이 없는 사고까지 다 포함된 데이터이기 때문에 시간별 사고유형_대분류로 확인해보면 차대차 사고가 여전이 차대사람 사고의 비율보다 매시간 높은 것을 알 수 있다.

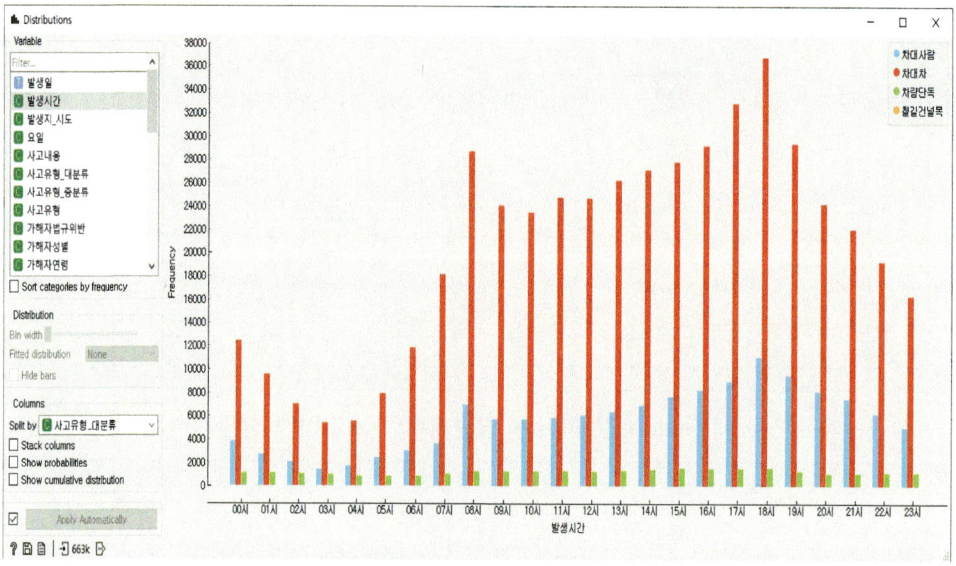

• 사고내용을 사고유형_대분류로 나누어 확인해 본 결과 주로 차대차 사고의 비율이 높고 인명피해 정도가 경상인 사고가 많이 일어난다는 것을 알 수 있다.

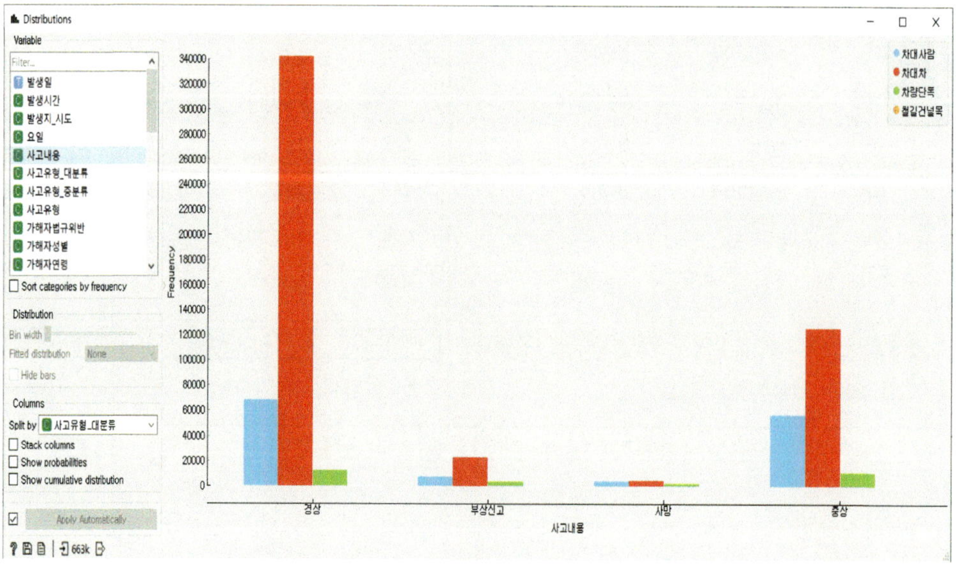

• 사고유형_대분류를 기상상태로 나누어 확인해 본 결과 모든 사고 유형에서 주로 맑은 날 사고가 많이 일어났다. 이는 두 가지로 해석할 수 있는데, 날씨가 좋지 않으면 사람들이 안전에 더욱 주의를 기울이고 다녀서 사고가 적게 나는 경우와 1년 중 맑은 날이 많기 때문에 사고가 일어난 날의 기상상태가 맑은 날인 경우라 할 수 있다.

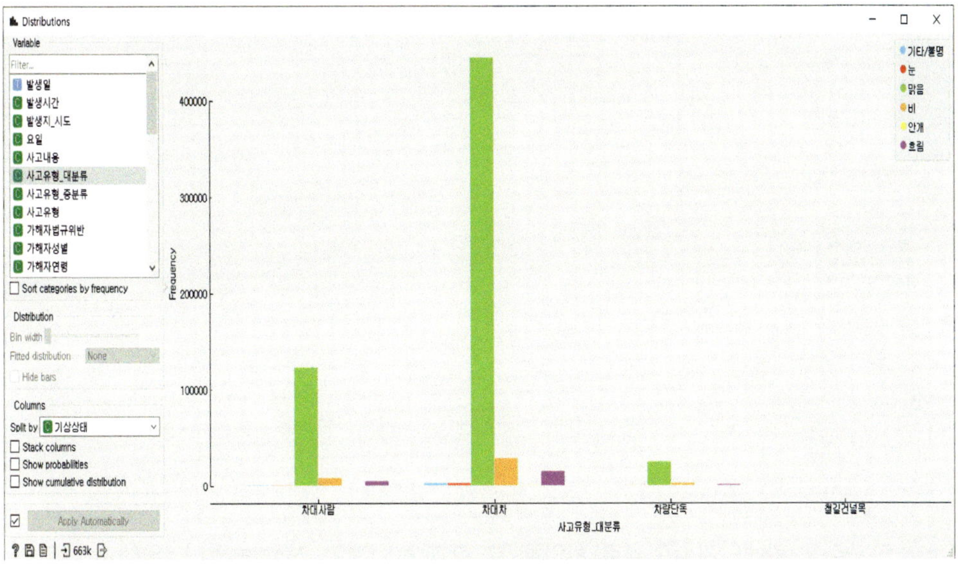

• 가해자연령을 가해자법규위반으로 나누어 확인해 본 결과 가해자 전 연령대에서 안전 의무 불이행으로 사고가 발생하였다는 것을 알 수 있다.

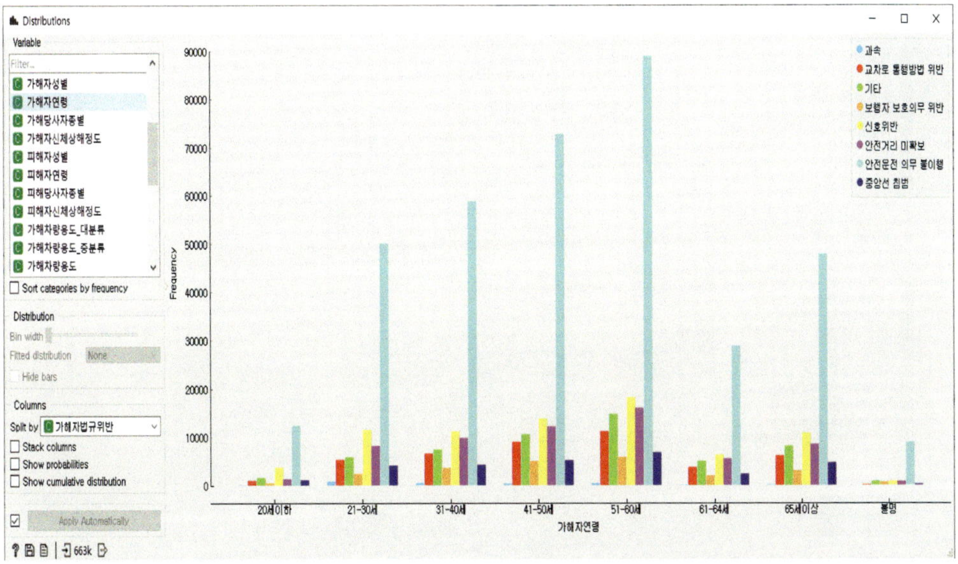

- 박스그림 위젯에서 사망자수를 피해자연령으로 확인해 본 결과 나이가 많을수록 사망사고의 비율이 높았고 특히 65세 이상의 연령대에서 사망자수가 높았다.

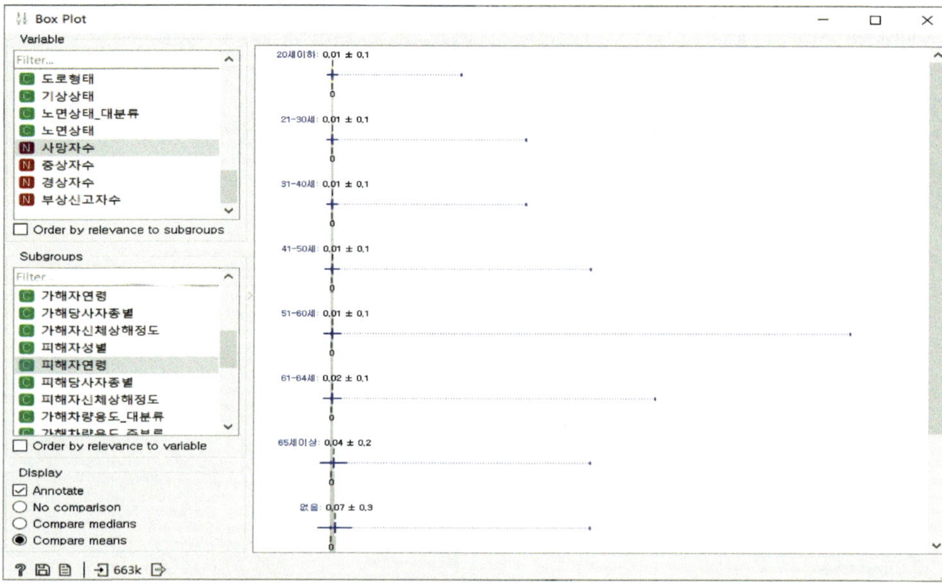

- 사망자수를 피해당사자종별로 확인해 본 결과 농기계가 가장 높았다. 위에서 나타난 65세 이상의 연령대에서 농기계를 운전하다가 교통 사망 사고로 이어진 경우가 많았다고 할 수 있다.

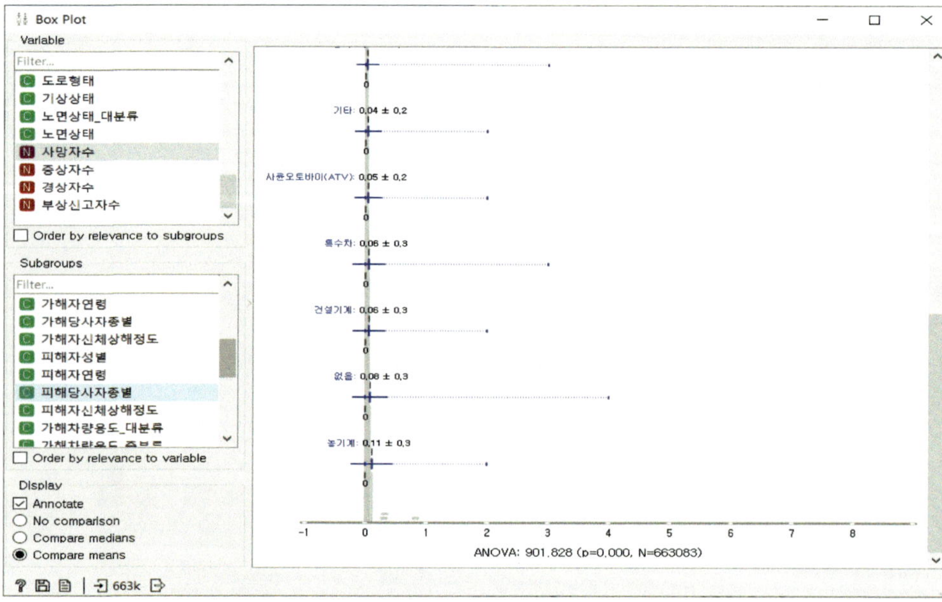

• 텍스트 마이닝으로 데이터를 확인하기 위해 파일위젯에서 해당 파일을 업로드하고 사고유형, 가해자법규위반, 도로종류, 도로형태, 기상상태, 노면상태를 텍스트 유형으로 바꾼 뒤 코퍼스 위젯에서 사용할 텍스트 feature로 선택을 한다.

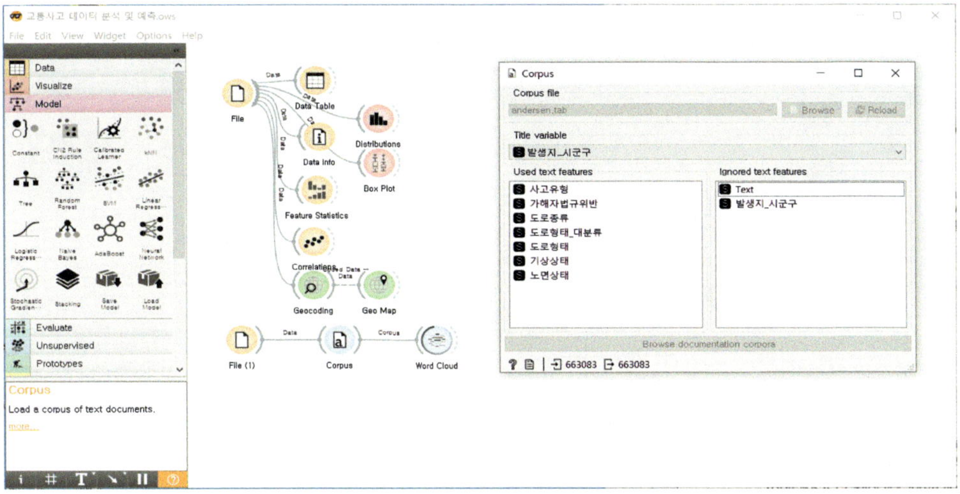

• 전 연령에서 일어난 모든 교통사고가 전부 포함한 데이터에서 기상과 노면 상태의 feature가 있어서 노면 상태가 건조하고 맑은 날 교통사고가 많이 일어난다는 것을 알려주고 있다. 안전운전 의무 불이행이 그 다음으로 많이 나온 단어였다. 모든 교통사고에서 가장 높은 원인 중 하나가 안전운전 의무 불이행으로 나타났다. 이는 바꿔서 생각하면 운전자들이 안전운전 의무를 잘 이행한다면 교통사고 발생률이 줄어들 것이라는 점이다.

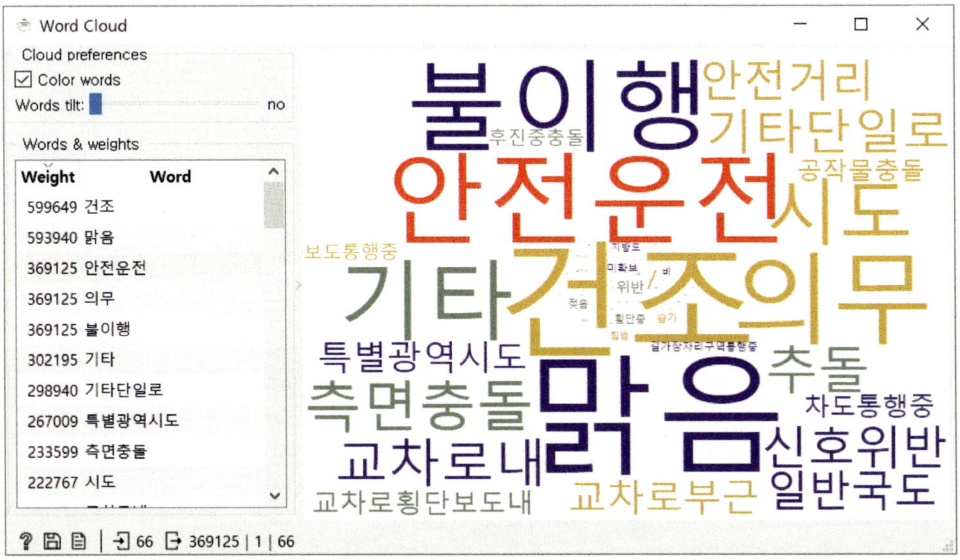

다. AI솔루션 설계

교통사고 데이터를 활용한 안전요소 예측 모델은 어린이용(모델#1)과 운전자용(모델#2)로 설계하여 활용하고자 한다. 교통사고 데이터를 활용한 안전 요소 예측 모델#1, #2의 설계 과정은 아래와 같다.

교통사고 데이터를 활용한 어린이용 안전 요소 예측 모델 #1

활용할 데이터 선택		인공지능 모델 학습		학습한 모델로 예측		예측 결과 활용
어린이 교통사고 데이터를 활용	▶	지도학습 (로지스틱 회귀, SVM, 랜덤포레스트, 에이다부스트, 다층퍼셉트론)을 활용하여 이원 분류 모델로 학습	▶	어린이 교통사고 위험 요인을 예측	▶	예측값을 받아 프로그래밍을 활용하여 어린이 교통 안전 요소 알리미

교통사고 데이터를 활용한 운전자용 안전 요소 예측 모델 #2

활용할 데이터 선택		인공지능 모델 학습		학습한 모델로 예측		예측 결과 활용
교통사고 데이터를 활용	▶	지도학습 (로지스틱 회귀, SVM, 랜덤포레스트, 에이다부스트, 다층퍼셉트론)을 활용하여 이원 분류 모델로 학습	▶	교통사고 위험 요인을 예측	▶	예측값을 받아 프로그래밍을 활용하여 운전자 교통 안전 요소 알리미

라. AI솔루션 개발

- 어린이 교통사고 위험 요인을 예측하기 위한 모델 #1에 어린이 교통사고 현황(2015~2019년) 데이터를 활용한다. 이 중에서도 가장 위험한 사망사고가 발생하기 쉬운 요소를 예측할 수 있는 모델을 개발하고자 한다. 현재 데이터에서는 사망자수의 feature가 있어서 사망사고인지 아닌지로 판단할 수 있는 새로운 클래스를 만들어 준다. 먼저 파일 위젯에서 숫자형으로 되어 있는 사망자수를 범주형으로 변경한 후 적용을 눌러준다.

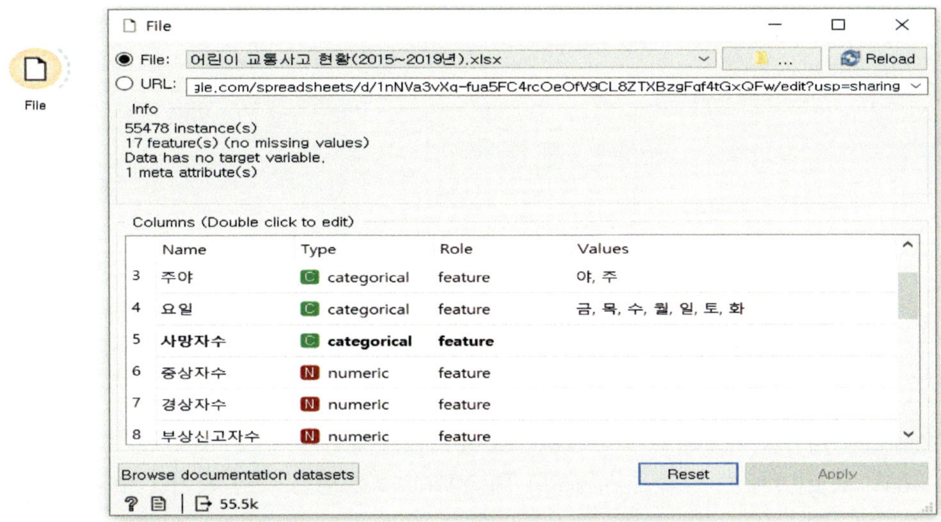

- 데이터 테이블 위젯을 연결하여 사망자수 feature 값을 클릭하여 내림차순으로 feature를 정렬하고 그 값을 확인한다. 최대 사망자수가 2명인 것을 확인할 수 있다.

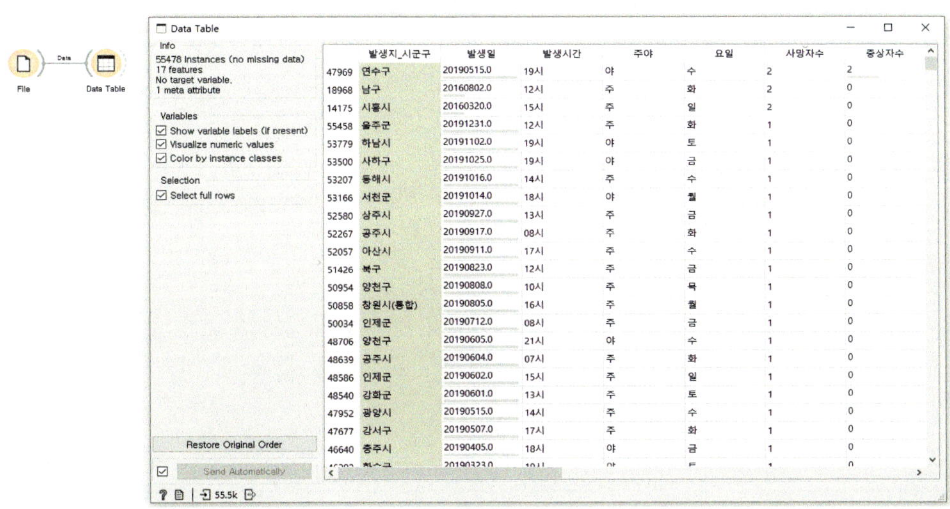

• 클래스 생성 위젯을 파일 위젯에 연결한 후 사망자수 feature를 선택한다. 그리고 0의 값을 가진 데이터는 부상사고로, 나머지 값(1,2)을 가진 데이터는 사망사고로 지정하고 클래스 이름을 사망사고 여부로 적용한다.

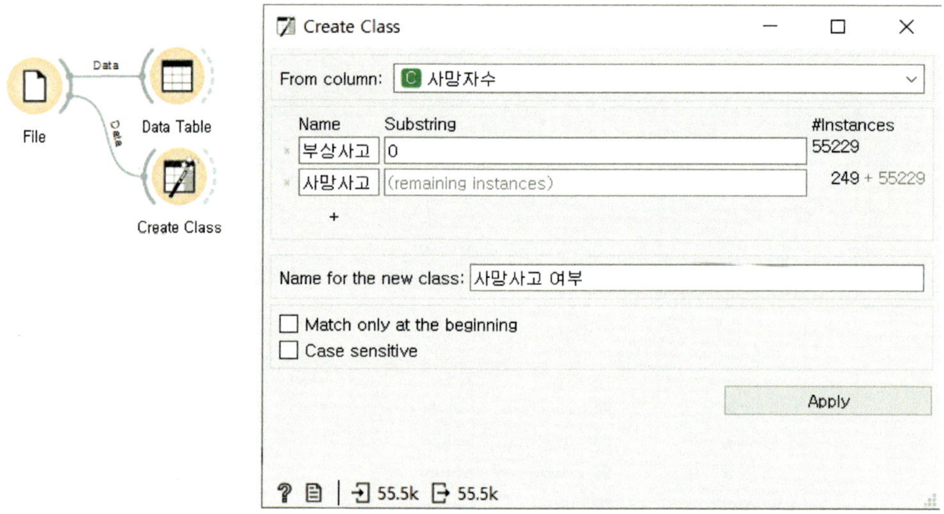

• 데이터 테이블 위젯을 클래스 생성 위젯에 연결하여 열어 본 후 앞서 한 작업이 잘 되었는지 확인한다. 맨 앞쪽에 사망사고 여부 feature가 생긴 것을 확인할 수 있다.

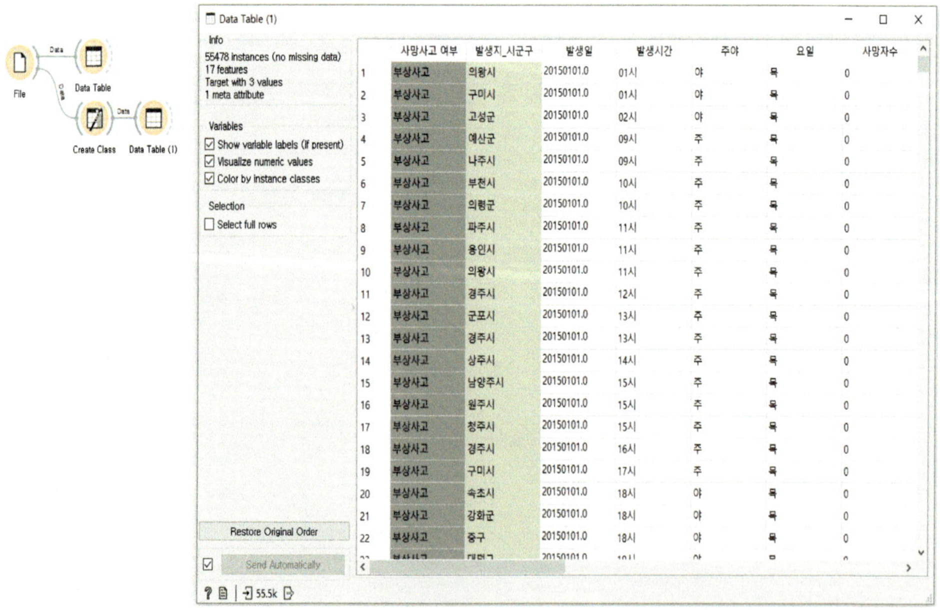

• 열 선택 위젯을 클래스 생성 위젯에 연결하여 예측하고자 하는 타겟은 사망사고 여부로 지정한 후 필요 없는 변수는 왼쪽 칸으로 옮기고 예측에 활용하고자 하는 변수는 features 칸으로 옮겨 준다.

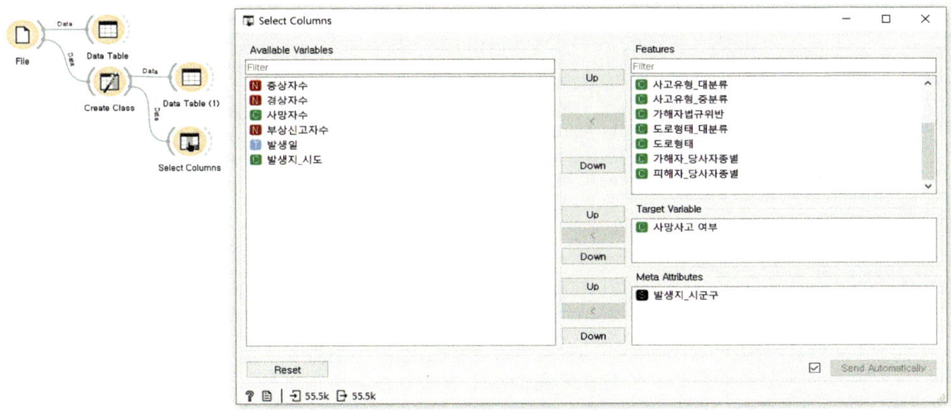

• 테스트 및 점수 위젯을 열 선택 위젯에 연결하고 예측에 활용할 알고리즘을 테스트 및 점수 위젯에 연결해 준다. 여기에서는 로지스틱 회귀, SVM, 랜덤포레스트, 에이다부스트, 뉴럴 네트워크를 활용한다.

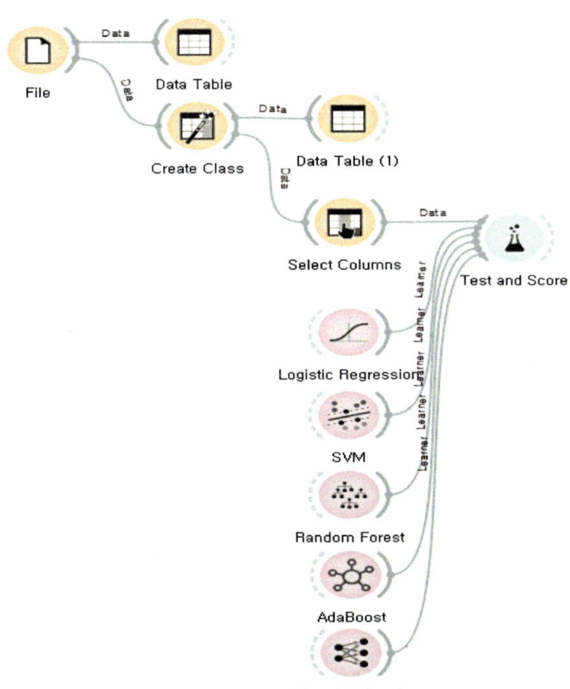

- 테스트 및 점수를 다시 들어가 보면 해당 모델로 학습한 결과를 볼 수 있다. 첫 번째는 교차 검증을 한 결과이다. 가장 분류를 잘 한 모델은 로지스틱 회귀로 CA(분류 정확도)가 99.6%가 나왔고, 그 뒤를 이어 뉴럴 네트워크, 랜덤 포레스트, 에이다 부스트, SVM 순으로 나타났다.

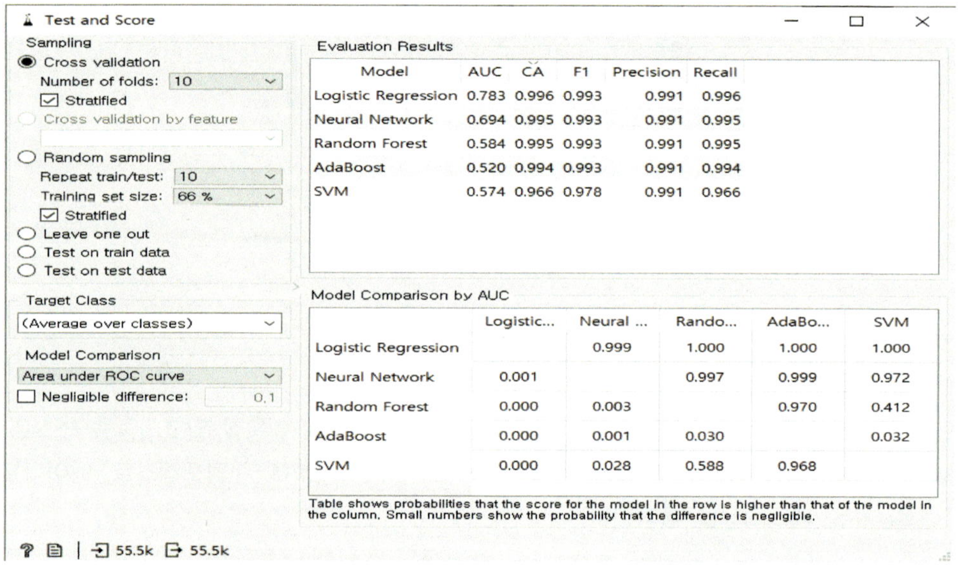

- 두 번째는 랜덤 샘플링으로 검증을 한 결과이다. 가장 분류를 잘한 모델 역시 로지스틱 회귀가 99.5%로 나타났다.

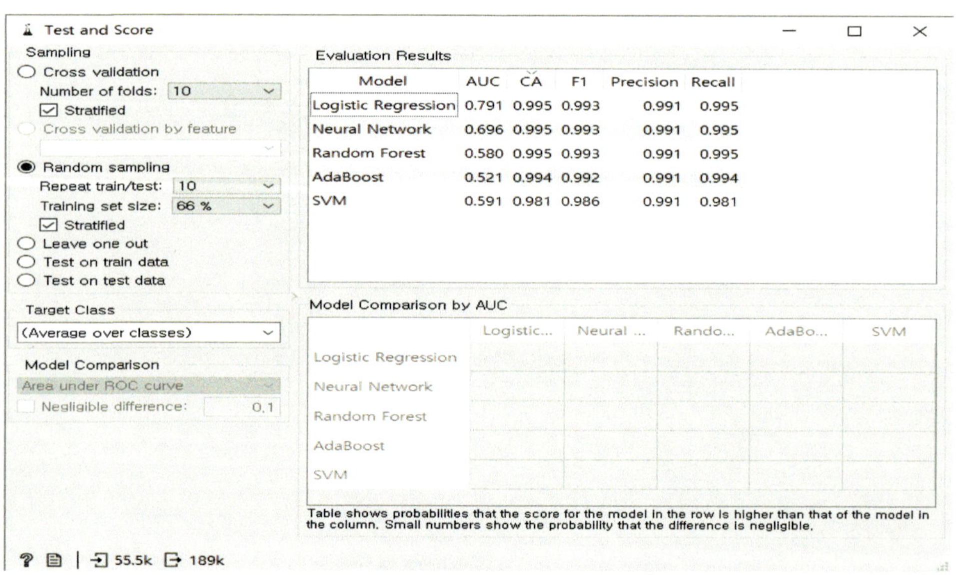

• ROC분석 위젯을 테스트 및 점수 위젯에 연결하여 모델이 실제로 유용한지 알아본다. 사망사고를 타겟으로 하였을 경우 모델별로 그려진 ROC곡선을 볼 수 있다. 좌상단으로 붙은 곡선일수록 더 좋은 분류 성능을 발휘 한다고 본다. 로지스틱 회귀 모델이 가장 좌상단으로 붙어 있으므로 좋은 성능을 발휘한다고 할 수 있다.

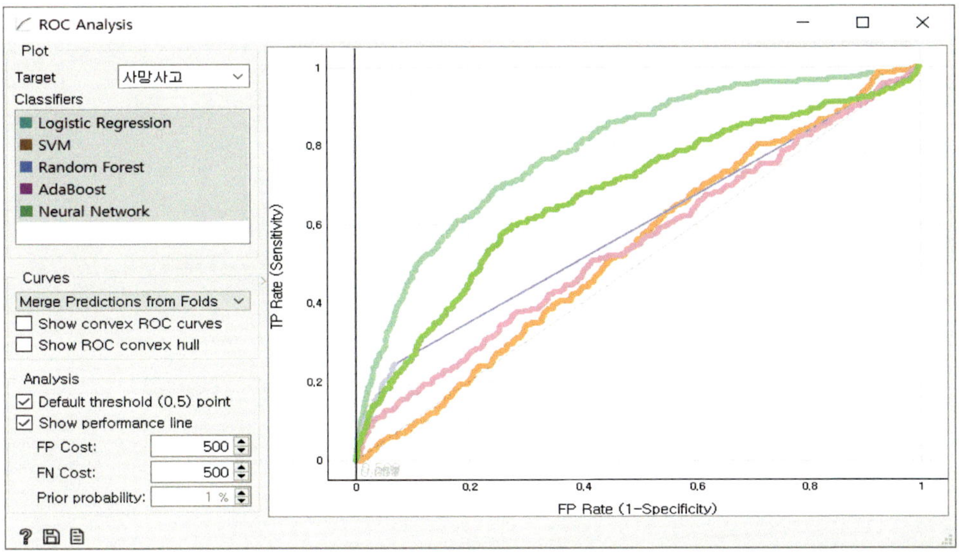

• 부상사고를 타겟으로 하였을 경우 역시 모델별로 그려진 ROC곡선을 볼 수 있다. 여기에서도 로지스틱 회귀 모델이 가장 좌상단으로 붙어 있으므로 좋은 성능을 발휘한다고 할 수 있다.

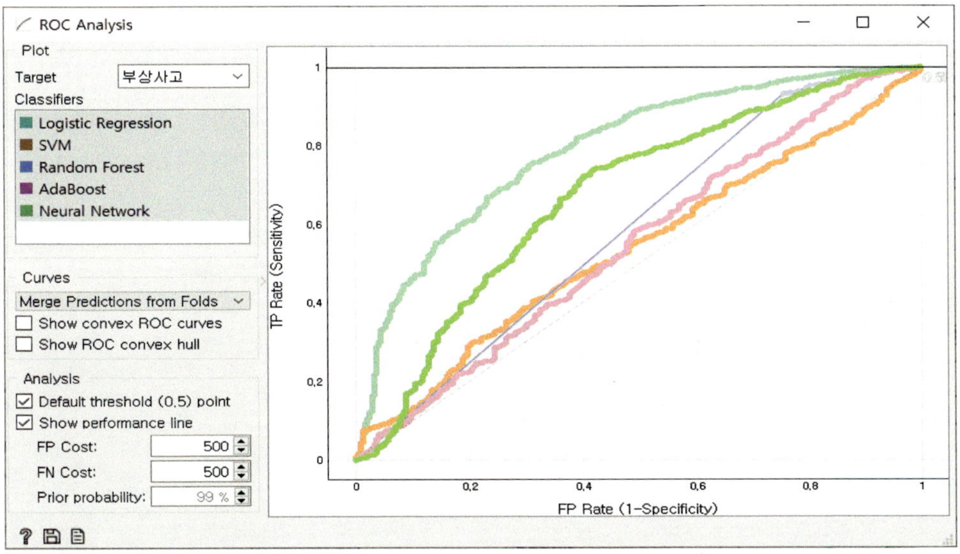

• 혼동행렬 위젯을 테스트 및 점수 위젯에 연결하면 각 모델별로 타켓 값을 어떻게 분류를 했는지 알 수 있다. 실제 데이터의 수와 모델이 예측한 데이터의 수를 확인할 수 있다. 로지스틱 회귀의 분류 정확도가 높았는데 실제로 사망사고는 예측을 제대로 못하고 있는 것을 볼 수 있다. 예를 들어 같은 모델로 암 환자를 진단하는 모델이라고 한다면 암이 아닌 환자도 암이라고 진단할 수 있기 때문에 실제 값을 어떻게 예측하는지 살펴보아야 할 필요가 있다.

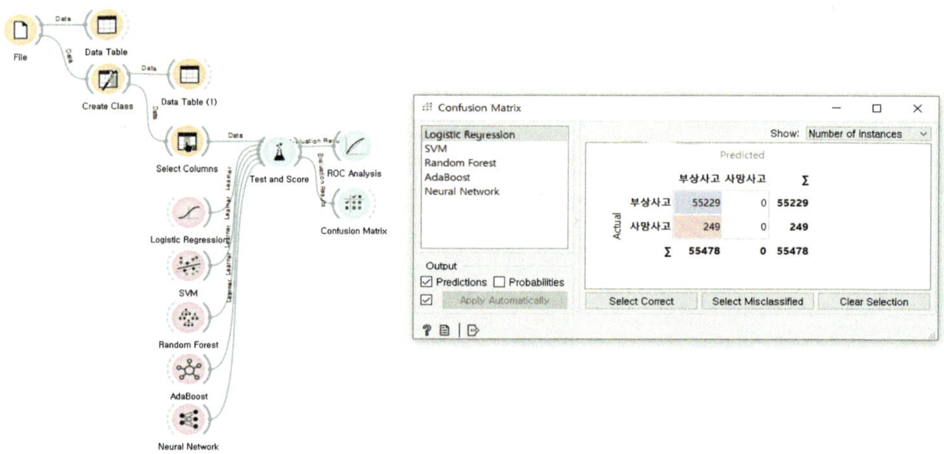

• 이제 가지고 있는 데이터를 훈련 데이터와 검증 데이터로 나누어서 모델이 진짜 잘 예측을 하는지 살펴본다. 열 선택 위젯에 데이터 샘플러 위젯을 연결하여 70%로 데이터를 샘플링한다.

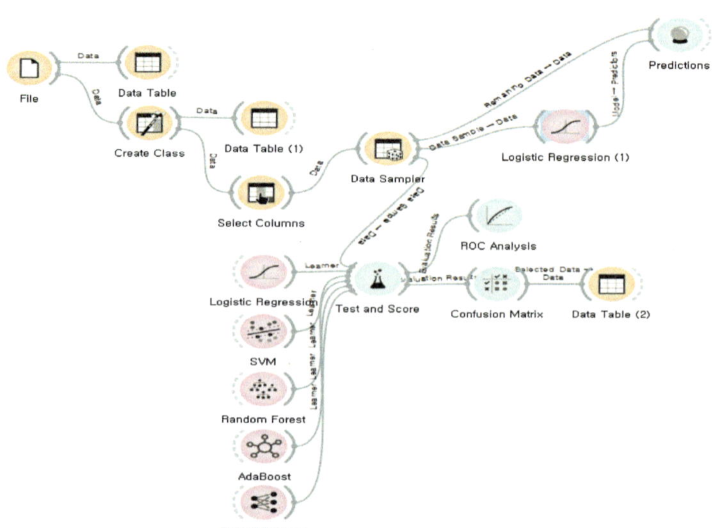

• 예측 위젯을 열어서 검증 데이터를 모델이 어떻게 예측을 하였는지 살펴본다. CA는 99.6% AUC 0.79로 모델이 새로운 데이터를 잘 예측한다는 지표들의 값이 나왔다. 하지만 이전에 문제로 제기한 사망사고를 어떻게 분류했나 살펴 보았더니 아직도 부상사고로 예측을 하였다. 부상사고의 인스턴스의 수가 사망사고의 인스턴스의 수보다 압도적으로 많기 때문에 사망사고를 잘 예측하지는 못하는 상황이 되었다.

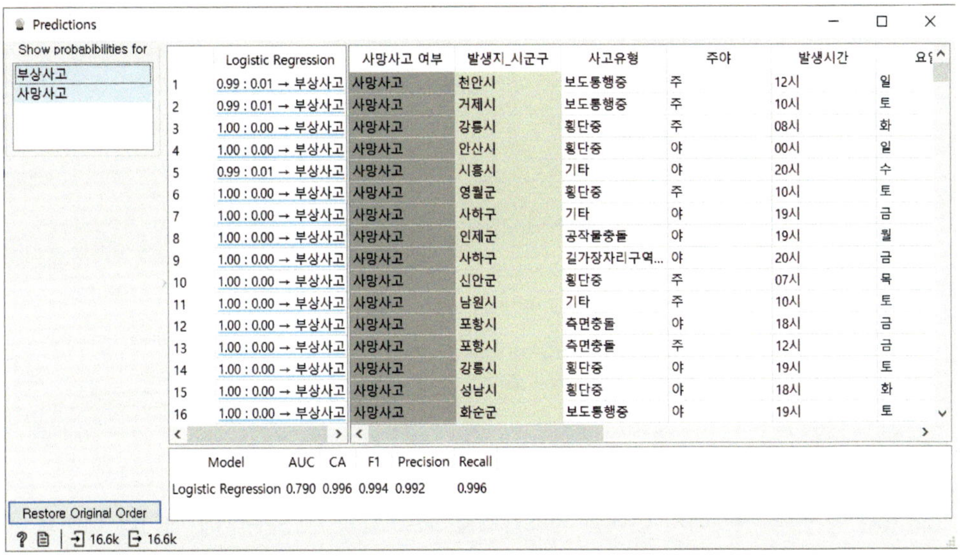

• 이런 경우 열 선택 위젯을 활용하여 클래스별 인스턴스의 비율을 맞춰줄 수 있다. 클래스 생성 위젯에 열 선택 위젯을 연결하고 조건을 입력하면 해당 조건의 행만 추출할 수 있고 그러한 행들을 결합시켜 주는 위젯으로 연결하여 하나의 데이터로 만들어 준다.

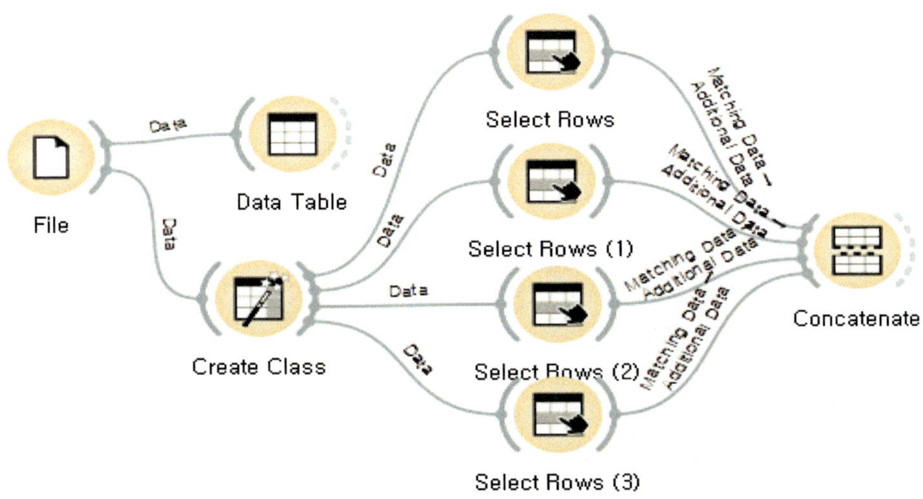

• 첫 번째 행 선택 위젯에서는 사망사고로 구분되어 있는 249개의 인스턴스를 가져온다. 두 번째 행 선택 위젯에서는 중상자수를 기준으로 49개의 인스턴스, 세 번째 행 선택 위젯에서는 경상자수를 기준으로 91개의 인스턴스, 네 번째 행 선택 위젯에서는 부상신고자수를 기준으로 112개의 인스턴스를 가져온다.

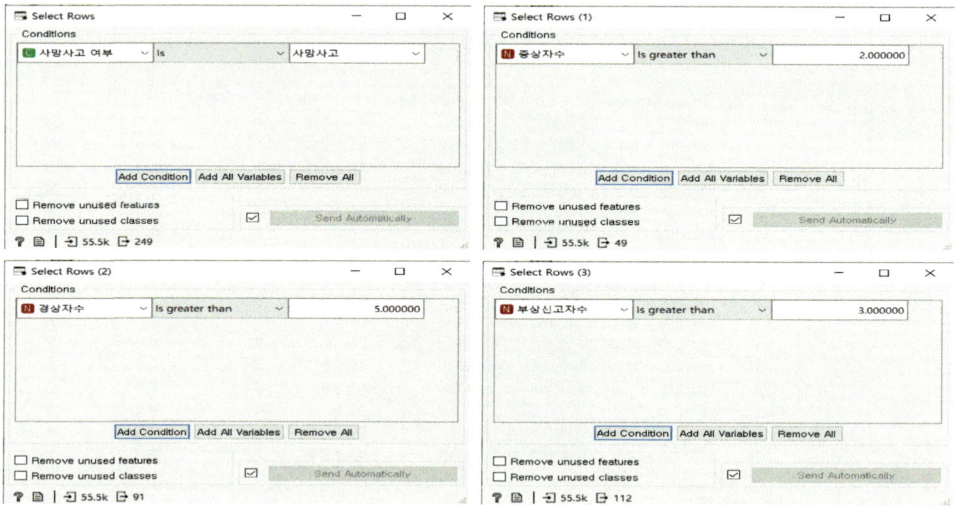

• 4가지 행 선택 위젯에서 선택한 인스턴스를 모두 합쳐 주는 위젯에 데이터 테이블 위젯을 연결하여 앞서 선택한 인스턴스들이 잘 합쳐져 있는지 확인해 본다.

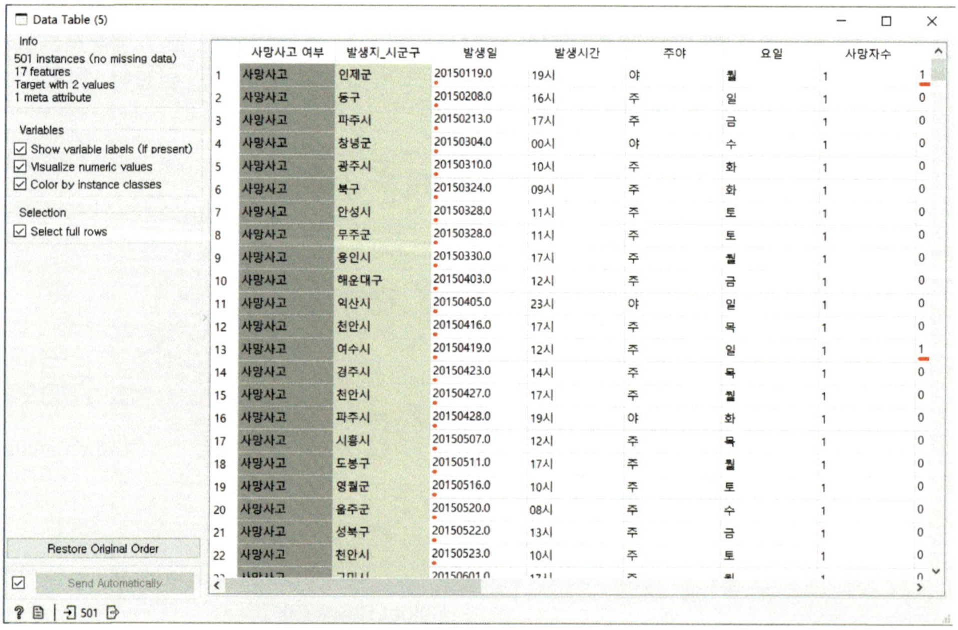

• 행 선택 위젯을 붙여주어 앞서 많이 지정되어 있던 feature를 조정할 수 있도록 한다.

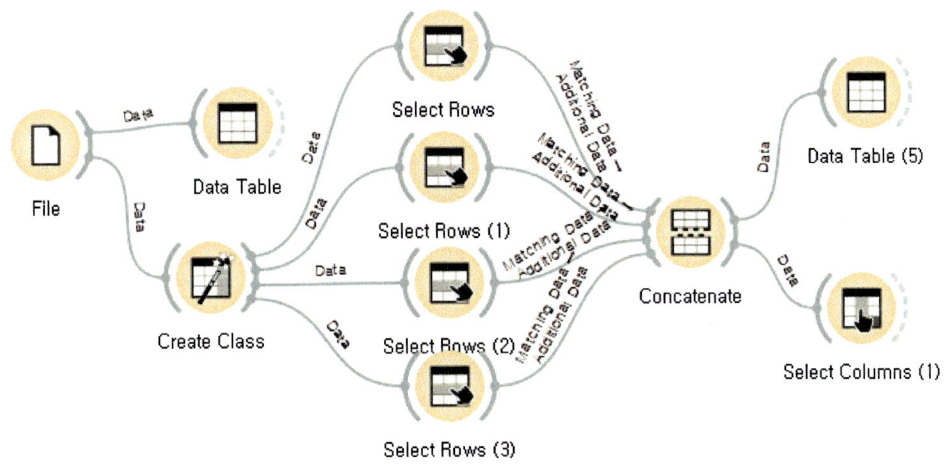

• 열 선택 위젯에서 사망사고 인스턴스도 잘 분류해 줄 수 있는 feature를 찾아본다. 어느 feature가 예측을 위해 필요할지 선택하기 어려운 경우 최소한의 feature만 남기고 변수를 정리해 준다.

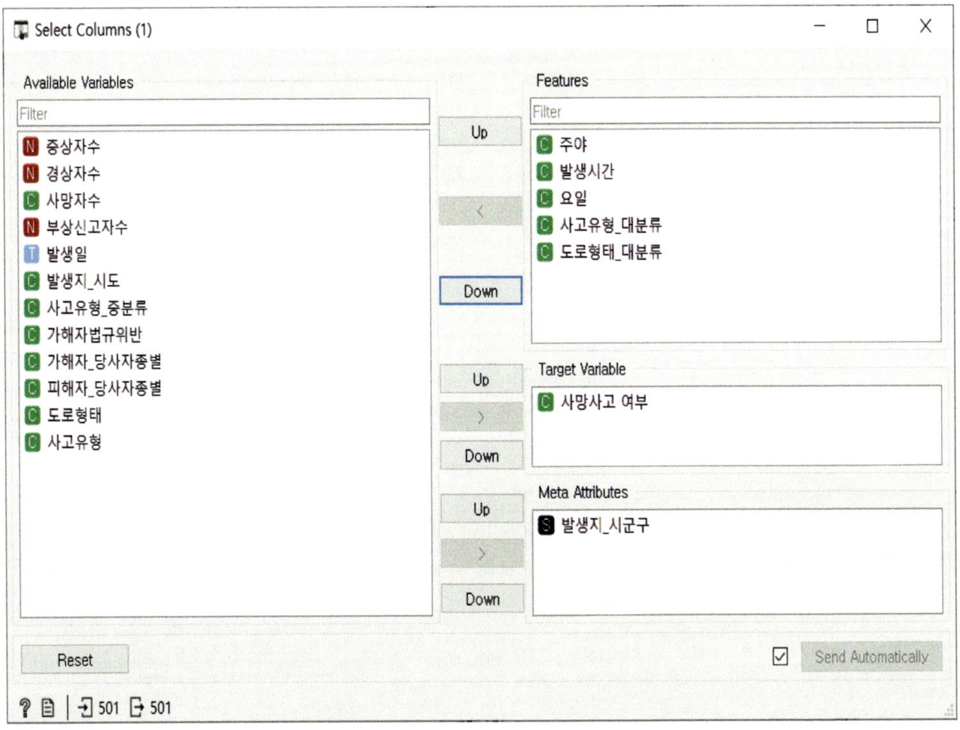

• 이후 처리된 데이터를 데이터 샘플러 위젯에 연결하여 기존 모델에 적용되도록 한다.

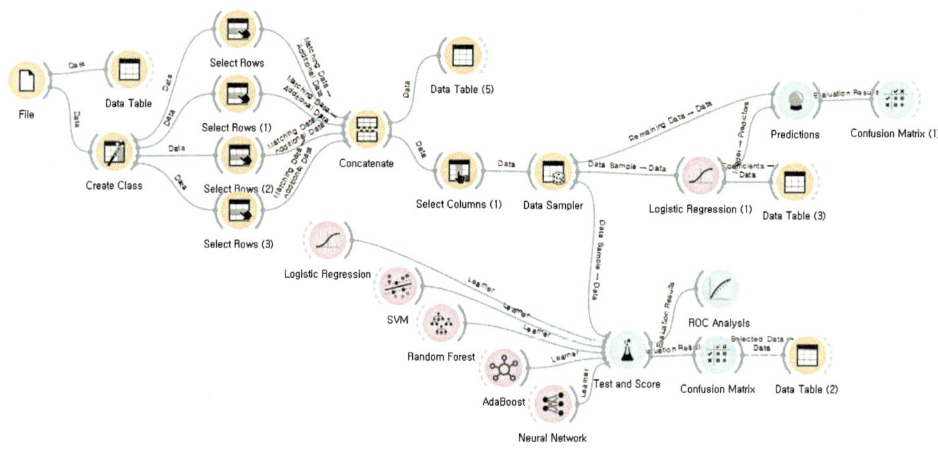

• 테스트 및 점수 위젯을 열어 모델별 성능 수치를 확인해 본다. 로지스틱 회귀 모델이 81.5%의 정확도를 보여 가장 잘 분류한 것으로 나타났다. 이전보다 데이터가 많이 줄어서 정확도 수치가 낮아졌지만 AUC는 오히려 높아졌기 때문에 더 높은 성능이 예상된다.

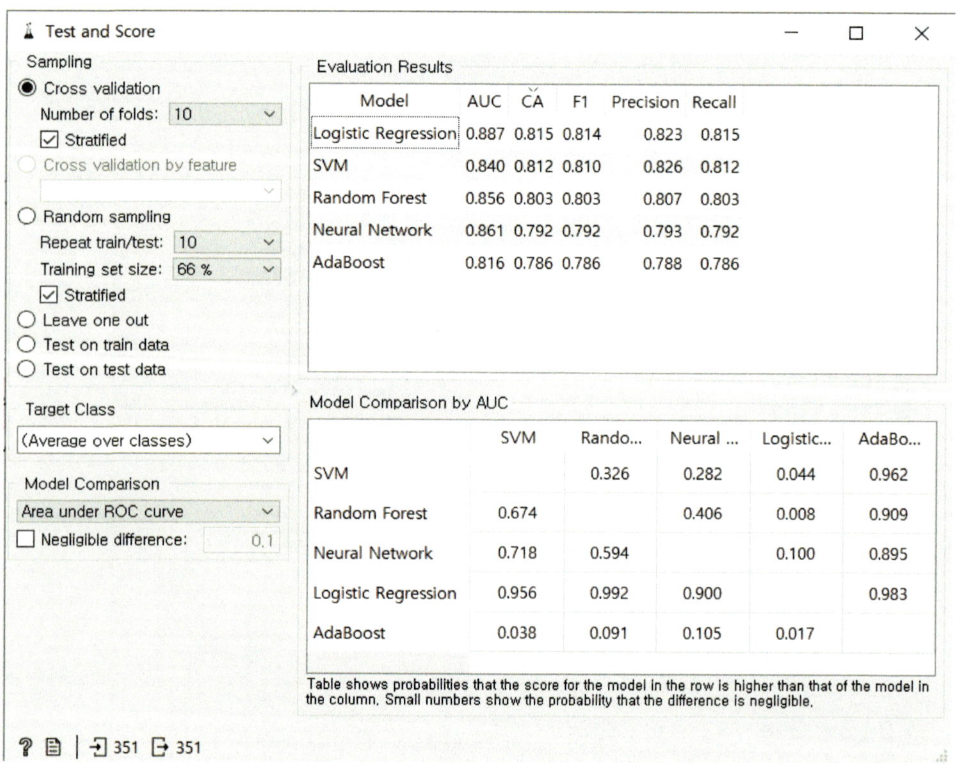

Evaluation Results

Model	AUC	CA	F1	Precision	Recall
Logistic Regression	0.887	0.815	0.814	0.823	0.815
SVM	0.840	0.812	0.810	0.826	0.812
Random Forest	0.856	0.803	0.803	0.807	0.803
Neural Network	0.861	0.792	0.792	0.793	0.792
AdaBoost	0.816	0.786	0.786	0.788	0.786

Model Comparison by AUC

	SVM	Rando...	Neural ...	Logistic...	AdaBo...
SVM		0.326	0.282	0.044	0.962
Random Forest	0.674		0.406	0.008	0.909
Neural Network	0.718	0.594		0.100	0.895
Logistic Regression	0.956	0.992	0.900		0.983
AdaBoost	0.038	0.091	0.105	0.017	

Table shows probabilities that the score for the model in the row is higher than that of the model in the column. Small numbers show the probability that the difference is negligible.

- 사망사고를 잘 분류하지 못했던 문제 상황을 확인하기 위해 혼동 행렬을 열어 그 부분이 해결되었는지 확인해 본다. 가장 정확도가 높았던 로지스틱 회귀 기준으로 실제 부상사고 173건 중 154건을 부상사고로 예측하였고 사망사고 178건 중 132건을 사망사고로 올바르게 예측하여 분류한 것을 볼 수 있다.

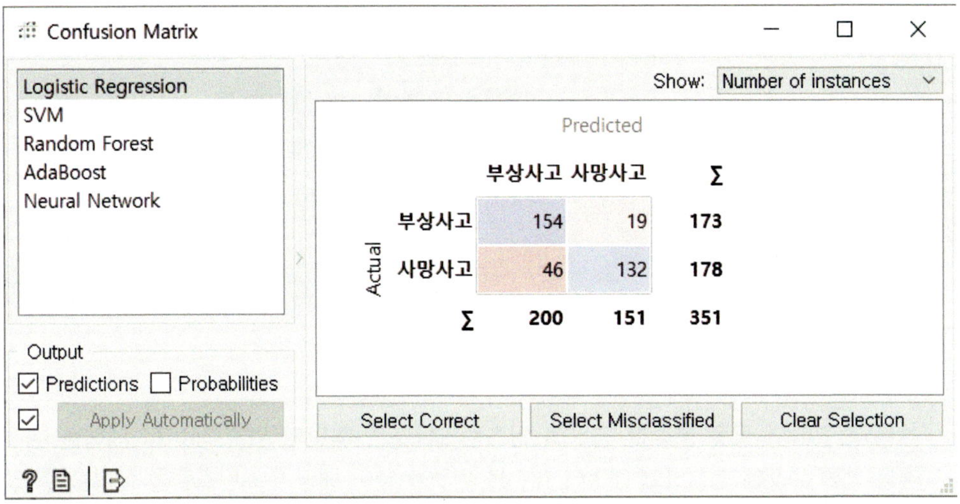

- 검증 데이터로 로지스틱 회귀 위젯으로 예측을 한 결과도 예측 위젯을 열어 살펴본다. 분류 정확도는 78.7%, AUC 0.854로 성능이 테스트 데이터로 훈련 시켰던 것과 비슷하게 나왔다.

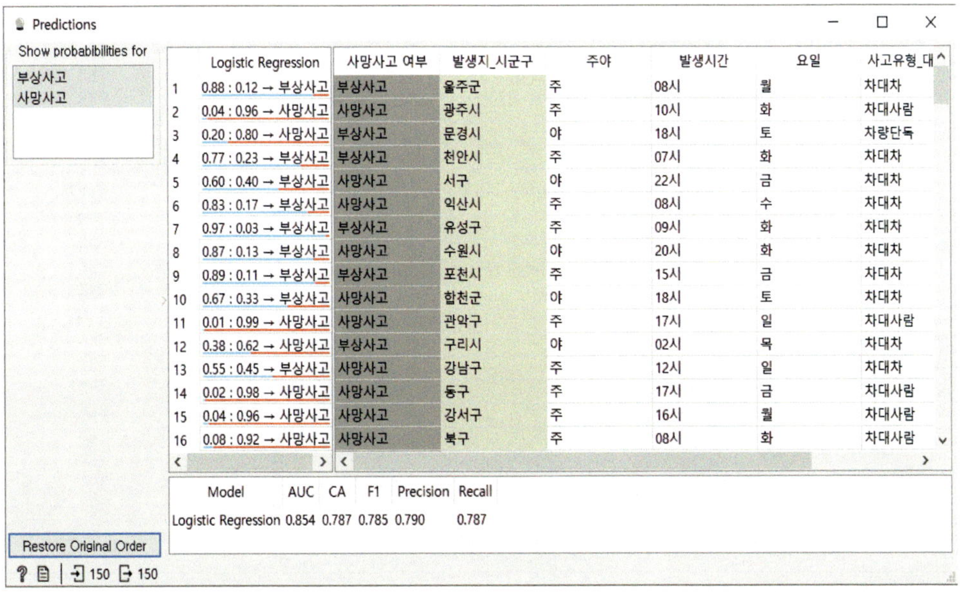

• 혼동 행렬 위젯을 열어 클래스별 예측 결과를 확인해 본다.

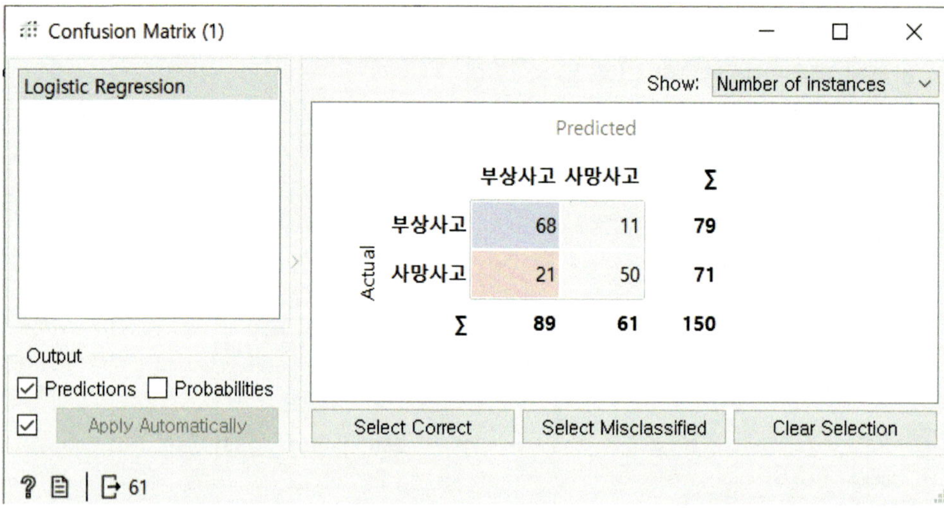

• 혼동 행렬에서 잘못 분류한 경우의 인스턴스를 확인해보기 위해 데이터 테이블 위젯을 혼동 행렬 위젯에 연결하고 데이터 테이블 위젯을 열어 해당 인스턴스들을 살펴볼 수 있다.

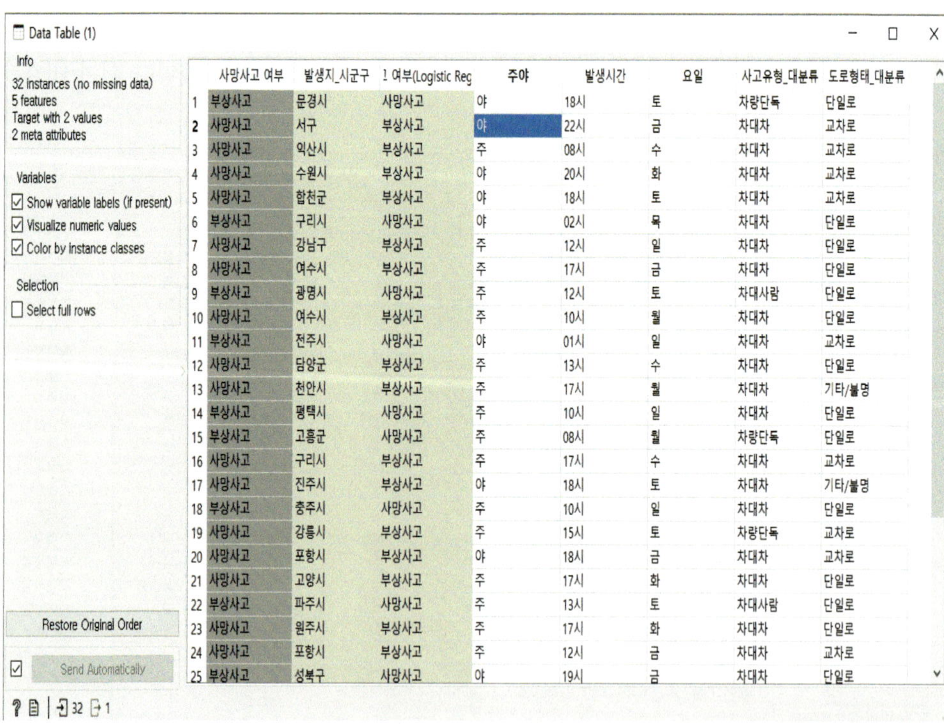

• 예측 위젯과 연결된 로지스틱 회귀 위젯에 데이터 테이블 위젯을 연결하면 로지스틱 회귀의 회귀계수를 확인할 수 있다. 각 데이터 인스턴스의 요소별로 회귀계수와 절편 값이 나오기 때문에 이를 활용하면 다른 플랫폼에서도 여기에서 학습한 모델을 활용할 수 있다.

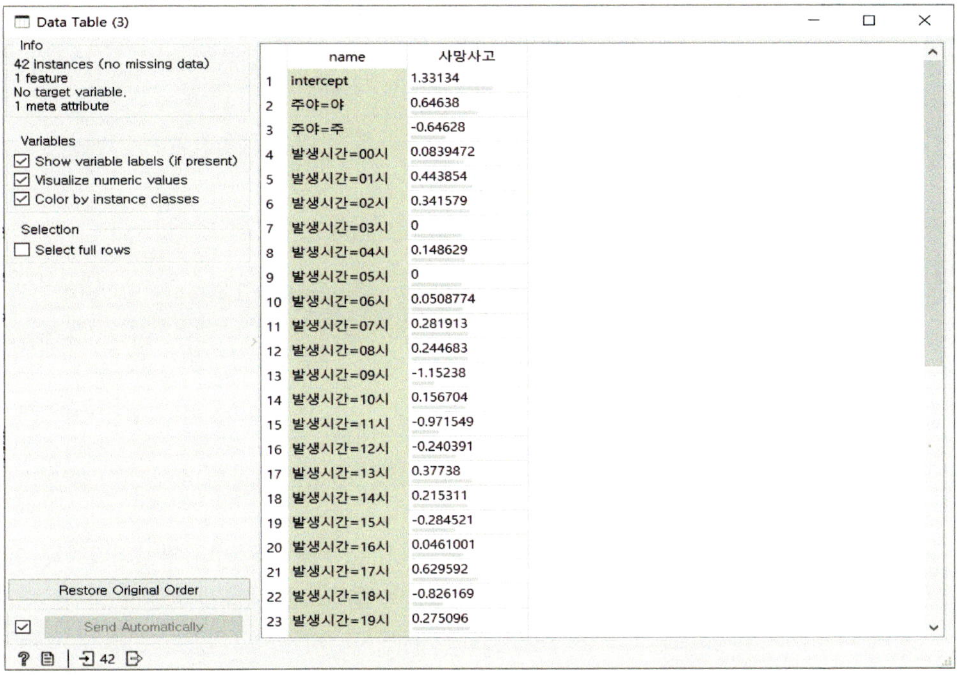

	name	사망사고
1	intercept	1.33134
2	주야=야	0.64638
3	주야=주	-0.64628
4	발생시간=00시	0.0839472
5	발생시간=01시	0.443854
6	발생시간=02시	0.341579
7	발생시간=03시	0
8	발생시간=04시	0.148629
9	발생시간=05시	0
10	발생시간=06시	0.0508774
11	발생시간=07시	0.281913
12	발생시간=08시	0.244683
13	발생시간=09시	-1.15238
14	발생시간=10시	0.156704
15	발생시간=11시	-0.971549
16	발생시간=12시	-0.240391
17	발생시간=13시	0.37738
18	발생시간=14시	0.215311
19	발생시간=15시	-0.284521
20	발생시간=16시	0.0461001
21	발생시간=17시	0.629592
22	발생시간=18시	-0.826169
23	발생시간=19시	0.275096

• 데이터 저장 위젯을 데이터 테이블 위젯에 연결하여 회귀 계수를 별도의 파일로 저장하면 추후 활용할 수 있다.

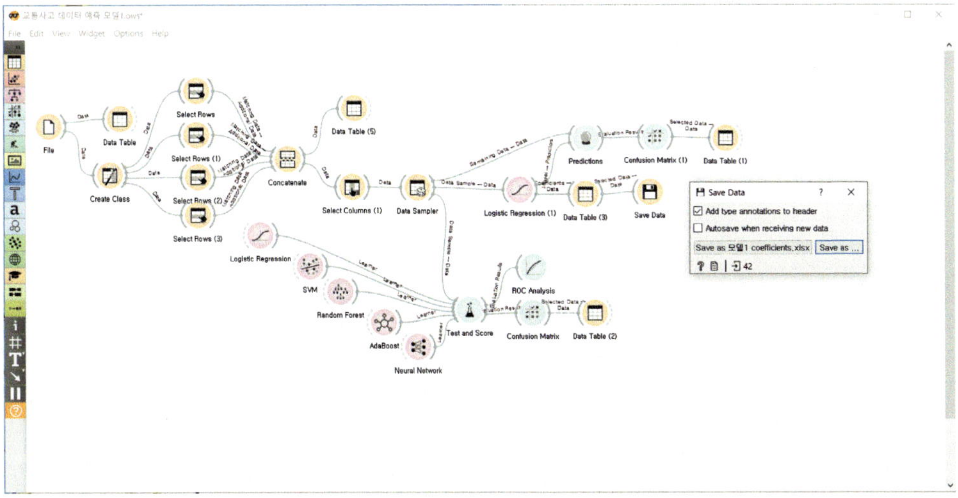

• 운전자용 교통사고 위험 요인을 예측하기 위한 모델 #2에는 개별 교통사고정보(2017~2019년) 데이터를 활용한다. 이 중에서도 가장 위험한 사망사고가 발생하기 쉬운 요소를 예측할 수 있는 모델을 개발하고자 한다.

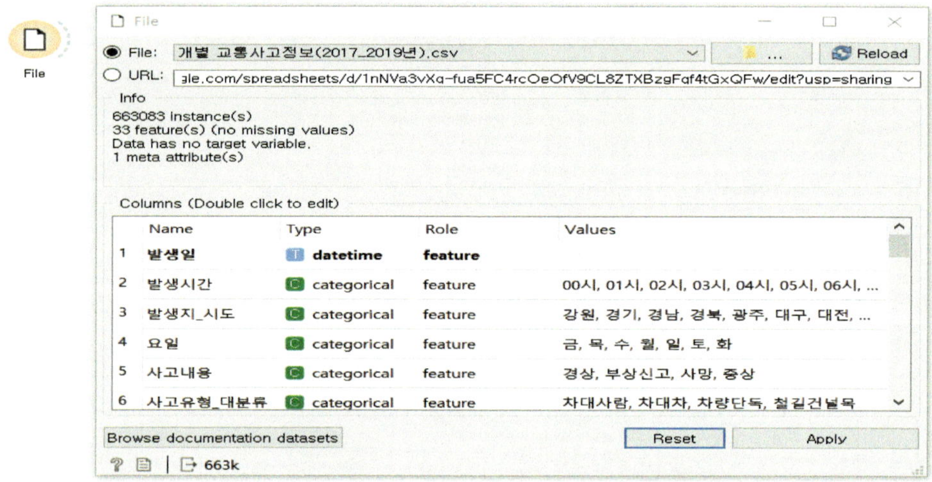

• 사고내용의 값들이 경상, 부상신고, 사망, 중상이기 때문에 사망이냐 부상이냐 이원 분류 모델이 될 수 있도록 클래스 생성 위젯을 연결하여 클래스를 새롭게 생성해 준다. 사고내용의 사망을 사망사고로 그 외는 부상사고로 지정한다. 사망사고의 인스턴스가 10955개, 부상사고는 652128개로 파악이 된다.

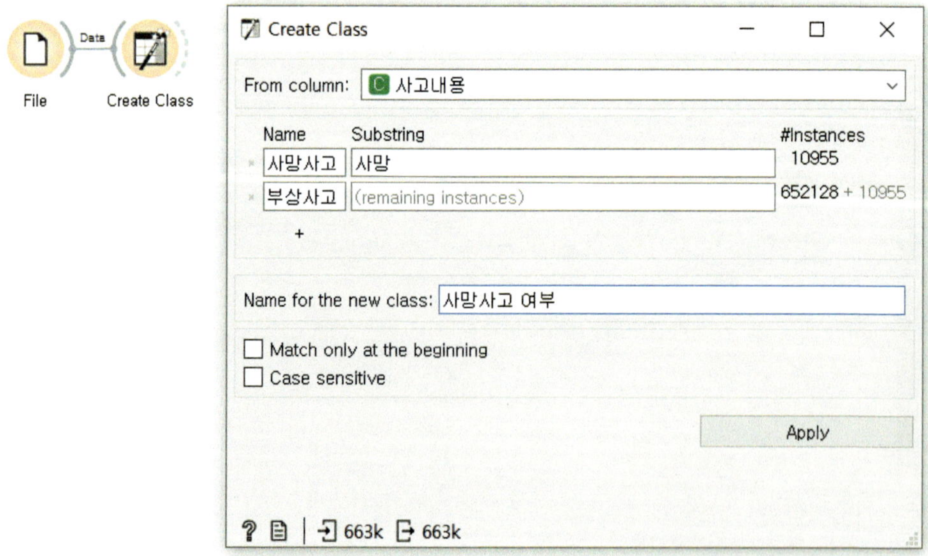

• 열 선택 위젯을 클래스 생성에 연결하고 주요한 변수들만 feature로 설정을 해 준다.

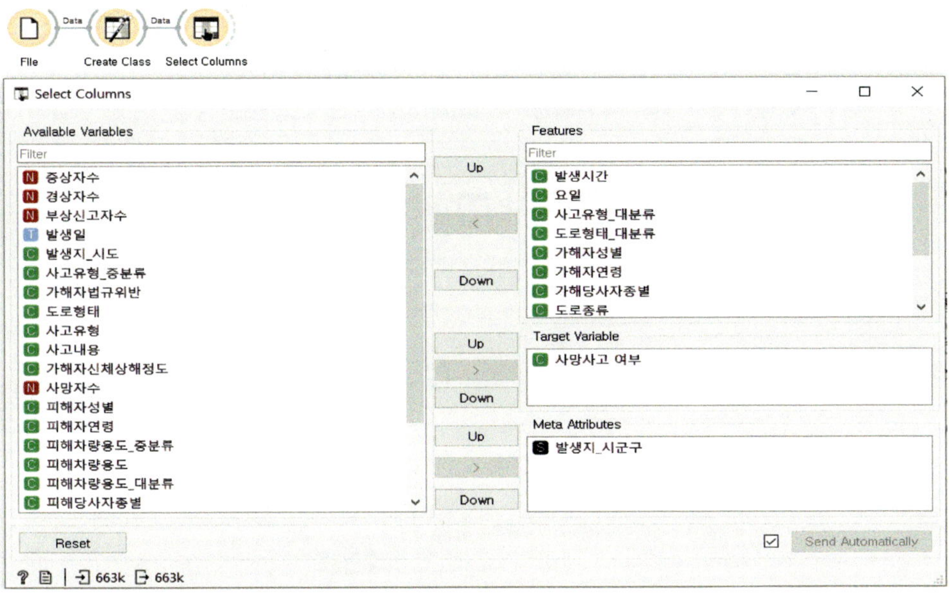

• 데이터 샘플러 위젯을 연결하여 70%만 샘플링하여 모델을 훈련용으로 활용하고 나머지 30%는 검증 데이터로 활용한다.

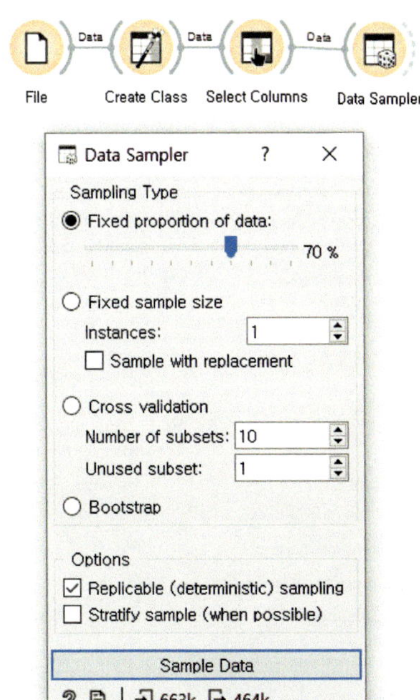

• 데이터 샘플러 위젯에 테스트 및 점수 위젯과 5가지 모델(로지스틱 회귀, SVM, 랜덤포레스트, 에이다부스트, 뉴럴 네트워크)을 연결하여 학습 결과를 확인해 본다. 이번 데이터의 인스턴스가 70% 샘플링을 해도 약 46만 4천개이기 때문에 오렌지3에서 이렇게 큰 데이터를 처리하는 데에 시간이 꽤 소요된다. 그래서 대안은 샘플링을 우선 적게 하여 모델의 성능을 먼저 알아보고 필요시 샘플링 퍼센트를 늘려가면서 모델을 학습시키는 방법이 있다.

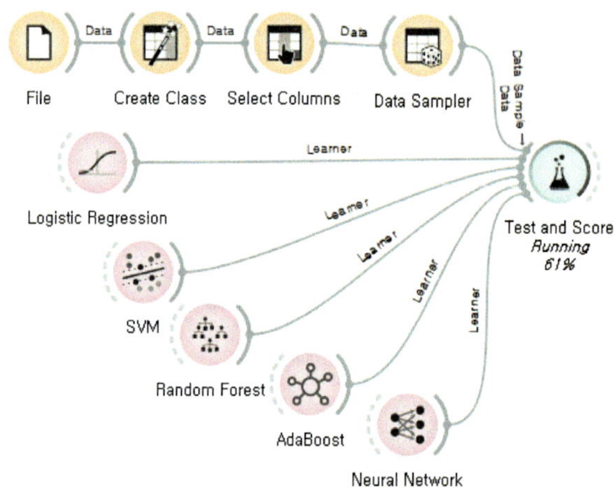

• 테스트 및 점수 위젯을 열어 모델별 테스트 결과를 확인해 본다. 뉴럴 네트워크와 로지스틱 회귀의 정확도가 높게 나타났다. AUC까지 같이 참고하면 로지스틱 회귀가 가장 좋은 성능을 발휘할 것으로 예상이 된다.

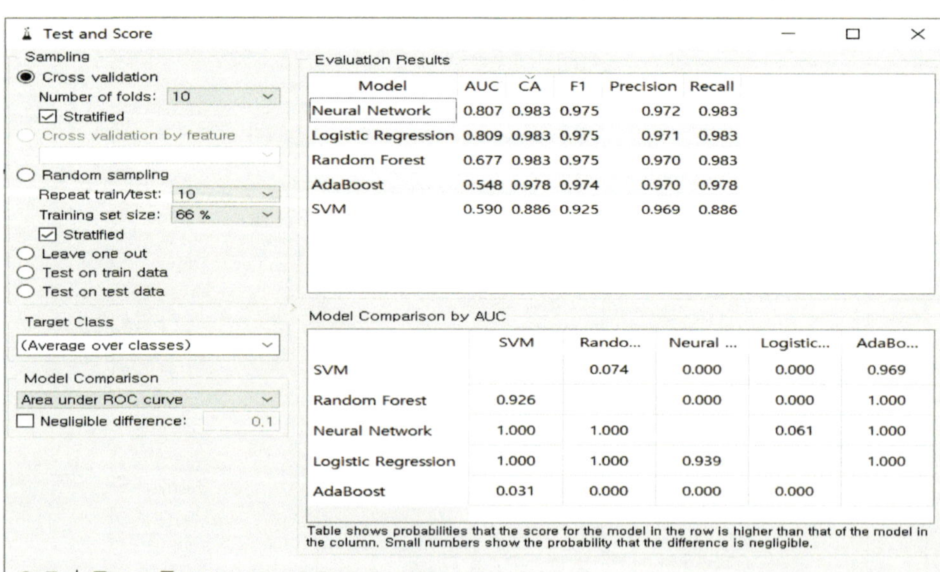

Model	AUC	CA	F1	Precision	Recall
Neural Network	0.807	0.983	0.975	0.972	0.983
Logistic Regression	0.809	0.983	0.975	0.971	0.983
Random Forest	0.677	0.983	0.975	0.970	0.983
AdaBoost	0.548	0.978	0.974	0.970	0.978
SVM	0.590	0.886	0.925	0.969	0.886

	SVM	Rando...	Neural ...	Logistic...	AdaBo...
SVM		0.074	0.000	0.000	0.969
Random Forest	0.926		0.000	0.000	1.000
Neural Network	1.000	1.000		0.061	1.000
Logistic Regression	1.000	1.000	0.939		1.000
AdaBoost	0.031	0.000	0.000	0.000	

• 혼동 행렬 위젯을 살펴보니 데이터 인스턴스의 비율이 부상사고 쪽이 많아서 사망사고를 제대로 예측하지 못하고 있음이 발견된다. 이번에도 클래스별 인스턴스 비율을 맞춰서 모델의 성능을 조금 더 올려본다.

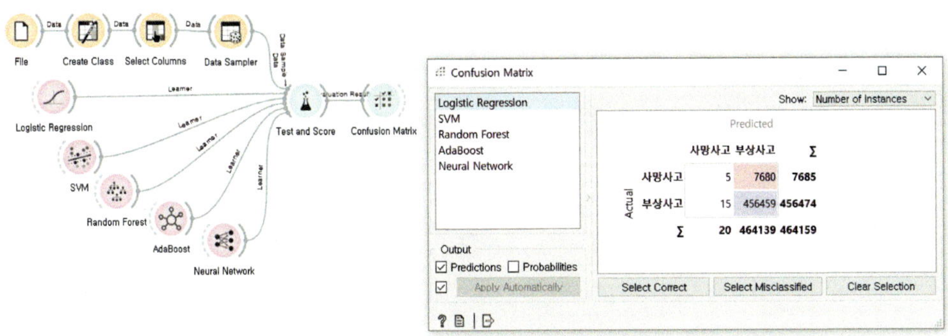

• 앞에 있는 데이터 샘플러 위젯에서 10%의 데이터만 가지고 와서 열 선택 위젯을 2개 가져온다. 하나는 사망사고 인스턴스를 가져오고 두 번째는 부상사고의 인스턴스를 가져오되 사망사고의 인스턴스 수와 비슷하게 데이터 샘플러를 붙여 부상사고 인스턴스의 수를 맞춰 준다. 그리고 각각의 데이터를 합치는 위젯으로 연결하여 하나의 데이터로 만들어 준다. 정리된 데이터는 다시 데이터 샘플러 위젯에 연결하여 70%는 훈련용으로 30%는 검증용으로 활용한다.

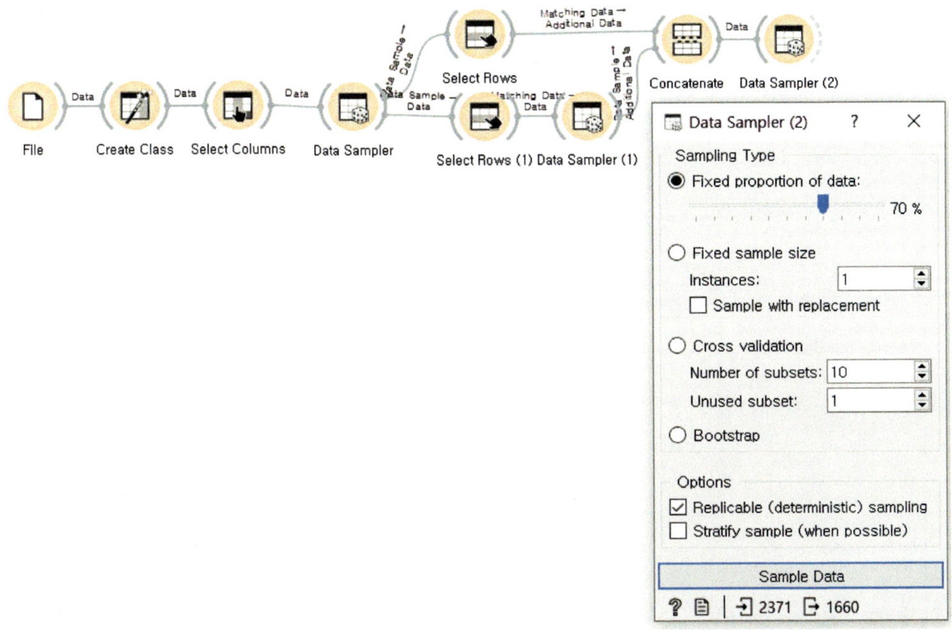

• 데이터 샘플러 위젯에서 70%의 데이터 샘플은 기존의 테스트 및 점수 위젯으로 연결하여 그 결과를 알아본다.

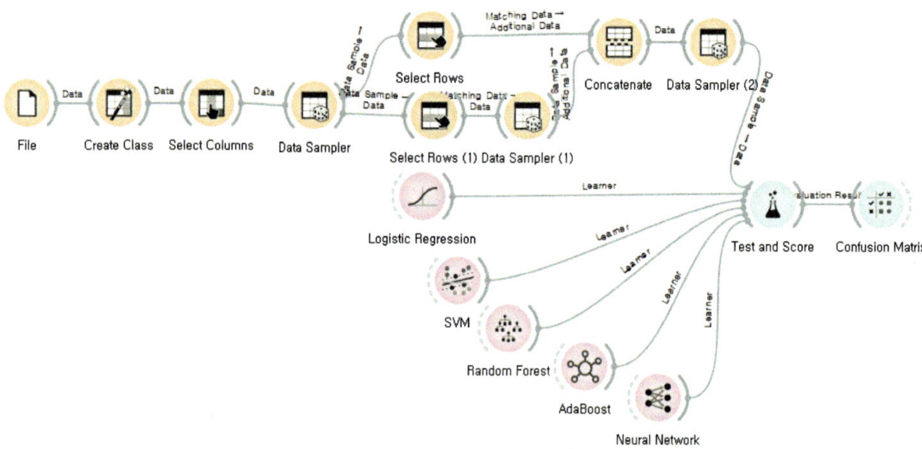

• 분류 정확도와 AUC가 가장 높은 모델은 로지스틱 회귀 모델이다.

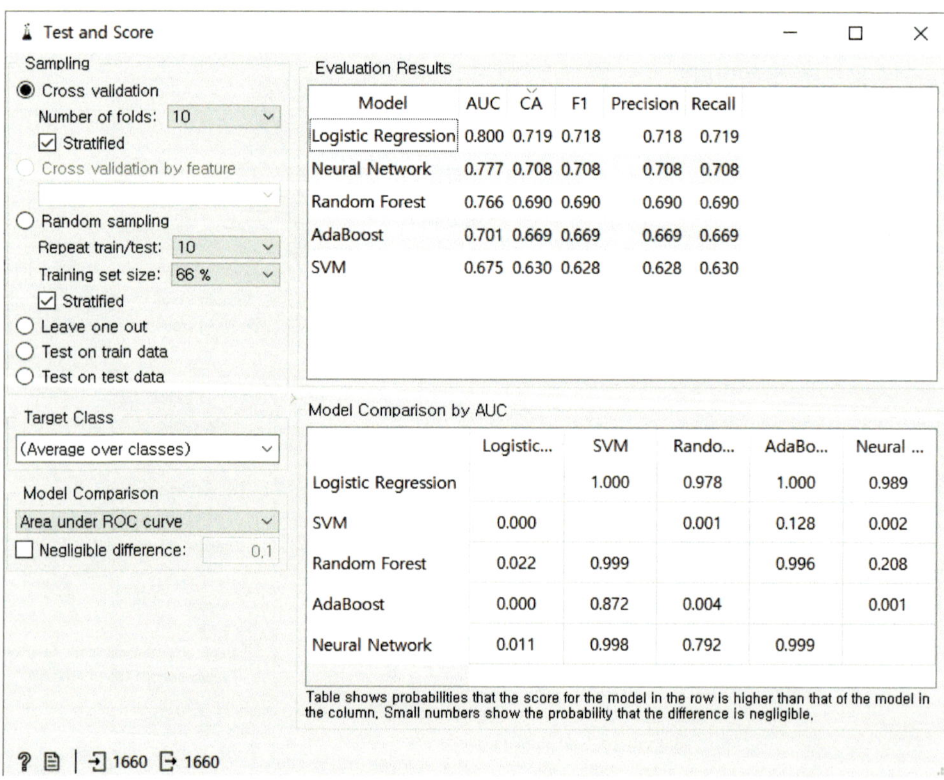

Evaluation Results

Model	AUC	CA	F1	Precision	Recall
Logistic Regression	0.800	0.719	0.718	0.718	0.719
Neural Network	0.777	0.708	0.708	0.708	0.708
Random Forest	0.766	0.690	0.690	0.690	0.690
AdaBoost	0.701	0.669	0.669	0.669	0.669
SVM	0.675	0.630	0.628	0.628	0.630

Model Comparison by AUC

	Logistic...	SVM	Rando...	AdaBo...	Neural ...
Logistic Regression		1.000	0.978	1.000	0.989
SVM	0.000		0.001	0.128	0.002
Random Forest	0.022	0.999		0.996	0.208
AdaBoost	0.000	0.872	0.004		0.001
Neural Network	0.011	0.998	0.792	0.999	

Table shows probabilities that the score for the model in the row is higher than that of the model in the column. Small numbers show the probability that the difference is negligible.

• 혼동 행렬 위젯을 열어 클래스 별로 어떻게 분류가 되었는지 확인해 본다. 사망사고 분류를 못했던 것을 그래도 어느 정도 해내는 것을 알 수 있다. 남겨둔 데이터가 많기 때문에 좀더 정교한 모델을 만들고 싶으면 데이터 인스턴스의 수를 추가하여 모델을 훈련시킬 수 있다.

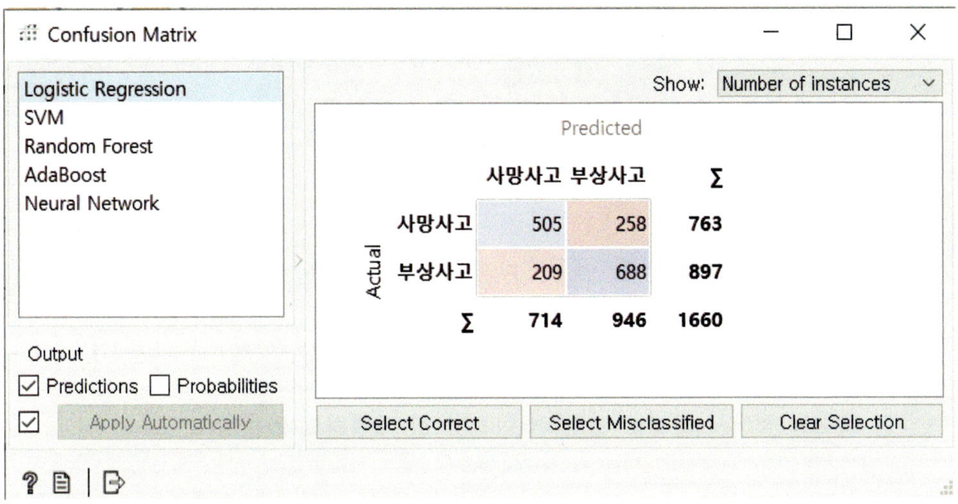

• 데이터 샘플러 위젯에서 검증을 위해 남겨둔 30%의 데이터를 예측 위젯으로 연결하고, 로지스틱 회귀에는 70%의 훈련용 데이터를 넣은 후 예측 위젯으로 연결하여 검증 데이터를 어떻게 분류하였는지 확인한다.

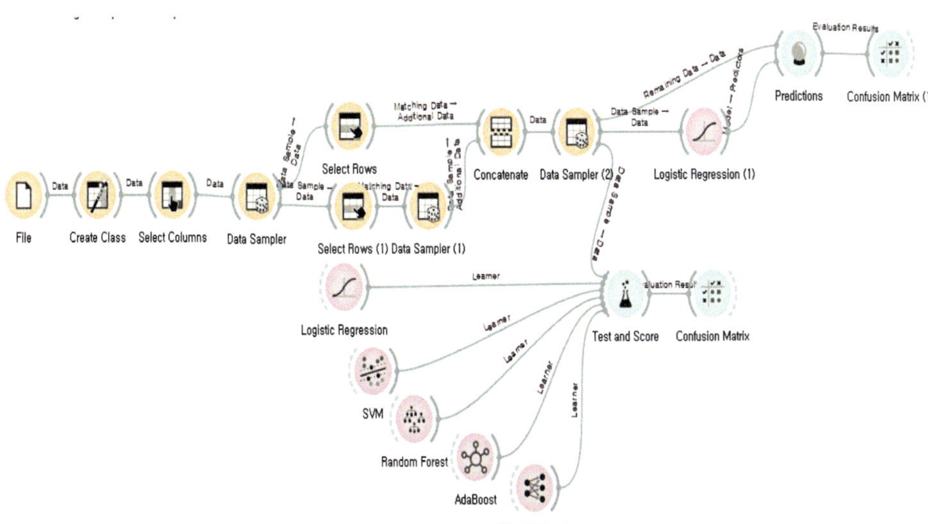

• 예측 위젯을 열어 인스턴스 별로 어떻게 예측을 하였는지 확인한다.

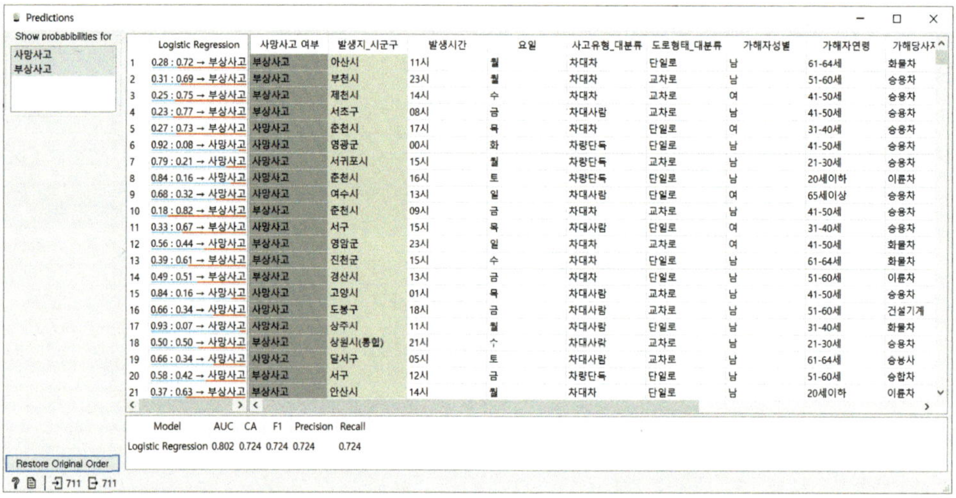

• 혼동 행렬을 열어서 클래스 별로 어느 정도 잘 예측하고 있는지 확인한다.

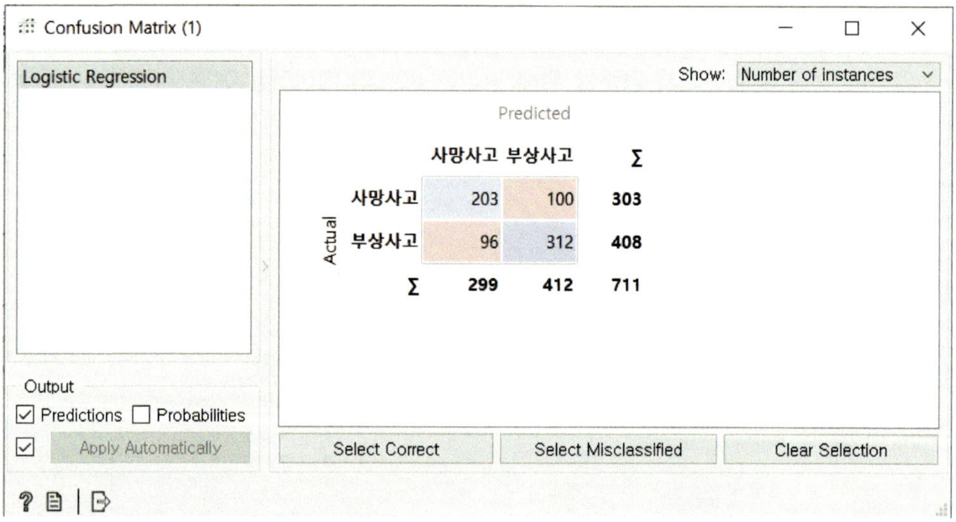

• 모델이 잘 형성되었다고 생각이 들면 로지스틱 회귀 위젯에 데이터 테이블 위젯을 연결하여 회귀 계수를 확인한다.

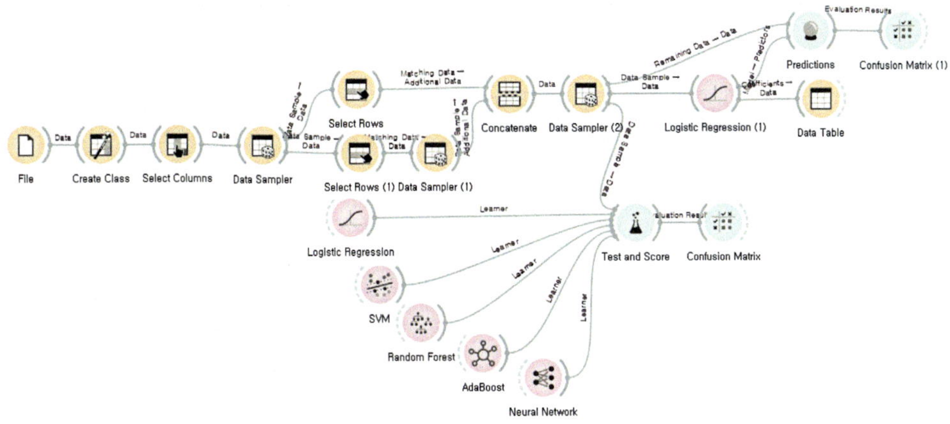

• 절편과 각 feature의 요소에 해당하는 회귀 계수를 확인해 본다.

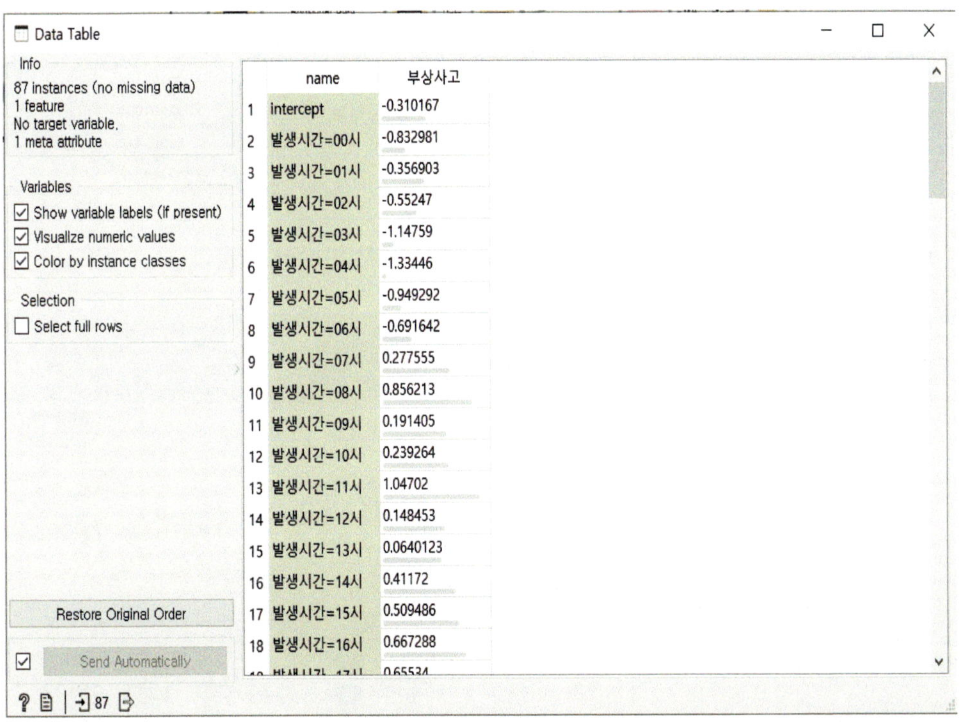

	name	부상사고
1	intercept	-0.310167
2	발생시간=00시	-0.832981
3	발생시간=01시	-0.356903
4	발생시간=02시	-0.55247
5	발생시간=03시	-1.14759
6	발생시간=04시	-1.33446
7	발생시간=05시	-0.949292
8	발생시간=06시	-0.691642
9	발생시간=07시	0.277555
10	발생시간=08시	0.856213
11	발생시간=09시	0.191405
12	발생시간=10시	0.239264
13	발생시간=11시	1.04702
14	발생시간=12시	0.148453
15	발생시간=13시	0.0640123
16	발생시간=14시	0.41172
17	발생시간=15시	0.509486
18	발생시간=16시	0.667288

• 이제 모델을 활용하여 서비스를 개발하기 위해 블록코딩 플랫폼인 엔트리를 활용한다. 리스트 4개(어린이 안전 목록, 어린이 안전 계수, 운전자 안전 목록, 운전자 안전 계수)를 만들고 앞서 모델1, 모델2에서 도출된 회귀계수의 목록과 값을 리스트에 각각 입력해 놓는다.

• 어린이 변수와 운전자 변수를 만들어 서비스 사용자에 따라 예측이 될 수 있도록 한다.

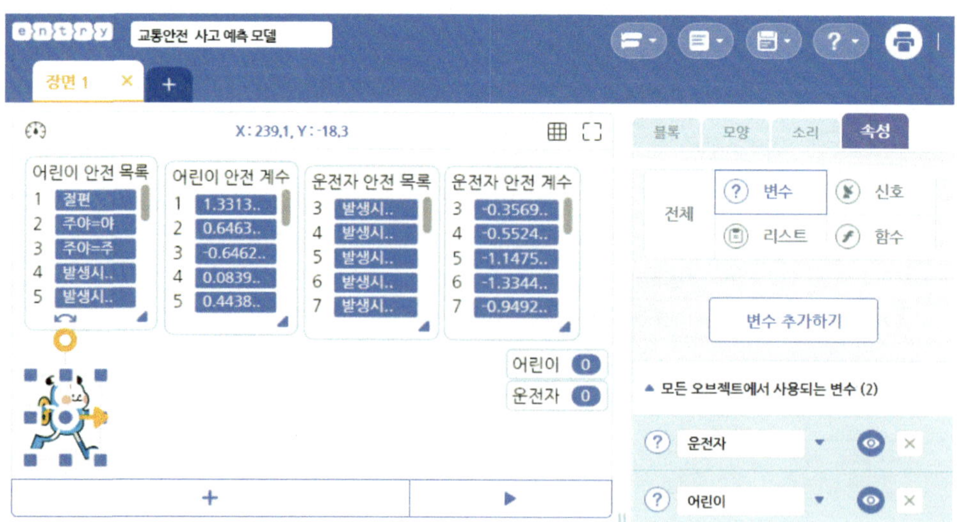

• 글상자 3개를 활용하여 교통사고 예측모델, 어린이, 운전자를 만들어 주고 엔트리봇이 안내 멘트를 한 후에 각각의 어린이와 운전자에 맞게 예측이 진행될 수 있도록 어린이 장면과 운전자 장면을 추가한다. 처음에 엔트리봇이 설명을 할 때에는 어린이와 운전자 글상자가 안보이다가 설명이 끝나면 선택할 수 있도록 한다.

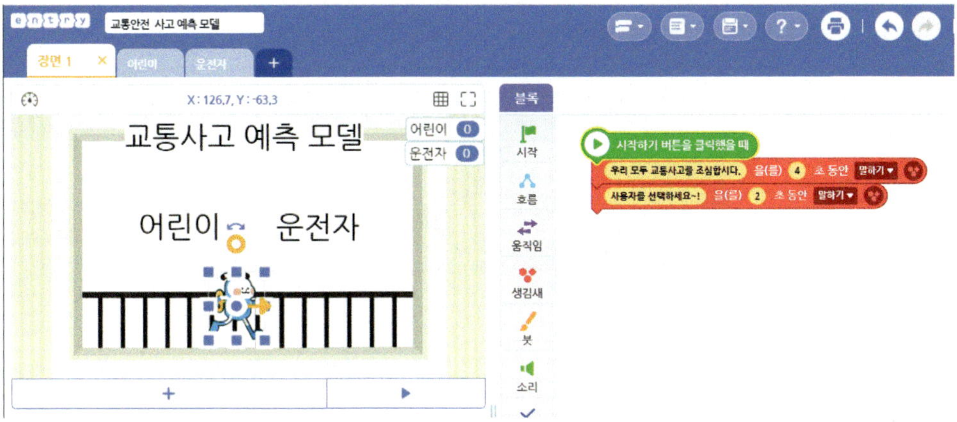

• 어린이 변수와 운전자 변수를 만들어 서비스 사용자에 따라 예측이 될 수 있도록 한다. 서비스 사용자 별로 어떤 응답을 했었는지 보여주기 위하여 운전자 대답 변수와 어린이 대답 변수도 같이 만들어 준다.

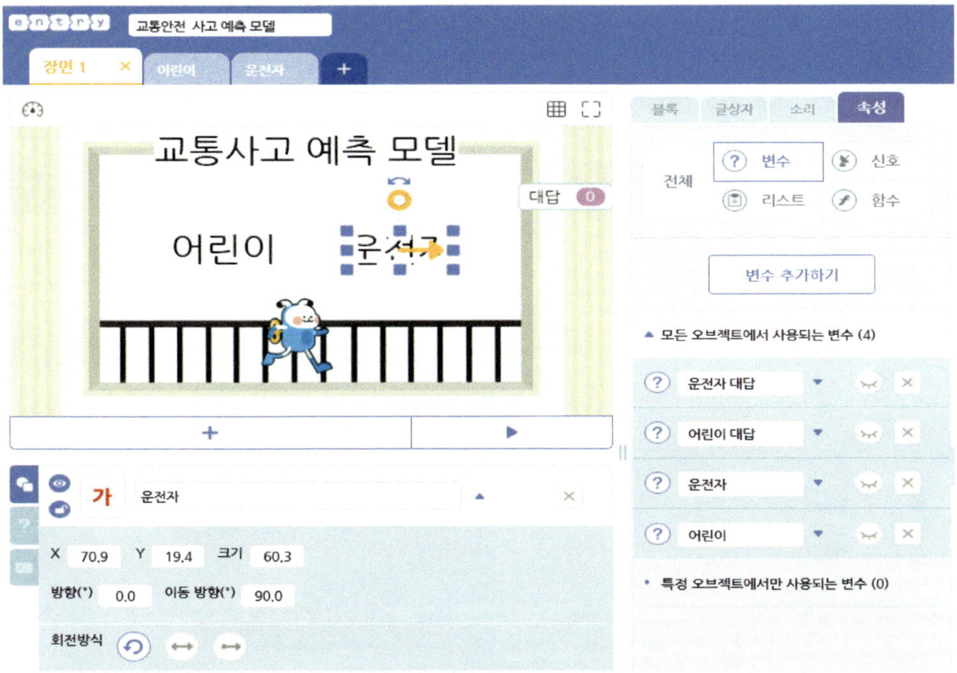

• 앞에서 어린이를 클릭하면 어린이 장면으로 넘어오는데 어린이 장면에서는 글상자 1개를 활용하여 마지막에 예측 결과 값이 나왔을 때 내가 선택한 모든 대답이 나타날 수 있도록 한다. 앞서 만들어 놓은 어린이 대답 변수를 활용한다. 어린이 오브젝트를 하나 추가하고 해당 오브젝트를 클릭하면 예측을 위한 정보 입력이 될 수 있도록 묻고 대답 기다리기 블록을 활용하여 분야별로 선택할 수 있도록 한다. 숫자이외에 다른 값을 입력하면 다시 해당 문항을 띄워서 제대로 대답할 수 있도록 한다.

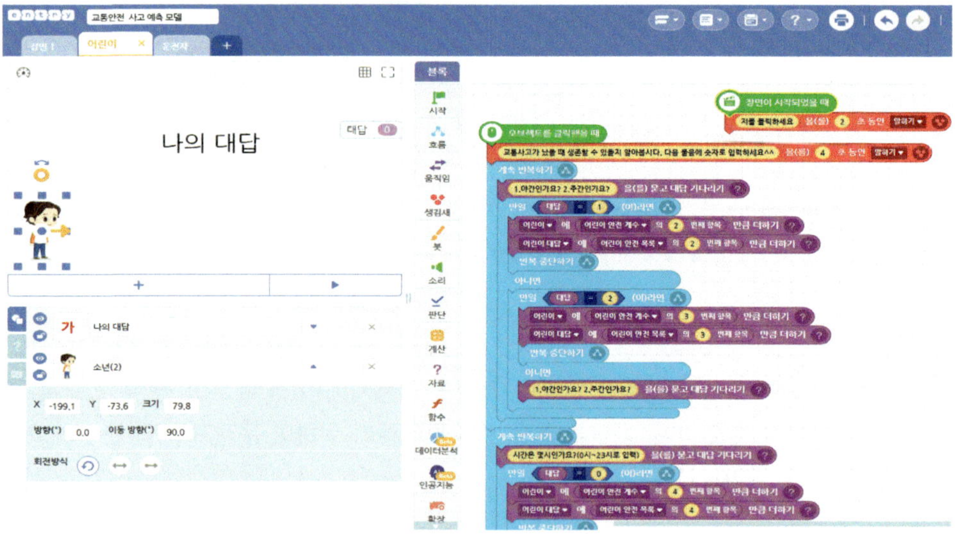

• 앞에서 운전자를 클릭하면 운전자 페이지로 넘어오도록 하고 운전자 페이지의 구성도 어린이 장면의 구성과 동일하게 한다.

• 어린이 장면과 운전자 장면에서 묻고 기다리기 블록으로 여러 가지 문항을 물어보았을 때 답하는 결과에 따라 앞서 리스트에 저장해 놓은 오렌지3에서 도출해낸 회귀 계수를 활용할 수 있도록 변수에 해당 값을 다 더하여 저장하도록 하고 마지막 문항까지 대답이 완료가 되면 회귀계수의 절편값을 더해주고 그 값을 가지고 임계값(0.5)을 기준으로 예측 값을 나타내도록 한다. 어린이 교통사고 사망을 예측한 결과 값과 해당 응답 내용을 확인할 수 있다.

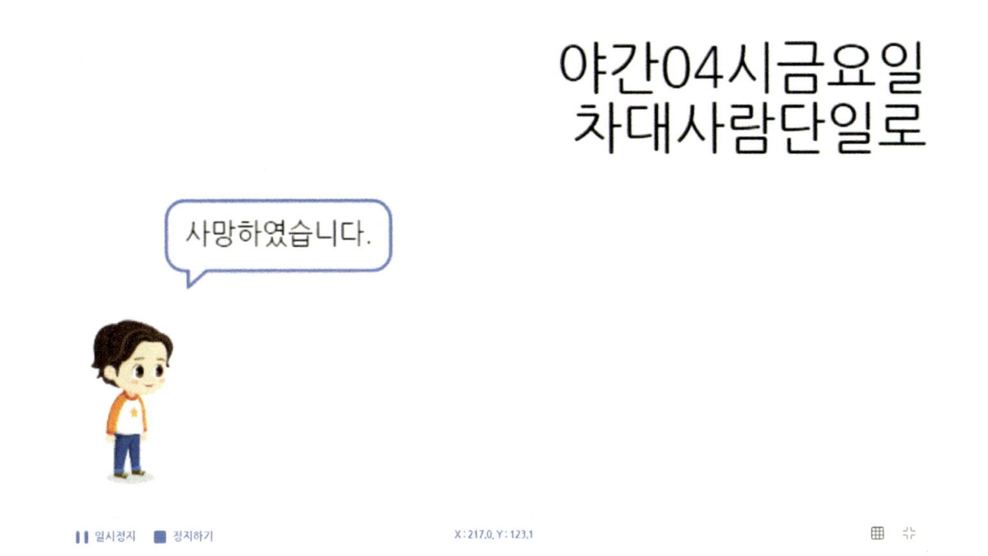

• 운전자 교통사고 발생 예측 결과 값과 해당 응답 내용을 확인할 수 있다.

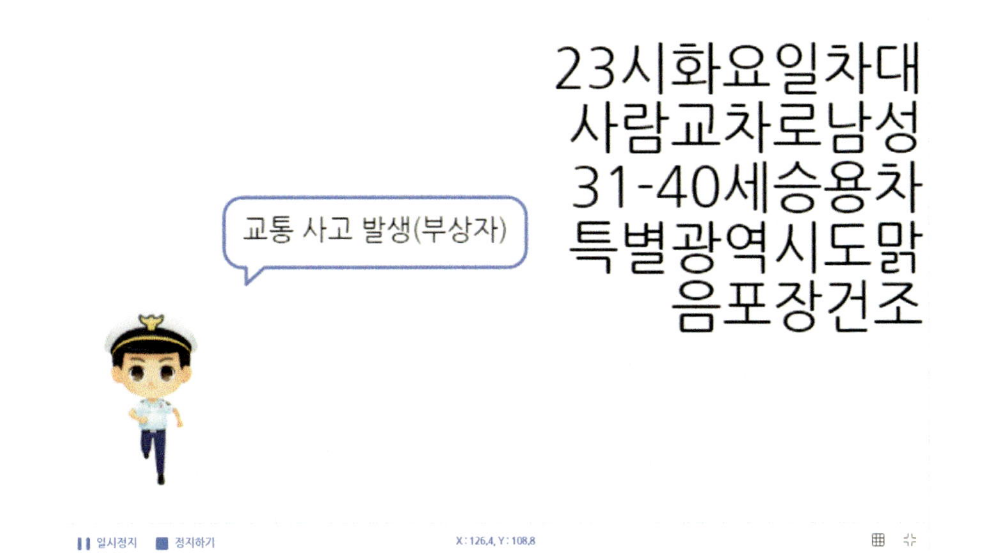

마. 평가 및 피드백

이번 프로젝트에서는 교통사고 데이터를 활용한 안전요소 예측 모델을 만들었다. 우선 오렌지3에서 탐색적 데이터 분석을 통하여 데이터 속에서 얻을 수 있는 인사이트를 토대로 예측 모델을 설계하였다. 오렌지3에서 완성된 로지스틱 회귀 모델에서 추출된 회귀 계수와 절편 자료를 활용하여 엔트리에서 인공지능 모델을 프로그래밍하여 어린이 혹은 운전자가 이 프로그램을 통하여 사고 여부를 알 수 있게 하였다. 추후 해당 프로그램을 업그레이드 하자면 마지막 결과 창에서 어린이 혹은 운전자가 선택했던 자료만 제시할 것이 아니라 어떻게 해야 교통사고가 안 일어날 수 있는지 추가 자료를 제시하는 것도 좋을 것이다.

이 프로젝트에서는 멀티플랫폼을 활용하여 인공지능 서비스를 개발하였다는 점에 의의가 있다. 이는 오렌지3와 엔트리의 장점을 둘 다 이용할 수 있기 때문에 다양한 인공지능 프로그램을 제작할 수 있다. 하지만 오렌지3에서 로지스틱 회귀 모델 혹은 선형회귀 모델에서만 이들의 회귀계수를 추출할 수 있기 때문에 다른 모델의 성능이 더 좋은 경우 다른 모델을 적용한 프로그램을 제작하기는 불가능하다. 엔트리에서 프로토타입용으로 프로그램을 쉽게 만들 수는 있지만 실제 학생들과 운전자에게 도움이 될 수 있는 서비스로 발전하기 위해서는 다른 플랫폼을 활용해야 한다.

3 아동청소년 패널데이터를 활용한 비행행동 예측 시스템

가. AI문제 확인

청소년의 비행 행동이란 좁은 의미에서는 청소년 범죄를 의미하고 넓은 의미에서는 규칙이나 규범에 어긋나는 행동을 말한다. 청소년들의 비행 행동은 학생 개인의 성격, 유전적인 특성, 학업 성취 저하 등의 다양한 원인들이 복합적으로 작용하며 폭력, 따돌림, 성폭력, 도박, 절도 등의 다양한 형태로 나타나고 있다. 2008년부터 2018년까지 조사된 연도별 전체 범죄자 규모 대비 소년 범죄자의 비율을 살펴보면 청소년의 범죄율은 낮아지고 있지만 인천 초등생 살인사건이나 부산 여중생 폭행 사건과 같이 청소년 비행 행동이 흉포화되고 잔혹화되고 있어 사회적인 관심이 필요하다. 청소년 비행의 또다른 문제는 꿈을 키우고 미래를 설계할 중요한 시기에 비행 행동으로 인해 신체적 정신적으로 크게 상처를 입는 학생이 발생한다는 점이다. 미래 우리 사회의 근간이 되는 청소년들의 건강한 생활을 위해 비행 행동을 예측할 수 있는 인공지능 프로그램을 만들 수 없을까?

비행 행동의 직접적인 원인으로 제시되고 있는 개인요인(경제적 어려움, 준법의식 부재, 낮은 통찰력), 가족요인(가족 내부의 갈등, 가정폭력 관련 경험, 가족의 무관심), 또래요인(집단 압력, 정서적지지)을 분석하여 다양한 형태로 나타나는 비행 행동과의 연관성을 밝히고 학생의 요인들을 입력하면 일어날 수 있는 비행 행동을 예측해 주는 시스템을 만들어 보자.

나. AI솔루션 탐색

예로부터 청소년들의 일탈 행동에 대해 사회적으로 많은 관심을 가져왔고 비행 행동을 막기 위해 많은 연구를 해오고 있다. 비행 행동을 막기 위한 방법을 크게 두 가지로 나누면 비행 행동 예방을 위한 프로그램과 비행 행동 재발을 막기 위한 프로그램으로 구별할 수 있다. 우리는 비행 행동 예방을 위한 프로그램 개발에 초점을 두고 인공지능을 활용한 청소년 비행 행동 예방 프로그램 혹은 청소년 비행 행동 예방을 위한 연구 자료를 충분히 탐색 하여 다양한 솔루션을 떠올려보고 최선의 방안을 선택해 보자.

선행 연구들을 살펴보면 비행 행동을 예측하기 위해 꾸준히 측정 도구를 개발해 왔으며 그 형태는 설문지로 비행 행동과 관련된 문항에 학생이 스스로 답하는 형식을 하고 있다. 하지만 그 문항이 비행 행동에 대해 직접적으로 언급하고 있어 학생의 솔직한 대답을 듣기에 다소 어려움이 있을 것으로 보인다. 또 많은 학자들이 청소년 비행 행동은 성격, 가정환경, 친구 관계 등 복잡한 요소들이 얽혀 있어 그 영향을 종합적으로 고려하기 어려움이 있다고 설명하고 있다. 이를 바탕으로 우리가 개발할 프로그램의 방향은 다음과 같다.

첫째, 인공지능 프로그램을 이용하여 비행 행동 요인 간의 관계를 분석한다.

둘째, 상관 관계가 높은 요인을 분류하여 설문 문항을 만든다.

셋째, 문항은 학생들이 솔직하게 대답할 수 있도록 부정적이지 않고 일상 생활과 관련된 문항으로 구성한다.

넷째, 인공지능 모델을 통행 비행 행동을 예측한다.

청소년 비행 행동 예측을 위한 데이터는 한국 아동·청소년 아카이브에서 제공하는 2018년 아동·청소년 패널데이터 중 중학생 응답 데이터를 활용하고자 한다.

- 한국아동 · 청소년 데이터 아카이브 https://www.nypi.re.kr/archive/에 접속한다. 누리집 상단의 데이터다운로드를 클릭한다.
- 데이터 다운로드 - 조사표/ 데이터/ 코드북을 클릭한다.

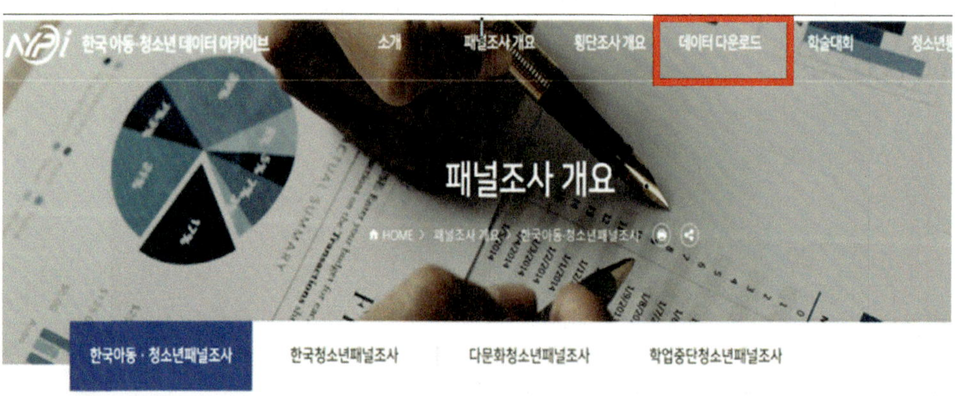

• 데이터신청 동의에 표시하고 - 유형 - 전공 - 자료활용계획 - 데이터를 알게 된 경로를 각자 선택하고 확인을 클릭한다.
• 조사선택 – 패널조사를 선택하고 분류선택 – 한국아동청소년패널조사 2018를 선택한 뒤 검색을 누른다.

조사표/데이터/코드북 데이터활용 논문/보고서

패널조사 한국아동·청소년패널조사 2018 제목 검색

전체 5건, 현재 페이지 1/1

번호	조사유형	자료목록	제목	등록일	조회수
5	패널조사	한국아동·청소년패널조사 2018	[데이터] KCYPS 2018 초4 코호트 제1~2차 조사 데이터	2019-12-30	3,799
4	패널조사	한국아동·청소년패널조사 2018	[데이터] KCYPS 2018 중1 코호트 제1~2차 조사 데이터	2019-12-30	2,559
3	패널조사	한국아동·청소년패널조사 2018	[유저가이드] KCYPS 2018 제1~2차 조사 유저가이드	2019-04-01	3,926
2	패널조사	한국아동·청소년패널조사 2018	[코드북] KCYPS 2018 제1~2차 조사 코드북	2019-03-25	4,565
1	패널조사	한국아동·청소년패널조사 2018	[조사표] KCYPS 2018 제1~2차 조사 조사표	2019-03-25	4,257

1

• 검색을 누르면 다섯가지 항목이 나타난다.
  1. [조사표] KCYPS 2018 제1~2차 조사 조사표에서는 초등학생, 중학생, 보호자용 설문조사문항지를 다운로드 받을 수 있다.
  2. [코드북] KCYPS 2018 제1~2차 조사 코드북을 다운로드 받으면 변수, 변수값, 조사항목별 영역, 하위요인 등 자세한 내용을 살펴볼 수 있다. 자료를 분석할 때 유용한 자료이다.
  3. [유저가이드] KCYPS 2018 제1~2차 조사 유저가이드는 데이터 활용을 위한 안내 자료이다.
  4. [데이터] KCYPS 2018 중1 코호트 제1~2차 조사데이터는 2018학년도 중1학생을 대상으로 실시한 설문조사의 데이터를 CSV, SAS, SPSS, STATA형태로 제공받을 수 있다.
  5. [데이터] KCYPS 2018 초4 코호트 제1~2차 조사데이터는 2018학년도 초4학생을 대상으로 실시한 설문조사의 데이터를 CSV, SAS, SPSS, STATA형태로 제공받을 수 있다.

• 2018 중1 코호트 자료를 CSV 파일로 다운로드 받는다.

- 2018 중학생 데이터를 다운로드 받아보면 총 2590개의 응답 자료가 들어있는 것을 확인할 수 있다.
- 2018 아동 · 청소년 조사영역의 구성체계를 살펴보면 두 개의 대영역과 중영역, 소영역으로 나뉘어져 있으며 중영역 비행에 해당되는 조사항목과 다른 영역의 조사항목 간의 연관성을 찾아낸단면 유의미한 예측프로그램 개발이 가능할 것이다.

조사영역			조사항목
대영역	중영역	소영역	
개인 발달	생활시간	하루일과	수면시간(취침/기상)과 질, 부모님 대화시간, 학습시간, 여가시간
	지적발달	학업성취	전 교과 성취도의 주관적 평가, 학업성취 만족도
		학업태도	학업 열의, 학업 무기력
	진로	진로계획	장래희망 교육수준, 장래직업 결정여부
		진로관	진로 관련 대화상대/빈도
	사회/정서/역량발달	만족도	삶의 만족도
		행복	행복감
		자아인식	자아존중감
		정서문제	주의집중, 공격성, 신체증상, 사회적 위축, 우울
		협동의식	협동심
		창의성	창의적 성격
		끈기	그릿(Grit)
	비행	비행1	현실비행(비행경험 유무 및 빈도)
		비행2	사이버비행(비행경험 유무 및 빈도)
	신체발달	건강	건강상태 평가, 운동시간, 아침식사 횟수
		신체	키, 몸무게, 몽정/초경 시작 시기
발달 환경	매체	스마트폰	사용여부, 사용 목적별 빈도, 의존도
	활동/문화환경	청소년 활동	연간 참여 횟수 및 만족도
		동아리 활동	연간 참여 횟수 및 만족도
		팬덤활동	선호 연예인/운동선수 유무, 팬덤 활동 빈도
	학교	학교생활	학교생활 만족도
		친구	친구관계 [3]
		교사	교사관계
	가정	부모관계	부모님과 함께 보내는 시간
		형제자매	형제자매 수, 형제자매와 함께 보내는 시간
		양육태도	따스함, 거부, 자율성지지, 강요, 구조제공, 비일관성

3) 한국 청소년 데이터 아카이브, https://www.nypi.re.kr/archive/board?menuId=MENU00252

• 중영역 비행 영역에 해당되는 문항은 비행1에 15문항, 비행2에 15문항 총 30문항이며 이와 연관성 있는 문항들을 오렌지3를 통해 찾아내고자 한다.
• 앞에서 언급했듯이 이번 프로그램 개발의 목적은 일상 생활에 대한 부정적이지 않은 물음을 통해 학생들의 솔직한 답변을 이끌어내고 이를 바탕으로 비행 행동을 예측하는데 있다.
• 실질적인 데이터 분석에 앞서 생활패턴과 비행 행동과의 연관성 파악을 통한 비행 행동 예측과 거리가 있는 문항들은 사전에 제거하여 데이터 분석의 효율을 높이고자 한다.
• 사전 삭제 대상은 성별, 형제 자매의 수와 같이 개인적인 노력으로 변화시킬 수 없거나 생활 습관, 태도와 연관성이 떨어지는 사는지역, 학교 소재지와 같은 항목으로 정하고 해당되는 변수와 변수명은 아래와 같다.

조사영역			조사항목	변수설명	변수명
대영역	중영역	소영역			
–	–	–	–	개인ID	PID
				학교코드	SCLID
				횡단면_원 가중치	WEIGHTA1
				횡단면_표준화 가중치	WEIGHTA2
				종단면_원 가중치	WEIGHTB1
				종단면_표준화 가중치	WEIGHTB2
				코호트 구분	COHORTCOHORT
배경	–	–	–	시/도(학교기준)	ARA1AARA1A
				도시규모(학교기준)	ARA2AARA2A
				사/도(거주지기준)	ARA1BARA1B
				쌍둥이여부	YTWINYTWIN
				생년	YBRT1AYBRT1A
				생월	YBRT1BYBRT1B
				성별	YGENDERYGENDER
개인 발달	신체 발달	신체	키	키	YPHY2A00Y
			몸무게	몸무게	YPHY2B00
			몽정/생리	몽정/생리 시작 시기	YPHY2C00

• Data – File에서 중학생 패널조사 데이터(사전 삭제 대상을 지우고 파일을 가져옴)를 불러온다.

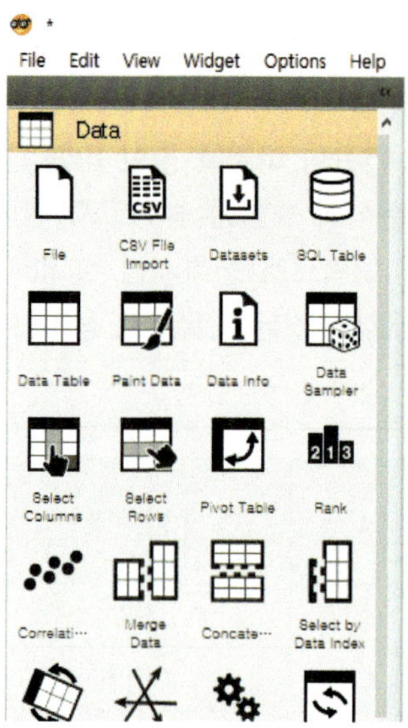

• Data – Data Table을 선택하여 File에 연결한다. Data Table을 열어보면 설문의 각 문항에 대하여 응답한 값이 입력되어 있는 것을 확인할 수 있다.

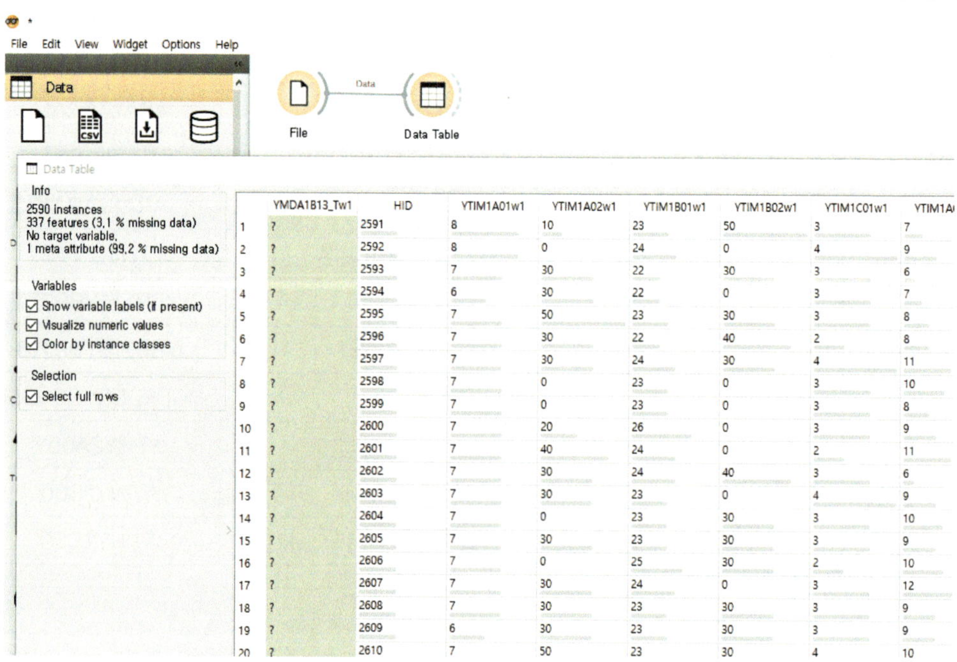

- Data – Data info를 선택하고 File에 연결하여 자료의 정보를 확인할 수 있다.
- Data Set Name : 불러온 파일의 이름은 '1. 항목삭제'이다.
- Data Set Size : 2590개의 열(Rows)과 338개의 행(Columms)이 있다.
- Features : 범주형(Categorical) 48개, 숫자형(Numeric) 290개로 이루어져 있다.
- Targets은 지정되어 있지 않으며 Meta Attributes에 Text로 저장된 문항이 1개 있다.

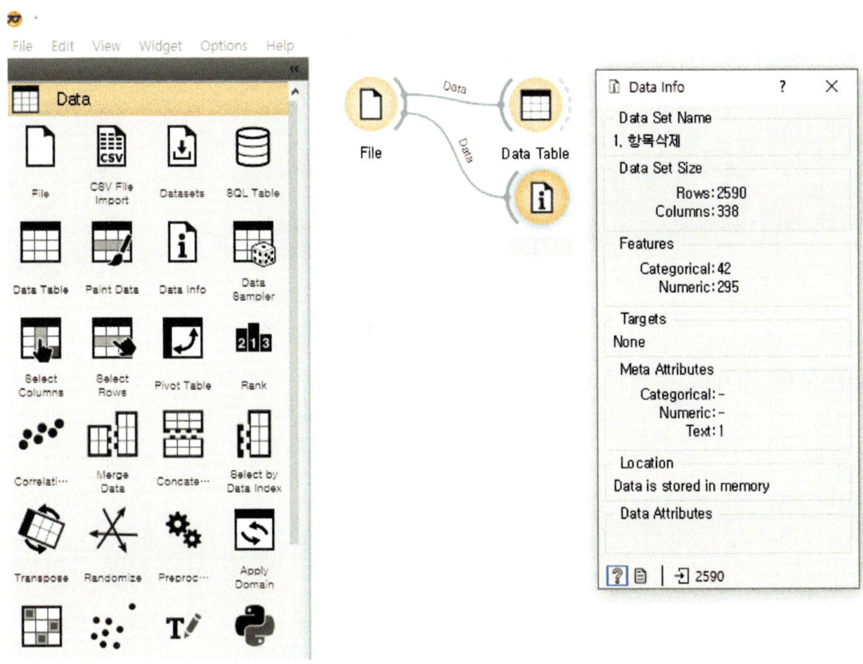

- Data – Feature Statistics를 File에 연결하여 feature별 정보를 확인할 수 있다.
- Feature Statistics에서 확인할 수 있는 정보는 중앙값, 분산, 최솟값, 최댓값, 결측값이다.

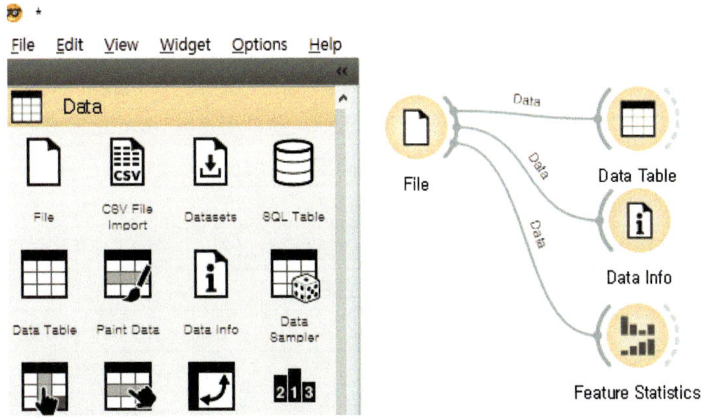

• Feature Statistics을 확인해 보면 YMDA1B13_Tw1 문항은 스마트폰 사용 목적을 서술형으로 묻는 문항으로 대부분의 학생이 답하지 않아 결측값(Missing)이 99%로 나타나고 있다. 결측값(Missing)이 높은 문항은 삭제한다.

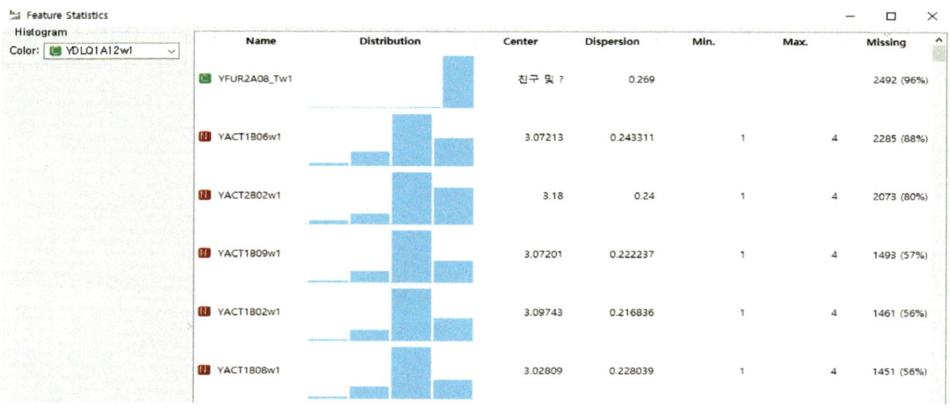

• 결측값이 높아 삭제할 문항은 아래와 같다.

변수명	변수설명	Missing
YMDA1B13_Tw1	스마트폰 사용 목적(서술형)	2568건(99%)
YFUR2A08_Tw1	진로 관련 대화 상대(서술형)	2492건(96%)
YACT1B06w1	국제교류활동 만족도	2085건(88%)
YACT2B02w1	교외공식 동아리 만족도	2073건(80%)
YACT1B09w1	환경 보존 관련 활동 만족도	1493건(57%)
YACT1B02w1	과학정보 관련 활동 만족도	1461건(56%)
YACT1B08w1	자기계발 관련 활동 만족도	1451건(56%)
YACT1B03w1	모험개척활동 관련 활동 만족도	1146건(44%)
YACT1B07w1	건강 보건 관련 활동 만족도	1085건(41%)
YACT3B02w1	팬클럽이나 팬카페 활동하기	1043건(40%)
YACT3B09w1	굿즈 만들기 또는 구입하기	1043건(40%)
YACT3B06w1	SNS, 블로그, 트위터, 기사 등에댓글 달기	1043건(40%)
YACT3B08w1	책, CD, DVD, 화보집 구입하기	1043건(40%)
YACT3B04w1	팬레터 쓰기 및 메시지 보내기	1043건(40%)
YACT3B03w1	방송국이나 공연장, 영화관, 경기장, 행사장 가기	1043건(40%)
YACT3B07w1	사진과 동영상 감상 및 업로드하기	1043건(40%)
YACT3B05w1	설문보내기	1043건(40%)
YACT3B01w1	팬미팅 참여하기	1043건(40%)
YACT2B01w1	교내 동아리 참여 만족도	911건(35%)

- Data - Correlations을 file에 연결하여 feature간 상관 관계를 확인할 수 있다.
- 상관분석이란 연속한 두 변수간의 직선적 관계를 검정하는 통계 분석 방법으로 두 변수간 선형 관계가 있는지 분석하는 것이다. 상관계수는 -1에서 0, 0에서 1사의 값을 가지는데 0에 가까울수록 상관관계는 낮아지며 1에 가까울수록 상관관계는 높아진다.
- 상관관계는 인과관계보다는 상호관계를 주는 관계라고 볼 수 있다. Orange3에서는 Pearson correlations와 Speaman correlations 두 가지를 제공하고 있다. Pearson 상관은 변수 사이의 선형 관계를 평가하는데 이때 한 변수의 변화가 다른 변수의 변화와 비례적으로 연관되어 있는 선형관계를 나타낸다. Speaman 상관은 두 계량형 변수 또는 순서형 변수 사이의 단순 관계를 평가한다.

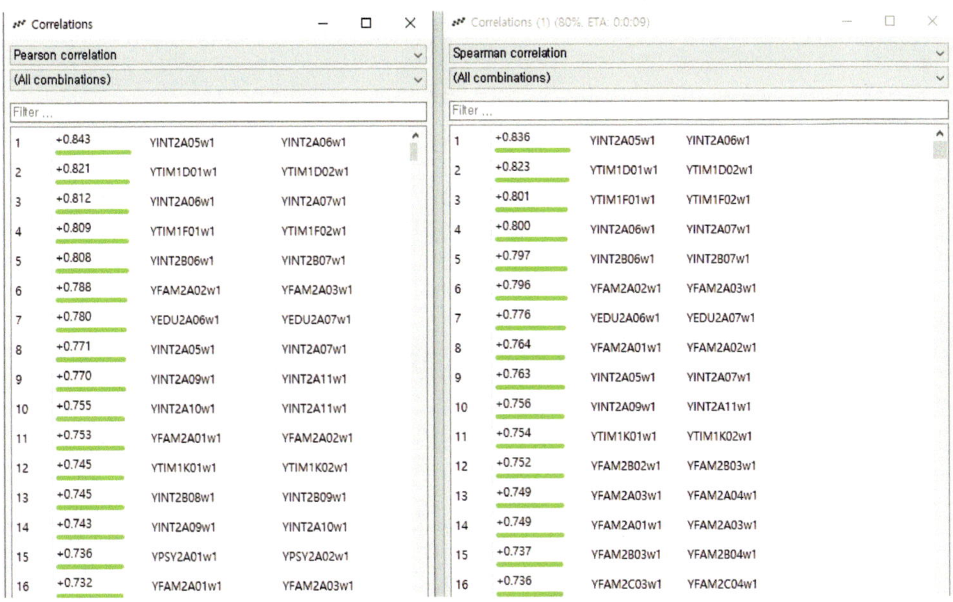

- Spearman correlation과 Pearson correlation 결과를 살펴보면 '나는 공부할 때 힘이 나고 활기가 생긴다(YINT2A05w1)'와 '나는 공부할 때 에너지가 생긴다(YINT2A06w1)'의 상관관계가 가장 높게 나타나고 있는데 두 feature는 개인발달-지적발달-학업태도-학업열의-활기의 같은 요인에 속하는 문항이다. 하지만 문항의 의미가 매우 비슷하여 의미를 부여하기는 어렵다. 이외의 다른 문항들도 같은 요인에 속하는 문항들끼리 높은 상관관계를 나타내고 있다.

- Visualize – File에 연결하여 산점도를 확인할 수 있다.
- 산점도는 점을 이용하여 서로 다른 두 숫자 변수의 값을 나타내는 것이다. 가로축과 세로축에서 각 점의 위치는 개별 데이터 포인트의 값을 나타낸다. 산점도는 변수 간의 관계를 관찰하는데 사용된다.
- 산점도는 상관관계의 식별에 일반적으로 이용하는데 수평축의 변수는 독립 변수, 수직축의 변수는 종속 변수로 표시하는 것이 대부분이다. 이 변수간의 관계는 양수, 음수, 강함, 약함, 선형, 비선형 등의 다양한 방식으로 설명될 수 있다.
- 연결된 Scater Plot을 열어 산점도를 살펴보자. Axis x, Axis Y에 feature 값을 선택하여 넣어 보면 각 feature 값 별로 분포도를 확인할 수 있다. 분포도를 확인하면서 유의미한 관계가 나타나는지 살펴보자.

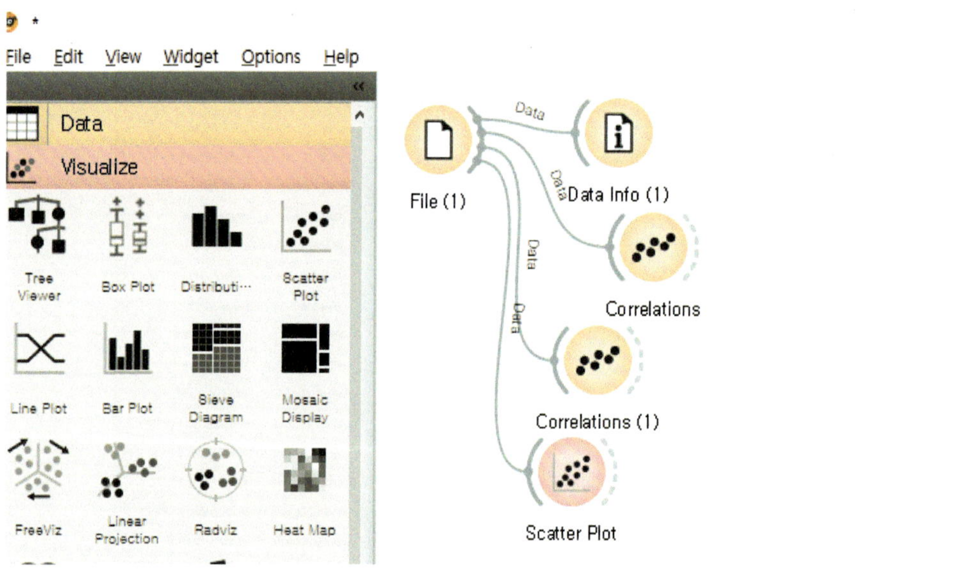

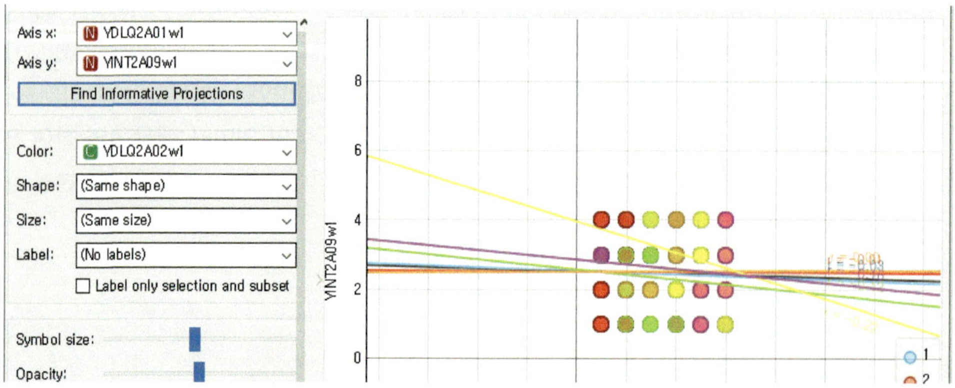

- Axis x, Axis Y에 feature 값을 지정하고 Color를 설정하면 find informative projections 메뉴를 사용할 수 있다.
- 이 메뉴를 사용하면 항목간의 관계를 자동 분석하여 항목간 유의미한 결과가 예상되는 항목들을 순위대로 정렬하여 나타낸다. 정렬된 항목을 클릭하면 해당 항목의 산점도를 볼 수 있다.

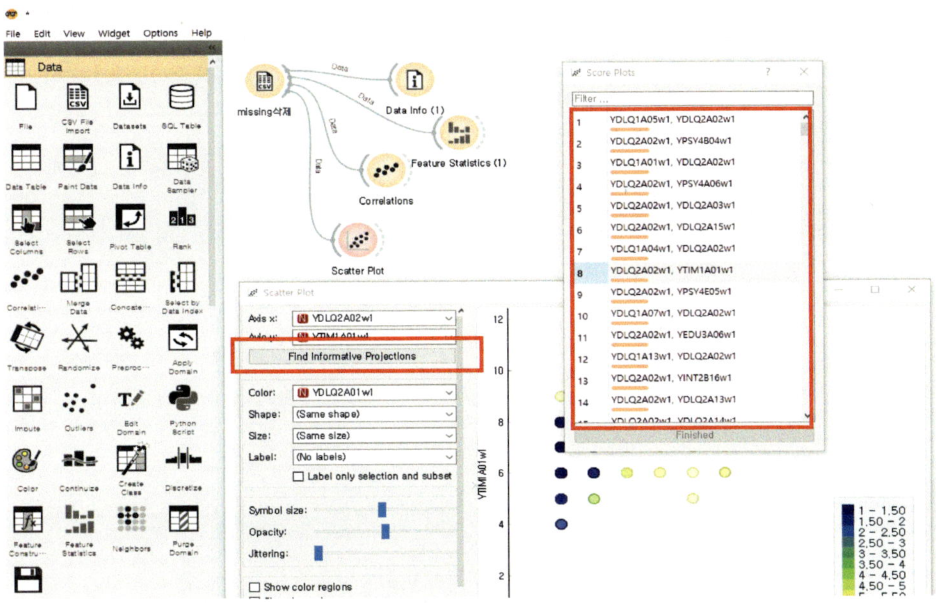

- 비행과 관련되 30개 문항 중 데이터분석 신뢰도를 높이기 위하여 비행 경험이 있다고 응답한 수가 100 이상인 항목만 선정하여 분석하고자 한다.
- 비행 항목별 응답 수를 확인하기 위하여 Select Rows 위젯을 이용한다.

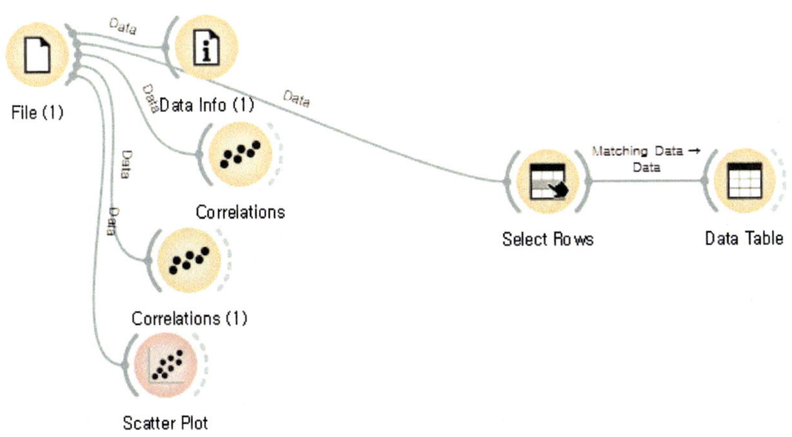

- 비행 행동과 관련된 문항은 경험의 유무와 실행 빈도수에 따라 '①경험없음 ②년1~2회 ③달1회 ④달2~3회 ⑤주1회 ⑥주 여러번'의 6개 항목 중 하나를 선택하게 되어있다. 즉, ①번을 제외한 나머지 항목을 선택한 학생들은 비행 행동을 경험한 것이다.
- Select Rows에서 조건을 1보다 큰 수로 저장된 데이터만 불러오면 804개 인 것을 알 수 있다.
- 위와 같은 방법으로 비행경험이 있다고 응답한 학생수가 100이상인 항목만 선별한다.

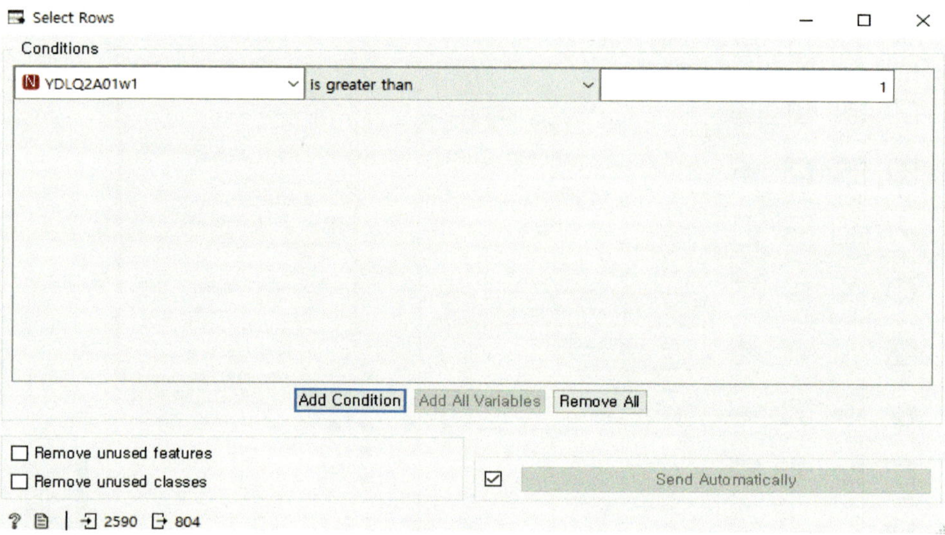

- 선별된 문항은 아래와 같으며 해당 문항의 산점도 분석을 통하여 유의미한 관계가 있는 항목을 찾는다.

조사 영역	조사항목	변수설명(변수명)
비행2	사이버비행 경험 및 빈도	누군가에게 욕이나 험한 말을 직접 보낸적이 있다. (YDLQ02A01)
비행2	사이버비행 경험 및 빈도	누군가에 대한 욕이나 나쁜 소문을 다른 사람들에게 퍼뜨린 적이 있다.(YDLQ02A02)
비행1	현실비행 경험 및 빈도	심한 욕설과 폭언(YDLQ01A15)
비행1	현실비행 경험 및 빈도	다른 사람 심하게 놀리거나 조롱하기(YDLQ01A05)
비행2	사이버비행 경험 및 빈도	당사자가 원치 않는 사진, 엽사, 이미지, 동영상을 보내거나 몰래 다른 사람들에게 전달한 적이 있다.(YDLQ02A04)
비행2	사이버비행 경험 및 빈도	대화방에 일부러 상대방을 초대하지 않거나 댓글이나 말을 무시한 적이 있다. (YDLQ02A15)

- 선별된 문항에 대해서 find informative projections를 실행하고 순위가 높은 10개 항목을 아래와 같이 표로 정리해 보자.

누군가에 대한 욕이나 나쁜 소문을 다른 사람들에게 퍼뜨린 적이 있다.(YDLQ02A02)

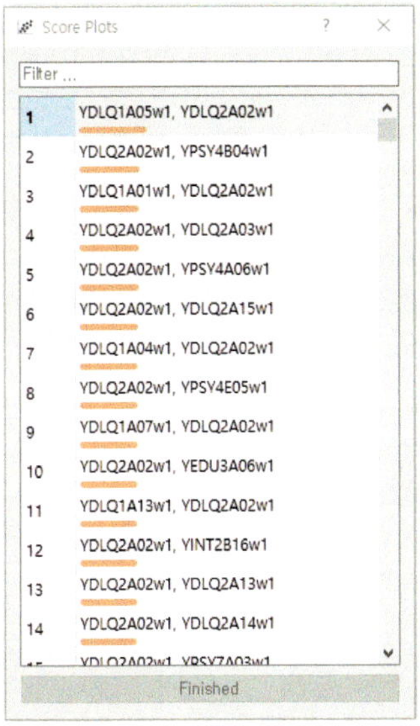

순위	관련 변수	변수설명
1	YDLQ01A05w1	다른사람 심하게 놀리거나 조롱하기
2	YPSY4B04w1	별 것 아닌 일로 싸우곤 한다
3	YDLQ1A01w1	담배 피우기
4	YDLQ2A03w1	상대방이 싫다는데 계속해서 말, 글, 그림 등을 보내 스토킹 한 적이 있다.
5	YPSY4A06w1	공부할 때 차분하게 앉아 있기 힘들다
6	YDLQ2A15w1	대화방에 일부러 상대방을 초대하지 않거나 댓글이나 말을 무시한 적이 있다.
7	YDLQ1A04w1	가출
8	YPSY4E05w1	울기를 잘한다
9	YDLQ1A07w1	패싸움
10	YEDU3A06w1	선생님은 질문에 대답할 때까지 참고 기다려주신다

누군가에게 욕이나 험한 말을 직접 보낸적이 있다. (YDLQ02A01)

순위	관련 변수
1	YDLQ1A08w1
2	YDLQ1A06w1
3	YDLQ2A15w1
4	YDLQ1A13w1
5	YDLQ2A11w1
6	YPSY1A01w1
7	YDLQ2A14w1
8	YACT2A02w1
9	YEDU3A03w1
10	YPSY4C07w1

심한 욕설과 폭언 (YDLQ01A15)

순위	관련 변수
1	YDLQ2A04w1
2	YPSY4C01w1
3	YTIM1K02w1
4	YPSY4B04w1
5	YDLQ2A03w1
6	YDLQ2A14w1
7	YTIM1F02w1
8	YMDA1C15w1
9	YDLQ1A06w1
10	YDLQ1A09w1

다른 사람을 심하게 놀리거나 조롱하기. (YDLQ01A05)

순위	관련 변수
1	YDLQ2A01w1
2	YPSY4A04w1
3	YTIM1J02w1
4	YEDU3A03w1
5	YPSY4C04w1
6	YPHY1C00w1
7	YEDU3A05w1
8	YEDU3A07w1
9	YDLQ2A04w1
10	YMDA1B03w1

• Find informative projections를 통한 문항별 유용성 평가 결과를 바탕으로 YDLQ02A02, YDLQ02A01, YDLQ01A15, YDLQ01A05 네 개 항목의 관계를 그림으로 나타내면 아래와 같다.

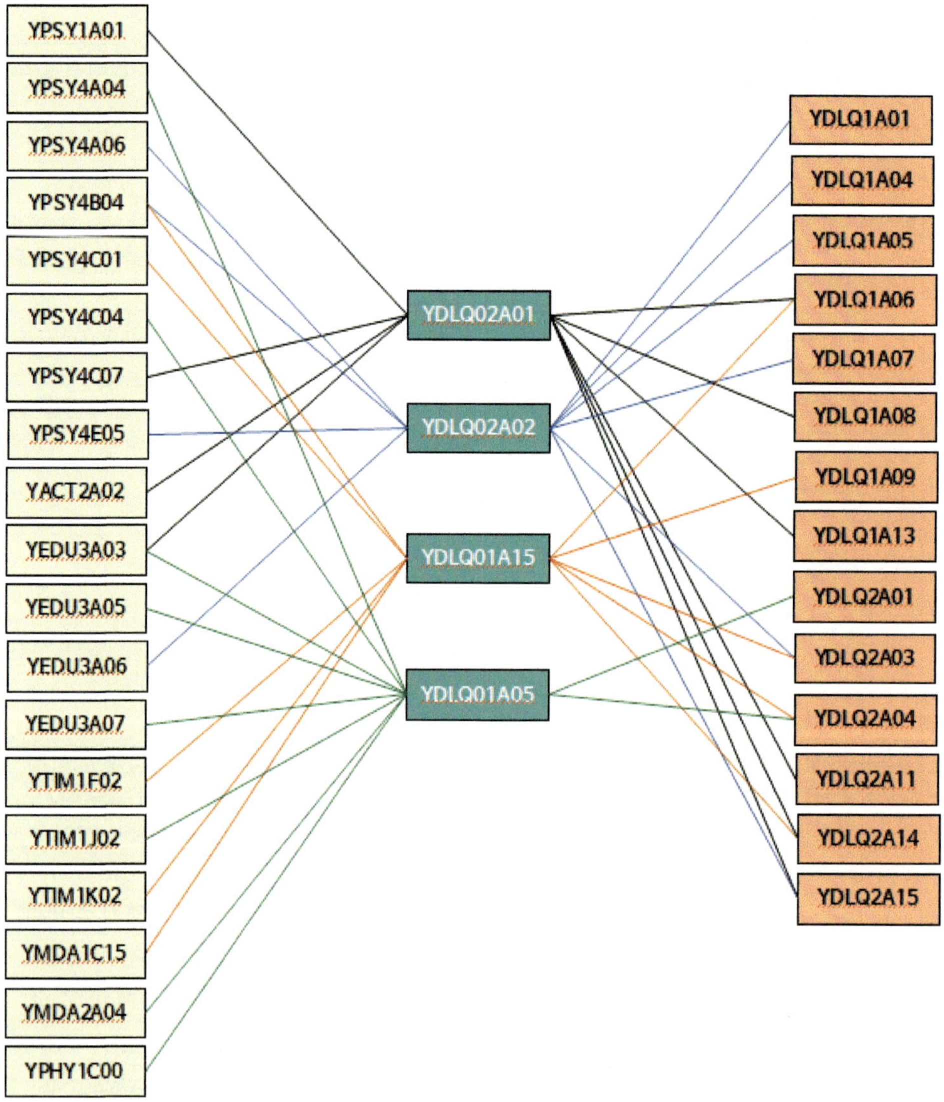

• 타겟값인 YDLQ02A02, YDLQ02A01, YDLQ01A15, YDLQ01A05와 다른 문항과의 관계를 살펴보면 정서문제, 학업태도, 교사와의 관계, 스마트폰, 건강 등과 관련된 일반적인 영역과도 관계가 있지만 비행1, 2 영역에 속하는 문항들과도 높은 연관성이 있음이 나타났다. 이를 토대로 생각해보면 일반문항의 바탕으로 타겟 값을 예측하고 예측된 타겟 값을 통해 다른 비행 행동까지 예측할 수 있을 것이라 판단된다.

Feature	Target	연관된 비행행동
정서문제, 학업태도, 교사와의 관계, 스마트폰, 건강 등 일반 영역	충분한 데이터를 가지고 있으면서 Feature와 유의미한 관계가 있는 문항	타겟 값과 높은 연관성을 가진 다른 비행행동 예측

• File에서 YDLQ02A02, YDLQ02A01, YDLQ01A15, YDLQ01A05의 유형을 categorical로 바꾸고 다른 문항의 유형은 numeric으로 지정한다.
• Distributions을 연결하여 타겟값과 feature간에 어떤 관계가 있는지 살펴보자.
• YDLQ02A01와 YPSY1A01문항과의 관계를 살펴보자. YPSY1A01문항은 삶의 만족도에 대한 물음으로 ①번 자신의 삶에 전혀 만족하지 않는다에 응답한 학생의 경우 응답자의 50%가 비행 행동을 경험한 적이 있다고 대답하였다.
• 전반적으로 만족도가 높을수록 비행 경험이 줄어드는 경향이 나타났으며 특이점은 ③번을 선택하여 자신의 삶에 대해 어느 정도 만족하고 있다고 대답한 학생들의 비행 행동 경험 비율이 31%로 ②번의 30%보다 조금 더 높은 비율로 나타났다는 점이다.

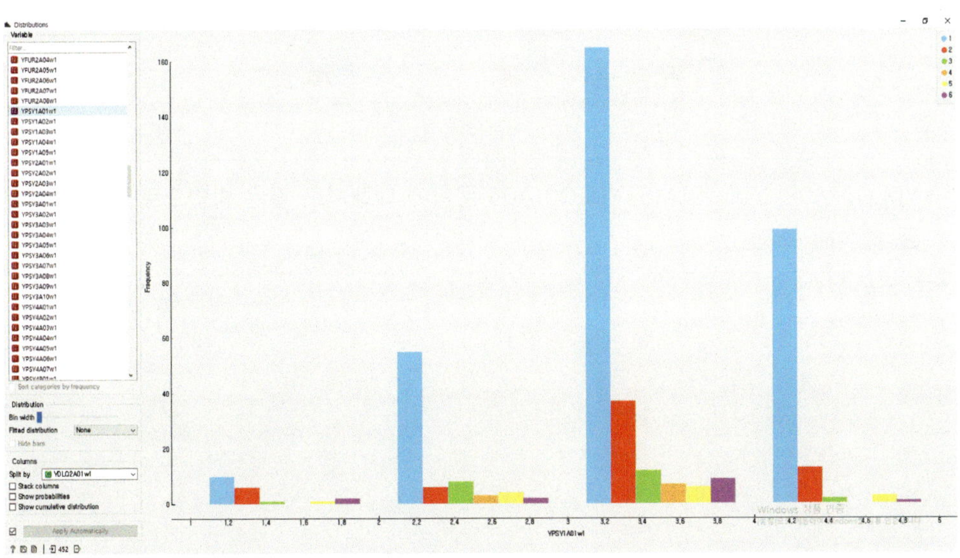

- YDLQ02A01와 YPSY4C04문항과의 관계를 살펴보자. YPSY4C04문항은 숨쉬기 어려울 때가 있는지에 대한 물음이다. ①번의 전혀그렇지 않다를 선택한 학생이 전체 학생수의 73.45%로 대부분을 차지하고 있으며 많은 수의 학생이 선택한 만큼 비행 경험도 높게 나왔으나 특이점을 발견했다고 말할 수는 없다.
- 전체적으로는 숨쉬기 어려울 때가 있다고 답한 학생일수록 비행 경험의 비율이 높아지는 경향이 나타나고 있다.
- ④번의 매우 그렇다를 선택한 학생은 전체의 3%만 선택했지만 비행 경험 비율이 64%로 다른 응답에 비하여 매우 높게 나타났다. 숨쉬기 어렵다고 느끼는 증상이 스트레스 때문인지 병적인 요인 때문인지 구분되어 있지는 않지만 평소 이러한 증상을 호소하는 학생에 대해 유심히 살펴볼 필요가 있다는 것을 의미한다.

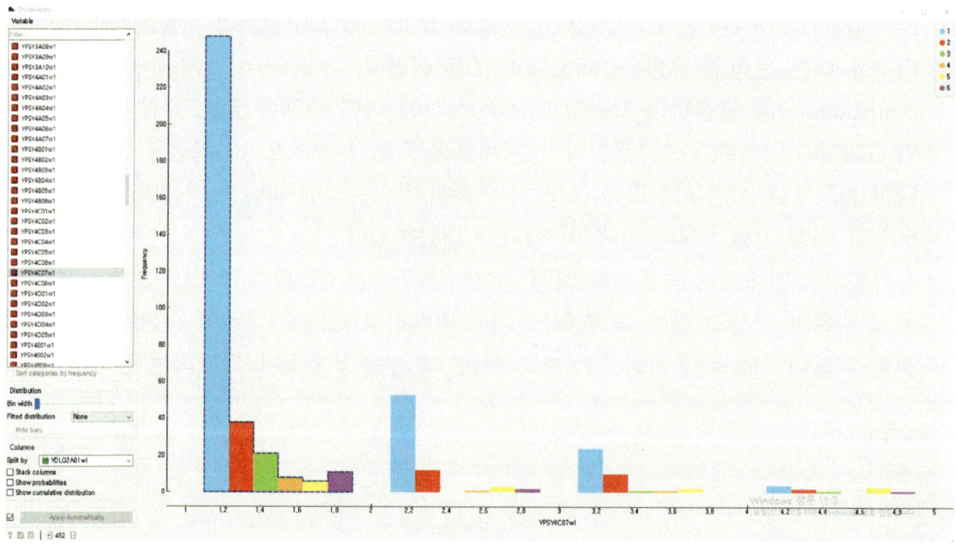

- YDLQ02A02, YDLQ01A15, YDLQ01A05 문항에 대해서도 같은 방법으로 문항간의 관계를 해석해 보자.

다. AI솔루션 설계

아동 · 청소년 패널조사 데이터를 활용한 비행 행동 예측 모델은 생활습관, 생활 태도와 관련된 문항을 선별하고, 선별된 문항 중 비행 행동과 유의미한 관계가 있는 문항의 응답 값을 활용하여 비행 행동을 예측하는 시스템이다. 아동 · 청소년 패널조사 데이터를 활용한 비행 행동 예측 모델의 설계 과정은 아래와 같다.

아동청소년 패널 조사를 활용한 비행행동 예측 시스템

활용할 데이터 선택	인공지능 모델 학습	학습한 모델로 예측	예측 결과 활용
아동 · 청소년 패널조사 데이터 활용	지도학습 (NN, 의사결정트리, 랜덤포레스트, KNN)을 활용하여 분류 모델로 학습	생활 패턴에 따른 비행행동 예측	예측값을 받아 프로그래밍을 활용하여 비행 행동을 예측하고 비행 방지를 위한 상담 프로그램으로 활용

인공지능 모델 학습을 위해 데이터는 그 내용에 신뢰도가 있어야 하며 일정 수 이상의 양을 확보하고 있어야 한다. 아동 · 청소년 패널 조사를 주관하는 한국청소년정책 연구원은 국내 유일의 청소년 전문 국책연구기관으로 제공하는 자료의 신뢰도가 매우 높다고 볼 수 있다. 확보한 자료는 오렌지3를 활용하여 불필요한 내용을 찾아 삭제하고 문항간의 관계를 파악하는 전처리 과정을 거친다.

전처리를 통해 정제된 자료를 오렌지3에서 제공하는 모델들과 연결하여 예측 결과의 예상값을 평가해 보고 가장 예측 신뢰도가 높은 인공지능 모델을 선택한다. 아동 · 청소년 패널 데이터의 자료를 샘플링 하여 입력값과 예측값을 비교해보고 비행 행동을 정확히 예측하는지 확인한다. 예측 모델이 일정 수준 이상의 신뢰도를 확보하면 머신러닝포키즈에서 해당 모델을 프로그래밍 한다.

라. AI솔루션 개발

- 예측 대상인 타겟 값은 YDLQ02A02, YDLQ02A01, YDLQ01A15, YDLQ01A05 4개 문항이다.
- 해당 타겟값에 대해 각각의 예측 정확도를 구해보고 가장 신뢰도가 높은 항목을 선택해 머신러닝포키즈에서 프로그램을 만든다.
- 앞에서 결측값을 삭제한 2018 아동 · 청소년 패널조사 데이터 중학생 자료를 불러온다.
- 파일을 열어 네 항목의 Type을 Categorical로 지정하고 Role을 target으로 선택한다. 나머지 값은 numeric으로 지정하고 Role을 feature로 선택한다.

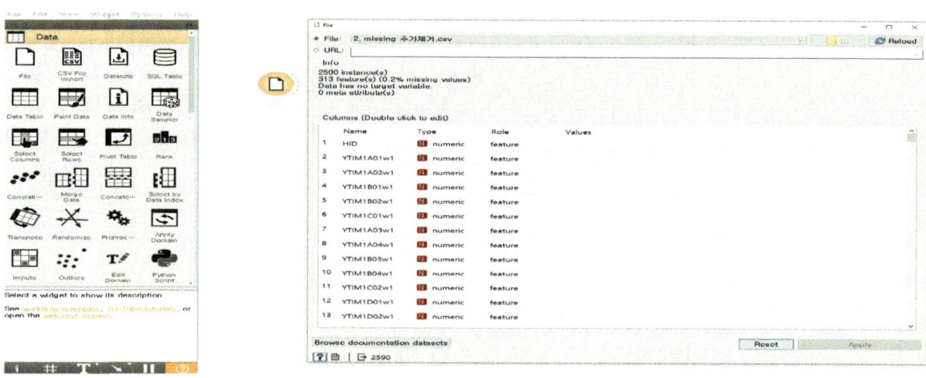

- 문항별 유용성 평가 결과 파악한 문항들을 Feature, Target, 연관된 비행행동으로 나누어 정리해 보자

입력 값	▶	타겟 값	▶	연관된 비행행동
YPSY1A01w1 YACT2A02w1 YEDU3A03w1 YPSY4C07w1		YDLQ02A01 누군가에게 욕이나 험한 말을 직접 보낸적이 있다.		YDLQ1A08w1 YDLQ1A06w1 YDLQ2A15w1 YDLQ1A13w1 YDLQ2A11w1 YDLQ2A14w1

입력 값	▶	타겟 값	▶	연관된 비행행동
YPSY4B04w1 YPSY4A06w1 YPSY4E05w1 YEDU3A06w1		YDLQ02A02w1 누군가에 대한 욕이나 나쁜 소문을 다른 사람들에게 퍼뜨린 적이 있다.		YDLQ01A05w1 YDLQ1A01w1 YDLQ2A03w1 YDLQ2A15w1 YDLQ1A04w1 YDLQ1A07w1

입력 값	타겟 값	연관된 비행행동
YPSY4C01w1 YTIM1K02w1 YPSY4B04w1 YTIM1F02w1 YMDA1C15w1	YDLQ01A15 심한 욕설과 폭언	YDLQ2A04w1 YDLQ2A03w1 YDLQ2A14w1 YDLQ1A06w1 YDLQ1A09w1

입력 값	타겟 값	연관된 비행행동
YPSY4A04w1 YTIM1J02w1 YEDU3A03w1 YPSY4C04w1 YPHY1C00w1 YEDU3A05w1 YEDU3A07w1 YMDA1B03w1	YDLQ01A05 다른 사람을 심하게 놀리거나 조롱하기.	YDLQ2A01w1 YDLQ2A04w1

- 먼저 YDLQ02A01의 예측 모델을 찾고 표본을 추출하여 비행 행동을 예측해보고 실제값과 비교해 보자.
- Data – Create Class를 연결한다.
- 설문 문항지를 보면 문항에 대해 답변을 ①~⑥번중 하나를 선택하게 되어 있다.
- ①번은 전혀없다로 관련된 비행 행동을 전혀 하지 않은 학생들이다.
- ②~⑥번은 해당 비행 행동을 경험한 학생이나 행위의 주기에 따라 그 차이가 있다.
- Create Class에서 Class를 생성할 때 2가지 경우로 나누어 생각할 수 있는데 첫 번째는 비행 경험의 유무로 나누는 방법이며 다른 하나는 원래의 답변대로 1~6단계로 나누는 방법이다 각각의 Class를 생성하고 출력되는 데이터를 살펴보자.
- 먼저 Class를 비행 경험의 유무로 나누어 생성해 보자.

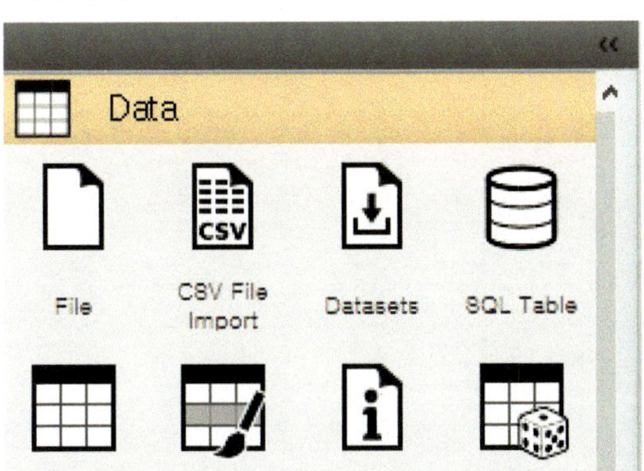

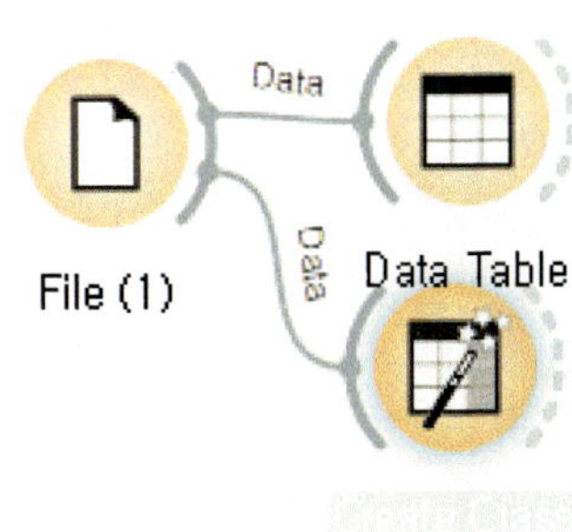

- 새로 생성할 Class의 이름은 (비행행동 여부)라고 설정한다.
- From column은 타겟 값인 YDLQ02A01으로 설정한다.
- Name에 모범과 비행으로 입력한다.
- 모범에 해당되는 값은 1이기 때문에 Substring에 1을 입력한다. 오른쪽 Instances에 1786개의 값이 모범 영역에 해당되는 것을 볼 수 있다.
- 비행에 해당되는 값은 1을 제외한 모든 값이기 때문에 remaining instances를 그대로 둔다. Instances에서 804개의 값이 비행 영역에 해당되는 것을 확인할 수 있다.

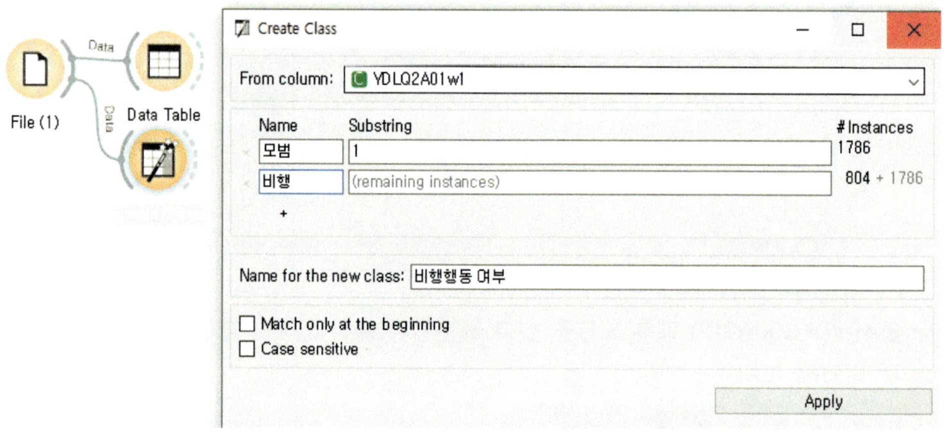

- Data Table을 가져와서 Create Class에 연결하면 Class에 따라 분류된 값을 볼 수 있다. 가장 앞쪽의 비행행동 여부 feature를 클릭하면 Class에 따라 정렬할 수 있다. 그림에서 보면 비행영역에 해당되면 빨간색, 모범 영역에 해당되는 경우 파란색으로 표시되는 것을 볼 수 있다.

- Select Columns를 Create Class에 연결한다.
- Target Variable은 예측할 값으로 비행행동 여부를 선택한다.
- Features에는 target 예측에 관련된 변수로 YPSY1A01w1, YACT2A02w1, YEDU3A03w1, YPSY4C07w1를 넣는다.
- 입력한 사람을 구분하기 위해 HID를 Meta Attiributes에 넣는다.
- 나머지 변수들은 모두 Available Variables에 둔다.

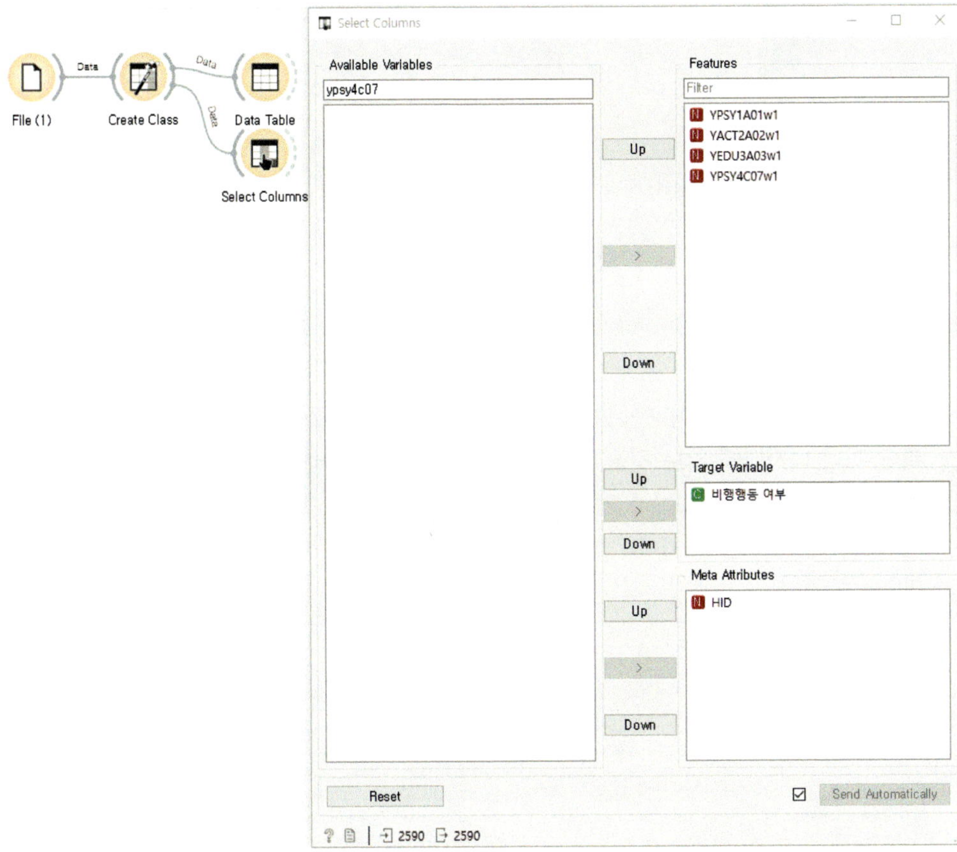

- Test and Score 위젯을 이용하여 예측 결과를 확인하고 비행행동 예측 시스템에 적합한 인공지능 알고리즘을 찾아보자.
- Model에서 KNN, Tree, Random Forest, Naive Vayes, Logistic Regression, AdaBoost, Neural Network, Linear Regression을 모두 연결해 보았다.
- 연결 결과를 보면 Test and Score 위에 ⊗와 ⚠가 나타나 있는 것을 볼 수 있다.
- Test and Score를 열어 문제점을 확인해 보자.

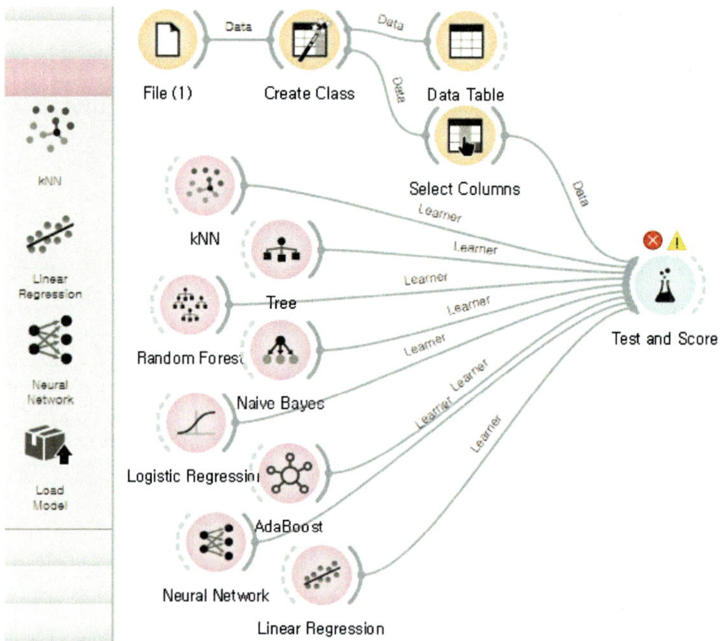

• Test and Score를 열어보면 Linear Regression (error)가 빨간색으로 표시되어 있고 예측 결과가 나타나지 않는 것을 볼 수 있다. 즉 해당 알고리즘을 사용할 수 없다는 뜻이다. 창을 닫고 연결된 Linear Regression을 제거하면 경고 메시지가 사라진다.

• 교차검증 결과 Neural Network의 CA값이 0.695로 가장 높게 나왔고 KNN의 정확도가 0.629로 가장 낮았다.

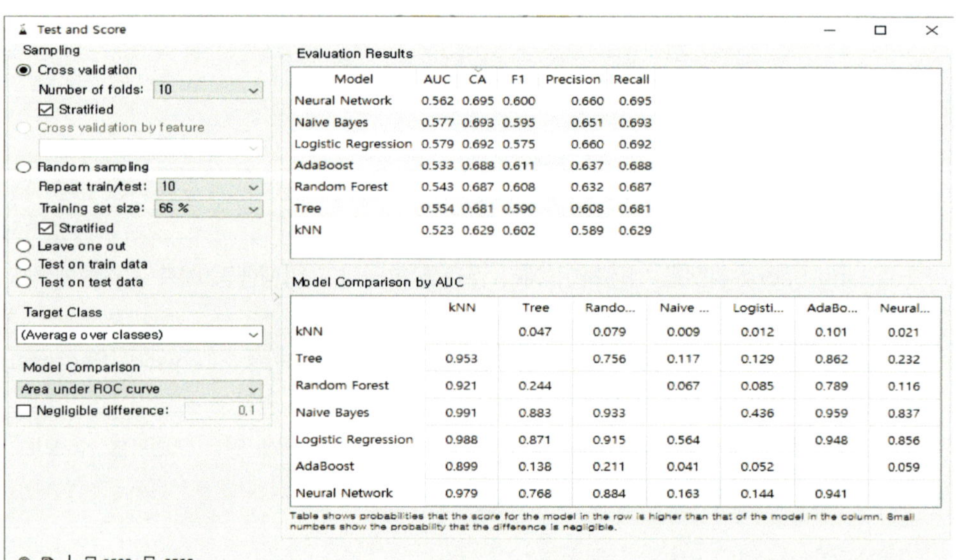

Evaluation Results

Model	AUC	CA	F1	Precision	Recall
Neural Network	0.562	0.695	0.600	0.660	0.695
Naive Bayes	0.577	0.693	0.595	0.651	0.693
Logistic Regression	0.579	0.692	0.575	0.660	0.692
AdaBoost	0.533	0.688	0.611	0.637	0.688
Random Forest	0.543	0.687	0.608	0.632	0.687
Tree	0.554	0.681	0.590	0.608	0.681
kNN	0.523	0.629	0.602	0.589	0.629

Model Comparison by AUC

	kNN	Tree	Rando...	Naive ...	Logisti...	AdaBo...	Neural...
kNN		0.047	0.079	0.009	0.012	0.101	0.021
Tree	0.953		0.756	0.117	0.129	0.862	0.232
Random Forest	0.921	0.244		0.067	0.085	0.789	0.116
Naive Bayes	0.991	0.883	0.933		0.436	0.959	0.837
Logistic Regression	0.988	0.871	0.915	0.564		0.948	0.856
AdaBoost	0.899	0.138	0.211	0.041	0.052		0.059
Neural Network	0.979	0.768	0.884	0.163	0.144	0.941	

• 분류의 결과를 평가하는 지표중 CA(Classification Accuracy, 분류정확도)값이 분류 모델의 일반적인 지표다. 회귀인 경우 RMSE를 사용한다.
• CA값이 1에 가까울수록 정확도가 높다.
• Random sampling으로 다시 검증해 본 결과는 로지스틱회귀와 NN으로 0.694의 값이 나왔으며 KNN이 0.644로 가장 낮게 나왔다.

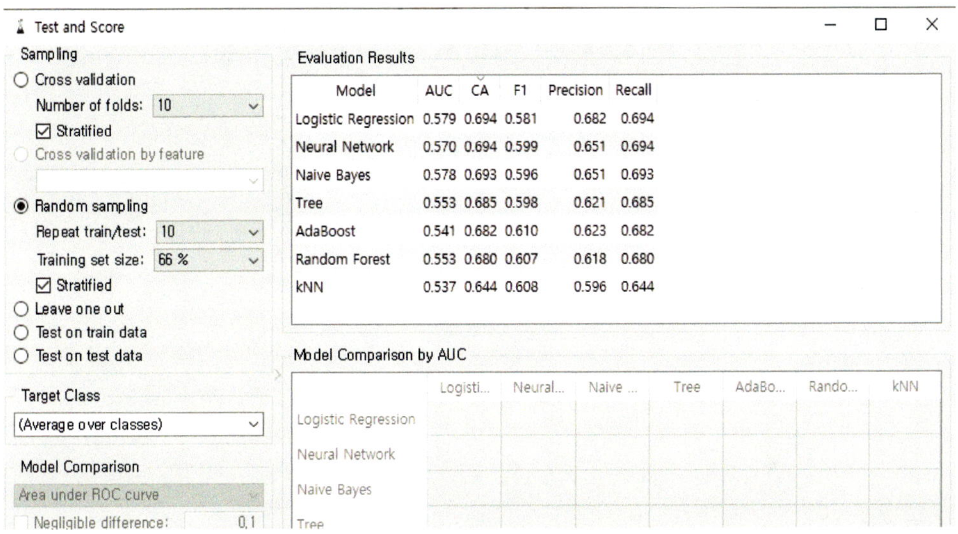

Model	AUC	CA	F1	Precision	Recall
Logistic Regression	0.579	0.694	0.581	0.682	0.694
Neural Network	0.570	0.694	0.599	0.651	0.694
Naive Bayes	0.578	0.693	0.596	0.651	0.693
Tree	0.553	0.685	0.598	0.621	0.685
AdaBoost	0.541	0.682	0.610	0.623	0.682
Random Forest	0.553	0.680	0.607	0.618	0.680
kNN	0.537	0.644	0.608	0.596	0.644

	Logisti...	Neural...	Naive ...	Tree	AdaBo...	Rando...	kNN
Logistic Regression							
Neural Network							
Naive Bayes							
Tree							

• YDLQ2A02w1의 교차검증 CA값을 확인해보면 로지스틱회귀가 0.882로 가장 높은 값이 나왔고 Naive Bayes가 0.871로 가장 낮게 나왔다.

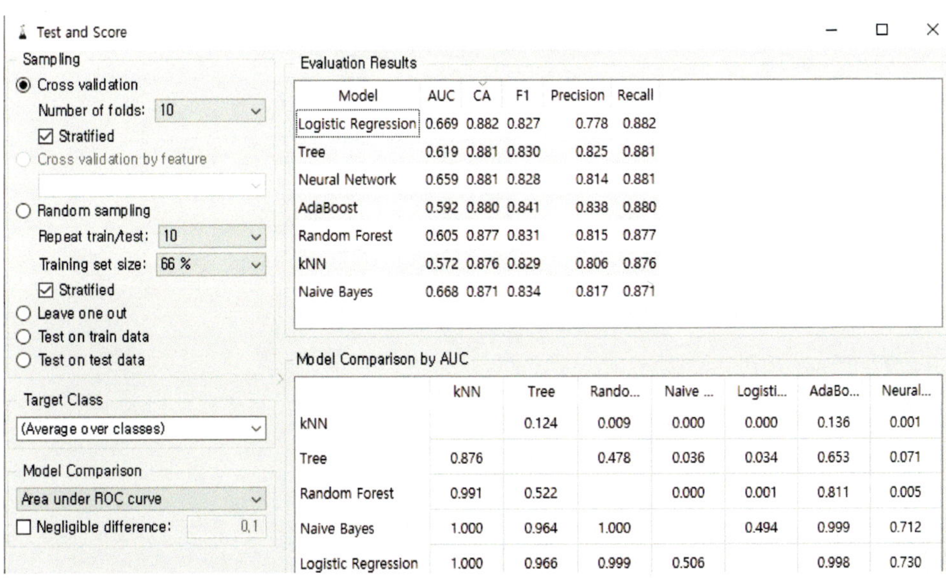

Model	AUC	CA	F1	Precision	Recall
Logistic Regression	0.669	0.882	0.827	0.778	0.882
Tree	0.619	0.881	0.830	0.825	0.881
Neural Network	0.659	0.881	0.828	0.814	0.881
AdaBoost	0.592	0.880	0.841	0.838	0.880
Random Forest	0.605	0.877	0.831	0.815	0.877
kNN	0.572	0.876	0.829	0.806	0.876
Naive Bayes	0.668	0.871	0.834	0.817	0.871

	kNN	Tree	Rando...	Naive ...	Logisti...	AdaBo...	Neural...
kNN		0.124	0.009	0.000	0.000	0.136	0.001
Tree	0.876		0.478	0.036	0.034	0.653	0.071
Random Forest	0.991	0.522		0.000	0.001	0.811	0.005
Naive Bayes	1.000	0.964	1.000		0.494	0.999	0.712
Logistic Regression	1.000	0.966	0.999	0.506		0.998	0.730

• YDLQ2A02w1의 랜덤샘플링 CA값은 로지스틱회귀가 0.881로 가장 높은 값이 나왔고 Naive Bayes가 0.87으로 가장 낮게 나왔다.

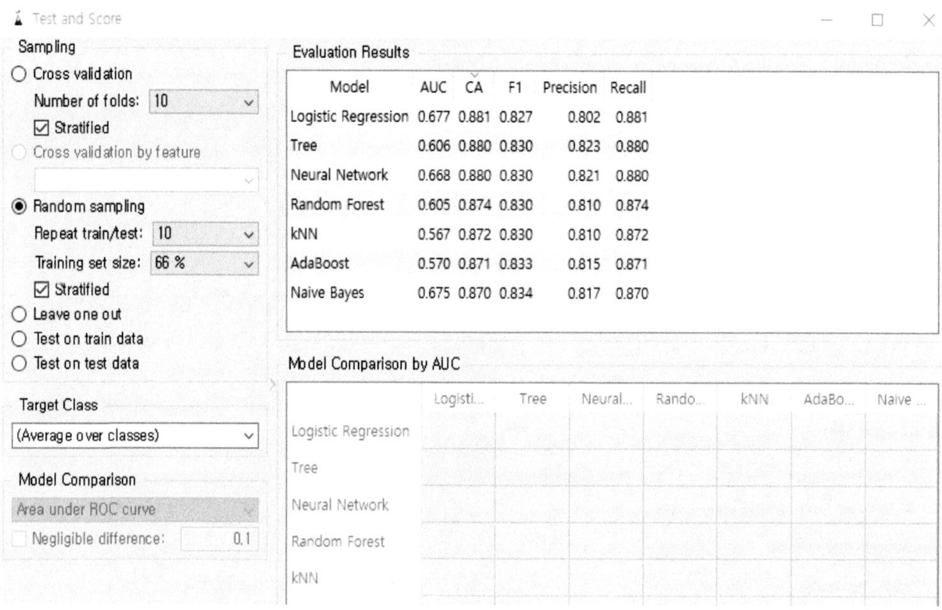

• YDLQ1A15w1의 교차검증 CA값은 NN이 0.881로 가장 높고 AdaBoost가 0.816으로 가장 낮게 나타났다.

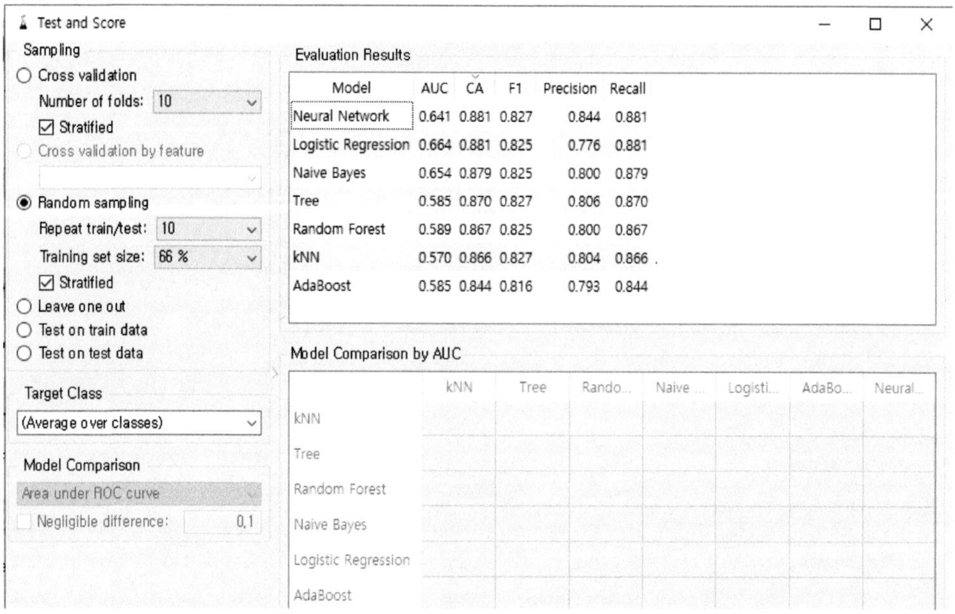

• YDLQ1A15w1의 랜덤샘플링 CA값은 NN이 0.881로 가장 높고 AdaBoost가 0.844로 가장 낮게 나타났다.

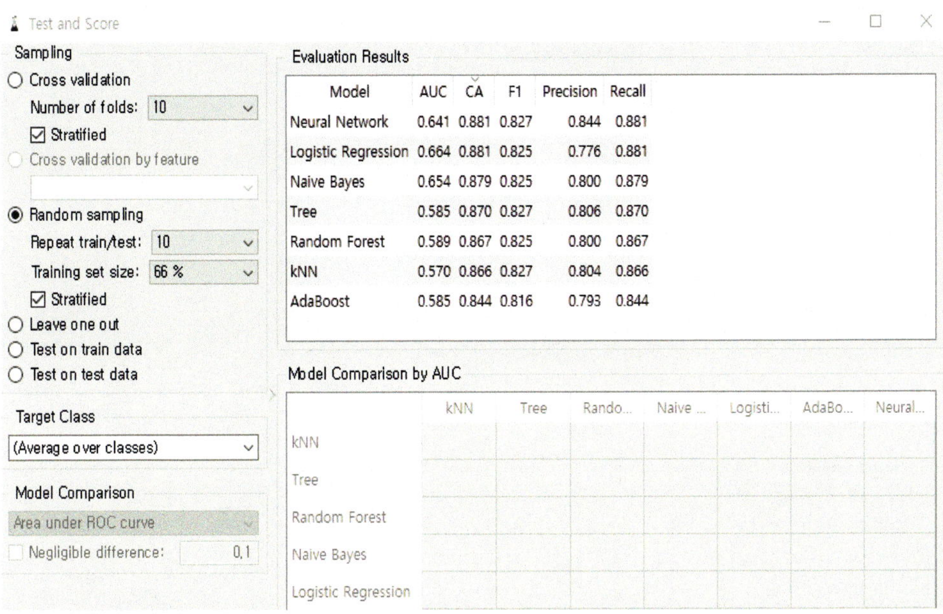

Model	AUC	CA	F1	Precision	Recall
Neural Network	0.641	0.881	0.827	0.844	0.881
Logistic Regression	0.664	0.881	0.825	0.776	0.881
Naive Bayes	0.654	0.879	0.825	0.800	0.879
Tree	0.585	0.870	0.827	0.806	0.870
Random Forest	0.589	0.867	0.825	0.800	0.867
kNN	0.570	0.866	0.827	0.804	0.866
AdaBoost	0.585	0.844	0.816	0.793	0.844

• YDLQ01A05의 교차검증 CA값은 로지스틱 회귀가 0.910로 가장 높고 AdaBoost가 0.871로 가장 낮다.

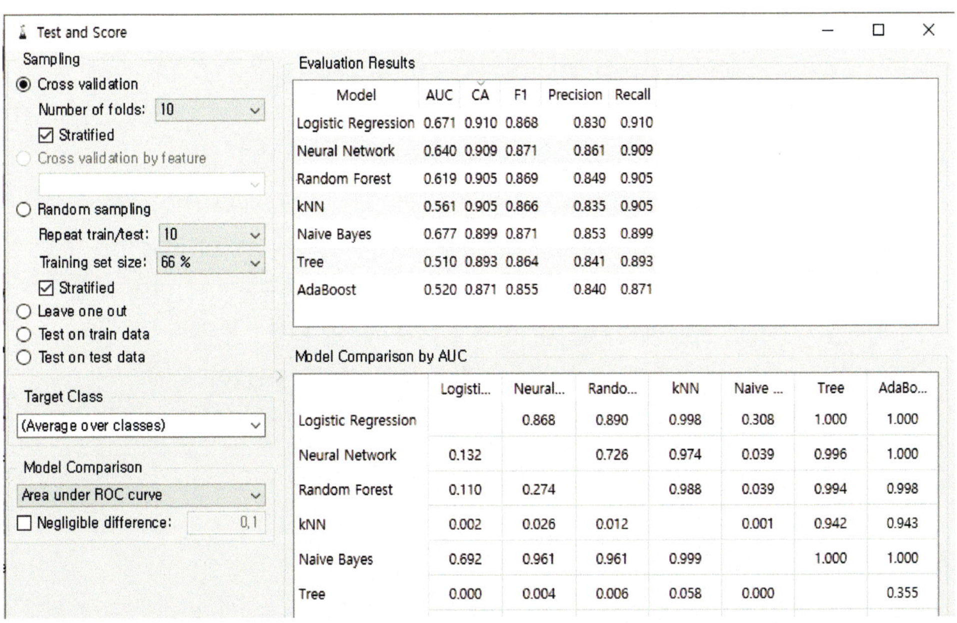

Model	AUC	CA	F1	Precision	Recall
Logistic Regression	0.671	0.910	0.868	0.830	0.910
Neural Network	0.640	0.909	0.871	0.861	0.909
Random Forest	0.619	0.905	0.869	0.849	0.905
kNN	0.561	0.905	0.866	0.835	0.905
Naive Bayes	0.677	0.899	0.871	0.853	0.899
Tree	0.510	0.893	0.864	0.841	0.893
AdaBoost	0.520	0.871	0.855	0.840	0.871

	Logisti...	Neural...	Rando...	kNN	Naive ...	Tree	AdaBo...
Logistic Regression		0.868	0.890	0.998	0.308	1.000	1.000
Neural Network	0.132		0.726	0.974	0.039	0.996	1.000
Random Forest	0.110	0.274		0.988	0.039	0.994	0.998
kNN	0.002	0.026	0.012		0.001	0.942	0.943
Naive Bayes	0.692	0.961	0.961	0.999		1.000	1.000
Tree	0.000	0.004	0.006	0.058	0.000		0.355

- YDLQ01A05의 랜덤샘플링 CA값은 로지스틱 회귀가 0.911로 가장 높고 AdaBoost가 0.876으로 가장 낮다.

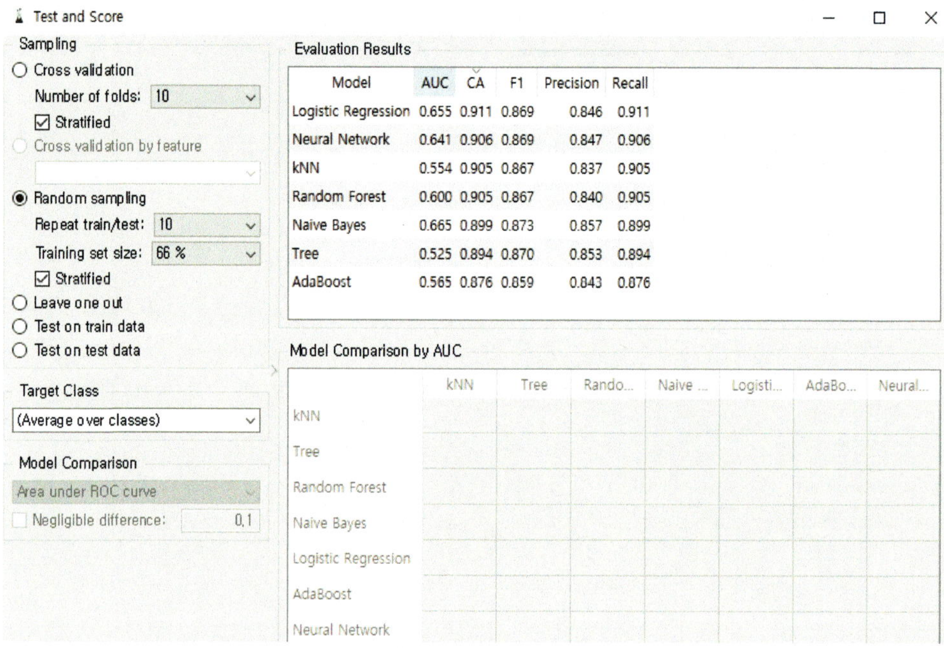

- 타겟값 네 항목에 대해 CA값을 확인해 본 결과 YDLQ01A05에 대한 분류 정확도가 가장 높게 나왔다. 따라서 YDLQ01A05 문항에 대한 예측 정확도를 깊이있게 파악하고자 한다.
- ROC Analysis를 연결하여 모델의 유용성을 평가해보자.
- RCO 커브를 이해하기 위해서 사용하는 용어를 확인해보자.
  - 민감도(Sensitivity, True positive rate(TPR), Recall)
  - 특이도(Specificity, True Negarive rate(TNR)
  - False positive rate(FPR) : 1-specificity
  - 정확도(Accuracy) : 전체 데이터 중 정확하게 분류된 데이터의 비율
  - 에러율(Error Rate) : 전체 데이터 중 정확하지 않게 분류된 데이터의 비율
  - 정밀도 : Positive로 예측했을 때 실제로 Positive인 비율
- ROC 커브는 TPR이 1, FPR은 0인 경우가 가장 이상적인 모델이다.
- ROC 커브에서 모델의 평가가 좋다는 것은 커브의 밑면적의 넓이가 넓다는 것이다.

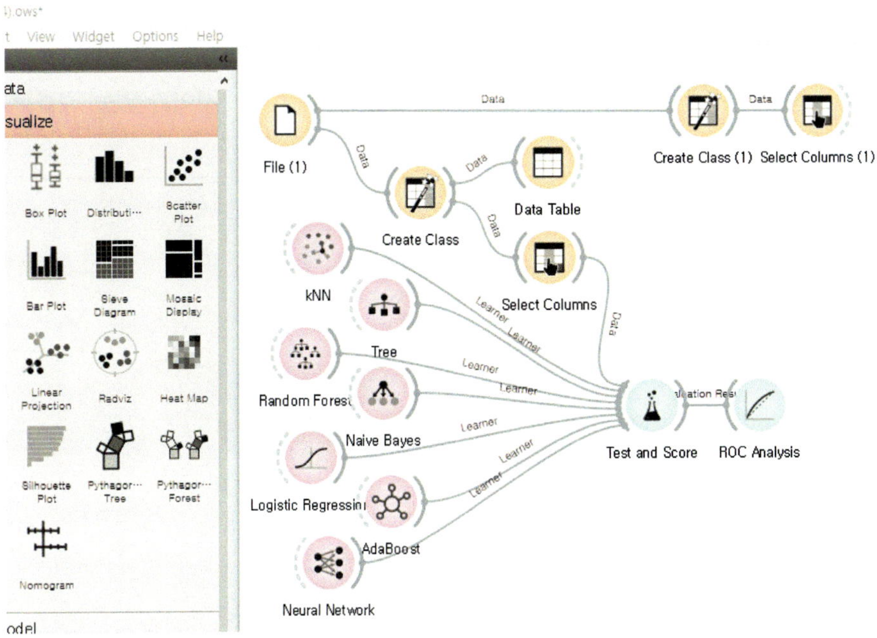

- ROC Analysis에서 타켓 값을 비행과 모범으로 선택하여 그래프를 확인할 수 있다.
- '모범' 그래프에서 Naive Bayes가 가장 상단에 위치해 있으며 로지스틱회귀가 비슷간 구간을 형성하고 있다. 앞서 확인한 분류정확도에서 다소 낮은 정확도를 보였던 Naive Bayes 모델이 ROC 그래프에서는 다른 결과를 보여주고 있다.

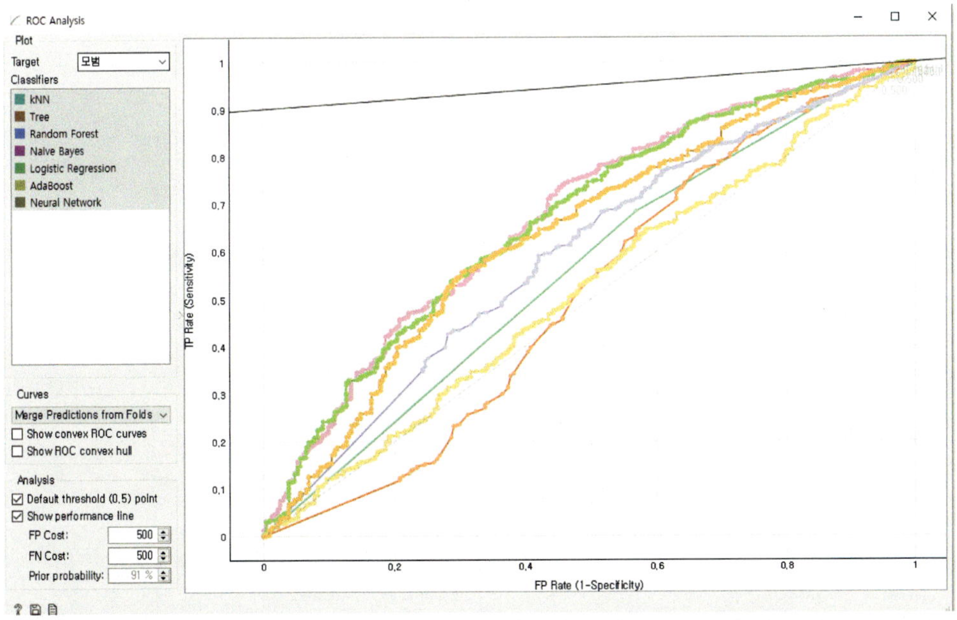

- 타켓을 '비행'으로 설정했을 때 역시 Naive Bayes와 로지스틱회귀가 가장 좋은 분류 성능을 가지고 있다고 볼 수 있다.
- Test and Score와 ROC 그래프에서 설명하고 있는 결과에 다소 차이가 있는 것을 확인할 수 있다.

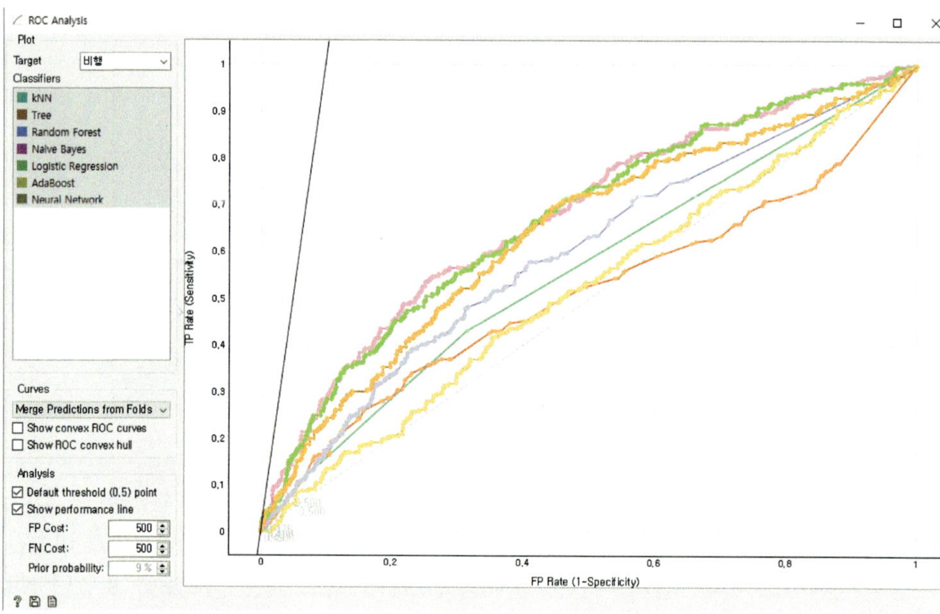

- Confusion Matrix를 연결하여 조금 더 자세하게 살펴보자

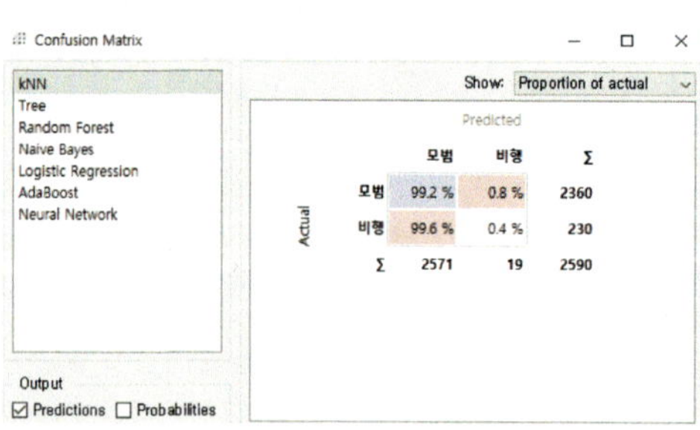

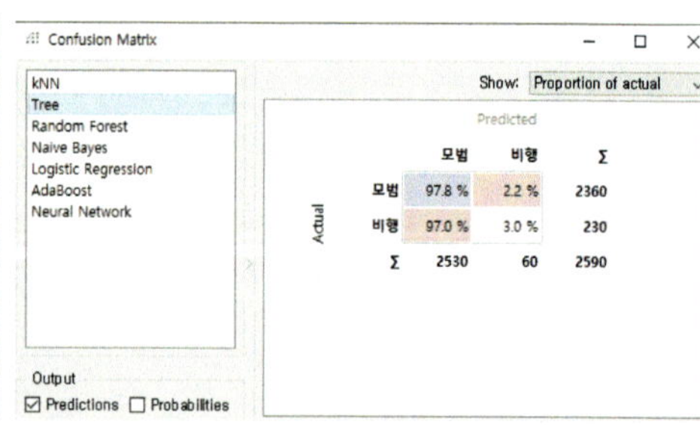

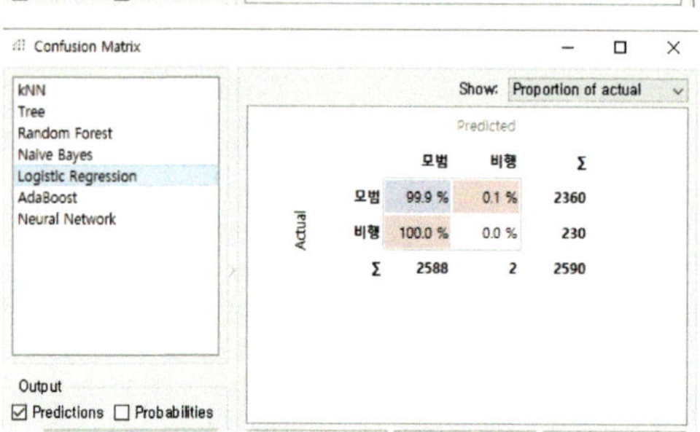

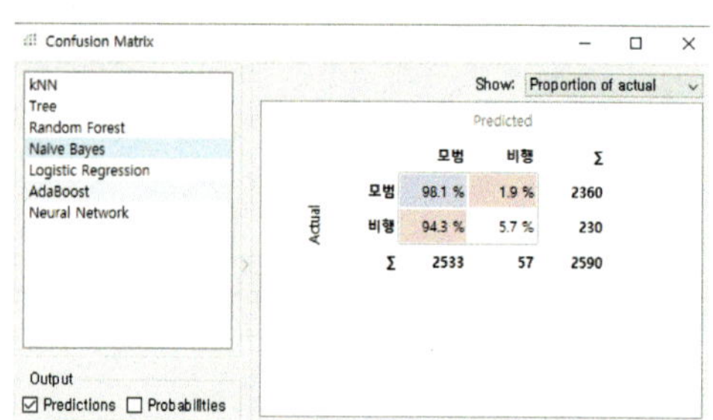

- Confusion Matrix를 살펴보면 모범 영역에 대해서는 각 모델들 모두 95%이상의 분류 정확도를 보여주고 있지만 비행 영역에 대해서는 AdaBoost가 5.7%로 가장 높게 나타났다. 가장 높은 분류정확도를 나타내었던 로지스틱회귀 모델의 경우에 비행 행동을 모두 모범 행동으로 예측하였다.
- 가지고 있는 데이터를 이용하여 모델이 실제 예측한 값과 실제값을 비교해 보자. Data Sampler 위젯을 연결하여 전체 데이터의 70%를 샘플로 추출하고 Naive Bayes와 로지스틱회귀 모델을 연결해 보자.

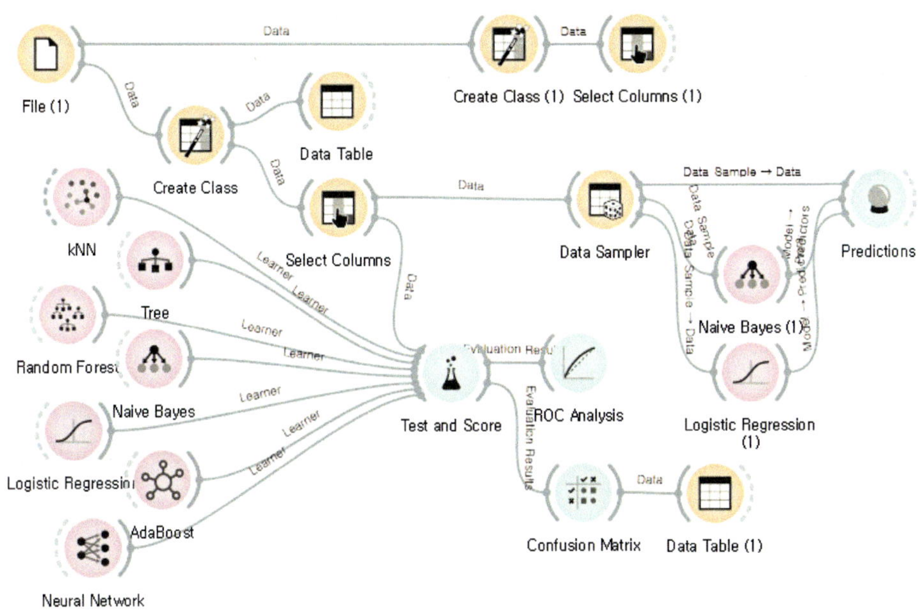

- Predictions를 열어 보면 실제값과 각 모델에서 예측한 값을 비교해 볼 수 있다.
- Confusion Matrix에서 모범 행동은 잘 예측하였지만 비행 행동을 잘 예측하지 못한다는 것을 확인할 수 있다. 비행행동 여부에서 실제값을 비행, 모범 행동으로 정렬해서 모델들이 예측한 값을 비교해 보면 실제로 대부분의 모범으로 예측하고 있는 것을 알 수 있다.

	Naive Bayes	Logistic Regression	비행행동 여부	HID	YPSY4A04w1	YTIM1J02w1	YEDU3A03w1	YPSY4C04w1	YPHY1C00w1
7	0.88 : 0.12 → 모범	0.83 : 0.17 → 모범	비행	2884	3	4	3	4	4
14	0.88 : 0.12 → 모범	0.93 : 0.07 → 모범	비행	3417	2	3	1	1	7
16	0.45 : 0.55 → 비행	0.79 : 0.21 → 모범	비행	2635	3	3	2	3	3
19	0.92 : 0.08 → 모범	0.90 : 0.10 → 모범	비행	4002	3	2	3	3	7
33	0.89 : 0.11 → 모범	0.83 : 0.17 → 모범	비행	2764	4	4	2	2	7
34	0.90 : 0.10 → 모범	0.89 : 0.11 → 모범	비행	3894	1	7	3	2	0
47	0.46 : 0.54 → 비행	0.76 : 0.24 → 모범	비행	2646	2	6	4	1	0
51	0.91 : 0.09 → 모범	0.91 : 0.09 → 모범	비행	4926	2	1	3	2	3
61	0.59 : 0.41 → 모범	0.59 : 0.41 → 모범	비행	3992	4	7	3	3	7
64	0.84 : 0.16 → 모범	0.92 : 0.08 → 모범	비행	2994	3	4	2	2	7
71	0.94 : 0.06 → 모범	0.88 : 0.12 → 모범	비행	5161	2	7	3	1	5

- 실제 예측에서 비행 행동을 제대로 분류하지 못함에도 Predictions에서의 Naive Bayes와 로지스틱회귀의 분류정확도는 여전히 90%, 90.9%의 높은 수치를 나타내고 있다.
- 이러한 현상은 전체 2590개의 자료 중 비행 행동에 해당되는 자료가 230개로 전체 데이터 중 8.8%에 불과하기 때문에 자료의 불균형에서 발생하는 현상으로 보인다.
- Select Rows와 Concatenate 위젯을 이용하여 모범 영역의 항목수를 조절하자.

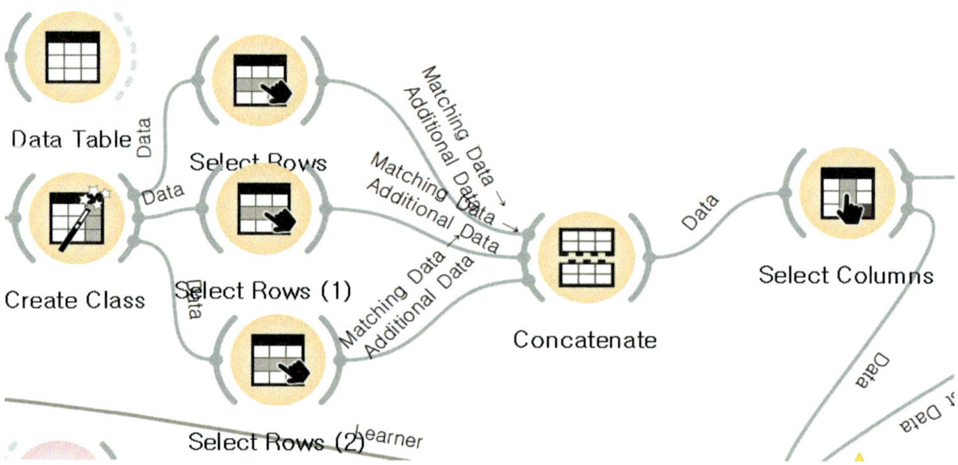

- 첫 번째 Select Rows에서 비행행동 여부에서 비행으로 구분되어 있는 230개의 인스턴스를 불러온다. 두 번째에서는 YPSY4A04 문항에서 248개, YEDU3A05 문항에서 452개의 인스턴스를 가지고 온다.

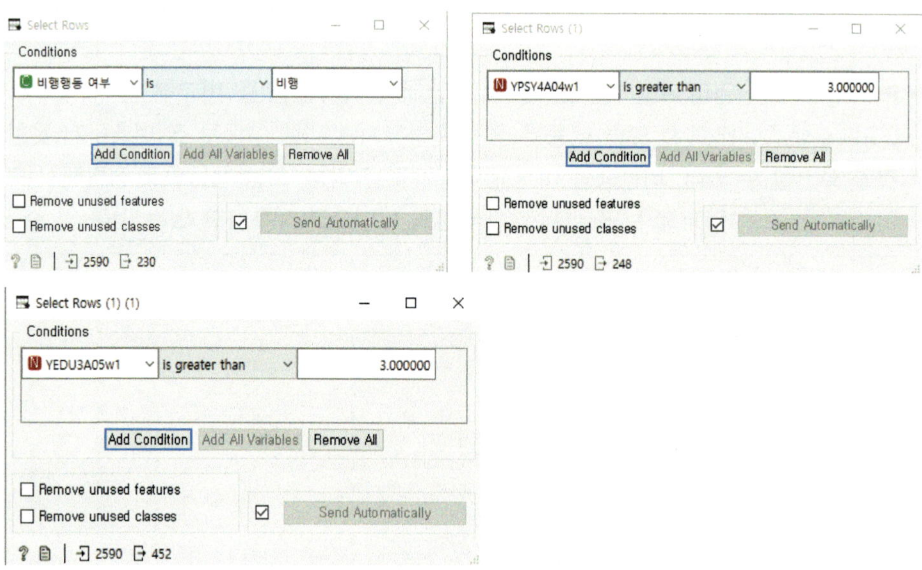

• Concatenate 위젯을 통해 Select Rows에서 선택한 인스턴스들이 잘 합쳐졌는지 Data Table을 연결하여 확인해 보자. 총 인스턴스의 개수가 930개가 들어있음을 확인할 수 있다.

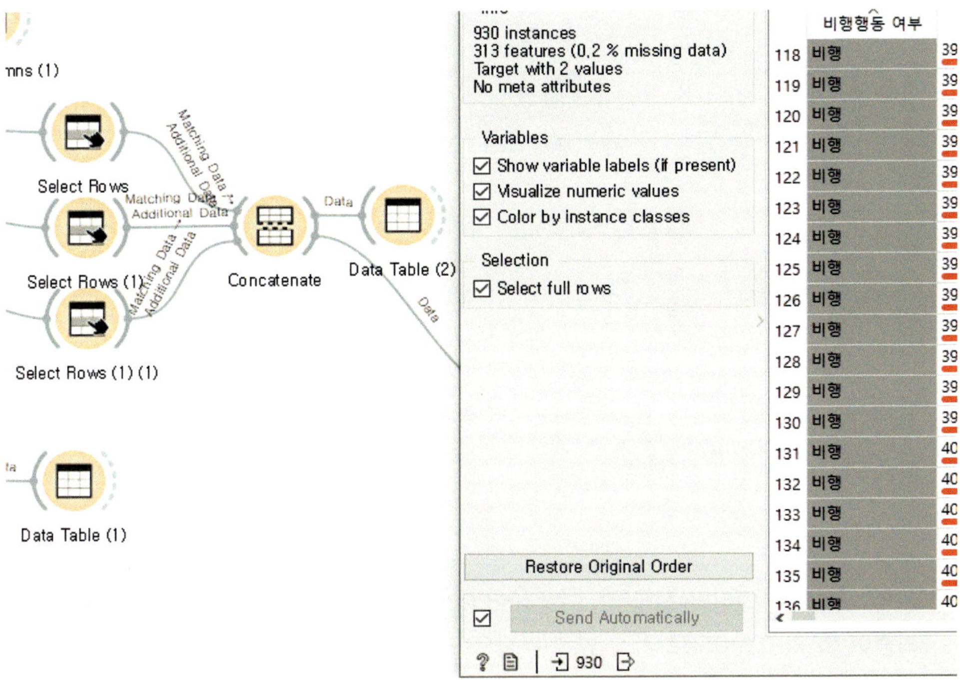

• Concatenate 위젯에 Select Columns 위젯을 연결하여 features, Target, Meta Attributes를 지정해준다.

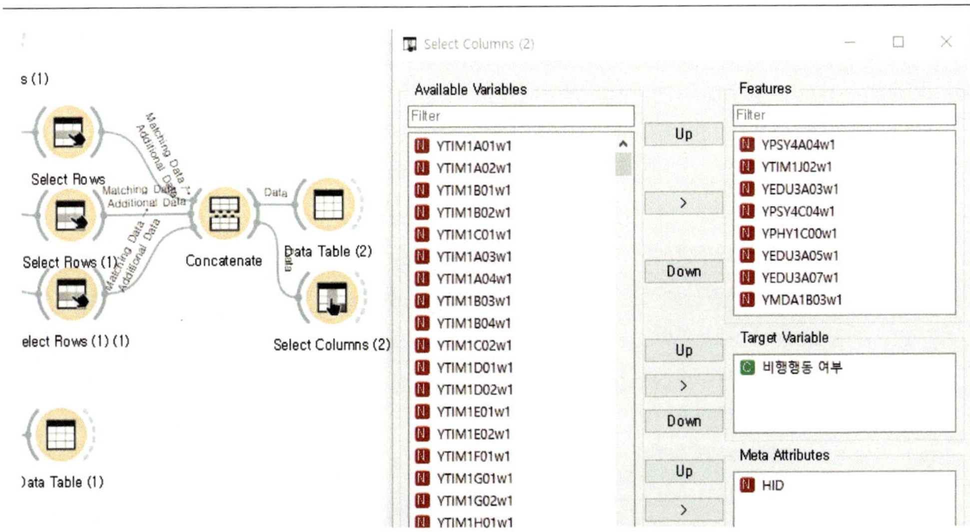

• 정리된 자료를 활용하여 다시 Test and Score를 실행해보자

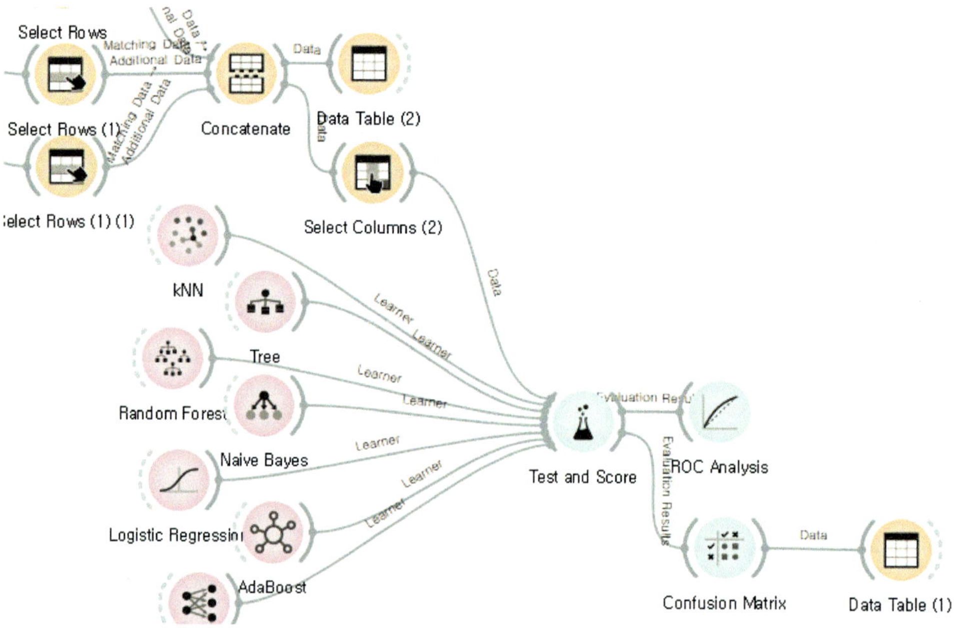

• 왼쪽 그림에서 데이터 정리 전 Test and Score 수치를 보면 Logistic Regression 알고리즘이 CA가 0.910으로 가장 높게 나왔으며 Neural Network, Random Forest, Knn 순으로 나타난 것을 알 수 있다.

• 오른쪽 그림에서 데이터 정리 후 모델 평가를 보면 AdaBoost가 CA 0.948로 가장 높게 나왔으며 Random Forest, Tree 순으로 높은 수치를 보이고 있다.

• 전체적으로 분류정확도가 달라졌으며 특히 눈여겨 볼 점은 데이터 정리 후 AUC의 값이 크게 올랐다는 점이다. AUC는 ROC 커브 아래의 면적으로 커브 아래 면적이 넓을수록 모델의 성능이 우수하다는 것을 의미한다.

• 분류 모델의 성능이 전보다 향상되었다는 것을 의미한다.

Model	AUC	CA	F1	Precision	Recall
Logistic Regression	0.671	0.910	0.868	0.830	0.910
Neural Network	0.640	0.909	0.871	0.861	0.909
Random Forest	0.625	0.907	0.871	0.857	0.907
kNN	0.561	0.905	0.866	0.835	0.905
Naive Bayes	0.677	0.899	0.871	0.853	0.899
Tree	0.510	0.893	0.864	0.841	0.893
AdaBoost	0.520	0.871	0.855	0.840	0.871

Model	AUC	CA	F1	Precision	Recall
AdaBoost	0.985	0.948	0.949	0.950	0.948
Random Forest	0.960	0.901	0.899	0.901	0.901
Tree	0.932	0.865	0.863	0.863	0.865
Neural Network	0.882	0.863	0.857	0.866	0.863
kNN	0.841	0.786	0.780	0.780	0.786
Logistic Regression	0.763	0.756	0.738	0.747	0.756
Naive Bayes	0.806	0.749	0.754	0.761	0.749

• ROC 그래프도 확인해보자. 전반적으로 그래프가 1의 값에 가까워졌으며 그래프 아래 면적이 넓어 진 것을 볼 수 있다. 그래프에서도 분류 모델의 성능이 향상된 것을 확인할 수 있다.

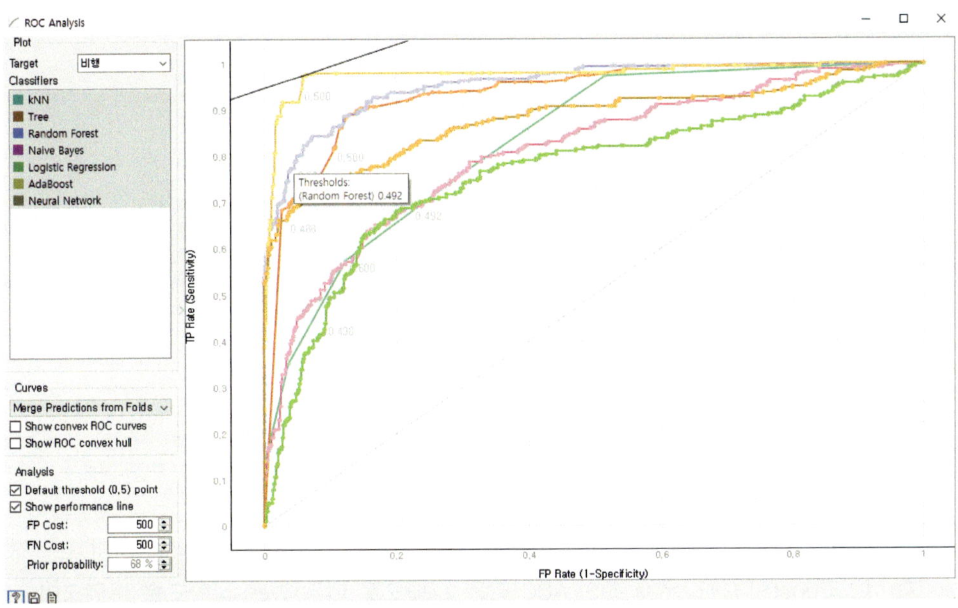

• Confusion Matrix 결과도 확인해 보자. 아래는 CA 값이 0.941, AUC 값이 0.978, ROC 그래프에서 가장 높게 자리하고 있는 AdaBoost의 분류 예측 결과이다. 모범 행동 94.4%, 비행 행동 93.4%로 오류가 많이 개선된 것을 알 수 있다.

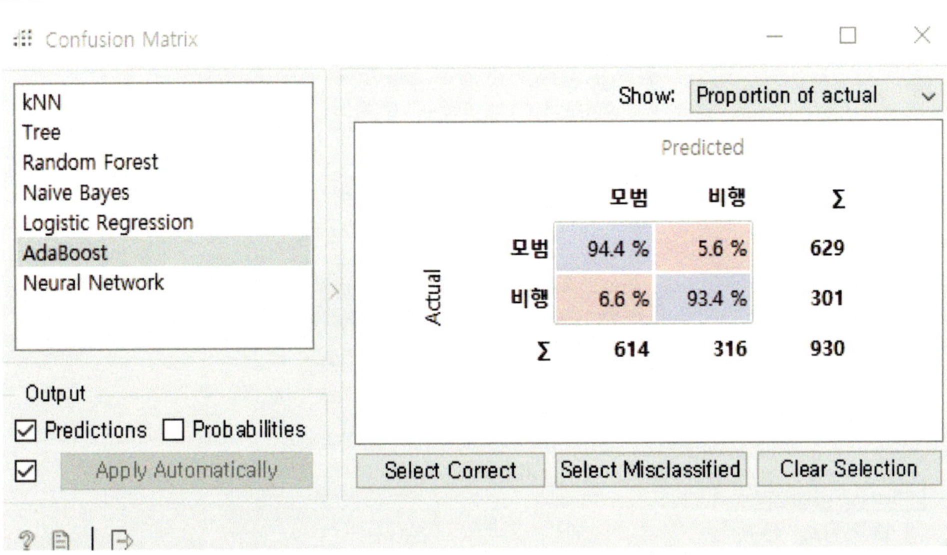

• 개선된 예측 모델에 Data Sampler 위젯을 연결하여 표본을 추출하여 예측 결과를 확인해 보자. 예측 정확도가 가장 높게 나왔던 AdaBoost와 머신러닝포키즈에서 사용할 수 있는 Tree 모델을 연결해 보았다.

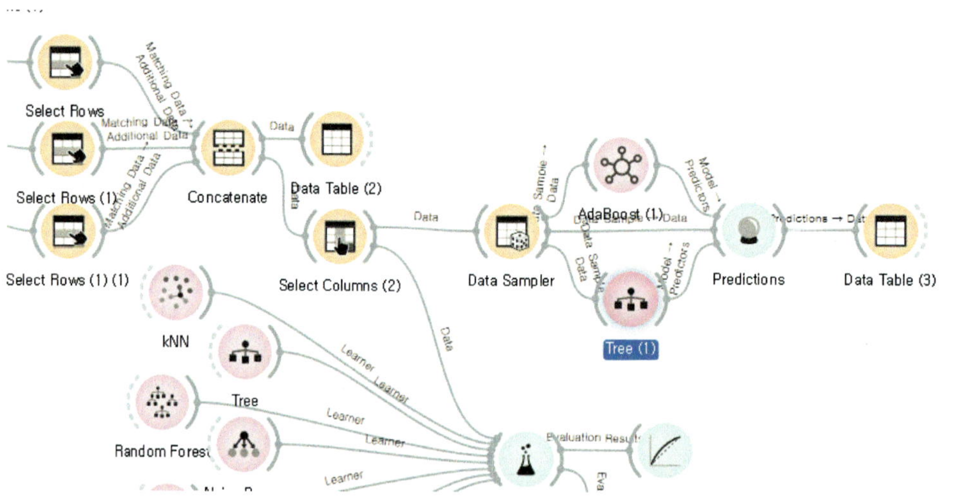

• Data Sampler에서 70%의 표본을 추출하여 분류해본 결과를 Predictions에서 확인해 보자. AdaBoost의 CA값은 0.995, AUC 값은 1.00으로 매우 높은 정확도를 보였으며 Tree의 CA값은 0.939, AUC 값은 0.985로 나쁘지 않은 정확도를 보이고 있다.

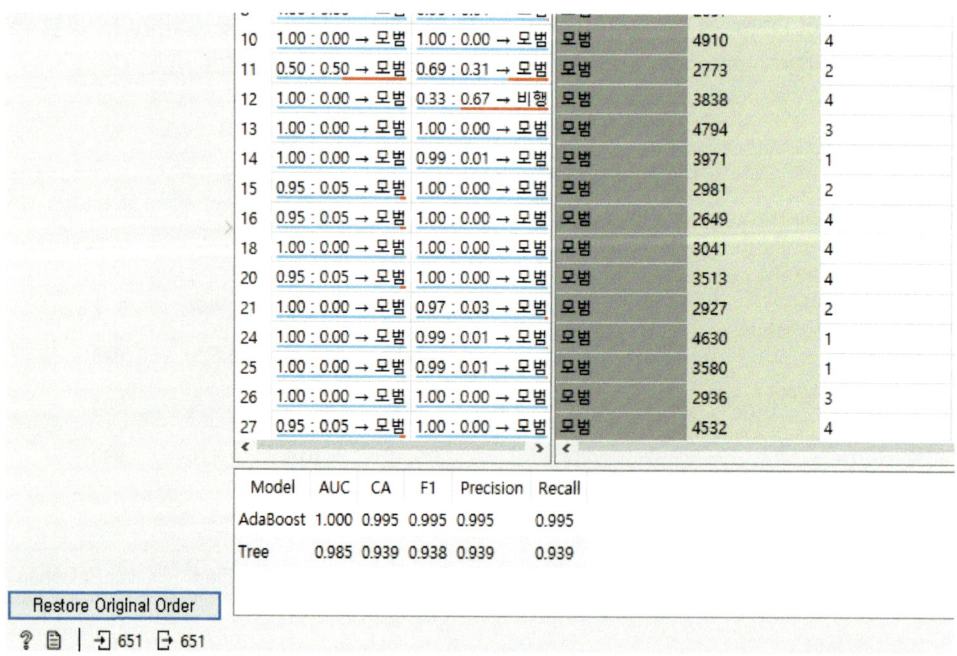

10	1.00 : 0.00 → 모범	1.00 : 0.00 → 모범	모범	4910	4
11	0.50 : 0.50 → 모범	0.69 : 0.31 → 모범	모범	2773	2
12	1.00 : 0.00 → 모범	0.33 : 0.67 → 비행	모범	3838	4
13	1.00 : 0.00 → 모범	1.00 : 0.00 → 모범	모범	4794	3
14	1.00 : 0.00 → 모범	0.99 : 0.01 → 모범	모범	3971	1
15	0.95 : 0.05 → 모범	1.00 : 0.00 → 모범	모범	2981	2
16	0.95 : 0.05 → 모범	1.00 : 0.00 → 모범	모범	2649	4
18	1.00 : 0.00 → 모범	1.00 : 0.00 → 모범	모범	3041	4
20	0.95 : 0.05 → 모범	1.00 : 0.00 → 모범	모범	3513	4
21	1.00 : 0.00 → 모범	0.97 : 0.03 → 모범	모범	2927	2
24	1.00 : 0.00 → 모범	0.99 : 0.01 → 모범	모범	4630	1
25	1.00 : 0.00 → 모범	0.99 : 0.01 → 모범	모범	3580	1
26	1.00 : 0.00 → 모범	1.00 : 0.00 → 모범	모범	2936	3
27	0.95 : 0.05 → 모범	1.00 : 0.00 → 모범	모범	4532	4

Model	AUC	CA	F1	Precision	Recall
AdaBoost	1.000	0.995	0.995	0.995	0.995
Tree	0.985	0.939	0.938	0.939	0.939

Restore Original Order

651 651

• 앞에서는 클래스를 '모범'과 '비행' 두 단계로 나누었다. 이번에는 6단계로 나누어 클래스를 생성하고 분류 정확도를 확인해 보자.

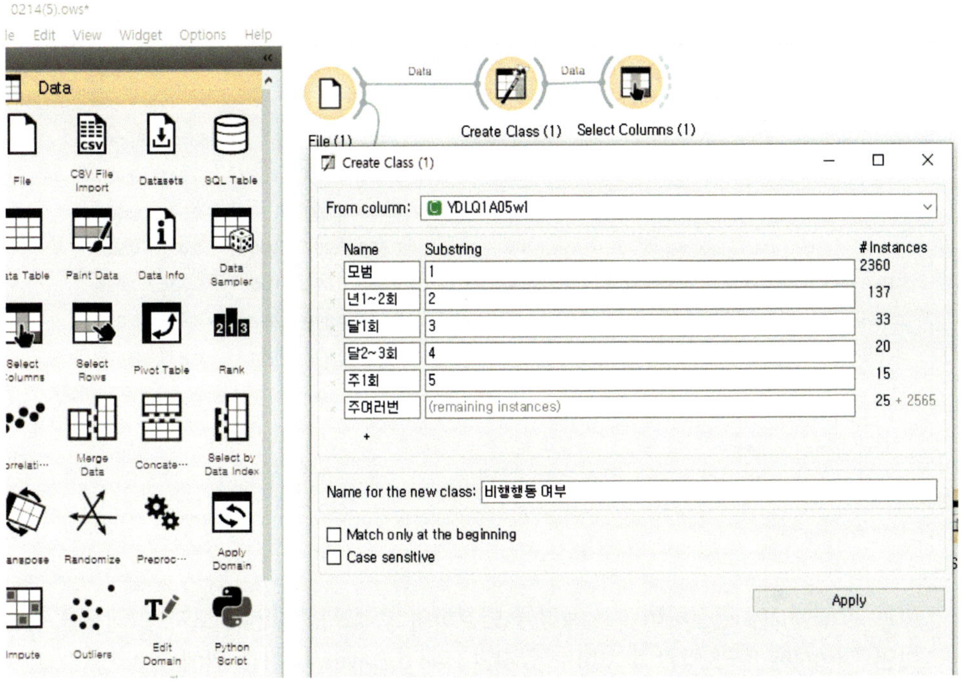

• Select Columns에서 Features, Target Variable, Meta Attributes를 앞에서와 동일하게 설정한다. 모델 KNN, Tree, Random Forest, Naive Bayes, AdaBoost, Neural Network를 연결하고 Test and Score 위젯을 이용하여 분류 정확도를 확인해보자.

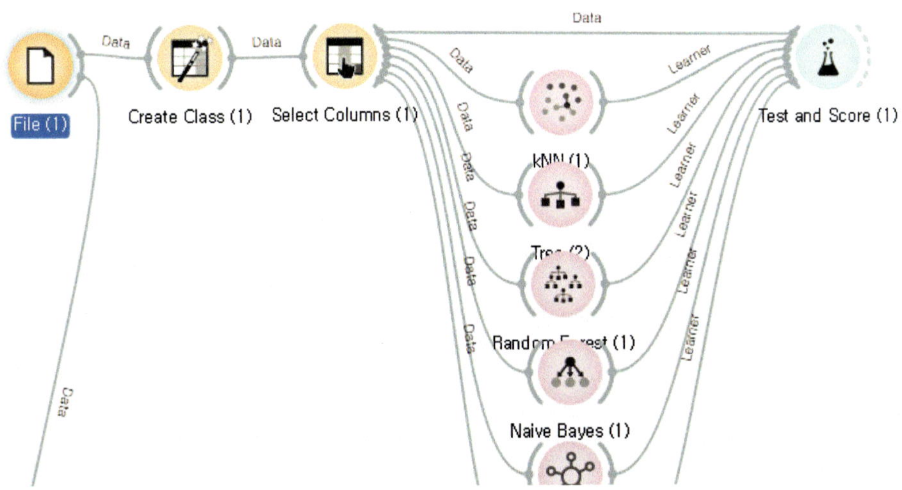

- 교차검증 후 CA값은 Random Forest가 0.91로 가장 높고 AdaBoost가 0.875로 가장 낮다. AUC 값은 0.490 ~ 0.646으로 AUC 값이 1에 가까울수록 정확도가 높기 때문에 50% 가까운 정확도를 나타낸다고 볼 수 있다.

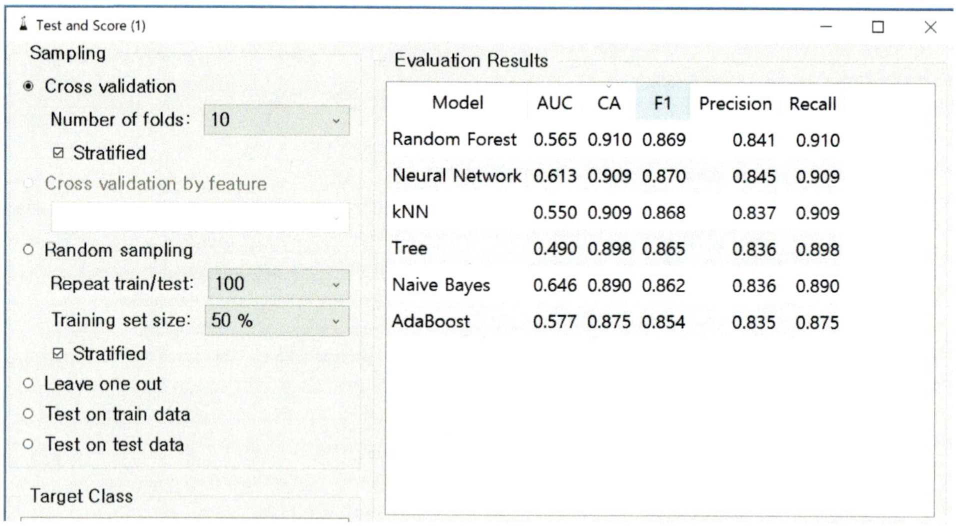

Model	AUC	CA	F1	Precision	Recall
Random Forest	0.565	0.910	0.869	0.841	0.910
Neural Network	0.613	0.909	0.870	0.845	0.909
kNN	0.550	0.909	0.868	0.837	0.909
Tree	0.490	0.898	0.865	0.836	0.898
Naive Bayes	0.646	0.890	0.862	0.836	0.890
AdaBoost	0.577	0.875	0.854	0.835	0.875

- ROC Analysis에 연결하여 Target값을 변경하며 그래프를 확인해 보자. 그래프를 확인해 보면 Target에 따라 약간의 차이는 있지만 Naive Bayes가 가장 위에 있어 CA값과는 다소 차이가 있음을 알 수 있다.

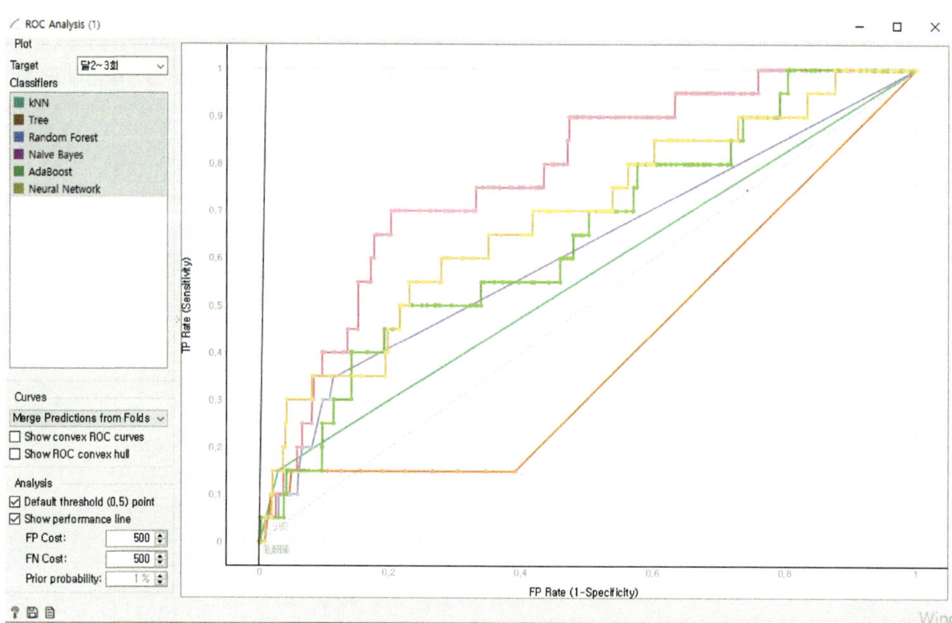

• Confusion Matrix를 연결하여 분류된 값을 확인해 보면 대부분의 모델이 비행 행동을 분류해 내지 못했으며 Navie Bayes의 경우 달2~3회 항목에 5%, 주여러번 항목에 4%만을 분류해냈다.

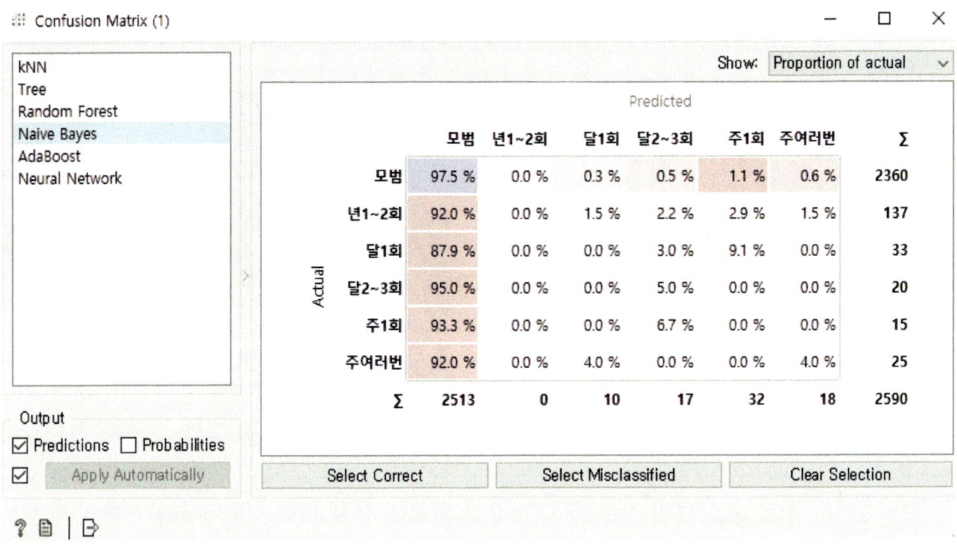

	모범	년1~2회	달1회	달2~3회	주1회	주여러번	Σ
모범	97.5 %	0.0 %	0.3 %	0.5 %	1.1 %	0.6 %	2360
년1~2회	92.0 %	0.0 %	1.5 %	2.2 %	2.9 %	1.5 %	137
달1회	87.9 %	0.0 %	0.0 %	3.0 %	9.1 %	0.0 %	33
달2~3회	95.0 %	0.0 %	0.0 %	5.0 %	0.0 %	0.0 %	20
주1회	93.3 %	0.0 %	0.0 %	6.7 %	0.0 %	0.0 %	15
주여러번	92.0 %	0.0 %	4.0 %	0.0 %	0.0 %	4.0 %	25
Σ	2513	0	10	17	32	18	2590

• Data Sampler를 이용하여 70%의 표본을 추출하여 Naive Bayes와 Tree모델을 연결하여 예측 결과를 확인해 보자.

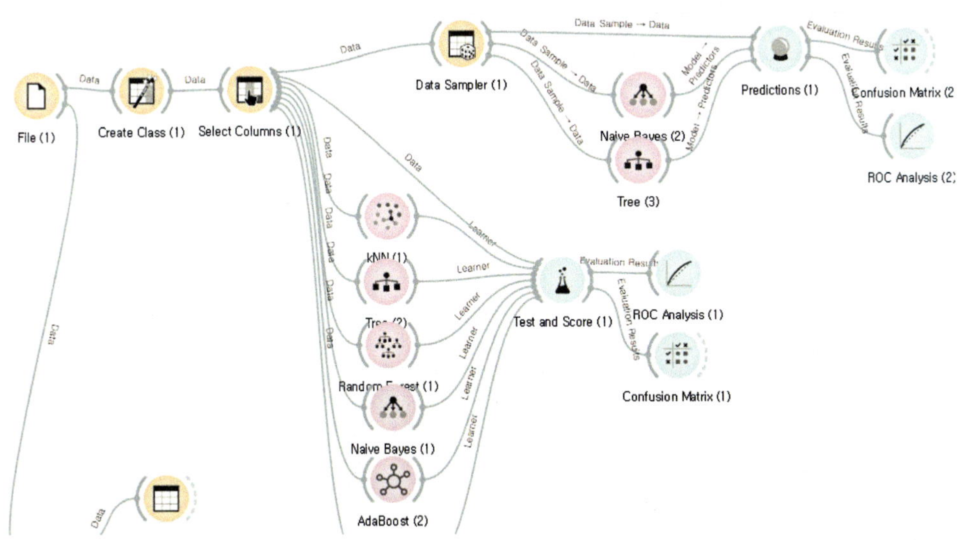

- Predictions을 열어 예측한 결과를 살펴보면 년1~2회 항목을 대부분 모범으로 예측한 결과를 확인할 수 있다. 모범을 제외한 다른 모든 항목이 같은 결과를 보이고 있다. 하지만 Naive Bayes와 Tree의 CA값이 0.887과 0.919로 나타나고 있으며 AUC값은 0.721과 0.878로 비교적 높게 나와 실제 결과와 정확도 값이 다름을 알 수 있다.

- Confusion Matrix를 보면 Tree가 년1~2회 항목에 대해 68%, 달2~3회과 주여러번 항목은 66.7%의 분류 정확도를 보여 Naive Bayes보다 높은 분류 정확도를 나타내고 있음을 알 수 있다.
- ROC 그래프를 항목별로 살펴보면 모범 문항에 대한 그래프가 가장 평이하고 다음 단계로 넘어갈수록 그래프가 1에 가까워 지는데 Confusion Matrix에서 보여주고 있는 분류 정확도와는 다소 차이가 있는 모습이다.

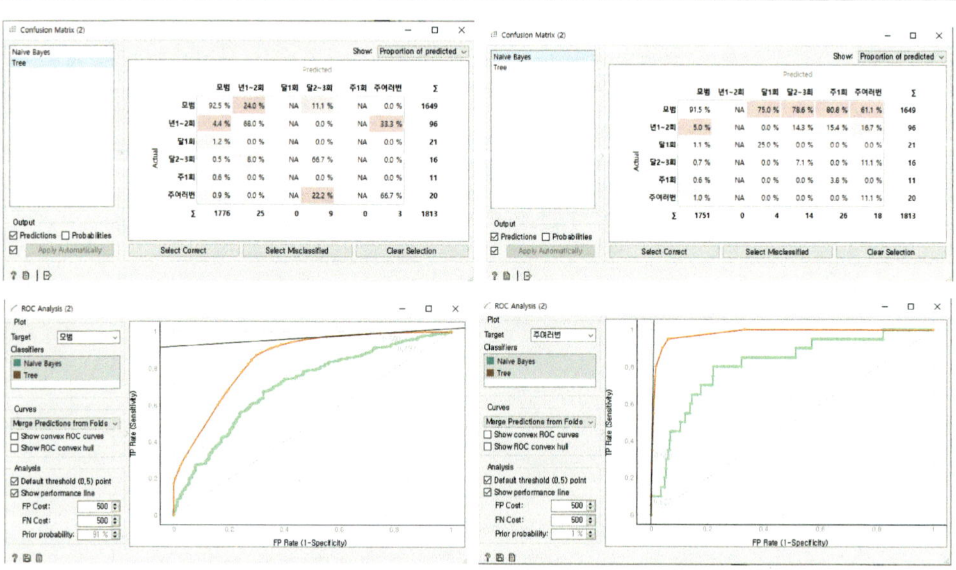

- Select Rows를 통해 인스턴스 수를 조절하자. 이번에는 Class를 6단계로 나누었기 때문에 모범을 제외한 5단계에 대해 각각의 Select Rows를 만들어 주어야 한다. 그리고 앞에서와 같이 YPSY4A04 문항에서 248개, YEDU3A05 문항에서 452개의 인스턴스를 가지고 온다. Concatenate로 합치면 930개의 인스턴스가 만들어진다.
- 다만 하나로 묶여있던 230개의 비행 인스턴스가 단계별로 137개, 33개, 20개, 15개, 25개로 나뉘면서 모범 항목에 비해 각 항목의 비율이 낮음을 알 수 있다.

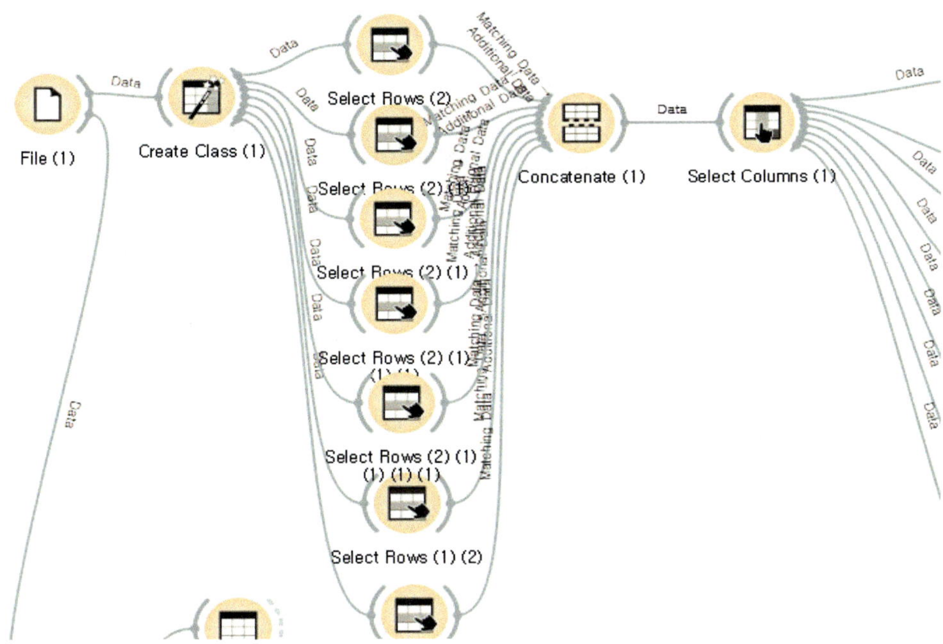

- Test and Score 결과 AdaBoost의 CA가 0.842로 가장 높게 나타났으며 AUC 값이 전반적으로 높아진 것을 확인할 수 있다. ROC Analysis값도 전체적으로 1에 가까워 졌다. 다만 Cofusion Matrix를 살펴보면 여전히 40%미만으로 분류되는 항목이 있어 정확도가 높다고 말하기에 어려움이 있다.

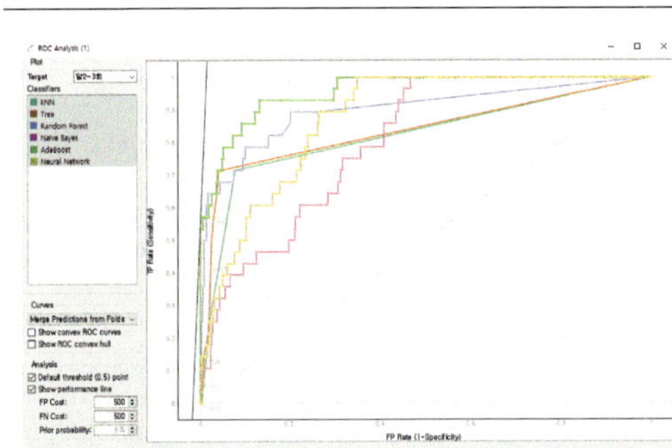

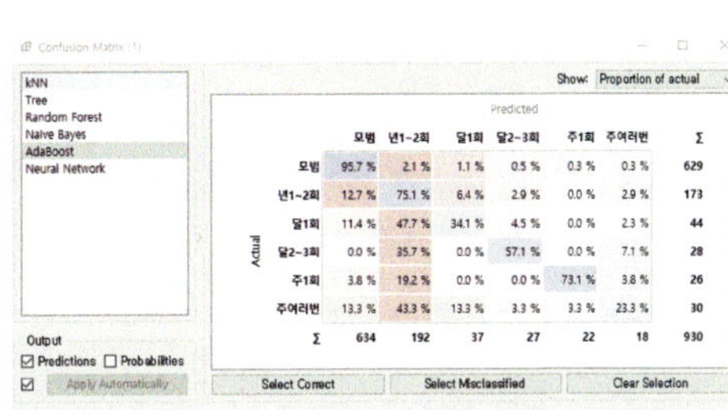

- Data Sampler를 이용하여 70%의 표본을 추출하고 Adaboost와 Tree 모델을 연결하여 예측한 결과를 확인해보자. Tree 모델의 경우 CA가 0.891이고 AUC값이 0.979로 나타났으며 Adaboost의 경우 CA값이 0.992, AUC가 1.000로 정확도가 매우 높았다. Adaboost가 실제 분류한 결과를 봐도 오차가 매우 적음을 확인할 수 있었다.

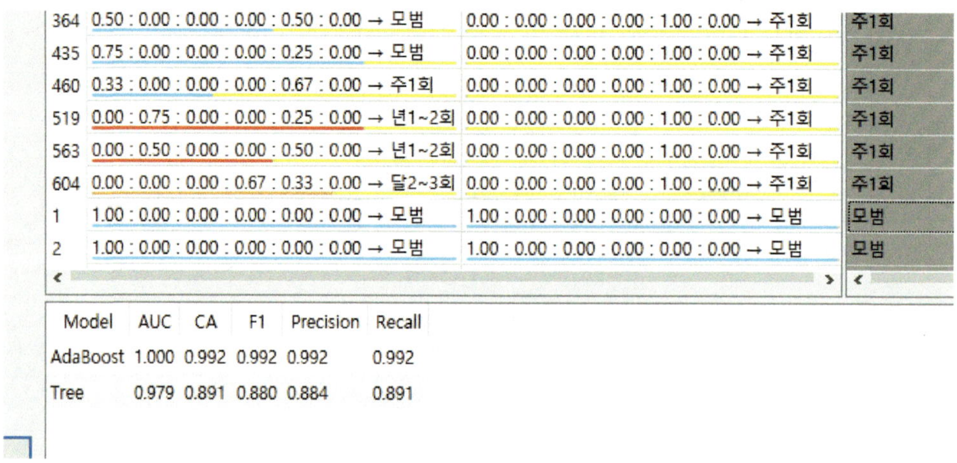

- Confusion Matrix값을 보면 Adaboost의 경우 모든 항목에서 100%에 가까운 분류 정확도를 보이고 있다. Tree는 달1회, 주1회 항목에 대해 75%, 66.7%로 다소 낮은 분류 정확도를 보이지만 나머지 항목에 대해서는 80%의 정확도를 보이고 있다.

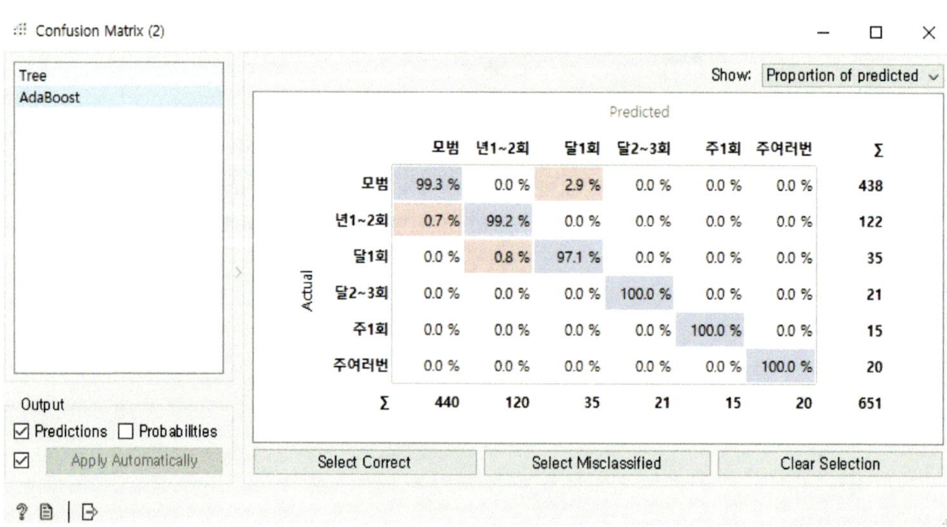

- 오렌지3를 통해 데이터를 분석한 결과를 토대로 머신러닝포키즈에서 비행 행동 예측 프로그램을 만들고자 한다. 머신러닝포키즈에서는 의사결정트리 모델을 사용할 수 있기 때문에 Tree모델의 정확도 값이 높은 모델을 선택하는게 좋다. Class를 모범과 비행으로 나누었을 때 Tree의 CA값은 0.939, AUC 값은 0.985이었고 Class를 6단계로 나누었을 때 Tree의 CA가 0.891이고 AUC값이 0.979인 것을 확인할 수 있다. 따라서 머신러닝포키즈에서는 모범과 비행 두 개의 레이블을 생성하여 비행행동을 예측해보자.
- Data - Save Data를 Data Sampler에 연결하여 70%로 추출한 데이터를 엑셀파일로 내려받는다. 이 자료는 머신러닝포키즈에서 훈련 데이터로 사용한다.

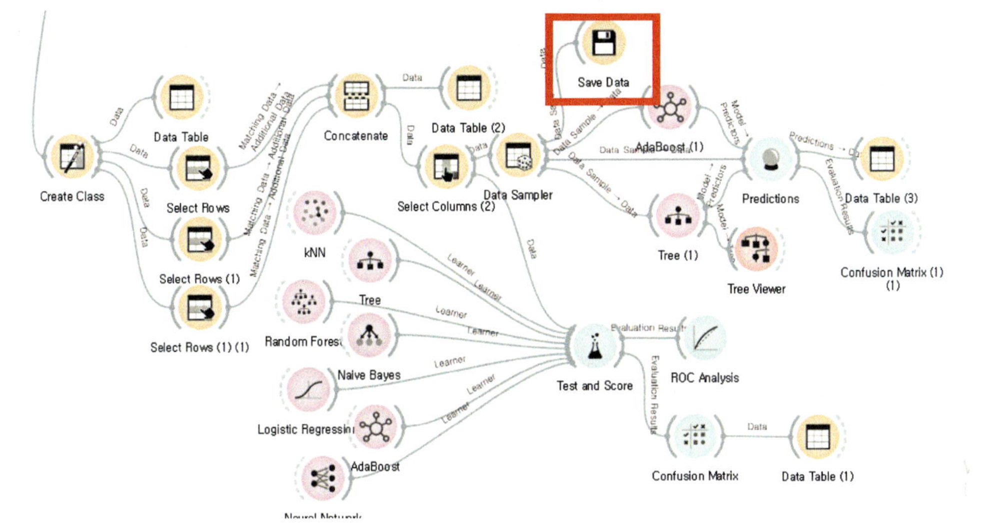

- 머신러닝포키즈에 접속하여 로그인을 한다. 로그인을 하면 장소에 관계없이 확인하기에 좋다. 프로젝트 추가를 눌러 새로운 프로젝트를 시작한다.

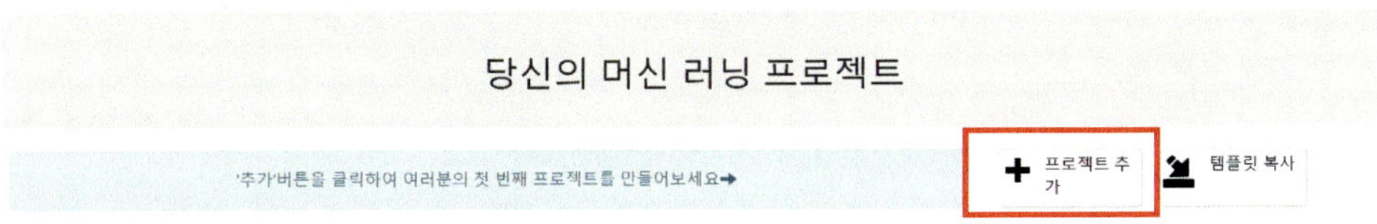

• 프로젝트 이름을 입력한다. 여기에서는 misdeed로 프로젝트 이름을 정하였다. 인식방법은 숫자를 선택한다.

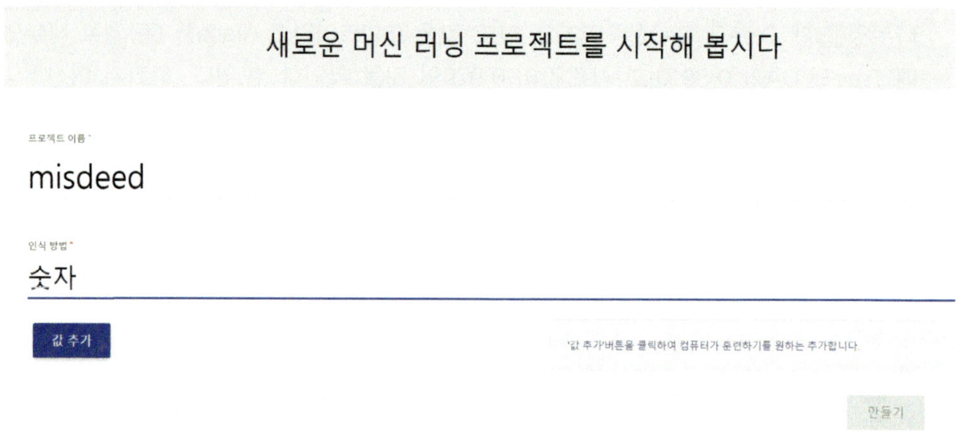

• 값 추가를 누른다. 값에 feature명 YPSY4A04, YTIM1J02, YEDU3A03, YPSY4C04, YPHY1C00, YEDU3A05, YEDU3A07, YMDA1B03을 쓰고 유형은 숫자를 선택한다. 값 추가가 모두 끝나면 만들기 버튼을 눌러 프로젝트를 생성한다.

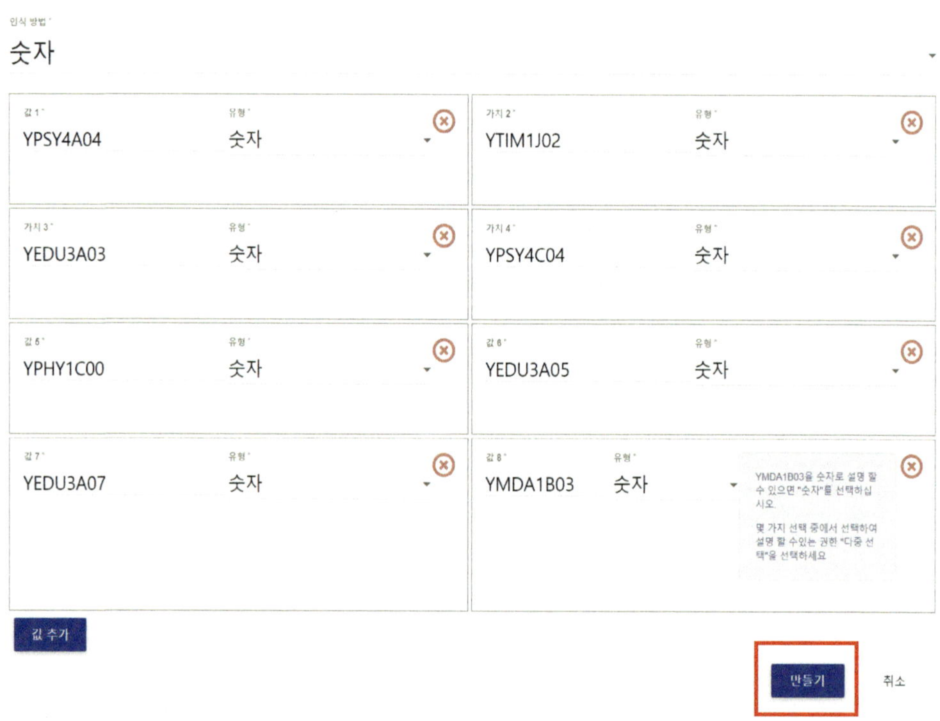

• 생성된 프로젝트를 클릭하면 '훈련', '학습 & 평가', '만들기'를 선택할 수 있는 화면으로 바뀐다. 훈련을 클릭하여 레이블 설정을 위한 화면으로 이동한다. 새로운 레이블 추가하기를 통해 role model과 misdeed 두 개의 레이블을 생성한다.

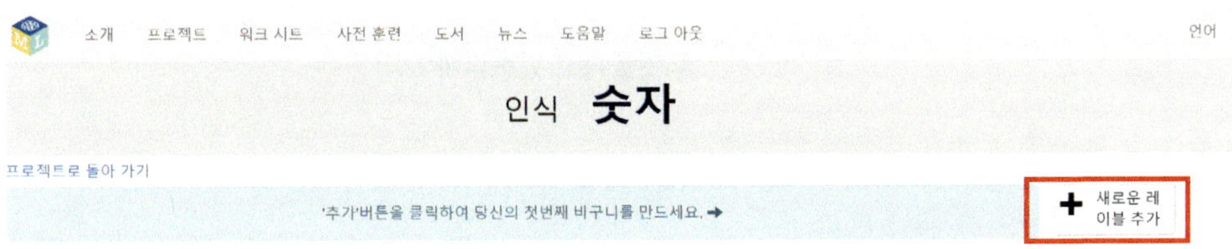

• 생성한 레이블에 오렌지3에서 내려받은 샘플 데이터의 값을 입력한다. 비행행동 행을 모범과 비행으로 정렬하고 모범에 해당되는 값은 롤모델에 입력하고 비행에 해당되는 값은 misdeed에 입력한다. 데이터의 값이 충분해야 예측의 정확도가 높아지기 때문에 최대한 많은 값을 입력하도록 하자. 값을 충분히 입력하였다면 프로젝트로 돌아가기를 클릭하여 학습 및 평가를 클릭한다.

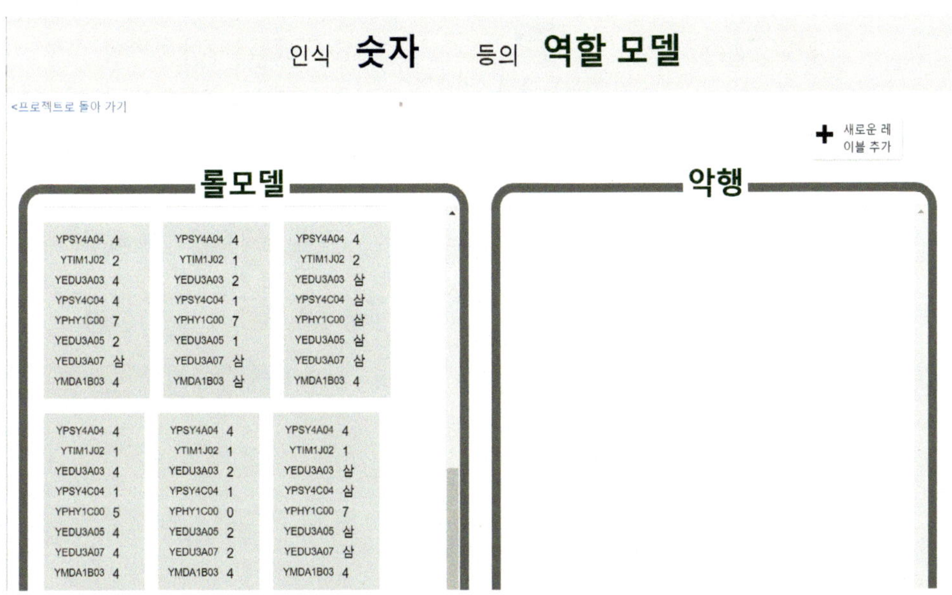

• 학습 및 평가에서는 입력한 뎅이터의 수를 확인할 수 있으며 숫자로 인식한 모델을 훈련시키고 테스트 해 볼 수 있다.

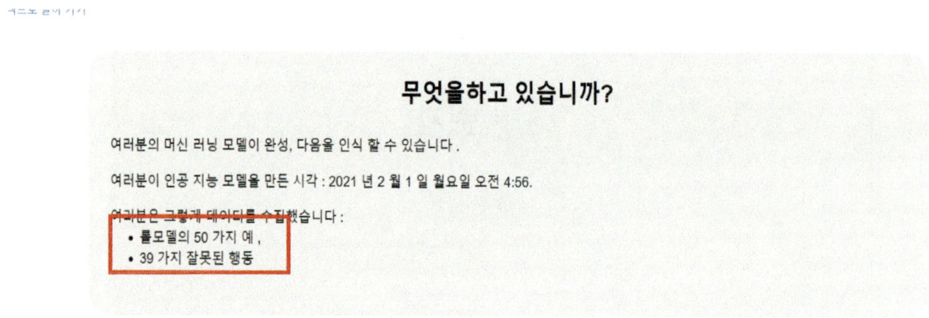

• 모델을 설명하세요를 누르면 머신러닝포키즈에서 사용되는 의사결정 트리의 모습을 확인할 수 있다.

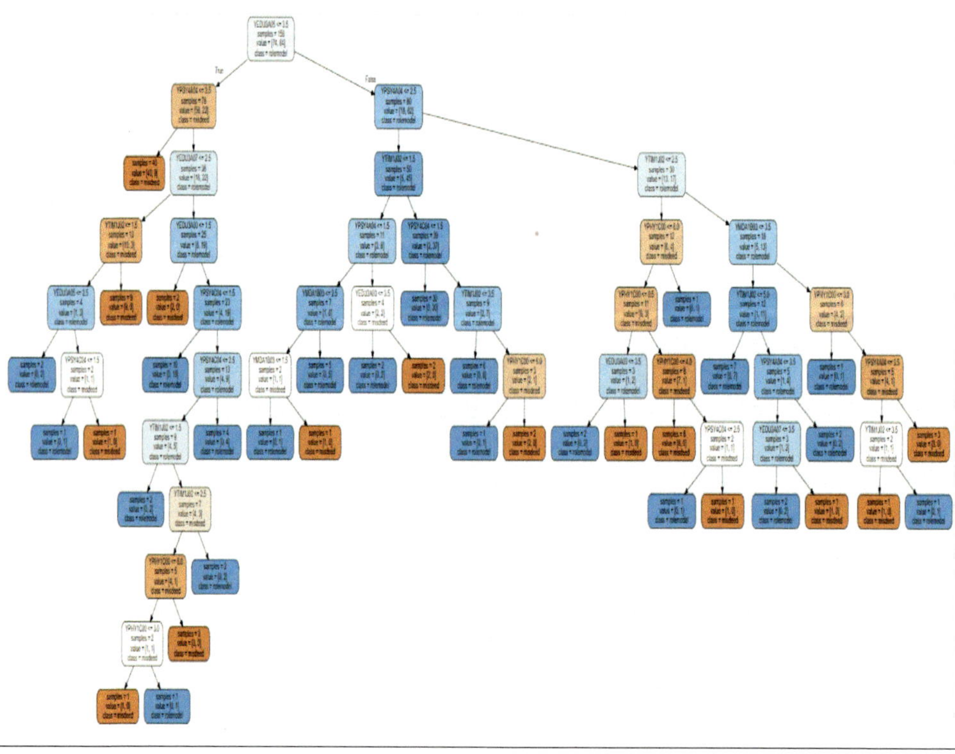

• 오렌지3에서도 의사결정과정을 확인해 보자.
• Visualize에서 Tree Viewer를 Tree모델에 연결해보자.

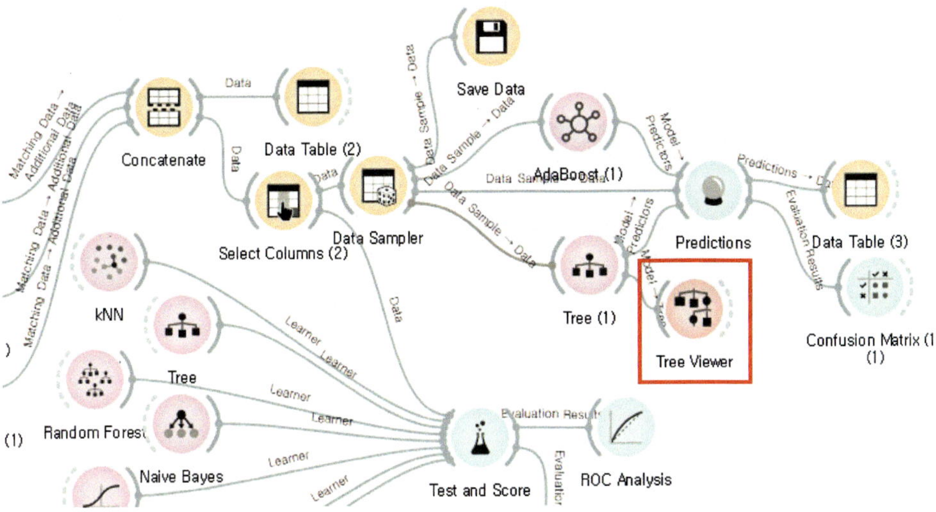

• Tree Viewer를 열면 Tree의 의사결정과정을 볼 수 있으며 외쪽 아래 디스켓 모양을 클릭하여 png 파일로 다운로드 받을 수 있다. 오렌지3에서 보여주고 있는 Tree의 모양과 머신러닝포키즈의 의사결정트리의 전체적인 모습에서는 유사하나 세부적인 항목을 보면 차이가 있음을 알 수 있다.

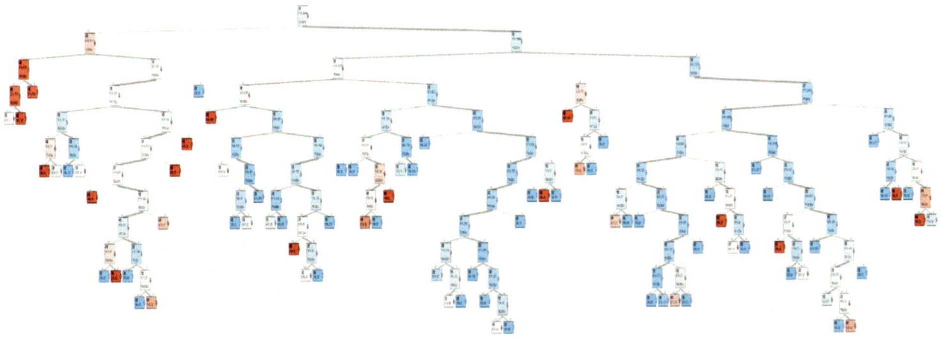

• 모델 학습 및 평가가 끝났다면 프로젝트로 돌아가서 만들기를 클릭한다. 스크래치 3 열면 내가 만든 프로젝트명 'misdeed'을 클릭하면 훈련시킨 인공지능 모델과 관련된 명령 블록들이 추가되어 있는 것을 확인할 수 있다.

• 변수 탭을 클릭하고 변수의 이름을 feature값으로 8개 만든다.

• 프로그램의 형식은 질문하고 대답하는 형식으로 구성된다. 자연스럽게 묻고 대답할 수 있도록 인사말로 시작하고 feature에 해당되는 설문 문항을 숫자로 입력할 수 있도록 질문한다.

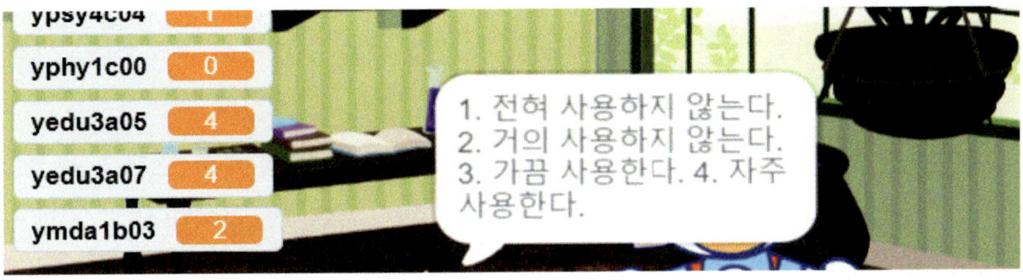

• 8개의 feature값이 변수에 모두 저장되면 훈련된 모델에 입력하여 결과를 예측한다. 모델명 misdeed 탭에서 recognise numbers (confidence) 블록을 가지고 온다.
• recognise numbers (confidence) 블록을 부등호 블록에 넣는다. 아래 블록은 정확도가 50보다 작을 때라는 의미다.

• 만약 대답이 충분히 믿을만한 정보라면 결과를 예측할 수 있다. recognise numbers (label) 블록과 연산에서 = 블록을 가져와서 서로 연결한다. recognise numbers (label)에 변수를 알맞게 채워주고 =의 오른쪽 항에 role model 블록을 넣는다. 이 블록의 의미는 '입력된 값이 rolemodel, 즉 모범적인 행동이 예상된다면' 이다.
• 예측한 결과값이 role model 이라면 넌 행동이 참 모범적이구나를 말하고 그렇지 않은 경우에는 오늘부터 나랑 같이 바르게 생활해 보자를 말하도록 한다.
·프로그램을 실행하고 예측값을 확인해 보자.

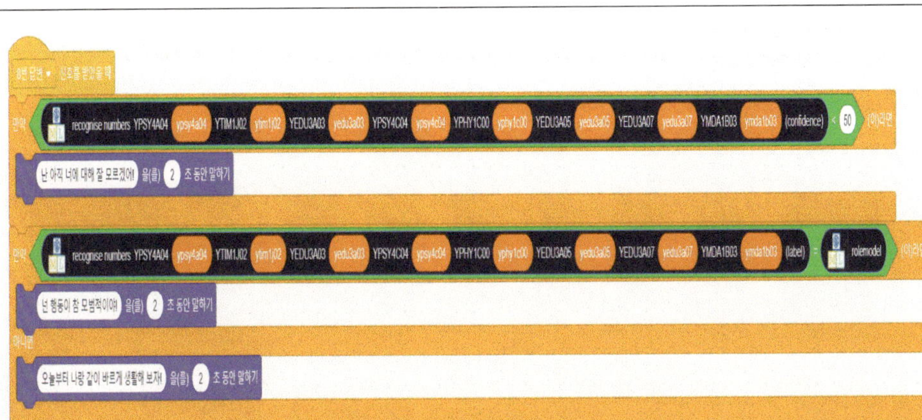

마. 평가 및 피드백

이번 프로젝트에서는 2018 아동 · 청소년 패널데이터 자료를 이용하여 학생 비행행동을 예측하는 모델을 만들었다. 패널데이터 자료는 2590개의 인스턴스와 350개의 feature를 가진 방대한 양이었다. 오렌지3의 데이터 전처리 기능과 데이터 분석 기능을 통하여 문항 간의 관계를 파악할 수 있었으며 이를 토대로 예측 모델을 설계하였다. 설계된 모델은 높은 분류정확도로 학생들의 비행 행동을 예측할 수 있었다.

머신러닝포키즈에서는 오렌지3에서 분석한 내용을 토대로 예측 모델을 프로그래밍하였다. 이 프로그램은 '평소 연필이나 지우개 등 학용품을 잘 잃어버린다', '학교 수업시간 외 운동 및 신체활동을 얼마나 하나요?'와 같이 대답하는 사람에게 거부감 없는 질문을 통하여 비행 행동을 예측할 수 있다는데 장점이 있다. 하지만 지금의 프로그램은 학생이 물음에 대해 직접 답하는 형식이기 때문에 결과를 학생이 직접 보게 되어 있어 활용방안에 대해 고민이 필요하다. 학생의 비행 행동 예방을 위한 프로그램으로 활용하기 위해서는 입력된 값을 저장하여 활용하거나 실시간으로 데이터를 전송하여 교사나 상담자가 활용할 수 있는 형식으로 프로그램을 디자인해야 할 것이다.

다양한 모델을 활용할 수 있고 여러 개의 타겟 값을 예측할 수 있는 플랫폼을 이용하여 본 프로그램을 개발한다면 한가지 비행 행동에 대한 단순 예측이 아니라 문항간 얽혀있는 관계를 심도있게 파고들어 현장에서 상담 프로그램으로 이용할 수 있을 것이다.

3. 나만의 프로젝트

나만의 예측 모델 프로젝트는 다음과 같은 순서로 진행한다.

[나만의 인공지능 프로젝트 진행 과정]

AI문제 확인	AI솔루션 탐색	AI솔루션 설계	AI솔루션 개발	평가 및 피드백
• 문제 인지 • AI문제 분석	• 솔루션 수집 • 솔루션 분석 • 솔루션 선택	• 학습모델 선택 • 학습 알고리즘 선택 • 예측 모델 설계	• 예측 모델 개발 • 예측 모델 실행 • 실행 결과 분석 및 수정	• 평가 • 피드백

1 AI문제 확인

AI문제 확인 단계는 문제를 인식하고 문제를 정의 및 분석하여 인공지능을 활용하여 문제해결의 목적을 분명히 하는 단계이다. 문제를 발견하고 AI문제 여부인지 확인하여 해결하고자 하는 AI문제를 선택한다. 선택한 AI문제를 해결하기 위하여 기술적, 경제적, 윤리적 분석을 실시한다.

Idea Note

2 AI솔루션 탐색

AI솔루션 담색 단계에서는 인공지능 솔루션을 개발하기 위하여 필요한 여러 가지 데이터를 수집하고 정리하며 아이디어를 발전시켜 나가는 단계이다. AI문제를 해결하기 위하여 솔루션을 탐색하고 선별한다. 수집된 솔루션을 비교하여 평가하고 해석한다. AI문제 해결을 위해 탐색한 여러 가지 솔루션 중에서 가장 합리적인 방안을 선택한다.

Idea Note

3 AI솔루션 설계

AI솔루션 설계 단계는 수집한 정보를 바탕으로 AI문제를 해결할 수 있는 AI 솔루션을 계획하는 단계이다. AI문제해결에 필요한 학습 모델을 탐색하고 여러 모델을 비교 평가하여 적절한 학습 모델을 선정한다. AI문제해결에 필요한 알고리즘을 탐색하고 여러 알고리즘을 비교 평가하여 적절한 알고리즘을 선정한다. AI문제해결을 위하여 가설을 설정하고 선정한 학습 모델과 알고리즘을 활용하여 모델을 설정한다.

Idea Note

4 AI솔루션 개발

계획한 AI솔루션을 구현하는 단계이다. AI모델을 구현하기 위한 도구를 선택하여 데이터를 수집 및 전처리하여 학습 데이터와 테스트 데이터로 분리하고 AI예측모델 프로그램을 만든다. 예측 모델을 학습한 후 수집된 테스트 데이터를 입력하여 테스트 데이터를 실행하고 테스트 결과를 확인한다. 학습 모델의 성능을 분석하여 모델의 오류 및 과적합을 탐지하여 프로그램의 오류를 수정한다.

Idea Note

5 평가 및 피드백

AI솔루션을 실행한 후 이루어진 결과와 과정을 평가하는 단계이다. AI문제를 목표 상태에 맞게 해결되었는지 정량적, 정성적으로 평가를 하고 윤리적인 문제는 없는지 확인한다. 실행과정과 결과를 검증하여 AI문제해결의 전 과정에서 필요한 부분을 수정 및 보완한다.

Idea Note

4. 자기평가 체크리스트

AI 문제해결 역량 평가 모델 프로세스의 단계에 따라 자기평가를 실시함으로써 학습 과정을 점검하고 단계별 어려움을 스스로 찾을 수 있다. 이 과정에서 스스로 학습 전략을 세울 수 있으며 학습과정을 되돌아 볼 수 있다.

단계	내용	네	아니요
AI 문제 확인	나는 생활 속에서 해결해야 할 문제를 발견할 수 있다.		
	내가 발견한 문제는 인공지능으로 해결하는 것이 효과적이다.		
	나는 문제를 인공지능으로 해결한 결과를 예상할 수 있다.		
	나는 인공지능으로 문제를 해결하기 위해 필요한 데이터조건을 알고 있다.		
	나는 인공지능 문제의 특성(인식/분류/예측)을 분석할 수 있다.		
AI 솔루션 탐색	나는 문제를 해결하기 위해 적합한 데이터를 수집할 수 있다.		
	나는 위젯을 사용하여 수집한 데이터의 정보를 파악할 수 있다.		
	나는 위젯을 사용하여 데이터를 활용하기 적합한 형태로 전처리할 수 있다.		
	나는 수집된 데이터 타입(이미지, 숫자, 텍스트 등)을 알맞게 지정할 수 있다.		
	나는 위젯을 사용하여 데이터의 정보를 시각화하고 패턴을 발견하거나 분석할 수 있다.		
AI 솔루션 설계	나는 문제를 해결하는데 필요한 학습 모델의 유형과 특성을 알고 있다.		
	나는 문제 해결을 위해 적합한 학습 알고리즘을 선택할 수 있다.		
	나는 인공지능 문제를 해결하는데 필요한 핵심요소(Feature 또는 독립변수)를 추출할 수 있다.		
	나는 문제를 해결하는데 적합한 예측 모델을 설계할 수 있다.		
AI 솔루션 개발	나는 인공지능 모델을 구현할 수 있는 도구를 선택할 수 있다.		
	나는 위젯을 사용하여 문제해결을 위한 데이터를 추출할 수 있다.		
	나는 알맞은 위젯을 사용하여 워크플로우를 작성할 수 있다.		
	나는 위젯을 사용하여 문제해결 예측 결과를 확인할 수 있다.		
	나는 위젯을 사용하여 문제해결 예측 결과의 신뢰도를 확인할 수 있다.		
평가 및 피드백	나는 위젯을 사용하여 개발한 모델이 문제를 해결하였는지 확인할 수 있다.		
	나는 작성한 워크플로우에서 오류를 발견하여 수정할 수 있다.		
	나는 인공지능 솔루션의 성능을 개선하기 위하여 새로운 솔루션을 제안할 수 있다.		

※ 주요 예제 워크플로우 예시

1 Abalone 데이터를 활용한 전복 나이 예측 모델 만들기

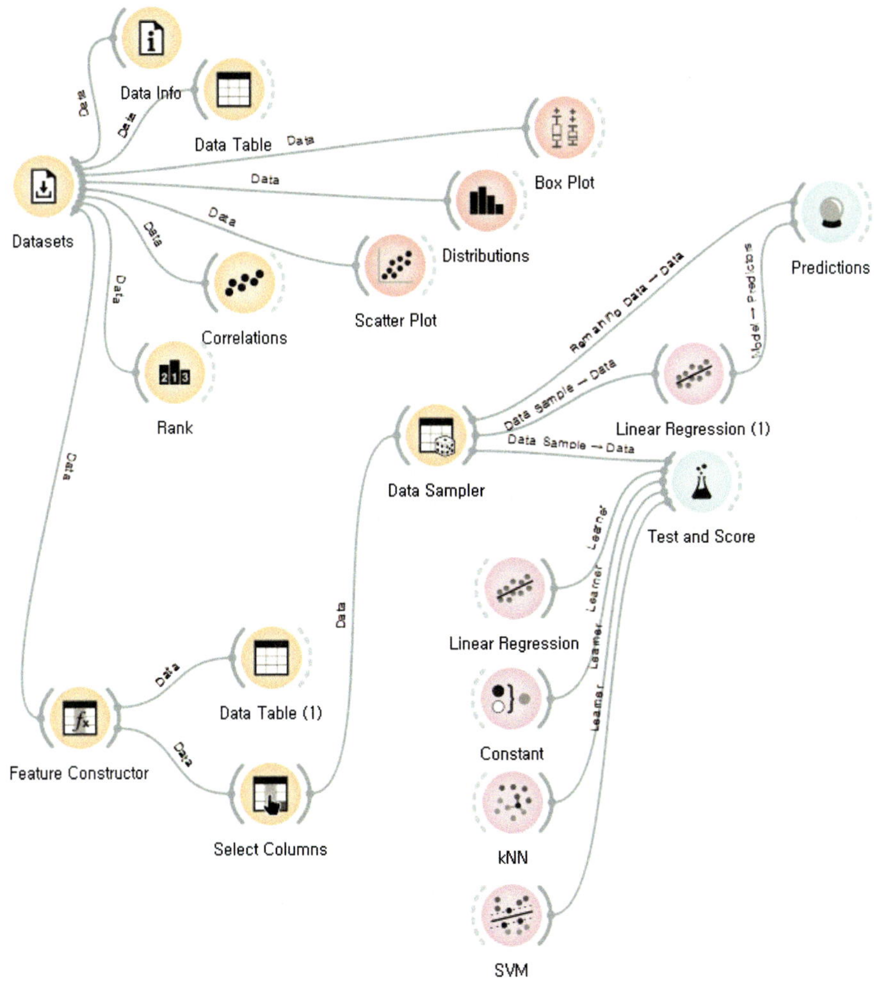

4 Auto MPG 데이터를 활용한 자동차 연비 예측 모델 만들기

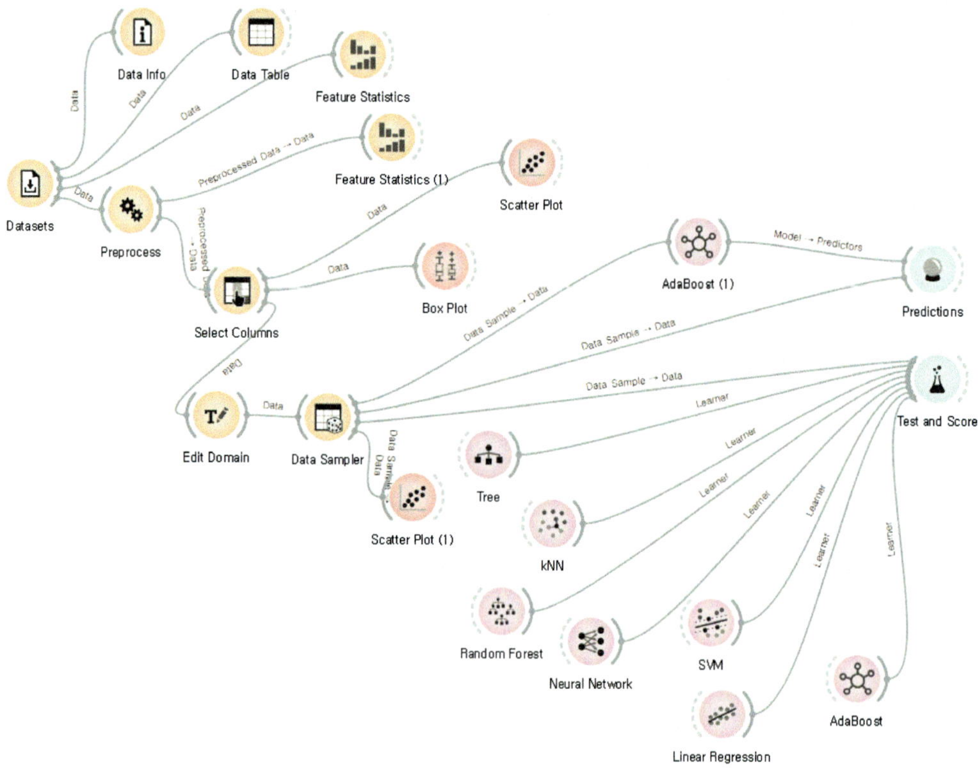

7 Bone Healing 데이터를 활용한 이미지 예측 모델 만들기

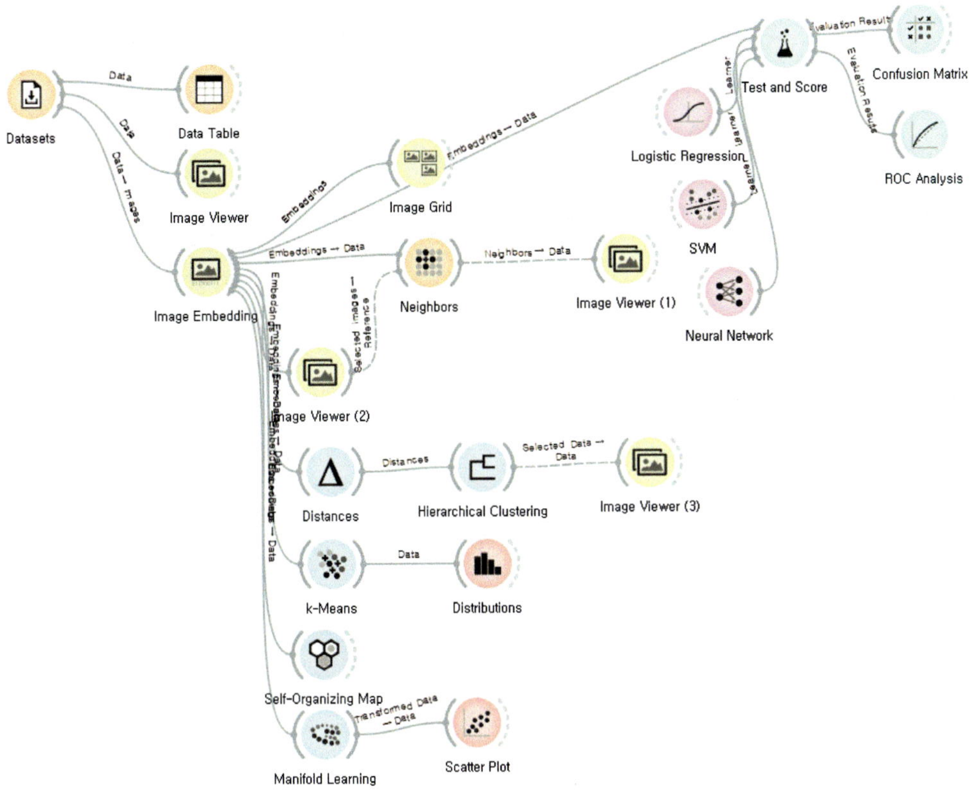

14 Foodmart 2000 데이터를 활용하여 연관규칙분석(장바구니분석)하기

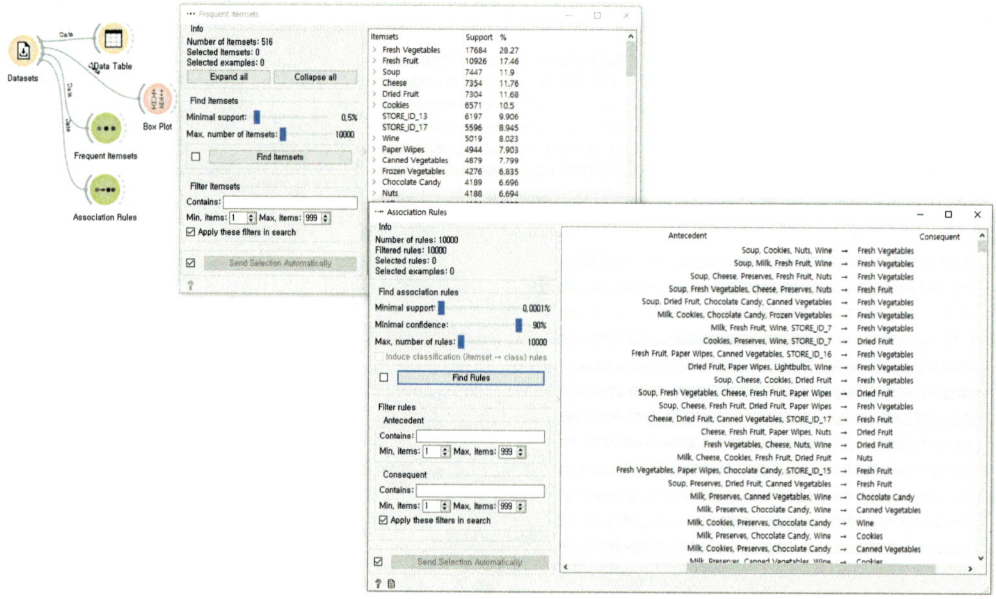

15 Forest Fires 데이터를 활용한 산불 발생 지역 예측 모델 만들기

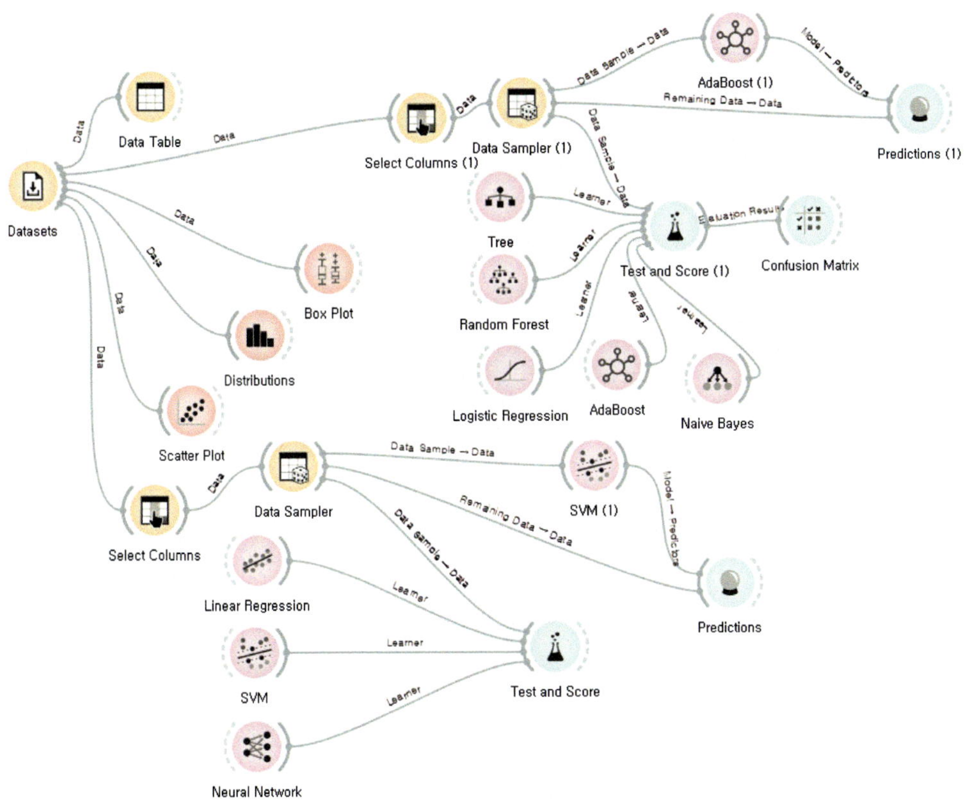

17 Grades for English and Math 데이터를 활용하여 군집 분석하기

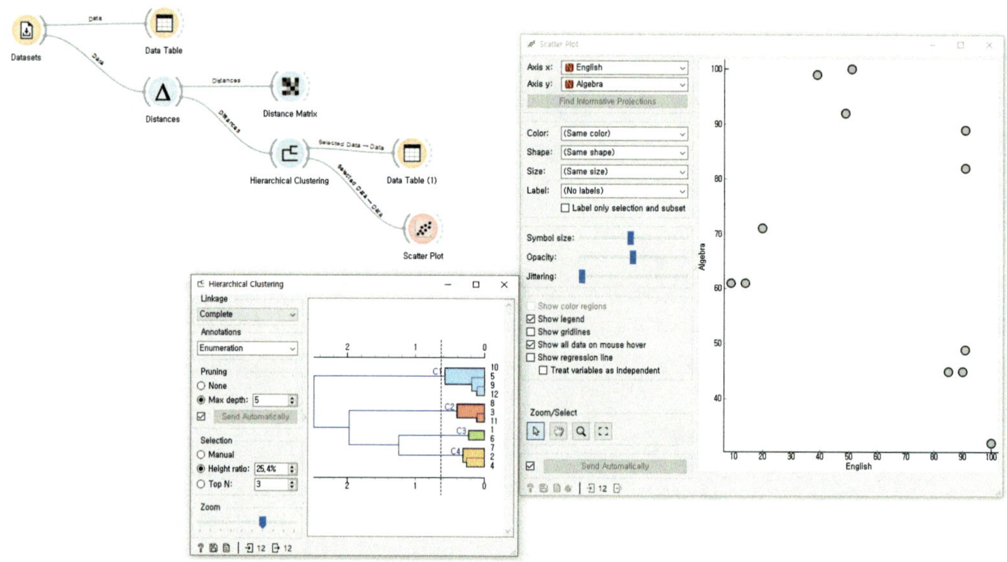

23 Iris 데이터를 활용한 붓꽃 품종 예측 모델 만들기

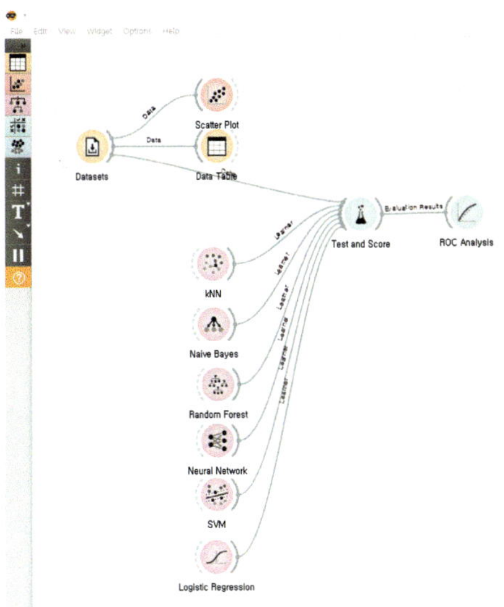

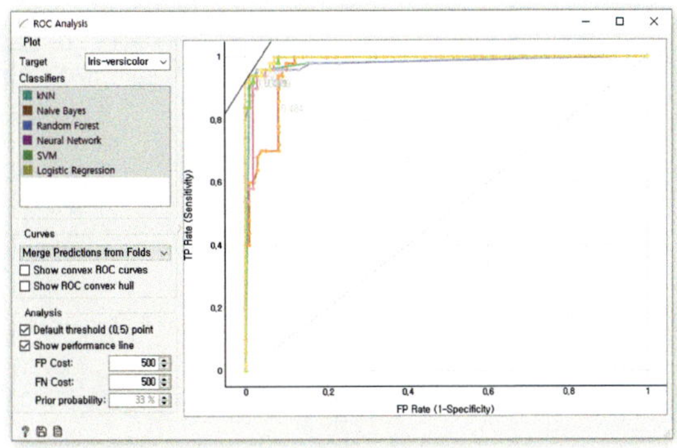

24 Kickstarter projects 데이터를 활용한 자금 지원 예측 모델 만들기

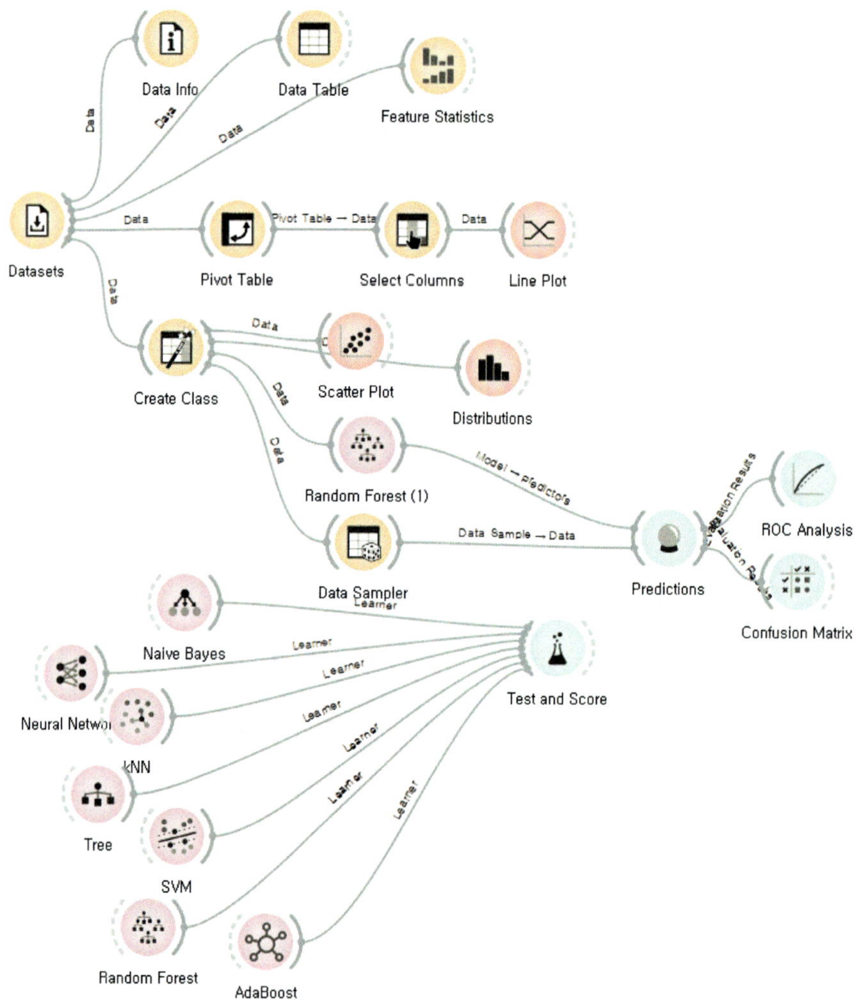

31 Philadelphia Crime 데이터를 활용한 범죄 발생 지도 만들기

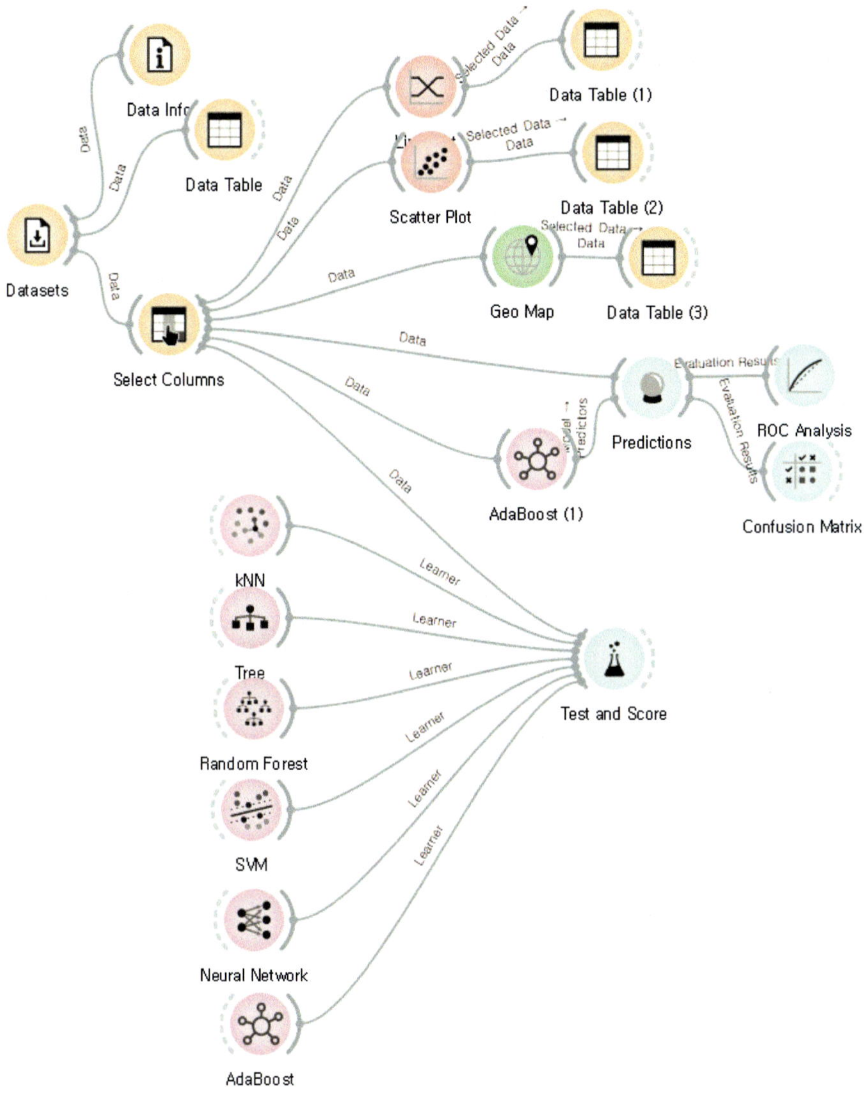

38 Titanic 데이터를 활용한 생존 예측 모델 만들기

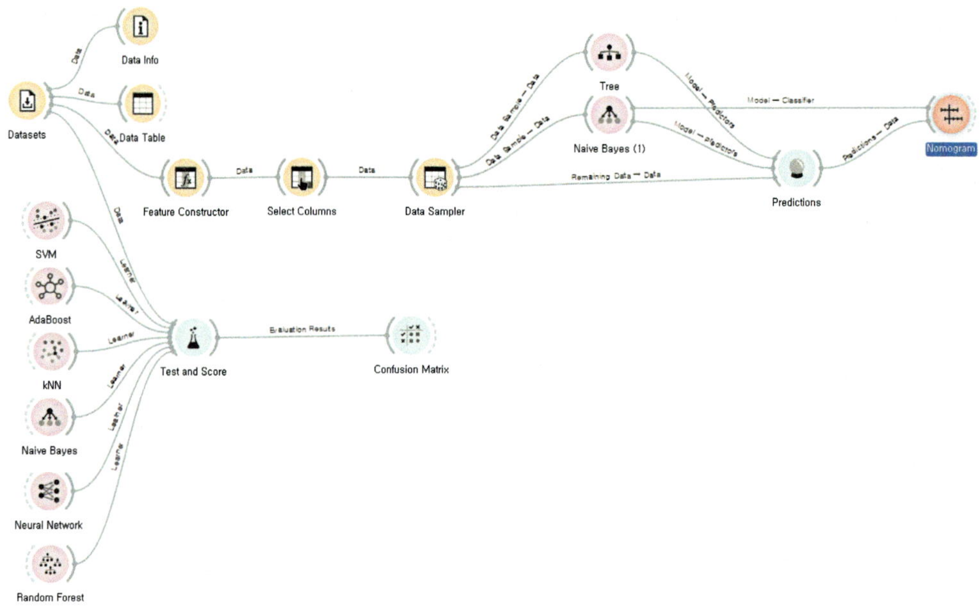

39 Traffic signs 데이터를 활용하여 이미지 분석 및 군집 분석하기

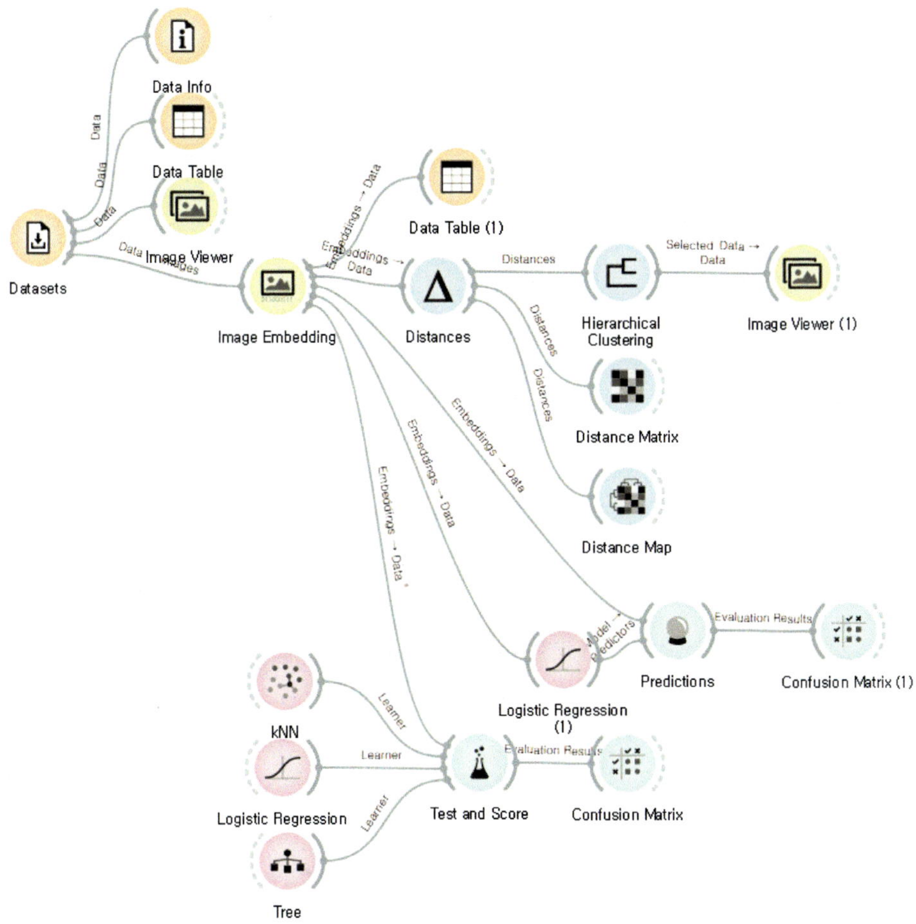

45 Zoo 데이터를 활용한 동물 유형 예측 모델 만들기

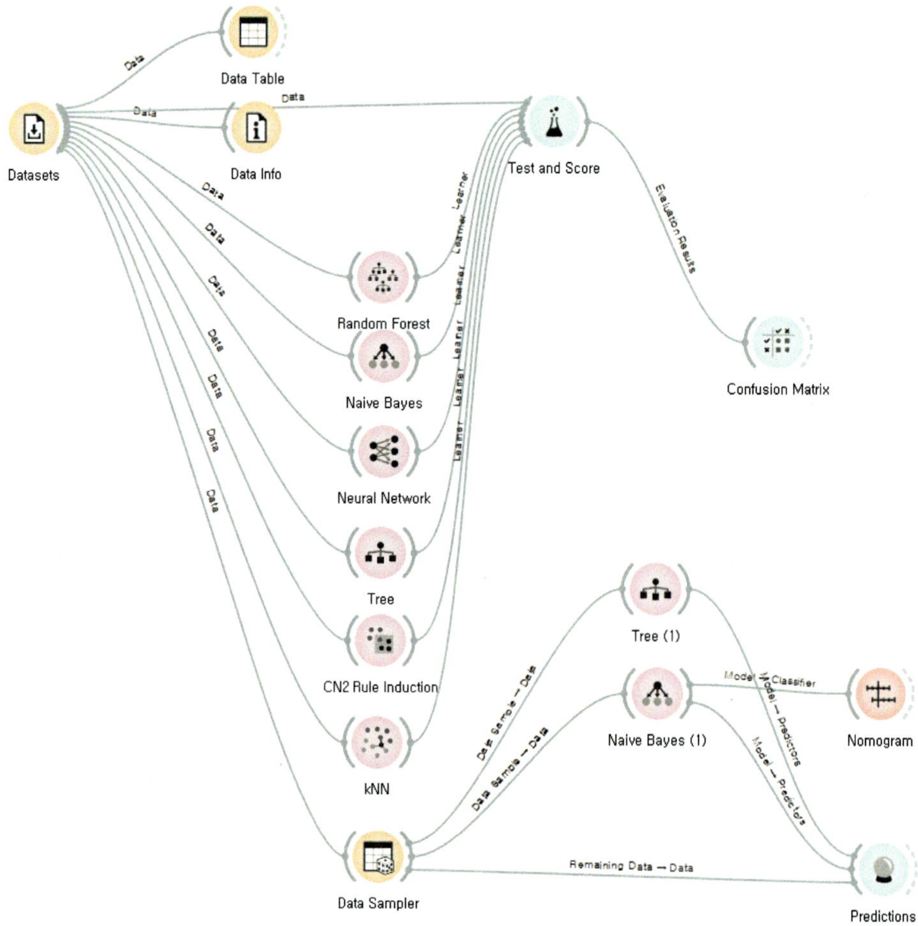

MEMO

MEMO